ALFRED ARNDT

FORMELLEXIKON

Mathematik
Naturwissenschaften
Technik

Mit etwa 4000 Stichwörtern,
600 Bildern und 140 Tabellen

2., völlig überarbeitete Auflage

von
Walter Bierwerth
Horst Herr
Günter Springer

VERLAG EUROPA-LEHRMITTEL · Nourney, Vollmer GmbH & Co.
Düsselberger Straße 23 · Postfach 2160 · 5657 Haan-Gruiten

Europa-Nr.: 70210

Bearbeiter:

Walter Bierwerth	Dipl.-Ing., Oberstudienrat Eppstein/Taunus	Algebra, Technische Chemie, Quanten- und Atomphysik
Horst Herr	Dipl.-Ing., VDI, Fachoberlehrer Kelkheim/Taunus	Technische Mechanik, Geometrie, Maschinenbau, Fertigungstechnik, klassische Physik
Günter Springer	Professor, Dr. Stuttgart	Elektrotechnik/Elektronik

Leitung des Arbeitskreises:
Prof. Dr. Günter Springer

Redaktionelle Beratung des Arbeitskreises:
Dipl.-Ing. Armin Steinmüller; Verlagslektor; Haan-Gruiten

Bildbearbeitung:
Zeichenbüro des Verlags Europa-Lehrmittel, Leinfelden-Echterdingen

Umschlaggestaltung:
Michael M. Kappenstein, Frankfurt/Main

2. Auflage 1992
Druck 5 4 3 2 1
Alle Drucke derselben Auflage sind parallel einsetzbar.

ISBN 3-8085-7022-9

Diesem Buch wurden die neuesten Ausgaben der DIN-Blätter und der VDE-Bestimmungen zugrunde gelegt. Verbindlich sind jedoch nur die DIN-Blätter und VDE-Bestimmungen selbst.

Die DIN-Blätter können von der Beuth-Verlag GmbH, Burggrafenstraße 4—7, 1000 Berlin 30, und Kamekestraße 2—8, 5000 Köln 1, bezogen werden. Die VDE-Bestimmungen sind bei der VDE-Verlag GmbH, Bismarckstraße 33, 1000 Berlin 12, erhältlich.

Satz und Druck: IMO-Großdruckerei, 5600 Wuppertal 2

/orwort

)er Umfang des Wissens auf allen Gebieten der Naturwissenschaften und der Technik vergrößert sich tändig. Um die vielen neuen Erkenntnisse und Entwicklungen verstehen und anwenden zu können, sind olide Kenntnisse der Mathematik, Physik und Chemie erforderlich. Zur Arbeit in vielen Bereichen der echnik müssen außerdem die wesentlichen Prinzipien des Maschinenbaus, der Fertigungstechnik, der hemischen Betriebstechnik und der Elektrotechnik/Elektronik verfügbar sein. Die Zusammenhänge wischen den meßbaren und berechenbaren Größen in Naturwissenschaft und Technik werden fast nmer in ihrer kürzesten Ausdrucksweise durch Formeln repräsentiert.

)as **„Formellexikon Mathematik, Naturwissenschaften, Technik"** ist ein Wissensspeicher, der dem ernenden wie dem Praktiker den raschen Zugriff zu einer Fülle didaktisch aufbereiteter Informationen rmöglicht. Neben den Formeln zu über 4000 Begriffen sind alle wichtigen Formelzeichen sowie die vesentlichen physikalischen und chemischen Werte zu finden.

)er besonder Vorzug dieses Nachschlagewerkes ist die alphabetische Reihenfolge der Begriffe. Dort, wo ie gesuchte Formel steht, findet man auch alle dazugehörigen Formelzeichen mit der entsprechenden hysikalischen Größe und Einheit. Ausführliche Hinweise zur Arbeit mit diesem Nachschlagewerk folgen uf den beiden nächsten Seiten.

eit Adolf Arndt im Jahre 1958 erstmals sein „Kleines Formellexikon" im Verlag Technik, Berlin, erausgab, haben Schüler, Studenten, Naturwissenschaftler und Ingenieure nahezu eine halbe Million xemplare dieses Buches in ihrer Fachbibliothek aufgenommen, wurde das Werk in 15 Auflagen erweitert nd verbessert.

etzt, in der zweiten Auflage des Buches im VERLAG EUROPA-LEHRMITTEL, erscheint das Werk in iner vollständig überarbeiteten und modernisierten Ausgabe. Die bewährten Grundlagen aus der Aathematik, der Physik, der Chemie sowie der klassischen Elektrotechnik und des Maschinenbaus sind eblieben — jedoch aus heutiger Sicht überarbeitet und ergänzt. Hinzugekommen sind Grundleichungen der chemischen Verfahrenstechnik, der Atomphysik sowie wesentliche Angaben zur lektronik und Informatik. Bei der Auswahl dessen, was sie in das Buch aufgenommen haben, ließen sich ie Bearbeiter von dem Gedanken leiten, daß diese Formelsammlung vor allem in der technischen Berufsausbildung, den technischen Gymnasien und im Grundstudium der Fachhochschulen und Jniversitäten Verwendung finden wird. Das Formellexikon wendet sich aber auch an Ingenieure, Physiker nd Chemiker, Techniker und Facharbeiter sowie technisch-physikalisch interessierte Laien.

Vir hoffen, daß die Neubearbeitung dieses bewährten Werkes vielen Schülern, Studenten, Vissenschaftlern und Ingenieuren hilft, die beim Lernen und während der Arbeit benötigten Formeln und egriffe schnell und sicher zu finden. Wir sind jedem Leser dankbar, der uns über Fehler und Jnstimmigkeiten informiert sowie Vorschläge zur Verbesserung dieses Werkes an uns richtet.

Ierbst 1992 — Bearbeiter und Verlag

Zur Normung von Einheiten und Formelzeichen

In den vergangenen Jahren wurde in fast allen Ländern der Erde das **Internationale Einheitensysten** (SI — Système International d'Unités) als gesetzliches Maßsystem (DIN 1301) eingeführt. Wegen de komplizierten Umstellungen im Meßwesen und der Notwendigkeit neuer Meßgeräte und Unterrichts mittel gab es bei einzelnen Einheiten teilweise lange Übergangsfristen. In der Umgangssprache werde die alten Einheiten (z. B. die Kalorie) noch lange gebraucht werden. Deswegen, und um die Benutzbarkei vieler älterer Fachbücher zu erleichtern, finden sich in diesem Buch an den entsprechenden Stellen Hin weise zur Umrechnung.

Eine solche Verbindlichkeit wie die Einheiten des SI haben die inzwischen auch international genormte **Formelzeichen** nicht. Sie sind im wesentlichen in der internationalen Norm ISO 31 Teil I bis X und de IEC-Publikation 27-1 zu finden. Ihr Grundzeichen, in der Regel ein lateinischer oder griechischer Buch stabe, leitet sich häufig von der englischen Bezeichnung der entsprechenden Größe ab (z. B. F-force) In Anbetracht der Tatsache, daß für Hunderte von Größen nur 86 Groß- und Kleinbuchstaben zur Verfü gung stehen, gibt es für häufig gebrauchte Größen Ausweichzeichen (z. B. für die Celsius-Temperatur und ϑ zur Unterscheidung vom Zeichen für die Zeit t).

Da die in den Normen festgelegten Formelzeichen nur empfehlenden Charakter haben, und außerden nicht alle Wissensgebiete umfassen, finden sich in vielen Publikationen hiervon abweichende Zeichen Ist die Bedeutung eines unbekannten Formelzeichens jedoch eindeutig erkennbar, läßt sich im vorlie genden Formellexikon auch mit Hilfe der dazugehörigen Begriffe die nötige Formel finden. Die wichtigst Norm hierfür ist DIN 1304 „Allgemeine Formelzeichen" vom März 1989. In den weiteren Teilen diese Norm werden die gegenwärtig noch unter anderen DIN-Nummern zu findenden speziellen Formelzeiche nach einheitlichen Kriterien zusammengefaßt.

Weitere Normen zu Größen, Einheiten und Formelzeichen:

DIN 1302	Allgemeine mathematische Zeichen und Begriffe
DIN 1304	Formelzeichen
DIN 1305	Masse, Wägewert, Kraft, Gewichtskraft, Gewicht, Last; Begriffe
DIN 1306	Dichte
DIN 1310	Zusammensetzung von Mischphasen; Begriffe, Formelzeichen
DIN 1311	Schwingungslehre
DIN 1313	Physikalische Größen und Gleichungen; Begriffe, Schreibweisen
DIN 1314	Druck
DIN 1332	Akustik; Formelzeichen
DIN 1338	Formelschreibweise und Formelsatz
DIN 1341	Wärmeübertragung
DIN 1342	Viskosität
DIN 1345	Thermodynamik; Formelzeichen, Einheiten
DIN 4701	Regeln für die Berechnung des Wärmebedarfs von Gebäuden
DIN 4896	Einfache Elektrolytlösungen; Formelzeichen
DIN 5473	Logik und Mengenlehre; Zeichen und Begriffe
DIN 5499	Brennwert und Heizwert
DIN 8941	Formelzeichen, Einheiten und Indizes in der Kältetechnik
DIN 13 317	Mechanik starrer Körper; Begriffe, Größen, Formelzeichen
DIN 13 345	Thermodynamik und Kinetik chemischer Reaktionen; Formelzeichen, Einheiten
DIN 13 346	Temperatur, Temperaturdifferenz; Grundbegriffe, Einheiten
DIN 25 404	Kerntechnik; Formelzeichen
DIN 32 625	Größen und Einheiten in der Chemie; Stoffmenge und davon abgeleitete Größen, Begriffe, Einheiten, Definitionen
DIN 40 108	Elektrische Energietechnik; Stromsysteme; Begriffe, Größen, Formelzeichen
DIN 40 110	Wechselstromgrößen

Hinweise für die Benutzung

Der Hauptteil dieses Buches enthält etwa **4000 alphabetisch geordnete Begriffe** aus der Mathematik, den Naturwissenschaften und der Technik. Um das hier konzentrierte Wissen auf verhältnismäßig kleinem Raum unterzubringen, mußten viele Sachgebiete so vernetzt werden, daß alle Formeln nur einmal aufgeführt zu werden brauchten. Diese Hinweise sollen die verschiedenen Möglichkeiten zeigen, gesuchte Formeln, Formelzeichen oder Begriffe aufzufinden.

Auf den Seiten 6 bis 14 finden Sie eine alphabetisch geordnete Zusammenstellung von **Formelzeichen** zu über 800 Begriffen (zuerst lateinische, dann griechische Buchstaben). Die **Einheiten physikalischer Größen** sind unter dem Stichwort „Einheiten" eingeordnet. Daran schließen sich die abgeleiteten Einheiten, Einheiten außerhalb des SI und nicht mehr anzuwendende Einheiten an. Am Ende des Buches finden Sie außerdem eine Auswahl wichtiger physikalischer Konstanten.

Die **Begriffe** im Hauptteil dieses Nachschlagewerks sind in der Regel Substantive. Ihre alphabetische Reihenfolge und Schreibweise folgen dem DUDEN. Die Umlaute stehen am selben Platz wie die betreffenden Buchstaben. Nach dem in Fettdruck herausgestellten Begriff folgen die **Formeln** und in vielen Fällen auch **Abbildungen**. In der rechten Spalte der Seiten befindet sich die Legende, in der alle zum Verständnis der Formel erforderlich Formelzeichen und Größen mit den zugehörigen Einheiten aufgeführt sind.

Die **Formelzeichen** sind *kursiv* gesetzt. Ein Sternchen (*) vor einem Begriff in der Legende weist darauf hin, daß dieser Begriff an anderer Stelle als Hauptbegriff aufgeführt, dort ausführlicher dargestellt und meist mit einer Formel erläutert wird. Verweispfeile (→) am Ende eines Begriffskomplexes lenken zu weiteren Begriffen des angesprochenen Sachverhalts. Falls eine physikalische oder technische Größe mit verschiedenen Begriffen benannt wird, weist der Pfeil auf den Hauptbegriff hin.

Aus der **Mathematik** finden Sie Regeln, Formeln, Berechnungsgleichungen und Begriffe bis zur Grenze der höheren Mathematik.

Die **Physik** ist mit den Grundlagen sowie mit vielen, auf die Praxis ausgerichteten Teilgebieten wie Mechanik, Optik, Thermodynamik, Strömungslehre, Atomphysik und Elektrotechnik/Elektronik vertreten.

Die **Chemie** ist neben Stoffwerten und Grundlagen besonders durch die verfahrenstechnischen Grundoperationen repräsentiert.

Eine Fülle von Formeln findet sich auch zur **technischen Mechanik** und zur **Fertigungstechnik** sowie aus den damit zusammenhängenden Bereichen.

Bei der Auswahl der Begriffe spielte auch die Erfahrung der Bearbeiter als Lehrer und Ingenieure eine Rolle. Deshalb wurde häufig auf den traditionellen Sprachgebrauch der Technik Rücksicht genommen, der neben der Terminologie der Normung weiterhin besteht. Obwohl bei den meisten zusammengesetzten Begriffen die Folge Substantiv/Adjektiv gewählt wurde, sind viele Begriffe auch unter dem Anfangsbuchstaben des Adjektivs zu finden, um auch auf diese Weise das Aufsuchen zu erleichtern.

Formelzeichen in alphabetischer Reihenfolge (griechische Buchstaben ab Seite 12)

Wenn für eine Größe mehrere Formelzeichen angegeben sind, ist das an erster Stelle genannte zu bevorzugen. Von den Formelzeichen mit Indizes sind der Übersichtlichkeit wegen nur die wichtigsten angegeben.

Formelzeichen	Benennung
a	Beschleunigung, Verzögerung
a	Empfangsspannung einer Mehrelemente-Antenne
a, f	absolute Feuchte
a	Gravitationsradius
a	Kosten der elektrischen Energie
a	Ladefaktor
a	Seitenlänge
a	spezifische Aktivität einer radioaktiven Substanz
a	Temperaturleitfähigkeit
a_0	*Bohr*-Radius
a_k	Kerbschlagzähigkeit
a_n	Normalbeschleunigung
a_n	Schallgeschwindigkeit für die Normatmosphäre nach DIN ISO 2533
a_t	Tangentialbeschleunigung
a_{VR}	Vor-Rückverhältnis
a_z	Zentrifugalbeschleunigung
$a(X)$	Aktivität der Ionen X in einer Lösung
$\ddot{a}(X)$	elektrochemisches Äquivalent des Stoffes mit den Teilchen X
A	Aktivität einer radioaktiven Substanz
A, S	Flächeninhalt, Fläche, Oberfläche
A	Nukleonenzahl
A	numerische Apertur
A	Spanungsquerschnitt
A_i	Ausbeute an Stoff i
A_o	Oberfläche
A_r	relative Atommasse
A_s	Spannungsquerschnitt
A_v	Kerbschlagarbeit
$A(\lambda)$	spektrales Absorptionsmaß bei der Wellenlänge λ
b	Bildweite
b	Bogenlänge
b	Breite
b	Ladungsträgerbeweglichkeit
b	Molalität
b_i	Molalität des Stoffes i
$b(X)$	Molalität des Stoffes mit den Teilchen X
B	Bildgröße
B	Biegesteifigkeit
B	Blindleitwert
B	magnetische Flußdichte
B	Massendefekt
B	Stromverstärkungsfaktor
B_C	kapazitiver Blindleitwert
B_i, J	magnetische Polarisation
B_L	induktiver Blindleitwert
c	elektrochemisches Äquivalent
c	Ausbreitungsgeschwindigkeit
c	Dipolspannung
c	Schallgeschwindigkeit
c	spezifische Wärmekapazität
c	Stoffmengenkonzentration
c_0	Lichtgeschwindigkeit im Vakuum
c_1	erste *Plancksche* Strahlungskonstante
c_2	zweite *Plancksche* Strahlungskonstante
c_A, A_v	Aktivitätskonzentration
c_A	Auftriebsbeiwert
c_i	Stoffmengenkonzentration des Stoffes i
c_n, a_n	Schallgeschwindigkeit bei Normal-Null
c_p	spezifische Wärmekapazität bei konstantem Druck
c_V	spezifische Wärmekapazität bei konstantem Volumen
c_W	Widerstandsbeiwert, Luftwiderstandsbeiwert
$c(X)$	Stoffmengenkonzentration eines Bestandteils aus den Teilchen X in einer Mischphase
$\cos\varphi$	Leistungsfaktor
C	elektrische Kapazität
C	Strahlungskonstante
C_i	Teilchenzahlkonzentration
C_m	molare Wärmekapazität
C, C_{th}	Wärmekapazität
C_Z	Zählerkonstante
d	relative Dichte
d, D	Durchmesser
d	Verlustfaktor
d_m	mittlerer Durchmesser
det	Determinante, z. B. det A
D	Brechwert
D	Dämpfungsfaktor
D	Direktionsmoment

Formelzeichen	Benennung
D	elektrische Flußdichte
D	Energiedosis
D	optische Dichte
D	Geschwindigkeitsgefälle
$\dot{D}$	Energiedosisrate, Energiedosisleistung
e	Basis der natürlichen Logarithmen
e	Elementarladung
e	*Eulersche* Zahl
E, W	Energie
E	Elastizitätsmodul
E, $A(\lambda)$	Extinktion, spektrales Absorptionsmaß
E	elektrische Feldstärke
E	Normalpotential
E	Schallenergiedichte
E_0	Standardpotential
E_B	Bindungsenergie
E_d	Durchschlagsfestigkeit
E_e	Bestrahlungsstärke
E_k, W_k	kinetische Energie
E_p, W_p	potentielle Energie
E_v	Beleuchtungsstärke
f, a	absolute Feuchte
f	Brennweite
f	Durchbiegung, Durchhang
f, ν	Frequenz
f	Packungsanteil
f	Reibungsarm, Hebelarm der Rollreibung
f	Vorschub
f_a	Aktivitätskoeffizient
f_A	Aliquotierfaktor
f_{Fe}	Eisenfüllfaktor
$f(X)$, $\gamma(X)$	Aktivitätskoeffizient der Ionen X
F	*Faraday*-Konstante
F	freie Energie
F	Formfaktor
F	Intervallmaß
F	Kraft
F_A	Auftriebskraft
F_c	Schnittkraft
F_C	*Coulomb*-Kraft
F_C	Scheitelfaktor
F_G, G	Gewichtskraft
F_r	resultierende Kraft
F_R	Reibungskraft
F_s	Seitendruckkraft
F_W	Widerstandskraft, Luftwiderstand
F_z	Zentrifugalkraft
Fo	*Fourier*-Zahl

Formelzeichen	Benennung
g, G	Antennengewinn
g	Fallbeschleunigung
g	Gegenstandsweite
g	Gleichzeitigkeitsgrad
g	Grundwert
g	Taktgrad
g_n	Normalfallbeschleunigung
G	freie Enthalpie
G	Gegenstandsgröße
G	Glättungsfaktor
G, f	Gravitationskonstante
G	elektrischer Leitwert
G	Schubmodul, Gleitmodul
G	Wirkleitwert
G_{th}	Wärmeleitwert, thermischer Leitwert
G_o	Höchstmaß
G_u	Mindestmaß
Gr	*Grashof*-Zahl
h	Höhe, Tiefe
h	*Planck*-Konstante, *Plancksches* Wirkungsquantum
h	spezifische Enthalpie
h_{dyn}	Geschwindigkeitshöhe
h_V	Verlusthöhe
Δh	Enthalpieänderung
Δh_s	Enthalpieänderung beim Schmelzen
H	Äquivalentdosis
H	Drehstoß
H	Enthalpie
H	Flächenmoment 1. Grades
H	magnetische Feldstärke
H	mittlerer Informationsgehalt
H	*Henry*-Konstante
$\dot{H}$	Äquivalentdosisrate, Äquivalentdosisleistung
H_0	Entscheidungsgehalt
H_b, H	geopotentielle Höhe
H_o	spezifischer Brennwert
H_e	Bestrahlung
H_i, M	Magnetisierung
H_m	molare Enthalpie
H_u	spezifischer Heizwert
ΔH_m	Verdampfungsenthalpie eines Gemisches
ΔH_V	Enthalpieänderung beim Verdampfen
HB	Härte nach *Brinell*
HV	Härte nach *Vickers*
i	Anzahl
i, m	Anzahl der Freiheitsgrade
i	Augenblickswert des elektrischen Stromes
i, j	imaginäre Einheit
$\hat{i}$	Scheitelwert der elektrischen Stromstärke
i	Trägheitsradius
i, $ü$	Übersetzungsverhältnis

Formelzeichen	Benennung
I	elektrische Stromstärke (Effektivwert)
I	Flächenmoment 2. Grades
$I(x_i)$	Informationsgehalt eines Ergebnisses
I	Kraftstoß
I	Massenstromdichte
I	Schallintensität
I_A	Ankerstrom
I_B	Basisstrom
I_{bC}	kapazitiver Blindstrom
I_{bL}	induktiver Blindstrom
I_C	Kollektorstrom
I_d	Last-Gleichstrom
I_d	Fehlerstrom
I_d	Drainstrom
I_e	Strahlstärke
I_{GSS}	Gate-Source-Reststrom
I_k	Kurzschlußstrom
I_L	Laststrom
I_m	Meßwerkstrom
$I_{\Delta n}$	Nennfehlerstrom
I_p	Parallelstrom
I_p	polares Flächenmoment 2. Grades
I_q	Querstrom
I_v	Lichtstärke
j	magnetisches Dipolmoment
J, j	elektrische Stromdichte
J	Ionendosis
J	Trägheitsmoment, Massenmoment 2. Grades (früher Massenträgheitsmoment)
$\dot{J}$	Ionendosisrate, Ionendosisleistung
k	*Boltzmann*-Konstante
k	Kanalfaktor
k	Kapitaldienst (Verzinsung und Abschreibung)
k	Oberschwingungsgehalt
k	Raumindex für direkte Beleuchtung
k	Stoßfaktor
k	Wärmedurchgangskoeffizient, Wärmedurchgangszahl
k_0	Anfangskapital
k_c	spezifische Schnittkraft
k_i	Raumindex für indirekte Beleuchtung
k_n	Kapital nach n Verzinsungen
K	Gleichgewichtskonstante
K	Kapazität eines Elementes
K	Kerma
K	Kompressionsmodul
K	Kosten, Stromkosten
K	Verteilungskoeffizient bei der Extraktion
$\dot{K}$	Kermarate, Kermaleistung
K_b	ebullioskopische Konstante
K_D	Dissoziationskonstante
K_m	kryoskopische Konstante
$K_{r(n)}$	Anzahl der möglichen Kombinationen bei n Elementen
K_W	Ionenprodukt des Wassers
l	Länge
l, λ	mittlere freie Weglänge
l_e	Elementarlänge
l_f	Vorschubweg
l_n	mittlere freie Weglänge der Luftteilchen bei Normal-Null
l_r	Reißlänge
l_w	wirksame Länge
lb	binärer Logarithmus
lg	dekadischer Logarithmus
ln	natürlicher Logarithmus
log	Logarithmus
L	Drall, Drehimpuls
L	Druckliniengefälle
L	Induktivität
L	Löslichkeitsprodukt
L_A	Lichtablenkung
L_I	Schallintensitätspegel
L_m	mittlere Länge
L_{mn}	gegenseitige Induktivität
L_N	Lautstärkepegel
L_p	Leistungspegel
L_p	Schalldruckpegel
L_u	Spannungspegel
L_v	Leuchtdichte
L_W, L_p	Schalleistungspegel
m	elektromagnetisches Moment
m	magnetisches (Flächen-)Moment
m	Masse
m	Modul
m	Öffnungsverhältnis
m	*Poisson*-Konstante
m	Stoffmasse
m	Strangzahl, Phasenzahl
m	Trumkraftverhältnis
m	Widerstandsverhältnis
$\dot{m}$, q_m	Massenstrom, Massendurchsatz
m_a, $m(X)$	Atommasse, Atommasse des Nuklids X
m_e	Elektronenmasse
m_M	Masse eines Moleküls
m_n	Neutronenmasse
m_N	Kernmasse
m_p	Protonenmasse
m_{red}	reduzierte Masse (Mechanik)
m_u	Atommassenkonstante
m_0	Ruhemasse

Formelzeichen	Benennung
M	Kraftmoment, Drehmoment
M	molare Masse (stoffmengenbezogene Masse)
M_b	Biegemoment
M_B	molare Masse des Stoffes B
M_r	relative Molekülmasse
M_t, M_T, T	Torsionsmoment, Drillmoment
$M(X)$	molare Masse des Stoffes mit den Teilchen X
$M\left(\frac{1}{z^*}X\right)$	molare Masse von Äquivalenten
Ma	*Mach*-Zahl
n	Anzahl
n	Brechzahl
n	Hauptquantenzahl
n	Läuferdrehzahl
n, ν	Stoffmenge
n	Umdrehungsfrequenz (Drehzahl)
n	Zerkleinerungsgrad
$\dot{n}$	Stoffmengenstrom
n_i	Stoffmenge des Stoffes i
n_n	Teilchendichte der Luft bei Normal-Null
n_s	Drehfelddrehzahl
$n_{th,min}$	Mindeststufenzahl bei einer Rektifikation
$n(X)$	Stoffmenge des Stoffes aus den Teilchen X
$n\left(\frac{1}{z^*}X\right)$	Äquivalent-Stoffmenge des Stoffes aus den Teilchen X
N	Nennmaß
N	Neutronenzahl
N	Lautheit
N	Teilchenzahl
N	Windungszahl
$\dot{N}$, ω	(mittlere) Stoßzahl, Stoßfrequenz
N_A, L	*Avogadro*-Konstante
N_L	*Loschmidt*-Konstante
Nu	*Nußelt*-Zahl
O	Oxidationszahl
p	Bewegungsgröße, Impuls
p	Druck
p, p_e	elektrisches Dipolmoment
p	Flächenpressung
p	Polpaarzahl
p	Planungsfaktor
p	Prozentsatz
p	Schalldruck
p	Teilung
p	Zinssatz
p_{abs}	absoluter Druck
p_{amb}	umgebender Atmosphärendruck
p_c	kritischer Druck
p_{dyn}	Staudruck (dynamischer Druck)
p_e	Überdruck
p_i	Partialdruck des Stoffes i
p_n	Normdruck
pH	negativer dekadischer Logarithmus der Wasserstoffionenkonzentration
Δp	Druckverlust
Δp	Unschärfe (Unbestimmtheit) eines Impulses
$p(X)$	Partialdruck des Stoffes mit den Teilchen X
P	elektrische Polarisation
P	Gewindesteigung
P	Leistung
P	Schalleistung
P_0	Bezugsleistung
P_1	Eingangsleistung
P_2	Ausgangsleistung
P_c	Schnittleistung
P_d	Gleichstromleistung
P_T	Transformator-Bauleistung
P_v	Leistungsverlust, Verlustleistung
$P(E)$	Wahrscheinlichkeit für das Ereignis E
$P(n)$	Anzahl der Permutationen von n verschiedenen Elementen
Pe	*Peclet*-Zahl
Pr	*Prandtl*-Zahl
q	Aufzinsfaktor, Zinsfaktor
q	Bewertungsfaktor
q	erforderliche Wärmemenge, um 1 mol Zulauf bei der Rektifikation zu verdampfen, bezogen auf die molare Verdampfungsenthalpie des Zulaufs
q	Querstromverhältnis
q	Streckenlast, Flächenlast
q	Schallfluß
q	spezifische Partialstoffmenge
q	spezifische Schmelzwärme
q	Wärmestromdichte
q_i	spezifische Partialstoffmenge des Stoffes i
$q(X)$	spezifische Partialstoffmenge des Stoffes mit den Teilchen X
Q, P_q	Blindleistung
Q	Gütefaktor
Q	elektrische Ladung, Elektrizitätsmenge
Q	Wärme, Wärmemenge
Q	Zeitspanungsvolumen
$\dot{Q}$, Φ_{th}, Φ	Wärmestrom (nach DIN 1304 bevorzugt Φ_{th})
Q_C	kapazitive Blindleistung
Q_e	Strahlungsenergie
Q_L	induktive Blindleistung
Q_N	Nutzwärme
Q_S	Stromwärme

Formelzeichen	Benennung
r	Betrag (Modul) einer komplexen Zahl
r	Radius, Abstand
r	relative Redundanz
r	spezifische Verdampfungswärme
r	Stoffmengenverhältnis
r_0	Radius des Protons
r_F	differentieller Durchlaßwiderstand
r_h	hydraulischer Radius
r_{ik}	Stoffmengenverhältnis der Stoffe i und k
R	elektrischer Widerstand
R	Redundanz
R	Schalldämm-Maß
R	universelle Gaskonstante
R	Teilchenzahlverhältnis
R_∞	*Rydberg*-Konstante
R_A	Ankerwiderstand
R_B	individuelle (spezielle) Gaskonstante des Stoffes B
R_C	Kollektorwiderstand
R_{DS}	Drain-Source-Widerstand
R_e	Eingangswiderstand
R_e	Erregerwiderstand
R_E	Emitterwiderstand
R_F	statischer Durchlaßwiderstand
R_F	Flächenwiderstand
R_F	differentieller Sperrwiderstand
R_{GS}	Gate-Source-Widerstand
R_H	*Hall*-Konstante
R_H	*Rydberg*-Konstante für Wasserstoff
R_i	Innenwiderstand
R_{ik}	Teilchenzahlverhältnis der Stoffe i und k
R_k	Wärmedurchgangswiderstand
R_k	Widerstand der Kompensationswicklung
R_K	Rückkoppelwiderstand
R_L	Lastwiderstand
R_m	magnetischer Widerstand
R_m	Zugfestigkeit
R_p	Parallelwiderstand
R_R	statischer Sperrwiderstand
R_s	Siebwiderstand
R_{St}	Standortübergangswiderstand
R_{th}	Wärmewiderstand, thermischer Widerstand
R_v	Basis-Vorwiderstand
R_v	Vorwiderstand
R_α	Wärmeübergangswiderstand
R_λ	Wärmeleitwiderstand
Re	*Reynolds*-Zahl
s	Abstand
s	Elektronenspin
s	Schlupf
s	Siebfaktor
s	spezifische Entropie
s	Standardabweichung
s	Weglänge, Weg
$\sin\varphi$	Blindfaktor
S	Entropie
S	Flankensteilheit
S	Leistungsflußdichte
S, A	Querschnittsfläche (insbes. als Prüf- bzw. Probenquerschnitt; nach DIN 1304 bevorzugt S, q)
S, P_s	Scheinleistung
S	stöchiometrischer Index
S_1	Eingangsgröße
S_2	Ausgangsgröße
S_B, P_T	Bauleistung
S_D	Durchgangsleistung
S_n	Summe einer arithmetischen, geometrischen oder harmonischen Reihe
S_N	Nennscheinleistung
Sr	*Strouhal*-Zahl
St	*Stanton*-Zahl
t, ϑ	*Celsius*-Temperatur
t	Titer
t	Zeit, Zeitspanne, Dauer
t_e	Elementarzeit
t_g	Grundzeit
t_h	Hauptnutzungszeit
t_i	Impulszeit
t_L	Ladezeit
T, Θ	absolute Temperatur (Kelvin-Temperatur, thermodynamische Temperatur)
T	Maßtoleranz
T	Periodendauer, Schwingungsdauer
T	Tarif
T	Übertragungsfaktor
T_0	thermodynamische Temperatur des Eispunktes
$T_{1/2}$	Halbwertszeit
T_c	kritische Temperatur
T_n	(absolute) Normtemperatur
ΔT, Δt, $\Delta\vartheta$	Temperaturdifferenz
ΔT	Gefrierpunkterniedrigung, Siedepunktserhöhung
u	Augenblickswert der elektrischen Spannung
u	Geschwindigkeit
u, c, C	Phasengeschwindigkeit
u	spezifische innere Energie
$ü$, i	Übersetzungsverhältnis (bevorzugt i)
u_i	Selbstinduktionsspannung, indizierte Spannung
$\hat{u}$	Scheitelwert der elektrischen Spannung

Formelzeichen	Benennung
U	elektrische Spannung (Effektivwert)
U	Gravitationspotential
U	innere Energie
U	Umfang
U	Umsatz bei chemischen Reaktionen
U_0	Leerlaufspannung, Quellenspannung
U_1	Eingangsspannung
U_2	Ausgangsspannung
U_{20}	Leerlaufspannung des Spannungsteilers
U_b	Blindspannung
U_bC	kapazitive Blindspannung
U_bL	induktive Blindspannung
U_B	Bürstenspannung
U_BE	Basis-Emitterspannung
U_d	Durchschlagsspannung
U_di	ideelle Leerlauf-Gleichspannung
U_GS	Gate-Source-Spannung
$U_\mathrm{GS\ off}$	Abschnürspannung
U_H	*Hall*-Spannung
U_L	höchstzulässige Berührungsspannung
U_L	Ladespannung
U_m	Meßwerkspannung
U_m	molare innere Energie
U_w	elektrische Wirkspannung
v	Driftgeschwindigkeit
v, u, w, c	Geschwindigkeit
v	Rücklaufverhältnis bei der Rektifikation
v	Schallschnelle
v	spezifisches Volumen
v	Tastverhältnis
v	Variationskoeffizient
v	Verminderungsfaktor
v	Verstärkungsmaß
v_0	Anfangsgeschwindigkeit
v^n	Diskontierungsfaktor
v_A	Absetzgeschwindigkeit
v_c	Schnittgeschwindigkeit
v_f	Vorschubgeschwindigkeit
v_min	Mindestrücklaufverhältnis bei der Rektifikation
v_t	Endgeschwindigkeit
v_u	Umfangsgeschwindigkeit
V	Verstärkungsfaktor
V	Volumen, Rauminhalt
V, V_m	magnetische Spannung
V	Spannungsverstärkungsfaktor
$\dot{V}, q_V$	Volumenstrom, Volumendurchsatz
V_m	molares (stoffmengenbezogenes) Volumen
$V_\mathrm{m,0}$	molares Normvolumen eines idealen Gases
$V_\mathrm{m,n}$	molares (stoffmengenbezogenes) Normvolumen

Formelzeichen	Benennung
V_n	Normvolumen
V_r (n)	Anzahl der möglichen Variationen bei n Elementen
w, w_m	elektromagnetische Energiedichte
w	Energiedichte, volumenbezogene Energiedichte
w	Massenanteil
w	Prozentwert
w	Strahlungsenergiedichte
w	Welligkeitsfaktor
w_e	elektrische Energiedichte
w_i	Massenanteil des Stoffes i
w(X)	Massenanteil des Stoffes aus den Teilchen X
W	axiales Widerstandsmoment
W, A	Arbeit, Energie
W_ab	abgegebene Energie
W_f	Formänderungsarbeit
W_kin	kinetische Energie
W_p	Druckenergie
W_p	polares Widerstandsmoment
W_pot	potentielle Energie
W_R	Reibungsarbeit
W_th	Wärmedichte
W_zu	zugeführte Energie
We	*Weber*-Zahl
x	Elongation
x	Stoffmengenanteil
$\hat{x}$	Amplitude
$\bar{x}$	arithmetisches Mittel
$\bar{x}_\mathrm{G}$	geometrisches Mittel
$\bar{x}_\mathrm{H}$	harmonisches Mittel
x_i	Stoffmengenanteil des Stoffes i
x(X)	Stoffmengenanteil des Stoffes aus den Teilchen X
X	Blindwiderstand
X_C	kapazitiver Blindleitwert
X_L	induktiver Blindwiderstand
y	Stoffmengenanteil in der Dampfphase
Y	Scheinleitwert
z, z^*	Äquivalentzahl
z	komplexe Zahl
z	Leiterzahl
z	mechanische Impedanz
z	Zähnezahl
z_n	Zinsen nach n Verzinsungen

Formelzeichen	Benennung
z_p	Pulszahl je Periode
z_s	Widerstand der Fehlerschleife
z_U	Schrittzahl je Minute
Z	Protonenzahl
Z	Feldimpedanz
Z	elektrischer Scheinwiderstand
Z	Wellenwiderstand
Z_a	Flußimpedanz
α	Aberrationskonstante
α	Absorptionsgrad
α	Dehnungskoeffizient
α	Dissoziationsgrad
α	Einschnürungszahl
α	Füllgrad
α	Proportionalitätsfaktor bei der Filtration
α	relative Flüchtigkeit, Trennfaktor
α	Schallabsorptionsgrad
α, $\alpha_i(\lambda)$	spektraler Reinabsorptionsgrad, Absorption
α	Schrittwinkel
α	*Sommerfeld*-Feinstrukturkonstante
α	Wärmeübergangskoeffizient
α	Winkelbeschleunigung
α	Zündwinkel
α_0	Anstrengungsverhältnis
α_l, α	(thermischer) Längenausdehnungskoeffizient
α_V, γ	(thermischer) Volumenausdehnungskoeffizient
β	Abbildungsmaßstab
β	Massenkonzentration
β	Proportionalitätsfaktor bei der Filtration
β	Schubkoeffizient
β	Ziehverhältnis
β_i	Massenkonzentration des Stoffes i
β_K	Kerbwirkungszahl
γ, σ, $\varkappa$	elektrische Leitfähigkeit
γ	gyromagnetischer Koeffizient
γ	Schiebung, Gleitung
γ_i	Aktivitätskoeffizient der Teilchen i

Formelzeichen	Benennung
δ	relative Viskosität
δ	Schalldissipationsgrad
δ	Abklingkoeffizient
δ	Verlustwinkel
δ	Wachstumsintensität bei der Zinsrechnung
Δ	Differenz zweier Werte
ΔT, Δt, $\Delta\vartheta$	Temperaturdifferenz
ε	Dehnung
ε	Emissionsgrad
ε	molarer Absorptionskoeffizient, molarer Extinktionskoeffizient
ε	Permittivität
ε	Verdichtungsverhältnis
ε_0	elektrische Feldkonstante
ε_q	Querdehnung, Querkürzung
ε_r	Permittivitätszahl, relative Permittivität
ζ	Arbeitsgrad
ζ	Druckverlustzahl für Formstücke in Rohrleitungen
ζ	Massenverhältnis
ζ	Wärmenutzungsgrad
ζ_{Ah}	Ladungs-Nutzungsgrad, Ladungsverhältnis
ζ_{ik}	Massenverhältnis der Stoffe i und k
ζ_{Wh}	Energie-Nutzungsgrad, Energieverhältnis
η	Abscheidungsgrad
η	dynamische Viskosität
η	Wirkungsgrad
η_B	Beleuchtungswirkungsgrad
η_i	Stromausbeute
η_{LB}	Leuchtenbetriebswirkungsgrad
η_R	Raumwirkungsgrad
η_{th}	Wärmewirkungsgrad, thermischer Wirkungsgrad
ϑ, t	*Celsius*-Temperatur
ϑ	Dispersion
ϑ_0	*Celsius*-Temperatur des Eispunktes bei Normal-Null
ϑ_b, ϑ_S	Siedepunkt
ϑ_j	Sperrschichttemperatur
ϑ_m	Mischungstemperatur
ϑ_m	Schmelzpunkt
ϑ_{Sch}	Schmelzpunkt
$\Delta\vartheta$, ΔT, Δt	Temperaturdifferenz
$\Delta\vartheta_m$, ΔT_m	mittlere logarithmische Temperaturdifferenz

Formelzeichen	Benennung
Θ	magnetische Durchflutung
$\varkappa$	Isentropenexponent
$\varkappa$	Kompressibilität
$\varkappa$, σ	Leitfähigkeit einer Lösung
$\varkappa$	Paar-Bildungskoeffizient
$\varkappa$	Verhältnis der spezifischen Wärmekapazitäten
$\varkappa_a$	Paar-Umwandlungskoeffizient
$\varkappa(\lambda)$	molarer dekadischer Absorptionskoeffizient, molarer dekadischer Extinktionskoeffizient
λ	Leistungsfaktor
λ, l	mittlere freie Weglänge
λ	Reibungsverlustzahl, Rohrreibungszahl, Rohrwiderstandszahl
λ	Schlankheitsgrad
λ	Wärmeleitfähigkeit, Wärmeleitkoeffizient
λ	Wellenlänge
λ	Zerfallskonstante
λ_B	*de Broglie*-Wellenlänge
λ_C	*Compton*-Wellenlänge
Λ	magnetischer Leitwert
Λ	molare Leitfähigkeit, Äquivalentleitfähigkeit
μ	Ausflußzahl
μ	*Joule-Thomson*-Koeffizient
μ	magnetisches Moment in der Atomphysik
μ	*Mach*-Winkel
μ, ν	*Poisson*-Zahl
μ	reduzierte Masse (Atomphysik)
μ	Reibungszahl (Gleitreibung)
μ	Schwächungskoeffizient
μ'	Gewinde-Reibungszahl
μ_0	magnetische Feldkonstante
μ_0	Reibungszahl (Ruhereibung)
μ_B	*Bohr*-Magneton
μ_N	Kernmagneton
μ_p	magnetisches Moment des Protons
μ_r	Permeabilitätszahl, relative Permeabilität
μ_R	Rollreibungszahl
μ_{tr}	Energie-Umwandlungskoeffizient
ν	kinematische Viskosität
ν	Sicherheitsfaktor
ν	stöchiometrische Zahl
ν_d	*Abbe*-Zahl
ν_n	kinematische Viskosität bei Normal-Null
π	Kreiszahl
π	Peltier-Koeffizient
Π	osmotischer Druck
Π	Produkt

Formelzeichen	Benennung
ϱ	Dichte
ϱ	Raumladungsdichte
ϱ	Reflexionsgrad
ϱ	Reibungswinkel
ϱ	spezifischer elektrischer Widerstand
ϱ_0	Dichte eines Bezugsstoffes
ϱ_n	Normdichte
ϱ_S	Schüttdichte
σ	Flächenladungsdichte
σ	mechanische Normalspannung
σ, γ	Oberflächenspannung
σ	Repetenz (Wellenzahl)
σ	spezifische Sublimationswärme
σ	*Stefan-Boltzmann*-Konstante
σ	Streufaktor
σ	Streukoeffizient
σ	Volumenkonzentration
σ_b	Biegespannung
σ_C	*Compton*-Koeffizient
σ_{Ca}	*Compton*-Umwandlungskoeffizient
σ_d	Druckspannung
σ_i	Volumenkonzentration des Stoffes i
σ_K	Knickspannung
σ_z	Zugspannung
Σ	Summe
τ	Impulsdauer
τ	mittlere Lebensdauer, z.B. einer radioaktiven Substanz
τ	Photo-Schwächungskoeffizient
τ	Transmissionsgrad
τ	Schalltransmissionsgrad
τ	Schubspannung
τ, $\tau_i(\lambda)$	spektraler Reintransmissionsgrad, Durchlässigkeit
τ, T	Zeitkonstante
τ_a	Abscherspannung
τ_a	Photo-Umwandlungskoeffizient
τ_p	Polteilung
τ_t	Verdrehspannung, Torsionsspannung
φ	Argument (Phase) einer komplexen Zahl in Polarform
φ	Drehwinkel
φ	Fluidität
φ	Phasenverschiebungswinkel
φ, U, R	relative Feuchte
φ	Stufensprung
φ	Volumenanteil
φ, φ_e	elektrisches Potential

Formelzeichen	Benennung	Formelzeichen	Benennung
φ_i	Volumenanteil des Stoffes i	ψ	Energieflußdichte
φ (X)	Volumenanteil des Stoffes aus den Teilchen X	ψ	Volumenverhältnis
		ψ_{ik}	Volumenverhältnis der Stoffe i und k
Φ	Strahlungsfluß	Ψ	elektrischer Fluß
Φ	Fluenz, Teilchenfluenz	Ψ	Energieflußdichte
Φ_e, Φ	auftreffende Strahlungsleistung, Strahlungsfluß		
Φ_{th}, Φ, $\dot{Q}$	Wärmestrom	ω	Knickzahl
Φ_v	Lichtstrom	ω	Kreisfrequenz
		ω	Winkelgeschwindigkeit, Drehgeschwindigkeit
χ_e, χ	elektrische Suszeptibilität	Ω, ω	Raumwinkel
χ_m, χ	magnetische Suszeptibilität		

Abbe-Zahl

$$\nu_d = \frac{n_d - 1}{n_F - n_C} = \frac{1}{\vartheta_{rel}}$$

→ Dispersion des Lichtes, Brechzahl

ν_d	*Abbe*-Zahl	1
n_d	* Brechzahl für die *Fraunhofer*-Linie d	1
n_F	* Brechzahl für die *Fraunhofer*-Linie F	1
n_C	* Brechzahl für die *Fraunhofer*-Linie C	1
ϑ_{rel}	relative * Dispersion	1

Abbildungsgesetz

→ Linsenformel

Abbildungsmaßstab

$$\beta = \frac{B}{G} = \frac{b}{g} = \frac{b - f}{f}$$

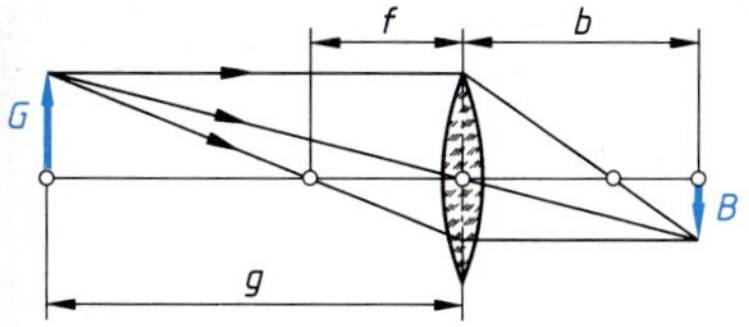

β	Abbildungsmaßstab	1
B	* Bildgröße	m
b	* Bildweite	m
G	Gegenstandsgröße	m
g	* Gegenstandsweite	m
f	* Brennweite	m

Aberrationskonstante

α = 20,469″ (Bogensekunden)

$\alpha = 99{,}236434 \cdot 10^{-6}$ rad

→ Aberrationswinkel, Lichtablenkung

α	Aberrationskonstante	″, rad

Die Aberrationskonstante ist der Betrag des * Aberrationswinkels für Sterne im Pol der Ekliptik.

Aberrationswinkel

$$\tan \alpha = \frac{v}{c_0}$$

→ *Doppler*-Effekt, Geschwindigkeit

α	Aberrationswinkel	rad
v	* Geschwindigkeit des Beobachters	m/s
c_0	* Lichtgeschwindigkeit	m/s

Abklingkoeffizient

$$\delta = \frac{1}{\tau} = \frac{R}{2 \cdot L}$$

→ Anklingkoeffizient

δ	Abklingkoeffizient	1/s
τ	Abklingzeit, Relaxationszeit	s
R	elektrischer * Widerstand	Ω
L	* Induktivität	H = Ω · s

Ableitungsregeln (Differentiationsregeln)

Ableitung einer Konstanten C

$y = C \qquad y' = 0$

Ableitung einer Funktion mit konstantem Faktor

$y = a \cdot u(x) \qquad y' = a \cdot u'(x)$

Ableitung einer algebraischen Summe von Funktionen

$y = u(x) \pm v(x) \pm w(x) \pm \ldots$

$y' = u'(x) \pm v'(x) \pm w'(x) \pm \ldots$

y	reelle Funktion von x
y'	Ableitung von y
x	Variable
C	Konstante
a	konstanter Faktor, Basis eines Logarithmus
$u, u(x)$	Funktion von x

Ableitung eines Produkts aus 2 Funktionen (*Produktregel*)

$y = u(x) \cdot v(x) \qquad y' = u'(x) \cdot v(x) + u(x) \cdot v'(x)$

Ableitung eines Quotienten aus 2 Funktionen

$y = \frac{u(x)}{v(x)}$ mit $v(x) \neq 0 \qquad y' = \frac{u'(x) \cdot v(x) - u(x) \cdot v'(x)}{[v(x)]^2}$

Ableitung einer mittelbaren Funktion (= Ableitung einer Funktion von einer Funktion)

Kettenregel:

$y = f[u(x)] \qquad y' = f'(u) \cdot u'(x) = \frac{dy}{du} \cdot \frac{du}{dx}$

$u', u'(x)$ Ableitung von u

$v, v(x)$ Funktion von x

$v', v'(x)$ Ableitung von v

$w, w(x)$ Funktion von x

$w', w'(x)$ Ableitung von w

e * *Eulersche* Zahl (Basis der natürlichen Logarithmen) $e = 2{,}718\ldots$

Ableitung einiger Grundfunktionen

Funktion	abgeleitete Funktion	Funktion	abgeleitete Funktion
$y = C$	$y' = 0$	$y = \ln x$	$y' = \frac{1}{x}$
$y = x^n$	$y' = n \cdot x^{n-1}$	$y = \log_a x$	$y' = \frac{1}{x \cdot \ln a}$
$y = a \cdot x^n$	$y' = a \cdot n \cdot x^{n-1}$	$y = \sqrt{x}$	$y' = \frac{1}{2 \cdot \sqrt{x}}$
$y = x$	$y' = 1$	$y = \sin x$	$y' = \cos x$
$y = a \cdot x^n + C$	$y' = a \cdot n \cdot x^{n-1}$	$y = \cos x$	$y' = -\sin x$
$y = a_n \cdot x^n + a_{n-1} \cdot x^{n-1} + \ldots + a_1 \cdot x + a_0$	$y' = n \cdot a_n \cdot x^{n-1} + (n-1) \cdot a_{n-1} \cdot x^{n-2} + \ldots + a_1$	$y = \tan x$	$y' = 1 + \tan^2 x$
$y = a^x$	$y' = a^x \cdot \ln a$	$y = \cot x$	$y' = -(1 + \cot^2 x)$
$y = e^x$	$y' = e^x$		

Abscheidungsgrad in Elektrofiltern

$$\eta = 1 - e^{-\frac{A \cdot v \cdot t}{V}}$$

η	Abscheidungsgrad	1
e	Basis der natürlichen Logarithmen $e = 2{,}718\ldots$	1
A	Fläche der Elektrode, die den Staub aufnimmt	m^2
v	Wanderungsgeschwindigkeit der Staubkörner im elektrischen Feld	m/s
V	* Volumen des Filterraumes	m^3
t	Verweilzeit des Gases im Filterraum (Durchströmzeit)	s

Abscherfestigkeit

→ Scherfestigkeit

Abscherspannung

→ Scherspannung

Absolute Beschleunigung

→ Coriolisbeschleunigung

Absolute Luftfeuchte

→ Feuchte

Absoluter Druck

→ Druck

Absoluter Nullpunkt

→ Temperatur

Absorption

eines Gases in einem Absorptionsmittel

Gleichung für die Gleichgewichtskurve

$$\zeta_{AS} = \frac{\frac{M_A}{M_S} \cdot p \cdot \zeta_{AG}}{\left(\zeta_{AG} + \frac{M_A}{M_G}\right) \cdot H - p \cdot \zeta_{AG}}$$

Bilanzgerade bei Gegenstrom

$$\zeta_{AS,aus} = \frac{\dot{m}_G}{\dot{m}_S} \cdot \zeta_{AG,ein} + \zeta_{AS,ein} - \frac{\dot{m}_G}{\dot{m}_S} \cdot \zeta_{AG,aus}$$

$$\zeta_{AG} = \frac{m_{AG}}{m_G}; \quad \zeta_{AS} = \frac{m_{AS}}{m_S}$$

Mindestverhältnis von Absorptionsmittel zu Trägergas

$$\left(\frac{\dot{m}_S}{\dot{m}_G}\right)_{min} = \frac{\zeta_{AG,ein} - \zeta_{AG,aus}}{\zeta_{AS,aus,max} - \zeta_{AS,ein}}$$

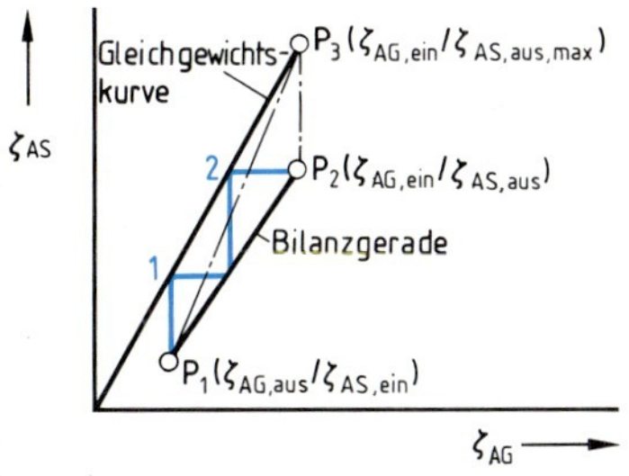

Die Anzahl der Stufen im Diagramm entspricht der erforderlichen Anzahl theoretischer Trennstufen in der Anlage.

ζ_{AS}	* Massenverhältnis (Quotient aus m_{AS} und m_S)	1
ζ_{AG}	* Massenverhältnis (Quotient aus m_{AG} und m_G)	1
p	Gesamtdruck in der Anlage	Pa
M_A	* molare Masse des zu absorbierenden Gases (Absorbens)	kg/mol
M_S	* molare Masse des Absorptionsmittels (Solvent, Waschflüssigkeit)	kg/mol
M_G	* molare Masse des Trägergases	kg/mol
H	*Henry*-Konstante	Pa
$\dot{m}_G$	* Massenstrom des Trägergases	kg/s
$\dot{m}_S$	* Massenstrom des Absorptionsmittels	kg/s
m_{AG}	* Masse des zu absorbierenden Gases (Absorbens) im Trägergas	kg
m_G	* Masse des Trägergases	kg
m_{AS}	* Masse des zu absorbierenden Gases (Absorbens) im Absorptionsmittel	kg
m_S	* Masse des Absorptionsmittels (Solvent)	kg

Indizes:

ein: Eintritt in die Anlage
aus: Austritt aus der Anlage
max: maximaler Wert
min: minimaler Wert

Absorptionsgrad

$$\alpha = \frac{\Phi_a}{\Phi}$$

$$\alpha = 1 - \varrho - \tau$$

→ *Kirchhoff*gesetz der Wärmestrahlung, Strahlungsleistung

α	Absorptionsgrad	1
Φ_a	absorbierte * Strahlungsleistung	W
Φ	auffallende * Strahlungsleistung	W
ϱ	* Reflexionsgrad	1
τ	* Transmissionsgrad	1

Absorptionsmaß, spektrales

→ Extinktion

Achsen und Wellen

Kreisquerschnitt, auf Biegung beansprucht

Biegemoment

$$M_b = W \cdot \sigma_{b\,zul} = \frac{\pi \cdot d^3}{32} \cdot \sigma_{b\,zul}$$

Erforderlicher Durchmesser

$$d \approx 2{,}17 \cdot \sqrt[3]{\frac{M_b}{\sigma_{b\,zul}}}$$

M_b	* Biegemoment	N · mm
M_t	Torsionsmoment	N · mm
M_V	ideelles Moment, Vergleichsmoment	N · mm
W	axiales * Widerstandsmoment	mm^3
W_p	polares * Widerstandsmoment	mm^3
$\sigma_{b\,zul}$	zulässige * Biegespannung	N/mm^2

Kreisquerschnitt, auf Torsion beansprucht

Drehmoment (Torsionsmoment)

$$M_t = W_p \cdot \tau_{t\,zul} = \frac{\pi \cdot d^3}{16} \cdot \tau_{t\,zul}$$

Erforderlicher Durchmesser

$$d \approx 1{,}71 \cdot \sqrt[3]{\frac{M_t}{\tau_{t\,zul}}}$$

$\tau_{t\,zul}$	zulässige Torsionsspannung	N/mm^2
d	Durchmesser	mm
α_0	Anstrengungsverhältnis	1

→ Biegefestigkeit, Festigkeitshypothesen, Flächenmoment 2. Grades, Verdrehfestigkeit, Verdrehspannung

Kreisquerschnitt, auf Biegung und Torsion beansprucht

Ideelles Moment, Vergleichsmoment

$$M_V = \sqrt{M_b^2 + 0{,}75 \cdot (\alpha_0 \cdot M_t)^2}$$

Erforderlicher Durchmesser

$$d \approx 2{,}17 \cdot \sqrt[3]{\frac{M_V}{\sigma_{b\,zul}}}$$

Achteck, regelmäßiges

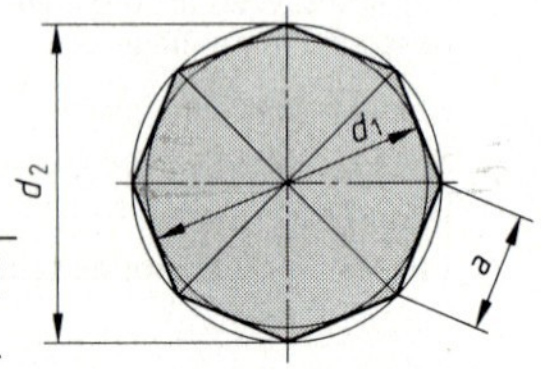

$$d_1 = \frac{d_2}{2} \cdot \sqrt{2 + \sqrt{2}}$$

$$d_1 = a \cdot (\sqrt{2} + 1)$$

$$d_2 = d_1 \cdot \sqrt{4 - 2 \cdot \sqrt{2}}$$

$$d_2 = a \cdot \sqrt{4 + 2 \cdot \sqrt{2}}$$

$$r_1 = \frac{r_2}{2} \cdot \sqrt{2 + \sqrt{2}}$$

$$r_1 = \frac{a}{2} \cdot \left(\sqrt{2} + 1\right)$$

$$r_2 = r_1 \cdot \sqrt{4 - 2 \cdot \sqrt{2}} = \frac{a}{2} \cdot \sqrt{4 + 2 \cdot \sqrt{2}}$$

$$a = 2 \cdot r_1 \cdot \left(\sqrt{2} - 1\right) = r_2 \cdot \sqrt{2 - \sqrt{2}} = \sqrt{d_2^2 - d_1^2}$$

$$A = 2 \cdot d_1^2 \cdot \left(\sqrt{2} - 1\right) = \frac{d_2^2}{2} \cdot \sqrt{2} = 8 \cdot r_1^2 \cdot \left(\sqrt{2} - 1\right)$$

$$A = 2 \cdot r_2^2 \cdot \sqrt{2} = 2 \cdot a^2 \cdot \left(\sqrt{2} + 1\right) = 2 \cdot d_1 \cdot a$$

$$U = 16 \cdot r_1 \cdot \left(\sqrt{2} - 1\right) = 8 \cdot r_2 \cdot \sqrt{2 - \sqrt{2}}$$

d_1	Durchmesser des Inkreises	m
d_2	Durchmesser des Umkreises	m
r_1	Radius des Inkreises	m
r_2	Radius des Umkreises	m
a	Seitenlänge	m
A	Flächeninhalt	m^2
U	Umfang	m

→ Dreieck

Achtflächner

→ Oktaeder

Achtkantprisma, regelmäßiges

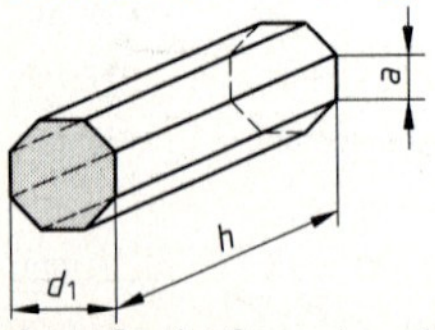

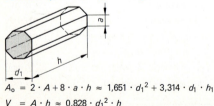

$$A_o = 2 \cdot A + 8 \cdot a \cdot h \approx 1{,}651 \cdot d_1^2 + 3{,}314 \cdot d_1 \cdot h_1$$

$$V = A \cdot h \approx 0{,}828 \cdot d_1^2 \cdot h$$

A_o	Oberfläche	m^2
A	Flächeninhalt des Achtecks	m^2
a	Seitenlänge des Achtecks	m
h	Höhe des Achtkantprismas	m
d_1	Inkreisdurchmesser	m
V	* Volumen	m^3

→ *Cavalieri*-Satz, Dreieck

Addieren (Zusammenzählen)

Summand + Summand = Summe

$a + b = c$

$a + 0 = a \qquad a - a = 0$

Für reelle Zahlen gelten

Kommutativgesetz (Gesetz der Vertauschung)

$a + b = b + a$

Assoziativgesetz (Gesetz der Zusammenfassung)

$(a + b) + c = a + (b + c)$

Distributivgesetz (Gesetz der Verteilung)

$a \cdot (b + c) = a \cdot b + a \cdot c$

Monotoniegesetz (Gesetz der Gleichförmigkeit)

Aus $a < b$ folgt: $a + c < b + c$

Additionstheoreme

→ Winkelfunktionen

Adiabatenexponent

→ Isentropenexponent, Verhältnis der spezifischen Wärmekapazitäten, Zustandsänderungen

Ähnlichkeitssätze der Dreiecke

Dreiecke sind ähnlich, wenn sie übereinstimmen

1. in zwei entsprechenden Winkeln oder
2. im Verhältnis der drei Seiten oder
3. im Verhältnis zweier Seiten und dem eingeschlossenen Winkel oder
4. im Verhältnis zweier Seiten und dem Gegenwinkel der größeren Seite.

→ Dreiecke, Kongruenzsätze der Dreiecke, Winkel

Akkumulator

$$K_E = I_E \cdot t_E$$

$$K_L = I_L \cdot t_L$$

$$\zeta_{Ah} = \frac{K_E}{K_L} \qquad a = \frac{K_L}{K_E}$$

$$\zeta_{Wh} = \frac{U_E \cdot I_E \cdot t_E}{U_L \cdot I_L \cdot t_L}$$

Empfohlener Ladestrom

Für Blei-Akkumulatoren:

$$I_L = \frac{K_L}{5\ \text{h}}$$

Für Stahl-Akkumulatoren:

$$I_L = \frac{K_L}{10\ \text{h bis } 20\ \text{h}}$$

1 A · h = 3600 A · s

→ Element, galvanisches

K_E	Entladekapazität	A · h, A · s
K_L	Ladekapazität	A · h, A · s
I_E	mittlere Entladestromstärke	A
I_L	mittlere Ladestromstärke	A
t_E	Entladezeit	h, s
t_L	Ladezeit	h, s
ζ_{Ah}	Ladungs-Nutzungsgrad, Ladungsverhältnis (Ah-Wirkungsgrad)	
ζ_{Wh}	* Energie-Nutzungsgrad, Energieverhältnis (Wh-Wirkungsgrad)	
a	* Ladefaktor	1
U_E	mittlere Entladespannung	V
U_L	mittlere Ladespannung	V

Aktive Lösung

→ *Nernstsche* Gleichung

Aktivität der Ionen in einer Lösung

$$a(\text{X}) = f(\text{X}) \cdot c(\text{X})$$

a(X)	Aktivität der Ionen X	mol/L
f(X)	Aktivitätskoeffizient der Ionen X	1
c(X)	* Stoffmengenkonzentration der Ionen X in der Lösung	mol/L

Aktivität einer radioaktiven Substanz

$$A = \lambda \cdot N = \frac{0{,}6931 \cdot N}{T_{1/2}}$$

$$\lambda = \frac{\ln 2}{T_{1/2}}$$

→ Radioaktivität

A	Aktivität	Bq = 1/s
λ	Zerfallskonstante	1/s
N	Anzahl umwandlungsfähiger Atomkerne eines Radionuklids	1
$T_{1/2}$	Halbwertszeit	s

Aktivität, spezifische

$$a = \frac{A}{m}$$

a	spezifische Aktivität	Bq/kg
A	* Aktivität einer radioaktiven Substanz	Bq
m	* Masse	kg

Aktivitätskonzentration

$$c_A = \frac{A}{V}$$

c_A	Aktivitätskonzentration	Bq/m³
A	* Aktivität einer radioaktiven Substanz	Bq
V	* Volumen	m³

Akustische Impedanz

→ Flußimpedanz

Alkalität des Wassers

→ Wasserhärte

Allgemeine (universelle) Gaskonstante

→ Gaskonstante

Allgemeine Zustandsgleichung der Gase

→ Zustandsgleichungen der idealen Gase

Alphateilchen, Heliumkerne

Relative Atommasse

$$A_r = \frac{12 \cdot m_\alpha}{m_{^{12}C}} = 4{,}0015$$

Ruhemasse

$$m_\alpha = 6{,}6442 \cdot 10^{-27}\ \text{kg}$$

Spezifische Ladung

$$\frac{2 \cdot e}{m_\alpha} = 4{,}8227 \cdot 10^{7}\ \text{C/kg}$$

→ Atommasse

A_r	relative * Atommasse	1
m_α	Ruhemasse des α-Teilchens	kg
$m_{^{12}C}$	* Masse eines Atoms des Nuklids ^{12}C	kg
e	elektrische * Elementarladung $e = 1{,}6022 \cdot 10^{-19}$ C → Konstanten	C

Amplitude

→ Linearer Schwinger

Anergie

→ Exergie

Anionen

→ Äquivalent, elektrochemisches; Dissoziationskonstante

Anklingkoeffizient, Wuchskoeffizient

$$\sigma = -\delta$$

→ Abklingkoeffizient

σ	Anklingkoeffizient	1/s
δ	* Abklingkoeffizient	1/s

Anpassung eines Widerstandes an den Innenwiderstand der Stromquelle

Spannungsanpassung

$R_L \gg R_i$ $\quad U \approx U_0$

Stromanpassung

$R_L \ll R_i$ $\quad I \approx I_k$

R_L	Lastwiderstand	Ω
R_i	Innenwiderstand	Ω
U	Lastspannung	V

Leistungsanpassung

$R_L = R_i$ $U = \frac{U_0}{2}$

$P_{max} = \frac{U_0^2}{4 \cdot R_i}$

U_0	Leerlaufspannung, Quellenspannung	V
I	Laststrom	A
I_k	Kurzschlußstrom	A
P_{max}	größte Leistung an R_L	W

Anpassungsvorschrift bei Antennen

→ Antennen

Anpreßkraft

→ Backenbremse, Flächenpressung, *Hertzsche* Pressung

Anstellwinkel

→ Tragflügel

Anstrengungsverhältnis (Anstrengungsfaktor)

→ Festigkeitshypothesen

Anströmgeschwindigkeit

→ Auftrieb beim Tragflügel

Antennen

Anpassungsvorschrift

$R_i = Z = R_e$

R_i	Antennenwiderstand	Ω
R_e	Eingangswiderstand des Empfängers	Ω
Z	* Wellenwiderstand der Leitung	Ω

Antennengewinn

$g = 20 \cdot \lg \frac{U_2}{U_1}$

g	Antennengewinn(maß)	dB
U_1	Antennenspannung der Bezugsantenne	V
U_2	Antennenspannung in Vorzugsrichtung	V

Dämpfungsfaktor, Übertragungsfaktor

$D = \frac{S_1}{S_2}$ $T = \frac{S_2}{S_1}$

$a = 10 \cdot \lg \frac{P_1}{P_2}$ $a = 20 \cdot \lg \frac{U_1}{U_2}$

$a = \ln \frac{U_1}{U_2}$ $a_g = a_1 + a_2 + \ldots$

D	Dämpfungsfaktor	1
T	Übertragungsfaktor	1
S_1	Eingangsgröße	z.B. V
S_2	Ausgangsgröße	z.B. V
P_1	Eingangsleistung	W
P_2	Ausgangsleistung	W
U_1	Eingangsspannung	V
U_2	Ausgangsspannung	V
a	Dämpfungsmaß	dB bzw. Np
a_g	Gesamtdämpfungsmaß	Np
$a_1, a_2, \ldots$	Einzeldämpfungsmaße	Np

Empfangsspannung

$U = E \cdot l_w$

U	Empfangsspannung	V
E	Empfangsfeldstärke	V/m
l_w	wirksame Antennenlänge	m

Pegel (Spannungspegel)

$L_u = 20 \cdot \lg \frac{U}{U_0}$

Absoluter Pegel: $U_0 = 0{,}775$ V
Für Antennen: $U_0 = 1\ \mu$V an 75 Ω

L_u	Spannungspegel	dB
U	Meßspannung	V
U_0	Bezugsspannung	V

Verstärkungsfaktor, Verstärkungsmaß, Dämpfungsmaß

$$V = \frac{S_2}{S_1}$$

$$v = 10 \cdot \lg \frac{P_2}{P_1} \qquad v = 20 \cdot \lg \frac{U_2}{U_1}$$

$$v = -a \qquad v_g = v_1 + v_2 + \ldots$$

V	Verstärkungsfaktor	1
$v_1, v_2 \ldots$	Verstärkungsmaße	dB
v_g	Gesamtverstärkungsmaß	dB
S_1	Eingangsgröße	z.B. V
S_2	Ausgangsgröße	z.B. V
P_1	Eingangsleistung	W
P_2	Ausgangsleistung	W
U_1	Eingangsspannung	V
U_2	Ausgangsspannung	V
a	Dämpfungsmaß	dB
$a_1, a_2, \ldots$	Einzeldämpfungsmaße	dB

Vor-Rück-Verhältnis

$$a_{VR} = 20 \cdot \lg \frac{U_2}{U_1}$$

a_{VR}	Vor-Rück-Verhältnis (Rückdämpfungsmaß)	1
U_1	Eingangsspannung	V
U_2	Ausgangsspannung	V

Wellenlänge elektromagnetischer Wellen im leeren Raum

$$\lambda = \frac{c_0}{f}$$

→ Wellenwiderstand

λ	* Wellenlänge	m
c_0	* Ausbreitungsgeschwindigkeit ($c_0 \approx 300\,000$ km/s)	m/s
f	* Frequenz	1/s = Hz

Antennengewinn

→ Antennen

Antivalenz, EXCLUSIV-ODER-Verknüpfung, XOR

→ Logische Verknüpfungen

Antrieb

→ Kraftstoß

Anzahl der Elektronen

→ Atomhülle

Anzahl der Mole

In der Einheit mol gemessener Zahlenwert der Stoffmenge

→ Stoffmenge

Anzahl der Moleküle

→ Teilchenzahl, Stöchiometrischer Index

Anzahl der Neutronen im Atomkern

→ Neutronenzahl

Anzahl der Nukleonen im Atomkern

→ Nukleonenzahl

Anzahl der Protonen im Atomkern

→ Protonenzahl

Anzahl der Teilchen

→ Teilchenzahl

Apertur
→ Numerische Apertur

Äquatoriales Trägheitsmoment
→ Flächenmoment 2. Grades

Äquivalent, chemisches
→ Äquivalentteilchen

Äquivalent, elektrochemisches

$$ä\,(X) = \frac{A_r \cdot m_u}{z \cdot e} = \frac{M\,(X)}{z \cdot F} = \frac{m\,(X)}{Q}$$

Abgeschiedene Masse unter Berücksichtigung der Stromausbeute

$$m\,(X) = ä\,(X) \cdot Q \cdot \eta_i$$

$$m\,(X) = ä\,(X) \cdot I_B \cdot t \cdot \eta_i$$

$$m\,(X) = \frac{M\,(X) \cdot Q \cdot \eta_i}{z \cdot F}$$

Elektrolyse (*Faradaysches* Gesetz)

$$m = c \cdot I \cdot t$$

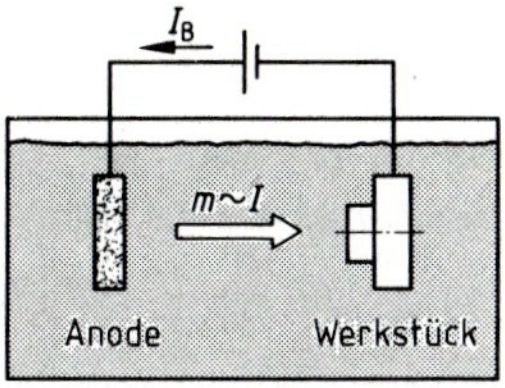

$$I = \eta_i \cdot I_B$$

$ä\,(X)$	elektrochemisches Äquivalent des Stoffes X (Schreibweise in der Chemie)	kg/C
c	elektrochemisches Äquivalent (Schreibweise in der Elektrotechnik)	kg/(A · s)
A_r	relative * Atommasse	1
m_u	Atommassenkonstante $m_u = 1{,}6605 \cdot 10^{-27}$ kg → Konstanten	kg
z	* Äquivalentzahl, Wertigkeit (Anzahl der Elektronen, die an der Elektrode abgegeben oder aufgenommen werden)	
e	* Elementarladung $e = 1{,}6022 \cdot 10^{-19}$ C → Konstanten	C
$M\,(X)$	* molare Masse des abgeschiedenen Stoffes X	kg/mol
m, $m\,(X)$	* Masse des abgeschiedenen Stoffes X	kg
F	* *Faraday*-Konstante F = 96 485 C/mol → Konstanten	C/mol
I	Stromstärke (Nutzstrom)	A
I_B	Gesamtstrom (Badstrom)	A
Q	* Elektrizitätsmenge	C = A · s
η_i	* Stromausbeute (in % dividiert durch 100, z. B. bei 90%: $\eta = 0{,}9$)	1
t	* Zeit, Dauer	s

Auswahl elektrochemischer Äquivalente

Stoff X	Ion	z	c in mg/(A · s) bzw. $ä\,(X)$ in mg/C	Stoff X	Ion	z	c in mg/(A · s) bzw. $ä\,(X)$ in mg/C
Aluminium	Al^{3+}	3	0,093	Quecksilber	Hg^{2+}	2	1,039
Blei	Pb^{2+}	2	1,074	Silber	Ag^{+}	1	1,118
Cadmium	Cd^{2+}	2	0,583	Zink	Zn^{2+}	2	0,339
Calcium	Ca^{2+}	2	0,208	Zinn	Sn^{2+}	2	0,615
Chrom	Cr^{3+}	3	0,179	Zinn	Sn^{4+}	4	0,307
Eisen	Fe^{2+}	2	0,289	Wasserstoff	H^{+}	1	0,0105
Eisen	Fe^{3+}	3	0,193	Brom	Br^{-}	1	0,828
Gold	Au^{+}	1	2,041	Carbonat	CO_3^{2-}	2	0,311
Gold	Au^{3+}	3	0,681	Chlor	Cl^{-}	1	0,367
Kalium	K^{+}	1	0,405	Chromat	CrO_4^{2-}	2	0,601
Kupfer	Cu^{+}	1	0,659	Fluor	F^{-}	1	0,197
Kupfer	Cu^{2+}	2	0,329	Hydroxid	OH^{-}	1	0,176
Magnesium	Mg^{2+}	2	0,126	Iod	I^{-}	1	1,315
Natrium	Na^{+}	1	0,238	Phosphat	PO_4^{3-}	3	0,328
Nickel	Ni^{2+}	2	0,304	Sauerstoff	O^{2-}	2	0,083
Platin	Pt^{2+}	2	1,011	Schwefel	S^{2-}	2	0,166
Platin	Pt^{4+}	4	0,505	Sulfat	SO_4^{2-}	2	0,498

Äquivalentdosis

$H = q \cdot D$

$q \approx 1$	für γ-, β- und Röntgenstrahlung
$q \approx 2$ bis 5	für thermische (langsame) Neutronen
$q \approx 10$	für α-Strahlung, schnelle Neutronen und Protonen
$q \approx 10$ bis 20	für schwere geladene Teilchen mit hoher Energie

H	Äquivalentdosis	Sv, J/kg
q	Bewertungsfaktor (biologischer)	1
D	* Energiedosis	Gy, J/kg

Äquivalentdosisrate (Äquivalentdosisleistung)

$$\dot{H} = \frac{H}{t}$$

$\dot{H}$	Äquivalentdosisrate	Sv/s, W/kg
H	* Äquivalentdosis	Sv, J/kg
t	* Zeit	s

Äquivalente Absorptionsfläche

→ Schallabsorptionsvermögen

Äquivalente Energiewerte

→ Energieäquivalente

Äquivalente Rohrlänge
(gleichwertige Rohrlänge)

$$l_g = \Sigma \left(\zeta \cdot \frac{d}{\lambda}\right)$$

l_g	äquivalente Rohrlänge	m
ζ	Druckverlustzahl nach DIN 1304, Teil 5 (Widerstandsbeiwert)	1
d	Rohrleitungsdurchmesser	m
λ	* Reibungsverlustzahl, Rohrreibungszahl, Rohrwiderstandszahl	1

Äquivalenter Durchmesser
(gleichwertiger Durchmesser)

Rohr mit Kreisquerschnitt

$$d_g = 4 \cdot r_h = \frac{4 \cdot A}{U} = d$$

Rohr mit Rechteckquerschnitt

$$d_g = \frac{2 \cdot a \cdot b}{a + b}$$

d_g	äquivalenter Durchmesser	m
r_h	* hydraulischer Radius	m
A	durchströmter Leitungsquerschnitt	m
U	vom Strömungsmedium berührter Umfang	m
d	Durchmesser eines kreisrunden Rohres	m
a, b	Seitenlängen	m

Äquivalentkonzentration

$$c(\text{eq}) = \frac{n\left(\frac{1}{z^*}\,\text{X}\right)}{V}$$

→ Äquivalentzahl

$c(\text{eq})$	Äquivalentkonzentration der Teilchen X übliche Einheit: mol/L	mol/m^3
$n\left(\frac{1}{z^*}\,\text{X}\right)$	Äquivalent-Stoffmenge der Teilchen X	mol
V	* Volumen der Lösung	m^3
z^*	* Äquivalentzahl	1

Äquivalentteilchen (Äquivalent)

Gedachter Bruchteil $\frac{1}{z^*}$ eines Teilchens X (Atom, Molekül oder Ion)

Zur symbolischen Darstellung des Äquivalentteilchens wird der Bruch $\frac{1}{z^*}$ vor das Symbol des Teilchens X gesetzt, z. B. $\frac{1}{3}$ HNO_3

→ Äquivalentzahl

z^*	* Äquivalentzahl	1

Äquivalentzahl

Formelzeichen: z^*

z^* ist die Anzahl der Äquivalente je Teilchen X (ganze Zahl).

Beispiele für Arten von Äquivalenten:

Neutralisations-Äquivalent

z^* entspricht der Anzahl der H^+- oder OH^--Ionen, die das Teilchen X in einer gegebenen Neutralisationsreaktion aufnimmt oder abgibt.

Ionen-Äquivalent

z^* entspricht dem Betrag der Ladungszahl des gegebenen Ions.

Redox-Äquivalent

z^* entspricht dem Betrag der Differenz der Oxidationszahlen des Teilchens X oder des Atoms im Teilchen, das der Oxidationszahländerung unterliegt, vor und nach einer gegebenen Redoxreaktion.

Äquivalenz-Verknüpfung

→ Logische Verknüpfungen

Arbeit, elektrische

Bei Gleichstrom:

$W = P \cdot t$

$W = U \cdot I \cdot t \qquad W = I^2 \cdot R \cdot t \qquad W = \frac{U^2 \cdot t}{R}$

$W = U \cdot Q$

Bei Wechselstrom:

$W = U \cdot I \cdot t \cdot \cos\varphi$

Bei Dreiphasenwechselstrom (Drehstrom):

$W = \sqrt{3} \cdot U \cdot I \cdot t \cdot \cos\varphi$

W	elektrische * Arbeit	J = W·s
P	elektrische * Leistung	W
t	Zeit	s
U	elektrische * Spannung	V
I	elektrische * Stromstärke	A
R	elektrischer * Widerstand	Ω
Q	elektrische * Ladung	C = A·s
$\cos\varphi$	* Leistungsfaktor	1
$\sqrt{3}$	Verkettungsfaktor	1

Arbeit, mechanische

Geradlinige Bewegung

gleichförmig:

$W = F \cdot s$

gleichmäßig beschleunigt:

$$W = m \cdot \frac{v_t^2 - v_0^2}{2}$$

Rotationsbewegung

gleichförmig:

$W = M \cdot \varphi$

gleichmäßig beschleunigt:

$$W = J \cdot \frac{\omega_t^2 - \omega_0^2}{2}$$

→ Bewegung, Geschwindigkeit, Winkelgeschwindigkeit

W	mechanische Arbeit	N·m=J
F	* Kraft	N
s	zurückgelegter Weg	m
v_t	Endgeschwindigkeit	m/s
v_0	Anfangsgeschwindigkeit	m/s
m	* Masse	kg
M	* Drehmoment, Kraftmoment	N·m
φ	* Drehwinkel	rad
J	* Trägheitsmoment	kg·m²
ω_t	Endwinkelgeschwindigkeit	rad/s=1/s
ω_0	Anfangswinkelgeschwindigkeit	rad/s=1/s

Arbeitsgrad, Nutzungsgrad, Arbeitsverhältnis, Energieverhältnis

$$\zeta = \frac{W_{ab}}{W_{zu}}$$

→ Wirkungsgrad

ζ	Arbeitsgrad	1
W_{ab}	abgegebene * Energie, genutzte Energie	J
W_{zu}	zugeführte Energie	J

Arbeitspunkteinstellung beim Transistor

Mit Basisvorwiderstand:

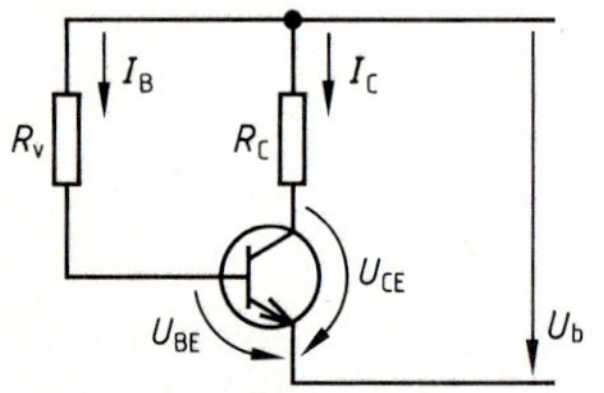

$$U_{Rv} = U_b - U_{BE} = I_B \cdot R_v$$

$$R_v = \frac{U_b - U_{BE}}{I_B} = \frac{(U_b - U_{BE}) \cdot B}{I_C}$$

$$R_C = \frac{U_b - U_{CE}}{I_C}$$

Mit Basisspannungsteiler:

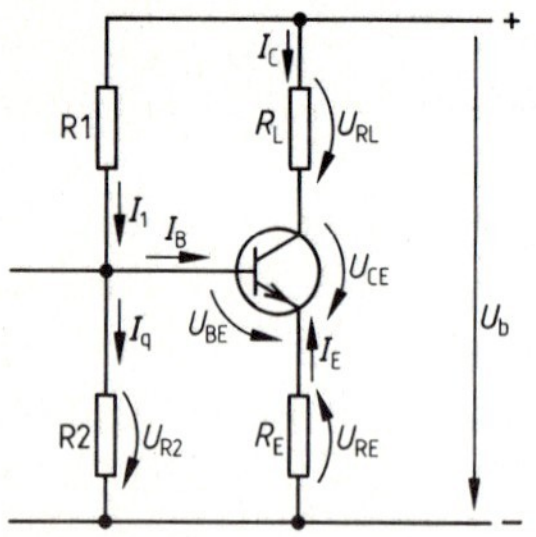

$$R_2 = \frac{U_{R2}}{I_q} \qquad q = \frac{I_q}{I_B}$$

$$R_E = \frac{R_C}{m} \approx \frac{U_{RE}}{I_C}$$

$$R_1 = \frac{U_b - U_{R2}}{I_B + I_q}$$

U_b	Betriebsspannung	V
U_{BE}	Basis-Emitter-Spannung	V
U_{CE}	Kollektor-Emitter-Spannung	V
U_{Rv}	Spannung am Basis-Vorwiderstand	V
U_{RE}	Spannung am Emitterwiderstand R_E	V
U_{R2}	Spannung an R_2	V
I_B	Basisstrom	A
I_C	Kollektorstrom	A
I_q	Querstrom	A
R_C	Kollektorwiderstand	Ω
R_E	Emitterwiderstand	Ω
R_v	Basis-Vorwiderstand	Ω
R_1, R_2	Basisteiler-Widerstand	Ω
B	Stromverstärkungsfaktor	1
q	Querstromverhältnis	1
m	Widerstandsverhältnis (m = 5 bis 10)	1

***Archimedes*-Prinzip**

→ Auftrieb

***Archimedes*-Satz**

→ Zylinder

Arithmetische Folge

Zahlenfolge, bei der die Differenz zweier aufeinanderfolgender Glieder stets konstant ist.

a_1,	$a_1 + d$,	$a_1 + 2d$,	$a_1 + 3d, \ldots,$	$a_1 + (n-1)\,d$	
1.	2.	3.	4.	n.	Glied

n-tes Glied: $a_n = a_1 + (n-1)\,d$

a_1	Anfangsglied
d	Differenz zwischen zwei aufeinanderfolgenden Gliedern
n	Anzahl der Glieder
a_n	n-tes Glied

Arithmetische Proportion

In jeder arithmetischen Proportion ist die Summe der Außenglieder gleich der Summe der Innenglieder.

Aus $a - b = c - d$ folgt $a + d = b + c$

→ Geometrische Proportion

Arithmetische Reihe

Aus einer arithmetischen Zahlenfolge entsteht eine arithmetische Zahlenreihe, wenn die Summe ihrer Glieder gebildet wird, also ihre Glieder durch das Additionszeichen verbunden werden.

$$\underset{1.}{a_1} + \underset{2.}{(a_1 + d)} + \underset{3.}{(a_1 + 2d)} + \ldots + \underset{n.}{[a_1 + (n-1)\,d]} \quad \text{Glied}$$

Summe der arithmetischen Reihe aus n Gliedern

$$S_n = \frac{n}{2}\,(a_1 + a_n) = \frac{n}{2}\,[2\,a_1 + (n-1)\,d]$$

n-tes Glied einer arithmetischen Reihe

$$a_n = a_1 + (n-1)\,d$$

a_1	Anfangsglied
d	Differenz zwischen zwei aufeinanderfolgenden Gliedern
n	Anzahl der Glieder
a_n	n-tes Glied

Arithmetisches Mittel (Mittelwert)

$$\bar{x} = \frac{x_1 + x_2 + \ldots + x_n}{n} \quad \text{bzw.}$$

$$\bar{x} = \frac{1}{n} \cdot \sum_{i=1}^{n} x_i$$

$\bar{x}$	arithmetisches Mittel
$x_1, x_2, \ldots x_n$	Wert 1, Wert 2, . . . , Wert n
x_i	Einzelwert i
n	Anzahl der Werte, die gemittelt werden sollen

Assoziativgesetz

→ Addieren, Multiplizieren, Schaltalgebra

Asynchronmaschine

Drehstrom-Motor und -Generator

P_{zu} bzw. $P_{ab} = \sqrt{3} \cdot U \cdot I \cdot \cos\varphi$

Wechselstrom-Motor und -Generator

P_{zu} bzw. $P_{ab} = U \cdot I \cdot \cos\varphi$

Drehstrom- und Wechselstrom-Motor

$$s = \left(1 - \frac{n}{n_s}\right) \cdot 100\%$$

$$f_L = \frac{f \cdot s}{100\%} = f \cdot \left(1 - \frac{n}{n_s}\right)$$

Drehstrom- und Wechselstrom-Generator

$$s = \left(\frac{n}{n_s} - 1\right) \cdot 100\%$$

$$f_L = \frac{f \cdot s}{100\%} = f \cdot \left(\frac{n}{n_s} - 1\right)$$

P_{ab}	abgegebene (mechanische) * Leistung	W
P_{zu}	zugeführte (elektrische) * Leistung	W
U	Leiterspannung	V
L	Leiterstrom	A
$\cos\varphi$	* Leistungsfaktor	1
n	Läuferdrehzahl	1/min
n_s	Drehfelddrehzahl	1/min
f	Netzfrequenz	Hz = 1/s
f_L	Läuferfrequenz	Hz = 1/s
s	* Schlupf	%

→ Synchronmaschine, Schrittmotor, Zahnläufermotor

Atmosphärendruck

→ Druck

Atmosphärische Druckdifferenz

→ Druck

Atombau

Ein Atom besteht aus *Atomkern* und *Atomhülle (Elektronenhülle)*.

Bestandteile des Atomkerns *(Nukleonen):*
Protonen (elektrisch positiv geladene Masseteilchen) und *Neutronen* (elektrisch neutrale Masseteilchen). Der Wasserstoffkern besitzt kein Neutron.

Bestandteile der Atomhülle:
Elektronen (elektrisch negativ geladene Elementarteilchen)

Im neutralen Atom kompensieren sich negative Hüllenladung und positive Kernladung.

Atome, die vorübergehend ein oder mehrere Elektronen abgegeben haben, heißen *positive Ionen (Kationen)* solche, die vorübergehend einen Elektronenüberschuß besitzen, *negative Ionen (Anionen)*.

Protonen und Neutronen gehören als Elementarteilchen zur Gruppe der *Hadronen* und hier zur Untergruppe der *Baryonen*. Das Elektron gehört zur Gruppe der *Leptonen*.

Atomhülle

Die Hülle um den Atomkern wird durch elektrisch negativ geladene Elementarteilchen *(Elektronen)* in verschiedenen Energiezuständen gebildet.

Die möglichen Energiezustände eines Elektrons werden durch 4 *Quantenzahlen* beschrieben:

n **Hauptquantenzahl** (1, 2, 3, . . . , n)

Elektronen gleicher Hauptquantenzahl besitzen gleichlange Hauptachsen ihrer Bahnellipsen, die wiederum gleich der zu dieser Hauptquantenzahl gehörigen Kreisbahn sind.

l_i **Bahndrehimpuls-Quantenzahl** (0, 1, 2, . . . , (n − 1))

Sie charakterisiert die Elektronenzustände innerhalb des Hauptenergieniveaus n (Exzentrität der Ellipsenbahnen und deren Anzahl).

m_i **Magnetische Quantenzahl** (0, ±1, ±2, . . . , $\pm l_i$)

Sie charakterisiert die Raumorientierung der einzelnen Bahnen.

s_i **Spindrehimpuls-Quantenzahl** (± 1/2)

Sie berücksichtigt die zwei möglichen Orientierungen des Eigendrehimpulses (Spins) zum betreffenden Bahndrehimpuls.

Besetzung der Hauptenergieniveaus

Hauptquantenzahl	Bezeichnung	Maximale Anzahl der Elektronen theoretisch: $2n^2$	Maximale Anzahl der Elektronen tatsächlich[1]
1	K	$2 \cdot 1^2 = 2$	2
2	L	$2 \cdot 2^2 = 8$	8
3	M	$2 \cdot 3^2 = 18$	18
4	N	$2 \cdot 4^2 = 32$	32
5	O	$2 \cdot 5^2 = 50$	32
6	P	$2 \cdot 6^2 = 72$	11[2]
7	Q	$2 \cdot 7^2 = 98$	2

[1] Natürlich vorhanden oder künstlich erreicht; [2] Künstlich erzeugtes Element Hahnium

Atomkern

Der Atomkern wird aus elektrisch positiv geladenen (Protonen) und elektrisch neutralen (Neutronen) *Elementarteilchen gebildet. Der Wasserstoffkern besitzt keine *Neutronen.

Masse eines Atomkerns:

$$m_N = Z \cdot m_p + (A - Z) \cdot m_n - B$$

$$m_N = m_a - Z \cdot m_e$$

m_N	*Masse des Atomkerns	kg
m_a	*Masse des Atoms	kg
m_p	*Masse des *Protons	kg

Massendefekt:

$B = (A_r - A) \cdot m_u = Z \cdot m_p + N \cdot m_n - m_N$

Radius eines Atomkerns:

$R \approx r_0 \cdot \sqrt[3]{A}$ mit $r_0 \approx 1{,}42 \cdot 10^{-15}$ m

$m_p = 1{,}6726 \cdot 10^{-27}$ kg

$m_n = 1{,}6749 \cdot 10^{-27}$ kg

$m_e = 0{,}9109 \cdot 10^{-30}$ kg

$m_u = 1{,}6605 \cdot 10^{-27}$ kg = 1 u (atomare Masseneinheit)

→ Konstanten

Dichte innerhalb eines Atomkerns:

$\varrho_K \approx 10^{17}$ kg/m³

m_n	* Masse des * Neutrons	kg
m_e	* Masse des * Elektrons	kg
m_u	Atommassenkonstante	kg, u
A	* Nukleonenzahl	1
A_r	relative * Atommasse	1
B	* Massendefekt	kg
N	* Neutronenzahl	1
Z	* Protonenzahl (Ordnungszahl)	1
R	Kernradius	m
r_0	Radius eines * Protons	m
ϱ_K	Atomkerndichte	kg/m³

Isotope:
Atomkerne mit gleicher Anzahl Protonen aber unterschiedlicher Anzahl Neutronen (also unterschiedlicher Massenzahl).

Isotone:
Atomkerne mit gleicher Anzahl Neutronen aber unterschiedlicher Anzahl Protonen (also unterschiedlicher Massenzahl).

Isobare:
Atomkerne mit gleicher Anzahl Nukleonen (also gleicher Massenzahl) aber ungleicher Protonen- und Neutronenzahl.

Atommasse

Absolute Masse eines Atoms:

$m_a = A_r \cdot m_u$

$m_u = 1{,}6605 \cdot 10^{-27}$ kg = 1 u → Konstanten

$1\,u = \frac{1}{12} m\left({}^{12}_{6}C\right)$ (atomare Masseneinheit)

Relative Atommasse:

$A_r = \frac{m_a}{m_u}$

m_a	Atommasse (Nuklidmasse)	kg
m_u	Atommassenkonstante	kg
A_r	relative Atommasse	1
$m\left({}^{12}_{6}C\right)$	Masse des Nuklids ${}^{12}_{6}C$	kg

Atomradius

Die gemessenen Werte sind vom Meßverfahren abhängig und damit etwas unterschiedlich. Sie liegen je nach Atomart im Bereich von $0{,}5 \cdot 10^{-10}$ m bis $2{,}5 \cdot 10^{-10}$ m.

Atomsymbole

Die Atomsymbole können je nach Erfordernis alleine stehen oder mit zusätzlichen Angaben versehen sein. Diesen zusätzlichen Angaben ist jeweils ein fester Platz am Symbol zugewiesen.

$\nu\,{}^{A}_{Z}\overset{O}{E}{}^{z,\,O}_{S}$

A	* Nukleonenzahl, Massenzahl
E	Elementsymbol
O	Oxidationszahl
Z	* Protonenzahl, Ordnungszahl
z	* Ladungszahl
ν	stöchiometrische Zahl
S	* stöchiometrischer Index

Beispiele:

${}^{7}_{3}Li$	Lithium mit 3 Protonen und insgesamt 7 Nukleonen.
$\overset{0}{O}_2$	Sauerstoff mit dem stöchiometrischen Index 2 (2 Atome haben sich zu einem Atomverband zusammengeschlossen und besitzen in diesem die Oxidationszahl 0).
Ca^{2+}	Calciumion mit der Ladungszahl 2+
$3\,\overset{4+}{S}\overset{2-}{O}_2$	3 Moleküle (bzw. Mole) Schwefeldioxid, in denen Schwefel die Oxidationszahl 4+ und Sauerstoff die Oxidationszahl 2− besitzt. Alternativ:

$3\,S^{IV}O_2^{-II}$

Aufdruck

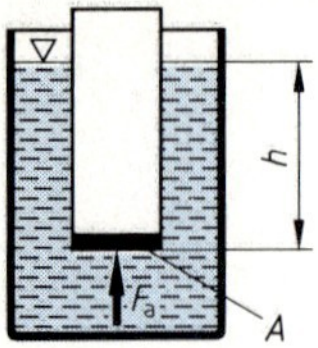

$F_a = h \cdot \varrho \cdot g \cdot A$

F_a	Aufdruckkraft	N
h	Entfernung der gedrückten Fläche vom Flüssigkeitsspiegel	m
ϱ	* Dichte (des Fluids)	kg/m^3
g	* Fallbeschleunigung	m/s^2
A	gedrückte Fläche	m^2

→ Auftrieb, Bodendruck, Seitendruckkraft

Auflagerkraft

→ Träger auf zwei Stützen

Auftrieb beim Gasballon

$F_A = V_b \cdot \varrho_L \cdot g - V_b \cdot \varrho_g \cdot g$

$F_A = V_b \cdot g \cdot (\varrho_L - \varrho_g)$

$F_S = F_A - F_G = F_A - m_b \cdot g$

→ Dichte, Gewichtskraft, Masse, Volumen

F_A	Auftriebskraft	N
V_b	* Volumen des Ballons	m^3
ϱ_L	* Dichte der Luft in Ballonhöhe	kg/m^3
ϱ_g	* Dichte des Füllgases	kg/m^3
g	* Fallbeschleunigung	m/s^2
F_S	Steigkraft	N
F_G	* Gewichtskraft des Ballons	N
m_b	Gesamtmasse des Ballons	kg

Auftrieb beim Schwimmkörper
(*Archimedes*-Prinzip)

$F_A = V \cdot \varrho_F \cdot g$

$F_T = F_G - F_A$

$F_T = m \cdot g - V \cdot \varrho_F \cdot g$

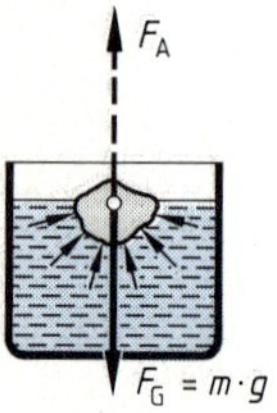

→ Dichte, Gewichtskraft, Masse, Volumen

F_A	Auftriebskraft (Steigkraft)	N
V	* Volumen des Körpers bzw. * Volumen der verdrängten Flüssigkeit	m^3
ϱ_F	* Dichte der Flüssigkeit	kg/m^3
g	* Fallbeschleunigung	m/s^2
F_T	Tauchgewichtskraft	N
F_G	* Gewichtskraft des eingetauchten Körpers	N
m	* Masse des eingetauchten Körpers	kg

Auftrieb beim Tragflügel

$F_A = c_A \cdot \frac{\varrho}{2} \cdot v^2 \cdot A$

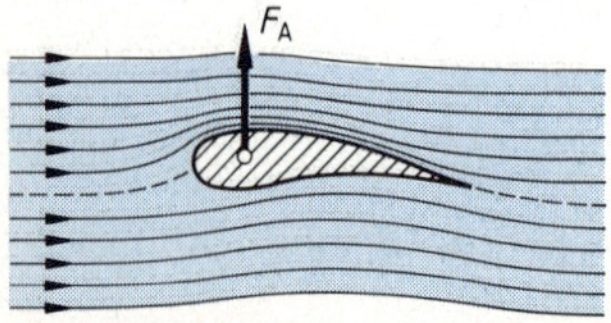

→ Geschwindigkeit, *Magnus*-Effekt

F_A	dynamische Auftriebskraft	N
c_A	* Auftriebsbeiwert	1
ϱ	* Dichte (des Strömungsmediums)	kg/m^3
v	Anströmgeschwindigkeit	m/s
A	senkrecht angeströmte Fläche	m^2

Auftriebsbeiwert

$$c_A = \frac{F_A}{A \cdot p_{dyn}}$$

$$c_A = \frac{2 \cdot F_A}{\varrho \cdot v^2 \cdot A}$$

c_A	Auftriebsbeiwert	1
F_A	* Auftriebskraft	N
A	senkrecht angeströmte Fläche	m^2
p_{dyn}	* Staudruck, dynamischer Druck, Geschwindigkeitsdruck	$N/m^2 = Pa$
ϱ	* Dichte (des Strömungsmediums)	kg/m^3
v	Anströmgeschwindigkeit	m/s

Augenblickswerte

→ Induktivität, Kapazität, Wechselstrom

Ausbeute bei chemischen Reaktionen

kontinuierlicher Betrieb (Fließbetrieb)

$$A_i = \frac{\dot{m}_{i,aus} - \dot{m}_{i,ein}}{\dot{m}_{k,ein}}$$

diskontinuierlicher Betrieb (Chargen- bzw. Satzbetrieb)

$$A_i = \frac{m_{i,aus} - m_{i,ein}}{m_{k,ein}}$$

Im Laborbereich wird die Ausbeute wie folgt angegeben: tatsächlich erhaltene Masse Endprodukt als Prozentsatz der stöchiometrisch erreichbaren Masse.

A_i	Ausbeute an Stoff i bezogen auf Stoff k	1
$\dot{m}_{i,aus}$	* Massenstrom der Komponente i, der aus dem Reaktor austritt	kg/s
$m_{i,aus}$	* Masse der Komponente i nach der Reaktion	kg
$\dot{m}_{i,ein}$	* Massenstrom der Komponente i, der in den Reaktor eintritt	kg/s
$m_{i,ein}$	* Masse der Komponente i vor der Reaktion	kg
$\dot{m}_{k,ein}$	* Massenstrom der Komponente k, der in den Reaktor eintritt	kg/s
$m_{k,ein}$	* Masse der Komponente k vor der Reaktion	kg

Ausbreitungsgeschwindigkeit einer Welle

$$c = \lambda \cdot f$$

Longitudinalwellen

Druckwelle im seitlich begrenztem festen Körper:

$$c = \sqrt{\frac{E}{\varrho}}$$

Druckwelle im unendlich ausgedehnten festen Körper:

$$c = \sqrt{\frac{E}{\varrho} \cdot \frac{1 - \mu}{1 - \mu - 2 \cdot \mu^2}}$$

Druckwelle in Flüssigkeit:

$$c = \sqrt{\frac{K}{\varrho}}$$

Druckwelle in Gas („*Laplace*-Formel"):

$$c = \sqrt{\varkappa \cdot \frac{p}{\varrho}}$$

Transversalwellen

Querwelle im festen Körper:.

$$c = \sqrt{\frac{E}{2 \cdot \varrho \cdot (1 + \mu)}} = \sqrt{\frac{G}{\varrho}}$$

Welle auf einer Saite:

$$c = \sqrt{\frac{F \cdot l}{m}}$$

c	Ausbreitungsgeschwindigkeit	m/s
λ	* Wellenlänge	m
f	* Frequenz	Hz = 1/s
E	* Elastizitätsmodul	N/m^2
ϱ	* Dichte	kg/m^3
μ	* *Poisson*-Zahl	1
K	* Kompressionsmodul	$N/m^2 = Pa$
$\varkappa$	* Verhältnis der spezifischen Wärmekapazitäten	1
p	* Druck des Gases	$N/m^2 = Pa$
G	* Schubmodul	N/m^2
F	Spannkraft	N
l	Länge der Saite	m
m	* Masse	kg

→ *Einstein*, Lichtgeschwindigkeit, Schallgeschwindigkeit

Ausdehnungskoeffizient

→ Längenausdehnungskoeffizient, thermischer; Volumenausdehnungskoeffizient, thermischer

Ausfluß von Flüssigkeiten bei konstanter Spiegelhöhe

Volumenstrom aus Bodenöffnung

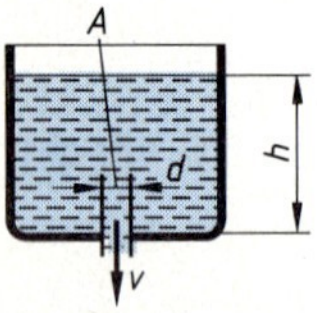

$$\dot{V} = A \cdot v = A \cdot \mu \cdot \sqrt{2 \cdot g \cdot h}$$

Volumenstrom durch Überfall (Wehr)

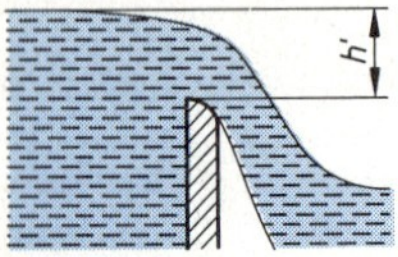

$$\dot{V} = \frac{2}{3} \cdot b \cdot h' \cdot \mu \cdot \sqrt{2 \cdot g \cdot h'}$$

$\dot{V}$	* Volumenstrom	m^3/s
A	Strömungsquerschnitt	m^2
v	Strömungsgeschwindigkeit	m/s
μ	* Ausflußzahl	1
g	* Fallbeschleunigung	m/s^2
h	Füllstandshöhe	m
b	Breite des Überfalls	m
h'	senkrechter Abstand vom Flüssigkeitsspiegel zur Oberkante des Überfalls	m

Volumenstrom aus hohen Seitenöffnungen mit Rechteckquerschnitt

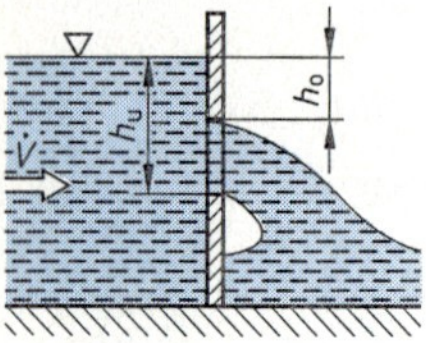

$$\dot{V} = \frac{2}{3} \cdot \mu \cdot b \cdot \left(h_u \cdot \sqrt{2 \cdot g \cdot h_u} - h_o \cdot \sqrt{2 \cdot g \cdot h_o}\right)$$

b	Breite der Seitenöffnung	m
h_u	Abstand der Unterkante vom Flüssigkeitsspiegel	m
h_o	Abstand der Oberkante vom Flüssigkeitsspiegel	m

Volumenstrom ins Unterwasser

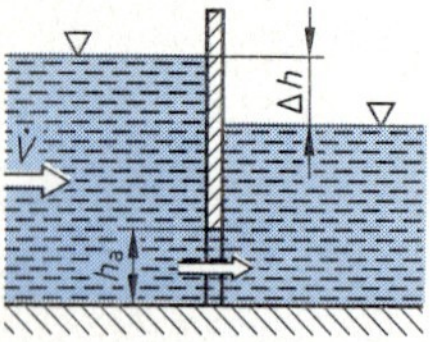

$$\dot{V} = h_a \cdot b \cdot \mu \cdot \sqrt{2 \cdot g \cdot \Delta h}$$

h_a	Höhe der Seitenöffnung	m
Δh	senkrechter Abstand der beiden Flüssigkeitsspiegel	m

→ Fall, freier; Geschwindigkeit

Ausflußzahl

$\mu = \alpha \cdot \varphi < 1$

Beschaffenheit einer kreisrunden Ausflußöffnung	Ausflußzahl μ
scharfkantig und rauh	0,62...0,64
gut gerundet und glatt	0,97...0,99

μ	Ausflußzahl	1
α	Einschnürungszahl < 1 (Kontraktionszahl)	1
φ	Geschwindigkeitszahl < 1	1

Ausflußzeit

$$t = \frac{V}{\dot{V}}$$

→ Zeit

t	Ausflußzeit	s
V	Ausflußvolumen	m^3
$\dot{V}$	* Volumenstrom	m^3/s

Ausströmen von Gasen

Massenstrom bei konstantem Druckunterschied

$$\dot{m} = A \cdot \sqrt{\frac{2 \cdot \varkappa}{\varkappa - 1} \cdot p_1 \cdot \varrho_1 \cdot \left[\left(\frac{p_2}{p_1}\right)^{2/\varkappa} - \left(\frac{p_2}{p_1}\right)^{(\varkappa+1)/\varkappa}\right]}$$

Geschwindigkeit bei konstantem Druckunterschied

$$v = \sqrt{\frac{2 \cdot \varkappa}{\varkappa - 1} \cdot \frac{p_1}{\varrho_1} \cdot \left[1 - \left(\frac{p_2}{p_1}\right)^{(\varkappa-1)/\varkappa}\right]}$$

→ Dichte, Druck, Geschwindigkeit, Verhältnis der spezifischen Wärmekapazitäten

$\dot{m}$	* Massenstrom	kg/s
$\varkappa$	* Isentropenexponent	1
A	Strömungsquerschnitt der Düse	m^2
p_1	* Druck im Behälter 1 (vor Düse)	N/m^2 = Pa
p_2	* Druck im Behälter 2 (nach Düse)	N/m^2 = Pa
ϱ_1	* Dichte im Behälter 1 (vor Düse)	kg/m^3
v	Strömungsgeschwindigkeit	m/s

Avogadro-Gesetz

Gleiche Gasvolumina enthalten bei gleichem Druck und bei gleicher Temperatur die gleiche Anzahl Teilchen (Atome oder Moleküle).

Erweitert gilt allgemein:

Die Stoffmenge 1 mol eines jeden Stoffes enthält immer die gleiche Anzahl Teilchen (Atome, Moleküle oder Ionen).

Avogadro-Konstante

$N_A = 6{,}022\,1367\,(36) \cdot 10^{23}\ \text{mol}^{-1}$

Hieraus folgt: Die Stoffmenge 1 mol enthält $\approx 6{,}022 \cdot 10^{23}$ Teilchen (Atome, Moleküle oder Ionen).

In Klammer: einfache Standardabweichung der letzten Ziffern (Ungenauigkeit).

Beispiel: 18,02 g Wasser (≙ 1 mol) enthalten $\approx 6{,}022 \cdot 10^{23}$ H_2O-Moleküle.

Axiales Trägheitsmoment

→ Flächenmoment 2. Grades

Backenbremse

Außenbackenbremse, einfache Backenbremse

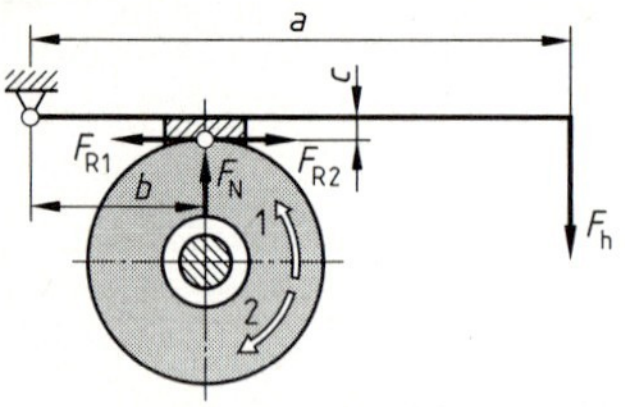

Innenbackenbremse, Simplexbremse

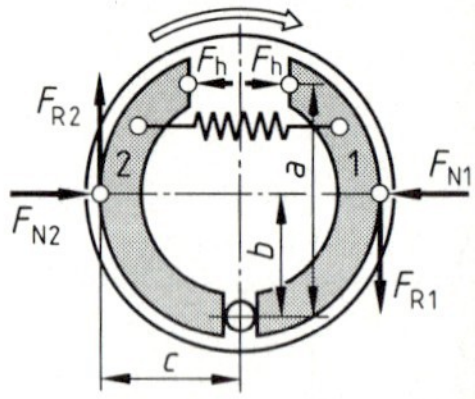

$$F_h = F_{R1} \cdot \frac{b}{a} \cdot \left(\frac{1}{\mu} - \frac{c}{b}\right) = F_{R2} \cdot \frac{b}{a} \cdot \left(\frac{1}{\mu} + \frac{c}{b}\right)$$

$$F_{R1} = \mu \cdot F_{N1} \qquad F_{R2} = \mu \cdot F_{N2}$$

$$F_u = \Sigma F_R$$

$$F_{N1} = F_h \cdot \frac{a}{b - \mu \cdot c} \qquad F_{N2} = F_h \cdot \frac{a}{b + \mu \cdot c}$$

$$M_{Br} = F_u \cdot r = \mu \cdot r \cdot \Sigma F_N$$

Index 1: In Drehrichtung auflaufende Bremstrommel

Index 2: In Drehrichtung ablaufende Bremstrommel

F_h	* Kraft am Hebel	N
F_R	* Reibungskraft	N
F_N	Normalkraft, Anpreßkraft	N
F_u	* Umfangskraft	N
M_{Br}	Bremsmoment	N·m
a, b, c	Hebelarme	m
μ	* Reibungszahl	1
r	Radius der Bremstrommel	m

→ Hebel, Hebelgesetz, Reibungskraft, Reibungsmoment

Bahnbeschleunigung

→ Tangentialbeschleunigung

Bahnensatz

→ *Kepler*sche Gesetze

Bahngeschwindigkeit

→ Umfangsgeschwindigkeit

Ballon

→ Auftrieb beim Gasballon

Balmer-Serie

→ Linienspektren

Bandbremse

einfache Bandbremse

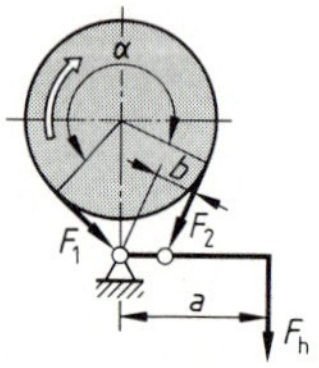

a)

Summenbandbremse

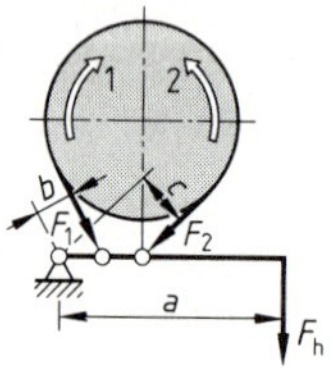

b)

Differential-Bandbremse

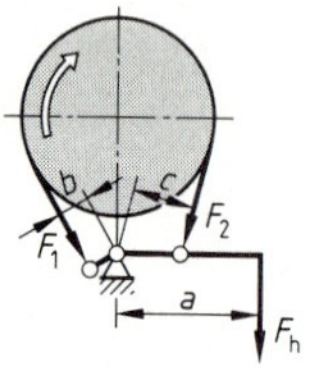

c)

Bremsmoment der einfachen Bandbremse:

$$M_{Br} = F_u \cdot r = (F_1 - F_2) \cdot r = F_h \cdot \frac{a}{b} \cdot (m - 1) \cdot r$$

Bremsmoment der Summenbandbremse in Drehrichtung 1:

$$M_{Br} = F_u \cdot r = \frac{F_h \cdot a \cdot (m - 1)}{b \cdot m + c} \cdot r$$

Bremsmoment der Summenbandbremse in Drehrichtung 2:

$$M_{Br} = F_u \cdot r = \frac{F_h \cdot a \cdot (m - 1)}{c \cdot m + b} \cdot r$$

Bremsmoment der Differential-Bandbremse:

$$M_{Br} = F_u \cdot r = \frac{F_h \cdot a \cdot (m - 1)}{c - b \cdot m} \cdot r \qquad m = \frac{F_1}{F_2}$$

M_{Br}	Bremsmoment	N·m
r	Radius der Bremsscheibe	m
F_u	* Umfangskraft	N
F_1	Spannkraft im ziehenden Strang	N
F_2	Spannkraft im gezogenen Strang	N
F_h	* Kraft am Hebel	N
a, b, c	Hebelarme	m
m	Spannungsverhältnis	1

→ Backenbremse, Hebel, Hebelgesetz, Reibungskraft, Reibungsmoment

Barometerstand

Umrechnung auf 0 °C:

$p_0 = p_\vartheta \cdot (1 - \alpha_V \cdot \vartheta)$

→ Druck; Fadenkorrektur eines Thermometers; Höhenformel, barometrische

p_0	* Druck bei 0 °C	N/m² = Pa
p_ϑ	Barometerstand bei $+\vartheta$ °C	N/m² = Pa
α_V	* Volumenausdehnungskoeffizient, thermischer	$m^3/(m^3 \cdot K)$
ϑ	* Temperatur (beim Ablesen)	°C

Basen und Laugen

Brönsted-Definition:

Basen sind Stoffe, die in Reaktionen Wasserstoffionen aufnehmen können (Protonen-Akzeptoren). Danach stellt z. B. das Cl^--Ion in wäßriger Lösung eine Base dar:

$$Cl^- + H^+ \rightleftharpoons HCl$$

Ebenso Ammoniak in der Reaktion mit Hydrogenchlorid:

$$NH_3 + HCl \longrightarrow NH_4\,Cl$$

(H^+ geht von HCl auf NH_3 über)

Laugen sind Basen (Metall- oder Ammoniumhydroxide) in wäßriger Lösung (z. B. KOH in Wasser = Kalilauge)

Arrhenius-Definition (frühere, einengende):

Basen sind chemische Verbindungen, die dissoziationsfähige Hydroxid-Gruppen (OH-Gruppen) enthalten, die in der Schmelze oder in wäßriger Lösung in positive Metallionen (oder Ammoniumionen) und in negative Hydroxidionen (OH^--Ionen) dissoziieren, z. B.

$$Ca\,(OH)_2 \rightleftharpoons Ca^{2+} + 2\,OH^-$$

Darstellung von Basen:

Unedles Metall + Wasser → Metallhydroxid + Wasserstoff

z. B. $2\,Na + 2\,H_2O \rightarrow 2\,NaOH + H_2\,(g)$

Metalloxid + Wasser → Metallhydroxid

z. B. $CaO + H_2O \rightarrow Ca\,(OH)_2$

Basis der natürlichen Logarithmen
→ *Eulersche* Zahl, Logarithmen

Basisgrößen
→ SI-Basiseinheiten

Basiseinheiten
→ SI-Basiseinheiten

Basisspannungsteiler
→ Arbeitspunkteinstellung

Basisvorwiderstand
→ Arbeitspunkteinstellung

Batterie, elektrische
→ Element, galvanisches; Akkumulator

Beaufort-Skala
→ Windstärke nach *Beaufort*

Befestigungsschraube
→ Schraube zum Befestigen

Behälter
→ Wanddicke, erforderliche

Beleuchtung
→ Innenbeleuchtung

Beleuchtungsanlage
→ Kosten einer Beleuchtungsanlage

Beleuchtungsstärke

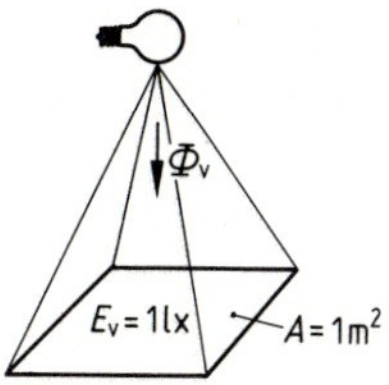

$$E_v = \frac{\Phi_v \cdot \eta_B}{A}$$

$$A = \Omega \cdot r^2$$

$$E_p = \frac{I_v \cdot \cos\alpha}{r^2}$$

E_v	Beleuchtungsstärke	lx
E_p	Beleuchtungsstärke im Punkt B	lx
Φ_v	* Lichtstrom	lm
η_B	* Beleuchtungswirkungsgrad	1
A	beleuchtete Fläche	m²
Ω	Raumwinkel	sr
I_v	* Lichtstärke	cd
r	Abstand des Punktes von der Lichtquelle	m
α	Strahlungswinkel gegenüber der Senkrechten	rad

Beleuchtungswirkungsgrad

$$\eta_B = \eta_{LB} \cdot \eta_R$$

$$\eta_B = \frac{\Phi_N}{\Phi}$$

η_B	Beleuchtungswirkungsgrad	1
η_{LB}	* Leuchtenbetriebswirkungsgrad	1
η_R	* Raumwirkungsgrad	1
Φ_N	auf die Nutzfläche fallender Lichtstrom	lm
Φ	* Lichtstrom aller Lampen	lm

Bernoulli-Gleichung

Für stationäre Strömung in horizontalen Rohren mit konstantem Querschnitt:

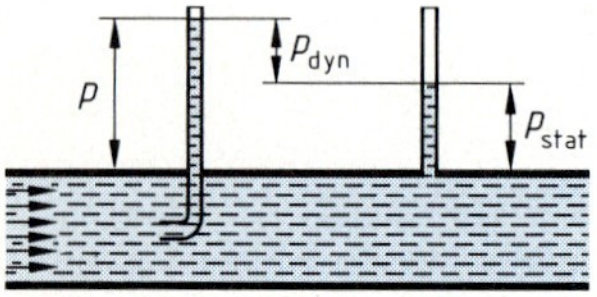

$$p = p_{stat} + p_{dyn} = \text{konst.}$$

Bei kompressiblem Strömungsmedium:

$$p = p_{stat} + p_{dyn} + \Delta p_{dyn}$$

$$p = p_{stat} + p_{dyn} + \frac{1}{4} \cdot p_{dyn} \cdot \left(\frac{v}{c}\right)^2$$

$$p = p_{stat} + p_{dyn} + \frac{1}{4} \cdot p_{dyn} \cdot Ma^2$$

$$p = p_{stat} + p_{dyn} \cdot \left(1 + \frac{1}{4} Ma^2\right)$$

p	Gesamtdruck	N/m^2 = Pa
p_{stat}	statischer Druck (Ruhedruck)	N/m^2 = Pa
p_{dyn}	* Staudruck, dynamischer Druck	N/m^2 = Pa
Δp_{dyn}	Druckdifferenz (Korrekturglied)	N/m^2 = Pa
v	* Strömungsgeschwindigkeit	m/s
c	* Schallgeschwindigkeit im Strömungsmedium	m/s
Ma	*Mach*-Zahl	1

→ *Mach*-Kegel, *Mach*-Kugel, *Mach*-Zahl

Für stationäre Strömung eines inkompressiblen Strömungsmediums in geneigten Rohren mit veränderlichem Querschnitt:

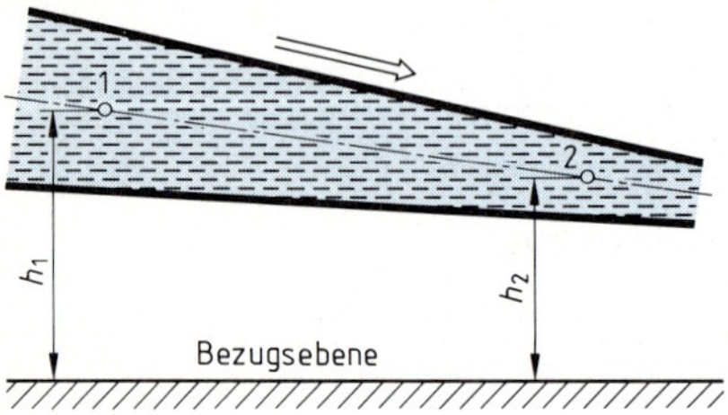

Energiegleichung:

$$W = p_{stat} \cdot V + V \cdot \varrho \cdot g \cdot h + \frac{V \cdot \varrho}{2} \cdot v^2 = \text{konst}$$

Druckgleichung:

$$p_{stat} + \varrho \cdot g \cdot h + \frac{\varrho}{2} \cdot v^2 = \text{konst.}$$

Druckhöhengleichung:

$$\frac{p_{stat}}{\varrho \cdot g} + h + \frac{v^2}{2 \cdot g} = \text{konst.}$$

W	Gesamtenergie	N·m = J
V	Strömungsvolumen	m^3
ϱ	Dichte des Strömungsmediums	kg/m^3
h	geodätische Höhe (an den Stellen 1, 2...)	m
v	* Strömungsgeschwindigkeit	m/s
g	* Fallbeschleunigung	m/s^2

→ Dichte, Energielinienhöhe, Volumenstrom

Index 1: Stelle 1

Index 2: Stelle 2

Beschleunigte Drehbewegung

→ Bewegung, drehend; Drehmoment

Beschleunigung bei geradliniger Bewegung

Horizontale Bahn ohne Reibung:

$$a = \frac{F}{m}$$

Horizontale Bahn mit Reibung:

$$a = \frac{F_Z - F_R}{m}$$

Geneigte Bahn ohne Reibung:

$$a = g \cdot \sin \alpha$$

Geneigte Bahn, gleitend mit Reibung:

$$a = g \cdot (\sin \alpha - \mu \cdot \cos \alpha)$$

Geneigte Bahn, rollend mit Reibung:

$$a = m \cdot g \cdot \frac{\sin \alpha - \frac{f}{r} \cdot \cos \alpha}{m + m_{red}}$$

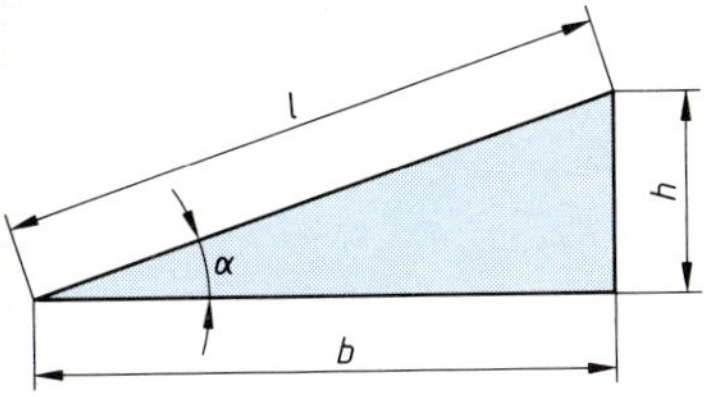

$$\sin \alpha = \frac{h}{l} \qquad \cos \alpha = \frac{b}{l} \qquad m_{red} = \frac{J}{r^2}$$

a	Beschleunigung	m/s²
m	* Masse	kg
F	* Kraft	N
F_Z	Zugkraft	N
F_R	* Reibungskraft	N
g	* Fallbeschleunigung	m/s²
μ	Gleitreibungszahl	1
α	Neigungswinkel, Steigungswinkel	°, rad
f	* Reibungsarm, Hebelarm der Rollreibung	m
r	Radius des rollenden Körpers	m
m_{red}	reduzierte * Masse	kg
h	Höhe der * geneigten Ebene	m
l	Länge der * geneigten Ebene	m
b	Grundlinie der * geneigten Ebene	m
J	* Trägheitsmoment eines Körpers	kg·m²

→ Bewegung auf geneigter Ebene; geneigte Ebene; Masse, reduzierte; Reibungszahl

Beschleunigung bei rotierender Bewegung

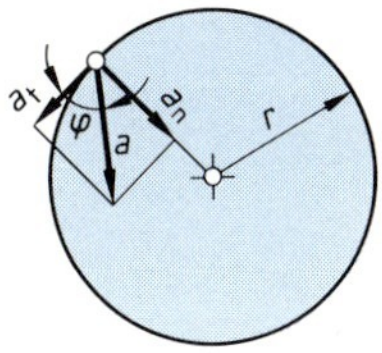

$$a = \sqrt{a_t^2 + a_n^2} = r \cdot \sqrt{\alpha^2 + \omega^4}$$

$$\tan \varphi = \frac{a_n}{a_t} = \frac{\omega^2}{\alpha}$$

a	Gesamtbeschleunigung	m/s²
φ	Winkel zwischen Gesamtbeschleunigung und * Tangentialbeschleunigung	°, rad
a_t	* Tangentialbeschleunigung	m/s²
a_n	* Normalbeschleunigung	m/s²
r	Bahnradius	m
α	* Winkelbeschleunigung	rad/s²
ω	* Winkelgeschwindigkeit	rad/s

→ Bewegung, drehend; *Coriolis*-Beschleunigung

Beschleunigungskraft bei geradliniger Bewegung

Horizontal, ohne Reibung:

$$F_a = m \cdot a$$

Vertikal, ohne Reibung:

$$F_a = m \cdot g \cdot \left(\frac{g \pm a}{g}\right) = m \cdot g \cdot \left(1 \pm \frac{a}{g}\right)$$

Vorzeichen +: nach oben
Vorzeichen −: nach unten

F_a	* Beschleunigungskraft	N
m	* Masse	kg
a	* Beschleunigung	m/s²
g	* Fallbeschleunigung	m/s²

Beschleunigungsleistung

$$P_a = F_a \cdot \frac{v_0 + v_t}{2}$$

→ Beschleunigung, Geschwindigkeit, Leistung

P_a	Beschleunigungsleistung	W
F_a	* Beschleunigungskraft	N
v_0	* Geschwindigkeit am Anfang	m/s
v_t	* Geschwindigkeit am Ende	m/s

Beschleunigungswiderstand

$$F_a = m \cdot a = m \cdot \frac{v_t - v_0}{t} = F - F_W$$

→ Bewegung, Geschwindigkeit

F_a	Beschleunigungswiderstand	N
m	* Masse	kg
a	* Beschleunigung	m/s^2
v_t	* Geschwindigkeit am Ende	m/s
v_0	* Geschwindigkeit am Anfang	m/s
F	Fahrzeug-Antriebskraft	N
F_W	* Fahrwiderstand	N
t	* Zeit	s

Bestrahlung

$$H_e = E_e \cdot t = \frac{Q_e}{A}$$

H_e	Bestrahlung	$W \cdot s/m^2$
E_e	* Bestrahlungsstärke	W/m^2
Q_e	Strahlungsenergie	$W \cdot s$
t	Dauer des Bestrahlungsvorganges	s
A	bestrahlte Fläche	m^2

Bestrahlungsstärke

$$E_e = \frac{\Phi_e}{A}$$

E_e	Bestrahlungsstärke	W/m^2
Φ_e	auftreffende * Strahlungsleistung	W
A	bestrahlte Fläche	m^2

Beugung des Lichts

Beugung am engen Spalt

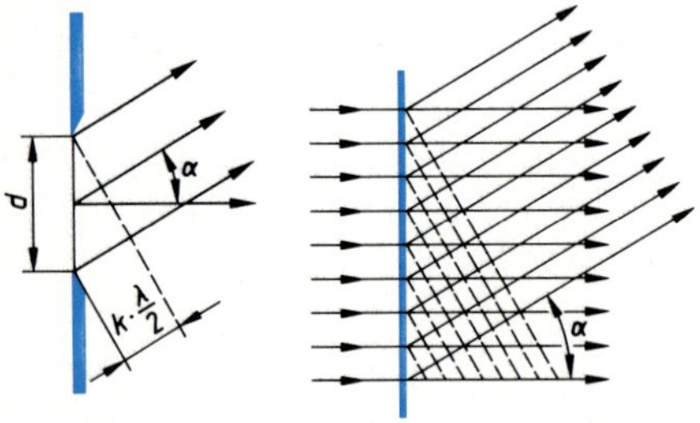

$$\Delta s = k \cdot \frac{\lambda}{2} = d \cdot \sin\alpha$$

Δs	Gangunterschied	m
k	Ordnungszahl 1, 2, 3, . . . Helligkeitsminima: k ist gerade Helligkeitsmaxima: k ist ungerade	
λ	* Wellenlänge des Lichts	m
d	Spaltbreite, Abstand der Mitten zweier Spalte, Gitterkonstante	m
α	Beugungswinkel	rad

Beugung am optischen Gitter

$$\sin\alpha = \frac{k \cdot \lambda}{d}$$

α	Winkel größter Verstärkung	rad

→ Interferenz des Lichts, Lichtablenkung, Lichtbrechung, numerische Apertur, Wellenlänge

→ Ladungsträgerbeweglichkeit

Bewegung, geradlinig gleichförmig

v = konst., $a = 0$

$v = \frac{s}{t}$ $s = v \cdot t$ $t = \frac{s}{v}$

v	* Geschwindigkeit	m/s
t	* Zeit	s
s	Weg	m
a	* Beschleunigung	m/s^2

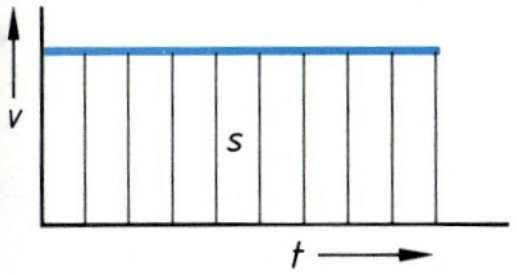

v, t - Diagramm

Bewegung, geradlinig gleichmäßig beschleunigt

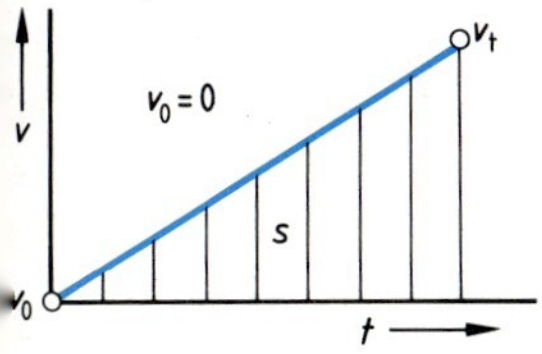

v, t - Diagramme
a = konst. und positiv

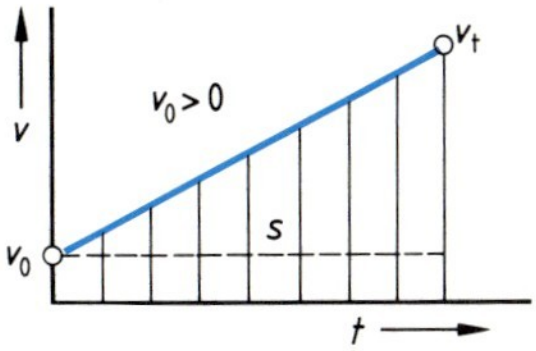

Anfangsgeschwindigkeit	$v_0 = 0$	$v_0 > 0$	m/s
Beschleunigung a	$a = \frac{v_t}{t}$	$a = \frac{v_t - v_0}{t}$	m/s^2
	$a = \frac{2 \cdot s}{t^2}$	$a = \frac{2 \cdot s}{t^2} - \frac{2 \cdot v_0}{t}$	m/s^2
	$a = \frac{v_t^2}{2 \cdot s}$	$a = \frac{v_t^2 - v_0^2}{2 \cdot s}$	m/s^2
Endgeschwindigkeit v_t	$v_t = a \cdot t$	$v_t = v_0 + a \cdot t$	m/s
	$v_t = \sqrt{2 \cdot a \cdot s}$	$v_t = \sqrt{2 \cdot a \cdot s + v_0^2}$	m/s
	$v_t = \frac{2 \cdot s}{t}$	$v_t = \frac{2 \cdot s}{t} - v_0$	m/s
Weg s	$s = \frac{v_t}{2} \cdot t$	$s = \frac{v_0 + v_t}{2} \cdot t$	m
	$s = \frac{v_t^2}{2 \cdot a}$	$s = \frac{v_t^2 - v_0^2}{2 \cdot a}$	m
	$s = \frac{a}{2} \cdot t^2$	$s = v_0 \cdot t + \frac{a}{2} \cdot t^2$	m
Zeit t	$t = \frac{v_t}{a}$	$t = \frac{v_t - v_0}{a}$	s
	$t = \frac{2 \cdot s}{v_t}$	$t = \frac{2 \cdot s}{v_0 + v_t}$	s
	$t = \sqrt{\frac{2 \cdot s}{a}}$	$t = \frac{\sqrt{2 \cdot a \cdot s + v_0^2} - v_0}{a}$	s

Bewegung, geradlinig gleichmäßig verzögert

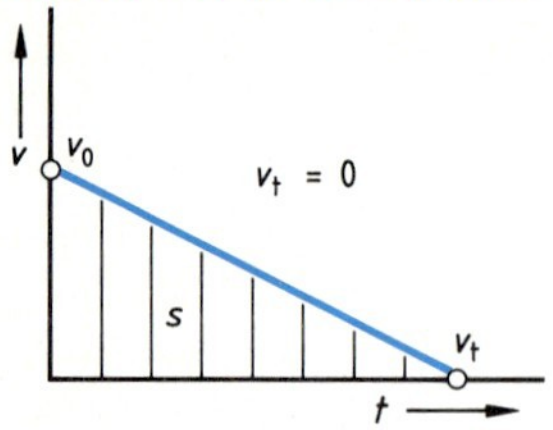

v, t-Diagramme
a = konst. und negativ

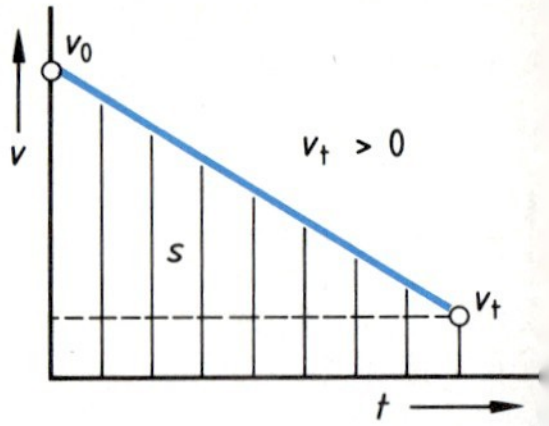

Endgeschwindigkeit	$v_t = 0$	$v_t > 0$	m/s
Verzögerung a	$a = \frac{v_0}{t}$ $a = \frac{2 \cdot s}{t^2}$ $a = \frac{v_0^2}{2 \cdot s}$	$a = \frac{v_0 - v_t}{t}$ $a = \frac{2 \cdot v_0}{t} - \frac{2 \cdot s}{t^2}$ $a = \frac{v_0^2 - v_t^2}{2 \cdot s}$	m/s² m/s² m/s²
Anfangsgeschwindigkeit v_0	$v_0 = a \cdot t$ $v_0 = \sqrt{2 \cdot a \cdot s}$ $v_0 = \frac{2 \cdot s}{t}$	$v_0 = v_t + a \cdot t$ $v_0 = \sqrt{v_t^2 + 2 \cdot a \cdot s}$ $v_0 = \frac{2 \cdot s}{t} - v_t$	m/s m/s m/s
Weg s	$s = \frac{v_0}{2} \cdot t$ $s = \frac{v_0^2}{2 \cdot a}$ $s = \frac{a}{2} \cdot t^2$	$s = \frac{v_0 + v_t}{2} \cdot t$ $s = \frac{v_0^2 - v_t^2}{2 \cdot a}$ $s = v_0 \cdot t - \frac{a}{2} \cdot t^2$	m m m
Zeit t	$t = \frac{v_0}{a}$ $t = \frac{2 \cdot s}{v_0}$ $t = \sqrt{\frac{2 \cdot s}{a}}$	$t = \frac{v_0 - v_t}{a}$ $t = \frac{2 \cdot s}{v_0 + v_t}$ $t = \frac{v_0 - \sqrt{v_0^2 - 2 \cdot a \cdot s}}{a}$	s s s

Bewegung, drehend (rotierend) gleichförmig

ω = konst. n = konst. $\alpha = 0$

$$\varphi = 2 \cdot \pi \cdot n \cdot t = \omega \cdot t$$

$$\omega = 2 \cdot \pi \cdot n = \frac{\varphi}{t}$$

$$t = \frac{\varphi}{2 \cdot \pi \cdot n} = \frac{\varphi}{\omega}$$

φ	* Drehwinkel	°, rad
n	* Umdrehungsfrequenz (Drehzahl)	1/s
t	* Zeit	s
ω	* Winkelgeschwindigkeit	rad/s
α	* Winkelbeschleunigung	rad/s²

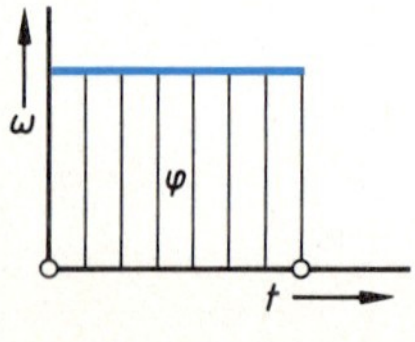

Bewegung, drehend (rotierend) gleichmäßig beschleunigt

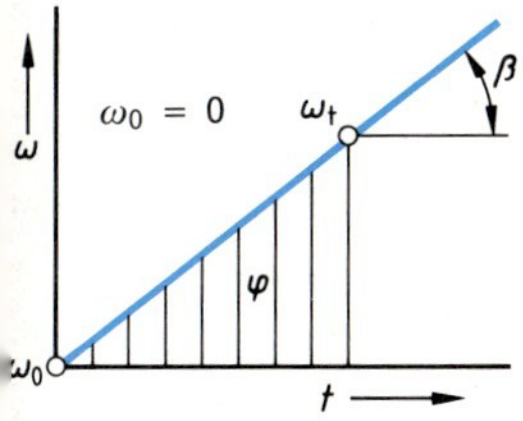

ω, t - Diagramme
α = konst. u. positiv

Bei verzögerter Bewegung ist die Winkelbeschleunigung α negativ in die folgenden Formeln einzusetzen!

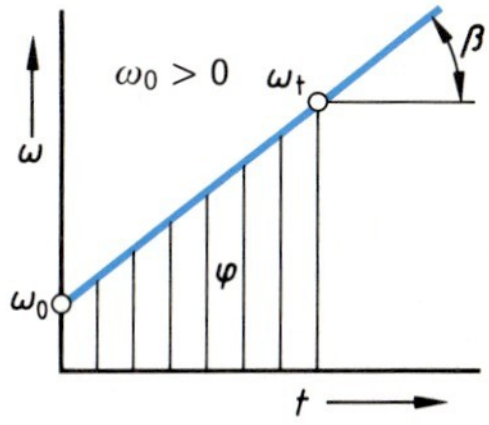

Winkelgeschwindigkeit am Anfang ω_0	$\omega_0 = 0$	$\omega_0 > 0$	rad/s
Drehwinkel φ nach der Zeit t	$\varphi = \frac{\omega_t \cdot t}{2}$	$\varphi = (\omega_0 + \omega_t) \cdot \frac{t}{2}$	rad
	$\varphi = \frac{\alpha}{2} \cdot t^2$	$\varphi = \omega_0 \cdot t + \frac{\alpha}{2} \cdot t^2$	rad
	$\varphi = \frac{\omega_t^2}{2 \cdot \alpha}$	$\varphi = \frac{\omega_t^2 - \omega_0^2}{2 \cdot \alpha}$	rad
Winkelbeschleunigung α (Anstieg $\tan\beta \sim \alpha$)	$\alpha = \frac{\omega_t}{t}$	$\alpha = \frac{\omega_t - \omega_0}{t}$	rad/s²
	$\alpha = \frac{2 \cdot \varphi}{t^2}$	$\alpha = \frac{2 \cdot (\varphi - \omega_0 \cdot t)}{t^2}$	rad/s²
	$\alpha = \frac{\omega_t^2}{2 \cdot \varphi}$	$\alpha = \frac{\omega_t^2 - \omega_0^2}{2 \cdot \varphi}$	rad/s²
Winkelgeschwindigkeit ω_0 (am Anfang)	$\omega_0 = 0$	$\omega_0 = \omega_t - \alpha \cdot t$	rad/s
		$\omega_0 = \frac{2 \cdot \varphi}{t} - \omega_t$	rad/s
		$\omega_0 = \sqrt{\omega_t^2 - 2 \cdot \alpha \cdot \varphi}$	rad/s
Winkelgeschwindigkeit ω_t (nach der Zeit t)	$\omega_t = \alpha \cdot t$	$\omega_t = \omega_0 + \alpha \cdot t$	rad/s
	$\omega_t = \frac{2 \cdot \varphi}{t}$	$\omega_t = \omega_0 + \frac{2 \cdot \varphi}{t}$	rad/s
	$\omega_t = \sqrt{2 \cdot \alpha \cdot \varphi}$	$\omega_t = \sqrt{\omega_0^2 + 2 \cdot \alpha \cdot \varphi}$	rad/s
Zeit t	$t = \frac{\omega_t}{\alpha}$	$t = \frac{\omega_t - \omega_0}{\alpha}$	s
	$t = \frac{2 \cdot \varphi}{\omega_t}$	$t = \frac{2 \cdot \varphi}{\omega_0 + \omega_t}$	s
	$t = \sqrt{\frac{2 \cdot \varphi}{\alpha}}$	$t = \frac{\sqrt{\omega_0^2 + 2 \cdot \alpha \cdot \varphi} - \omega_0}{\alpha}$	s

Bewegung auf geneigter Ebene

Gleitende Bewegung, ohne Reibung:

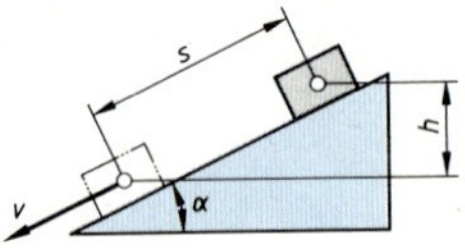

$v = \sqrt{2 \cdot g \cdot h}$ $\qquad t = \sqrt{\dfrac{2 \cdot h}{g \cdot \sin^2 \alpha}}$

Gleitende Bewegung, mit Reibung:

$v = \sqrt{2 \cdot g \cdot h \cdot (1 - \mu \cdot \cot \alpha)}$

$$t = \sqrt{\frac{2 \cdot h \cdot (1 - \mu \cdot \cot \alpha)}{g \cdot (\sin \alpha - \mu \cdot \cos \alpha)^2}} = \sqrt{\frac{2 \cdot h}{g \cdot \sin^2 \alpha \cdot (1 - \mu \cdot \cot \alpha)}}$$

Rollende Bewegung eines homogenen Vollzylinders, ohne Reibung:

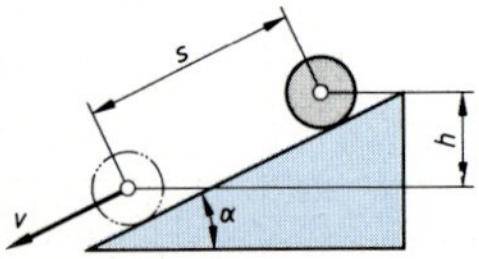

$v = \sqrt{\dfrac{4}{3} \cdot g \cdot h}$ $\qquad t = \sqrt{\dfrac{3 \cdot h}{g \cdot \sin^2 \alpha}}$

Rollende Bewegung eines homogenen Vollzylinders, mit Reibung:

$$v = \sqrt{\frac{4}{3} \cdot g \cdot h \cdot (1 - \mu \cdot \cot \alpha)}$$

$$t = \sqrt{\frac{3 \cdot h \cdot (1 - \mu \cdot \cot \alpha)}{g \cdot (\sin \alpha - \mu \cdot \cos \alpha)^2}} = \sqrt{\frac{3 \cdot h}{g \cdot \sin^2 \alpha \cdot (1 - \mu \cdot \cot \alpha)}}$$

v	* Geschwindigkeit am Ende des Weges s	m/s
g	* Fallbeschleunigung	m/s^2
t	* Zeit	s
h	Höhendifferenz auf der * geneigten Ebene	m
α	Steigungswinkel	°, rad
μ	Gleitreibungszahl	1
s	Weg auf der * geneigten Ebene	m

→ geneigte Ebene, Geschwindigkeit, Reibungszahl, Steigung

Bewegungsanalogien Translation — Rotation

Translationsgröße	Formelzeichen	analoge Rotationsgröße	Formelzeichen
Weg	s	Drehwinkel	φ
Geschwindigkeit	v	Winkelgeschwindigkeit	ω
Beschleunigung	a	Winkelbeschleunigung	α
Kraft	F	Kraftmoment (Drehmoment)	M
Masse	m	Trägheitsmoment	J
Federsteifigkeit (Federkonstante)	c	Direktionsmoment	D
Energie	E, W	Energie	E, W
Arbeit	W, A	Arbeit	W, A
Leistung	P	Leistung	P
Bewegungsgröße (Impuls)	p	Drall (Drehimpuls)	L
Zeit	t	Zeit	t

Bewegungsenergie (kinetische Energie)

Translation

$$W_{kin} = \frac{m}{2} \cdot v^2$$

Rotation

$$W_{rot} = \frac{J}{2} \cdot \omega^2$$

→ Energie

W_{kin}	kinetische Energie oder Geschwindigkeitsenergie	N·m = J
W_{rot}	Rotationsenergie, Drehenergie	N·m = J
m	* Masse	kg
v	* Geschwindigkeit	m/s
ω	* Winkelgeschwindigkeit	rad/s
J	* Trägheitsmoment eines Körpers	kg·m²

Bewegungsgröße (Impuls)

$$p = m \cdot v = \frac{L}{r}$$

p	Bewegungsgröße, Impuls	kg·m/s
m	* Masse	kg
v	* Geschwindigkeit	m/s
L	* Drall, Drehimpuls	kg·m²/s
r	Drehpunktabstand	m

Bewegungsschraube

→ Schraube mit Mutter

Biegefestigkeit

$$\sigma_{bB} = \frac{M_{bB}}{W}$$

σ_{bB}	Biegefestigkeit	N/mm²
M_{bB}	* Biegemoment (beim Bruch)	N·mm
W	* Widerstandsmoment	mm³

Biegemoment

Freiträger mit Einzellast am Trägerende

$$M_b = F \cdot l$$

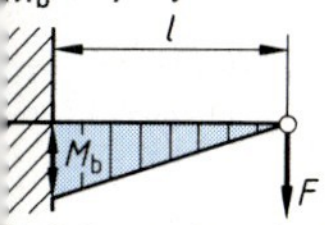

Freiträger mit mehreren Einzellasten

$$M_b = F_1 \cdot l_1 + F_2 \cdot l_2 + F_3 \cdot l_3 + \ldots$$

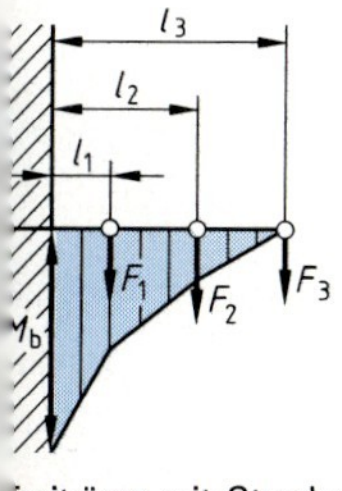

Freiträger mit Streckenlast

$$M_b = \frac{F \cdot l}{2} = \frac{q \cdot l^2}{2}$$

$$F = q \cdot l$$

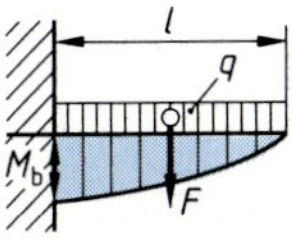

M_b	Biegemoment	N·mm
F	Punktlast, Einzellast	N
l	Trägerlänge, Stützweite	mm, m
q	Streckenlast	N/mm, N/m

Vorzeichenregel für Biegemomente:

Zugzone oben liegend: M_b ist negativ
Zugzone unten liegend: M_b ist positiv

Bei mehreren Einzelbeanspruchungen errechnet sich das Gesamtbiegemoment aus der Summe der Einzelbiegemomente.

Stützträger mit Punktlast in der Mitte

$$M_b = \frac{F \cdot l}{4}$$

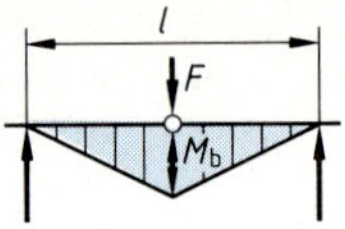

Stützträger mit Streckenlast

$$M_b = \frac{F \cdot l}{8} = \frac{q \cdot l^2}{8}$$

$$F = q \cdot l$$

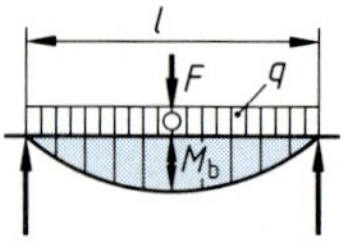

Biegemoment, zulässiges

$$M_{b\,zul} = W \cdot \sigma_{b\,zul} = W \cdot \frac{\sigma_{bB}}{\nu}$$

→ Biegespannung

$M_{b\,zul}$	zulässiges Biegemoment	N·mm
W	* Widerstandsmoment	mm^3
$\sigma_{b\,zul}$	zulässige * Biegespannung	N/mm^2
σ_{bB}	* Biegefestigkeit	N/mm^2
ν	* Sicherheit gegen Bruch	1

Biegeradius

Näherungsformeln für den kleinsten zulässigen Biegeradius

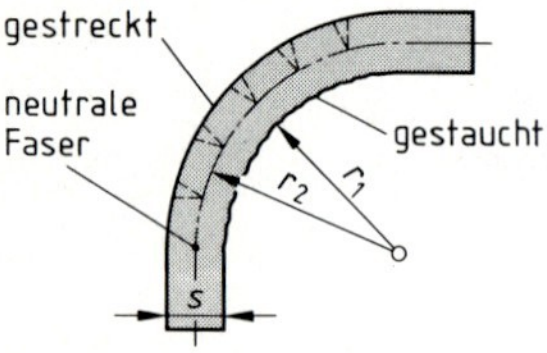

$$r_1 \geq 5 \cdot s \longrightarrow r_2 = r_1 + \frac{s}{2}$$

$$r_1 < 5 \cdot s \longrightarrow r_2 = r_1 + \frac{s}{3}$$

r_1	Innenradius der Krümmung	m
r_2	Radius der neutralen Faser	m
s	Dicke des Biegestückes	m

Die Verhältnisse der Biegemaße sind vom *Werkstoff* und der *Umformtemperatur* abhängig. Ein Erfahrungswert für das Kaltumformen von Stahlblechen ist $r_1 = 3 \cdot s$

Biegespannung

$$\sigma_b = \frac{M_b}{W}$$

→ Biegemoment

σ_b	Biegespannung	N/mm^2
M_b	vorhandenes * Biegemoment	N·mm
W	* Widerstandsmoment	mm^3

Biegesteifigkeit

$$B = E \cdot I$$

B	Biegesteifigkeit	$N \cdot mm^2$
E	* Elastizitätsmodul	N/mm^2
I	* Flächenmoment 2. Grades	mm^4

Bildentstehung

→ Linsenformel, Spiegelformel

Bildgröße

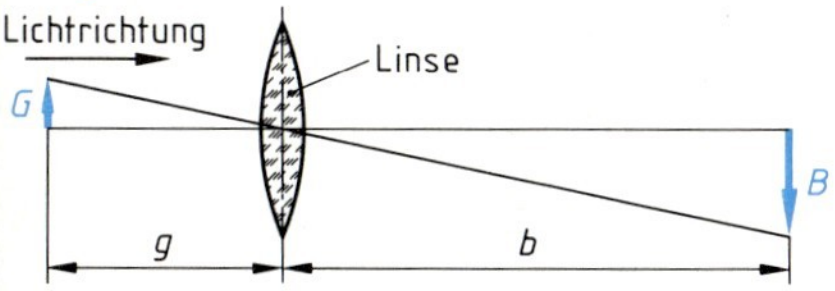

$$B = G \cdot \frac{b}{g}$$

G	Gegenstandsgröße	m
B	Bildgröße	m
g	* Gegenstandsweite	m
b	* Bildweite	m

Bildweite

$$b = \frac{g \cdot f}{g - f}$$

b	Bildweite	m
g	* Gegenstandsweite	m
f	* Brennweite	m

Bildwerfer

→ Vergrößerung

Bimetall

→ Wärmeausbiegung

Binäre Verknüpfungen

→ Logische Verknüpfungen, Schaltalgebra

Bindungsenergie des Atomkerns

→ Massendefekt

Binominalkoeffizient

$\binom{n}{p}$ gelesen: n über p, $n \in \boldsymbol{R}$, $p \in \boldsymbol{N}$

$$\binom{n}{p} = \frac{n \cdot (n-1) \cdot (n-2) \cdot \ldots \cdot (n-p+1)}{1 \cdot 2 \cdot 3 \cdot \ldots \cdot p}$$

z.B. $\binom{9}{5} = \dfrac{9 \cdot 8 \cdot 7 \cdot 6 \cdot 5}{1 \cdot 2 \cdot 3 \cdot 4 \cdot 5} = 126$

$$\binom{1/2}{3} = \frac{\frac{1}{2} \cdot \left(-\frac{1}{2}\right) \cdot \left(-\frac{3}{2}\right)}{1 \cdot 2 \cdot 3} = \frac{1}{16}$$

$1 \cdot 2 \cdot 3 \ldots p = p!$ (p Fakultät)

z.B. $6! = 1 \cdot 2 \cdot 3 \cdot 4 \cdot 5 \cdot 6 = 720$

Es ist festgelegt:

$$0! = 1 \qquad \binom{n}{0} = 1 \qquad \binom{0}{0} = 1 \qquad \binom{n}{n} = 1$$

Wenn p eine positive ganze Zahl und größer n ist, gilt:

$$\binom{n}{p} = 0$$

z.B. $\binom{2}{6} = 0$

Wenn p eine positive ganze Zahl und kleiner n ist, gilt:

$$\binom{n}{p} = \binom{n}{n-p} = \frac{n!}{(n-p)! \cdot p!}$$

$$\binom{n}{1} = \binom{n}{n-1} = n$$

$$\binom{n+1}{p} = \binom{n}{p} + \binom{n}{p-1} = \binom{n}{p} \cdot \frac{n+1}{n-p+1} \quad \text{(Rekursionsformel)}$$

$$\binom{n+1}{p+1} = \binom{n}{p} + \binom{n}{p+1}$$

z.B. $\binom{9}{5} = \dfrac{9!}{(9-5)! \cdot 5!} = \dfrac{9!}{4! \cdot 5!}$

$$= \frac{1 \cdot 2 \cdot 3 \cdot 4 \cdot 5 \cdot 6 \cdot 7 \cdot 8 \cdot 9}{1 \cdot 2 \cdot 3 \cdot 4 \cdot 1 \cdot 2 \cdot 3 \cdot 4 \cdot 5} = 126$$

→ Fakultät, Kombinatorik

Binomische Formeln

→ Polynome, *Pascal*-Dreieck der Binominalkoeffizienten

Binomischer Satz

$$(a \pm b)^n = \binom{n}{0} \cdot a^n \pm \binom{n}{1} \cdot a^{n-1} \cdot b + \binom{n}{2} \cdot a^{n-2} \cdot b^2 \pm \ldots (\pm 1)^n \cdot \binom{n}{n} \cdot b^n$$

$$(a + b)^n = \sum_{p=0}^{n} \binom{n}{p} \cdot a^{n-p} \cdot b^p$$

$\binom{n}{p}$ * Binominalkoeffizient

$n = 0, 1, 2, \ldots$ ($n \geq 0$, ganzzahlig)

→ Binominalkoeffizient, *Pascal*-Dreieck der Binominalkoeffizienten, Polynome

Blattfeder, einseitig eingespannt

$$c = \frac{F}{f}$$

$$F = \frac{W \cdot \sigma_{\mathrm{b\,zul}}}{l}$$

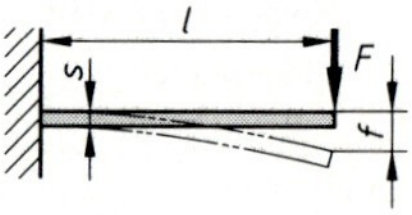

Geschichtete Feder

$$F = \frac{W \cdot \sigma_{\mathrm{b\,zul}}}{l} \cdot n$$

Dreieckfeder

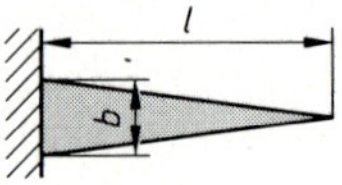

$$c = \frac{b \cdot s^3 \cdot E}{6 \cdot l^3}$$

$$f = \frac{F \cdot l^3}{2 \cdot E \cdot I} = \frac{l^2 \cdot \sigma_{\mathrm{b\,zul}}}{s \cdot E}$$

Rechteckfeder

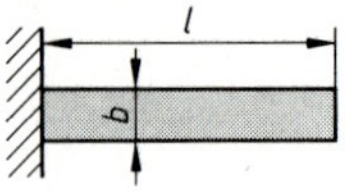

$$c = \frac{b \cdot s^3 \cdot E}{4 \cdot l^3}$$

$$f = \frac{F \cdot l^3}{3 \cdot E \cdot I} = \frac{2 \cdot l^2 \cdot \sigma_{\mathrm{b\,zul}}}{3 \cdot s \cdot E}$$

c	* Federsteifigkeit	N/mm
F	Tragkraft	N
W	* Widerstandsmoment	mm³
f	* Durchbiegung	mm
$\sigma_{\mathrm{b\,zul}}$	zulässige * Biegespannung	N/mm²
l	Federlänge	mm
n	Anzahl der Federblätter	1
b	Breite des Federblattes	mm
s	Dicke des Federblattes	mm
E	* Elastizitätsmodul	N/mm²
I	* Flächenmoment 2. Grades	mm⁴

→ Biegemoment, Biegespannung, Flachformfedern, Kraft

Trapezfeder

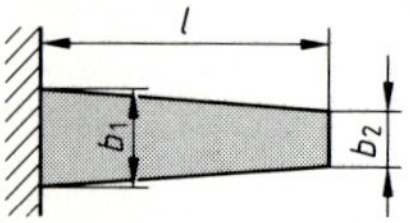

$$c = \frac{b_1 \cdot s^3 \cdot E}{4 \cdot k \cdot l^3}$$

$$f = \frac{k \cdot F \cdot l^3}{3 \cdot E \cdot I} = \frac{2 \cdot k \cdot l^2 \cdot \sigma_{\mathrm{b\,zul}}}{3 \cdot s \cdot E}$$

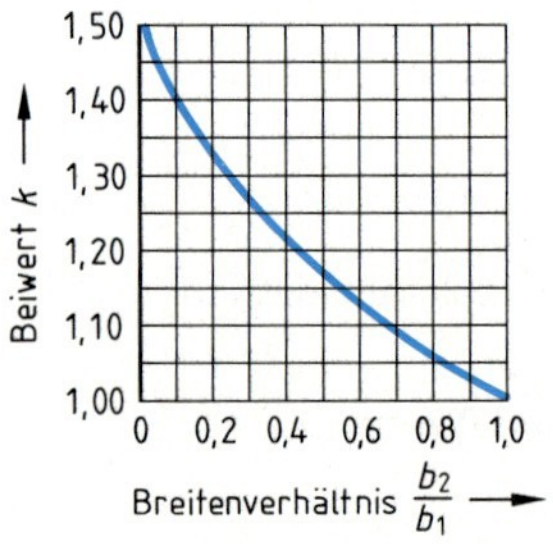

Blindfaktor, Blindleistungsfaktor

(bei Sinusform des Wechselstromes)

$$\sin\varphi = \frac{Q}{S} = \frac{Q_C}{S} = \frac{Q_L}{S}$$

$\sin\varphi$	Blindfaktor	1
Q	* Blindleistung	var, W
Q_C	kapazitive * Blindleistung	var, W
Q_L	induktive * Blindleistung	var, W
S	Scheinleistung	V · A

Blindleistung

Bei Einphasen-Wechselstrom und Drehstrom:

$$Q = P \cdot \tan\varphi \qquad Q = P\,(\tan\varphi_1 - \varphi_2)$$

$$Q = \frac{U^2 \cdot \sin^2\varphi}{X} = S \cdot \sin\varphi = \sqrt{S^2 - P^2}$$

$$Q_C = I^2 \cdot X_C$$
$$Q_L = I^2 \cdot X_L$$

Einphasig: $Q = U \cdot I \cdot \sin\varphi = I^2 \cdot R \cdot \tan\varphi$
$Q = I^2 \cdot Z \cdot \sin\varphi = I^2 \cdot X$

Dreiphasig: $Q = \sqrt{3} \cdot U \cdot I \cdot \sin\varphi = 3 \cdot I^2 \cdot R \cdot \tan\varphi$
$Q = 3 \cdot I^2 \cdot Z \cdot \sin\varphi = 3 \cdot I^2 \cdot X$

→ Kompensation, Leistung bei Wechselstrom

Q	Blindleistung	var, W
Q_C	kapazitive Blindleistung	var, W
Q_L	induktive Blindleistung	var, W
U	elektrische * Spannung	V
I	elektrische * Stromstärke	A
R	elektrischer * Widerstand	Ω
Z	elektrischer * Scheinwiderstand	Ω
X	* Blindwiderstand	Ω
X_C	kapazitiver Blindwiderstand	Ω
X_L	induktiver Blindwiderstand	Ω
P	elektrische Wirkleistung	W
S	Scheinleistung	V · A
φ	* Phasenverschiebungswinkel	rad

Blindleistungsfaktor

→ Blindfaktor

Blindleitwert, Suszeptanz

$$B = \frac{1}{X}$$

$$B_L = \frac{1}{X_L} \qquad B_C = \frac{1}{X_C}$$

Bei R, L, C parallel:

$$B = \frac{Q}{U^2} = Y \cdot \sin\varphi = \sqrt{Y^2 - G^2}$$

→ Wechselstromwiderstände

B	Blindleitwert	S = 1/Ω
B_C	kapazitiver Blindleitwert	S = 1/Ω
B_L	induktiver Blindleitwert	S = 1/Ω
X	* Blindwiderstand	Ω
X_L	induktiver Blindwiderstand	Ω
X_C	kapazitiver Blindwiderstand	Ω
Q	* Blindleistung	var, W
U	elektrische * Spannung	V
Y	* Scheinleitwert	S
G	Wirkleitwert	S

Blindspannung, elektrische

$$U_b = \frac{Q}{I} = U \cdot \sin\varphi = \sqrt{U^2 - U_w^2}$$

R und C in Reihe: $U_{bC} = U \cdot \sin\varphi$

R und L in Reihe: $U_{bL} = U \cdot \sin\varphi$

U_b	Blindspannung	V
U_{bC}	kapazitive Blindspannung	V
U_{bL}	induktive Blindspannung	V
Q	* Blindleistung	var, W
I	elektrische * Stromstärke	A
U	elektrische * Spannung	V
U_w	elektrische Wirkspannung	V
$\sin\varphi$	* Blindleistungsfaktor	1

Blindstrom, elektrischer

$$I_b = \frac{Q}{U} = I \cdot \sin\varphi = \sqrt{I^2 - I_w^2}$$

I_b	Blindstrom	A
Q	* Blindleistung	var, W
I	elektrische * Stromstärke	A
I_w	Wirkstrom	A
U	elektrische * Spannung	V
$\sin\varphi$	Blindleistungsfaktor	1

Blindwiderstand, Reaktanz

Induktiver Blindwiderstand

$$X_L = \omega \cdot L$$

Kapazitiver Blindwiderstand

$$X_C = \frac{1}{\omega \cdot C}$$

X_L	induktiver Blindwiderstand	Ω
X_C	kapazitiver Blindwiderstand	Ω
ω	* Kreisfrequenz	rad/s
L	* Induktivität	H = Ω·s
C	* Kapazität	F = s/Ω

Bei Einphasenwechselstrom:

$$X = \frac{U \cdot \sin\varphi}{I} = \frac{P \cdot \tan\varphi}{I^2} = \frac{S \cdot \sin\varphi}{I^2} = \frac{Q}{I^2}$$

Bei Dreiphasenwechselstrom:

$$X = \frac{U \cdot \sin\varphi}{\sqrt{3} \cdot I} = \frac{P \cdot \tan\varphi}{3 \cdot I^2} = \frac{S \cdot \sin\varphi}{3 \cdot I^2} = \frac{Q}{3 \cdot I^2}$$

→ Wechselstrom, Wechselstromwiderstände

U	elektrische * Spannung	V
I	elektrische * Stromstärke	A
P	Wirkleistung	W
S	Scheinleistung	V·A
Q	* Blindleistung	var, W
φ	Phasenverschiebungswinkel	rad
X	Blindwiderstand	Ω

Bodendruck (*Pascal*-Gesetz)

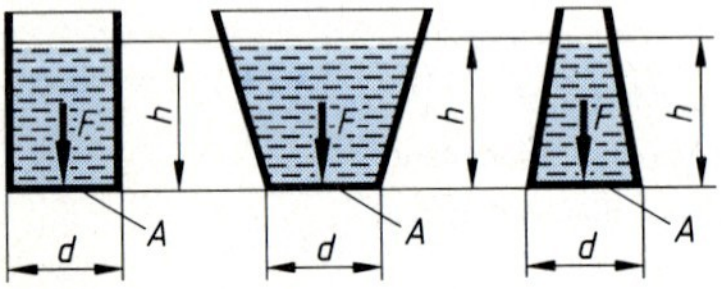

$$p = h \cdot \varrho \cdot g \qquad F = p \cdot A$$

Hydrostatisches Paradoxon:

Die Bodendruckkraft ist von der Gefäßform unabhängig.

p	Bodendruck	N/m^2 = Pa
F	Bodendruckkraft	N
h	Höhe der Flüssigkeitssäule	m
ϱ	* Dichte der Flüssigkeit	kg/m^3
g	* Fallbeschleunigung	m/s^2
A	Bodenfläche	m^2

→ Dichte, Druck, Seitendruckkraft

Bogen

Rundbogen

$$r = \frac{s}{2}$$

$$s = 2 \cdot r$$

$$h = r$$

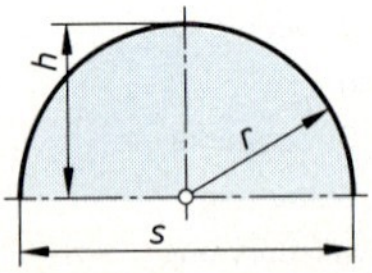

r	Radius	m
s	Spannweite	m
h	Stichhöhe	m

Normaler Spitzbogen

$$s = \frac{2 \cdot h}{\sqrt{3}} \approx \frac{h}{0{,}866}$$

$$h = \frac{s}{2} \cdot \sqrt{3} \approx 0{,}866 \cdot s$$

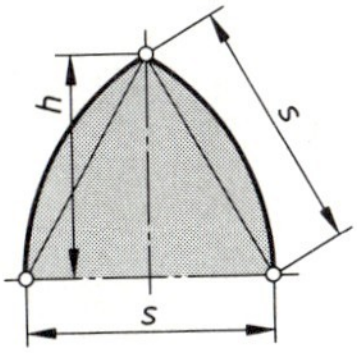

Überhöhter Spitzbogen

$$\frac{h}{s} > 0{,}866$$

$$a = \frac{h^2}{s} - \frac{3}{4} \cdot s$$

$$r = s + a$$

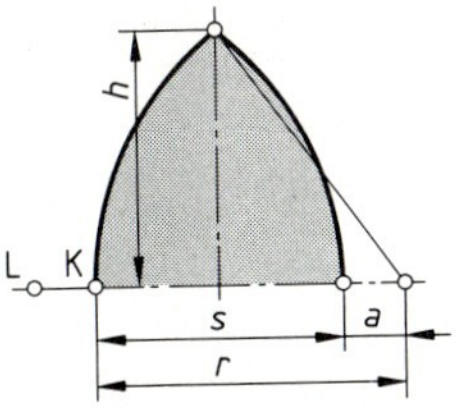

a	Entfernung des Leierpunktes L vom benachbarten Kämpferpunkt K	m
r	Radius des Kreisbogenstückes	m

Gedrückter Spitzbogen

$$\frac{h}{s} < 0{,}866$$

$$a = \frac{h^2}{s} - \frac{1}{4} \cdot s$$

$$r = \frac{s}{2} + a$$

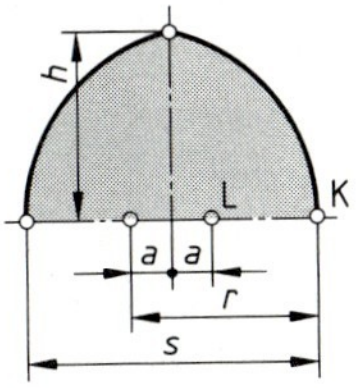

a	Entfernung des Leierpunktes L bis Mitte Spannweite	m
r	Radius des Kreisbogenstückes	m

→ Segmentbogen, Sehnenlänge

Bogenhöhe

$$h = r \cdot \left(1 - \cos\frac{\alpha}{2}\right) = 2 \cdot r \cdot \sin^2\frac{\alpha}{4}$$

$$h = \frac{s}{2} \cdot \tan\frac{\alpha}{4} = r - \sqrt{r^2 - \frac{s^2}{4}}$$

$$b = r \cdot \alpha \cdot \frac{\pi}{180°} = r \cdot \widehat{\alpha}$$

$$b \approx \sqrt{s^2 + \frac{16}{3} \cdot h^2}$$

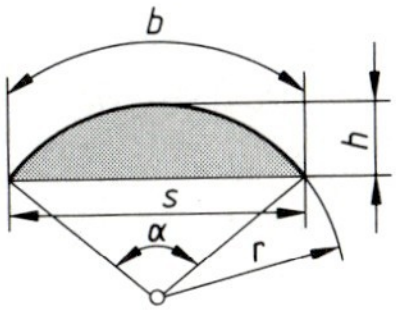

b	Bogenlänge	m
h	Bogenhöhe	m
α	Zentriwinkel	°
$\widehat{\alpha}$	Zentriwinkel (im Bogenmaß)	rad
r	Radius des Kreisbogens	m
s	Spannweite	m

Bogenlänge

→ Bogenhöhe

Bogenmaß

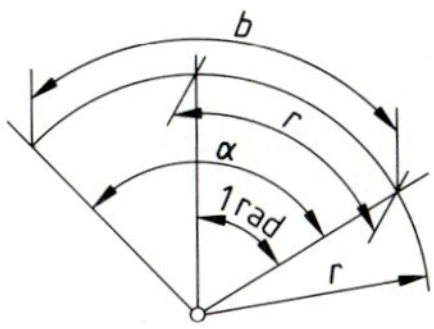

r	Radius des * Kreises	m
α	Zentriwinkel	°
$\widehat{\alpha}$	Zentriwinkel (Bogenmaß)	rad
b	* Bogenlänge	m

1 rad ≈ 57,3°

$$\widehat{\alpha} = \text{arc}\,\alpha = \frac{b}{r} = \alpha \cdot \frac{2 \cdot \pi}{360°} = \alpha \cdot \frac{\pi}{180°}$$

→ Bogenhöhe, Radiant

Winkel α in °	1°	30°	45°	57° 17′ 45″	60°	90°	180°	360°
Bogenmaß arc α	0,17453 rad	$\frac{\pi}{6}$ rad	$\frac{\pi}{4}$ rad	1 rad	$\frac{\pi}{3}$ rad	$\frac{\pi}{2}$ rad	π rad	$2 \cdot \pi$ rad

Bohr-Radius

Radius der Elektronenbahn im Wasserstoffatom (Hauptquantenzahl n = 1)

$a_0 = 0{,}529\,177 \cdot 10^{-10}$ m → Konstanten

a_0	*Bohr*-Radius	m

Boltzmann-Konstante

$$k = \frac{R}{N_A} = 1{,}381 \cdot 10^{-23}\ \text{J/K}$$

→ Gaskonstante

→ Konstanten

k	*Boltzmann*-Konstante	J/K
R	universelle * Gaskonstante	J/(mol · K)
N_A	* *Avogadro*-Konstante	1/mol

Boyle-Mariotte-Gesetz

$$\frac{p_1}{p_2} = \frac{V_2}{V_1} \qquad p_1 \cdot V_1 = p_2 \cdot V_2 \qquad p \cdot V = \text{konst.}$$

$$\frac{p_1}{\varrho_1} = \frac{p_2}{\varrho_2} \qquad \frac{p}{\varrho} = \text{konst.} \qquad \varrho = \varrho_n \cdot \frac{p}{p_n}$$

Das *Boyle-Mariotte*-Gesetz beschreibt die Zustandsänderung eines idealen Gases bei konstanter Temperatur, d.h. einer isothermen Zustandsänderung.

p	absoluter * Druck	N/m^2 = Pa
V	* Volumen	m^3
ϱ	* Dichte	kg/m^3
ϱ_n	* Dichte im * Normzustand	kg/m^3

Index 1: Zustand 1
Index 2: Zustand 2

→ Druck, *Gay-Lussac*-Gesetz, Normzustand, Zustandsänderungen idealer Gase

Bragg-Formel

→ *Röntgen*-Spektrum

Brechungsgesetz

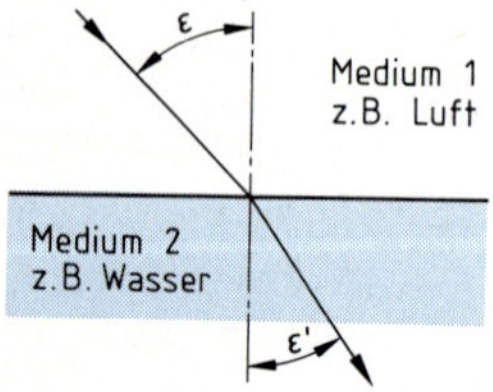

$$\frac{\sin\varepsilon}{\sin\varepsilon'} = \frac{c_1}{c_2} = n_{12} = \frac{\dfrac{c_0}{c_2}}{\dfrac{c_0}{c_1}} = \frac{n_2}{n_1}$$

$$n_1 \cdot \sin\varepsilon = n_2 \cdot \sin\varepsilon' = \text{konst.}$$

$$\delta = \varepsilon - \varepsilon'$$

ε	Einfallwinkel	°
ε'	Brechungswinkel	°
δ	Ablenkungswinkel	°
c	* Lichtgeschwindigkeit	m/s
c_0	* Lichtgeschwindigkeit im Vakuum → Konstanten	m/s
n	* Brechzahl	1

Index 1: im Medium 1
Index 2: im Medium 2
Index 0: im Vakuum

→ *Brewster*-Gesetz, Lichtbrechung, Reflexion des Lichts, Totalreflexion

Brechwert von Linsen

$$D = \frac{n}{f}$$

Für eine dickere Linse:

$$D = (n-1) \cdot \left(\frac{1}{r_1} \pm \frac{1}{r_2}\right) \mp \frac{(n-1)^2}{n} \cdot \frac{d}{r_1 \cdot r_2}$$

D	Brechwert	1/m
f	* Brennweite	m
n	* Brechzahl	1
r	Radius der brechenden Fläche	m
d	Linsendicke	m

Für eine dünnere Linse:

$$D = (n-1) \cdot \left(\frac{1}{r_1} \pm \frac{1}{r_2}\right)$$

→ Linsen, Linsenformel

Zwei Linsen, dicht beieinander liegend:

$$D = D_1 + D_2 = \frac{n}{f_1} + \frac{n}{f_2}$$

Zwei Linsen im Abstand e zueinander:

$$D = D_1 + D_2 - e \cdot D_1 \cdot D_2 = \frac{n}{f_1} + \frac{n}{f_2} - \frac{e}{f_1 \cdot f_2}$$

Bei $n = 1$, d.h. im Vakuum:

$$D = \frac{1}{f}$$

Anmerkung 1:
Für Sammellinsen ist D positiv (+).
Für Zerstreuungslinsen ist D negativ (−).

Anmerkung 2:
Der Brechwert D ist gleich dem Kehrwert der in Metern gemessenen Brennweite f in einem umgebenden Medium mit der Brechzahl $n = 1$. Einheit von D ist dann die *Dioptrie* dpt: $[D]$ = dpt

Brechzahl

$$n = \frac{c_0}{c}$$

n	Brechzahl	1
c_0	* Lichtgeschwindigkeit (im Vakuum)	m/s
c	* Lichtgeschwindigkeit (im Medium)	m/s

Brechzahlen bei 20 °C

für Natriumlicht (Wellenlänge λ = 589,3 nm):

Medium	n	Medium	n
Vakuum	1,0	Benzol	1,5014
Gase		Glyzerin	1,47
Ammoniak (NH_3)	1,00037	Schwefelsäure, konzentriert	1,43
Chlor (Cl_2)	1,000781	Wasser	1,333
Helium (He)	1,000034	*Festkörper*	
Kohlenstoffdioxid (CO_2)	1,00045	Diamant	2,42
Luft	1,000292	Flintglas (Schott F1)	1,6259
Sauerstoff (O_2)	1,000271	Glimmer	1,58
Stickstoff (N_2)	1,000297	Kronglas (Schott K1)	1,5098
Wasserstoff (H_2)	1,000139	Kalkspat, ordentlicher Strahl	1,6585
Flüssigkeiten		Kalkspat, außerordentlicher Strahl	1,4864
Alkohol (Ethanol)	1,3617	Quarz	1,54

Bremskraft, Bremsmoment

→ Backenbremse, Bandbremse

Bremsleistung (*Prony*-Bremszaum)

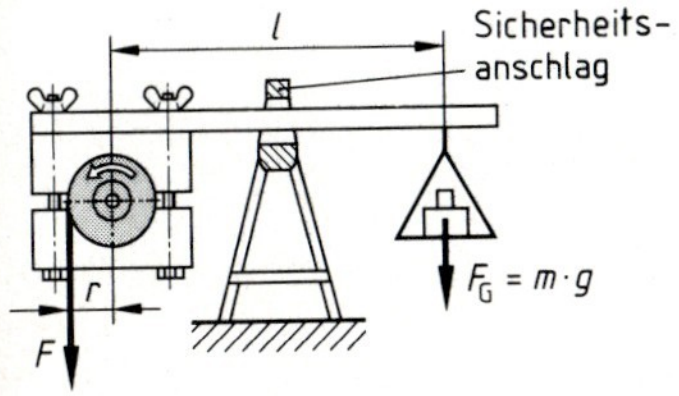

P	Bremsleistung	W
l	Länge des Waagebalkens	m
F_G	* Gewichtskraft an der Waagschale	N
m	* Masse (auf der Waagschale)	kg
g	* Fallbeschleunigung	m/s^2
n	* Umdrehungsfrequenz (Drehzahl)	1/s

$$P = 2 \cdot \pi \cdot l \cdot F_G \cdot n = 2 \cdot \pi \cdot l \cdot m \cdot g \cdot n$$

→ Drehmoment, Gewichtskraft, Kraftmoment

Brennweite

Sphärischer Spiegel für achsnahe Strahlen:

$$f = \frac{r}{2}$$

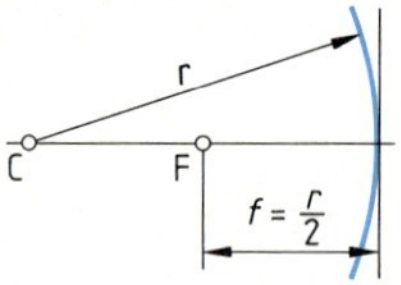

Eine Linse, bei Vernachlässigung der Dicke:

$$f = \frac{r_1 \cdot r_2}{(n-1) \cdot (r_2 - r_1)}$$

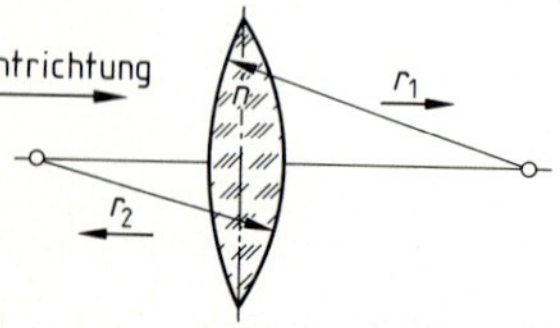

Zwei Linsen, dicht beieinander liegend (Doppellinse):

$$f = \frac{f_1 \cdot f_2}{f_1 + f_2}$$

Zwei Linsen, die den Abstand e voneinander haben:

$$f = \frac{f_1 \cdot f_2}{f_1 + f_2 - e}$$

f	Brennweite	m
r	Linsenradius	m
r_1	Linsenradius der vorderen Linsenfläche in Lichtrichtung	m
r_2	Linsenradius der hinteren Linsenfläche in Lichtrichtung	m
n	* Brechzahl (des Glases)	1
f_1	Brennweite der ersten * Linse	m
f_2	Brennweite der zweiten * Linse	m

→ Brechwert, Linsen, Linsenformel

Brennwert, spezifischer

→ Spezifischer Brennwert

Brewster-Gesetz (über den Polarisationswinkel)

$$\varepsilon_p + \varepsilon' = 90°$$

$$\varepsilon' = 90° - \varepsilon_p$$

$$\tan \varepsilon_p = \frac{n_2}{n_1}$$

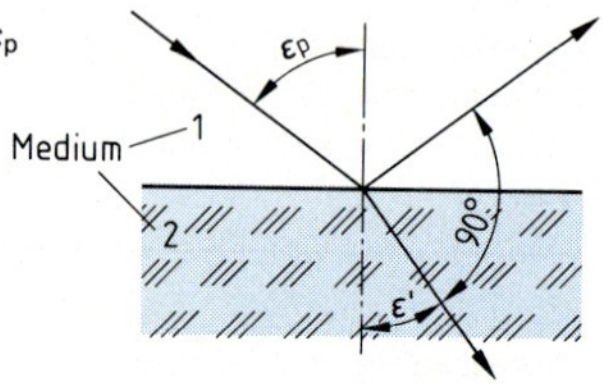

$$\sin \varepsilon_p = \frac{n_2}{n_1} \cdot \sin \varepsilon' = \frac{n_2}{n_1} \cdot \cos \varepsilon_p$$

$$\frac{\sin \varepsilon_p}{\sin (90° - \varepsilon_p)} = \frac{\sin \varepsilon_p}{\cos \varepsilon_p}$$

ε_p	Polarisationswinkel, *Brewsterscher* Winkel	°
ε'	Brechungswinkel	°
n_1	* Brechzahl (im Medium 1)	1
n_2	* Brechzahl (im Medium 2)	1

→ Brechungsgesetz

Briggs-Logarithmen (Zehnerlogarithmen)

→ Logarithmen

*Brinell*härte

→ Härte nach *Brinell*

Bruchausbauchung

→ Querschnittsänderung

Bruchdehnung

$$A = \frac{L_u - L_0}{L_0} \cdot 100$$

$$i = \frac{L_0}{d_0}$$

Bei Verwendung der Proportionalstäbe für Zugproben wird — entsprechend dem Meßlängenverhältnis i — die Bruchdehnung mit δ_5 oder δ_{10} bezeichnet.

A	Bruchdehnung	%
L_u	Meßlänge der Probe nach dem Bruch	mm
L_0	Anfangsmeßlänge	mm
i	Meßlängenverhältnis (5 oder 10)	1
d_0	Anfangsdurchmesser	mm

Brucheinschnürung

→ Querschnittsänderung

Bruchrechnung bei rationalen Zahlen

Addieren

$$\frac{a}{b} + \frac{c}{b} = \frac{a+c}{b} = (a+c)/b$$

$$\frac{a}{b} + \frac{c}{d} = \frac{ad+bc}{bd} = (ad+bc)/bd$$

$$\frac{a+b}{a} = \frac{a}{a} + \frac{b}{a} = 1 + \frac{b}{a}$$

Subtrahieren

$$\frac{a}{b} - \frac{c}{b} = \frac{a-c}{b} = (a-c)/b$$

$$\frac{a}{b} - \frac{c}{d} = \frac{ad-bc}{bd} = (ad-bc)/bd$$

$$\frac{a-b}{a} = \frac{a}{a} - \frac{b}{a} = 1 - \frac{b}{a}$$

Multiplizieren

$$\frac{a}{b} \cdot c = \frac{a\,c}{b} = ac/b$$

$$\frac{a}{b} \cdot \frac{c}{d} = \frac{a\,c}{bd} = ac/(bd)$$

Dividieren

$$\frac{a}{b} : c = \frac{\frac{a}{b}}{c} = \frac{a}{bc} = a/(bc)$$

$$\frac{a}{b} : \frac{c}{d} = \frac{\frac{a}{b}}{\frac{c}{d}} = \frac{a}{b} \cdot \frac{d}{c} = \frac{ad}{bc} = ad/(bc)$$

$$a : \frac{b}{c} = \frac{a}{\frac{b}{c}} = a \cdot \frac{c}{b} = \frac{ac}{b} = ac/b$$

Erweitern eines Bruches mit dem Faktor n:

$$\frac{a}{b} = \frac{a \cdot n}{b \cdot n} = \frac{an}{bn}$$

Kürzen eines gemeinsamen Faktors n in Zähler und Nenner:

$$\frac{a \cdot n}{b \cdot n} = \frac{a}{b}$$

Kehrwert bzw. reziproker Wert:

$\frac{a}{b}$ Kehrwert: $\frac{b}{a}$

a Kehrwert: $\frac{1}{a}$

Beseitigung von Wurzeln im Nenner durch Erweitern des Bruches:

$$\frac{1}{\sqrt{a}} = \frac{1 \cdot \sqrt{a}}{\sqrt{a} \cdot \sqrt{a}} = \frac{\sqrt{a}}{a}$$

$$\frac{a}{\sqrt{b} - \sqrt{c}} = \frac{a \cdot (\sqrt{b} + \sqrt{c})}{(\sqrt{b} - \sqrt{c}) \cdot (\sqrt{b} + \sqrt{c})} = \frac{a \cdot (\sqrt{b} + \sqrt{c})}{b - c}$$

$$\frac{m}{a + \sqrt{b}} = \frac{m \cdot (a - \sqrt{b})}{(a + \sqrt{b}) \cdot (a - \sqrt{b})} = \frac{m \cdot (a - \sqrt{b})}{a^2 - b}$$

$$\frac{x}{\sqrt[4]{x^3}} = \frac{x \cdot \sqrt[4]{x}}{\sqrt[4]{x^3} \cdot \sqrt[4]{x}} = \frac{x \cdot \sqrt[4]{x}}{\sqrt[4]{x^3 \cdot x}} = \frac{x \cdot \sqrt[4]{x}}{\sqrt[4]{x^4}}$$

$$= \frac{x \cdot \sqrt[4]{x}}{x} = \sqrt[4]{x}$$

Voraussetzung für die Bruchrechnung ist, daß die den Nenner bildende Größe stets ungleich 0 ist.

Bruchsicherheit

→ Sicherheit gegen Bruch

Bruchspannung

→ Biegespannung, Druckspannung, Knickspannung, Scherspannung, Sicherheit gegen Bruch, Verdrehspannung (Torsionsspannung), Zugspannung

Brückenschaltung

→ Widerstandsmeßbrücke

Cavalieri-Satz

$V = A \cdot h$

Das Volumen eines geraden oder schiefen Prismas errechnet sich aus dem Produkt von Grundfläche und Höhe.

V	* Volumen	m^3
A	Grundfläche	m^2
h	Höhe	m

→ Vierkantprisma

Celsius-Temperatur

→ Temperatur

Chemische Elemente

Name	Symbol	Relative Atommasse A_r	Protonenzahl (Ordnungszahl) Z	Oxidationszahl in Verbindungen[1] O	Aggregatzustand bei NB[2]	Dichte ϱ[3] in kg/m^3	Schmelzpunkt ϑ_m in °C	Siedepunkt ϑ_b in °C	Elektronegativität nach *Pauling*	Aufbau der Elektronenhülle[4] (Orbitalmodell)
Actinium	Ac	(227)	89	III	s	10 070	1 050	3 200	1,1	[Rn] $6\,d^1\,7\,s^2$
Aluminium	Al	26,9815	13	III	s	2 700	660,2	2 467	1,5	[Ne] $3\,s^2\,3\,p^1$
Americium	Am	(243)	95	III, IV, V, VI	s	13 670	994	—	1,3	[Rn] $5\,f^7\,6\,d^0\,7\,s^2$
Antimon	Sb	121,75	51	± III, V	s	6 690	630,5	1 635	1,9	[Kr] $4\,d^{10}\,5\,s^2\,5\,p^3$
Argon	Ar	39,948	18	—	g	1,784	– 189,3	– 185,8	—	[Ne] $3\,s^2\,3\,p^6$
Arsen	As	74,922	33	± III, V	s	5 730	(817)	613	2,0	[Ar] $3\,d^{10}\,4\,s^2\,4\,p^3$
Astat	At	(210)	85	± I, III, V	s	—	—	—	2,2	[Xe] $4\,f^{14}\,5\,d^{10}\,6\,s^2\,6\,p^5$
Barium	Ba	137,33	56	II	s	3 700	725	1 640	0,9	[Xe] $6\,s^2$
Berkelium	Bk	(247)	97	III, IV	s	—	1 000	—	—	[Rn] $5\,f^9\,6\,d^0\,7\,s^2$
Beryllium	Be	9,0122	4	II	s	1 850	1 285	2 970	1,5	$1\,s^2\,2\,s^2$
Bismut	Bi	208,98	83	III, V	s	9 790	271,3	1 560	1,9	[Xe] $4\,f^{14}\,5\,d^{10}\,6\,s^2\,6\,p^3$
Blei	Pb	207,2	82	II, IV	s	11 350	327	1 740	1,8	[Xe] $4\,f^{14}\,5\,d^{10}\,6\,s^2\,6\,p^2$
Bor	B	10,811	5	III	s	2 340	2 300	2 550	2,0	$1\,s^2\,2\,s^2\,2\,p^1$
Brom	Br	79,904	35	± I, V	l	3 120	– 7,2	58,78	2,8	[Ar] $3\,d^{10}\,4\,s^2\,4\,p^5$
Cadmium	Cd	112,41	48	II	s	8 650	320,9	767	1,7	[Kr] $4\,d^{10}\,5\,s^2$
Cäsium	Cs	132,905	55	I	s	1 900	28,5	705	0,7	[Xe] $6\,s^1$
Calcium	Ca	40,08	20	II	s	1 530	851	1 482	1,0	[Ar] $4\,s^2$
Californium	Cf	251	98	III	s	—	—	1 200	—	[Rn] $4\,f^2\,5\,d^0\,7\,s^2$
Cer	Ce	140,12	58	III, IV	s	6 670	795	3 468	1,1	[Xe] $4\,f^2\,5\,d^0\,6\,s^2$
Chlor	Cl	35,453	17	± I, III, V, VII	g	3,214	– 101	– 34,1	3,0	[Ne] $3\,s^2\,3\,p^3$
Chrom	Cr	51,996	24	VI, III, II	s	7 190	1 890	2 200	1,6	[Ar] $3\,d^5\,4\,s^1$
Cobalt	Co	58,933	27	II, III	s	8 900	1 495	2 900	1,8	[Ar] $3\,d^7\,4\,s^2$
Curium	Cm	(247)	96	III	s	13 500	1 350	3 540	—	[Rn] $5\,f^7\,6\,d^1\,7\,s^2$
Dysprosium	Dy	162,50	66	III	s	8 560	1 407	2 600	—	[Xe] $4\,f^{10}\,5\,d^0\,6\,s^2$
Einsteinium	Es	(252)	99	—	—	—	—	—	—	[Rn] $5\,f^{11}\,6\,d^0\,7\,s^2$
Eisen	Fe	55,847	26	II, III	s	7 874	1 535	3 000	1,8	[Ar] $3\,d^6\,4\,s^2$
Erbium	Er	167,26	68	III	s	9 160	1 497	2 900	1,2	[Xe] $4\,f^{12}\,5\,d^0\,6\,s^2$
Europium	Eu	151,96	63	III, II	s	5 260	876	1 439	—	[Xe] $4\,f^7\,5\,d^0\,6\,s^2$

Name	Symbol	Relative Atommasse A_r	Protonenzahl (Ordnungszahl) Z	Oxidationszahl in Verbindungen[1] O	Aggregatzustand bei NB[2]	Dichte ϱ[3] in kg/m^3	Schmelzpunkt ϑ_m in °C	Siedepunkt ϑ_b in °C	Elektronegativität nach *Pauling*	Aufbau der Elektronenhülle[4] (Orbitalmodell)
Fermium	Fm	—	100	—	—	—	—	—	—	[Rn] 5 f^{12} 6 d^{0} 7 s^{2}
Fluor	F	18,9984	9	— I	g	1,696	— 219,6	— 188,1	4,0	1 s^{2} 2 s^{2} 2 p^{5}
Francium	Fr	—	87	I	s	—	—	—	0,7	[Rn] 7 s^{1}
Gadolinium	Gd	157,25	64	III	s	7 890	1 312	3 000	1,1	[Xe] 4 f^{7} 5 d^{1} 6 s^{2}
Gallium	Ga	69,72	31	III	s	5 904	29,8	2 400	1,6	[Ar] 3 d^{10} 4 s^{2} 4 p^{1}
Germanium	Ge	72,59	32	IV	s	5 320	937,4	2 830	1,8	[Ar] 3 d^{10} 4 s^{2} 4 p^{2}
Gold	Au	196,967	79	III, I	s	19 320	1 063	2 966	2,4	[Xe] 4 f^{14} 5 d^{10} 6 s^{1}
Hafnium	Hf	178,49	72	IV	s	13 310	2 150	5 400	1,3	[Xe] 4 f^{14} 5 d^{2} 6 s^{2}
Hahnium	Ha	(262)	105	V	s	—	—	—	—	[Rn] 5 f^{14} 6 d^{3} 7 s^{2}
Helium	He	4,0026	2	—	g	0,1785	— 269,7	— 268,9	—	1 s^{2}
Holmium	Ho	164,93	67	III	s	8 800	1 461	2 600	1,2	[Xe] 4 f^{11} 5 d^{0} 6 s^{2}
Indium	In	114,82	49	III	s	7 300	156,6	2 000	1,7	[Kr] 4 d^{10} 5 s^{2} 5 p^{1}
Iod	I	126,9	53	± I, V, VII	s	4 930	113,5	184,5	2,5	[Kr] 4 d^{10} 5 s^{2} 5 p^{5}
Iridium	Ir	192,2	77	IV, II, III, VI	s	22 420	2 443	4 527	2,2	[Xe] 4 f^{14} 5 d^{7} 6 s^{2}
Kalium	K	39,098	19	I	s	862	63,65	774	0,8	[Ar] 4 s^{1}
Kohlenstoff	C	12,01115	6	± IV, II	s	2100 — 2300 (Graphit)	3 550	4 830	2,5	1 s^{2} 2 s^{2} 2 p^{2}
Krypton	Kr	83,80	36	—	g	3,733	— 156,6	— 152,3	—	[Ar] 3 d^{10} 4 s^{2} 4 p^{6}
Kupfer	Cu	63,546	29	II, I	s	8 940	1 083	2 595	1,9	[Ar] 3 d^{10} 4 s^{1}
Kurtschatovium	Ku	(261)	104	IV	s	—	—	—	—	[Rn] 5 f^{14} 6 d^{2} 7 s^{2}
Lanthan	La	138,91	57	III	s	6 160	920	3 469	1,1	[Xe] 5 d^{1} 6 s^{2}
Lawrencium	Lr	—	103	—	s	—	—	—	—	[Rn] 5 f^{14} 6 d^{1} 7 s^{2}
Lithium	Li	6,941	3	I	s	534	180,5	1 336	1,0	1 s^{2} 2 s^{1}
Lutetium	Lu	174,97	71	III	s	9 840	1 652	3 327	1,2	[Xe] 4 f^{14} 5 d^{1} 6 s^{2}
Magnesium	Mg	24,305	12	II	s	1 745	651	1 107	1,2	[Ne] 3 s^{1}
Mangan	Mn	54,938	25	II, III, IV, VI, VII	s	7 340	1 244	2 097	1,5	[Ar] 3 d^{5} 4 s^{2}
Mendelevium	Md	—	101	—	s	—	—	—	—	[Rn] 5 f^{13} 6 d^{0} 7 s^{2}
Molybdän	Mo	95,94	42	VI, V, IV, III, II	s	10 220	2 610	5 560	1,8	[Kr] 4 d^{5} 5 s^{1}

Name	Symbol	Relative Atommasse A_r	Protonenzahl (Ordnungszahl) Z	Oxidationszahl in Verbindungen[1] O	Aggregatzustand bei NB[2]	Dichte ϱ[3] in kg/m^3	Schmelzpunkt ϑ_m in °C	Siedepunkt ϑ_b in °C	Elektronegativität nach *Pauling*	Aufbau der Elektronenhülle[4] (Orbitalmodell)
Natrium	Na	22,9898	11	I	s	971	97,81	892	0,9	[Ne] $3 s^1$
Neodym	Nd	144,24	60	III	s	7 000	1 024	3 027	1,2	[Xe] $4 f^4 5 d^0 6 s^2$
Neon	Ne	20,1797	10	—	g	0,8999	– 248,7	– 245,9	—	$1 s^2 2 s^2 2 p^6$
Neptunium	Np	(237)	93	VI, V, IV, III	s	20 450	637	—	1,3	[Rn] $5 f^4 6 d^1 7 s^2$
Nickel	Ni	58,69	28	II, III	s	8 900	1 453	2 732	1,8	[Ar] $3 d^8 4 s^2$
Niob	Nb	92,906	41	V, III	s	8 580	2 468	4 927	1,6	[Kr] $4 d^4 5 s^1$
Nobelium	No	—	102	—	s	—	—	—	—	[Rn] $5 f^{14} 6 d^0 7 s^2$
Osmium	Os	190,2	76	IV, II, III, VI, VIII	s	22 480	3 045	5 027	2,2	[Xe] $4 f^{14} 5 d^6 6 s^2$
Palladium	Pd	106,4	46	II, IV	s	12 020	1 552	2 927	2,2	[Kr] $4 d^{10} 5 s^0$
Phosphor	P	30,9736	15	± III, V, IV	s	1820 (weiß)	44,1	280	2,1	[Ne] $3 s^2 3 p^3$
Platin	Pt	195,08	78	IV, II	s	21 450	1 769	3 827	2,2	[Xe] $4 f^{14} 5 d^9 6 s^1$
Plutonium	Pu	(244)	94	IV, VI, V, III	s	19 810	640	3 327	1,3	[Rn] $5 f^6 6 d^0 7 s^2$
Polonium	Po	(209)	84	II, IV	s	9 200	254	962	2,0	[Xe] $4 f^{14} 5 d^{10} 6 s^2 6 p^4$
Praseodym	Pr	140,908	59	III, IV	s	6 770	935	3 127	1,1	[Xe] $4 f^3 3 d^0 6 s^2$
Promethium	Pm	(145)	61	III	s	7 200	1 068	—	—	[Xe] $4 f^5 5 d^0 6 s^2$
Protactinium	Pa	231,04	91	V, IV	s	15 370	1 560	—	1,5	[Rn] $5 f^3 6 d^1 7 s^2$
Quecksilber	Hg	200,59	80	II, I	l	13 590	– 38,9	356,6	1,9	[Xe] $4 f^{14} 5 d^{10} 6 s^2$
Radium	Ra	226,03	88	II	s	5 500	700	1 140	0,9	[Rn] $7 s^2$
Radon	Rn	(222)	86	—	g	9,97	– 71	– 61,8	—	[Xe] $4 f^{14} 5 d^{10} 6 s^2 6 p^6$
Rhenium	Re	186,2	75	VII, VI, IV, II, –I	s	21 040	3 180	5 627	1,9	[Xe] $4 f^{14} 5 d^5 6 s^2$
Rhodium	Rh	102,906	45	II, III	s	12 410	1 966	3 727	2,2	[Kr] $4 d^0 5 s^1$
Rubidium	Rb	85,468	37	I	s	1 530	38,7	688	0,8	[Kr] $5 s^1$
Ruthenium	Ru	101,07	44	III, IV	s	12 300	2 500	3 900	2,2	[Kr] $4 d^7 5 s^1$
Samarium	Sm	150,4	62	III, II	s	7 540	1 072	1 804	1,2	[Xe] $4 d^6 5 d^0 6 s^2$
Sauerstoff	O	15,999	8	– II	g	1,4289	– 218,4	– 182,9	3,5	$1 s^2 2 s^2 2 p^4$
Scandium	Sc	44,956	21	III	s	2,990	1 539	2 727	1,3	[Ar] $3 d^1 4 s^2$
Schwefel	S	32,06	16	± II, IV, VI	s	2 070	119,0	444,6	2,5	[Ne] $3 s^2 3 p^4$
Selen	Se	78,96	34	IV, ±II, VI	s	4 810	220	685	2,4	[Ar] $3 d^{10} 4 s^2 4 p^4$
Silber	Ag	107,87	47	I	s	10 500	960,8	2 140	1,9	[Kr] $4 d^{10} 5 s^1$
Silicium	Si	28,086	14	IV	s	2 330	1 410	2 355	1,8	[Ne] $3 s^2 3 p^2$
Stickstoff	N	14,0067	7	± III, V, IV, II	g	1,251	– 210	– 195,8	3,0	$1 s^2 2 s^2 2 p^3$
Strontium	Sr	87,62	38	II	s	2 670	768	1 380	1,0	[Kr] $5 s^2$

Name	Symbol	Relative Atommasse A_r	Protonenzahl (Ordnungszahl) Z	Oxidationszahl in Verbindungen[1] O	Aggregatzustand bei NB[2]	Dichte ϱ[3] in kg/m³	Schmelzpunkt ϑ_m in °C	Siedepunkt ϑ_b in °C	Elektronegativität nach *Pauling*	Aufbau der Elektronenhülle[4] (Orbitalmodell)
Tantal	Ta	180,948	73	V	s	16 600	2 996	5 425	1,5	[Xe] 4 f^{14} 5 d^3 6 s^2
Technetium	Tc	(98)	43	VII	s	11 500	2 140	5 030	1,9	[Kr] 4 d^5 5 s^2
Tellur	Te	127,6	52	–II, IV, VI	s	6 250	449	980	2,1	[Kr] 4 d^{10} 5 s^2 5 p^4
Terbium	Tb	158,925	65	III, IV	s	8 253	1 356	2 800	1,2	[Xe] 4 f^9 5 d^0 6 s^2
Thallium	Tl	204,38	81	I, III	s	11 850	303,5	1 457	1,8	[Xe] 4 f^{14} 5 d^{10} 6 s^2 6 p^1
Thorium	Th	232,04	90	IV	s	11 700	1 750	3 850	1,3	[Rn] 5 f^0 6 d^2 7 s^2
Thulium	Tm	168,93	69	III, II	s	9 320	1 545	1 727	1,2	[Xe] 4 f^{13} 5 d^0 6 s^2
Titan	Ti	47,88	22	IV, III	s	4 510	1 668	3 260	1,5	[Ar] 3 d^2 4 s^2
Uran	U	238,03	92	VI, V, IV, III	s	19 100	1 132	3 818	1,7	[Rn] 5 f^3 6 d^1 7 s^2
Vanadium	V	50,942	23	V, IV, II	s	6 120	1 890	3 380	1,6	[Ar] 3 d^3 4 s^2
Wasserstoff	H	1,00794	1	I	g	0,0899	–259,1	–252,5	2,1	1 s^1
Wolfram	W	183,85	74	VI, V, IV, III, II	s	19 270	3 387	5 900	1,7	[Xe] 4 f^{14} 5 d^4 6 s^2
Xenon	Xe	131,3	54	–	g	5,897	–111,9	–108	–	[Kr] 4 d^{10} 5 s^2 5 p^6
Ytterbium	Yb	173,04	70	III, II	s	6 960	824	1 427	1,1	[Xe] 4 f^{14} 5 d^0 6 s^2
Yttrium	Y	88,906	39	III	s	4 470	1 495	2 927	1,3	[Kr] 4 d^1 5 s^2
Zink	Zn	65,38	30	II	s	7 130	419,5	907	1,6	[Ar] 3 d^{10} 4 s^2
Zinn	Sn	118,69	50	IV, II	s	7 290	231,9	2 270	1,8	[Kr] 4 d^{10} 5 s^2 5 p^2
Zirkonium	Zr	91,22	40	IV	s	6 500	1 852	4 370	1,4	[Kr] 4 d^2 5 s^2

1) Die am häufigsten vorkommende Oxidationszahl steht an erster Stelle.

2) s fest, l flüssig, g gasförmig
NB Normalbedingungen (T_n = 273,15 K, p_n = 101 325 Pa)

3) Bei 20 °C, Gase bei NB (siehe Fußnote 2)

4) Ist das Symbol eines Edelgases in Klammern vorangestellt, so steht dieses für die Besetzung der unteren Orbitale, z. B. [Ne] 3 s^2 3 p^5 ≙ 1 s^2 2 s^2 2 p^6 3 s^2 3 p^5, da für den Aufbau von Neon gilt: 1 s^2 2 s^2 2 p^6.

Chemische Symbole

→ Atomsymbole

Clapeyron-Zustandsgleichung der idealen Gase

$$p_n \cdot V_n = n \cdot R \cdot T_n$$

→ Gaskonstante, Normzustand, Stoffmengenanteil, Temperatur, Zustandsgleichungen der idealen Gase

p_n	Normdruck	$N/m^2 = Pa$
V_n	* Normvolumen	m^3
n	* Stoffmenge	mol
R	universelle (molare) * Gaskonstante	J/(mol·K)
T_n	absolute * Temperatur bei 0 °C	K

Compton-Umwandlungskoeffizient

$$\sigma_{Ca} = \frac{\overline{E}_{e\sigma}}{E} \cdot \sigma_C$$

σ_{Ca}	*Compton*-Umwandlungskoeffizient	1/m
σ_C	*Compton*-Koeffizient	1/m
$\overline{E}_{e\sigma}$	mittlere kinetische * Energie der *Compton*-Elektronen	J
E	Photonenenergie	J

Compton-Wellenlänge

$$\lambda_c = \frac{h}{m_e \cdot c_0}$$

$\lambda_c = 2{,}42631 \cdot 10^{-12}$ m → Konstanten

λ_c	*Compton*-* Wellenlänge	m
h	* *Planck*-Konstante	J·s
m_e	Ruhemasse des * Elektrons	kg
c_0	* Lichtgeschwindigkeit	m/s

Coriolis-Beschleunigung

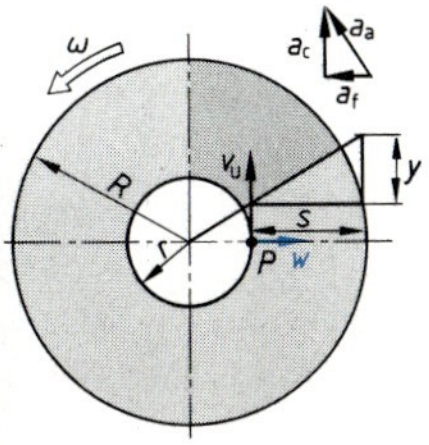

Gleichzeitige geradlinige Bewegung mit der Geschwindigkeit w *und* Drehung mit der Umfangsgeschwindigkeit v_u.

Beispiel: Punkt P bewegt sich auf einer umlaufenden Scheibe radial nach außen.

$$a_c = 2 \cdot w \cdot \omega$$

Dabei sind zwei Fälle denkbar:

Coriolis-Beschleunigung $a_c \perp w$ in Richtung v_u
w unveränderlich radial nach außen gerichtet.

Coriolis-Verzögerung $a_c \perp w$ entgegen Richtung v_u
w unveränderlich radial nach innen gerichtet.

$a_f = r \cdot \omega^2 \qquad a_r = 0 \qquad s = R - r = w \cdot t$

$y = s \cdot w \cdot t \qquad w \cdot \omega \cdot t^2 = \dfrac{a_c \cdot t^2}{2}$

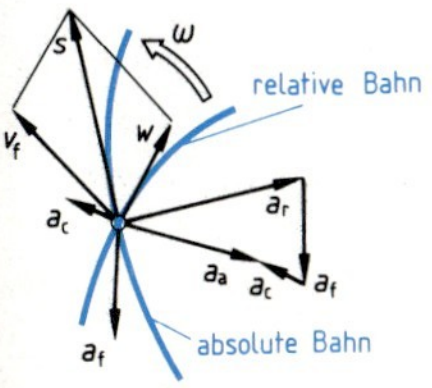

Allgemeiner Fall:

Umlaufende *und* fortschreitende Scheibe (z.B. umlaufende Scheibe auf sich drehender Erde) sowie w veränderlich.

$$a_a = a_r + a_f + a_c$$

a_c	*Coriolis*-Beschleunigung	m/s^2
w	* Geschwindigkeit eines Punktes auf einer sich drehenden Scheibe	m/s
ω	* Winkelgeschwindigkeit der sich drehenden Scheibe	rad/s
v_u	* Umfangsgeschwindigkeit	m/s
a_f	Führungsbeschleunigung	m/s^2
a_r	Relativbeschleunigung	m/s^2
a_a	absolute * Beschleunigung	m/s^2
s	Weg auf der sich drehenden Scheibe	m
R	großer Radius	m
r	kleiner Radius	m
t	* Zeit	s
y	Strecke im ruhenden Raum	m

→ Beschleunigung, Geschwindigkeit, Geschwindigkeitszusammensetzung, Winkelgeschwindigkeit

Coriolis-Kraft

$F_c = m \cdot a_c$

F_c	*Coriolis*-Kraft	N
m	* Masse	kg
a_c	* *Coriolis*-Beschleunigung	m/s²

Cosinus

→ Winkelfunktionen

Cosinussatz

→ Winkelfunktionen

Coulomb-Reibungsgesetz

→ Reibungskraft

Coulombsches Gesetz

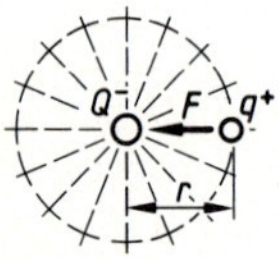

$F = E \cdot Q_2$ $\qquad F = \frac{1}{4 \cdot \pi \cdot \varepsilon} \cdot \frac{Q_1 \cdot Q_2}{r^2}$

$E = \frac{1}{4 \cdot \pi \cdot \varepsilon} \cdot \frac{Q_1}{r^2}$ $\qquad \varepsilon = \varepsilon_0 \cdot \varepsilon_r$

→ Ladung

F	Feldkraft auf Q_2	N
E	elektrische * Feldstärke im Abstand r	V/m
Q_1	* Ladung auf eine Metallkugel (felderzeugende Punktladung)	C = A·s
Q_2	Probeladung	C = A·s
ε	* Permittivität	F/m
ε_0	elektrische * Feldkonstante	F/m = A·s/(V·m)
ε_r	* Permeabilitätszahl	1
r	Abstand	m

Curie-Temperatur

Die *Curie*-Temperatur (*Curie*-Punkt) ist die kritische Temperatur, bei deren Überschreitung die Existenz ferromagnetischer Eigenschaft aufhört.

Beispiele:

Eisen	768 °C
Gadolinium	20 °C
Cobalt (in kubischer Modifikation)	1120 °C
Nickel	358 °C

Dalton-Gesetz für ideale Gase

$p = p_1 + p_2 + p_3 + \ldots = \Sigma p_i$

→ Gasgemisch, Partialdruck

p	Gesamtdruck eines Gasgemisches	$N/m^2 = Pa$
p_i	Teildrücke (* Partialdrücke) der einzelnen Gase	$N/m^2 = Pa$

Dämmzahl

→ Schalldämm-Maß

Dämpfungsfaktor, Dämpfungsmaß

→ Antennen

Dampfdruckerniedrigung (*Raoult*-Gesetz)

$$\frac{p - p'}{p} = \frac{n'}{n + n'}$$

→ Stoffmenge

p	Dampfdruck des Lösemittels	$N/m^2 = Pa$
p'	Dampfdruck der Lösung	$N/m^2 = Pa$
n	* Stoffmenge des Lösemittels	mol
n'	* Stoffmenge des gelösten Stoffes	mol

Dauerfestigkeit (Dauerschwingfestigkeit)

$\sigma_D = \sigma_{max} \cdot \nu$

→ Sicherheit gegen Bruch

σ_D	Dauerfestigkeit, Dauerschwingfestigkeit	N/mm^2
σ_{max}	wirklich auftretende größte * Spannung	N/mm^2
ν	* Sicherheit	1

De Broglie-Wellenlänge

→ Wellentheorie der Materie

Dehnung

$$\varepsilon = \frac{\Delta l}{l_0} = \frac{l - l_0}{l_0} = \frac{l}{l_0} - 1$$

$$\varepsilon = \frac{\sigma}{E} = \alpha \cdot \sigma = \frac{F}{E \cdot S_0} = m \cdot \varepsilon_q$$

$\varepsilon_{\%} = \varepsilon \cdot 100$

→ Kraft

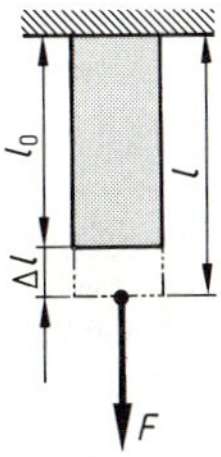

ε	Dehnung	1
$\varepsilon_{\%}$	Dehnung	%
Δl	Längenänderung beim Zugversuch	mm
l_0	ursprüngliche Meßlänge	mm
l	Meßlänge der Probe beim Versuch	mm
σ	* Zugspannung	N/mm^2
E	* Elastizitätsmodul	N/mm^2
m	* *Poisson*-Konstante	1
ε_q	* Querkürzung, Querdehnung	1
F	Zugkraft	N
S_0	ursprünglicher Probenquerschnitt	mm^2

Dehnungskoeffizient (Dehnungszahl)

$$\alpha = \frac{\varepsilon}{\sigma} = \frac{1}{E}$$

→ Zugspannung

α	Dehnungskoeffizient	mm^2/N
ε	* Dehnung	1
σ	vorhandene * Zugspannung	N/mm^2
E	* Elastizitätsmodul	N/mm^2

De Morgansche Regeln

→ Logische Verknüpfungen

Determinanten

Eine n-reihige Determinante det A ist ein mathematischer Ausdruck, der sich aus n^2 Zahlen (Elementen) zusammensetzt, die quadratisch in n Zeilen und n Spalten angeordnet werden:

$$\det A = \begin{vmatrix} a_{11} & a_{12} & \dots & a_{1n} \\ a_{21} & a_{22} & \dots & a_{2n} \\ \cdot & \cdot & \dots & \cdot \\ \cdot & \cdot & \dots & \cdot \\ \cdot & \cdot & \dots & \cdot \\ a_{n1} & a_{n2} & \dots & a_{nn} \end{vmatrix}$$

—— 1. Zeile (erste Zeile der Determinante)

1. Spalte (erste Spalte der Determinante)

In der algemeinen Schreibweise wird an Stelle der Zahl ein Platzhalter a_{ik} gesetzt.

Systematik:

$a_{i\,k}$
- k: Spalte (senkrecht)
- i: Zeile (waagerecht)
- a: Zahl (Element)

z. B. a_{32} ist der Platzhalter für die Zahl in der 3. Zeile und in der 2. Spalte.

Wert der zweireihigen Determinante:

$$\det A = \begin{vmatrix} a_{11} & a_{12} \\ a_{21} & a_{22} \end{vmatrix} = a_{11}\, a_{22} - a_{12}\, a_{21}$$

Produkt aus den Elementen der *Hauptdiagonalen* (von links oben nach rechts unten) minus Produkt aus den Elementen der *Nebendiagonalen* (von rechts oben nach links unten), z. B.

$$\det A = \begin{vmatrix} 6 & 4 \\ 0 & 2 \end{vmatrix} = 6 \cdot 2 - 4 \cdot 0 = \mathbf{12}$$

Wert der dreireihigen Determinante:

$$\det A = \begin{vmatrix} a_{11} & a_{12} & a_{13} \\ a_{21} & a_{22} & a_{23} \\ a_{31} & a_{32} & a_{33} \end{vmatrix} = a_{11} \cdot \det A_{11} - a_{21} \cdot \det A_{21} + a_{31} \cdot \det A_{31}$$

$$= a_{11} \begin{vmatrix} a_{22} & a_{23} \\ a_{32} & a_{33} \end{vmatrix} - a_{21} \begin{vmatrix} a_{12} & a_{13} \\ a_{32} & a_{33} \end{vmatrix} + a_{31} \begin{vmatrix} a_{12} & a_{13} \\ a_{22} & a_{23} \end{vmatrix}$$

$$= a_{11}\,(a_{22}\, a_{33} - a_{23}\, a_{32}) - a_{21}\,(a_{12}\, a_{33} - a_{13}\, a_{32}) + a_{31}\,(a_{12}\, a_{23} - a_{13}\, a_{22})$$

$$= a_{11}\, a_{22}\, a_{33} - a_{11}\, a_{23}\, a_{32} - a_{21}\, a_{12}\, a_{33} + a_{21}\, a_{13}\, a_{32} + a_{31}\, a_{12}\, a_{23} - a_{31}\, a_{13}\, a_{22}$$

det A_{ik} ist die *Unterdeterminante* zum Element a_{ik}, d. h. die Determinante aus den verbleibenden Elementen, wenn die Zeile und die Spalte durch a_{ik} gestrichen werden.

So ist z. B. die Unterdeterminante det A_{11} einer dreireihigen Determinante:

$$\det A_{11} = \begin{vmatrix} a_{11} & a_{12} & a_{13} \\ a_{21} & a_{22} & a_{23} \\ a_{31} & a_{32} & a_{33} \end{vmatrix} = \begin{vmatrix} a_{22} & a_{23} \\ a_{32} & a_{33} \end{vmatrix}$$

Regel von *Sarrus* für dreireihige Determinanten:

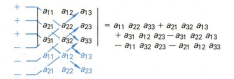

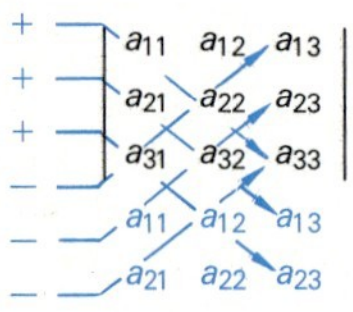

$$= a_{11}\, a_{22}\, a_{33} + a_{21}\, a_{32}\, a_{13} + a_{31}\, a_{12}\, a_{23} - a_{31}\, a_{22}\, a_{13} - a_{11}\, a_{32}\, a_{23} - a_{21}\, a_{12}\, a_{33}$$

Man verlängert die Determinante um die ersten zwei Zeilen, addiert die Produkte der Elemente der Hauptdiagonalen und subtrahiert die Produkte der Elemente der Nebendiagonalen.

Wert der n-reihigen Determinante:

$$\det A = \begin{vmatrix} a_{11} & a_{12} & \dots & a_{1n} \\ a_{21} & a_{22} & \dots & a_{2n} \\ \cdot & \cdot & \dots & \cdot \\ \cdot & \cdot & \dots & \cdot \\ \cdot & \cdot & \dots & \cdot \\ a_{n1} & a_{n2} & \dots & a_{nn} \end{vmatrix} = a_{11} \cdot \det A_{11} - a_{12} \cdot \det A_{12} + - \dots + (-1)^{n+1} \cdot a_{1n} \cdot \det A_{1n}$$

Anwendung der n-reihigen Determinante zum Lösen von Gleichungssystemen mit n Unbekannten (*Cramersche* Regel):

Gleichungssystem:

$$
\begin{array}{l}
a_{11}\,x_1 + a_{12}\,x_2 + a_{13}\,x_3 + \ldots + a_{1n}\,x_n = b_1 \\
a_{21}\,x_1 + a_{22}\,x_2 + a_{23}\,x_3 + \ldots + a_{2n}\,x_n = b_2 \\
\quad\vdots \qquad\quad \vdots \qquad\quad \vdots \qquad \ldots \qquad \vdots \qquad \vdots \\
a_{n1}\,x_1 + a_{n2}\,x_2 + a_{n3}\,x_3 + \ldots + a_{nn}\,x_n = b_n
\end{array}
$$

Lösung:

$$x_1 = \frac{\det A_1}{\det A} \qquad x_2 = \frac{\det A_2}{\det A} \qquad \ldots \qquad x_n = \frac{\det A_n}{\det A}$$

mit

$$\det A = \begin{vmatrix} a_{11} & a_{12} & a_{13} & \ldots & a_{1n} \\ a_{21} & a_{22} & a_{23} & \ldots & a_{2n} \\ \cdot & \cdot & \cdot & \ldots & \cdot \\ \cdot & \cdot & \cdot & \ldots & \cdot \\ \cdot & \cdot & \cdot & \ldots & \cdot \\ a_{n1} & a_{n2} & a_{n3} & \ldots & a_{nn} \end{vmatrix}$$

und

$$\det A_1 = \begin{vmatrix} b_1 & a_{12} & a_{13} & \ldots & a_{1n} \\ b_2 & a_{22} & a_{23} & \ldots & a_{2n} \\ \cdot & \cdot & \cdot & \ldots & \cdot \\ \cdot & \cdot & \cdot & \ldots & \cdot \\ \cdot & \cdot & \cdot & \ldots & \cdot \\ b_n & a_{n2} & a_{n3} & \ldots & a_{nn} \end{vmatrix}$$

$$\det A_2 = \begin{vmatrix} a_{11} & b_1 & a_{13} & \ldots & a_{1n} \\ a_{21} & b_2 & a_{23} & \ldots & a_{2n} \\ \cdot & \cdot & \cdot & \ldots & \cdot \\ \cdot & \cdot & \cdot & \ldots & \cdot \\ \cdot & \cdot & \cdot & \ldots & \cdot \\ a_{n1} & b_n & a_{n3} & \ldots & a_{nn} \end{vmatrix}$$

$$\det A_n = \begin{vmatrix} a_{11} & a_{12} & a_{13} & \ldots & b_1 \\ a_{21} & a_{22} & a_{23} & \ldots & b_2 \\ \cdot & \cdot & \cdot & \ldots & \cdot \\ \cdot & \cdot & \cdot & \ldots & \cdot \\ \cdot & \cdot & \cdot & \ldots & \cdot \\ a_{n1} & a_{n2} & a_{n3} & \ldots & b_n \end{vmatrix}$$

Bedingung: $\det A \neq 0$ und mindestens eine der Zahlen $b_1, b_2, \ldots, b_n \neq 0$

Beispiel:

$$
\begin{array}{l}
2\,x_1 + 5\,x_2 - x_3 = 10 \\
x_1 \qquad\qquad + 2\,x_3 = 15 \\
4\,x_1 - 8\,x_2
\end{array}
$$

$$\det A = \begin{vmatrix} 2 & 5 & -1 \\ 1 & 0 & 2 \\ 4 & -8 & 0 \end{vmatrix} = 2 \cdot 0 \cdot 0 - 2 \cdot 2 \cdot (-8) - 1 \cdot 5 \cdot 0 + 1 \cdot (-1) \cdot (-8) + 4 \cdot 5 \cdot 2 - 4 \cdot (-1) \cdot 0 = \mathbf{80}$$

(Auflösung nach obiger Regel für dreireihige Determinanten)

$$\det A_1 = \begin{vmatrix} 10 & 5 & -1 \\ 15 & 0 & 2 \\ -4 & -8 & 0 \end{vmatrix} = \mathbf{240}$$

$$\det A_2 = \begin{vmatrix} 2 & 10 & -1 \\ 1 & 15 & 2 \\ 4 & -4 & 0 \end{vmatrix} = \mathbf{160}$$

$$\det A_3 = \begin{vmatrix} 2 & 5 & 10 \\ 1 & 0 & 15 \\ 4 & -8 & -4 \end{vmatrix} = \mathbf{480}$$

$$\boldsymbol{x_1} = \frac{\det A_1}{\det A} = \frac{240}{80} = \mathbf{3}$$

$$\boldsymbol{x_2} = \frac{\det A_2}{\det A} = \frac{160}{80} = \mathbf{2}$$

$$\boldsymbol{x_3} = \frac{\det A_3}{\det A} = \frac{480}{80} = \mathbf{6}$$

Dezimalbrüche

Dezimalbrüche sind Brüche mit dem Nenner 10, 100, 1000, ... Sie können verkürzt geschrieben werden, indem man zunächst die ganze Zahl schreibt, danach ein Komma und dann die Zehntel, Hundertstel, Tausendtel usw.

Beispiel:

$$\frac{216}{100} = 2{,}16 \qquad \frac{5231}{1000} = 5{,}231$$

Handelt es sich um einen *echten* Dezimalbruch, so steht links vom Komma eine 0.

Beispiel: $\frac{38}{100} = 0{,}38$

Umwandlung eines Dezimalbruchs in einen gewöhnlichen Bruch:

$$0{,}8 = \frac{8}{10} = \frac{4}{5} \qquad 0{,}04 = \frac{4}{100} = \frac{1}{25} \qquad 0{,}625 = \frac{625}{1000} = \frac{5}{8}$$

Ein Dezimalbruch, bei dem regelmäßig (periodisch) nach dem Komma die gleichen Ziffern oder Zifferngruppen wiederkehren, heißt *periodischer Dezimalbruch*. Stehen zwischen Komma und Periode noch Ziffern, die sich nicht wiederholen, so nennt man diese Vorziffern oder vorperiodische Stellen, z. B.

$$\frac{7}{22} = 7 : 22 = 0{,}3\overline{18}$$

Die letzte vollständig geschriebene Periode wird durch einen darübergesetzten Strich kenntlich gemacht.

Umwandlung eines gewöhnlichen Bruchs in einen Dezimalbruch:

$$\frac{1}{5} = 1 : 5 = 0{,}2 \qquad \frac{1}{4} = 1 : 4 = 0{,}25 \qquad \frac{1}{2} = 1 : 2 = 0{,}$$

Ist die Periode nicht vollständig ausgeschrieben, werden die weggelassenen Ziffern durch drei Punkte ersetzt, z. B.

$$\frac{15}{7} = 15 : 7 = 2{,}142857\overline{142857} = 2{,}\overline{14\ldots}$$

Dezimalzahlensystem

→ Zahlensysteme

Diagonalen im Vieleck

$$i = \frac{n \cdot (n-3)}{2}$$

i	Anzahl der Diagonalen
n	Anzahl der Ecken

→ *Euler*-Polyedersatz; Vieleck, regelmäßiges

Diaskop (Projektor)

→ Vergrößerung

Dichte (Massendichte, volumenbezogene Masse)

$$\varrho = \frac{m}{V}$$

Bei idealen Gasen:

$$\varrho = \frac{M_B}{V_m} = \frac{p}{R_B \cdot T}$$

→ Druck, Gaskonstante, Temperatur

ϱ	Dichte	kg/m
m	* Masse	k
M_B	* molare Masse	kg/mo
V_m	* molares Volumen	m^3/mo
p	absoluter * Druck	N/m^2 = P
R_B	individuelle * Gaskonstante	J/(kg·K
T	absolute * Temperatur	

Dichte, optische

→ Optische Dichte

Dichte, relative

$$d = \frac{\varrho}{\varrho_0}$$

d	relative * Dichte	
ϱ	* Dichte	kg/m
ϱ_0	* Dichte eines Bezugsstoffes bei gleichem Zustand	kg/m

Dichte technisch wichtiger Stoffe

s = feste Stoffe, l = flüssige Stoffe: in g/cm^3, kg/dm^3 oder t/m^3 bei 20 °C und 101325 Pa

g = gasförmige Stoffe in g/dm^3 oder kg/m^3 bei 0 °C und 101325 Pa

davon abweichende Temperaturen sind angegeben

Stoff	Zustand	Dichte ϱ
Aluminium		
gegossen	s	2,56
gehämmert	s	2,75
Aluminiumbronze	s	7,6 ... 8,4
Aluminiumlegierung	s	2,6 ... 2,87
Ammoniak	g	0,77
Antimon	s	6,69
Asphalt	s	1,05 ... 1,38
Bakelit	s	1,335
Basalt, Natur-	s	2,6 ... 3,3
Benzin		
Fahr-	l	0,78
Flug-	l	0,72
Bernstein	s	1,0 ... 1,1
Beton	s	1,8 ... 2,45
Bimsstein, Natur-	s	0,37 ... 0,9
Blei	s	11,3
Braunkohle	s	1,2 ... 1,4
Braunkohlenbrikett	s	1,25
Braunkohlenschwelgas	g	1,0 ... 1,3
Braunkohlenteeröl	l	0,798 ... 1,04
Bronze, Sn-	s	7,4 ... 8,9
Butan	g	2,7
Chrom	s	7,2
Chromnickel	s	7,9
Chromnickelstahl	s	7,85
Chromstahl	s	7,85
Dachschiefer	s	2,77 ... 2,84
Dieselkraftstoff		
Braunkohlenteeröl	l	0,85 ... 0,9
Gasöl aus Erdöl	l	0,84 ... 0,88
Steinkohlenteeröl	l	1,0 ... 1,1
Eis	s	0,92
Eisen, Roh-		
grau	s	6,7 ... 7,6
weiß	s	7,0 ... 7,8
Erdgas		
naß	g	0,7 ... 1,0
trocken	g	≈ 0,7
Erdöl	l	0,7 ... 1,04
Feldspat	s	2,5 ... 3,3
Fette	s	0,92 ... 0,94
Flußstahl	s	7,85
Flußstahlblech	s	8,0
Generatorgas	g	1,14
Gichtgas	g	1,28
Glas		
Fenster-	s	2,4 ... 2,67
Flaschen-	s	2,6
Flint-	s	3,6 ... 4,7
Jenaer-	s	2,6
Kristall-	s	2,9
Quarz-	s	2,2
Spiegel-	s	2,46

Stoff	Zustand	Dichte ϱ	
Glaswolle	s	0,05 ... 0,3	
Glimmer	s	2,6 ... 3,2	
Gold			
gegossen	s	19,25	
geprägt	s	19,50	
gezogen	s	19,36	
Graphit	s	2,24	
Grauguß	s	7,25	
Grauguß / 1550 °C	l	6,9 ... 7,0	
Hartgewebe	s	1,3 ... 1,42	
Hartgummi	s	1,15 ... 1,5	
Hartmetall	s	10,5 ... 15,0	
Hartpapier	s	1,3 ... 1,42	
Harz	s	1,07	
Heizöl	l	0,95 ... 1,01	
Holz		frisch	lufttrocken
Mittelwerte			
Birke	s	0,95	0,65
Buche	s	1,0	0,73
Ebenholz	s		1,2
Eiche	s	1,10	0,86
Esche	s	0,95	0,72
Fichte, Tanne	s	0,75	0,47
Linde, Pappel	s	0,80	0,46
Nußbaum	s	0,95	0,68
Pockholz	s		1,23
Teakholz	s		0,9
Weide	s	0,8	0,55
Holzkohle, luftfrei	s	1,4 ... 1,5	
Invarstahl	s	8,7	
Iridium	s	22,4	
Kalkmörtel			
frisch	s	1,75 ... 1,80	
trocken	s	1,60 ... 1,65	
Kalksandstein	s	1,89 ... 1,92	
Kaolin, Porzellanerde	s	2,2 ... 2,6	
Kautschuk, natur	s	0,91 ... 0,96	
Kesselstein	s	≈ 2,5	
Kiessand			
erdfeucht	s	2,0	
trocken	s	1,8 ... 1,85	
Knochen	s	1,7 ... 2,0	
Kobaltstahl			
15%	s	7,8	
35%	s	8,0	
Kohlenstoff	s	3,5	
Koks, Zechen-	s	1,6 ... 1,9	
Koksofengas	g	0,54	
Konstantan	s	8,8	
Kork	s	0,2 ... 0,35	
Kupfer			
gegossen	s	8,3 ... 8,92	
gewalzt	s	8,9 ... 9,0	
Leder, trocken	s	0,86 ... 1,02	
Leinöl	l	0,93	

Stoff	Zustand	Dichte ϱ	Stoff	Zustand	Dichte ϱ
Lot			Rüböl	l	0,91
Aluminium-	s	2,63 ... 2,71	Ruß	s	1,7 ... 1,8
Blei-	s	11,2	Sand		
Messing-	s	8,1 ... 8,7	erdfeucht	s	2,0
Silber-	s	8,27 ... 9,18	trocken	s	1,58 ... 1,65
Silberblei-	s	11,3	Sandstein		
Zink-	s	7,2	Kunst-	s	2,0 ... 2,1
Zinn-	s	7,5 ... 10,8	Natur-	s	2,2 ... 2,7
Luft	g	1,2928	Sauerstoff	g	1,43
Luft / − 194 °C	l	0,875	Schamottestein	s	2,5 ... 2,7
Luftstickstoff	g	1,2567	Schellack	s	1,2
			Schiefer	s	2,65 ... 2,7
Magnesium	s	1,74	Schlacke		
Mangan	s	7,43	Hochofen-	s	2,5 ... 3,0
Manganin	s	8,4	Thomas-	s	3,3 ... 3,5
Maschinenöl	l	≈ 0,90	Schmirgel	s	4,0
Mauerwerk			Schwefel	s	2,05
Bruchstein-	s	2,40 ... 2,45	Seide, roh	s	1,37
Sandstein-	s	2,00 ... 2,15	Silber		
Ziegelstein-	s	1,40 ... 1,65	gegossen	s	10,42 ... 10,53
Mauerziegel	s	1,2 ... 1,9	gewalzt	s	10,5 ... 10,6
Klinker	s	2,6 ... 2,7	Silicium	s	2,33
Meerwasser / 4 °C	l	1,026	Silumin	s	2,5 ... 2,65
Messing			Spindelöl	l	0,89 ... 0,90
gegossen	s	8,4 ... 8,7	Stahl s. Flußstahl		
gewalzt	s	8,5 ... 8,6	Stahlguß	s	7,85
gezogen	s	8,43 ... 9,73	Steinkohle		
Methan	g	0,72	im Stück	s	1,2 ... 1,5
Mikanit	s	1,9 ... 2,6	Anthrazit	s	1,35 ... 1,7
Milch			Stickstoff	g	1,25
Mager-	l	1,032	Steinkohlenschwelgas	g	0,9 ... 1,2
Voll-	l	1,028	Steinkohlenteer	s	1,1 ... 1,2
Mineralöl			Steinkohlenteeröl	l	0,95 ... 1,08
Schmieröl	l	0,89 ... 0,96	Talg, Rinder-	s	0,9 ... 0,97
Spindelöl	l	0,89 ... 0,90	Tantal	s	16,6
Zylinderöl	l	0,92 ... 0,94	Temperguß	s	7,2 ... 7,6
Molybdän	s	10,22	Terpentinöl	l	0,86
Monelmetall	s	8,6 ... 8,9	Titan	s	4,5
			Tombaklegierung	s	8,6 ... 8,8
Natrium	s	0,97	Ton		
Neusilber	s	8,4 ... 8,7	erdfeucht	s	2,0
Nickel, gegossen	s	8,35	trocken	s	1,6
Nickelin	s	8,6 ... 8,8	Torf	s	0,1 ... 0,8
Nickelstahl	s	8,13 ... 8,19	Torfmull	s	0,16 ... 0,2
Novotext	s	1,30 ... 1,33	Transformatorenöl	l	0,87
Olivenöl	l	0,91 ... 0,92	Uran	s	19,1
Papier	s	0,7 ... 1,15	Vanadium	s	6,12
Paraffin	s	0,86 ... 0,92	Vulkanfiber	s	1,1 ... 1,5
Paraffinöl	l	0,90 ... 1,0	Wachs	s	0,94 ... 1,0
Pertinax	s	1,3	Wasser / 4 °C	l	1,0
Petroleum	l	0,80 ... 0,82	Wasser / 20 °C	l	0,9982
Phosphorbronze	s	8,80 ... 8,86	Wasser / 40 °C	l	0,9922
Platin			Wasser / 60 °C	l	0,9832
gegossen	s	21,15	Wasser / 100 °C	l	0,9583
gewalzt	s	21,3 ... 21,5	Wassergas	g	0,67 ... 0,77
gezogen	s	21,3 ... 21,6	Weißmetall	s	7,5 ... 10,1
Platinirdium, 10% Ir	s	21,6	Wolfram	s	19,27
Plexiglas	s	1,18 ... 1,2	Wolframstahl 6%	s	8,2
Polystyrol	s	1,05	Woodmetall	s	≈ 10
Polyvinylchlorid	s	1,38	Zement,		
Porzellan, Hart-	s	2,3 ... 2,5	Portland, frisch	s	3,1 ... 3,2
			Ziegelstein s. Mauerziegel		
Quecksilber / − 39 °C	l	13,6	Zink		
Retortenkohle	s	≈ 1,9	gegossen	s	6,86
Rizinusöl	l	0,96 ... 0,97	gehämmert	s	6,0 ... 7,2
Rohöl	l	0,7 ... 1,04	gewalzt	s	6,95 ... 7,15
Rotguß	s	8,5 ... 8,9	Gußlegierung	s	6,5 ... 7,2
			Zinn, gegossen	s	7,2

Dichteänderung durch Wärme

$$\varrho_1 \cdot V_1 = \varrho_2 \cdot V_2$$

$$\frac{\varrho_1}{\varrho_2} = \frac{V_2}{V_1}$$

Für feste und flüssige Körper:

$$\varrho_2 = \frac{\varrho_1}{1 + \alpha_V \cdot \Delta T}$$

Für gasförmige Körper:

$$\varrho_2 = \varrho_1 \cdot \frac{p_2 \cdot T_1}{p_1 \cdot T_2}$$

→ Druck, Temperatur, Zustandsgleichungen der idealen Gase

ϱ	* Dichte	kg/m^3
V	* Volumen	m^3
α_V	* Volumenausdehnungskoeffizient	$1/K$
T	absolute * Temperatur	K
ΔT	Temperaturänderung (bei Abkühlung negativ)	K
p	absoluter * Druck	$N/m^2 = Pa$

Zustand 1: Index 1
Zustand 2: Index 2

Dichtebestimmung (Hydrostatische Waage)

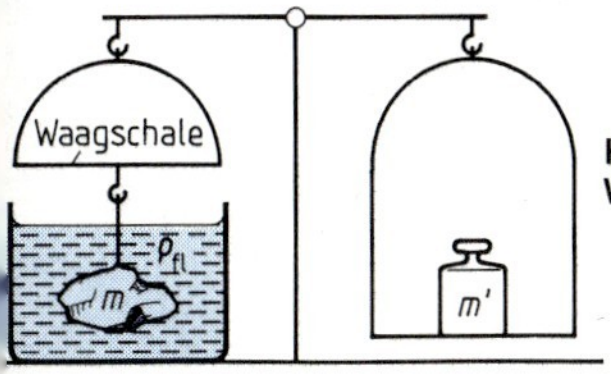

Hydrostatische Waage

Für feste Körper:

$$\varrho_f = \varrho_{fl} \cdot \frac{m}{m - m'}$$

$$\varrho_f = \varrho_{fl} \cdot \frac{m}{m + m'_H - (m' + m'_H)}$$

ϱ_f	* Dichte des festen Körpers	kg/m^3
ϱ_{fl}	* Dichte der Flüssigkeit, in der gemessen wird	kg/m^3
m	* Masse des zu bestimmenden festen Körpers	kg
m'	scheinbare * Masse des zu bestimmenden Körpers in der Flüssigkeit	kg
m'_H	scheinbare * Masse eines Hilfskörpers für einen Körper mit geringerer * Dichte als die der Flüssigkeit	kg

Für flüssige Körper:

$$\varrho_{fl} = \varrho_W \cdot \frac{m - m'}{m - m'_W}$$

→ Dichte, Masse

ϱ_{fl}	* Dichte der Flüssigkeit	kg/m^3
ϱ_W	* Dichte des Wassers	kg/m^3
m	* Masse eines beliebigen festen Körpers	kg
m'	scheinbare Masse dieses Körpers in der zu bestimmenden Flüssigkeit	kg
m'_W	scheinbare * Masse dieses Körpers im Wasser	kg

Dichteverhältnis
→ Relative Dichte

Dielektrizitätskonstante
→ Permittivität

Dielektrizitätszahl
→ Permittivitätszahl

Differentialflaschenzug
→ Flaschenzug

Differentialteilen
→ Teilen mit dem Teilkopf

Differentialwinde
→ Winde

Differentiationsregeln
→ Ableitungsregeln

Differenzdruck
→ Druck

DIN-Leistung

In der Kraftfahrzeugtechnik angewendeter Begriff für die am Schwungrad abgenommene effektive Leistung.

Hilfseinrichtungen, z. B. Lüfter, Wasserpumpe und Kraftstoffpumpe, werden während der Prüfung vom Motor angetrieben.

Dioden

→ Halbleiterdioden

Dioptrie

→ Brechwert

Dipolmoment

Elektrisches Dipolmoment

$p = Q \cdot s$

Magnetisches Dipolmoment

$j = \mu_0 \cdot m$

p	elektrisches Dipolmoment	A·s·m
Q	elektrische * Ladung	A·s
s	Abstand der beiden Bezugspunkte bzw. Abstand vom Bezugspunkt	m
j	magnetisches Dipolmoment	V·s·m
μ_0	magnetische * Feldkonstante	V·s/(A·m)
m	magnetisches (Flächen-)Moment	A·m²

Direktionsmoment

→ Periodendauer

Disjunktion

→ Logische Verknüpfungen

Diskontrechnung

→ Zinsrechnung

Dispersion des Lichts

$\vartheta = n_F - n_C$

$\vartheta_{rel} = \dfrac{n_F - n_C}{n_d - 1}$

$\Theta = \delta_H - \delta_C = (n_H - n_C) \cdot \alpha$

$\vartheta_{sp} = n_H - n_C$

→ *Abbe*-Zahl, Brechzahl, Lichtbrechung

ϑ	Grunddispersion	1
n	* Brechzahl des Prismas für die *Fraunhofer*-Linien F, C, d, H	1
ϑ_{rel}	relative Dispersion	1
δ	Ablenkung durch ein Prisma des der *Fraunhofer* H- und C-Linie entsprechenden Lichts	rad
ϑ_{sp}	spezifische Dispersion	1
Θ	resultierende Dispersion	rad
α	brechender * Winkel des Prismas	rad

Dissoziationsgrad

$\alpha = \dfrac{N_{diss}}{N_{ges}}$

Unter Verwendung der Stoffmenge gilt z. B. für die Gleichgewichtsreaktion

$HCl \rightleftharpoons H^+ + Cl^-$

$\alpha = \dfrac{n\,(H^+)}{n_0\,(HCl)} = \dfrac{n\,(Cl^-)}{n_0\,(HCl)}$

α	Dissoziationsgrad	1
N_{diss}	Anzahl der dissoziierten Moleküle	1
N_{ges}	Gesamtzahl der eingesetzten Moleküle	1
n	* Stoffmenge nach der Dissoziation	mol
n_0	* Stoffmenge vor der Dissoziation	mol

Dissoziationsgrad einiger Säuren und Basen bei $c\,(\text{eq}) = 1$ mol/L und $\vartheta = 18\,°\text{C}$

Säuren	Basen	Charakterisierung	Dissoziationsgrad α
HBr, HCl, HI, HNO_3	$Ba(OH)_2$, KOH, $NaOH$	sehr stark	1 ... 0,7
$HClO_3$, H_2SO_3, $C_2H_2O_4$	$LiOH$, $Ca(OH)_2$	stark	0,7 ... 0,2
H_3PO_4, HF, $C_4H_6O_4$	$AgOH$	mäßig stark	0,2 ... 0,01
CH_3COOH, H_2CO_3, H_3PO_3	NH_4OH, $Ni(OH)_2$, $Mg(OH)_2$	schwach	0,01 ... 0,001
H_2S, HCN, H_3BO_3, H_2O	$Al(OH)_3$, $Fe(OH)_3$, H_2O	sehr schwach	< 0,001

Bei starken Elektrolyten verwendet man anstelle des Dissoziationsgrades α den *Aktivitätskoeffizienten* f_a. Er gibt an, welcher Anteil der Ionen in der Lösung eines starken Elektrolyten bei Elektrodenprozessen und im Sinne des Massenwirkungsgesetzes aktiv ist.

→ Dissoziationskonstante, Massenwirkungsgesetz

Dissoziationskonstante

$$K_D = \frac{c\,(A^+) \cdot c\,(B^-)}{c\,(AB)}$$

für die elektrolytische Dissoziation

$$AB \rightleftharpoons A^+ + B^-$$

***Ostwaldsches* Verdünnungsgesetz** für verdünnte Lösungen schwacher Elektrolyte:

$$K_D = \frac{c \cdot \alpha^2}{1 - \alpha}$$

$1 - \alpha \;\widehat{=}$ Anteil der nicht dissoziierten Moleküle

K_D	Dissoziationskonstante	mol/L
$c\,(A^+)$	* Stoffmengenkonzentration der bei der Dissoziation gebildeten Kationen	mol/L
$c\,(B^-)$	* Stoffmengenkonzentration der bei der Dissoziation gebildeten Anionen	mol/L
$c\,(AB)$	* Stoffmengenkonzentration des nicht dissoziierten Anteils	mol/L
c	* Stoffmengenkonzentration	mol/L
α	* Dissoziationsgrad	1

Distributivgesetz

→ Addieren, Dividieren, Multiplizieren, Schaltalgebra

Dividieren (Teilen)

$$a : b = \frac{a}{b} = a/b = ab^{-1}$$

Divident dividiert durch Divisor gleich Quotient
$c \quad : \quad b \quad = \quad c$

Die Division durch 0 ist ausgeschlossen.

→ Bruchrechnung, Rechenarten

Distributivgesetz (Gesetz der Verteilung):

$$\frac{a + b}{c} = \frac{a}{c} + \frac{b}{c}$$

Dodekaeder, regelmäßiger Zwölfflächner

(von zwölf regelmäßigen kongruenten Fünfecken begrenzter Körper)

$$A_0 = 3 \cdot a^2 \cdot \sqrt{25 + 10 \cdot \sqrt{5}} \approx 20{,}657 \cdot a^2$$

$$r_1 = \frac{a}{20} \cdot \sqrt{250 + 110 \cdot \sqrt{5}} \approx 1{,}114 \cdot a$$

$$r_2 = \frac{a}{4} \cdot \sqrt{3} \cdot (1 + \sqrt{5}) \approx 1{,}401 \cdot a$$

$$V = \frac{a^3}{4} \cdot (15 + 7 \cdot \sqrt{5}) \approx 7{,}663 \cdot a^3$$

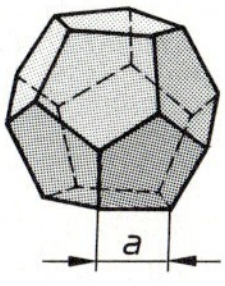

A_0	Oberfläche	m^2
r_1	Radius der einbeschriebenen * Kugel	m
r_2	Radius der umschriebenen * Kugel	m
V	* Volumen	m^3
a	Kantenlänge	m

→ Ikosaeder, Oktaeder, Tetraeder, Würfel

Doppel-Dreipuls-Mittelpunktschaltung

→ Gleichrichterschaltungen

Doppler-Effekt

Schallquelle steht, Beobachter nähert sich:

$$f = f_0 \cdot \frac{c + v_B}{c} = f_0 \cdot \left(1 + \frac{v_B}{c}\right)$$

Schallquelle steht, Beobachter entfernt sich:

$$f = f_0 \cdot \frac{c - v_B}{c} = f_0 \cdot \left(1 - \frac{v_B}{c}\right)$$

Beobachter steht, Schallquelle nähert sich:

$$f = f_0 \cdot \frac{c}{c - v_S} = f_0 \cdot \frac{1}{1 - \frac{v_S}{c}}$$

Beobachter steht, Schallquelle entfernt sich:

$$f = f_0 \cdot \frac{c}{c + v_S} = f_0 \cdot \frac{1}{1 + \frac{v_S}{c}}$$

Schallquelle und Beobachter nähern sich gleichzeitig:

$$f = f_0 \cdot \frac{c + v_B}{c - v_S} = f_0 \cdot \frac{1 + \frac{v_B}{c}}{1 - \frac{v_S}{c}}$$

Schallquelle und Beobachter entfernen sich gleichzeitig:

$$f = f_0 \cdot \frac{c - v_B}{c + v_S} = f_0 \cdot \frac{1 - \frac{v_B}{c}}{1 + \frac{v_S}{c}}$$

Der *Doppler*-Effekt berücksichtigt bei der von einem Beobachter wahrgenommenen * Frequenz die * Bewegung von Schallquelle und Beobachter.

f	vom Beobachter wahrgenommene * Frequenz	Hz
f_0	* Frequenz des wirklichen * Tones der Schallquelle	Hz
v_B	* Geschwindigkeit des Beobachters	m/s
c	* Ausbreitungsgeschwindigkeit der Welle (* Schallgeschwindigkeit)	m/s
v_S	* Geschwindigkeit der Schallquelle	m/s

Die aufgeführten Formeln gelten nur unter der Bedingung $c > v$.

→ Ausbreitungsgeschwindigkeit einer Welle, Frequenz, Geschwindigkeit, Schallgeschwindigkeit

Dosis

→ Äquivalentdosis, Energiedosis

Drachenviereck (Deltoid)

$$A = \frac{d_1 \cdot d_2}{2} = r \cdot s$$

$$d_1 = \frac{2 \cdot A}{d_2} \qquad d_2 = \frac{2 \cdot A}{d_1}$$

$$a = a' \qquad b = b'$$

$$U = 2 \cdot (a + b) \qquad s = a + b$$

→ Dreieck

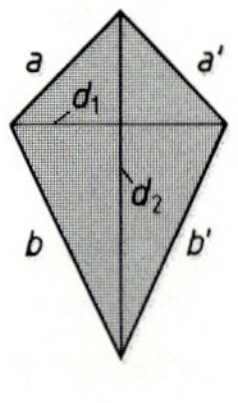

A	Flächeninhalt	m^2
d_1, d_2	Diagonalen	m
a, b	Seiten	m
U	Umfang	m
s	halber Umfang	m
r	Radius des Inkreises	m

Drahtlängen (mittlere) von Rundspulen und Rechteckspulen

→ Spulen

Drall (Drehimpuls)

$L = p \cdot r = J \cdot \omega$

Für einen Massenpunkt:

$L = m \cdot r \cdot v_u = m \cdot r^2 \cdot \omega$

→ Bewegung, drehend

L	Drall (Drehimpuls)	$kg \cdot m^2/s$
p	* Bewegungsgröße (Impuls)	$kg \cdot m/s$
r	Drehpunktabstand (Radius)	m
J	* Trägheitsmoment eines Körpers	$kg \cdot m^2$
ω	* Winkelgeschwindigkeit	rad/s
m	* Masse	kg
v_u	* Umfangsgeschwindigkeit	m/s

Drehbeschleunigung

→ Winkelbeschleunigung

Drehenergie (Rotationsenergie)

→ Bewegungsenergie

Drehfederkonstante

→ Periodendauer

Drehimpuls

→ Drall

Drehleistung (Rotationsleistung)

$P = F_u \cdot v_u$

$$P = \frac{M \cdot v_u}{r}$$

Zahlenwertgleichung

$$P = \frac{M \cdot n}{9550}$$

P	Drehleistung	W
F_u	Umfangskraft	N
v_u	* Umfangsgeschwindigkeit	m/s
M	* Drehmoment	$N \cdot m$
P	Drehleistung	kW
M	* Drehmoment	$N \cdot m$
n	* Umdrehungsfrequenz (Drehzahl)	min^{-1}

Drehmasse

→ Trägheitsmoment eines Körpers

Drehmoment (Kraftmoment)

$M = F \cdot r$

Gleichmäßig beschleunigte Drehbewegung:

$$M = J \cdot \alpha = \frac{J \cdot \omega}{t}$$

Bei Drehzahländerung:

$$M = J \cdot \frac{\omega_t - \omega_0}{t}$$

→ Bewegung, drehend; Hebel; Kraftmoment; Umfangskraft

M	Drehmoment	$N \cdot m$
J	* Trägheitsmoment (eines Körpers)	$kg \cdot m^2$
F	* Umfangskraft	N
r	Hebelarm, Radius	m
α	* Winkelbeschleunigung	rad/s^2
ω	* Winkelgeschwindigkeit	rad/s
ω_0	* Winkelgeschwindigkeit am Anfang	rad/s
ω_t	* Winkelgeschwindigkeit am Ende	rad/s
t	* Zeit	s

Drehmoment der Arbeitsspindel einer Werkzeugmaschine

$$M = F_c \cdot \frac{d}{2}$$

M	* Drehmoment	$N \cdot m$
F_c	* Schnittkraft	N
d	Werkstückdurchmesser (z. B. bei Drehmaschinen) Werkzeugdurchmesser (z. B. bei Fräsmaschinen)	m

Drehspannung (Torsionsspannung)

→ Verdrehspannung

Drehstoß (Momentenstoß)

$H = M \cdot \Delta t$

→ Zeit

H	Drehstoß	N·m·s
M	* Drehmoment	N·m
Δt	Zeitspanne in der das * Drehmoment wirkt	s

Drehstrom

→ Dreiphasenwechselstrom

Drehwinkel

Gleichförmige Drehbewegung:

$\varphi = \omega \cdot t$

Gleichmäßig beschleunigte Drehbewegung:

$$\varphi = \frac{\alpha}{2} \cdot t^2$$

φ	Drehwinkel	rad
ω	* Winkelgeschwindigkeit	rad/s
t	* Zeit	s
α	* Winkelbeschleunigung	rad/s^2

→ Bewegung, drehend

Drehzahl

→ Umdrehungsfrequenz

Drehzahl in Abhängigkeit von der Frequenz des Wechselstromes (Motor)

$$n_s = \frac{f}{p}$$

$$n = (1 - s) \cdot n_s$$

$$s = \frac{n_s - n}{n_s}$$

→ Asynchronmaschine

n_s	Drehfelddrehzahl	1/s
n	Läuferdrehzahl	1/s
f	* Frequenz des Wechselstromes	Hz
s	* Schlupf	1
p	Anzahl der Polpaare, Polpaarzahl (halbe Polzahl)	1

Dreieck, allgemein

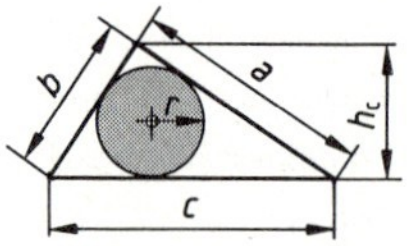

$$A = \frac{c \cdot h_c}{2} = r \cdot s$$

$$U = 2 \cdot s = a + b + c$$

***Heron*-Dreieckformel:**

$$A = \sqrt{s \cdot (s - a) \cdot (s - b) \cdot (s - c)}$$

$$s = \frac{U}{2} = \frac{a + b + c}{2}$$

→ Ähnlichkeitssätze, Kongruenzsätze, Schwerpunktlage, Vieleck, Winkel, Winkelfunktionen

A	Flächeninhalt	m^2
U	Umfang	m
a, b, c	Dreieckseiten	m
h_c	Höhe auf der Seite c	m
r	Radius des Inkreises	m
s	halber Dreieckumfang	m

Dreieck, gleichschenklig

$$A = \sqrt{\frac{c^2 \cdot b^2}{4} - \frac{c^4}{16}}$$

$$A = \frac{c}{2} \cdot \sqrt{b^2 - \frac{c^2}{4}}$$

$$A = \frac{c^2}{4} \cdot \cot \frac{\gamma}{2}$$

$$A = b^2 \cdot \sin \frac{\gamma}{2} \cdot \cos \frac{\gamma}{2}$$

$$c = 2 \cdot b \cdot \sin \frac{\gamma}{2}$$

$$h = \sqrt{b^2 - \frac{c^2}{4}} = b \cdot \cot \gamma = \frac{c}{2} \cdot \cot \frac{\gamma}{2}$$

$$b = \frac{c}{2 \cdot \sin \frac{\gamma}{2}}$$

$$U = c + 2 \cdot b$$

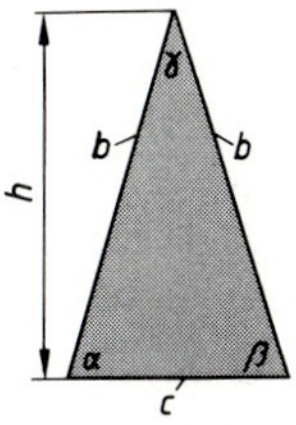

A	Flächeninhalt	m^2
U	Umfang	m
c	Grundseite	m
b	Schenkel	m
h	Höhe	m
γ	Spitzenwinkel	rad, °

→ Vieleck

Dreieck, gleichseitig

$$d_1 = \frac{a}{3} \cdot \sqrt{3} = \frac{d_2}{2} = r_2$$

$$d_2 = \frac{2}{3} \cdot a \cdot \sqrt{3} = 2 \cdot d_1 = 4 \cdot r_1$$

$$h = \frac{a}{2} \cdot \sqrt{3} = 3 \cdot r_1 = \frac{3}{2} \cdot r_2$$

$$r_1 = \frac{a}{6} \cdot \sqrt{3} = \frac{h}{3} = \frac{r_2}{2}$$

$$r_2 = \frac{a}{3} \cdot \sqrt{3} = \frac{2}{3} \cdot h = 2 \cdot r_1 \qquad U = 3 \cdot a$$

$$A = \frac{3}{4} \cdot {d_1}^2 \cdot \sqrt{3} = \frac{3}{16} \cdot {d_2}^2 \cdot \sqrt{3} = \frac{a^2}{4} \cdot \sqrt{3}$$

$$A = 3 \cdot {r_1}^2 \cdot \sqrt{3} = \frac{3}{4} \cdot {r_2}^2 \cdot \sqrt{3} = \frac{h^2}{3} \cdot \sqrt{3}$$

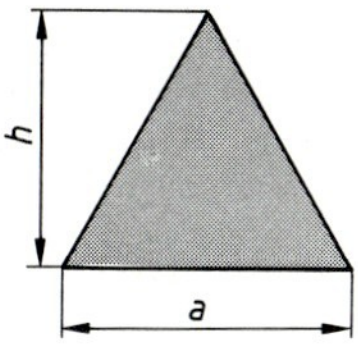

d_1	Inkreisdurchmesser	m
d_2	Umkreisdurchmesser	m
r_1	Inkreisradius	m
r_2	Umkreisradius	m
a	Seite des gleichseitigen * Dreiecks	m
h	Höhe des gleichseitigen * Dreiecks	m
A	Flächeninhalt	m^2
U	Umfang	m

→ Vieleck

Dreieck, rechtwinklig

→ *Euklid*-Satz, Höhensatz, *Pythagoras*-Satz, Winkelfunktionen

Dreieckfeder

→ Blattfeder

Dreieckschaltung

→ Dreiphasenwechselstrom

Dreieck-Stern-Umwandlung

→ Stern-Dreieck-Umwandlung

Dreikantprisma

Gleichseitig:

$$A_0 = 2 \cdot A + 3 \cdot a \cdot h$$

Ungleichseitig:

$$A_0 = 2 \cdot A + (a + b + c) \cdot h$$

$$V = A \cdot h$$

Gerade, schief abgeschnitten:

$$V = A \cdot \frac{d + e + f}{3}$$

Schräg, schief abgeschnitten:

$$V = A_Q \cdot \frac{d + e + f}{3}$$

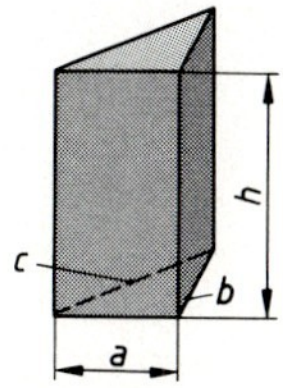

A_0	Oberfläche	m^2
a, b, c	Seiten des * Dreiecks	m
h	Höhe des Dreikantprismas	m
A	dreieckige Grundfläche	m^2
V	* Volumen	m^3
d, e, f	Länge der drei parallelen Kanten	m
A_Q	Querschnitt senkrecht zu den drei parallelen Kanten	m^2

→ *Cavalieri*-Satz

Dreiphasenwechselstrom, Drehstrom

Sternschaltung

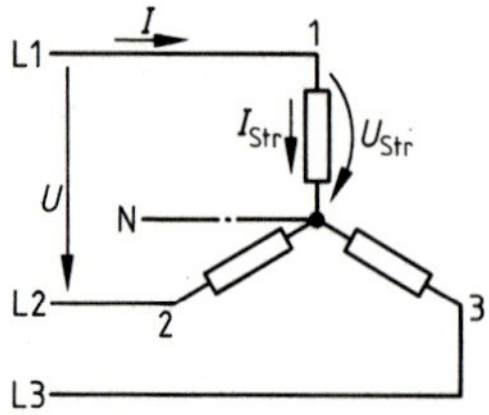

$I = I_{Str}$ $\qquad U = \sqrt{3} \cdot U_{Str}$

$S = \sqrt{(\Sigma P)^2 + (\Sigma Q)^2}$

Für gleichmäßige Belastung:

$S = 3 \cdot S_{Str}$ $\qquad S_{Str} = \dfrac{U}{\sqrt{3}} \cdot I$

$S = \sqrt{3} \cdot U \cdot I$ $\qquad S = \sqrt{P^2 + Q^2}$

$P = S \cdot \cos\varphi$ $\qquad Q = S \cdot \sin\varphi$

I	Leiterstrom	A
I_{Str}	Strangstrom	A
U	Leiterspannung	V
U_{Str}	Strangspannung	V
S	gesamte Scheinleistung	V · A
S_{Str}	Strangscheinleistung	V · A
P	gesamte Wirkleistung	W
Q	gesamte * Blindleistung	var, W
φ	* Phasenverschiebungswinkel	1
$\cos\varphi$	Wirkleistungsfaktor	1
$\sin\varphi$	Blindleistungsfaktor	1
$\sqrt{3}$	Verkettungsfaktor	1

Dreieckschaltung

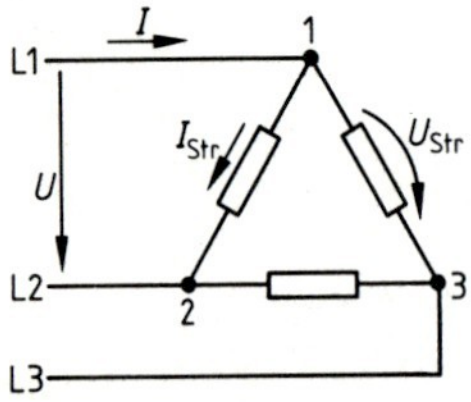

$U = U_{Str}$ $\qquad I = \sqrt{3} \cdot I_{Str}$

Für gleichmäßige Belastung:

$S = 3 \cdot S_{Str}$ $\qquad S_{Str} = U \cdot \dfrac{I}{\sqrt{3}}$

$S = \sqrt{3} \cdot U \cdot I$ $\qquad S = \sqrt{P^2 + Q^2}$

$P = S \cdot \cos\varphi$ $\qquad Q = S \cdot \sin\varphi$

→ Leistung bei Wechselstrom

I	Leiterstrom	A
I_{Str}	Strangstrom	A
U	Leiterspannung	V
U_{Str}	Strangspannung	V
S	gesamte Scheinleistung	V · A
S_{Str}	Strangscheinleistung	V · A
P	gesamte Wirkleistung	W
Q	gesamte * Blindleistung	var, W
φ	* Phasenverschiebungswinkel	1
$\cos\varphi$	Wirkleistungsfaktor	1
$\sin\varphi$	Blindleistungsfaktor	1
$\sqrt{3}$	Verkettungsfaktor	1

Dreipuls-Mittelpunktschaltung

→ Gleichrichterschaltungen

Druck

$$p = \frac{F}{A}$$

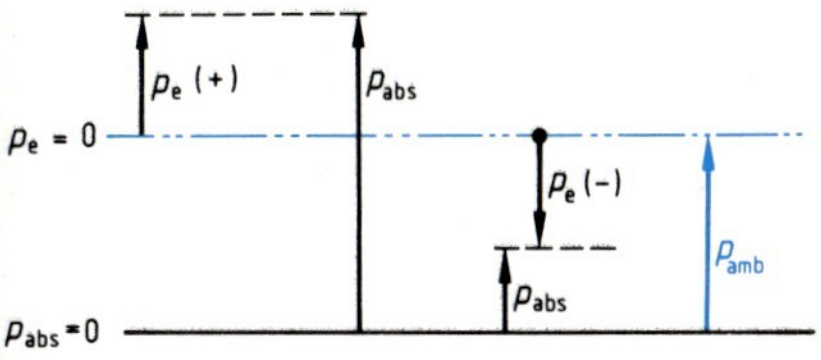

$p_e = p_{abs} - p_{amb}$ Aus obigem Bild folgt:

Überdrücke können sowohl positiv als auch negativ sein.

→ *Bernoulli*-Gleichung, Druckeinheiten, Hydrostatischer Druck, Normatmosphäre, Zustandsgleichungen idealer Gase

p	Druck	$N/m^2 = Pa$
F	senkrecht zur Fläche wirkende * Kraft	N
A	gedrückte Fläche	m^2
p_e	Überdruck, atmosphärische Druckdifferenz (Differenzdruck)	$N/m^2 = Pa$
p_{abs}	absoluter Druck	$N/m^2 = Pa$
p_{amb}	umgebender Atmosphärendruck	$N/m^2 = Pa$

Meist wird der Atmosphärendruck in mbar oder hPa angegeben. Es ist:

1 mbar = 1 hPa

1 bar = 10^5 Pa

Druck, osmotischer

Van 't Hoff-Gesetz für ideal gelöste Stoffe:

$$\Pi = \frac{n(X)}{V} \cdot R \cdot T = c(X) \cdot R \cdot T$$

Für schwache Elektrolyte:

$$\Pi = \frac{n(X)}{V} \cdot R \cdot T \cdot [1 + \alpha \cdot (N - 1)]$$

Für starke Elektrolyte:

$$\Pi = \frac{n(X)}{V} \cdot R \cdot T \cdot [1 + \alpha \cdot (f_a \cdot N - 1)]$$

Π	osmotischer * Druck	$N/m^2 = Pa$
$n(X)$	* Stoffmenge des Stoffes aus den Teilchen X in der Lösung	mol
V	* Volumen der Lösung	m^3
$c(X)$	* Stoffmengenkonzentration des gelösten Stoffes aus den Teilchen X	mol/L
T	* Temperatur	K
R	universelle * Gaskonstante $R = 8{,}31441$ J/(K·mol)	J/(K·mol)
α	* Dissoziationsgrad	1
N	Anzahl der Ionen, die bei der Dissoziation aus einem Molekül entstehen	1
f_a	Aktivitätskoeffizient	1

Druckeinheiten

Umrechnung früherer Einheiten in die SI-Einheit *Pascal* (1 Pa = 1 N/m^2) nach DIN 1314:

Frühere Einheiten	Umrechnung in N/m^2 = Pa	hPa = mbar	bar = 10^5 Pa
$1 \frac{kp}{cm^2}$ = 1 at	98066,5	980,665	0,980665
1 mWS	9806,65	98,0665	0,0980665
1 Torr = 1 mm QS	133,322	1,33322	0,00133322
1 atm	101325	1013,25	1,01325

at: technische Atmosphäre, atm: physikalische Atmosphäre, mWS: Meter Wassersäule, mm QS: Millimeter Quecksilbersäule (jetzt mm Hg)

Druckdifferenz

→ Druck

Druckenergie

$$W_p = p \cdot V$$

→ Energie

W_p	Druckenergie	N·m = J
p	* Druck	N/m^2 = Pa
V	* Volumen des unter * Druck stehenden Mediums	m^3

Druckfeder

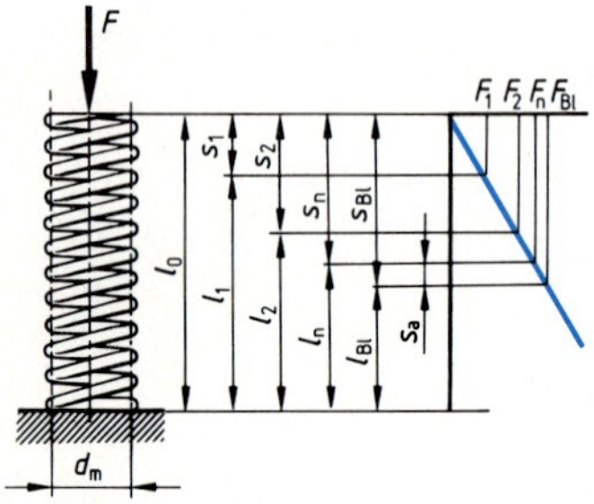

$$i_f = \frac{G \cdot d^4 \cdot s}{8 \cdot d_m^3 \cdot F} \qquad d = \sqrt[3]{\frac{8 \cdot d_m \cdot F}{\pi \cdot \tau_i}}$$

$$c = \frac{\Delta F}{\Delta s} = \frac{G \cdot d^4}{8 \cdot d_m^3 \cdot i_f}$$

$$F = \frac{G \cdot d^4 \cdot s}{8 \cdot d_m^3 \cdot i_f} = \frac{\pi \cdot \tau_i \cdot d^3}{8 \cdot d_m}$$

$$s = \frac{8 \cdot d_m^3 \cdot i_f \cdot F}{G \cdot d^4} \qquad W_f = \frac{F \cdot s}{2} = \frac{c}{2} \cdot s^2$$

$$\nu_e = \frac{d}{2 \cdot \pi \cdot i_f \cdot d_m^2} \cdot \sqrt{\frac{G}{2 \cdot \varrho}}$$

$$\tau_i = \frac{8 \cdot d_m \cdot F}{\pi \cdot d^3} = \frac{G \cdot d \cdot s}{\pi \cdot i_f \cdot d_m^2}$$

i_f	Anzahl der federnden Windungen	1
G	* Schubmodul	N/mm^2
d	Drahtdurchmesser	mm
s	Federweg	mm
d_m	mittlerer Windungsdurchmesser	mm
F	Federkraft	N
τ_i	ideelle * Schubspannung	N/mm^2
c	* Federsteifigkeit (Federrate, Federkonstante)	N/mm
W_f	* Federspannarbeit	N·mm
ν_e	* Frequenz der Federeigenschwingung	Hz = 1/s
ϱ	* Dichte des Federstahls	kg/m^3
l_a	Summe der Mindestabstände zwischen den einzelnen federnden Windungen	mm
$l_1 \dots l_n$	Längen der belasteten Feder, den Federkräften $F_1 \dots F_n$ zugeordnet	mm
$s_1 \dots s_n$	Federwege der belasteten Feder, den Federkräften $F_1 \dots F_n$ zugeordnet	mm

In die Formel für ν_e ist d und d_m in m sowie G in N/m^2 einzusetzen.

Druckfestigkeit

$$\sigma_{dB} = \frac{F_{max}}{S_0} = \sigma_{d\,zul} \cdot \nu$$

→ Kraft

σ_{dB}	Druckfestigkeit	N/mm^2
F_{max}	Höchstkraft beim Bruch	N
S_0	ursprünglicher Querschnitt	mm^2
$\sigma_{d\,zul}$	zulässige * Druckspannung	N/mm^2
ν	* Sicherheit gegen Bruch	1

Druckgefälle

$$R = \frac{\Delta p}{l}$$

→ Druck

R	Druckgefälle	N/m^3
Δp	* Druckverlust	N/m^2 = Pa
l	Länge der Rohrleitung	m

Druckhöhe

$$h = \frac{p}{\varrho \cdot g} = h_{stat}$$

→ Energielinienhöhe, Förderhöhe

h	Druckhöhe, statische Höhe	m
p	* hydrostatischer Druck	$N/m^2 = Pa$
ϱ	* Dichte	kg/m^3
g	* Fallbeschleunigung	m/s^2

Druckkraft

$$F = p \cdot A$$

$$F = \sigma_{d\,vorh} \cdot S$$

→ Kraft

F	Druckkraft	N
A	druckbeaufschlagte Fläche	m^2
p	* hydrostatischer Druck	$N/m^2 = Pa$
$\sigma_{d\,vorh}$	vorhandene * Druckspannung	N/mm^2
S	* Spannungsquerschnitt	mm^2

Druckliniengefälle

$$L = \frac{h_v}{l}$$

L	Druckliniengefälle	1
h_v	* Verlusthöhe	m
l	Länge einer Rohrleitung	m

Druckmittelpunkt
(bei senkrechten Seitenflächen)

$$e = \frac{I}{A \cdot h_s}$$

e	Abstand des Druckmittelpunktes vom * Schwerpunkt der gedrückten Fläche	m
A	gedrückte Fläche	m^2
h_s	Abstand des Flächenschwerpunktes von der Flüssigkeitsoberfläche (Spiegel)	m
I	* Flächenmoment 2. Grades	m^4

Druckspannung

$$\sigma_d = \frac{F}{S} \leq \sigma_{dB}$$

$$\sigma_{d\,zul} = \frac{\sigma_{dB}}{\nu_B}$$

→ Kraft

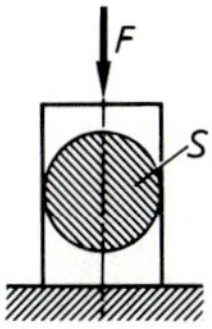

σ_d	Druckspannung	N/mm^2
F	Druckkraft	N
S	* Spannungsquerschnitt	mm^2
ν_B	* Sicherheit gegen Bruch	1
$\sigma_{d\,zul}$	zulässige * Druckspannung	N/mm^2
σ_{dB}	* Druckfestigkeit	N/mm^2

Druckverlust bei Aerozyklonen

Näherungsformel:

$$\Delta p = \frac{c \cdot \varrho_g \cdot \dot{V}^2}{d^4}$$

$c = 100$ bis 200

Δp	* Druckverlust	$N/m^2 = Pa$
c	Beiwert	1
ϱ_g	* Dichte des Gases	kg/m^3
$\dot{V}$	* Volumenstrom (Durchfluß)	m^3/s
d	Durchmesser des Zyklons	m

Druckverlust in Rohren

$$\Delta p = h_v \cdot \varrho \cdot g$$

$$\Delta p = \lambda \cdot \frac{l}{d} \cdot \frac{v^2}{2 \cdot g}$$

→ Geschwindigkeit, Reibungsverlustzahl (Rohrreibungsdiagramm), Verlusthöhe

Δp	Druckverlust	$N/m^2 = Pa$
h_v	* Verlusthöhe	m
ϱ	* Dichte	kg/m^3
g	* Fallbeschleunigung	m/s^2
λ	* Reibungsverlustzahl	1
l	Länge der Rohrleitung	m
d	Rohrinnendurchmesser	m
v	Strömungsgeschwindigkeit	m/s

Druckverlust in Rohrleitungssystemen

$$\Delta p = (\lambda \cdot l \cdot \frac{1}{d} + \Sigma\,\zeta) \cdot \frac{1}{2} \cdot v^2 \cdot \varrho$$

Für technisch glatte Rohre gilt:

im laminaren Bereich (nach *Hagen-Poiseuille*)

$$\lambda = \frac{Re}{64} \qquad \text{für } Re < 2320$$

im turbulenten Bereich
nach *Blasius*

$$\lambda = \frac{0{,}3164}{Re^{0,25}} \qquad \text{für } 2320 < Re < 10^5$$

nach *Nikuradse*

$$\lambda = 0{,}0032 + \frac{0{,}221}{Re^{0,237}} \qquad \text{für } 10^5 < Re < 10^8$$

nach *Konakow*

$$\lambda = (1{,}8 \cdot Re - 1{,}5)^{-2} \qquad \text{für } 3000 < Re < 10^8$$

Reynolds-Zahl

$$Re = \frac{v \cdot d \cdot \varrho}{\eta}$$

Für rauhe Rohre (z.B. korrodiert oder mit Ablagerungen) ergeben sich für λ z.T. stark abweichende Werte.

→ Reibungsverlustzahl

Δp	Druckverlust	$N/m^2 = Pa$
λ	* Reibungsverlustzahl	1
l	Länge der geraden Rohrleitung	m
d	Innendurchmesser des Rohres	m
Σ	Summe	
ζ	Druckverlustzahl (für Formstücke und Armaturen, nach Herstellerangaben)	1
v	Strömungsgeschwindigkeit	m/s
ϱ	* Dichte des Fördermediums	kg/m^3
Re	* *Reynolds*-Zahl	1
η	dynamische * Viskosität des Fördermediums	Pa·s

Druckverlustzahl

→ Äquivalente Rohrlänge

Dualzahlensystem, binäres Zahlensystem

→ Zahlensysteme

Dulong-Petit-Regel

→ Molare Wärmekapazität

Durchbiegung

$$f \sim \frac{M_b}{B}$$

$$B = E \cdot I$$

f	Durchbiegung	mm
M_b	* Biegemoment	N·mm
B	* Biegesteifigkeit	$N \cdot mm^2$
E	* Elastizitätsmodul	N/mm^2
I	* Flächenmoment 2. Grades	mm^4

Durchflußgleichung

Bei inkompressiblem Strömungsmedium gilt:

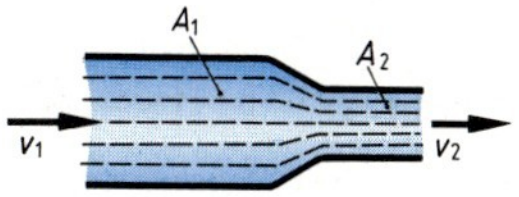

$$\dot{V} = A_1 \cdot v_1 = A_2 \cdot v_2 = \text{konst.}$$

$$v_2 = \frac{1}{\sqrt{1 - \left(\frac{A_2}{A_1}\right)^2}} \cdot \sqrt{\frac{2}{\varrho} \cdot (p_1 - p_2)}$$

$$\dot{V} = \frac{A_2}{\sqrt{1 - \left(\frac{A_2}{A_1}\right)^2}} \cdot \sqrt{\frac{2}{\varrho} \cdot (p_1 - p_2)}$$

$$\dot{m} = \frac{A_2}{\sqrt{1 - \left(\frac{A_2}{A_1}\right)^2}} \cdot \sqrt{2 \cdot \varrho \cdot (p_1 - p_2)}$$

$\dot{V}$	Volumenstrom	m^3/s
A_1, A_2	Strömungsquerschnitte	m^2
v_1, v_2	Strömungsgeschwindigkeiten	m/s
ϱ	* Dichte des Strömungsmediums	kg/m^3
p_1, p_2	* Druck	$N/m^2 = Pa$
$\dot{m}$	* Massenstrom	kg/s

→ Geschwindigkeit, Kontinuitätsgleichung

Durchflutung (elektrische)

$$\Theta = I \cdot N$$

Θ	Durchflutung	A
I	* Stromstärke	A
N	Windungszahl	1

Durchflutungsgesetz
für den magnetischen Kreis mit Luftspalt

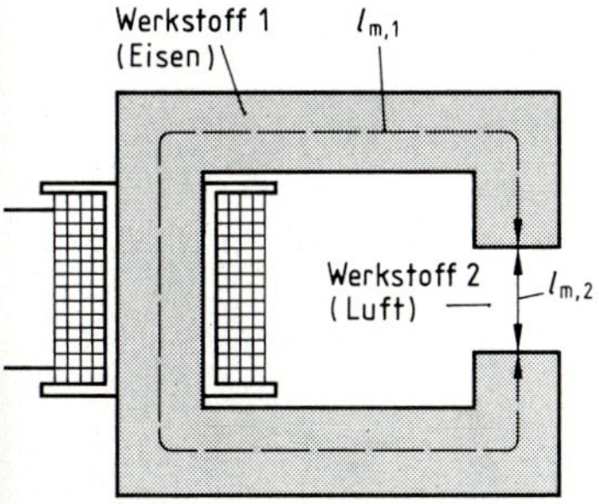

$$\Theta_g = \Theta_1 + \Theta_2 + \ldots$$

$$\Theta_g = H_1 \cdot l_{m,1} + H_2 \cdot l_{m,2} + \ldots$$

$$R_{m,g} = R_{m,1} + R_{m,2} + \ldots$$

Θ_g	Gesamtdurchflutung	A
Θ_1, $\Theta_2 \ldots$	Teildurchflutungen	A
H_1, $H_2 \ldots$	magnetische Feldstärken	A/m
$l_{m,1}$, $l_{m,2}, \ldots$	mittlere Feldlinienlängen	m
$R_{m,g}$	magnetischer Gesamtwiderstand	$1/H = 1/(\Omega \cdot s)$
$R_{m,1}$, $R_{m,2}, \ldots$	magnetische Einzelwiderstände	$1/H = 1/(\Omega \cdot s)$

Durchgangsleistung

→ Transformator (Spartransformator)

Durchmesser, erforderlicher

→ Achsen und Wellen

Durchmesser, gleichwertiger

→ Äquivalenter Durchmesser

Durchsatz bei Bandförderern

$\dot{m} = A \cdot v \cdot \varrho_s$

$\dot{m} = c \cdot b^2 \cdot v \cdot \varrho_s$

Bei einem Anstellwinkel der seitlichen Tragrollen von ca. 20° ist $c \approx 0{,}08$

$\dot{m}$	* Massenstrom (Durchsatz)	kg/s
A	Querschnittsfläche der Schüttung	m^2
v	Bandgeschwindigkeit	m/s
ϱ_s	Schüttdichte des Fördergutes	kg/m^3
c	Proportionalitätsfaktor (0,02 – 0,08)	1
b	Bandbreite	m

Durchsatz bei Schneckenförderern

$$\dot{m} = \frac{d^2 \cdot \pi}{4} \cdot h \cdot \alpha \cdot \varrho_s \cdot n$$

$\dot{m}$	* Massenstrom (Durchsatz)	kg/s
d	Durchmesser der Förderschnecke	m
h	Ganghöhe der Förderschnecke	m
α	Füllgrad der Förderschnecke	1
ϱ_s	Schüttdichte des Fördergutes	kg/m^3
n	* Umdrehungsfrequenz (Drehzahl)	1/s

Durchschlagfestigkeit

$$E_d = \frac{U_d}{s}$$

E_d	Durchschlagfestigkeit	V/m, kV/mm
U_d	Durchschlagspannung	V
s	Abstand der Elektroden	m

Dynamische Kraftwirkungen

→ Kurbelgetriebe

Dynamische Querkraft

→ *Magnus*-Effekt

Dynamischer Auftrieb

→ Auftrieb beim Tragflügel

Dynamischer Druck

→ Staudruck

Dynamisches Grundgesetz

→ Kraft, Gewichtskraft, *Newton*

Dynamische Viskosität

→ Viskosität

Dynamische Zähigkeit

→ Viskosität

Ebene, schiefe → Geneigte Ebene

Ebener Winkel → Bogenmaß, Winkeleinheiten

Ebullioskopische Konstante → Siedepunktserhöhung

Effektivwerte → Wechselstrom

Einfallswinkel → Lichtbrechung

Einheiten physikalischer Größen (nach DIN 1304, Teil 1; Auswahl)

Größe	Benennung der SI-Einheit	Einheitenzeichen
1 Länge und ihre Potenzen		
Länge	Meter	m
Flächeninhalt, Fläche	Quadratmeter	m^2
Volumen, Rauminhalt	Kubikmeter	m^3
Längen und Winkel als Koordinaten	Meter, Radiant	m, rad
ebener Winkel, Drehwinkel	Radiant	rad
Raumwinkel	Steradiant	sr
2 Raum und Zeit		
Zeit	Sekunde	s
Frequenz, Periodenfrequenz	Hertz	Hz
Umdrehungsfrequenz (Drehzahl)	1/Sekunde	1/s
Winkelgeschwindigkeit, Drehgeschwindigkeit	Radiant je Sekunde	rad/s
Winkelbeschleunigung, Drehbeschleunigung	Radiant je Quadratsekunde	rad/s^2
Repetenz (Wellenzahl)	1/Meter	1/m
Geschwindigkeit	Meter je Sekunde	m/s
Beschleunigung	Meter je Quadratsekunde	m/s^2
Ruck	Meter je Kubiksekunde	m/s^3
Volumenstrom	Kubikmeter je Sekunde	m^3/s
3 Mechanik		
Masse	Kilogramm	kg
längenbezogene Masse	Kilogramm je Meter	kg/m
flächenbezogene Masse	Kilogramm je Quadratmeter	kg/m^2
Dichte, Massendichte, volumenbezogene Masse	Kilogramm je Kubikmeter	kg/m^3
spezfisches Volumen	Kubikmeter je Kilogramm	m^3/kg
Massenstrom	Kilogramm je Sekunde	kg/s
Massenstromdichte	Kilogramm je Sekunde mal Quadratmeter	$kg/(s \cdot m^2)$
Trägheitsmoment	Kilogramm mal Quadratmeter	$kg \cdot m^2$
Kraft	Newton	N
Gravitationskonstante	Newton mal Quadratmeter durch Kilogramm hoch zwei	$N \cdot m^2/kg^2$
Kraftmoment	Newton mal Meter	$N \cdot m$
Bewegungsgröße, Impuls	Kilogramm mal Meter durch Sekunde	$kg \cdot m/s$
Kraftstoß	Newton mal Sekunde	$N \cdot s = kg \cdot m/s$
Drall, Drehimpuls	Kilogramm mal Quadratmeter durch Sekunde	$kg \cdot m^2/s$
Drehstoß	Newton mal Meter mal Sekunde	$N \cdot m \cdot s = kg \cdot m^2/s$
Druck	Pascal	$N/m^2 = Pa$
Normalspannung	Newton je Quadratmeter	N/m^2
Drillung	Radiant je Meter	rad/m
Direktionsmoment	Newton mal Meter durch Radiant	$N \cdot m/rad$
Kompressibilität	Eins durch Pascal	1/Pa
dynamische Viskosität	Pascal mal Sekunde	$Pa \cdot s$
kinematische Viskosität	Quadratmeter je Sekunde	m^2/s
Grenzflächenspannung	Newton je Meter	N/m

Größe	Benennung der SI-Einheit	Einheitenzeichen
Flächenmoment 2. Grades	Meter hoch vier	m^4
Arbeit	Joule	$N \cdot m = J$
Energiedichte	Joule je Kubikmeter	J/m^3
spezifische Arbeit	Joule je Kilogramm	J/kg
Leistung	Watt	W
Leistungsdichte	Watt je Kubikmeter	W/m^3
4 Elektrizität und Magnetismus		
elektrische Ladung	Coulomb	C
Flächenladungsdichte	Coulomb je Quadratmeter	C/m^2
Raumladungsdichte	Coulomb je Kubikmeter	C/m^3
elektrisches Dipolmoment	Coulomb mal Meter	$C \cdot m$
elektrische Spannung	Volt	V
elektrische Feldstärke	Volt je Meter	V/m
elektrische Kapazität	Farad	F
Permittivität	Farad je Meter	F/m
elektrische Stromstärke	Ampere	A
elektrische Stromdichte	Ampere je Quadratmeter	A/m^2
magnetische Feldstärke	Ampere je Meter	A/m
elektromagnetisches Moment	Ampere mal Quadratmeter	$A \cdot m^2$
magnetischer Fluß	Weber	Wb
magnetisches Vektorpotential	Weber durch Meter	Wb/m
magnetische Flußdichte	Tesla	T
Induktivität	Henry	H
magnetischer Widerstand	1/Henry	1/H
Permeabilität	Henry je Meter	H/m
elektrischer Widerstand	Ohm	Ω
spezifischer elektrischer Widerstand	Ohm mal Meter	$\Omega \cdot m$
elektrischer Leitwert	Siemens	S
elektrische Leitfähigkeit	Siemens je Meter	S/m
elektromagnetische Energiestromdichte	Watt je Quadratmeter	W/m^2
5 Thermodynamik und Wärmeübertragung		
Temperatur	Kelvin	K
Celsius-Temperatur	Grad Celsius	°C
Längenausdehnungskoeffizient	1/Kelvin	1/K
Volumenausdehnungskoeffizient	1/Kelvin	1/K
Wärmedichte	Joule je Kubikmeter	J/m^3
Wärmestromdichte	Watt je Quadratmeter	W/m^2
thermischer Widerstand (Wärmewiderstand)	Kelvin je Watt	K/W
thermischer Leitwert	Watt je Kelvin	W/K
spezifischer Wärmewiderstand	Kelvin mal Meter durch Watt	$K \cdot m/W$
Wärmeleitfähigkeit	Watt je Meter mal Kelvin	$W/(m \cdot K)$
Wärmeübergangskoeffizient	Watt je Quadratmeter mal Kelvin	$W/(m^2 \cdot K)$
Wärmedurchgangskoeffizient	Watt je Quadratmeter mal Kelvin	$W/(m^2 \cdot K)$
Temperaturleitfähigkeit	Quadratmeter je Sekunde	m^2/s
Wärmekapazität	Joule je Kelvin	J/K
spezifische Wärmekapazität	Joule je Kilogramm mal Kelvin	$J/(kg \cdot K)$
6 Physikalische Chemie und Molekularphysik		
Stoffmenge	Mol	mol
Stoffmengenstrom	Mol je Sekunde	mol/s
Stoffmengenkonzentration	Mol je Kubikmeter	mol/m^3
stoffmengenbezogene Masse	Kilogramm je Mol	kg/mol
Affinität einer chemischen Reaktion	Joule je Mol	J/mol
*Avogadro*konstante	1/Mol	1/mol

Größe	Benennung der SI-Einheit	Einheitenzeichen
Faraday-Konstante	Coulomb je Mol	C/mol
universelle Gaskonstante	Joule je Mol mal Kelvin	J/(mol·K)
Boltzmann-Konstante	Joule je Kelvin	J/K
7 Licht und verwandte elektromagnetische Strahlungen		
Lichtstärke	Candela	cd
Leuchtdichte	Candela je Quadratmeter	cd/m^2
Lichtstrom	Lumen	lm
Lichtmenge	Lumen mal Sekunde	lm·s
spezifische Lichtausstrahlung	Lumen je Quadratmeter	lm/m^2
Lichtausbeute	Lumen je Watt	lm/W
Beleuchtungsstärke	Lux	lx
Belichtung	Lux mal Sekunde	lx·s
Strahlungsflußdichte	Watt je Quadratmeter	W/m^2
Strahlungsenergiedichte	Joule je Kubikmeter	J/m^3
Strahlstärke	Watt je Steradiant	W/sr
Strahldichte	Watt je Steradiant mal Quadratmeter	$W/(sr \cdot m^2)$
Stefan-Boltzmann-Konstante	Watt je Quadratmeter mal Kelvin hoch vier	$W/(m^2 \cdot K^4)$
erste *Plancksche* Strahlungskonstante	Watt mal Quadratmeter	$W \cdot m^2$
zweite *Plancksche* Strahlungskonstante	Kelvin mal Meter	K·m
8 Atom- und Kernphysik		
Planck-Konstante	Joule mal Sekunde	J·s
magnetisches Flächenmoment	Ampere mal Quadratmeter	$A \cdot m^2$
gyromagnetischer Koeffizient	Ampere mal Quadratmeter durch Joule mal Sekunde	$A \cdot m^2/(J \cdot s)$
Aktivität	Bequerel	Bq
spezifische Aktivität	Bequerel je Kilogramm	Bq/kg
Teilchenzahldichte	1/Kubikmeter	$1/m^3$
Flußdichte	1/Quadratmeter mal Sekunde	$1/(m^2 \cdot s)$
Energiedosis	Gray	Gy
Energiedosisrate	Gray je Sekunde	Gy/s
Energieübertragungsvermögen	Joule je Meter	J/m
Äquivalentdosis	Sievert	Sv
Äquivalentdosisrate	Sievert je Sekunde	Sv/s
Bewertungsfaktor	Sievert je Gray	Sv/Gy
Ionendosis	Coulomb je Kilogramm	C/kg
Ionendosisrate	Ampere je Kilogramm	A/kg
9 Akustik		
Schalldruckpegel	Dezibel (keine SI-Einheit)	dB
Lautstärkepegel	Phon (keine SI-Einheit)	phon
Lautheit	Sone (keine SI-Einheit)	sone

Einheiten, abgeleitete

Abgeleitete SI-Einheiten mit besonderem Namen und besonderem Einheitennamen (kohärente Einheiten) und ihre Beziehungen zu den Basiseinheiten Meter, Kilogramm, Sekunde, Ampere (nach DIN 1301, Teil 1).

SI-Einheiten		Größe	Ableitungen aus den SI-Basiseinheiten
Name	Einheiten-zeichen		
Becquerel	Bq	Aktivität einer radioaktiven Substanz	$1\ Bq = 1/s = s^{-1}$
Farad	F	elektrische Kapazität	$1\ F = 1\ C/V = 1\ s/\Omega = 1\ s^4 \cdot A^2/(m^2 \cdot kg)$
Coulomb	C	elektrische Ladung, Elektrizitätsmenge	$1\ C = 1\ A \cdot s$
Grad Celsius	°C	Celsius-Temperatur	1 °C = 1 K (als Temperaturdifferenz)
Gray	Gy	Energiedosis	$1\ Gy = 1\ J/kg = 1\ m^2/s^2$
Henry	H	Induktivität	$1\ H = 1\ Wb/A = 1\ \Omega \cdot s = 1\ m^2 \cdot kg/(s^2 \cdot A^2)$
Hertz	Hz	Frequenz eines periodischen Vorgangs	$1\ Hz = 1/s = s^{-1}$
Joule	J	Arbeit, Energie, Wärme	$1\ J = 1\ N \cdot m = 1\ W \cdot s = 1\ m^2 \cdot kg/s^2$
Lumen	lm	Lichtstrom	$1\ lm = 1\ cd \cdot sr$
Lux	lx	Beleuchtungsstärke	$1\ lx = 1\ lm/m^2 = 1\ cd \cdot sr/m^2$
Newton	N	Kraft	$1\ N = 1\ J/m = 1\ m \cdot kg/s^2$
Ohm	Ω	elektrischer Widerstand	$1\ \Omega = 1\ V/A = 1\ m^2 \cdot kg/(s^3 \cdot A^2)$
Pascal	Pa	Druck, mechanische Spannung	$1\ Pa = 1\ N/m^2 = 1\ kg/(m \cdot s^2)$
Radiant	rad	ebener Winkel	$1\ rad = 1\ m/m$
Siemens	S	elektrischer Leitwert	$1\ S = 1/\Omega = 1\ s^3 \cdot A^2/(m^2 \cdot kg)$
Sievert	Sv	Äquivalentdosis	$1\ Sv = 1\ J/kg = 1\ m^2/s^2$
Steradiant	sr	Raumwinkel	$1\ sr = 1\ m^2/m^2$
Tesla	T	magnetische Flußdichte	$1\ T = 1\ Wb/m^2 = 1\ kg/(s^2 \cdot A)$
Volt	V	elektrische Spannung, elektrisches Potential	$1\ V = 1\ J/C = 1\ m^2 \cdot kg/(s^3 \cdot A)$
Watt	W	Leistung, Wärmestrom	$1\ W = 1\ J/s = 1\ m^2 \cdot kg/s^3$
Weber	Wb	magnetischer Fluß	$1\ Wb = 1\ V \cdot s = 1\ m^2 \cdot kg/(s^2 \cdot A)$

Einheiten außerhalb des SI, allgemein anwendbare (nach DIN 1301, Teil 1)

Größe	Einheitenname	Einheitenzeichen	Erklärung
ebener Winkel	Vollwinkel	—	1 Vollwinkel = 2π rad
	Gon	gon	1 gon = $(\pi/200)$ rad
	Grad	° *	1° = $(\pi/180)$ rad
	Minute	′ *	1 ′ = (1/60)°
	Sekunde	″ *	1 ″ = (1/60)′
Volumen	Liter	l, L	$1\ l = 1\ L = 1\ dm^3$
Zeit	Minute	min*	1 min = 60 s
	Stunde	h*	1 h = 60 min
	Tag	d*	1 d = 24 h
	Jahr	a*	1 a = 365 d
Masse	Tonne	t	$1\ t = 10^3\ kg = 1\ Mg$
	Gramm	g	$1\ g = 10^{-3}\ kg$
Druck	Bar	bar	$1\ bar = 10^5\ Pa = 10^5\ N/m^2$

* nicht in Verbindung mit Vorsätzen

Einheiten außerhalb des SI, mit beschränktem Anwendungsbereich (nach DIN 1301, Teil 1)

Größe	Einheitenname	Einheiten zeichen	Erklärung
Brechwert von optischen Systemen	Dioptrie	dpt **	→ Brechwert
Fläche von Grundstücken	Ar Hektar	a ha	1 a = 10^2 m^2 1 ha = 10^4 m^2
Wirkungsquerschnitt (Atomphysik)	Barn	b	1 b = 10^{-28} m^2
Masse in der Atomphysik	atomare Masseneinheit	u	1 u = 1,6605402(10) · 10^{-27} kg
Masse von Edelsteinen	metrisches Karat	Kt **	1 Kt = 0,2 g
längenbezogene Masse von textilen Fasern und Garnen	Tex	tex	1 tex = 1 g/km
Blutdruck und Druck anderer Körperflüssigkeiten in der Medizin	Millimeter Quecksilbersäule	mmHg *	1 mmHg = 133,322 Pa
Energie in der Atomphysik	Elektronvolt	eV	1 eV = 1,60217733(49) · 10^{-19} J
elektrische Blindleistung	Var	var	1 var = 1 W

* nicht in Verbindung mit Vorsätzen ** nicht genormt

Einheiten, kohärente

→ Einheiten, abgeleitete

Einheiten, nicht mehr anzuwendende mit Umrechnungen in SI-Einheiten, nach DIN 1301, Teil 3; Auszug)

Einheiten-zeichen	frühere Einheit	Größe, Erklärung, Umrechnung, Bemerkungen
Å	Angström	Längeneinheit, 1 Å = 10^{-10} m = 0,1 nm
asb	Apostilb	* Leuchtdichte, 1 asb = $1/\pi$ cd/m^2
atm	Atmosphäre – physikalische	* Druck, 1 atm = 101,325 kPa = 1,013 25 bar
at ata atu	– technische	* Druck 1 at = 98,0665 kPa = 0,908 665 bar 1 ata ≙ 1 at = 1 kp/cm^2 = 0,908 665 · 10^5 Pa 1 atu = atmosphärischer Unterdruck, Beispiel: 0,4 atu ≙ 0,6 at 1 atü = atmosphärischer Überdruck, Beispiel: 0,4 atü ≙ 1,4 at
b	Barn	Flächeneinheit in der Atomphysik, 1 b = 10^{-28} m^2 (nach DIN 1301, Teil 1, in Sonderfällen noch gültig)
°Bé	Grad Baumé	* Dichte von Flüssigkeiten, 0 °Bé = 1,000 g/cm^3 Für $\varrho > 1$: $\varrho = \frac{144,3}{144,3 - n}$ Für $\varrho < 1$: $\varrho = \frac{144,3}{144,3 + n}$ $[n]$ = °Bé, gemessen bei 15 °C und bezogen auf die Dichte ϱ des Wassers bei + 4 °C

Einheiten-zeichen	frühere Einheit	Größe, Erklärung, Umrechnung, Bemerkungen
bW	Blindwatt	elektrische * Blindleistung, 1 bW = 1 W = 1 var
cal	Kalorie	* Wärme, 1 cal = 0,001 kcal = 4,1868 J 1 kcal = 1000 cal = 4,1868 kJ
Ci	Curie	*Aktivität einer radioaktiven Substanz, 1 Ci = $3{,}7 \cdot 10^{10}$ Bq
dz	Doppelzentner	* Masse, 1 dz = 100 kg
dyn	Dyn	* Kraft, 1 dyn = 10^{-5} N
°E, E	Grad Engler, Engler-Grad	* kinematische Viskosität keine Umrechnung in SI-Einheiten
°F	Grad Fahrenheit	* Temperatur, $n\,°\mathrm{F} = \frac{5}{9}(n-32)\,°\mathrm{C}$ (im englischsprachigen Raum, insbes. USA und England, noch übliche Einheit der Temperatur)
Fm	Festmeter	Volumeneinheit für Langholz, 1 Fm = 1 m^3
G	Gauß	magnetische * Flußdichte (früher: magnetische Induktion) 1 G = 10^{-4} T
grd	Grad	Temperaturdifferenz, 1 grd = 1 K = 1 °C
°	Grad	→ °F, °K, °R
HK	Hefnerkerze	* Lichtstärke, 1 Hk = 0,903 cd (Candela)
kcal	Kilokalorie	s. Kalorie (cal)
kp	Kilopond	Kraft, 1 kp = 9,806 65 N 1 p = 1 Pond = $9{,}806\,65 \cdot 10^{-3}$ N
L	Lambert	* Leuchtdichte, $1\,\mathrm{L} = \frac{1}{\pi}\,\mathrm{sb} = \frac{1}{\pi} \cdot 10^4\,\mathrm{cd/m^2} \approx 3\,183\,\mathrm{cd/m^2}$
M	Maxwell	elektrischer * Fluß, 1 M = 10^{-8} Wb (Weber)
mWs	Meter Wassersäule	* Druck, 1 mWS = 98,0665 mbar
mmHg (mmQS)	Millimeter Quecksilbersäule	* Druck, 1 mmHg = 1,333 22 mbar = 133,322 Pa (in Sonderbereichen noch gültig, z B. beim Blutdruck)
Morgen	Morgen	Fläche in der Landwirtschaft, 1 Morgen = 25 a = 0,25 ha = 2500 m^2, 1 preußischer Morgen = 25,53 a = 2553 m^2
µ	Mü	Länge, 1 µ = 1 Mikrometer = 1 µm = 1/1000 mm = 10^{-6} m
NK	Neue Kerze	* Lichtstärke, 1 NK = 1 cd (Candela)
Oe	Oersted	magnetische * Feldstärke, 1 Oe = $1000/(4 \cdot \pi)$ A/m ≈ 79,5775 A/m
p	Pond	s. Kilopond (kp)
P	Poise	dynamische * Viskosität, 1 P = 10^{-1} Pa·s, 1 cP = 1 Zentipoise = 1 mPa·s
Pfd	Pfund	* Masse, 1 Pfd = 1 ℔ = 500 g = 0,5 kg
ph	Phot	* Beleuchtungsstärke, 1 ph = 10^4 lm/m^2
PS	Pferdestärke	* Leistung, 1 PS = 735,498 75 W ≈ 736 W
QS	Quecksilbersäule	* Druck, vereinfacht für mmQS 1 mmQS = 1 mmHg = 1,333 22 mbar = 9,0806 65 kPa (die Einheit mmHg ist in Sonderbereichen noch gültig)
R	Röntgen	* Ionendosis, 1 R = $258 \cdot 10^{-6}$ C/kg
°R	Grad Réaumur	* Temperatur, für Temperaturdifferenzen: 1 °R = 1,25 K = 1,25 °C, $n\,°\mathrm{R} = \frac{5}{4}\,n\,°\mathrm{C} = 1{,}25 \cdot n\,°\mathrm{C}$

Einheitenzeichen	frühere Einheit	Größe, Erklärung, Umrechnung, Bemerkungen
rem	Rem	* Äquivalentdosis (Roentgen äquivalent man), 1 rem = 10^{-2} J/kg = 10^{-2} Sv (Sievert)
Rm	Raummeter	Volumeneinheit für geschichtetes Holz, 1 Rm = 1 m^3
sb	Stilb	* Leuchtdichte, 1 sb = 1 cd/cm^2
st	Ster	Volumen in der Forstwirtschaft, 1 st = 1 Rm (Raummeter) = 1 m^3 geschichtetes Holz (mit Zwischenräumen)
St	Stokes	kinematische * Viskosität, 1 St = 1 cm^2/s = 10^{-4} m^2/s
Torr	Torr	* Druck, 1 Torr = 1 mmQS = 1,333 22 mbar = 133,322 Pa
U/min	Umdrehungen je Minute	* Umdrehungsfrequenz, Drehzahl, 1 U/min = 1 min^{-1} = = 1,666 667 · 10^{-2} s^{-1}
U/s	Umdrehungen je Sekunde	* Umdrehungsfrequenz, Drehzahl, 1 U/s = 1 s^{-1}
Ztr	Zentner	* Masse, 1 Ztr = 100 Pfd = 50 kg
″	Zoll	Länge im englischsprachigen Raum (England, USA), 1 ″ = 1 Zoll = 1 inch = 25,4 mm, genauer Wert: 1 ″ (englisches Zoll) = 25,399 956 mm, 1 ″ (US-Zoll) = 25,400 051 mm

Einheitengleichungen

Eine Einheitengleichung gibt die zahlenmäßige Beziehung zwischen Einheiten an (DIN 1313).

Beispiele:

1 m = 1000 mm

1 N = 1 m·kg·s^{-2}

1 kW·h = 3,6 MJ

Einpuls-Mittelpunktschaltung

→ Gleichrichterschaltungen

Einschnürung

→ Querschnittsänderung

Einschnürungszahl

→ Ausflußzahl

Einstein

Relativistische Massenzunahme

$$m = \frac{m_0}{\sqrt{1 - \frac{v^2}{c_0^2}}}$$

Masse-Energie-Beziehung

$$E = m \cdot c_0^2$$

Energie eines bewegten Körpers

$$E = \frac{m_0 \cdot c_0^2}{\sqrt{1 - \frac{v^2}{c_0^2}}}$$

m	Bewegungsmasse, Impulsmasse	kg
m_0	Ruhemasse	kg
v	* Geschwindigkeit	m/s
c_0	* Lichtgeschwindigkeit im Vakuum c_0 = 299 792 458 m/s	m/s
E	* Energie (Gesamtenergie eines Körpers mit der Masse m)	J

Impuls einer bewegten Masse

$$p = \frac{m_0 \cdot v}{\sqrt{1 - \frac{v^2}{c_0^2}}}$$

Phasengeschwindigkeit

$$u = c_0 \cdot \sqrt{1 + \frac{m_0^2 \cdot c_0^2 \cdot \lambda^2}{h^2}} = f \cdot \lambda = \frac{c_0^2}{v}$$

Energie von Lichtquanten

$$E = h \cdot f$$

Impuls von Lichtquanten

$$p = \frac{h}{\lambda} = \frac{h \cdot f}{c_0} = \frac{E}{c_0}$$

Masse von Lichtquanten (Impulsmasse)

$$m = \frac{h \cdot f}{c_0^2} = \frac{E}{c_0^2} = \frac{h}{c_0 \cdot \lambda}$$

→ Massendefekt, Quantentheorie, Wellentheorie der Materie

u	Phasengeschwindigkeit	m/s
λ	* Wellenlänge	m
h	*Planck*-Konstante $h = 6{,}6261 \cdot 10^{-34}$ J·s → Konstanten	J·s
f	* Frequenz	Hz = 1/s
p	* Bewegungsgröße (Impuls)	N·s = kg·m/s

Einzelpotential

→ *Nernstsche* Gleichung

Eisenfüllfaktor, Füllfaktor

$$f_{Fe} = \frac{A_{Fe}}{A_k}$$

→ Transformator

f_{Fe}	Eisenfüllfaktor	1
A_{Fe}	Eisenquerschnitt	mm^2
A_k	Kernquerschnitt	mm^2

Elastische Dehnung

→ Dehnung

Elastizitätsmodul

$$E = \frac{1}{\alpha} = \frac{\sigma}{\varepsilon} = \frac{F \cdot l_0}{S_0 \cdot \Delta l} = 2 \cdot G \cdot (1 + \mu)$$

Für Stahl:

$$E \approx 2{,}6 \cdot G$$

Der Elastizitätsmodul entspricht der Steigung der Anstiegsgeraden (*Hookesche* Gerade) im Spannungs-Dehnungs-Diagramm

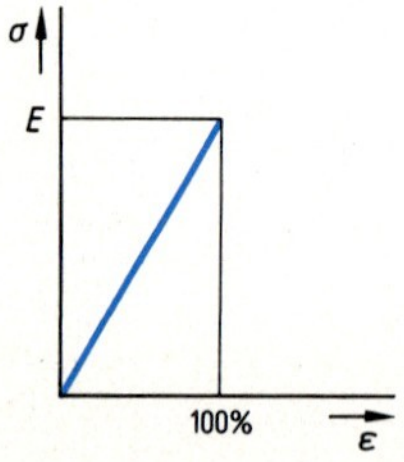

E	Elastizitätsmodul	N/mm^2
α	* Dehnungskoeffizient	mm^2/N
σ	* Spannung, mechanische	N/mm^2
ε	* Dehnung	1
F	Zug- oder Druckkraft	N
l_0	Meßlänge zu Beginn des Zug- oder Druckversuches	mm
S_0	Anfangsquerschnitt der Probe	mm^2
Δl	Längenänderung	mm
G	* Schubmodul	N/mm^2
μ	* *Poisson*-Zahl	1

→ Dehnung, Kraft

Elastizitätsmodul, Werte bei 20 °C

Werkstoff	E-Modul in N/mm^2	Werkstoff	E-Modul in N/mm^2
Al, rein	64 000 ... 70 000	Mg, rein	39 000 ... 40 000
Al-Legierung	66 000 ... 83 000	Mg-Legierungen	42 000 ... 44 000
Blei	14 000 ... 17 000	Messing	78 000 ... 98 000
Bronze	107 000 ... 113 000	Neusilber	122 000 ... 125 000
Federstahl	205 000 ... 215 000	Nickelin	127 000 ... 130 000
Flußstahl	196 000 ... 215 000	Rotguß	88 000 ... 90 000
Gußeisen	73 000 ... 102 000	Stahlguß, unlegiert	196 000 ... 210 000
Kupfer	122 000 ... 123 000	Tombak	98 000 ... 100 000

Elektrische Wärmeleistung

→ Wärmeleistung, elektrische

Elektrochemie

→ Akkumulator; Element, galvanisches

Elektrochemisches Äquivalent

→ Äquivalent, elektrochemisches

Elektrochemische Spannungsreihe

Normalpotentiale für Lösungen mit a = 1 mol/L, bezogen auf die Normal-Wasserstoffelektrode, bei 25 °C (in saurer Lösung):

a	Aktivität des Ions in der Lösung	mol/L
E_0	Normalpotential (Standardpotential)	V

Kationen

Red. ⇌	Ox.	+ e⁻	E_0 in V	Red. ⇌	Ox.	+ e⁻	E_0 in V
Li	Li^+	+ e^-	− 3,01	Co	Co^{2+}	+ 2e^-	− 0,28
K	K^+	+ e^-	− 2,92	Ni	Ni^{2+}	+ 2e^-	− 0,25
Ca	Ca^{2+}	+ 2e^-	− 2,87	Sn	Sn^{2+}	+ 2e^-	− 0,14
Na	Na^+	+ e^-	− 2,71	Pb	Pb^{2+}	+ 2e^-	− 0,13
Mg	Mg^{2+}	+ 2e^-	− 2,36	H_2	2 H^+	+ 2e^-	0,00
Al	Al^{3+}	+ 3e^-	− 1,66	Cu	Cu^{2+}	+ 2e^-	+ 0,35
Ti	Ti^{2+}	+ 2e^-	− 1,63	Ag	Ag^+	+ e^-	+ 0,80
Mn	Mn^{2+}	+ 2e^-	− 1,05	Hg	Hg^{2+}	+ 2e^-	+ 0,85
Zn	Zn^{2+}	+ 2e^-	− 0,76	Pt	Pt^{2+}	+ 2e^-	+ 1,20
Cr	Cr^{3+}	+ 3e^-	− 0,74	Au	Au^{3+}	+ 3e^-	+ 1,42
Fe	Fe^{2+}	+ 2e^-	− 0,44	Au	Au^+	+ e^-	+ 1,69
Cd	Cd^{2+}	+ 2e^-	− 0,40				

Anionen

Red. ⇌	Ox.	+ e⁻	E_0 in V	Red. ⇌	Ox.	+ e⁻	E_0 in V
Te^{2-}	Te	+ 2e^-	− 0,92	2 I^-	I_2	+ 2e^-	+ 0,54
Se^{2-}	Se	+ 2e^-	− 0,78	2 Br^-	Br_2	+ 2e^-	+ 1,07
S^{2-}	S	+ 2e^-	− 0,51	2 Cl^-	Cl_2	+ 2e^-	+ 1,36

Elektrolyse

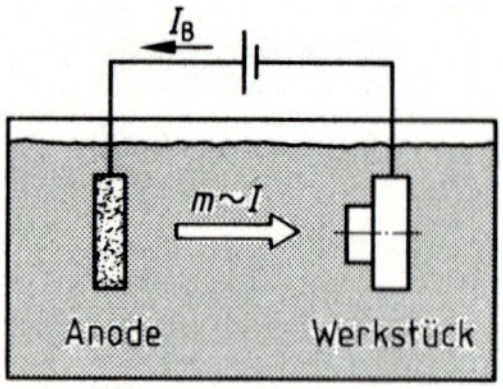

m	abgeschiedene Stoffmasse	g, kg
c	elektrochemisches * Äquivalent	g/Ah, kg/(A·s)
I	Nutzstrom	A
I_B	Badstrom, Gesamtstrom	A
t	* Zeit	s
η_i	Stromausbeute	1

$m = c \cdot I \cdot t \qquad I = \eta_i \cdot I_B$

1 kg/(A · s) = 3,6 · 10^6 g/(A · h)

Werte für c → Äquivalent, elektrochemisches

Elektromagnete

→ Haltekraft von Elektromagneten

Elektronen

Ruhemasse

$m_e = 9{,}1094 \cdot 10^{-31}$ kg → Konstanten

Elementarladung

$e = 1{,}602\,18 \cdot 10^{-19}$ C → Konstanten

Spezifische Ladung

$$\frac{e}{m_e} = \frac{2 \cdot U}{r^2 \cdot B^2} = 1{,}759 \cdot 10^{11}\ \mathrm{C/kg}$$

Radius der Elektronenbahn bei Ablenkung im Magnetfeld

$$r = \frac{m_e \cdot v}{e \cdot B} = \frac{m_e}{e \cdot B} \cdot \sqrt{\frac{2 \cdot E_k}{m_e}}$$

Geschwindigkeit des Elektrons im elektrischen Feld für v senkrecht zu B

$$v = \sqrt{\frac{2 \cdot e \cdot U}{m_e}} = \frac{e}{m_e} \cdot r \cdot B$$

Kinetische Energie des Elektrons im elektrischen Feld

$$E_k = \frac{m_e \cdot v^2}{2} = e \cdot U$$

Radius des Elektrons

$$r_e = \frac{e^2}{4 \cdot \pi \cdot \varepsilon_0 \cdot m_e \cdot c_0^2} = \frac{e^2 \cdot \mu_0}{4 \cdot \pi \cdot m_e} = \frac{\alpha^3}{4 \cdot \pi \cdot R_\infty}$$

$r_e = 2{,}817\,94 \cdot 10^{-15}$ m → Konstanten

Compton-Wellenlänge

$$\lambda_c = \frac{h}{m_e \cdot c_0}$$

$\lambda_c = 2{,}4263 \cdot 10^{-12}$ m → Konstanten

m_e	Ruhemasse des Elektrons	kg
e	* Elementarladung	C
U	Beschleunigungsspannung	V
r	Radius der Elektronenbahn bei Ablenkung im Magnetfeld durch die Lorentzkraft	m
B	magnetische * Flußdichte T = V · s/m^2	T
E_k	kinetische * Energie des Elektrons im elektrischen Feld	J
v	* Geschwindigkeit des Elektrons im elektrischen Feld	m/s
ε_0	elektrische * Feldkonstante $\varepsilon_0 = 8{,}854\,187\,817 \cdot 10^{-12}$ F/m	F/m
c_0	* Lichtgeschwindigkeit im leeren Raum $c_0 = 299\,792\,458$ m/s	m/s
μ_0	magnetische * Feldkonstante $\mu_0 = 4 \cdot \pi \cdot 10^{-7}$ H/m = 1,256 637 0614 μH/m	H/m
α	* *Sommerfeld*-Feinstrukturkonstante $\alpha = 7{,}297\,35 \cdot 10^{-3}$ → Konstanten	1
R_∞	*Rydberg*-Konstante $R_\infty = 10\,973\,732$ m^{-1} → Konstanten	1/m
h	* *Planck*-Konstante $h = 6{,}6261 \cdot 10^{-34}$ J·s → Konstanten	J·s
λ_c	* *Compton*-Wellenlänge	m
λ_B	*De Broglie*-Wellenlänge	m

De Broglie-Wellenlänge

$$\lambda_B = \frac{h}{\sqrt{2 \cdot m_e \cdot E_k}} = \frac{h}{\sqrt{2 \cdot m_e \cdot e \cdot U}} = \frac{h}{m_e \cdot v}$$

bei $U = 150\ \text{V}$: $\lambda_B = 1 \cdot 10^{-10}\ \text{m}$
bei $E_k = 1\ \text{eV}$: $\lambda_B = 1 \cdot 10^{-9}\ \text{m}$

$1\ \text{eV} = 1{,}602\,18 \cdot 10^{-19}\ \text{J}$

→ Wellentheorie der Materie

Elektronenbahnen im *Bohr*-Modell

Die folgenden Formeln gelten für wasserstoffähnliche Atome oder Ionen.

Auf das umlaufende Elektron wirkende Kräfte
$F_C = F_Z$

$$\frac{e^2}{4 \cdot \pi \cdot \varepsilon_0 \cdot r^2} = \frac{m_e \cdot v^2}{r} = m_e \cdot r \cdot \omega$$

Radius der n-ten stationären Elektronenbahn

$$r = r_n = \frac{n^2 \cdot \varepsilon_0 \cdot h^2}{\pi \cdot Z \cdot e^2 \cdot m_e}$$

Radius der 1. Elektronenbahn im Wasserstoffatom (*Bohr*-Radius)

$$a_0 = r_1 = \frac{\varepsilon_0 \cdot h^2}{\pi \cdot e^2 \cdot m_e}$$

$a_0 = 0{,}529\,177 \cdot 10^{-10}\ \text{m}$ → Konstanten

Geschwindigkeit des Elektrons auf der n-ten Elektronenbahn

$$v = v_n = \frac{n \cdot h}{2 \cdot \pi \cdot r_n \cdot m_e} = \frac{Z \cdot e^2}{2 \cdot n \cdot \varepsilon_0 \cdot h}$$

Potentielle Energie des Elektrons auf der n-ten Elektronenbahn

$$E_p = -\frac{Z \cdot e^2}{4 \cdot \pi \cdot \varepsilon_0 \cdot r_n} = -\frac{Z^2 \cdot e^4 \cdot m_e}{4 \cdot n^2 \cdot \varepsilon_0^2 \cdot h^2}$$

Kinetische Energie des Elektrons auf der n-ten Elektronenbahn

$$E_k = \frac{m_e \cdot v^2}{2} = \frac{Z \cdot e^2}{8 \cdot \pi \cdot \varepsilon_0 \cdot r_n} = \frac{Z^2 \cdot e^4 \cdot m_e}{8 \cdot n^2 \cdot \varepsilon_0^2 \cdot h^2}$$

Gesamtenergie des Elektrons auf der n-ten Elektronenbahn

$$E_n = E_p + E_k = -\frac{Z^2 \cdot e^4 \cdot m_e}{8 \cdot n^2 \cdot \varepsilon_0^2 \cdot h^2}$$

Frequenz des ausgestrahlten Lichts

$$f = \frac{Z^2 \cdot e^4 \cdot m_e}{8 \cdot \varepsilon_0^2 \cdot h^3} \cdot \left(\frac{1}{n^2} - \frac{1}{m^2}\right)$$
$$= Z^2 \cdot R_H \cdot c_0 \cdot \left(\frac{1}{n^2} - \frac{1}{m^2}\right)$$

F_C	* *Coulomb*-Kraft	N
F_Z	* Zentrifugalkraft	N
e	* Elementarladung $e = 1{,}6022 \cdot 10^{-19}\ \text{C}$ → Konstanten	C
ε_0	elektrische * Feldkonstante $\varepsilon_0 = 8{,}854\,187\,817 \cdot 10^{-12}\ \text{F/m}$	F/m
r	Bahnradius	m
m_e	Ruhemasse des Elektrons $m_e = 9{,}109\,4 \cdot 10^{-31}\ \text{kg}$ → Konstanten	kg
v	* Geschwindigkeit auf der Elektronenbahn	m/s
ω	* Winkelgeschwindigkeit	1/s
n	Hauptquantenzahl (nicht für Frequenzformel)	1
h	* *Planck*-Konstante $h = 6{,}626\,1 \cdot 10^{-34}\ \text{J·s}$ → Konstanten	J·s
Z	* Protonenzahl (Kernladungszahl, Ordnungszahl)	1
a_0	* *Bohr*-Radius	m
E_p	potentielle * Energie	J
E_k	kinetische * Energie	J
f	* Frequenz	Hz
m	Hauptquantenzahl der Bahn mit der höheren * Energie	1
n	Hauptquantenzahl der Bahn mit der niedrigeren * Energie	1
R_H	*Rydberg*-Konstante für Wasserstoff $R_H = 1{,}096\,776 \cdot 10^7\ \text{m}^{-1}$	1/m
c_0	* Lichtgeschwindigkeit im leeren Raum $c_0 = 299\,792\,458\ \text{m/s}$	m/s

Elektronenradius, klassischer

→ Elektronen

Elektronenzahl

→ Atomhülle, Protonenzahl

Elektrowärme

→ Wärme

Element, galvanisches

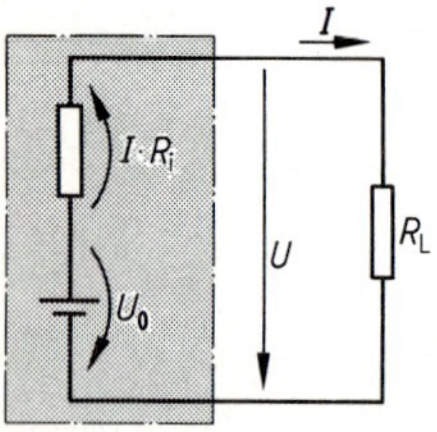

U	Klemmenspannung, Arbeitsspannung	V
U_0	Leerlaufspannung, Urspannung	V
I	Laststrom	A
I_k	Kurzschlußstrom	A
R_i	Innenwiderstand	Ω
R_L	Lastwiderstand	Ω

Bei Leerlauf ($I \approx 0$):

$$U \approx U_0$$

Bei Kurzschluß ($R_L \approx 0$):

$$I_k = \frac{U_0}{R_i}$$

Bei Belastung ($R_L > 0$):

$$U = U_0 - I \cdot R_i$$

$$I = \frac{U_0}{R_L + R_i}$$

→ Akkumulator, Elektrolyse

Reihenschaltung von Elementen

Es dürfen nur gleichartige Elemente in Reihe bzw. parallel geschaltet werden.

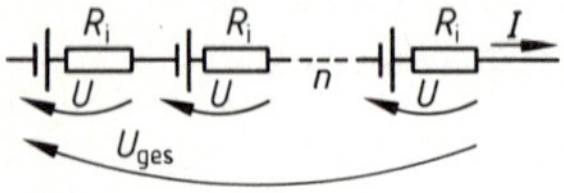

$$U_{ges} = n \cdot U$$

$$R_{iges} = n \cdot R_i$$

$$K_{ges} = K$$

U	Klemmenspannung eines Elementes	V
U_{ges}	gesamte Klemmenspannung der Schaltung	V
I	Strom eines Elementes	A
I_{ges}	gesamter Laststrom	A
R_i	Innenwiderstand eines Elementes	Ω
R_{iges}	gesamter Innenwiderstand der Schaltung	Ω
n	Anzahl der Elemente	1
K	* Kapazität eines Elementes	A·h
K_{ges}	gesamte Kapazität der Schaltung	A·h

Parallelschaltung von Elementen

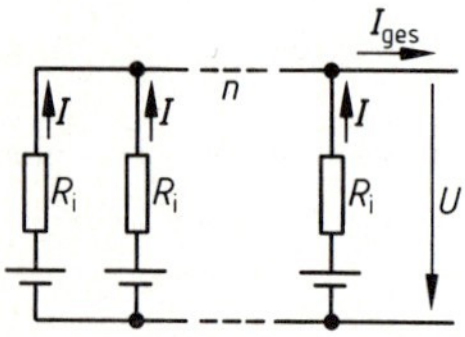

$$I_{ges} = n \cdot I$$

$$R_{iges} = \frac{R_i}{n}$$

$$K_{ges} = n \cdot K$$

Gemischte Schaltung von galvanischen Elementen:

→ Widerstand, elektrischer

Elementarladung

Ladung eines Protons

$e = 1{,}6022 \cdot 10^{-19}$ C → Konstanten

e^+ positive Elementarladung

e^- negative Elementarladung

e	Elementarladung	C

Elementarladung, spezifische

$$\frac{e}{m}$$

Spezifische Elementarladung des Protons

$$\frac{e}{m_p} = 9{,}5788 \cdot 10^{7}\ \text{C/kg}$$

Spezifische Elementarladung des Elektrons

$$\frac{e}{m_e} = 1{,}7588 \cdot 10^{11}\ \text{C/kg}$$

e	* Elementarladung $e = 1{,}6022 \cdot 10^{-19}$ C → Konstanten	C
m	* Masse	kg
m_p	Ruhemasse des Protons $m_p = 1{,}6726 \cdot 10^{-27}$ kg → Konstanten	kg
m_e	Ruhemasse des Elektrons $m_e = 9{,}1094 \cdot 10^{-31}$ kg → Konstanten	kg

Elementarlänge

Nach *Heisenberg* existiert eine Elementarlänge l_e mit dem Charakter einer Naturkonstante, bis zu der unsere heutigen Theorien Gültigkeit besitzen. Diese liegt in der Größenordnung $l_e \approx 10^{-15}$ m

$$t_e = \frac{l_e}{c_0} \approx 10^{-23}\ \text{s}$$

Nach *Planck* ist unterhalb der Länge von 10^{-35} m die Struktur von Raum und Zeit nicht durch Experimente erforschbar

$$l_P = \sqrt{\frac{h \cdot G}{2 \cdot \pi \cdot c_0^3}}$$

→ Konstanten

Entsprechend ist die kleinste für den Physiker noch sinnvolle Zeitspanne die Zeit, die ein Signal mit der Vakuum-Lichtgeschwindigkeit zum Durchlaufen der Elementarlänge benötigt.

t_e	Elementarzeitspanne	s
l_e, l_P	Elementarlänge	m
c_0	* Lichtgeschwindigkeit im Vakuum $c_0 = 299\,792\,458$ m/s	m/s
h	* *Planck*-Konstante $h = 6{,}6261 \cdot 10^{-34}$ J·s → Konstanten	J·s
G	* Gravitationskonstante $G = 6{,}67 \cdot 10^{-11}$ N·m²/kg² → Konstanten	$\text{N}\cdot\text{m}^2/\text{kg}^2$

Elementarteilchen

	Name	Symbol Teilchen	Symbol Antiteilchen	Ruhemasse als Vielfaches der Elektronenmasse m_e	Masse in MeV (Energieäquivalent)	Mittlere Lebensdauer in s
	Photon	γ	γ	0	0	stabil
Leptonen	Elektron-Neutrino	ν_e	$\overline{\nu}_e$	0	0	stabil
Leptonen	Elektron	e^-	e^+	1	0,51	stabil
Leptonen	Myon-Neutrino	ν_μ	$\overline{\nu}_\mu$	0	0	stabil
Leptonen	Myon	μ^-	μ^+	207	106	$2{,}2 \cdot 10^{-6}$
Hadronen	Mesonen					
Hadronen	Pion, neutr. (Pi-Meson)	π^0	π^0	264	135	$0{,}8 \cdot 10^{-16}$
Hadronen	Pion, pos. (Pi-Meson	π^+	π^-	273	140	$2{,}6 \cdot 10^{-8}$
Hadronen	Kaon, neutr. (K-Meson)	K^0	K^0	974	498	$9 \cdot 10^{-11}$–$5{,}8 \cdot 10^{-8}$
Hadronen	Kaon, pos. (K-Meson)	K^+	K^-	966	494	$1{,}2 \cdot 10^{-8}$
Hadronen	Eta-Meson	η	η	1074	549	unsicher, $< 10^{-17}$
Hadronen	Baryonen					
Hadronen	**Nukleonen**					
Hadronen	Proton	p	$\overline{p}$	1836	938,3	stabil
Hadronen	Neutron	n	$\overline{n}$	1839	939,5	918
Hadronen	**Hyperonen**					
Hadronen	Lambda-Hyperon	Λ^0	$\overline{\Lambda}^0$	2183	1115,6	$2{,}5 \cdot 10^{-10}$
Hadronen	Sigma-Hyperon, pos.	Σ^+	$\overline{\Sigma}^-$	2328	1189	$0{,}8 \cdot 10^{-10}$
Hadronen	Sigma-Hyperon, neg.	Σ^-	$\overline{\Sigma}^+$	2343	1197	$1{,}5 \cdot 10^{-10}$
Hadronen	Sigma-Hyperon, neutr.	Σ^0	$\overline{\Sigma}^0$	2334	1193	$< 1{,}0 \cdot 10^{-14}$
Hadronen	Xi-Hyperon, neg.	Ξ^-	Ξ^+	2586	1321	$1{,}7 \cdot 10^{-10}$
Hadronen	Xi-Hyperon, neutr.	Ξ^0	$\overline{\Xi}^0$	2573	1315	$3 \cdot 10^{-10}$
Hadronen	Omega-Hyperon	Ω^-	Ω^+	3278	1672	$1{,}3 \cdot 10^{-10}$

Ellipse

$$A = \pi \cdot \frac{d_1 \cdot d_2}{4}$$

$$A = \pi \cdot a \cdot b$$

$$e = \sqrt{a^2 - b^2}$$

$$\varepsilon = \frac{e}{a} < 1$$

$$d_1 = 2 \cdot a$$

$$d_2 = 2 \cdot b$$

bei $d_1 \geq 2 \cdot d_2$: $U \approx \pi \cdot \left(\frac{6}{10} \cdot d_1 + \frac{1}{3} \cdot d_2\right)$

bei $d_1 < 2 \cdot d_2$: $U \approx \pi \cdot \left(\frac{16}{30} \cdot d_1 + \frac{14}{30} \cdot d_2\right)$

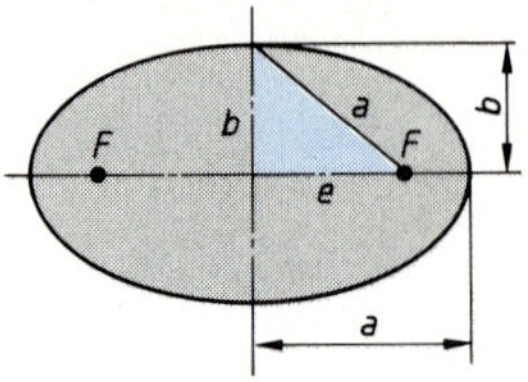

A	Flächeninhalt	m^2
d_1	große Ellipsenachse	m
d_2	kleine Ellipsenachse	m
a	große Ellipsenhalbachse	m
b	kleine Ellipsenhalbachse	m
e	lineare Exzentrizität	m
ε	numerische Exzentrizität	1
F	Brennpunkt	1
U	Umfang	m

→ *Keplersche* Gesetze

Ellipsoid

$$V = \frac{4}{3} \cdot \pi \cdot a \cdot b \cdot c$$

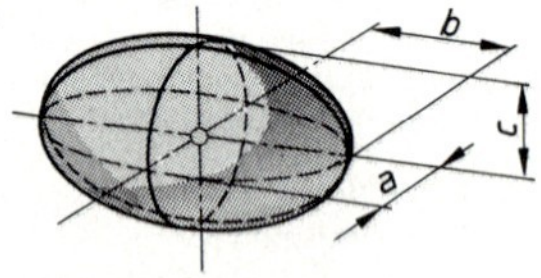

V	* Volumen	m^3
a, b, c	Ellipsoid-Achsen	m

Elongation

→ Linearer Schwinger

Emissionsgrad (Schwärzegrad)

→ Strahlungskonstante

Emitterschaltung beim Transistor

PNP- oder NPN-Transistor

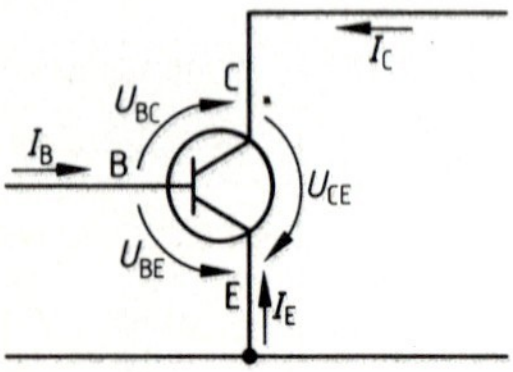

$$U_{BC} + U_{CE} - U_{BE} = 0$$

$$I_B + I_C + I_E = 0$$

$$P_{tot} = U_{CE} \cdot I_C + U_{BE} \cdot I_B \qquad B = \frac{I_C}{I_B}$$

→ Arbeitspunkteinstellung

U_{BC}	Basis-Kollektor-Spannung	V
U_{BE}	Basis-Emitter-Spannung	V
U_{CE}	Kollektor-Emitter-Spannung	V
I_B	Basisstrom	A
I_C	Kollektorstrom	A
I_E	Emitterstrom	A
P_{tot}	maximale Verlustleistung	W
B	Stromverstärkungsfaktor	1

Empfangsspannung

→ Antennen

Energie, elektrische und magnetische

Elektrische Energie

$$W = 0{,}5 \cdot U \cdot Q = 0{,}5 \cdot C \cdot U^2$$

Magnetische Energie

$$W = 0{,}5 \cdot B \cdot H \cdot V$$

W	elektrische Energie	$J = W \cdot s$
U	elektrische * Spannung	V
Q	elektrische * Ladung	$C = A \cdot s$
C	elektrische * Kapazität	$F = A \cdot s/V$
B	magnetische * Flußdichte	$T = V \cdot s/m^2$
H	magnetische * Feldstärke	$A/m = N/Wb$
V	* Volumen	m^3

Energie, mechanische

Kinetische Energie bei Translation

$W_{kin} = \frac{m}{2} \cdot v^2$

Kinetische Energie bei Rotation

$W_{kin} = \frac{J}{2} \cdot \omega^2$

Potentielle Energie (Energie der Lage)

$W_{pot} = F_G \cdot h = m \cdot g \cdot h$

Gesetz der Erhaltung der mechanischen Energie

$W_{pot} + W_{kin} = \text{konst}$

W_{kin}	kinetische * Energie	N·m = J
W_{pot}	potentielle * Energie	N·m = J
m	* Masse	kg
v	* Geschwindigkeit	m/s
J	* Trägheitsmoment eines Körpers	kg·m²
ω	* Winkelgeschwindigkeit	1/s
F_G	* Gewichtskraft	N
h	Höhe	m
g	* Fallbeschleunigung	m/s²

→ Bewegungsenergie, Exergie, Freie Energie, Innere Energie, Relativitätstheorie

Energieäquivalente

Nach der Masse-Energie-Beziehung $E = m \cdot c_0^2$ (*Einstein*) gelten die folgenden Energieäquivalente:

$m_e \cdot c_0^2 = 0{,}511$ MeV

$m_p \cdot c_0^2 = 938{,}272$ MeV

$m_n \cdot c_0^2 = 939{,}566$ MeV

Energieäquivalent für die Masse 1 kg
$m \cdot c_0^2 = 5{,}6095 \cdot 10^{29}$ MeV

E	* Energie 1 eV = $1{,}602\,177\,33 \cdot 10^{-19}$ J (Standardabweichung: s = $4{,}9 \cdot 10^{-26}$ J)	J, eV
m	* Masse	kg
c_0	* Lichtgeschwindigkeit im Vakuum $c_0 = 2{,}997\,924\,58 \cdot 10^8$ m/s	m/s
m_e	Ruhemasse des Elektrons	kg
m_p	Ruhemasse des Protons	kg
m_n	Ruhemasse des Neutrons	kg

Energiedichte, elektrische (Energiedichte beim Kondensator)

$w_e = 0{,}5 \cdot D \cdot E$

$w_e = 0{,}5 \cdot \varepsilon_0 \cdot E^2$

$F = 0{,}5 \cdot C \cdot \frac{U^2}{s}$

$F = 0{,}5 \cdot \varepsilon \cdot A \cdot \left(\frac{U}{s}\right)^2$

w_e	elektrische Energiedichte	W·s/m³
D	elektrische * Flußdichte	A·s/m²
E	elektrische * Feldstärke	V/m
ε	* Permittivität	F/m
ε_0	elektrische * Feldkonstante	F/m
F	Kraft zwischen geladenen Kondensatorplatten	N
C	* Kapazität	F
A	Plattenfläche des Kondensators	m²
s	Plattenabstand	m

Energiedichte, elektromagnetische (magnetische Energiedichte)

$w = 0{,}5 \cdot B \cdot H$ $\qquad w = 0{,}5 \cdot \frac{I^2 \cdot L}{V}$

$w = 0{,}5 \cdot \mu_0 \cdot H^2$ $\qquad w = \frac{B^2}{2 \cdot \mu}$

$w = 0{,}5 \cdot \frac{I^2 \cdot L}{V}$

w	elektromagnetische Energiedichte	W·s/m³
B	magnetische * Flußdichte	V·s/m²
H	magnetische * Feldstärke	A/m
μ	magnetische * Feldkonstante	H/m = V·s/(A·m)
L	* Induktivität	H = Wb/A = V·s/A
I	elektrische * Stromstärke	A
V	Volumen	m³

Energiedichte, volumenbezogene

$$w = \frac{E}{V}$$

w	volumenbezogene Energiedichte	J/m³
E	* Energie	J
V	Volumen	m³

Energiedosis

$$D = \frac{E_D}{m}$$

D	Energiedosis 1 Gy = 1 J/kg	Gy
E_D	* Energie, die einem Volumenelement eines Materials zugeführt wird	J
m	* Masse des Materials im Volumenelement	kg

Energiedosisrate (Energiedosisleistung)

$$\dot{D} = \frac{D}{t} = \frac{E_D}{m \cdot t}$$

$\dot{D}$	Energiedosisrate 1 Gy/s = 1 J/(kg·s) = 1 W/kg	Gy/s
D	* Energiedosis 1 Gy = 1 J/kg	Gy
E_D	* Energie, die einem Volumenelement eines Materials zugeführt wird	J
m	* Masse des Materials in dem Volumenelement	kg
t	* Zeit	s

Energiefluenz

$$\Psi = \frac{N \cdot E_i}{A} = \frac{E}{A}$$

Ψ	Energiefluenz	J/m²
N	* Anzahl der Teilchen	1
E_i	* Energie eines Teilchens oder Quants	J
A	Fläche, auf die die Teilchen senkrecht auftreffen	m²
E	Summe der * Energien aller Teilchen	J

Energieflußdichte

$$\psi = \frac{N \cdot E_i}{A \cdot t} = \frac{E}{A \cdot t}$$

ψ	Energieflußdichte	W/m²
N	* Anzahl der Teilchen	1
E_i	* Energie eines Teilchens oder Quants	J
A	Fläche, auf die die Teilchen senkrecht auftreffen	m²
t	* Zeit	s
E	Summe der * Energien aller Teilchen	J

Energielinienhöhe bei stationärer Rohrströmung

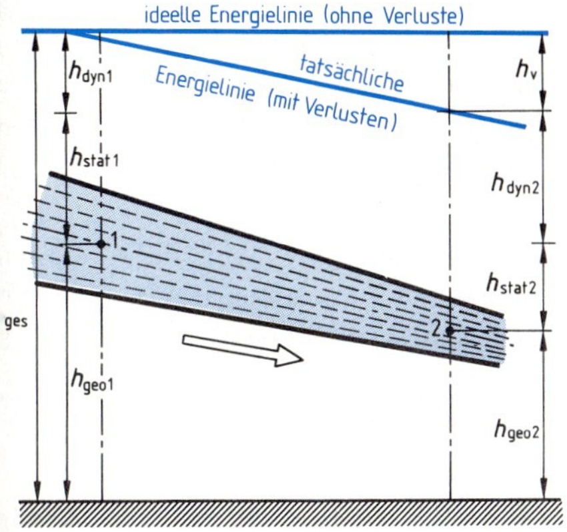

$$h_{ges} = h_{geo1} + h_{stat1} + h_{dyn1} = h_{geo2} + h_{stat2} + h_{dyn2} + h_v$$

h_{ges}	Gesamthöhe	m
h_{geo}	geodätische Höhe	m
h_{stat}	statische Höhe	m
h_{dyn}	dynamische Höhe (Geschwindigkeitshöhe)	m
h_v	* Verlusthöhe	m

→ Druckhöhe, Druckliniengefälle, Druckverlust, Verlusthöhe

Energie-Nutzungsgrad, Energieverhältnis

$$\zeta_{Wh} = \frac{K_E}{K_L}$$

→ Akkumulator

ζ_{Wh}	Energie-Nutzungsgrad, Energieverhältnis, Wattstundenwirkungsgrad	1
K_E	Entladekapazität des Akkumulators	W · h
K_L	Ladekapazität des Akkumulators	W · h

Energieumwandlungskoeffizient

$$\mu_{tr} = \tau_a + \sigma_{Ca} + \varkappa_a$$

μ_{tr}	Energieumwandlungskoeffizient	1/m
τ_a	* Photo-Umwandlungskoeffizient	1/m
σ_{Ca}	* *Compton*-Umwandlungskoeffizient	1/m
$\varkappa_a$	* Paar-Umwandlungskoeffizient	1/m

Energieverhältnis

→ Wärmenutzungsgrad

Entfernungsgesetz

$$\frac{E_{e1}}{E_{e2}} = \frac{r_1^2}{r_2^2}$$

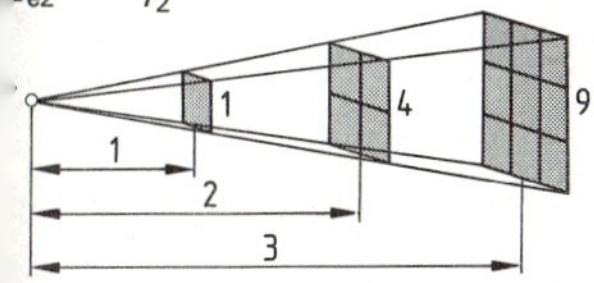

E_e	Bestrahlungsstärke	W/m²
r	Abstand vom Strahler	m

Index 1: Stelle 1
Index 2: Stelle 2

Enthalpie (Wärmeinhalt)

$$H = U + p \cdot V$$

→ Freie Enthalpie (*Gibbs*-Funktion); Enthalpie, spezifische; Zustandsänderungen idealer Gase

H	Enthalpie	J
U	* innere Energie	J
p	absoluter * Druck	N/m² = Pa
V	* Volumen des Stoffes	m³

Enthalpie, spezifische (spezifischer Wärmeinhalt)

$h = u + p \cdot v$

h	spezifische * Enthalpie	J/kg
u	* innere Energie, spezifische	J/kg
p	absoluter * Druck	$N/m^2 = Pa$
v	* spezifisches Volumen	m^3/kg

Entladekapazität

$K_E = I_E \cdot t_E$

K_E	Entladekapazität	A · h
I_E	Entladestrom des Akkumulators	A
t_E	Entladedauer des Akkumulators	h

Entladezeit von Kondensatoren

→ Kapazität, elektrische

Entropie (Verwandlungswert)

$$\Delta S = \frac{\Delta Q}{T}$$

$$\Delta s = \frac{\Delta S}{m}$$

$$S = k \cdot \ln w$$

→ Freie Energie (*Helmholtz*-Funktion)

ΔS	Entropieänderung eines Systems	J/K
ΔQ	reversibel zugeführte * Wärme	J
T	thermodynamische * Temperatur	K
Δs	spezifische Entropieänderung	J/(kg · K)
S	Entropie	J/K
k	* *Boltzmann*-Konstante	J/K
ln	natürlicher Logarithmus	1
w	thermodynamische Wahrscheinlichkeit; Anzahl der Mikrozustände, die in einen Makrozustand gehören.	1

Entscheidungsgehalt

$H_o = \log n$

H_o	Entscheidungsgehalt	bit
n	Anzahl (Menge) von möglichen Ergebnissen	1

Erdbeschleunigung

→ Fallbeschleunigung

Erde

$$a_n = \frac{4 \cdot \pi^2 \cdot R}{T^2} = \frac{4 \cdot \pi^2 \cdot 6{,}378 \cdot 10^6\ m}{(86{,}4 \cdot 10^3\ s)^2} = 0{,}0338\ m/s^2$$

$$F = G \cdot \frac{m_1 \cdot m_2}{r^2}$$

$$F_o = G \cdot \frac{M \cdot m}{R^2} = m \cdot g$$

$$M = g \cdot \frac{R^2}{G} = \frac{4 \cdot \pi^2 \cdot (r_{E,M})^3}{G \cdot T_M{}^2} = 5{,}973 \cdot 10^{24}\ kg$$

$R = 6{,}378 \cdot 10^6$ m

$T = 86400$ s

$r_{E,M} = 3{,}84 \cdot 10^8$ m

→ Beschleunigung, Kraft, Masse, Umfangsgeschwindigkeit, Zeit

a_n	Erdzentripetalbeschleunigung	m/s^2
F	Gravitationskraft (allgemein)	N
F_0	Gravitationskraft an der Erdoberfläche	N
M	Erdmasse	kg
R	mittlerer Erdradius	m
T	Rotationsdauer der Erde	s
G	* Gravitationskonstante	$N \cdot m^2/kg^2$
m_1, m_2	* Massen zweier Körper	kg
r	Entfernung	m
g	* Fallbeschleunigung	m/s^2
$r_{E,M}$	Entfernung Erde — Mond	m
T_M	Umlaufzeit des Mondes um die Erde	s

Ersatzblindwiderstand → Wechselstromwiderstände

Ersatzleitwert → Leitwert, elektrischer

Ersatzrohrlänge → Äquivalente Rohrlänge

Ersatzwiderstand → Widerstand, elektrischer

Erstarrungswärme → Schmelzwärme

Erster Hauptsatz der Thermodynamik

$Q = W_V + \Delta U$

→ Zustandsänderungen idealer Gase

Q	zugeführte * Wärme	J
W_V	Volumenänderungsarbeit	J
ΔU	Änderung der * inneren Energie	J

Euklid-Satz (Kathetensatz)

$a^2 = c \cdot p$

$b^2 = c \cdot q$

$p = \frac{a^2}{c}$

$q = \frac{b^2}{c}$

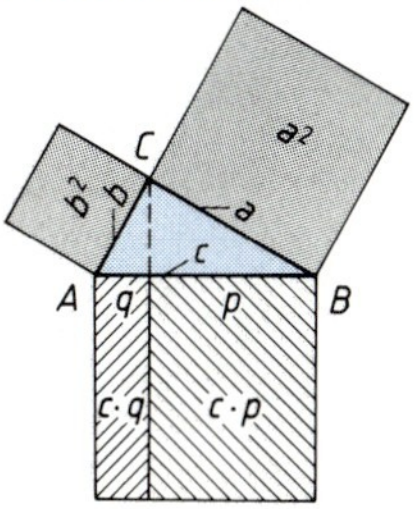

a, b, c	Dreieckseiten	m
a, b	Katheten	m
c	Hypotenuse	m
p, q	Hypothenusenabschnitte	m

Im rechtwinkligen * Dreieck ist das * Quadrat über einer Kathete flächengleich dem * Rechteck aus der Hypotenuse und der Projektion der Kathete auf die Hypotenuse.

Euler-Hyperbel → Knickfestigkeit im Maschinenbau

Euler-Knickformeln für den Schlankheitsgrad ≥ 100

Die verschiedenen Knickfälle:

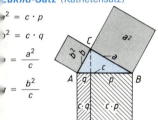

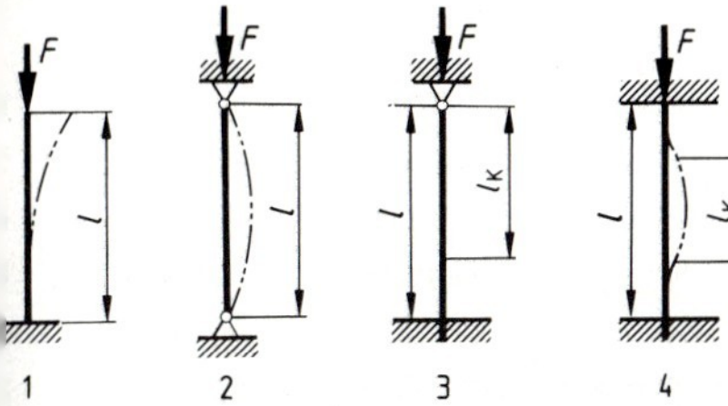

Fall 1: $l_K = 2 \cdot l$

Fall 2: $l_K = l$

Fall 3: $l_K = \frac{l}{\sqrt{2}} \approx 0{,}707 \cdot l$

Fall 4: $l_K = \frac{l}{2} = 0{,}5 \cdot l$

$F_K = \frac{\pi^2 \cdot E \cdot I}{l_K^2}$ $\quad F = \frac{F_K}{\nu_K}$

$\sigma_K = \frac{\pi^2 \cdot E}{\lambda^2}$

l_K	freie Knicklänge	m
l	Stablänge	m
F_K	Knickkraft	N
F	vorhandene Tragkraft	N
ν_K	Knicksicherheit	1
λ	* Schlankheitsgrad	1
E	* Elastizitätsmodul	N/mm^2
I	* Flächenmoment 2. Grades	mm^4
σ_K	Knickspannung	N/mm^2

→ Knickfestigkeit; Kraft; Sicherheit; Spannung, mechanische

Euler-Polyedersatz

Polyeder: Körper, der durch ebene Vielecke begrenzt ist

$E + F = K + 2$

E	Anzahl der Ecken
F	Anzahl der ebenen Flächen
K	Anzahl der Kanten

→ Diagonalen im Vieleck

Eulersche Zahl

$$e = \sum_{n=0}^{\infty} \frac{1}{n!} = 2{,}71828\ldots$$

$$e = \lim_{n \to \infty} \left(1 + \frac{1}{n}\right)^n = 2{,}718\,281\,828\,459\ldots$$

e ist eine transzendente Zahl (ein unendlicher, nicht periodischer Dezimalbruch)

→ Logarithmen

e	*Eulersche* Zahl

Die Zahl e ist die Basis der natürlichen Logarithmen und der Exponentialfunktion $y = e^x$

Exergie (Nutzenergie)

$$W_E = (H - H_o) - T_o \cdot (S - S_o)$$

Energie:

$$W = W_E + W_A$$

→ Zustandsänderungen idealer Gase

W_E	Exergie (vollständig umwandelbare * Energie)	
H	* Enthalpie bei einem bestimmten Anfangszustand	
S	* Entropie bei einem bestimmten Anfangszustand	J/
H_o	* Enthalpie im Umgebungszustand	
S_o	* Entropie im Umgebungszustand	J/
T_o	* Temperatur der Umgebung	
W	* Energie	
W_A	nichtumwandelbare * Energie, Anergie	

EXKLUSIV-ODER-Verknüpfung

→ Logische Verknüpfungen

Exponentialfunktion

Allgemeine Form

$y = a^x \qquad x \in \mathbb{R}$

Mathematisches Zeichen	Sprechweise	Anmerkung
a^x	a hoch x	Allgemeine Exponentialfunktion (x = Variable)
exp z. B. exp x	Exponential- funktion von x	$\exp x \equiv e^x$ $e = 2{,}71828\ldots$

y Funktionswert

c, a, k Konstanten

x Variable

e *Eulersche* Zahl $e = 2{,}718\,281\,828\,459\ldots$

Erweiterte Form

$y = c \cdot a^{k \cdot x} \qquad x, c, k \in \mathbb{R} \qquad a > 0$

Natürliche Exponentialfunktion

$y = c \cdot e^{k \cdot x}$

Exponentialgleichungen

Grundform der Exponentialgleichung:

$a^x = b$

Form	Lösungsweg	Ergebnis
$a^x = b$	Logarithmieren führt zu $x \cdot \log a = \log b$	$x = \dfrac{\log b}{\log a}$
$a^x = a^c$	Exponentenvergleich, da gleiche Basis	$x = c$
$a^x = b^c$	$x \cdot \log a = c \cdot \log b$	$x = \dfrac{c \cdot \log b}{\log a}$
$\left(\dfrac{a}{b}\right)^x = \dfrac{c}{d}$	$x \cdot \log \dfrac{a}{b} = \log \dfrac{c}{d}$ $x \cdot (\log a - \log b) = \log c - \log d$	$x = \dfrac{\log c - \log d}{\log a - \log b}$
$\sqrt[n]{\left(\dfrac{a}{b}\right)^x} = c^{d-x}$ bzw. $\left(\dfrac{a}{b}\right)^{\frac{x}{n}} = c^{d-x}$	$\dfrac{x}{n} \cdot \log \dfrac{a}{b} = (d - x) \cdot \log c$ $\dfrac{x}{n} \cdot (\log a - \log b) = (d - x) \cdot \log c$ $x \cdot (\log a - \log b) = n \cdot d \cdot \log c - n \cdot x \cdot \log c$	$x = \dfrac{n \cdot d \cdot \log c}{\log a - \log b + n \cdot \log c}$
$a^x = \sqrt[x]{b}$	$x \cdot \log a = \dfrac{1}{x} \cdot \log b$ $x^2 \cdot \log a = \log b$	$x = \sqrt{\dfrac{\log b}{\log a}}$
$\sqrt[x]{a} = b$	$\dfrac{1}{x} \cdot \log a = \log b$	$x = \dfrac{\log a}{\log b}$
$a \cdot b^x = c \cdot d$	$\log a + x \cdot \log b = \log c + \log d$	$x = \dfrac{\log c + \log d - \log a}{\log b}$

log steht für $\log_a$, z. B. lg, ln

Exponentialreihen

$$e^x = \exp x = 1 + \frac{x}{1!} + \frac{x^2}{2!} + \frac{x^3}{3!} + \ldots \qquad |x| < \infty$$

$$e = 1 + \frac{1}{1!} + \frac{1}{2!} + \frac{1}{3!} + \ldots = 2{,}718\,281\,828\,459\ldots$$

$$\frac{1}{e} + 1 - \frac{1}{1!} + \frac{1}{2!} - \frac{1}{3!} + \ldots = 0{,}367\,879\,441\,2\ldots$$

$$a^x = 1 + \frac{\ln a}{1!} \cdot x + \frac{(\ln a)^2}{2!} \cdot x^2 + \frac{(\ln a)^3}{3!} \cdot x^3 + \ldots \qquad |x| < \infty \qquad a > 0$$

→ *Eulersche* Zahl, Fakultät

Extinktion, spektrales Absorptionsmaß

Dekadisches Absorptionsmaß

$$A(\lambda) = \lg \frac{1}{\tau_i(\lambda)} = \lg \frac{(\Phi_{e\lambda})_{in}}{(\Phi_{e\lambda})_{ex}}$$

$$A(\lambda) = \varkappa(\lambda) \cdot c \cdot d$$

Natürliches Absorptionsmaß

$$A_n(\lambda) = \ln \frac{1}{\tau_i(\lambda)} = \ln \frac{(\Phi_{e\lambda})_{in}}{(\Phi_{e\lambda})_{ex}}$$

$$A_n(\lambda) = \varkappa_n(\lambda) \cdot c \cdot d$$

Bevorzugte Schreibweise der Formeln für die Extinktion in der chemischen Technik:

$$E = \varepsilon \cdot c(X) \cdot d$$

$$E = \lg \frac{\Phi_e}{\Phi_a}$$

$$E = -\lg \tau$$

$$\alpha = 1 - \tau$$

→ Absorptionsgrad, Transmissionsgrad

$A(\lambda)$, E	spektrales Absorptionsmaß bei der * Wellenlänge λ, Extinktion	1
$\tau_i(\lambda)$, τ	spektraler Reintransmissionsgrad, Durchlässigkeit	1
$(\Phi_{e\lambda})_{in}$	eindringende spektrale Strahlungsleistung	W
$(\Phi_{e\lambda})_{ex}$	ausdringende spektrale Strahlungsleistung	W
$\varkappa(\lambda)$, ε	molarer Absorptionskoeffizient, molarer Extinktionskoeffizient	L/(cm · mol)
c, $c(X)$	* Stoffmengenkonzentration (des Stoffes mit den Teilchen X)	mol/L
d	Schichtdicke	cm
Φ_e	eindringender Lichtstrom	lm
Φ_a	durchgelassener Lichtstrom	lm
α	Absorption, Reinabsorptionsgrad	1

Extraktion (Flüssig-Flüssig-Extraktion)

Nernstsches Verteilungsgesetz (Gleichung der Gleichgewichtskurve)

$$\zeta_{ES} = K \cdot \zeta_{ER}$$

Existiert kein konstanter Verteilungskoeffizient, muß die Gleichgewichtskurve aus den Wertepaaren ζ_{ES} und ζ_{ER} einer Wertetabelle konstruiert werden.

Massenverhältnis:

$$\zeta_{ES} = \frac{m_{ES}}{m_S} \qquad \zeta_{ER} = \frac{m_{ER}}{m_R}$$

Bei *Gegenstromextraktion* und ineinander nicht oder nur unwesentlich löslichen Lösemitteln gilt:

Gleichung der Bilanz- oder Arbeitsgeraden

$$\zeta_{ES,\,aus} = \frac{\dot{m}_R}{\dot{m}_S} \cdot \zeta_{ER,\,ein} - \frac{\dot{m}_R}{\dot{m}_S} \cdot \zeta_{ER,\,aus} + \zeta_{ES,\,ein}$$

ζ_{ES}	* Massenverhältnis (Quotient aus m_{ES} und m_S)	1
ζ_{ER}	* Massenverhältnis (Quotient aus m_{ER} und m_R)	1
K	Verteilungskoeffizient	1
m_{ES}	* Masse Extraktstoff im aufnehmenden Lösemittel (Solvent)	kg
m_S	* Masse des aufnehmenden Lösemittels	kg
m_{ER}	* Masse Extraktstoff im abgebenden Lösemittel (Raffinat)	kg
m_R	* Masse des abgebenden Lösemittels	kg
$\dot{m}_R$	* Massenstrom des abgebenden Lösemittels	kg/s
$\dot{m}_S$	* Massenstrom des aufnehmenden Lösemittels	kg/s

Mindest-Lösemittelverhältnis

$$\left(\frac{\dot{m}_S}{\dot{m}_R}\right)_{min} = \frac{\zeta_{ER,\,ein} - \zeta_{ER,\,aus}}{\zeta_{ES,\,aus,\,max} - \zeta_{ES,\,ein}}$$

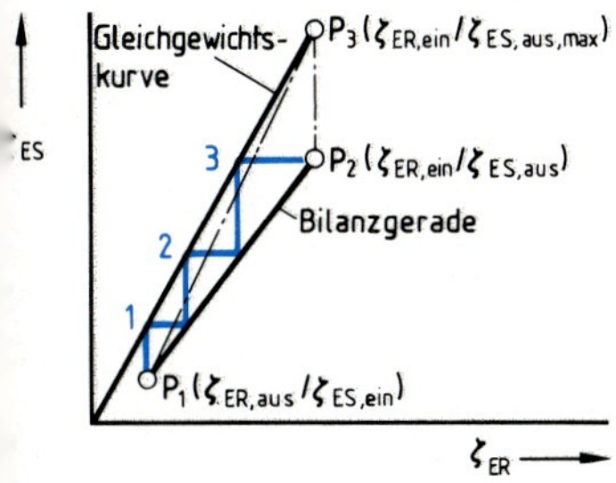

Die Anzahl der Stufen im Diagramm entspricht der erforderlichen Anzahl theoretischer Trennstufen in der Anlage.

Indizes:

ein: Eintritt in die Anlage
aus: Austritt aus der Anlage
max: maximaler Wert
min: minimaler Wert

Fachwerk, ebenes und statisch bestimmtes

$s = 2 \cdot k - 3$

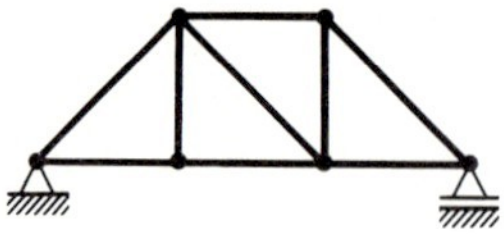

s	Anzahl der Stäbe	1
k	Anzahl der Knotenpunkte	1

Fadenkorrektur eines Thermometers

$\vartheta = \vartheta_a + n \cdot \alpha_V \cdot (\vartheta_a - \vartheta_f)$

Für Quecksilber im Glas:

$\alpha_V \approx \frac{1}{1000\ K}$

Für Ethanol oder Toluol im Glas:

$\alpha_V \approx \frac{1}{6100\ K}$

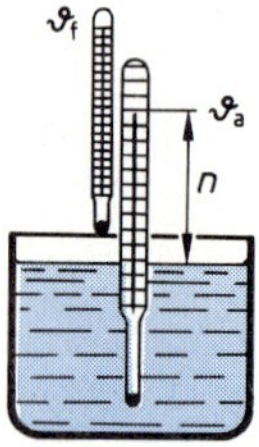

ϑ	* Temperatur des Mediums	°C
ϑ_a	abgelesene * Temperatur	°C
n	Anzahl der Grade des herausragenden Fadens	1
α_V	scheinbarer * Volumenausdehnungskoeffizient, thermischer	1/K
ϑ_f	mittlere * Temperatur des herausragenden Fadens, annähernd gemessen mit einem in mittlerer Höhe neben dem Faden aufgehängten gewöhnlichen Thermometer.	°C

Fadenpendel

→ Periodendauer

Fahrgeschwindigkeit

$$v = \frac{2 \cdot \pi \cdot r_{dyn} \cdot n}{i}$$

→ Geschwindigkeit, Übersetzung bei Getrieben

v	Fahrgeschwindigkeit	m/s
r_{dyn}	dynamisch wirksamer Halbmesser des Reifens	m
n	* Umdrehungsfrequenz (Drehzahl) des Motors	1/s
i	Gesamtübersetzung	1

Fahrwiderstand

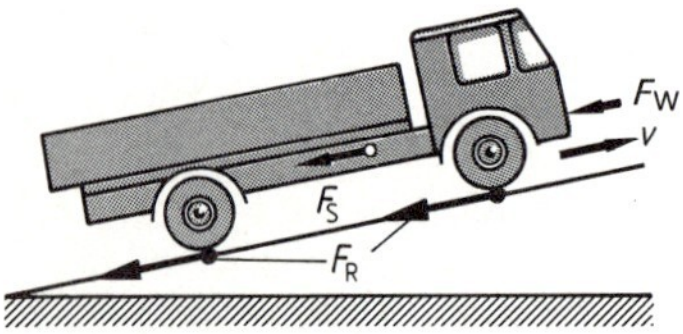

$F_F = F_R + F_W + F_S$

F_F	Fahrwiderstand	N
F_R	* Rollwiderstand	N
F_W	* Luftwiderstand	N
F_S	* Steigungswiderstand (Hangabtriebskraft)	N

→ Fahrwiderstandsleistung, Geneigte Ebene

Fahrwiderstandsleistung

$P_F = F_F \cdot v$

→ Leistung, mechanische

P_F	Fahrwiderstandsleistung	W
F_F	* Fahrwiderstand	N
v	* Geschwindigkeit	m/s

Fahrzeugantriebskraft

$$F = F_F + F_a$$

$$F = \frac{M \cdot i \cdot \eta}{r_{dyn}}$$

Bei gleichförmiger Bewegung ist $F_a = 0$

→ Kraft, Übersetzung, Wirkungsgrad

F	Fahrzeugantriebskraft	N
F_F	* Fahrwiderstand	N
F_a	* Beschleunigungskraft	N
M	* Drehmoment des Motors	N·m
i	* Übersetzung zwischen Motor und angetriebenem Rad	1
η	* Wirkungsgrad der Kraftübersetzung	1
r_{dyn}	dynamisch wirksamer Halbmesser des Reifens	m

Fahrzeugbremse

→ Backenbremse, Bandbremse

Fakultät

$n!$ (gesprochen: n Fakultät)

$$n! = 1 \cdot 2 \cdot 3 \cdot \ldots \cdot n$$

→ Binominalkoeffizient, Kombinatorik

n	natürliche Zahl	

Beispiel: $5! = 1 \cdot 2 \cdot 3 \cdot 4 \cdot 5 = 120$

Fallbeschleunigung

$$g_n = 9{,}80665 \text{ m/s}^2$$

Für praktische Berechnungen:

$$g = 9{,}81 \text{ m/s}^2$$

In der Höhe:

$$g_h = g \cdot \left(\frac{r}{r+h}\right)^2$$

g_n	Normalfallbeschleunigung	m/s²
g	örtliche Fallbeschleunigung (Erdbeschleunigung)	m/s²
g_h	Fallbeschleunigung in der Höhe h	m/s²
r	mittlerer Erdradius	m
h	Höhe (Abstand von der Erdoberfläche)	m

Fall, freier (Fallgesetze)

$$v = g \cdot t = \frac{2 \cdot h}{t} = \sqrt{2 \cdot g \cdot h}$$

$$h = \frac{g}{2} \cdot t^2 = \frac{v \cdot t}{2} = \frac{v^2}{2 \cdot g}$$

$$t = \frac{v}{g} = \frac{2 \cdot h}{v} = \sqrt{\frac{2 \cdot h}{g}}$$

v	Fallgeschwindigkeit	m/s
g	* Fallbeschleunigung	m/s²
t	* Zeit	s
h	Fallhöhe	m

→ Geschwindigkeit

Fällungsgeschwindigkeit

→ *Stokes*-Gleichung

Faraday-Gesetz

→ Äquivalent, elektrochemisches

Faraday-Konstante

$$F = N_A \cdot e$$

$$F = 96\,485{,}309 \text{ C/mol} = (96\,485{,}309 \pm 0{,}029) \text{ C/mol}$$

29

→ Konstanten

F	*Faraday*-Konstante	C/mol
N_A	*Avogadro*-Konstante	1/mol
e	Elementarladung	C

Farben dünner Plättchen

→ Interferenz des Lichtes

Faß

Bei elliptischer Wölbung:

$$V = \frac{\pi \cdot h}{12} \cdot (2 \cdot d_2^2 + d_1^2)$$

$$\approx \frac{\pi \cdot h}{2} \cdot (r_1^2 + r_2^2)$$

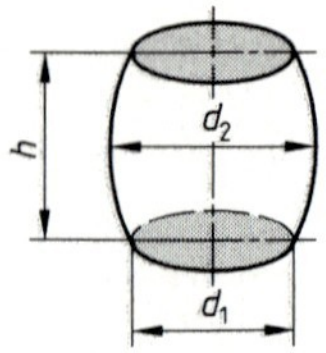

Bei parabolischer Wölbung:

$$V = \frac{\pi \cdot h}{15} \cdot \left(2 \cdot d_2^2 + d_1 \cdot d_2 + \frac{3}{4} \cdot d_1^2\right)$$

Kepler-Faßregel:

$$V \approx \frac{\pi \cdot h}{4} \cdot \left(\frac{2 \cdot d_2 + d_1}{3}\right)^2$$

Simpson-Regel:

$$V \approx \frac{h}{6} \cdot (A_G + A_D + 4 \cdot A_m)$$

V	* Volumen	m
h	Faßhöhe	m
d_1	kleinster Faßdurchmesser	m
d_2	größter Faßdurchmesser	m
r_1	kleinster Faßradius	m
r_2	größter Faßradius	m
A_G	Grundfläche	m
A_D	Deckfläche (meist $A_D = A_G$)	m
A_m	Querschnittsfläche in halber Höhe	m

Feder

→ Blattfeder, Druckfeder, Zugfeder

Federkonstante

→ Federsteifigkeit

Federkraft

→ Blattfeder, Druckfeder, Zugfeder

Federpendel

→ Periodendauer

Federrate

→ Federsteifigkeit

Federspannarbeit (Federarbeit, Federungsarbeit)

$$W_f = \frac{F \cdot s}{2} = \frac{c \cdot s^2}{2}$$

Bei vorhandener Anfangsverformung:

$$W_f = \frac{F_1 + F_2}{2} \cdot (s_2 - s_1) = \frac{c}{2} \cdot (s_2^2 - s_1^2)$$

Index 1: Zustand 1
Index 2: Zustand 2

W_f	Federspannarbeit	N·m
s	Federspannweg	m
F	Federspannkraft	
c	* Federsteifigkeit	N/m

→ Arbeit, mechanische; Blattfeder; Druckfeder; Kraft; Zugfeder

Federsteifigkeit (Federkonstante, Federrate)

$$c = \frac{F}{s}$$

→ Kraft

c	Federsteifigkeit	N/m
F	Federspannkraft	
s	Federspannweg	m

Federungsarbeit

→ Federspannarbeit

Fehlerrechnung

Für die Zufallsstreuung von Meßwerten einer Meßreihe gilt:

Arithmetisches Mittel (arithmetischer Mittelwert)

$$\bar{x} = \frac{1}{n} \cdot \sum_{i=1}^{n} x_i = \frac{1}{n} \cdot (x_1 + x_2 + \ldots + x_n)$$

Standardabweichung

$$s = \sqrt{\frac{1}{n-1} \cdot \sum_{i=1}^{n} (x_i - \bar{x})^2}$$

Variationskoeffizient

$$v = \frac{s}{|\bar{x}|} \text{ bzw. in Prozent: } v = \frac{s}{|\bar{x}|} \cdot 100$$

Angabe des Ergebnisses

$\bar{x} \pm s$ bzw. $\bar{x} \pm v$

Vertrauensbereich bei Annahme einer Normalverteilung

$$\bar{x} - \frac{t}{\sqrt{n}} \cdot s \text{ bis } \bar{x} + \frac{t}{\sqrt{n}} \cdot s$$

Angabe des Ergebnisses

$$\bar{x} \pm \frac{t}{\sqrt{n}} \cdot s$$

$\bar{x}$ * arithmetisches Mittel

n Anzahl der Messungen

$x_1, \ldots, x_i, \ldots, x_n$ voneinander unabhängige Meßwerte

s Standardabweichung (empirische)

v Variationskoeffizient

$|\bar{x}|$ Betrag des arithmetischen Mittels

t Faktor, abhängig vom gewählten Vertrauensniveau $1 - \alpha$ und von der Anzahl der Einzelmeßwerte

$1 - \alpha$ Vertrauensniveau (Wahrscheinlichkeit, mit der der Vertrauensbereich den Erwartungswert bzw. den wahren Wert überdeckt)

Anzahl der Einzelwerte n	Werte für t bei einem Vertrauensniveau $1 - \alpha$ von					
	68,26%	90%	95%	99%	99,5%	99,73%
2	1,84	6,31	12,71	63,66	127,32	235,8
3	1,32	2,92	4,30	9,93	14,09	19,21
4	1,20	2,35	3,18	5,84	7,45	9,22
5	1,15	2,13	2,78	4,60	5,60	6,62
6	1,11	2,02	2,57	4,03	4,77	5,51
8	1,08	1,90	2,37	3,50	4,03	4,53
10	1,06	1,83	2,26	3,25	3,69	4,09
20	1,03	1,73	2,09	2,86	3,17	3,45
30	1,02	1,70	2,05	2,76	3,04	3,28
50	1,01	1,68	2,01	2,68	2,94	3,16
100	1,00	1,66	1,98	2,63	2,87	3,08
200	1,00	1,65	1,97	2,60	2,84	3,04
> 200 ($t = \infty$)	1,00	1,65	1,96	2,58	2,81	3,00

Fehlerfortpflanzung bei der Bildung von Summen, Differenzen, Produkten und Quotienten

$$(\bar{x}_1 \pm s_1) + (\bar{x}_2 \pm s_2) + \ldots + (\bar{x}_n \pm s_n) =$$

$$\bar{x}_1 + \bar{x}_2 + \ldots + \bar{x}_n \pm \sqrt{s_1^2 + s_2^2 + \ldots + s_n^2}$$

$$(\bar{x}_1 \pm s_1) - (\bar{x}_2 \pm s_2) = \bar{x}_1 - \bar{x}_2 \pm \sqrt{s_1^2 + s_2^2}$$

$$(\bar{x}_1 \pm s_1) \cdot (\bar{x}_2 \pm s_2) = \bar{x}_1 + \bar{x}_2 \pm \sqrt{\bar{x}_2^2 \cdot s_1^2 + \bar{x}_1^2 \cdot s_2^2}$$

$$(\bar{x}_1 \pm s_1) \cdot (\bar{x}_2 \pm s_2) \cdot (\bar{x}_3 \pm s_3) =$$

$$\bar{x}_1 \cdot \bar{x}_2 \cdot \bar{x}_3 \pm$$

$$\pm \sqrt{\bar{x}_2^2 \cdot \bar{x}_3^2 \cdot s_1^2 + \bar{x}_1^2 \cdot \bar{x}_3^2 \cdot s_2^2 + \bar{x}_1^2 \cdot \bar{x}_2^2 \cdot s_3^2}$$

$$(\bar{x}_1 \pm s_1)/(\bar{x}_2 \pm s_2) = \bar{x}_1/\bar{x}_2 \pm \sqrt{\bar{x}_2^2 \cdot s_1^2 + \bar{x}_1^2 \cdot s_2^2 / \bar{x}_2^2}$$

Fehlerstrom-Schutzeinrichtung

→ Schutzmaßnahmen

Feinstrukturkonstante → *Sommerfeld*-Feinstrukturkonstante

Feld, elektrisches → *Coulombsches* Gesetz

Feld, magnetisches → * Energiedichte, elektromagnetische

Feld, radiales → *Coulombsches* Gesetz

Feldeffekttransistor

$P_d = U_{DS} \cdot I_D$

$U_{DSsat} = U_{GS} - U_{GSoff}$

$R_{GS} = \dfrac{U_{GS}}{I_{GSS}} \qquad R_{DS} = \dfrac{U_{DS}}{I_D}$

Wenn U_{DS} konstant: $S = \dfrac{\Delta I_D}{\Delta U_{GS}}$

Wenn U_{GS} konstant: $r_{DS} = \dfrac{\Delta U_{DS}}{\Delta I_D}$

P_d	Gleichstromleistung	W
U_{DS}	Drain-Source-Spannung	V
U_{DSsat}	Drain-Source-Sättigungsspannung	V
U_{GS}	Gate-Source-Spannung	V
U_{GSoff}	Abschnürspannung	V
I_D	Drainstrom	A
I_{GSS}	Gate-Source-Reststrom	A
R_{GS}	Gate-Source-Widerstand	Ω
R_{DS}	Drain-Source-Widerstand	Ω
ΔI_D	Drainstromänderung	A
ΔU_{GS}	Gate-Source-Spannungsänderung	V
ΔU_{DS}	Drain-Source-Spannungsänderung	V
S	Steilheit	Ω
r_{DS}	Drain-Source-Wechselstromwiderstand	Ω

Feldenergiedichte → Energiedichte

Feldimpedanz (spezifische Schallimpedanz)

$Z = \dfrac{p}{v}$

Z	Feldimpedanz	Pa·s/m
p	* Schalldruck	N/m² = Pa
v	* Schallschnelle	m/s

Feldkonstante, elektrische

$\varepsilon_0 = \dfrac{1}{\mu_0 \cdot c_0^2} = 8{,}854\,187\,871$ pF/m

1 F/m = 1 A·s/(V·m)

ε_0	elektrische Feldkonstante	F/m
μ_0	magnetische * Feldkonstante	V·s/(A·m)
c_0	* Lichtgeschwindigkeit im Vakuum	m/s

→ Konstanten

Feldkonstante, magnetische;
Permeabilität des leeren Raumes

$\mu_0 = 4 \cdot \pi \cdot 10^{-7}$ H/m $= 1{,}256\,637\,061$ µH/m

1 H/m = 1 V·s/(A·m)

→ Konstanten

μ_0	magnetische Feldkonstante	H/m

Feldkraft, elektrische → *Coulombsches* Gesetz

Feldkraft, magnetische

$F = B \cdot l \cdot I \cdot \sin \alpha$

Kraftwirkung auf
eine im Magnetfeld bewegte Ladung Q:

$F = B \cdot Q \cdot v \cdot \sin \alpha$

→ Kraft auf stromdurchflossenen Leiter im Magnetfeld; Kraft zwischen stromdurchflossenen parallelen Leitern

F	magnetische Feldkraft	N
B	magnetische * Flußdichte	T
I	elektrische * Stromstärke	A
l	Länge eines geraden stabförmigen Leiters im Magnetfeld	m
α	Winkel gegen die Nullinie	rad
Q	elektrische * Ladung	C
v	* Geschwindigkeit der bewegten * Ladung	m/s

Feldstärke, elektrische

$$E = \frac{F}{Q} \qquad E = \frac{U}{l}$$

E	elektrische Feldstärke	V/m = N/C
F	Kraft auf einen geladenen Körper	N
Q	elektrische * Ladung	C
U	elektrische * Spannung	V
l	Abstand der geladenen Körper voneinander	m

Feldstärke, magnetische

$$H = \frac{\Theta}{l} \qquad H = \frac{I \cdot N}{l}$$

$$H = \frac{B}{\mu} \qquad H = \frac{F}{\Phi}$$

H	magnetische * Feldstärke	A/m
Θ	magnetische * Durchflutung	A
I	elektrische * Stromstärke	A
N	Windungszahl	1
l	mittlere Feldlinienlänge	m
B	magnetische * Flußdichte	$V \cdot s/m^2$
μ	* Permeabilität	$V \cdot s/(A \cdot m)$
F	magnetische Feldkraft	N
Φ	magnetischer * Fluß	V·s = Wb

Festigkeit

→ Biege-, Druck-, Knick-, Scher-, Verdreh- und Zugfestigkeit; Statische Festigkeit, Festigkeitshypothese

Festigkeitshypothesen (zusammengesetzte Festigkeit)

Gleichartige Spannungen

$\sigma_{max} = \sigma_{z\,zul} + \sigma_{b\,zul}$

$\sigma_{max} = \sigma_{d\,zul} + \sigma_{b\,zul}$

$\tau_{max} = \tau_{s\,zul} + \tau_{t\,zul}$

σ_{max}	Summe der Normalspannungen	N/mm^2
$\sigma_{z\,zul}$	* Zugspannung, zulässige	N/mm^2
$\sigma_{b\,zul}$	* Biegespannung, zulässige	N/mm^2
$\sigma_{d\,zul}$	* Druckspannung, zulässige	N/mm^2
τ_{max}	Summe der * Schubspannungen	N/mm^2
$\tau_{s\,zul}$	* Schubspannung, zulässige	N/mm^2
$\tau_{t\,zul}$	Torsionsspannung (* Verdrehspannung), zulässige	N/mm^2

Normal- und Schubspannungen

Hypothese von *Bach*:

$$\sigma_v = 0{,}35 \cdot \sigma \pm 0{,}65 \cdot \sqrt{\sigma^2 + 4 \cdot \alpha_0{}^2 \cdot \tau^2}$$

$$M_v = 0{,}35 \cdot M_b + 0{,}65 \cdot \sqrt{M_b{}^2 + \alpha_0{}^2 \cdot M_t{}^2}$$

$$\alpha_0 = \frac{\sigma_{zul}}{1{,}3 \cdot \tau_{zul}}$$

Hypothese von *Mohr*:

$$\sigma_v = \sqrt{\sigma^2 + 4 \cdot \alpha_0{}^2 \cdot \tau^2} \qquad \alpha_0 = \frac{\sigma_{zul}}{2 \cdot \tau_{zul}}$$

$$M_v = \sqrt{M_b{}^2 + \alpha_0{}^2 \cdot M_t^2}$$

Hypothese der größten Gestaltänderungsarbeit:

$$\sigma_v = \sqrt{\sigma^2 + 3 \cdot \alpha_0{}^3 \cdot \tau^2} \qquad \alpha_0 = \frac{\sigma_{zul}}{1{,}73 \cdot \tau_{zul}}$$

$$M_v = \sqrt{M_b{}^2 + 0{,}75 \cdot \alpha_0{}^2 \cdot M_t^2}$$

Bei allen drei Hypothesen (*Bach*, *Mohr*, größte Gestaltänderungsarbeit) gilt:

$$W_{erf} = \frac{M_v}{\sigma_{b\,zul}}$$

Bei der „Zusammenfassung" der Normal- und * Schubspannungen sind hinter die allgemeinen Spannungsformelzeichen σ und τ die Zeichen für die jeweilige Beanspruchung zu setzen, z.B. bei Zug $\sigma_{z\,zul}$, bei Druck $\sigma_{d\,zul}$, bei Torsion $\tau_{t\,zul}$ usw.

σ_v	ideelle- oder Vergleichsspannung	N/mm^2
α_0	Anstrengungsverhältnis	1
M_b	vorhandenes * Biegemoment	N·mm
M_t	vorhandenes Torsionsmoment	N·mm
W_{erf}	erforderliches * Widerstandsmoment	mm^3
M_v	ideelles- oder Vergleichsmoment	N·mm

Feuchte

Absolute Feuchte der Luft

$$f = \frac{m_D}{V}$$

Sättigungsmenge

$$f_{max} = \frac{m_{D,\,max}}{V}$$

Relative Feuchte

$$\varphi = \frac{f}{f_{max}} = \frac{p_D}{p_S}$$

Feuchteanteil eines Stoffes

$$w_f = \frac{m_{hyg} - m_{xer}}{m_{hyg}}$$

Trockenmasseanteil eines feuchten Stoffes

$$w_{xer} = \frac{m_{xer}}{m_{hyg}}$$

Massenverhältnis von Feuchte zu Trockenmasse

$$\zeta_f = \frac{m_{hyg} - m_{xer}}{m_{xer}}$$

f	absolute Feuchte	kg/m^3
m_D	* Masse des Wassers im Luftvolumen	kg
V	Luftvolumen	m^3
f_{max}	Sättigungsmenge	kg/m^3
$m_{D,\,max}$	maximal mögliche * Masse an Wasser im Luftvolumen V	kg
φ	relative Feuchte	1
p_D	Wasserdampf-Partialdruck	N/m^2 = Pa
p_S	Sättigungsdampfdruck der Luft	N/m^2 = Pa
w_f	Feuchteanteil (* Massenanteil Feuchte)	1
m_{hyg}	Feuchtmasse	kg
m_{xer}	Trockenmasse	kg
w_{xer}	Trockenmasseanteil	1
ζ_f	* Massenverhältnis Feuchte zu Trockenmasse	1

Filtration

Druckverlust in einer körnigen Schüttung bei laminarer Strömung

$$\Delta p = \alpha \cdot \eta \cdot v \cdot h$$

Höhe des Filterkuchens am Ende der Filtration

$$h = \frac{\varphi \cdot V}{A}$$

Im Diagramm $t \cdot \Delta p / V$ gegen V gilt:

Steigung der Geraden: $m = \alpha \cdot \varphi \cdot \eta / (2 \cdot A^2)$
Ordinatenabschnitt: $o = \beta \cdot \eta / A$

Durchgesetztes Flüssigkeitsvolumen nach der Zeit t (bei konstanter Druckdifferenz)

$$V = -\frac{\beta \cdot A}{\alpha \cdot \varphi} \cdot \left(1 - \sqrt{1 + \frac{2 \cdot \alpha \cdot \varphi \cdot \Delta p}{\eta \cdot \beta^2} \cdot t}\right)$$

Δp	* Druckverlust	$N/m^2 = Pa$
α	Proportionalitätsfaktor (in Versuchen ermittelt), im Idealfall konstant	$1/m^2$
η	dynamische * Viskosität	Pa·s
v	* Strömungsgeschwindigkeit	m/s
h	Höhe der Schüttung oder des Filterkuchens	m
φ	* Volumenanteil des Feststoffes, der abgetrennt wird	1
V	* Volumen der Trübe	m^3
A	Filterfläche	m^2
β	Proportionalitätsfaktor (in Versuchen ermittelt), im Idealfall konstant	1/m
t	Filtrationszeit	s

Flächendruck

→ Druck, Flächenpressung, *Hertzsche* Pressung, Lochleibungsdruck

Flächeneinheiten (Umrechnung)

	m^2	mm^2	cm^2	dm^2	km^2
1 m^2 (Quadratmeter)	1	10^6	10^4	10^2	10^{-6}
1 mm^2 (Quadratmillimeter)	10^{-6}	1	10^{-2}	10^{-4}	10^{-12}
1 cm^2 (Quadratzentimeter)	10^{-4}	10^2	1	10^{-2}	10^{-10}
1 dm^2 (Quadratdezimeter)	10^{-2}	10^4	10^2	1	10^{-8}
1 km^2 (Quadratkilometer)	10^6	10^{12}	10^{10}	10^8	1

Flächengewicht

→ Flächenlast

Flächeninhalt

→ Dreieck, Kreis, Quadrat, ...

Flächenladungsdichte, elektrische Ladungsbedeckung

$$\sigma = \frac{Q}{A}$$

σ	Flächenladungsdichte	C/m^2
Q	elektrische * Ladung	C
A	Fläche	m^2

Flächenlast

$$q = \frac{F}{A}$$

q	Flächenlast	N/m^2
F	* Kraft	N
A	Fläche	m^2

Flächenmoment 1. Grades (statisches Moment einer Fläche)

$$H = A \cdot r$$

→ Flächenmoment 2. Grades, Schwerpunktlage von Flächen

H	Flächenmoment 1. Grades	m^3
A	Fläche	m^2
r	Abstand des Flächenschwerpunktes zu einer Bezugsachse	m

Flächenmoment 2. Grades (Flächenträgheitsmoment)

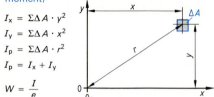

$I_x = \Sigma \Delta A \cdot y^2$

$I_y = \Sigma \Delta A \cdot x^2$

$I_p = \Sigma \Delta A \cdot r^2$

$I_p = I_x + I_y$

$W = \dfrac{I}{e}$

→ *Steinerscher* Satz

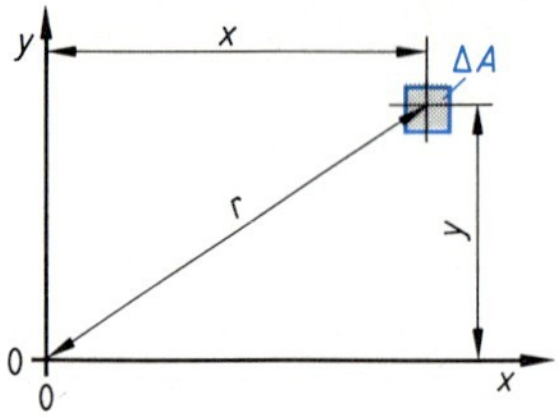

I_x, I_y	axiales (äquatoriales) Flächenmoment 2. Grades (Bezug: x- oder y-Achse)	mm^4
I_p	polares Flächenmoment 2. Grades	mm^4
x, y	Koordinatenmaße	mm
r	Radius	mm
ΔA	Flächenteil	mm^2
W	axiales (äquatoriales) Widerstandsmoment	mm^3
e	Randfaserabstand (Abstand der Biegeachse zur Flächen-Außenkante)	mm

axiales Flächenmoment 2. Grades I	axiales Widerstandsmoment W	Abmessungen der zu berechnenden Querschnitte
$I_x = \dfrac{b \cdot h^3}{12} = \dfrac{A \cdot h^2}{12}$ $I_y = \dfrac{b^3 \cdot h}{12} = \dfrac{A \cdot b^2}{12}$ $I_1 = \dfrac{b \cdot h^3}{3} = \dfrac{A \cdot h^2}{3}$ $I_2 = \dfrac{b \cdot (H^3 - e_1{}^3)}{3} =$ $= I_x + A \cdot e_2{}^2$	$W_x = \dfrac{b \cdot h^2}{6} = \dfrac{A \cdot h}{6}$ $W_y = \dfrac{b^2 \cdot h}{6} = \dfrac{A \cdot b}{6}$	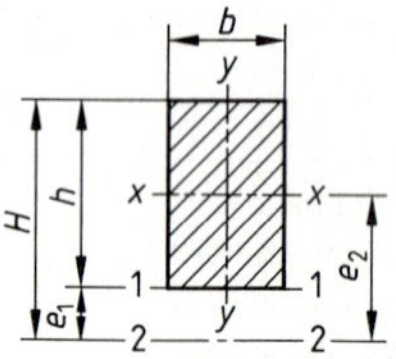
$I_x = \dfrac{b}{12} \cdot (H^3 - h^3)$ $I_y = \dfrac{b^3}{12} \cdot (H - h)$	$W_x = \dfrac{b}{6 \cdot H} \cdot (H^3 - h^3)$ $W_y = \dfrac{b^2}{6} \cdot (H - h)$	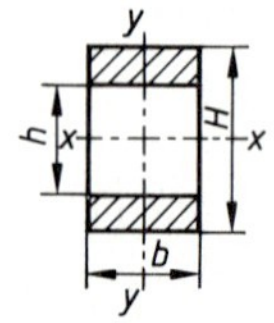
$I_x = I_y = I_1 = I_2 = \dfrac{h^4}{12}$ $I_3 = \dfrac{h^4}{3}$	$W_x = W_y = \dfrac{h^3}{6}$ $W_1 = W_2 = \sqrt{2} \cdot \dfrac{h^3}{12}$	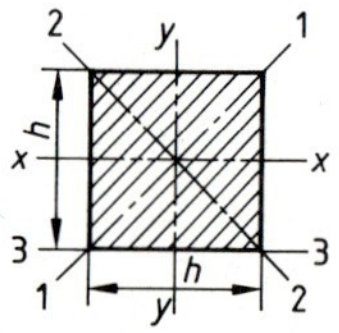
$I_x = I_y = I_1 = I_2 = \dfrac{H^4 - h^4}{12}$	$W_x = W_y = \dfrac{H^4 - h^4}{6 \cdot H}$ $W_1 = W_2 = \sqrt{2} \cdot \dfrac{H^4 - h^4}{12 \cdot H}$	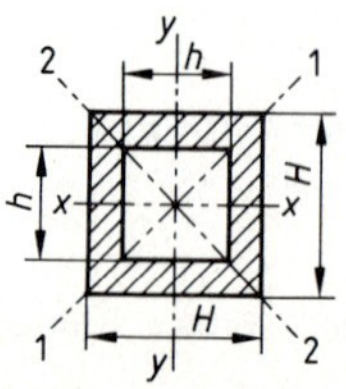

axiales Flächenmoment 2. Grades I	axiales Widerstandsmoment W	Abmessungen der zu berechnenden Querschnitte
$I_x = \frac{1}{12} \cdot (B \cdot H^3 - b \cdot h^3)$	$W_x = \frac{1}{6 \cdot H} \cdot (B \cdot H^3 - b \cdot h^3)$	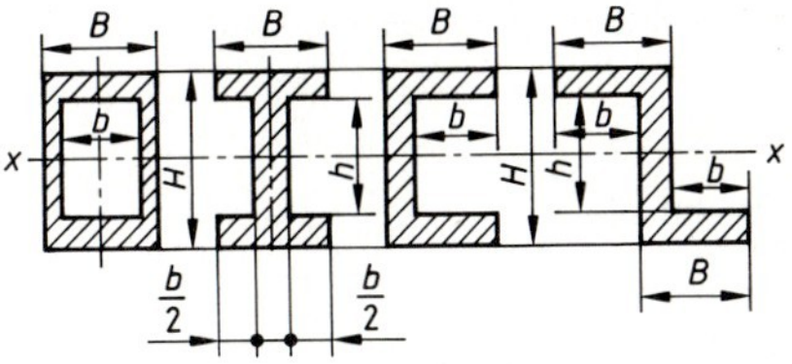
$I_x = \frac{1}{12} \cdot (B \cdot H^3 + b \cdot h^3)$	$W_x = \frac{1}{6 \cdot H} \cdot (B \cdot H^3 + b \cdot h^3)$	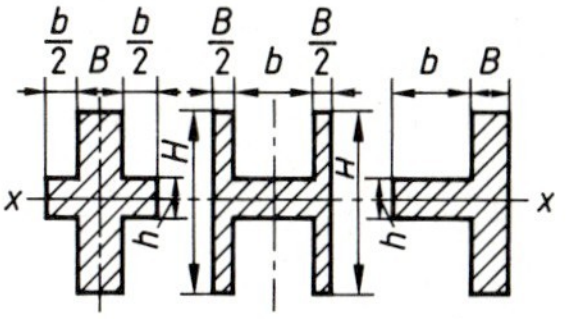
$I_x = I_y = \frac{\pi}{64} \cdot d^4 \approx \frac{d^4}{20}$	$W_x = W_y = \frac{\pi}{32} \cdot d^3 \approx \frac{d^3}{10}$	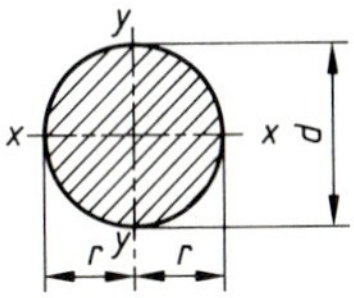
$I_x = I_y = \pi \cdot \frac{D^4 - d^4}{64}$ $I_x = I_y \approx \frac{D^4 - d^4}{20}$	$W_x = W_y = \pi \cdot \frac{D^4 - d^4}{32 \cdot D}$ $W_x = W_y \approx \frac{D^4 - d^4}{10 \cdot D}$	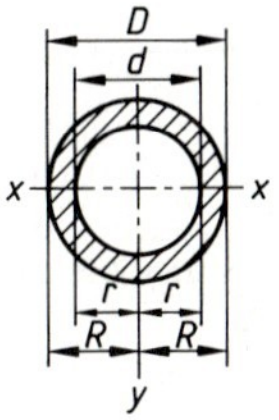
$I_x = \frac{\pi}{4} \cdot a^3 \cdot b$ $I_y = \frac{\pi}{4} \cdot a \cdot b^3$	$W_x = \frac{\pi}{4} \cdot a^2 \cdot b$ $W_y = \frac{\pi}{4} \cdot a \cdot b^2$	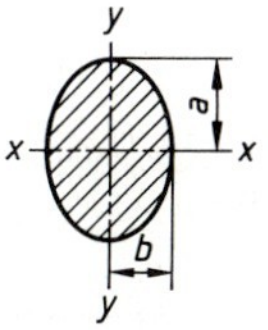
$I_x = I_y$ $= \frac{5 \cdot \sqrt{3}}{16} \cdot R^4 \approx 0{,}06 \cdot d^3$	$W_x \approx 0{,}5413 \cdot R^3$ $W_x \approx 0{,}104 \cdot d^3$ $W_y \approx 0{,}625 \cdot R^3$ $W_y \approx 0{,}12 \cdot d^3$	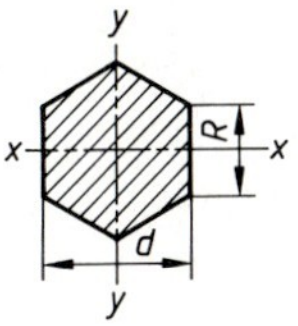

Flächenpressung (Flächendruck)

$$p = \frac{F}{A}$$

→ *Hertzsche* Pressung, Lochleibungsdruck

p	Flächenpressung	N/mm^2
F	Druckkraft (Anpreßkraft)	N
A	tragende Fläche	mm^2

Flächensatz

→ *Keplersche* Gesetze

Flächenschleifen

→ Hauptnutzungszeit

Flächenschwerpunkt

→ Schwerpunktlage von Flächen

Flächenträgheitsmoment

→ Flächenmoment 2. Grades

Flächenwiderstand

$$R_F = \frac{\varrho}{d}$$

R_F	Flächenwiderstand	Ω
ϱ	spezifischer elektrischer * Widerstand	Ω·m
d	Dicke des stromleitenden Werkstoffes	m

Flachformfedern

Als Freiträger einseitig eingespannt, Einzelkraft am Ende:

$$\sigma_b = \frac{6 \cdot F \cdot l}{b \cdot s^2}$$

$$F = \frac{E \cdot b \cdot s^3}{4 \cdot l^3} \cdot f$$

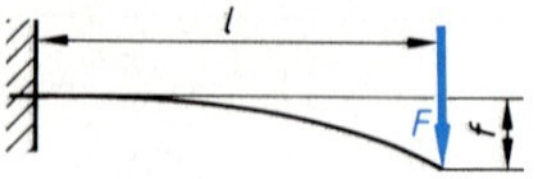

Als Träger auf zwei Stützen, frei aufliegend, Einzelkraft in der Mitte:

$$\sigma_b = \frac{3}{2} \cdot \frac{F \cdot l}{b \cdot s^2}$$

$$F = \frac{4 \cdot E \cdot b \cdot s^3}{l^3} \cdot f$$

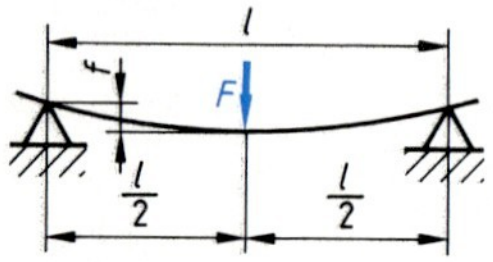

Als Träger auf zwei Stützen, einseitig eingespannt, Einzelkraft in der Mitte:

$$\sigma_b = \frac{9}{8} \cdot \frac{F \cdot l}{b \cdot s^2}$$

$$F = \frac{64}{7} \cdot \frac{E \cdot b \cdot s^3}{l^3} \cdot f$$

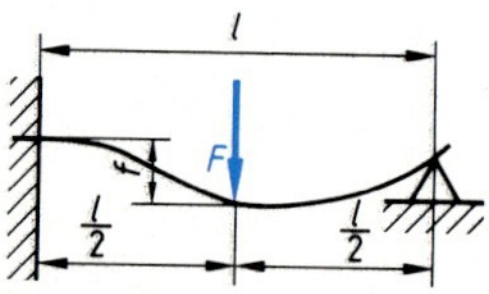

σ_b	maximal vorhandene * Biegespannung	N/mm^2
F	Federkraft	N
l	wirksame Federlänge	mm
b	Federbreite	mm
s	Federdicke	mm
E	* Elastizitätsmodul	N/mm^2
f	Federweg (* Durchbiegung)	mm

→ Biegemoment, Blattfeder, Durchbiegung, Kraft

Flankensteilheit

$$S = \frac{\Delta u}{\Delta t}$$

→ Impuls in der Elektrotechnik

S	Flankensteilheit	V/s
Δu	Spannungsdifferenz	V
Δt	Zeitdifferenz	s

Flaschenzug

Flaschenzug mit Schnecke und Schneckenrad

$$F_1 = F_2 \cdot \frac{z_2 \cdot d_4}{2 \cdot d_1 \cdot z_3}$$

$$F_1 = F_2 \cdot i$$

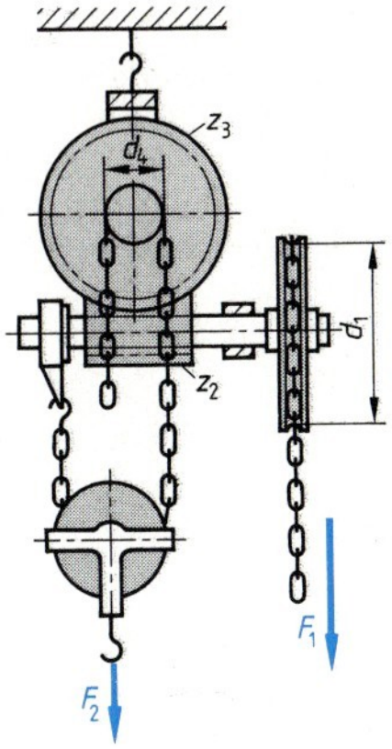

F_1	aufgewendete * Kraft	N
F_2	Tragkraft (Last)	N
z_2	Gangzahl der getriebenen Schnecke	1
d_4	Durchmesser des getriebenen Kettenrades	mm
d_1	Durchmesser des treibenden Kettenrades	mm
z_3	Zähnezahl des treibenden Schneckenrades	1
i	* Übersetzung bei Getrieben	1

→ Rolle, Winde, Zahnradberechnung

Differentialflaschenzug

$$F_1 = F_2 \cdot \frac{d_1 - d_2}{2 \cdot d_1} = F_2 \cdot i$$

$$s_2 = s_1 \cdot \frac{d_1 - d_2}{2 \cdot d_1} = s_1 \cdot i$$

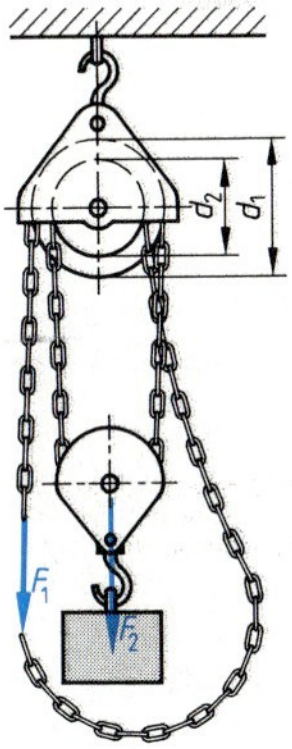

F_1	aufgewendete * Kraft	N
F_2	Tragkraft (Last)	N
d_1	großer Kettenraddurchmesser	m
d_2	kleiner Kettenraddurchmesser	m
i	Kraftübersetzungsverhältnis	1
s_1	Kraftweg	m
s_2	Lastweg	m

→ Übersetzung von Kräften

Faktorenflaschenzug

$$F_1 = \frac{F_2}{n} \qquad s_2 = \frac{s_1}{n}$$

$$i = \frac{s_2}{s_1}$$

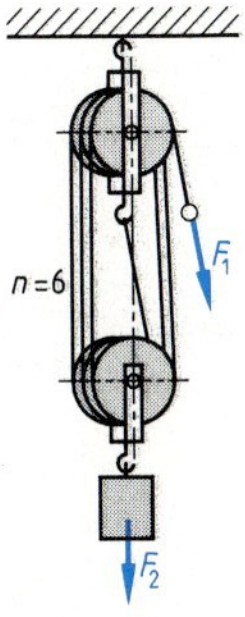

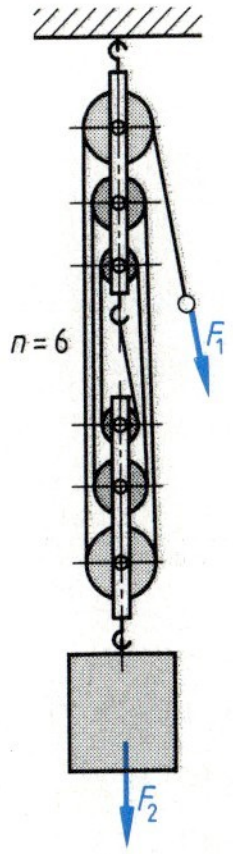

F_1	aufgewendete * Kraft	N
F_2	Tragkraft (Last)	N
s_1	Kraftweg	m
s_2	Lastweg	m
n	Anzahl der Rollen oder auch Anzahl der tragenden Seilquerschnitte	1
i	Kraftübersetzungsverhältnis	1

→ Übersetzung von Kräften

Potenzflaschenzug

$$F_1 = F_2 \cdot \frac{1}{2^n}$$

$$s_2 = s_1 \cdot \frac{1}{2^n}$$

$$i = \frac{s_2}{s_1}$$

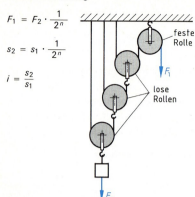

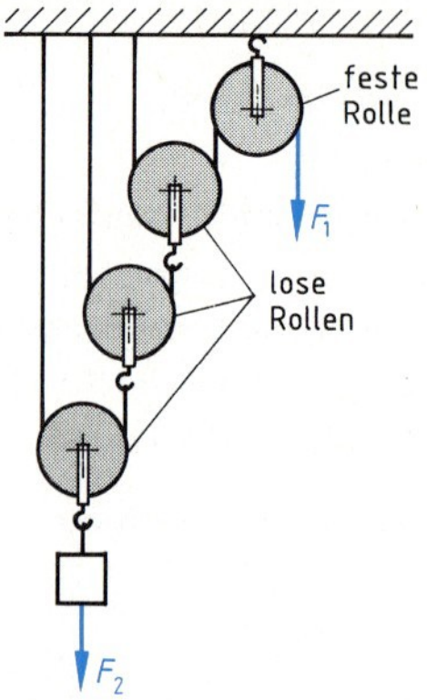

F_1	aufgewendete * Kraft	N
F_2	Tragkraft (Last)	N
n	Anzahl der losen Rollen	1
s_1	Kraftweg	m
s_2	Lastweg	m
i	Kraftübersetzungsverhältnis	1

→ Übersetzung von Kräften

Fliehkraft

→ Zentrifugalkraft

Flug-Gleitzahl

→ Tragflügel

Fluidität

$$\varphi = \frac{1}{\eta}$$

→ Viskosität

φ	Fluidität	$m^2/(N \cdot s)$
η	dynamische * Viskosität	$Pa \cdot s$

Fluenz

→ Teilchenfluenz

Flüssigkeitsdruck

→ *Bernoulli*-Gleichung, Druck, Hydrostatischer Druck, Staudruck

Flüssigkeitssäule

→ Druckeinheiten (Umrechnungstabelle)

Fluß, elektrischer

$$\Psi = D \cdot A$$

Ψ	elektrischer Fluß	C
D	elektrische * Flußdichte	C/m^2
A	Fläche	m^2

Fluß, magnetischer

$$\Phi = B \cdot A$$

Φ	magnetischer Fluß	$V \cdot s = Wb$
B	magnetische * Flußdichte	$V \cdot s/m^2 = T$
A	Fläche	m^2

Flußdichte, elektrische

$$D = \frac{Q}{A}$$

D	elektrische Flußdichte	C/m^2
Q	elektrische * Ladung	$C = A \cdot s$
A	Fläche, Oberfläche	m^2

Flußdichte, magnetische

$$B = \frac{\Phi}{A}$$

$$B = \mu \cdot H$$

$$\mu = \mu_0 \cdot \mu_r$$

→ Permeabilität, Permeabilitätszahlen

B	magnetische Flußdichte	$V \cdot s/m^2 = T$
Φ	magnetischer * Fluß	$V \cdot s = Wb$
A	Querschnittsfläche	m^2
μ	* Permeabilität	$V \cdot s/(A \cdot m) = H/m$
μ_0	magnetische * Feldkonstante $\mu_0 = 1{,}257 \cdot 10^{-6}\ V \cdot s/(A \cdot m)$	H/m
μ_r	relative * Permeabilität	1

Flußimpedanz (akustische Impedanz)

$$Z_a = \frac{p}{q}$$

Z_a	Flußimpedanz	$Pa \cdot s/m^3$
p	* Schalldruck	$N/m^2 = Pa$
q	* Schallfluß	m^3/s

Folge, arithmetische

→ Arithmetische Folge

Folge, geometrische

→ Geometrische Folge

Förderhöhe

$$H_{geo} = H_s + H_d$$

$$H_{man} = H_{geo} + h_v + h_{dyn}$$

→ Staudruck

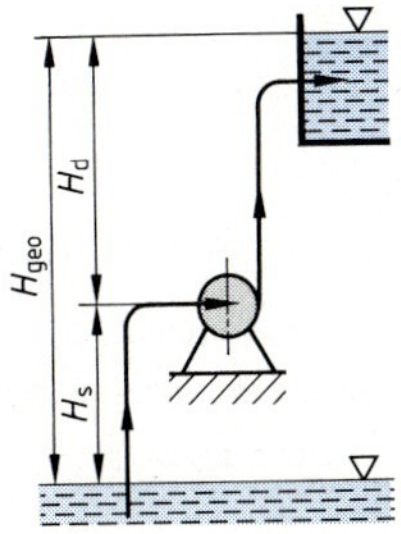

H_{geo}	geodätische Förderhöhe	m
H_s	geodätische Saughöhe	m
H_d	geodätische * Druckhöhe	m
H_{man}	manometrische Förderhöhe	m
h_v	Reibungs-* Verlusthöhe	m
h_{dyn}	* Geschwindigkeitshöhe (dynamische Höhe)	m

Förderung durch Pumpen

$$\dot{V} = V \cdot n \cdot \lambda$$

Hubkolbenpumpe, einfachwirkend

$$\dot{V} = \frac{\pi}{4} \cdot d^2 \cdot s \cdot n \cdot \lambda = z_K \cdot A \cdot s \cdot n \cdot \lambda$$

Hubkolbenpumpe, doppeltwirkend

$$\dot{V} = z_K \cdot (A_D + A_K) \cdot s \cdot n \cdot \lambda$$

Zahnradpumpe

$$\dot{V} = \frac{\pi}{4} \cdot (d_a^2 - d_f^2) \cdot b \cdot n \cdot \lambda$$

$$\dot{V} \approx \pi \cdot m^2 \cdot b \cdot z_z \cdot n \cdot \lambda$$

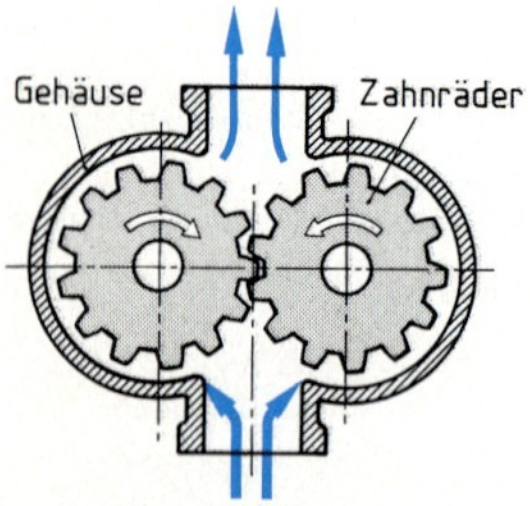

→ Zahnradberechnung

Zellenpumpe, Radialkolbenpumpe

$$\dot{V} = 2 \cdot A \cdot e \cdot z_K \cdot n \cdot \lambda$$

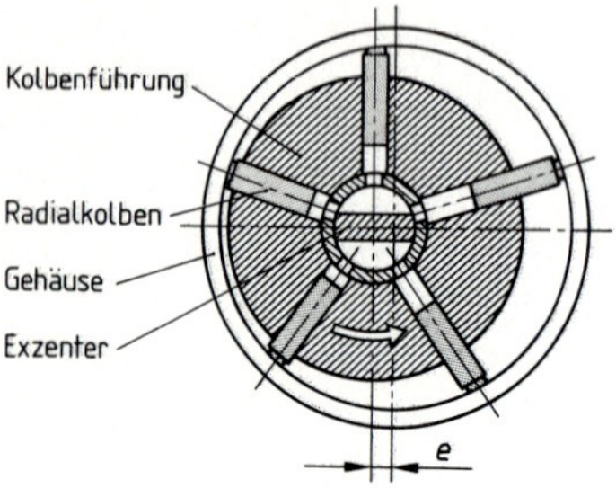

Kreiselpumpe

$$\dot{V} = \frac{P_K \cdot \eta}{\varrho \cdot g \cdot H}$$

→ Leistung, Wirkungsgrad

$\dot{V}$	* Volumenstrom (Durchfluß, Durchsatz)	m^3/s
V	Flüssigkeitsvolumen bei einer Umdrehung	m^3
n	* Umdrehungsfrequenz (Drehzahl)	1/s
λ	Liefergrad der Pumpe	1
d	Kolbendurchmesser	m
s	Kolbenhub	m
A	wirksame Kolbenfläche	m^2
A_D	Fläche des Kolbendeckels	m^2
A_K	Kolbenfläche an der Kurbelseite	m^2
d_a	Kopfkreisdurchmesser	m
d_f	Fußkreisdurchmesser	m
b	Zahnbreite	m
m	Modul	m
z_z	Gesamtzähnezahl des Zahnrades	1
e	Exzentrizität	m
z_K	Anzahl der Kolben	1
P_K	Antriebsleistung an der Kupplung	W
η	Gesamtwirkungsgrad	1
ϱ	* Dichte der Flüssigkeit	kg/m^3
g	* Fallbeschleunigung	m/s^2
H	* Förderhöhe	m

Formänderungarbeit

$$W_f = \frac{F_{max}}{2} \cdot s$$

→ Druckfeder, Federspannarbeit, Festigkeitshypothesen, Stoß, Zugfeder

W_f	Formänderungsarbeit	N·m
F_{max}	maximale Verformungskraft	N
s	Verformungsweg	m

Formfaktor

$$F = \frac{U}{U_h} = \frac{I}{I_h}$$

Schwingungsform	Formfaktor F
sinusförmig	1,11
dreieckförmig	1,15
sägezahnförmig	1,15
rechteckförmig	1

F	Formfaktor	1
U	elektrische * Spannung	V
U_h	arithmetischer Mittelwert (Halbschwingungsmittelwert) der Spannung	V
I	elektrische * Stromstärke	A
I_h	arithmetischer Mittelwert der elektrischen * Stromstärke	A

Fortpflanzungsgeschwindigkeit einer Welle

→ Ausbreitungsgeschwindigkeit

Fotoeffekt

→ Photon

Fourier-Zahl

$$Fo = \frac{a \cdot t}{l^2}$$

→ *Stanton*-Zahl

Fo	*Fourier*-Zahl	1
a	* Temperaturleitfähigkeit	m^2/s
t	eine kennzeichnende * Zeit	s
l	eine kennzeichnende Länge	m

Fraunhofer-Linien des Sonnenspektrums

Grenze	λ in nm	Element	Farbe	Grenze	λ in nm	Element	Farbe
A′	760,82	He	Rot	E	527,03	Fe	Grün
A	759,38	O	Rot	b	517,27	Mg	Grün
a	718,45	H_2O	Rot	F	486,13	H	Blau
B	686,72	O	Rot	g	435,6	Hg	Blau
C	656,28	H	Rot	G	430,77	Ca	Ultramarin
D_1	589,59	Na	Gelb	h	404,7	Hg	Violett
d	587,6	He	Gelb	H	396,85	Ca	Violett

Mit der Vervollkommnung der optischen Hilfsmittel ist die Anzahl der bekannten *Fraunhofer*-Linien auf viele Tausend gewachsen.

→ Dispersion des Lichtes

Freie Energie (*Helmholtz*-Funktion)

$$F = U - T \cdot S$$

F	freie Energie	J
U	* innere Energie	J
T	absolute (thermodynamische) * Temperatur	K
S	* Entropie	J/K

Freie Enthalpie (*Gibbs*-Funktion)

$$G = U + p \cdot V - T \cdot S = H - T \cdot S$$

G	freie Enthalpie	J
U	* innere Energie	J
T	absolute * Temperatur	K
S	* Entropie	J/K
p	* Druck	$N/m^2 = Pa$
V	* Volumen	m^3
H	* Enthalpie	J

Freie Knicklänge

→ *Euler*-Knickformeln

Freier Fall

→ Fall, freier

Freie Weglänge, Freiheitsgrad

→ Kinetische Gastheorie, Molare Wärmekapazität, Verhältnis der spezifischen Wärmekapazitäten

Freiträger

→ Biegemoment; Blattfeder, einseitig eingespannt; Flachformfedern

Frequenz, Periodenfrequenz

$$f = \frac{1}{T}$$

→ Wechselstrom

f	Frequenz	1/s = Hz
T	* Periodendauer	s

Frequenz- und Wellenbereiche nach DIN 40 015

Wellenlängen-benennung	Kurz-bezeichnung*	Frequenz f	Wellenlänge λ
Mikrometerwellen	**	300 GHz bis 3 THz	1 mm bis 0,1 mm
Millimeterwellen	EHF	30 GHz bis 300 GHz	1 cm bis 0,1 cm
Zentimeterwellen (Mikrowellen)	SHF	3 GHz bis 30 GHz	10 cm bis 1 cm
Dezimeterwellen (Ultrakurzwellen)	UHF	300 MHz bis 3 000 MHz	1 m bis 0,1 m
Meterwellen (Ultrakurzwellen)	VHF	30 MHz bis 300 MHz	10 m bis 1 m
Dekameterwellen (Kurzwellen)	HF	3 MHz bis 30 MHz	100 m bis 10 m
Hektometerwellen (Mittelwellen)	MF	300 kHz bis 3 000 kHz	1 km bis 0,1 km
Kilometerwellen (Langwellen)	LF	30 kHz bis 300 kHz	10 km bis 1 km
Myriameterwellen (Längstwellen)	VLF	3 kHz bis 30 kHz	100 km bis 10 km
**	ILF	300 Hz bis 3 000 Hz	1 000 km bis 100 km
**	ELF	30 Hz bis 300 Hz	10 000 km bis 1 000 km
**	ELF	3 Hz bis 30 Hz	100 000 km bis 10 000 km
**	ELF	0,3 Hz bis 3 Hz	1 000 000 km bis 100 000 km

* Kurzbezeichnungen: EHF Extremely High Frequencies, ELF Extremely Low Frequencies, HF High Frequencies, ILF Infra Low Frequencies, LF Low Frequencies, MF Medium Frequencies, SHF Super High Frequencies, UHF Ultra High Frequencies, VHF Very High Frequencies, VLF Very Low Frequencies

** keine Kurzbezeichnungen bzw. keine Wellenlängenbenennung

Fresnel-Spiegelversuch

→ Interferenz des Lichtes

Froude-Zahl

Im Schiffsbau:

$$Fr = \frac{v}{\sqrt{g \cdot l}}$$

Im Wasserbau:

$$Fr = \frac{v^2}{g \cdot l}$$

Fr	*Froude*-Zahl	1
v	Fahr- bzw. Strömungsgeschwindigkeit	m/s
g	* Fallbeschleunigung	m/s²
l	eine kennzeichnende Länge	m

→ Geschwindigkeit

Frühere Einheiten

→ Einheiten, nicht mehr anzuwendende

Fünfeck, regelmäßiges (Pentagon)

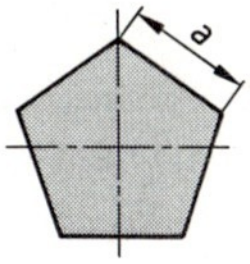

$$a = 2 \cdot r_1 \cdot \sqrt{5 - 2 \cdot \sqrt{5}}$$

$$a = \frac{r_2}{2} \cdot \sqrt{10 - 2 \cdot \sqrt{5}}$$

$$r_1 = \frac{r_2}{4} \cdot (\sqrt{5} + 1) = \frac{a}{10} \cdot \sqrt{25 + 10 \cdot \sqrt{5}}$$

$$r_2 = r_1 \cdot (\sqrt{5} - 1) = \frac{a}{10} \cdot \sqrt{50 + 10 \cdot \sqrt{5}}$$

$$A = 5 \cdot r_1^2 \cdot \sqrt{5 - 2 \cdot \sqrt{5}}$$

$$A = \frac{5}{8} \cdot r_2^2 \cdot \sqrt{10 + 2 \cdot \sqrt{5}}$$

$$A = \frac{a^2}{4} \cdot \sqrt{25 + 10 \cdot \sqrt{5}}$$

$$U = 10 \cdot r_1 \cdot \sqrt{5 - 2 \cdot \sqrt{5}} = \frac{5}{2} \cdot r_2 \cdot \sqrt{10 - 2 \cdot \sqrt{5}}$$

a	Seitenlänge	m
r_1	Radius des Inkreises	m
r_2	Radius des Umkreises	m
A	Flächeninhalt	m^2
U	Umfang	m

Füllfaktor

→ Eisenfüllfaktor

Gasballon

→ Auftrieb

Gasdichte

→ Dichte, Gasgemisch

Gase, reale

Zustandsgleichung nach *van der Waals*

$$\left(p + n^2 \cdot \frac{a}{V^2}\right) \cdot (V - n \cdot b) = n \cdot R \cdot T$$

Bezogen auf 1 mol:

$$\left(p \cdot \frac{a}{V_m^2}\right) \cdot (V_m - b) = R \cdot T$$

van der Waals-Konstanten

$$a = 3 \cdot p_c \cdot V_{m,c}^2 = \frac{27 \cdot T_c^2 \cdot R^2}{64 \cdot p_c}$$

$$b = \frac{T_c \cdot R}{8 \cdot p_c} = \frac{V_{m,c}}{3}$$

Zustandsgleichung nach *Redlich-Kwong* (bezogen auf 1 mol)

$$p = \frac{R \cdot T}{V_m - b} - \frac{a}{T^{0,5} \cdot V_m \cdot (V_m + b)}$$

$$a = \frac{0{,}4278 \cdot R^2 \cdot T_c^{2,5}}{p_c}$$

$$b = \frac{0{,}0867 \cdot R \cdot T_c}{p_c}$$

p	* Druck des Gases	$N/m^2 = Pa$
p_c	kritischer * Druck	$N/m^2 = Pa$
n	* Stoffmenge	mol
a	Stoffkonstante	$J \cdot m^3/mol^2$
V	* Volumen des Gases	m^3
V_m	* molares Volumen	m^3/mol
$V_{m,c}$	kritisches * molares Volumen	m^3/mol
b	Stoffkonstante	m^3/mol
R	universelle * Gaskonstante	$J/(mol \cdot K)$
T	absolute * Temperatur	K
T_c	kritische * Temperatur	K

Gasfeuchte

→ Feuchte

Gasgemisch idealer Gase

Gesamtmasse

$$m = m_1 + m_2 + \ldots + m_n$$

Gesamtstoffmenge

$$n = n_1 + n_2 + \ldots + n_n$$

Gesamtvolumen

$$V = V_1 + V_2 + \ldots + V_n$$

Gesamtdruck

$$p = p_1 + p_2 + \ldots + p_n$$

Mittlere scheinbare molare Masse

$$M_B = \frac{n_1 \cdot M_{B1} + n_2 \cdot M_{B2} + \ldots + n_n \cdot M_{Bn}}{n}$$

Molare Wärmekapazität

$$C_m = \frac{V_1 \cdot C_{m1} + V_2 \cdot C_{m2} + \ldots + V_n \cdot C_{mn}}{V}$$

Spezifische Wärmekapazität

$$c_p = \frac{m_1 \cdot c_{p1} + m_2 \cdot c_{p2} + \ldots + m_n \cdot c_{pn}}{m}$$

$$c_V = \frac{m_1 \cdot c_{V1} + m_2 \cdot c_{V2} + \ldots + m_n \cdot c_{Vn}}{m}$$

m	* Masse	kg
n	* Stoffmenge	mol
V	* Volumen	m^3
p	* Druck	$N/m^2 = Pa$
M_B	* molare Masse	kg/mol
C_m	molare * Wärmekapazität	$J/(mol \cdot K)$
c_p	spezifische * Wärmekapazität bei konstantem Druck	$J/(kg \cdot K)$
c_V	spezifische * Wärmekapazität bei konstantem Volumen	$J/(kg \cdot K)$
ϱ	* Dichte	kg/m^3
R_B	individuelle (spezielle) * Gaskonstante	$J/(kg \cdot K)$

Indizes 1, 2, ..., n für die Stoffe 1, 2, ..., n

Dichte

$$\varrho = \frac{V_1 \cdot \varrho_1 + V_2 \cdot \varrho_2 + \ldots + V_n \cdot \varrho_n}{V}$$

Individuelle (spezielle) Gaskonstante

$$R_B = \frac{m_1 \cdot R_{B1} + m_2 \cdot R_{B2} + \ldots + m_n \cdot R_{Bn}}{m}$$

→ *Dalton*-Gesetz für ideale Gase, Gaskonstante, Mischungstemperatur, Verhältnis der * spezifischen Wärmekapazitäten, Zustandsgleichungen der idealen Gase

Gasgeschwindigkeit

→ Ausströmen von Gasen, Strömungsgeschwindigkeit

Gasgesetze

→ *Boyle-Mariotte*-Gesetz, *Clapeyron*-Zustandsgleichung, *Dalton*-Gesetz für ideale Gase, *Gay-Lussac*-Gesetz, Zustandsgleichungen der idealen Gase

Gasgleichung

→ Zustandsgleichungen idealer Gase

Gaskonstante

$$R = \frac{p \cdot V_m}{T} = k \cdot N_A = 8{,}31\ \text{J/(mol} \cdot \text{K)}$$

$$R_B = \frac{R}{M_B} = \frac{p \cdot v}{T} = \frac{p}{\varrho \cdot T}$$

Für ideale Gase:

$$R_B = c_p - c_V = c_p \cdot \frac{\varkappa - 1}{\varkappa} = c_V \cdot (\varkappa - 1)$$

Zahlenwerte der individuellen Gaskonstanten siehe „Wärmeabhängige Daten"

→ Konstanten

R	universelle (molare) Gaskonstante	J/(mol·K)
R_B	individuelle, spezielle oder spezifische * Gaskonstante	J/(kg·K)
p	absoluter * Druck	N/m^2 = Pa
V_m	* molares Volumen	m^3/mol
M_B	* molare Masse	kg/mol
T	absolute * Temperatur	K
k	* *Boltzmann*-Konstante	J/K
N_A	* *Avogadro*-Konstante	1/mol
v	* spezifisches Volumen	m^3/kg
ϱ	* Dichte	kg/m^3
c_p	* spezifische Wärmekapazität bei konstantem * Druck	J/(kg·K)
c_V	* spezifische Wärmekapazität bei konstantem * Volumen	J/(kg·K)
$\varkappa$	* Verhältnis der spezifischen Wärmekapazitäten	1

Gastheorie, kinetische

→ Kinetische Gastheorie

Gay-Lussac-Gesetze

Zustandsänderung eines idealen Gases bei konstantem Druck, d.h. *Isobare*:

$$\frac{V_1}{V_2} = \frac{T_1}{T_2}$$

$$V = V_n \cdot \frac{T}{T_n} = V_n \cdot (1 + \alpha_V \cdot \Delta\vartheta)$$

Zustandsänderung eines idealen Gases bei konstantem * Volumen, d.h. *Isochore*:

$$\frac{p_1}{p_2} = \frac{T_1}{T_2}$$

$$p = p_n \cdot \frac{T}{T_n} = p_n \cdot (1 + \alpha_V \cdot \Delta\vartheta)$$

Index 1: Zustand 1
Index 2: Zustand 2

V	* Volumen	m^3
V_n	* Volumen im Normzustand	m^3
T	absolute * Temperatur	K
T_n	absolute * Temperatur im * Normzustand	K
p	absoluter * Druck	N/m^2 = Pa
p_n	absoluter * Druck im * Normzustand	N/m^2 = Pa
α_V	* Volumenausdehnungskoeffizient, thermischer	1/K
$\Delta\vartheta$	Temperaturdifferenz	°C

→ *Boyle-Mariotte*-Gesetz, Normzustand, Zustandsänderungen idealer Gase, Zustandsgleichungen der idealen Gase

Gefrierpunktserniedrigung

$$\Delta T = T_1 - T_2$$

Für Nichtelektrolyte:

$$\Delta T = \frac{K_m \cdot m(X)}{M(X) \cdot m(Lm)} = K_m \cdot b(X)$$

Für Elektrolyte:

$$\Delta T = K_m \cdot b(X) \cdot [1 + (N - 1) \cdot \alpha]$$

Kryoskopische Konstante des reinen Lösemittels:

$$K_m = \frac{R \cdot T_1^2}{\Delta h_s}$$

Lösemittel	K_m $\frac{kg \cdot K}{mol}$	Lösemittel	K_m $\frac{kg \cdot K}{mol}$
Aminobenzol	5,87	Naphthalin	6,9
Benzol	5,1	Natriumchlorid	18,0
Brom	8,31	Nitrobenzol	6,89
Campher	40,0	Phenol	7,3
Cyclohexan	20,2	Tetrachlormethan	29,8
Dibromethan	12,5		
Diethylether	1,79	Trichlormethan	4,9
Essigsäure (wasserfrei)	3,59	Wasser	1,853
		Zinnbromid	28,0

→ Siedepunktserhöhung

ΔT	Gefrierpunktserniedrigung	K
T_1	Gefrierpunkt (bzw. Schmelzpunkt) des reinen Lösemittels	K
T_2	Gefrierpunkt (bzw. Schmelzpunkt) der Lösung	K
K_m	kryoskopische Konstante	kg·K/mol
$m(X)$	* Masse des gelösten Stoffes mit den Teilchen X	kg
$m(Lm)$	* Masse des Lösemittels	kg
$M(X)$	* molare Masse des gelösten Stoffes mit den Teilchen X	kg/mol
$b(X)$	* Molalität des Stoffes mit den Teilchen X	mol/kg
N	Anzahl der Ionen, die bei der Dissoziation eines Moleküls entstehen	1
α	* Dissoziationsgrad	1
R	universelle * Gaskonstante	J/(mol·K)
Δh_s	Enthalpieänderung beim Schmelzen (Schmelzwärme) des Lösemittels	J/kg

Gegenstandsweite

Ebener Spiegel:

$g = b$

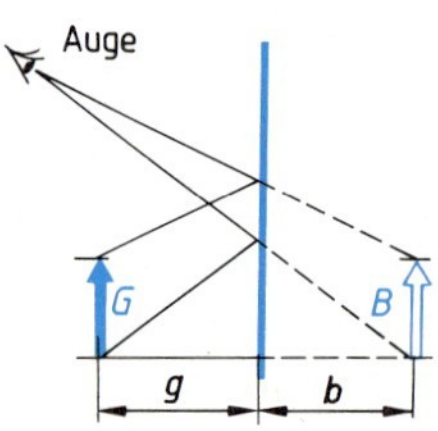

Sphärischer Spiegel:

$$g = \frac{b \cdot f}{b - f}$$

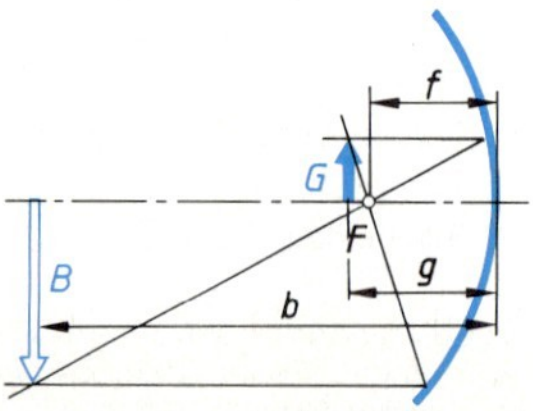

g	Gegenstandsweite	m
b	* Bildweite	m
G	Gegenstandsgröße	m
B	* Bildgröße	m
f	* Brennweite	m

→ Spiegelformel

Geneigte Ebene (schiefe Ebene)

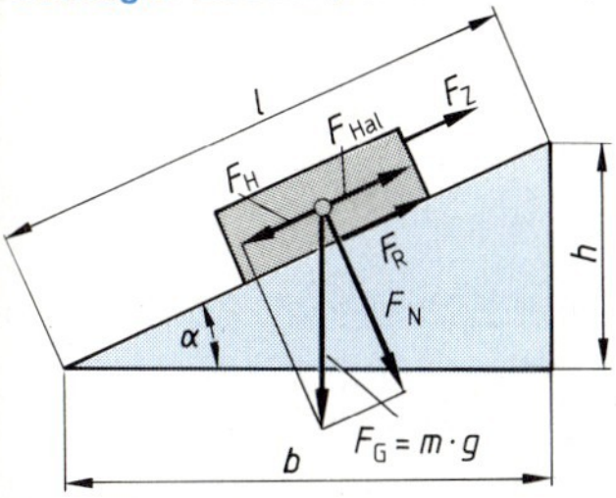

$F_{Hal} = F_H - F_R = F_H - \mu \cdot F_N$

$F_{Hal} = m \cdot g \cdot (\sin\alpha - \mu \cdot \cos\alpha)$

$F_{Halp} = m \cdot g \cdot \tan(\alpha - \varrho)$

$$F_H = \frac{m \cdot g \cdot h}{l} = m \cdot g \cdot \sin\alpha$$

$$F_N = \frac{m \cdot g \cdot b}{l} = m \cdot g \cdot \cos\alpha$$

$F_R = \mu \cdot F_N = \mu \cdot m \cdot g \cdot \cos\alpha$

$F_Z = F_H + F_R = F_H + \mu \cdot F_N$

$F_Z = m \cdot g \cdot (\sin\alpha + \mu \cdot \cos\alpha)$

$F_{Zp} = m \cdot g \cdot \tan(\alpha + \varrho)$

Der Körper bleibt in Ruhe, wenn $(\alpha - \varrho)$ bzw. wenn $(\sin\alpha - \mu \cdot \cos\alpha)$ negativ oder aber Null ist.

F_{Hal}	Haltekraft	N
F_H	Hangabtriebskraft	N
F_R	Gleitreibungskraft	N
F_N	Normalkraft	N
F_Z	Zugkraft	N
F_{Zp}	Zugkraft parallel zur Grundlinie der geneigten Ebene	N
F_{Halp}	Haltekraft parallel zur Grundlinie der geneigten Ebene	N
μ	Gleitreibungszahl	1
m	* Masse	kg
g	* Fallbeschleunigung	m/s^2
α	Steigungswinkel	rad, °
ϱ	* Reibungswinkel	rad, °
h	Höhe der geneigten Ebene	m
l	Länge der geneigten Ebene	m
b	Grundlinie der geneigten Ebene	m

→ Arbeit, Beschleunigung, Bewegung, Reibungszahl, Steigung, Steigungswiderstand

Geodätische Höhe

→ Energielinienhöhe, Förderhöhe

Geometrische Folge

Zahlenfolge, bei der der Quotient zweier aufeinanderfolgender Glieder stets konstant ist.

$a_1,$	$a_2,$	$a_3,$	$a_4,$	$\ldots$	a_n
$a_1,$	$a_1 \cdot q,$	$a_1 \cdot q^2,$	$a_1 \cdot q^3,$	$\ldots$	$a_1 \cdot q^{n-1}$
1.	2.	3.	4.		n. Glied

n. Glied: $a_n = a_1 \cdot q^{n-1}$

Jedes Glied einer geometrischen Folge ist geometrisches Mittel seiner beiden Nachbarglieder.

→ Geometrisches Mittel, Geometrische Reihe

a_1	Anfangsglied
a_n	n. Glied
q	Quotient zweier aufeinanderfolgender Glieder
n	Anzahl der Glieder

Geometrische Proportion

Gleichheit zweier Brüche

$$\frac{a}{b} = \frac{c}{d} \quad \text{oder} \quad a : b = c : d$$

→ Arithmetische Proportion, Proportionen

Geometrische Reihe

Aus einer geometrischen Folge entsteht eine geometrische Reihe, wenn ihre Summe gebildet, also ihre Glieder durch das Additionszeichen verbunden werden.

$$a_1 + a_2 + a_3 + \ldots + a_n$$
$$a_1 + a_1 \cdot q + a_1 \cdot q^2 + \ldots + a_1 \cdot q^{n-1}$$
1. 2. 3. n. Glied

Summe der geometrischen Reihe aus n Gliedern:

$$S_n = a_1 \cdot \frac{q^n - 1}{q - 1} \quad \text{für } q > 1, \text{ steigend}$$

$$S_n = a_1 \cdot \frac{1 - q^n}{1 - q} \quad \text{für } q < 1, \text{ fallend}$$

Endglied: $a_n = a_1 \cdot q^{n-1}$

Konstanter Quotient:

$$q = \frac{a_2}{a_1} = \frac{a_3}{a_2} = \ldots = \frac{a_n}{a_{n-1}}$$

a_1	Anfangsglied
q	Quotient zweier aufeinanderfolgender Glieder
n	Anzahl der Glieder
S_n	Summe der geometrischen Reihe aus n Gliedern
a_n	n. Glied einer geometrischen Reihe (Endglied)
$a_1, a_2, a_3, \ldots$	1., 2., 3. Glied usw.

Geometrisches Mittel
(geometrischer Mittelwert)

$$\bar{x}_G = \sqrt[n]{x_1 \cdot x_2 \cdot \ldots \cdot x_n}$$

z. B. geometrisches Mittel der Zahlen 9, 5 und 3

$$\bar{x}_G = \sqrt[3]{9 \cdot 5 \cdot 3} = \sqrt[3]{135} = 5{,}13$$

→ Geometrische Folge, Geometrische Reihe

$\bar{x}_G$	geometrisches Mittel
n	Anzahl der Werte, die gemittelt werden sollen
$x_1, x_2, \ldots, x_n$	Wert 1, Wert 2, ..., Wert n

Gesamtbeschleunigung → Beschleunigung bei rotierender Bewegung

Gesamtdruck → *Benoulli*-Gleichung, *Dalton*-Gesetz, Gasgemisch

Gesamtkosten einer Beleuchtungsanlage → Kosten einer Beleuchtungsanlage

Gesamtkraft (Resultierende) → Kräftezusammensetzung

Gesamtübersetzungsverhältnis → Übersetzung bei Getrieben

Gesamtwirkungsgrad → Wirkungsgrad

Geschwindigkeit

$$v = \frac{s}{t}$$

→ Geschwindigkeitszusammensetzung

v	Geschwindigkeit	m/s
s	Weg (Weglänge)	m
t	* Zeit	s

Geschwindigkeit, mittlere

$$v_m = \frac{\Sigma s}{\Sigma t}$$

$$\Sigma s = s_1 + s_2 + \ldots + s_n$$

$$\Sigma t = t_1 + t_2 + \ldots + t_n$$

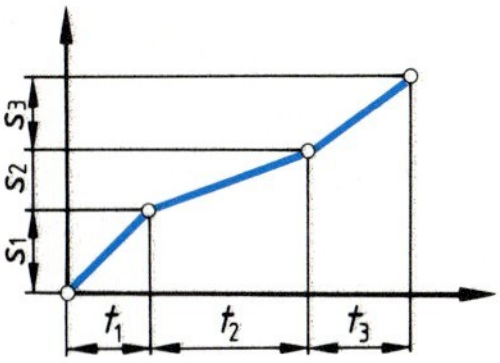

v_m	mittlere * Geschwindigkeit	m/s
$s_1 \ldots s_n$	Einzelwege (Weglängen)	m
$t_1 \ldots t_n$	Einzelzeiten	s

→ Zeit

Geschwindigkeitenzusammensetzung

Ebene Bewegungen

Bewegungen sind gleichgerichtet:

$c = u + w$

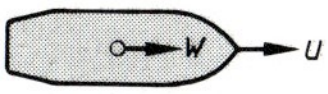

$c = u - w$

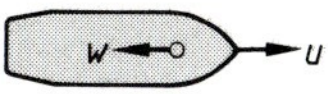

c	Absolutgeschwindigkeit	m/s
u	Führungsgeschwindigkeit	m/s
w	Relativgeschwindigkeit	m/s

Bewegungen schließen den Winkel α ein:

1. Beispiel:
Bewegung eines Wassertropfens auf der rückwärts gekrümmten Schaufel einer Kreiselpumpe

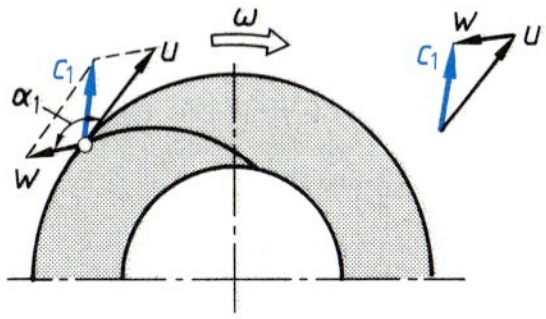

$$c_1 = \sqrt{u^2 + w^2 - 2 \cdot u \cdot w \cdot \cos\,(180^\circ - \alpha_1)}$$

2. Beispiel:
Bewegung eines Wassertropfens auf der vorwärts gekrümmten Schaufel einer Kreiselpumpe

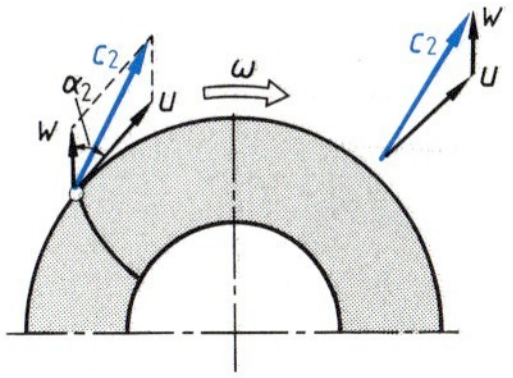

$$c_2 = \sqrt{u^2 + w^2 - 2 \cdot u \cdot w \cdot \cos\,(180^\circ - \alpha_2)}$$

Schließen die Vektoren zweier * Geschwindigkeiten den * Winkel α ein, dann erfolgt die Geschwindigkeitszusammensetzung vektoriell.

α_1, α_2	* Winkel zwischen den Vektoren beider * Geschwindigkeiten, die zusammengesetzt werden sollen, d.h. ∢ zwischen u und w	rad, °
c_1, c_2	Absolutgeschwindigkeit (Austrittsgeschwindigkeit)	m/s
u	Führungsgeschwindigkeit (* Umfangsgeschwindigkeit)	m/s
w	Relativgeschwindigkeit (Radialgeschwindigkeit	m/s

→ Kräftezusammensetzung, Winkelgeschwindigkeit

Räumliche Bewegungen

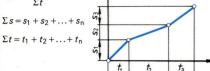

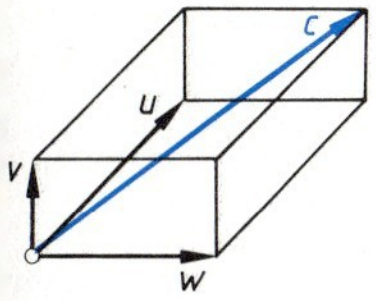

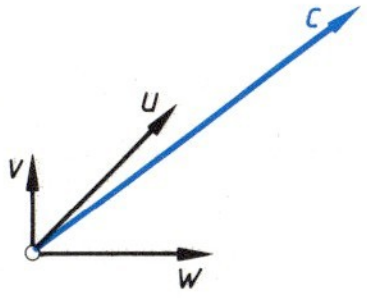

Bei drei Bewegungen unter beliebigem Winkel entsprechen die drei Seitengeschwindigkeiten u, v, w den Körperkanten und die Absolutgeschwindigkeit c der Körperdiagonalen des Vierkantprismas. Es ist zu erkennen:

Die Geschwindigkeitszusammensetzung erfolgt vektoriell, d.h. geometrisch.

Geschwindigkeitsdruck

→ Staudruck

Geschwindigkeitsenergie

→ Bewegungsenergie, Energie

Geschwindigkeitsgefälle

→ Viskosität

Geschwindigkeitshöhe strömender Flüssigkeiten und Gase

$$h_{dyn} = \frac{v^2}{2 \cdot g}$$

→ *Bernoulli*-Gleichung, Staudruck, *Venturi*-Prinzip

h_{dyn}	Geschwindigkeitshöhe	m
v	Strömungsgeschwindigkeit	m/s
g	* Fallbeschleunigung	m/s²

Geschwindigkeits-Zeit-Diagramm
(v, t-Diagramm)

→ Bewegung geradlinig

Gesetz der konstanten Massenverhältnisse bzw. Proportionen

In einer chemischen Verbindung stehen die Massen der beteiligten Elemente in einem bestimmten, konstanten Massenverhältnis zueinander

$$\frac{m\,(\mathrm{A})}{m\,(\mathrm{B})} = \text{konstant}$$

m (A)	* Masse der Atome des Elements A in der chemischen Verbindung	kg
m (B)	* Masse der Atome des Elements B in der chemischen Verbindung	kg

Gesetz von der Erhaltung der Energie

→ Energie

Gestaltänderungsarbeit

→ Formänderungsarbeit, Festigkeitshypothesen

Gestaltänderungshypothese

→ Festigkeitshypothesen

Gewichtsdruck

→ Bodendruck, Druck, Schweredruck, Seitendruckkraft

Gewichtskraft (Schwerkraft)

$$F_G = m \cdot g$$

F_G	Gewichtskraft	N
m	* Masse	kg
g	* Fallbeschleunigung	m/s²

Gewindereibungszahl

$$\mu' = \frac{\mu}{\cos(\beta/2)}$$

μ'	Gewindereibungszahl	1
μ	* Reibungszahl	1
β	Flankenwinkel des Gewindes	rad, °

Gewindesteigungswinkel

$$\tan \alpha = \frac{P}{d_2 \cdot \pi}$$

α	Gewindesteigungswinkel	rad, °
P	Gewindesteigung	mm
d_2	Flankendurchmesser	mm

Gibbs-Funktion

→ Freie Enthalpie

Gitterkonstante

→ Beugung des Lichts

Gitterteilung

→ Teilung

lättung
iner gleichgerichteten Spannung

$$ _p = \frac{\hat{\check{u}}_p}{2 \cdot \sqrt{3}} $$

$$ _p = \frac{0{,}75 \cdot I_d}{f_p \cdot C_G} $$

$$ _p = f \cdot z_p \qquad f_p = \frac{1}{T_p} $$

→ Siebschaltungen

U_p	Brummspannung (Effektivwert)	V
$\hat{\check{u}}_p$	Brummspannung (Spitze-Tal-Wert)	V
I_d	Laststrom	A
C_G	Glättungskapazität	μF
f	Netzfrequenz	Hz
f_p	Brummfrequenz (Pulsfrequenz)	Hz
z_p	Pulszahl je Periode	1
T_p	Periodendauer von U_p	s

lättungsfaktor
ei Stabilisierungsschaltungen

$$ = \frac{\Delta U_1}{\Delta U_2} $$

G	Glättungsfaktor	1
ΔU_1	Eingangsspannungs-Schwankung	V
ΔU_2	Ausgangsspannungs-Schwankung	V

leichgewichtskonstante, lassenwirkungsgesetz

$$ = \frac{c^d(D) \cdot c^e(E)}{c^a(A) \cdot c^b(B)} = \frac{n^d(D) \cdot n^e(E)}{n^a(A) \cdot n^b(B)} $$

r die chemische Reaktion:

A + b B ⇌ d D + e E

as Massenwirkungsgesetz (MWG) gilt für homo-ne Systeme, konstante Temperatur und niedrige toffmengenkonzentrationen

Dissoziationskonstante, Massenwirkungsgesetz

K	Gleichgewichtskonstante	$mol^{c+d-a-b}$
c	* Stoffmengenkonzentration	mol/L
a, b	stöchiometrische Zahlen der Ausgangsstoffe	1
d, e	stöchiometrische Zahlen der Endstoffe	1
A, B	Ausgangsstoffe	
D, E	Endstoffe	

leichmäßig beschleunigte Bewegung

→ Bewegung geradlinig und drehend

leichrichterschaltungen

npuls-Mittelpunktschaltung (M1)

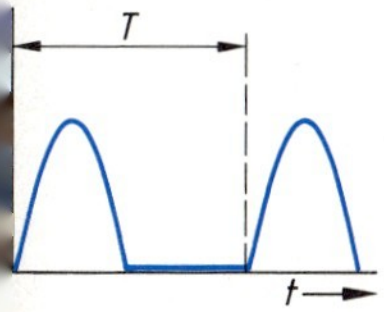

$$ \frac{U_{di}}{U_a} = 0{,}45 \qquad \frac{P_T}{P_d} = 3{,}1 \qquad \frac{I_Z}{I_d} = 1 $$

U_{di}	ideelle Leerlauf-Gleichspannung	V
U_a	Anschlußspannung	V
P_T	Transformatoren-Bauleistung	V·A
P_d	Gleichstromleistung	W
I_Z	Stromstärke im Zweig	A
I_d	Lastgleichstrom	A

Zweipuls-Mittelpunktschaltung (M2)

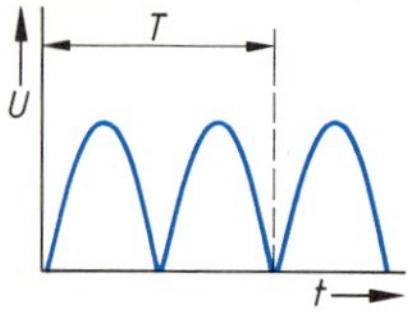

$$\frac{U_{di}}{U_a} = 0{,}45 \qquad \frac{P_T}{P_d} = 1{,}5 \qquad \frac{I_Z}{I_d} = \frac{1}{2}$$

U_{di}	ideelle Leerlauf-Gleichspannung	V
U_a	Anschlußspannung	V
P_T	Transformatoren-Bauleistung	V·A
P_d	Gleichstromleistung	W
I_Z	Stromstärke im Zweig	A
I_d	Lastgleichstrom	A

Dreipuls-Mittelpunktschaltung (M3)

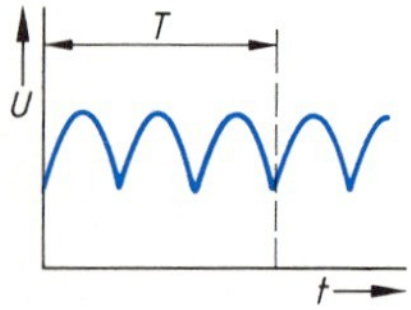

$$\frac{U_{di}}{U_a} = 0{,}675 \qquad \frac{P_T}{P_d} = 1{,}5 \qquad \frac{I_Z}{I_d} = \frac{1}{3}$$

U_{di}	ideelle Leerlauf-Gleichspannung	V
U_a	Anschlußspannung	V
P_T	Transformatoren-Bauleistung	V·A
P_d	Gleichstromleistung	W
I_Z	Stromstärke im Zweig	A
I_d	Lastgleichstrom	A

Doppel-Dreipuls-Mittelpunktschaltung (M3.2)

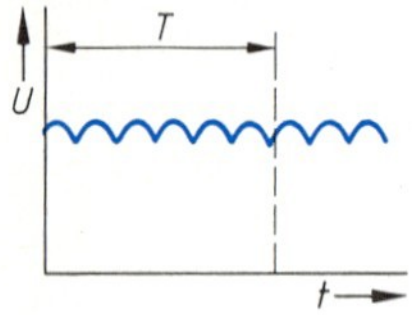

$$\frac{U_{di}}{U_a} = 0{,}58 \qquad \frac{P_T}{P_d} = 1{,}3 \qquad \frac{I_Z}{I_d} = \frac{1}{3}$$

U_{di}	ideelle Leerlauf-Gleichspannung	
U_a	Anschlußspannung	
P_T	Transformatoren-Bauleistung	V·A
P_d	Gleichstromleistung	V
I_Z	Stromstärke im Zweig	
I_d	Lastgleichstrom	

Zweipuls-Brückenschaltung (B2)

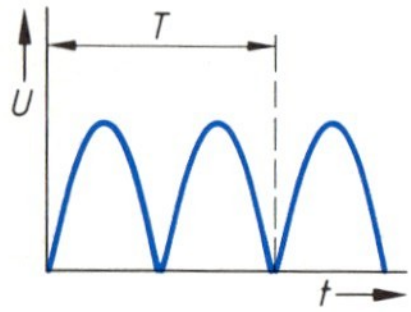

$$\frac{U_{di}}{U_a} = 0{,}9 \qquad \frac{P_T}{P_d} = 1{,}23 \qquad \frac{I_Z}{I_d} = \frac{1}{2}$$

U_{di}	ideelle Leerlauf-Gleichspannung	
U_a	Anschlußspannung	
P_T	Transformatoren-Bauleistung	V·
P_d	Gleichstromleistung	V
I_Z	Stromstärke im Zweig	
I_d	Lastgleichstrom	

Sechspuls-Brückenschaltung (B6)

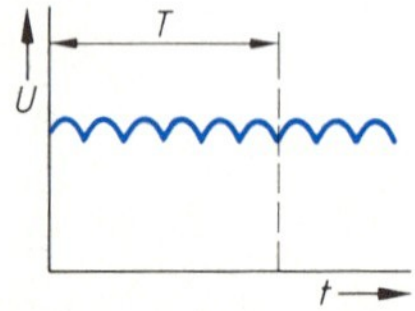

$$\frac{U_{di}}{U_a} = 1{,}35 \qquad \frac{P_T}{P_d} = 1{,}1 \qquad \frac{I_Z}{I_d} = \frac{1}{3}$$

U_{di}	ideelle Leerlauf-Gleichspannung	
U_a	Anschlußspannung	
P_T	Transformatoren-Bauleistung	V·
P_d	Gleichstromleistung	V
I_Z	Stromstärke im Zweig	
I_d	Lastgleichstrom	

Gleichstrom-Generator

Fremderregter Generator

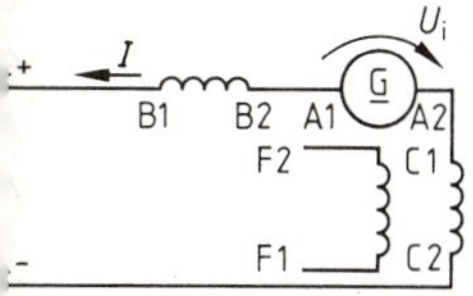

$U = U_i - I \cdot (R_A + R_{wp} + R_k) - U_B$

U	Klemmenspannung	V
U_B	Bürstenspannung	V
U_i	induzierte Spannung	V
I	Generatorstrom	A
I_A	Ankerstrom	A
I_e	Erregerstrom	A
R_A	Ankerwiderstand	Ω
R_e	Erregerwiderstand	Ω
R_k	Widerstand der Kompensationswicklung	Ω
R_{wp}	Widerstand der Wendepolwicklung	Ω

Hat die Maschine keine Wendepole bzw. keine Kompensationswicklung, ist R_{wp} bzw. $R_k = 0\ \Omega$.

Gleichstrom-Nebenschluß-Generator:

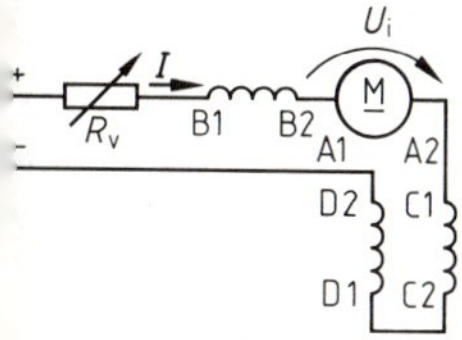

$= I_A - I_e \qquad U = I_e \cdot R_e$

$U = U_i - U_B - I_A \cdot (R_A + R_k + R_{wp})$

Gleichstrom-Reihenschluß-Generator

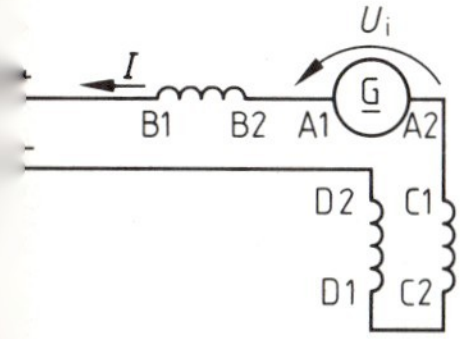

$= U_i - U_B - I_A \cdot (R_A + R_e + R_k + R_{wp})$

Gleichstromleistung

→ Leistung, elektrische

Gleichstrom-Motor

Fremderregter Motor

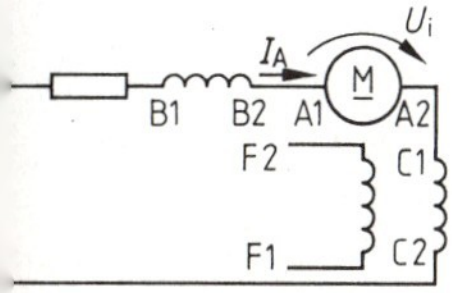

$= I_A \cdot (R_A + R_{wp} + R_k) + U_i + U_B$

$= \frac{U - U_B}{I_2} - R_A - R_{wp} - R_k$

U	Klemmenspannung	V
U_B	Bürstenspannung	V
U_i	induzierte Gegenspannung	V
I	Netzstrom	A
I_A	Ankerstrom	A
I_2	Anlaß-Spitzenstrom	A
R_A	Ankerwiderstand	Ω
R_e	Erregerwiderstand	Ω
R_k	Widerstand der Kompensationswicklung	Ω
R_{wp}	Widerstand der Wendepolwicklung	Ω
R_v	Anlaßwiderstand	Ω

Hat die Maschine keine Wendepole bzw. keine Kompensationswicklung, ist R_{wp} bzw. $R_k = 0\ \Omega$.

Gleichstrom-Nebenschluß-Motor

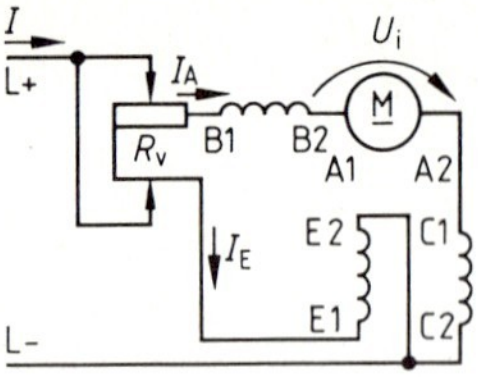

$I = I_A + I_e$ $\quad U = I_e \cdot R_e$

$U = I_A \cdot (R_A + R_{wp} + R_k) + U_i + U_B$

$$R_v = \frac{U - U_B}{I_2 - I_e} - R_A - R_{wp} - R_k$$

U	Klemmenspannung	V
U_B	Bürstenspannung	V
U_i	induzierte Gegenspannung	V
I	Netzstrom	A
I_A	Ankerstrom	A
I_e	Erregerstrom	A
I_2	Anlaß-Spitzenstrom	A
R_A	Ankerwiderstand	Ω
R_k	Widerstand der Kompensationswicklung	Ω
R_{wp}	Widerstand der Wendepolwicklung	Ω
R_v	Anlaßwiderstand	Ω

Hat die Maschine keine Wendepole bzw. keine Kompensationswicklung, ist R_{wp} bzw. $R_k = 0\ \Omega$.

Gleichstrom-Reihenschluß-Motor

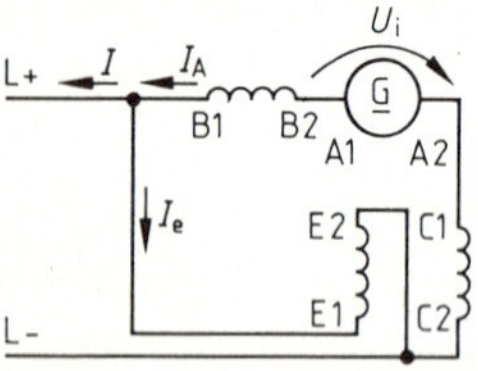

$U = U_B + U_i + I_A \cdot (R_A + R_e + R_{wp} + R_k)$

$$R_v = \frac{U - U_B}{I_2} - R_A - R_e - R_{wp} - R_k$$

Gleichstromsteller mit Thyristor

Einpulsgleichrichtung:

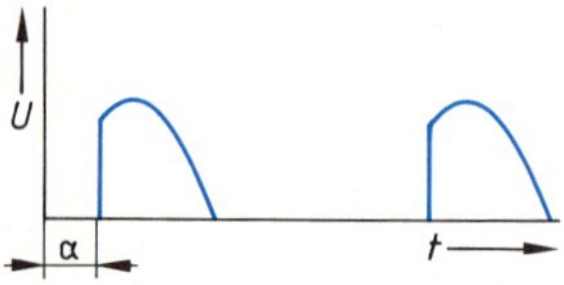

$$U_\alpha = \frac{\hat{u}}{2} \cdot \sqrt{1 - \frac{\alpha}{180^\circ} + \frac{\sin(2 \cdot \alpha)}{2 \cdot \pi}}$$

$$U_{d\alpha} = \frac{\hat{u}}{2 \cdot \pi} \cdot (1 + \cos \alpha)$$

U_α	Effektivwert beim Zündwinkel α	
$U_{d\alpha}$	Mittelwert beim Zündwinkel α	
$\hat{u}$	Scheitelwert der Spannung	
α	Zündwinkel	°, ra

Zweipulsgleichrichtung:

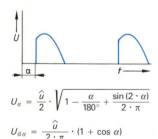

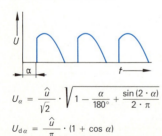

$$U_\alpha = \frac{\hat{u}}{\sqrt{2}} \cdot \sqrt{1 - \frac{\alpha}{180^\circ} + \frac{\sin(2 \cdot \alpha)}{2 \cdot \pi}}$$

$$U_{d\alpha} = \frac{\hat{u}}{\pi} \cdot (1 + \cos \alpha)$$

→ Gleichrichterschaltungen

U_α	Effektivwert beim Zündwinkel α	
$U_{d\alpha}$	Mittelwert beim Zündwinkel α	
$\hat{u}$	Scheitelwert der Spannung	
α	Zündwinkel	°, ra

Gleichungen, algebraische

Algebraische Gleichung *n*-ten Grades

$a_n x^n + a_{n-1} x^{n-1} + \ldots + a_1 x + a_0 = 0$

Diese Gleichung besitzt genau *n* Lösungen

a_n, $a_{n-1}, \ldots$ Koeffizienten der Gleichung

Lineare Gleichungen mit einer Unbekannten (Gleichungen 1. Grades)

Gleichung:	Lösung:	Probe:
$x + b = a$	$x = a - b$	$(a - b) + b = a$
$x - b = a$	$x = a + b$	$(a + b) - b = a$
$x \cdot b = a$	$x = \frac{a}{b}$	$\frac{a}{b} \cdot b = a$
$\frac{x}{b} = a$	$x = a \cdot b$	$\frac{a \cdot b}{b} = a$
$\frac{b}{x} = a$	$x = \frac{b}{a}$	$\frac{b}{\frac{b}{a}} = a$
$\frac{a}{x} = \frac{c}{b}$	$x = \frac{a \cdot b}{c}$	$\frac{a}{\frac{a \cdot b}{c}} = \frac{c}{b}$

Lineare Gleichungen mit 2 oder mehr Unbekannten (Gleichungen 1. Grades)

Zur Lösung benötigt man genausoviele (voneinander unabhängige und sich nicht widersprechende) Gleichungen, wie Unbekannte vorhanden sind.

Beispiel:

Gleichung I: $3x + 4y = 36$

Gleichung II: $6x - y = 45$

Einsetzungsverfahren (Substitutionsmethode)

$y = 6x - 45$

Eine der Gleichungen nach einer Unbekannten auflösen (hier Gleichung II nach *y*).

$3x + 4 \cdot (6x - 45) = 36$

$3x + 24x - 180 = 36$

$27x = 216$

$\mathbf{x = 8}$

Rechte Seite der Gleichung anstelle der gleichwertigen Unbekannten in die andere Gleichung einsetzen (hier in Gleichung I) und diese lösen.

$3 \cdot 8 + 4y = 36$

$4y = 12$

$\mathbf{y = 3}$

Den gefundenen Wert in eine der Ausgangsgleichungen einsetzen (hier in Gleichung I).

Probe:

Gleichung I: $3 \cdot 8 + 4 \cdot 3 = 36$
$36 = 36$

Gleichung II: $6 \cdot 8 - 3 = 45$
$45 = 45$

Gleichsetzungsverfahren

I. $y = 9 - \frac{3}{4}x$ II. $y = 6x - 45$

Beide Ausgangsgleichungen nach der gleichen Unbekannten auflösen (hier beide nach *y*).

$9 - \frac{3}{4}x = 6x - 45$

Gleichsetzung der rechten Seiten.

$6\frac{3}{4}x = 54$

$\mathbf{x = 8}$

Diesen Wert in Ausgangsgleichung I einsetzen, dann weiter wie beim Einsetzungsverfahren.

Additionsverfahren (Verfahren der gleichen Koeffizienten)

I. $3x + 4y = 36 \mid \cdot 2$ II. $6x - y = 45 \mid \cdot (-1)$

$6x + 8y = 72$ $-6x + y = -45$

Gleichungen so erweitern, daß bei einer Unbekannten in beiden Gleichungen der gleiche Koeffizient mit unterschiedlichem Vorzeichen auftritt (Gleichung I hier mit 2 und Gleichung II mit (− 1) multipliziert).

I. $6x + 8y = 72$
II. $-6x + y = -45$

Gleichungen so untereinander anordnen, daß beim Addieren ein Glied wegfällt.

Summe: $9y = 27$
$\mathbf{y = 3}$

Gefundenen Wert in eine der Ausgangsgleichungen (hier Gleichung I) einsetzen.

I. $3x + 4 \cdot 3 = 36$
$3x = 24$
$\mathbf{x = 8}$

Probe wie beim Einsetzungsverfahren.

Graphische Lösung

I. $y = -\frac{3}{4}x + 9$

II. $y = 6x - 45$

Beide Gleichungen nach y auflösen.

I.

x	y
0	9
2	7,5
4	6
6	4,5
8	3
10	1,5

II.

x	y
0	− 45
2	− 33
4	− 21
6	− 9
8	3
10	15

Wertetabellen erstellen.

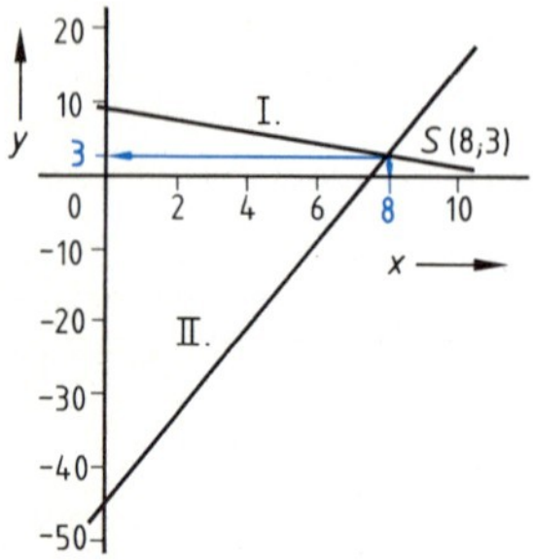

Graphen in das Koordinatensystem einzeichnen. Der gemeinsame Punkt S (Schnittpunkt) hat die Koordinaten $x = 8$ und $y = 3$.

Gleichungen mit 3 oder mehr Unbekannten lassen sich nicht graphisch lösen.

Lineare Gleichungen mit 3 und mehr Unbekannten

Beispiel:

Gleichung I: $x + y + z = 12$
Gleichung II: $2x + 3y + 4z = 31$
Gleichung III: $3x + y + 5z = 34$

I. $x + y + z = 12 \mid \cdot (-4)$
$-4x - 4y - 4z = -48$

Durch geeignetes Erweitern und Addieren aus Gleichung I und II die Unbekannte x, y oder z beseitigen (hier z).

I. $-4x - 4y - 4z = -48$
II. $2x + 3y + 4z = 31$
$-2x - y = -17 \mid \cdot (-1)$

Summe A: $2x + y = 17$

$$\begin{aligned} \text{I.} \quad x + y + z &= 12 \quad | \cdot (-5) \\ -5x - 5y - 5z &= -60 \end{aligned}$$

Durch geeignetes Erweitern und Addieren aus Gleichung I und III die gleiche Unbekannte (hier wieder z) beseitigen.

$$\begin{aligned} \text{I.} \quad -5x - 5y - 5z &= -60 \\ \text{III.} \quad 3x + y + 5z &= 34 \\ \hline -2x - 4y &= -26 \quad | \cdot (-1) \end{aligned}$$

Summe B: $2x + 4y = 26$

$$\begin{aligned} \text{A:} \quad 2x + y &= 17 \quad | \cdot (-4) \\ -8x - 4y &= -68 \end{aligned}$$

Aus beiden Summen A und B wird durch erneute Anwendung des Additionsverfahrens die nächste Unbekannte (hier y) beseitigt.

$$\begin{aligned} \text{A:} \quad -8x - 4y &= -68 \\ \text{B:} \quad 2x + 4y &= 26 \\ \hline -6x &= -42 \\ \mathbf{x} &= \mathbf{7} \end{aligned}$$

Diesen Wert in Summe A einsetzen.

$$\begin{aligned} \text{A:} \quad 2 \cdot 7 + y &= 17 \\ \mathbf{y} &= \mathbf{3} \end{aligned}$$

Diesen Wert und den Wert für x in Gleichung I einsetzen.

$$\begin{aligned} \text{I:} \quad 7 + 3 + z &= 12 \\ \mathbf{z} &= \mathbf{2} \end{aligned}$$

Probe durch Einsetzen der Werte für x, y und z in die Ausgangsgleichungen.

Anwendung von Determinanten zur Lösung von linearen Gleichungen mit 3 oder mehr Unbekannten: siehe Determinanten.

Quadratische Gleichungen (Gleichungen 2. Grades)

Reinquadratische Gleichung

$x^2 + q = 0$ (q reell)

Lösungen:

$x_1 = \sqrt{-q}$ $\qquad x_2 = -\sqrt{-q}$

Gemischtquadratische Gleichung

$x^2 + px + q = 0$ (Normalform, p und q reell)

Lösungen:

$$x_1 = -\frac{p}{2} + \sqrt{\frac{p^2}{4} - q} \qquad x_2 = -\frac{p}{2} - \sqrt{\frac{p^2}{4} - q}$$

Vieta-Wurzelsatz

$x_1 + x_2 = -p$

$x_1 \cdot x_2 = q$

$a_2 x^2 + a_1 x + a_0 = 0$ (allgemeine Form, $a_2 \neq 0$)

$$x_1 = \frac{-a_1 + \sqrt{a_1^2 - 4a_0 a_2}}{2a_2} \qquad x_2 = \frac{-a_1 - \sqrt{a_1^2 - 4a_0 a_2}}{2a_2}$$

Die quadratische Gleichung der Normalform hat

2 verschiedene reelle Lösungen wenn $q < \frac{p^2}{4}$ — Die Parabel schneidet die x-Achse.

2 gleiche reelle Lösungen wenn $q = \frac{p^2}{4}$ — Die Parabel berührt die x-Achse.

keine reellen Lösungen wenn $q > \frac{p^2}{4}$ — Die Parabel schneidet die x-Achse nicht.

Graphische Lösung einer quadratischen Gleichung (mit fester Normalparabel) der Normalform:

$x^2 + px + q = 0$

Beispiel:

$x^2 - 2x - 3 = 0$

$x^2 = 2x + 3$

1. $y = x^2$ 2. $y = 2x + 3$

Konstruktion der Graphen $y = x^2$ und $y = -px - q$ im Diagramm

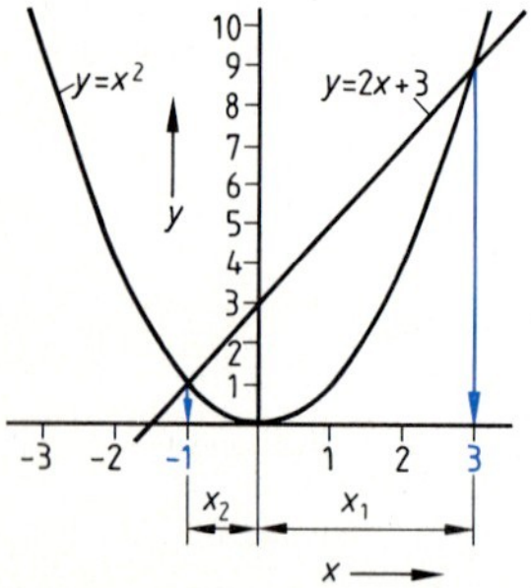

Die Abszissen der Schnittpunkte der beiden Graphen ergeben die Lösungen (Wurzeln) der Gleichung:

$\boldsymbol{x_1 = 3}$ $\boldsymbol{x_2 = -1}$

Graphische Lösung einer kubischen Gleichung (Gleichung 3. Grades) in der reduzierten Form:

$x^3 + px + q = 0$

Beispiel:

$x^3 - 7x + 6 = 0$

$x^3 = 7x - 6$

1. $y = x^3$ 2. $y = 7x - 6$

Konstruktion der Graphen $y = x^3$ und $y = -px - q$ im Diagramm

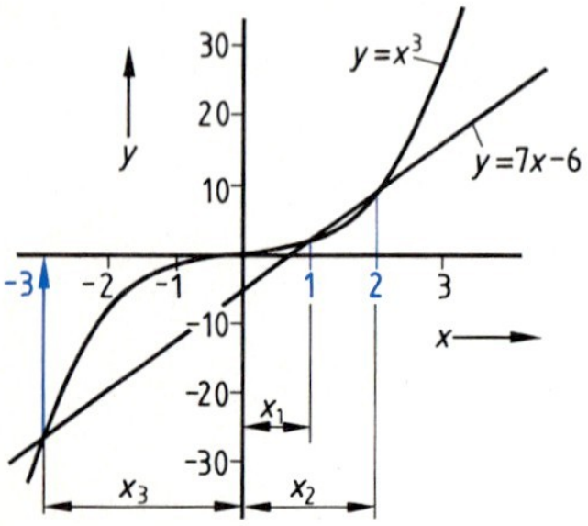

Die Abszissen der Schnittpunkte der beiden Graphen ergeben die Lösungen (Wurzeln) der kubischen Gleichung

$\boldsymbol{x_1 = 1}$ $\boldsymbol{x_2 = 2}$ $\boldsymbol{x_3 = -3}$

Gleichwertiger Durchmesser

→ Äquivalenter Durchmesser

Gleichwertige Rohrlänge

→ Äquivalente Rohrlänge

Gleichzeitigkeitsgrad

$$g = \frac{P_{max}}{\Sigma P_{max,i}}$$

g	Gleichzeitigkeitsgrad	1
P_{max}	gemeinsame gleichzeitige Höchstleistung einer Anzahl von Abnehmern	W
$\Sigma P_{max,i}$	Summe der zeitungleich auftretenden Einzelhöchstleistungen dieser Abnehmer	W

Gleitlager
→ Reibungsmoment

Gleitmodul
→ Schubmodul

Gleitreibungskraft
→ Gewindereibungszahl, Reibungskraft

Gleitreibungswinkel
→ Reibungswinkel

Gleitreibungszahl
→ Reibungszahl

Gleitung
→ Schiebung

Gleitzahl

$$\varepsilon = \frac{F_W}{F_A}$$

→ Auftrieb, Auftrieb beim Tragflügel, Tragflügel

ε	Gleitzahl	1
F_W	Widerstandskraft, * Luftwiderstand	N
F_A	Auftriebskraft	N

Goldene Regel der Mechanik

$$F_1 \cdot s_1 = F_2 \cdot s_2$$

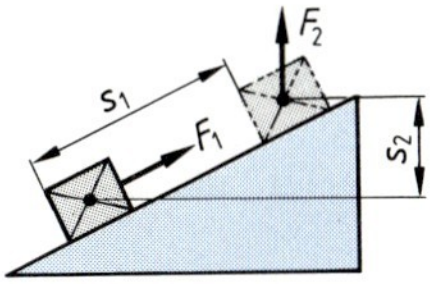

F_1	* Kraft in Wegrichtung	N
F_2	senkrechte * Kraft	N
s_1	zurückgelegter Weg	m
s_2	senkrechter Weg	m

Bei der Umsetzung an mechanischer Arbeit (z. B. an der geneigten Ebene) gilt:

Was an Kraft gespart wird, wird im gleichen Verhältnis an Weg zugesetzt.

Goldener Schnitt (stetige Teilung)

$$a : x = x : (a - x) \approx \frac{8}{5}$$

$$x = \frac{a}{2} \cdot \left(\sqrt{5} - 1\right) \approx 0{,}618 \cdot a$$

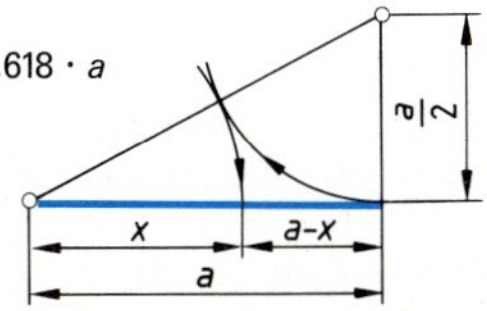

Das Verhältnis des kleineren Teils zum größeren Teil ist annähernd 5 : 8. Dieses Teilungsverhältnis findet man häufig in der Kunst (z. B. griech. Architektur und der Renaissance).

Grashof-Zahl

$$Gr = \frac{l^3 \cdot g \cdot \alpha_V \cdot \Delta T}{\nu^2}$$

Die *Grashof*-Zahl ist eine Kenngröße beim Wärmeübergang strömender Fluide.

→ *Stanton*-Zahl

Gr	*Grashof*-Zahl	1
l	eine kennzeichnende Länge	m
g	* Fallbeschleunigung	m/s^2
α_V	* Volumenausdehnungskoeffizient	1/K
ΔT	Temperaturdifferenz zwischen der Wandoberfläche und dem Fluid	K
ν	kinematische * Viskosität	m^2/s

Gravimetrie (Gewichtsanalyse)

$$m(X) = m(A) \cdot F$$

$$w(X) = \frac{m(A) \cdot F \cdot 100}{m(E)}$$

$$F = \frac{z \cdot M(X)}{M(A)}$$

$$\text{z.B. } F(Al_2O_3 \rightarrow Al) = \frac{2 \cdot M(Al)}{M(Al_2O_3)}$$

$m(X)$	* Masse des zu bestimmenden Stoffes	g
$m(A)$	Auswaage (Fällungsform)	g
$m(E)$	Einwaage (Probe)	g
F	stöchiometrischer Faktor	1
$w(X)$	* Massenanteil des Stoffes aus den Teilchen X	%
z	Anzahl der Teilchen X in der Atomgruppe A	1
$M(X)$	molare Masse der Teilchen X	g/mol
$M(A)$	molare Masse der Atomgruppe A	g/mol

Gravitationsbeschleunigung (Schwerebeschleunigung)

→ Fallbeschleunigung, Mondbeschleunigung

Gravitationsgesetz

→ *Newton*

Gravitationskonstante

$G = 6{,}67 \cdot 10^{-11}$ N·m²/kg² bzw. $m^3/(kg \cdot s^2)$

→ Konstanten

G	Gravitationskonstante	$N \cdot m^2/kg^2$

Gravitationspotential

$$U = \mp \frac{G \cdot m}{r}$$

Negatives Vorzeichen, um einen Körper aus dem Unendlichen an die betrachtete Stelle zu ziehen, wobei Energie frei wird.

Positives Vorzeichen, um einen Körper aus der Entfernung r bis ins Unendliche zu bringen, wozu Energie erforderlich ist.

U	*Newtonsches* Gravitationspotential	J/kg
G	* Gravitationskonstante	$N \cdot m^2/kg^2$
m	* Masse im Schwerefeld	kg
r	Abstand der * Masse, Entfernung	m

Gravitationsradius

$$a = \frac{G \cdot m}{c_0^2}$$

a	Gravitationsradius	m
G	* Gravitationskonstante $G = 6{,}67 \cdot 10^{-11}\ m^3/(kg \cdot s^2)$ → Konstanten	$m^3/(kg \cdot s^2)$
m	* Masse des Objekts	kg
c_0	* Lichtgeschwindigkeit im leeren Raum $c_0 = 299\,792\,458$ m/s	m/s

Grenzflächenspannung

→ Oberflächenspannung

Grenzfrequenz

→ Hochpaß

Grenzschlankheitsgrad

→ Knickfestigkeit im Maschinenbau

Grenzwinkel

→ Totalreflexion

Griechisches Alphabet

A	α	alpha	N	ν	ny	H	η	eta	T	τ	tau
B	β	beta	Ξ	ξ	xi	Θ	ϑ	theta	Y	υ	ypsilon
Γ	γ	gamma	O	o	omikron	I	ι	iota	Φ	φ	phi
Δ	δ	delta	Π	π	pi	K	$\varkappa$	kappa	X	χ	chi
E	ε	epsilon	P	ρ	rho	Λ	λ	lambda	Ψ	ψ	psi
Z	ζ	zeta	Σ	σ	sigma	M	μ	my	Ω	ω	omega

Größengleichungen

In einer Größengleichung wird eine Beziehung zwischen Größen hergestellt (DIN 1313). Die Größen werden durch Formelzeichen dargestellt.

Größengleichungen gelten unabhängig von den Einheiten. Bei der Auswertung setzt man für Formelzeichen den Produktterm Zahlenwert mal Einheit ein.

Beispiel:

$$v = \frac{s}{t} = \frac{30\text{ km}}{1\text{ h}} = \frac{30\,000\text{ m}}{3\,600\text{ s}} = 8{,}33\text{ m/s}$$

Grundgesetz der Dynamik

→ Kraft, Gewichtskraft, *Newton*

Grundgesetz der Wärmelehre

→ Wärme

Grundzeit

$$t_g = t_h + t_n + t_b$$

t_g	Grundzeit	min
t_h	* Hauptnutzungszeit	min
t_n	Nebennutzungszeit	min
t_b	Brachzeit	min

Guldinsche Regel für Drehkörper

$$A_M = \pi \cdot l \cdot d_2$$

$$V = \pi \cdot A \cdot d_1$$

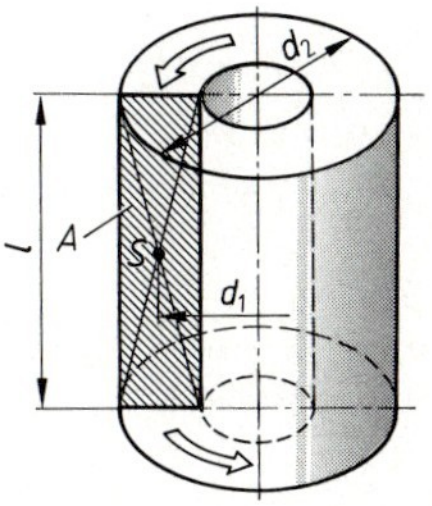

A_M	Mantelfläche	m^2
A	Drehfläche	m^2
l	Länge der Mantellinie des Drehkörpers	m
d_1	Durchmesser des Schwerpunktweges der Drehfläche	m
d_2	Durchmesser des Schwerpunktweges der Mantellinie	m
V	* Volumen	m^3

→ Schwerpunktlage von Flächen

Gütegrad

→ Wirkungsgrad

Gütefaktor

$$Q = \frac{1}{d}$$

→ Verlustfaktor

Q	Gütefaktor	1
d	* Verlustfaktor	1

Gyromagnetischer Koeffizient

$$\gamma = \frac{\mu}{s}$$

Gyromagnetischer Koeffizient des Protons

$$\gamma_p = \frac{4 \cdot \pi \cdot \mu_p}{h}$$

$\gamma_p = 2{,}6752 \cdot 10^8\ A \cdot m^2/(J \cdot s)$ → Konstanten

γ	gyromagnetischer Koeffizient	$A \cdot m^2/(J \cdot s)$
μ	magnetisches Moment	$A \cdot m^2$
s	Spin, Spinquantenzahl als Vielfaches des Eigendrehimpulses	$J \cdot s$
h	* *Planck*-Konstante	$J \cdot s$

Index p für Proton

Haftreibungskraft

→ Reibungskraft

Haftreibungswinkel

→ Reibungswinkel

Haftreibungszahl

→ Reibungszahl

Hagen-Poiseuille-Gesetz

Für laminare Strömungen von Flüssigkeiten:

$$\dot{V} = \frac{\pi \cdot r^4 \cdot (p_1 - p_2)}{8 \cdot \eta \cdot l}$$

$$\dot{V} = \frac{\pi \cdot g \cdot L \cdot d^4}{128 \cdot \nu}$$

$$L = \frac{h_v}{l} = \frac{\Delta p}{\varrho \cdot g \cdot l} = \frac{p_1 - p_2}{\varrho \cdot g \cdot l}$$

$\dot{V}$	* Volumenstrom	m^3/s
r	Radius des Rohres	m
p_1	* Druck am Rohreingang	$N/m^2 = Pa$
p_2	* Druck am Rohrausgang	$N/m^2 = Pa$
η	dynamische * Viskosität	$Pa \cdot s$
l	Länge der Rohrleitung	m
g	* Fallbeschleunigung	m/s^2
L	* Druckliniengefälle	1
d	Durchmesser des Rohres	m
ν	kinematische * Viskosität	m^2/s
h_v	* Verlusthöhe	m
ϱ	* Dichte der Flüssigkeit	kg/m^3

Halbwinkelsatz

→ Winkelfunktionen

Halbleiterbauelemente

→ Kühlung von Halbleiterbauelementen

Halbleiterdioden

$$R_F = \frac{U_F}{I_F} \qquad r_F = \frac{\Delta U_F}{\Delta I_F}$$

$$R_R = \frac{U_R}{I_R} \qquad r_R = \frac{\Delta U_R}{\Delta I_R}$$

$$P_{tot} = I_{F\,max} \cdot U_{F\,max}$$

$$R_{v\,min} = \frac{U_a - U_{F\,max}}{I_{F\,max}}$$

R_F	statischer Durchlaßwiderstand	Ω
r_F	differentieller Durchlaßwiderstand	Ω
R_R	statischer Sperrwiderstand	Ω
r_R	differentieller Sperrwiderstand	Ω
R_v	Vorwiderstand	Ω
U_F	Durchlaßspannung	V
U_R	Sperrspannung	V
U_a	Anschlußspannung	V
I_F	Durchlaßstrom	A
I_R	Sperrstrom	A
P_{tot}	maximale Verlustleistung	W

Hallkonstante, Hallkoeffizient

$$R_H = \frac{1}{\varrho}$$

→ Hallspannung

R_H	Hallkonstante	m^3/C
ϱ	* Raumladungsdichte	C/m^3

Hallspannung

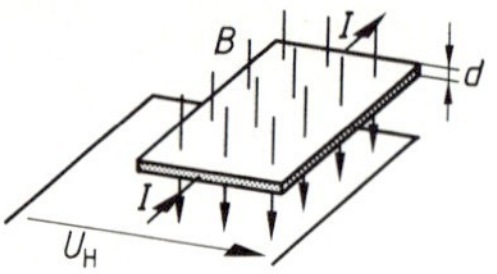

$$U_H = \frac{R_H \cdot I \cdot B}{d}$$

→ Hallkonstante

U_H	Hallspannung	V
R_H	* Hallkonstante	$m^3/(A \cdot s$
I	elektrische * Stromstärke	A
B	magnetische * Flußdichte	T
d	Dicke des Hallplättchens	m

Haltekraft (Tragkraft) von Elektromagneten

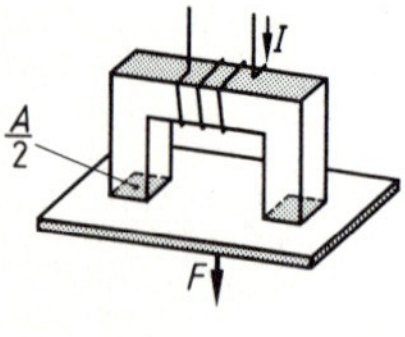

$$F = \frac{B^2 \cdot A}{2 \cdot \mu_0}$$

F	Haltekraft (Tragkraft)	N
B	magnetische * Flußdichte	T
A	gesamte Polfläche des Magneten (wirksame Fläche)	m
μ_0	magnetische * Feldkonstante	$H/m = V \cdot s/(A \cdot m$

Hangabtriebskraft

→ Geneigte Ebene, Steigungswiderstand

Harmonische Reihe

In einer harmonischen Reihe ist jedes Glied das harmonische Mittel seiner beiden Nachbarglieder.

Summe der harmonischen Reihe:

$$S_n = \sum_{k=1}^{n} \frac{1}{k} = 1 + \frac{1}{2} + \frac{1}{3} + \ldots + \frac{1}{n}$$

S_n	Summe der harmonischen Reihe
n	Anzahl der Glieder
k	natürliche Zahl (nicht 0)

Harmonisches Mittel
(harmonischer Mittelwert)

$$\bar{x}_H = \frac{n}{\sum_{i=1}^{n} \frac{1}{x_i}}$$

$$\bar{x}_H = \frac{n}{\frac{1}{x_1} + \frac{1}{x_2} + \ldots + \frac{1}{x_n}}$$

z.B. harmonisches Mittel der Zahlen $x_1 = 12$, $x_2 = 20$ und $x_3 = 30$

$$\bar{x}_H = \frac{3}{\frac{1}{12} + \frac{1}{20} + \frac{1}{30}} = \frac{3}{\frac{5}{60} + \frac{3}{60} + \frac{2}{60}} = \frac{3 \cdot 60}{10} = \mathbf{18}$$

→ Harmonische Reihe

$\bar{x}_H$	harmonisches Mittel
x_i	Einzelwert i
$x_1, x_2, \ldots, x_n$	Wert 1, Wert 2, …, Wert n
n	Anzahl der Werte, die gemittelt werden sollen

Härte des Wassers

→ Wasserhärte

Härte nach *Brinell*

$$HB = \frac{0{,}204 \cdot F}{\pi \cdot D \cdot (D - \sqrt{D^2 - d^2})}$$

Angabe des Härtewertes (1) mit Kugeldurchmesser (2), Prüfkraft 0,102 · F (3) und Belastungszeit in s (4), z.B.

170 HB 5/250/30
(1) (2) (3) (4)

HB	Härte nach *Brinell*	1
F	Prüfkraft	N
D	Durchmesser der Stahlkugel	mm
d	Eindruckdurchmesser	mm

Härte nach *Vickers*

$$HV = \frac{0{,}189 \cdot F}{d^2}$$

Angabe des Härtewertes (1) mit Prüfkraft 0,102 · F (2) und Einwirkzeit (3) sofern diese vom Normalwert 10...15 s abweicht, z.B.

340 HV 50/30
(1) (2) (3)

HV	Härte nach *Vickers*	1
F	Prüfkraft	N
d	Diagonale des bleibenden Eindrucks	mm

Hauptnutzungszeit von Werkzeugmaschinen

Hauptnutzungszeit beim Bohren

$$t_h = \frac{l_f}{v_f} = \frac{l_f}{f \cdot n}$$

$$l_f = l_c + l_a$$

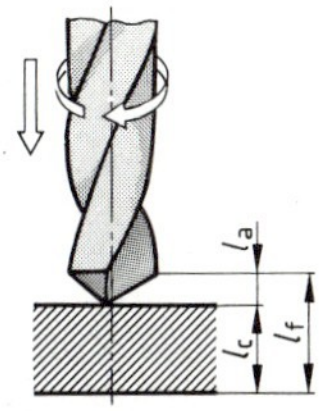

→ Schnittkraft, spezifische

t_h	Hauptnutzungszeit für das Bohren	min
l_f	Vorschubweg	mm
v_f	Vorschubgeschwindigkeit	mm/min
f	Vorschub je Umdrehung	mm
n	* Umdrehungsfrequenz (Drehzahl) der Bohrspindel	1/min
l_c	Bohrtiefe	mm
l_a	Anlauf des Bohrers bis zum Schnitt	mm

Hauptnutzungszeit beim Drehen

Langdrehen

$$t_h = \frac{l_f \cdot i}{v_f}$$

$$l_f = l_c + l_{a1} + l_{a2}$$

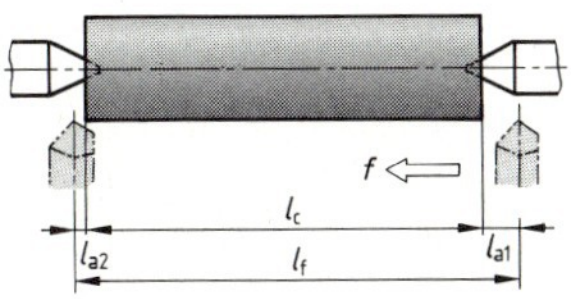

Plandrehen (n = konstant, v_c = variabel)

$$t_h = \frac{\pi \cdot d_1}{f \cdot v_c} \cdot l_f \cdot i$$

Plandrehen (v_c = konstant, n = variabel)

$$t_h = \frac{\pi \cdot d_m}{f \cdot v_c} \cdot l_f \cdot i$$

t_h	Hauptnutzungszeit für das Drehen	min
l_f	Vorschubweg	mm
i	Anzahl der Schnitte	1
v_f	Vorschubgeschwindigkeit	mm/min
l_c	Länge der Bearbeitungsfläche	mm
l_{a1}	Anlauf	mm
l_{a2}	Überlauf	mm
d_1	Außendurchmesser	mm
d_2	Innendurchmesser	mm
f	Vorschub je Umdrehung	mm
v_c	* Schnittgeschwindigkeit	mm/min
d_m	mittlerer Durchmesser	mm

→ Kegeldrehen; Schnittkraft, spezifische

Plandrehen einer Kreisringfläche

$$l_f = \frac{d_1 - d_2}{2} + l_{a1} + l_{a2}$$

Plandrehen einer vollen Planfläche

$$l_f = \frac{d_1}{2} + l_{a1}$$

$$d_m = \frac{d_1 + d_2}{2}$$

Hauptnutzungszeit beim Fräsen

$$t_h = \frac{l_f \cdot i}{v_f}$$

$$v_f = n \cdot z \cdot f_z$$

Schruppen mit Scheiben- und Walzenfräsern,
Schlichten mit Walzenfräsern

$$l_f = l_c + 2 \cdot l_z + l_{a1} + l_{a2}$$

$$l_{a1} = \sqrt{a_p \cdot (d - a_p)} + e$$

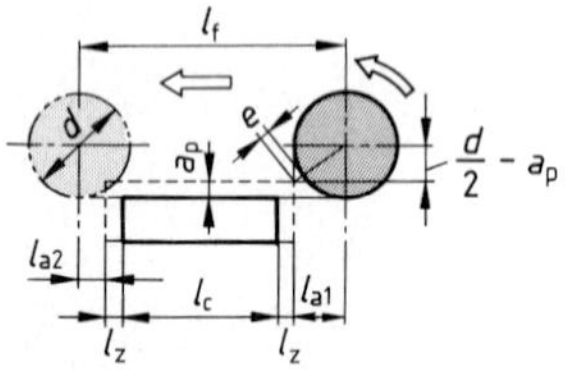

Schlichten mit Scheibenfräsern

$$l_f = l_c + 2 \cdot l_z + 2 \cdot l_{a1}$$

$$l_{a1} = l_{a2} = \sqrt{a_p \cdot (d - a_p)} + e$$

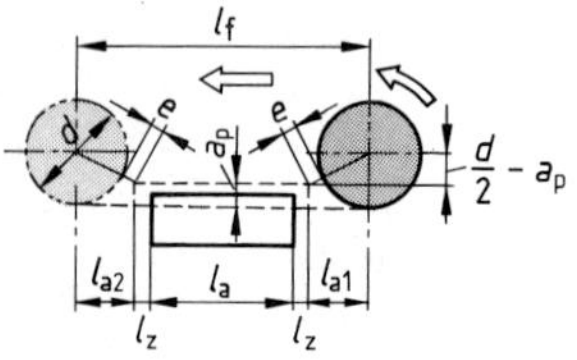

Schruppen mit Messerköpfen und Stirnfräsern,
Fräser Mitte Werkstück

$$x = \frac{1}{2} \cdot \sqrt{d^2 - b^2}$$

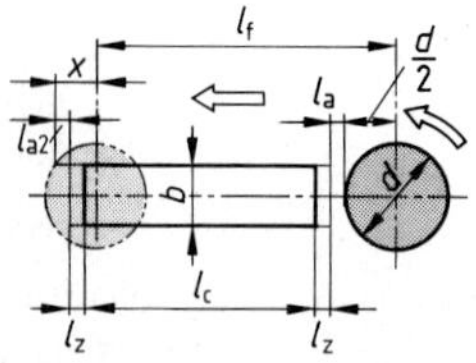

$$l_f = l_c + 2 \cdot l_z + l_{a1} + l_{a2} + \frac{d}{2} - x$$

t_h	Hauptnutzungszeit für das Fräsen	min
l_f	Vorschubweg (Arbeitsweg)	mm
i	Anzahl der Schnitte	1
v_f	Vorschubgeschwindigkeit	mm/min
n	* Umdrehungsfrequenz (Drehzahl) des Fräsers	1/min
z	Zähnezahl des Fräsers	1
f_z	Vorschub je Fräserzahn	mm
l_c	Länge des Werkstückes	mm
l_z	Bearbeitungszugabe	mm
l_{a1}	Anlauf des Fräsers	mm
l_{a2}	Überlauf des Fräsers	mm
a_p	Schnittiefe	mm
d	Durchmesser des Fräsers	mm
e	Kleinstabstand des Fräsers	mm
b	Fräserbreite	mm

Schruppen mit Messerköpfen und Stirnfräsern, Fräser außer Mitte Werkstück

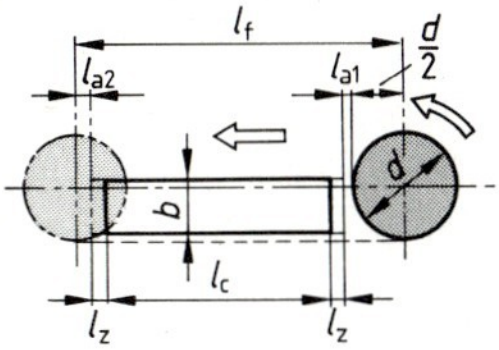

$$l_f = l_c + 2 \cdot l_z + l_{a1} + l_{a2} + \frac{d}{2}$$

Schlichten mit Messerköpfen und Stirnfräsern, Fräser Mitte Werkstück

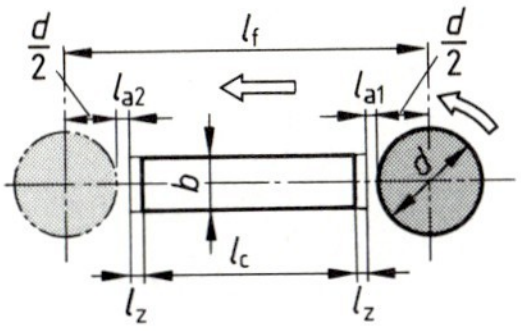

$$l_f = l_c + 2 \cdot l_z + l_{a1} + l_{a2} + d$$

Langgewinde- und Schneckenfräsen

$$i = \frac{H}{a_p}$$

$$l_f = l_c + l_{a1} + l_{a2}$$

$$v_f = n \cdot f_z \cdot z$$

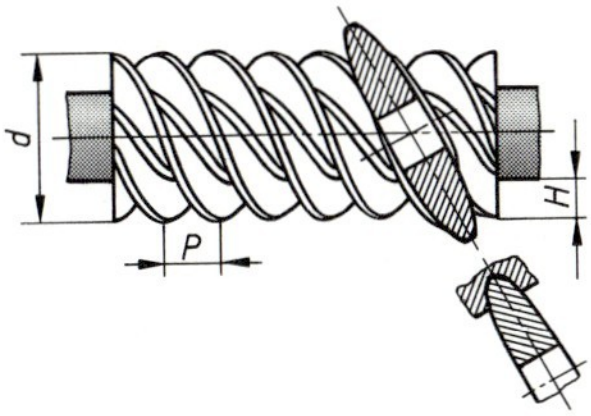

$$t_h = \frac{i \cdot G \cdot l_f}{P \cdot n_w} = \frac{\sqrt{(\pi \cdot d)^2 + P^2}}{v_f} \cdot \frac{l_f}{P}$$

i	Anzahl der Schnitte	1
H	Profilhöhe des Gewindes	mm
d	Werkstückdurchmesser	mm
a_p	Spantiefe	mm
l_f	Vorschubweg	mm
l_c	Gewindelänge	mm
l_{a1}	Anlauf des Fräsers	mm
l_{a2}	Überlauf des Fräsers	mm
v_f	Vorschubgeschwindigkeit	mm/min
n	* Umdrehungsfrequenz (Drehzahl) des Fräsers	1/min
f_z	Vorschub je Fräserzahn	mm
z	Zähnezahl des Fräsers	1
t_h	Hauptnutzungszeit für das Fräsen	min
G	Gangzahl des Gewindes	1
P	Steigung des Gewindes	mm
n_w	* Umdrehungsfrequenz (Drehzahl) des Werkstückes	1/min

Verzahnungen von Schneckenrädern

$$t_h = \frac{i \cdot l_f \cdot z}{n \cdot f_w \cdot z_f}$$

$$t_h = \frac{i \cdot l_f}{n \cdot f_f}$$

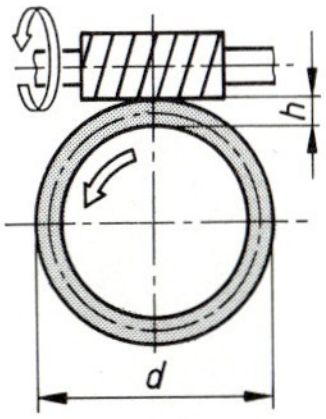

Radialfräsen:

$$l_f = h + l_{a1}$$

Tangentialfräsen:

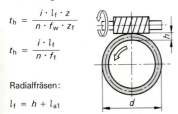

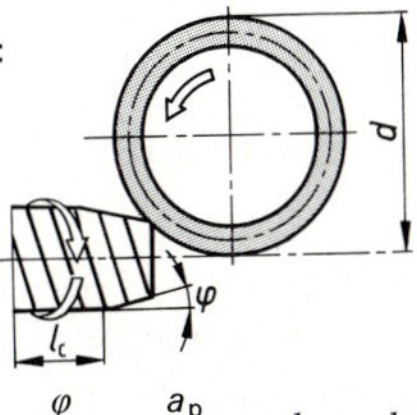

$$l_f = l_c + \frac{d}{2} \cdot \tan\frac{\varphi}{2} + \frac{a_p}{\tan\varphi} + l_{a1} + l_{a2}$$

t_h	Hauptnutzungszeit für das Fräsen	min
i	Anzahl der Schnitte	1
l_f	Vorschubweg	mm
l_{a1}	Anlauf des Fräsers	mm
l_{a2}	Überlauf des Fräsers	mm
l_c	Zylinderlänge des Fräsers	mm
z	Zähnezahl des Werkstückes	1
z_f	Gangzahl des Fräsers	1
n	* Umdrehungsfrequenz (Drehzahl) des Fräsers	1/min
f_w	Vorschub je Werkstückumdrehung	mm
f_f	Vorschub je Fräserumdrehung	mm
h	Zahnhöhe, Schnittiefe	mm
d	Durchmesser des Werkstückes	mm
d_f	Durchmesser des Fräsers	mm

Verzahnungen von Stirnrädern

Geradverzahnung:

$$l_f = b + l_{a1} + l_{a2}$$

Schrägverzahnung:

$$l_f = \frac{b + l_{a1} + l_{a2}}{\cos\beta}$$

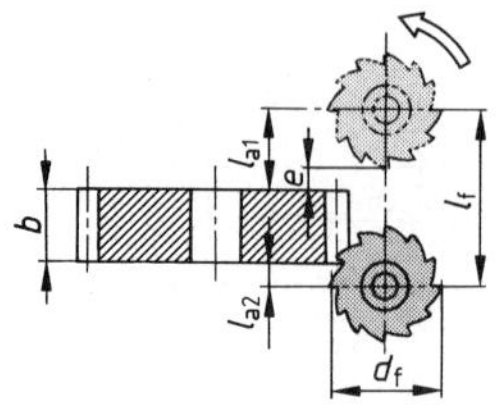

$$l_{a1} = \sqrt{h \cdot (d - h)} + e$$

$$f_w = \frac{f_f \cdot z}{z_f}$$

$$t_h = \frac{\pi \cdot d_f \cdot i \cdot l_f \cdot z}{f_w \cdot v_c \cdot z_f} = \frac{i \cdot l_f \cdot z}{n \cdot f_w \cdot z_f}$$

φ	Anschnittwinkel	rad, °
a_p	Spantiefe	mm
b	Breite des Werkstückes	mm
β	Schrägungswinkel	rad, °
e	Kleinstabstand des Fräsers vom Werkstück	mm
v_c	* Schnittgeschwindigkeit	mm/min

Hauptnutzungszeit beim Hobeln

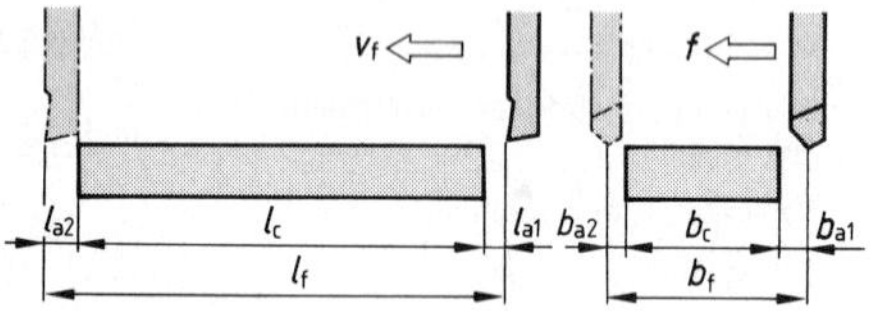

$$t_h = \frac{b_f \cdot i}{v_f}$$

$$t_h = \frac{2 \cdot l_f \cdot b_f \cdot i}{v_{cm} \cdot f}$$

$$b_f = b_c + b_{a1} + b_{a2}$$

$$l_f = l_c + l_{a1} + l_{a2}$$

$$v_f = n \cdot f$$

t_h	Hauptnutzungszeit für das Hobeln	min
b_f	Gesamtbreite	mm
b_c	Breite der Bearbeitungsfläche	mm
b_{a1}	Anlauf in der Breite	mm
b_{a2}	Überlauf in der Breite	mm
l_f	Gesamtlänge	mm
l_c	Länge der Bearbeitungsfläche	mm
l_{a1}	Anlauf in der Länge	mm
l_{a2}	Überlauf in der Länge	mm
i	Anzahl der Schnitte	1
v_f	Vorschubgeschwindigkeit	mm/min
v_{cm}	mittlere * Schnittgeschwindigkeit	mm/min
f	Vorschub je Doppelhub	mm
n	Anzahl der Doppelhübe je Minute	1/min

Hauptnutzungszeit beim Räumen

$$t_h = \frac{2 \cdot l_f \cdot i}{v_{cm}}$$

$$t_h = l_f \cdot i \cdot \left(\frac{1}{v_c} + \frac{1}{v_r}\right)$$

$$v_{cm} = 2 \cdot \frac{v_c \cdot v_r}{v_c + v_r}$$

t_h	Hauptnutzungszeit für das Räumen	min
l_f	Hublänge	mm
i	Anzahl der Schnitte	1
v_{cm}	mittlere Räumgeschwindigkeit	mm/min
v_c	Arbeitsgeschwindigkeit	mm/min
v_r	Rücklaufgeschwindigkeit	mm/min

Hauptnutzungszeit beim Schleifen

Flachschleifen mit Stirnschleifscheibe

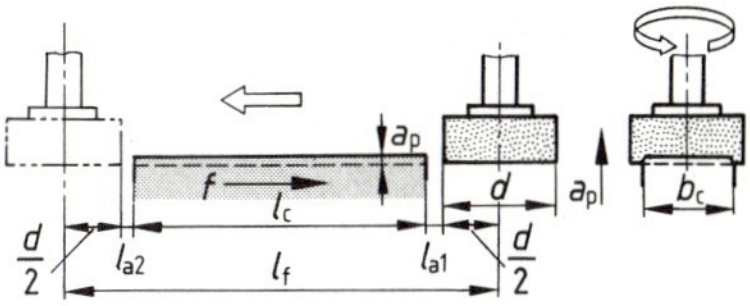

$$t_h = \frac{l_f \cdot i}{v_f} \qquad l_f = l_c + l_{a1} + l_{a2} + d$$

$$i = \frac{l_z}{a_p}$$

Flachschleifen mit Umfangsschleifscheibe

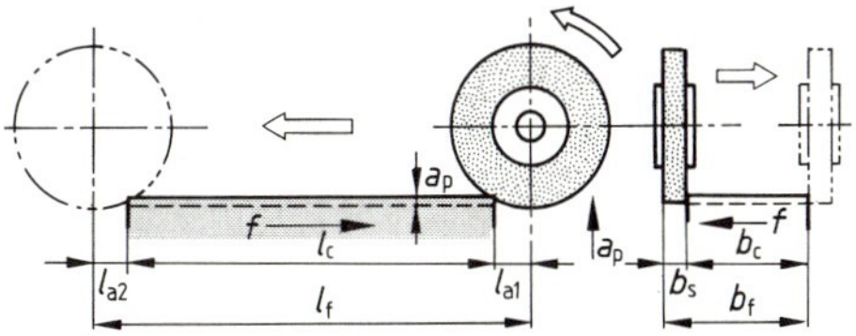

$$t_h = \frac{l_f \cdot i}{v_f} \qquad l_f = l_c + l_{a1} + l_{a2}$$

$$i = \frac{l_z \cdot b_f}{a_p \cdot f} \qquad b_f = b_c + b_s$$

Rundschleifen

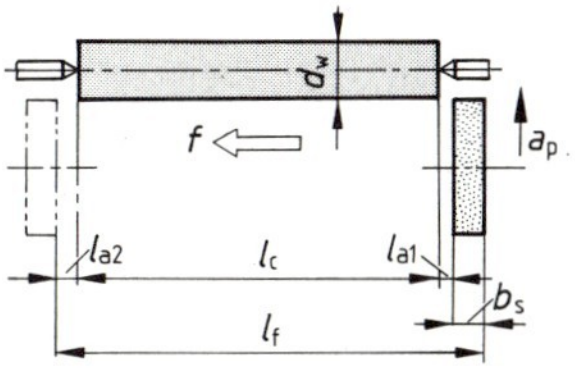

außen oder innen:

$$t_h = \frac{l_f \cdot i}{f \cdot n_w}$$

$$l_f = l_c + l_{a1} + l_{a2} + b_s$$

$$i = \frac{l_z}{2 \cdot a_p}$$

einstechen:

$$t_h = \frac{l_z}{2 \cdot a_p \cdot n_w}$$

$$n_w = \frac{v_w}{\pi \cdot d_w}$$

t_h	Hauptnutzungszeit für das Schleifen	min
l_f	Arbeitsweg	mm
l_c	Länge des Werkstückes	mm
l_{a1}	Anlauf der Schleifscheibe	mm
l_{a2}	Überlauf der Schleifscheibe	mm
l_z	Werkstoffzugabe, Schleifzugabe beim Flachschleifen in der Höhe, beim Rundschleifen im Durchmesser	mm
i	Anzahl der Schnitte	1
v_f	Vorschubgeschwindigkeit	mm/min
a_p	Spantiefe, Zustellung	mm
f	Vorschub beim Flachschleifen je Doppelhub, beim Rundschleifen je Umdrehung	mm
b_f	Gesamtbreite	mm
b_c	Breite des Werkstückes	mm
b_s	Breite der Schleifscheibe	mm
n_w	* Umdrehungsfrequenz (Drehzahl) des Werkstückes	1/min
v_w	Umfangsgeschwindigkeit des Werkstückes	mm/min
d_w	Durchmesser des Werkstückes	mm
d	Durchmesser der Schleifscheibe	mm

Hebelarm der Rollreibung

→ Reibungsarm

Hebel

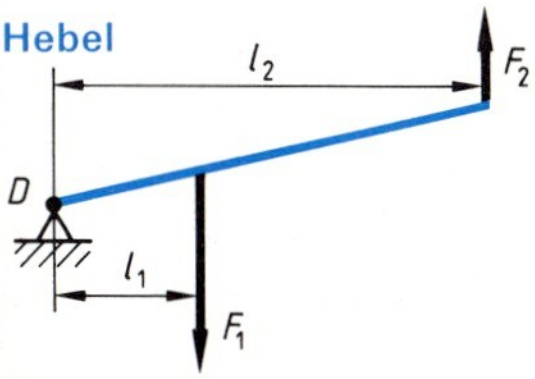

Einseitiger Hebel

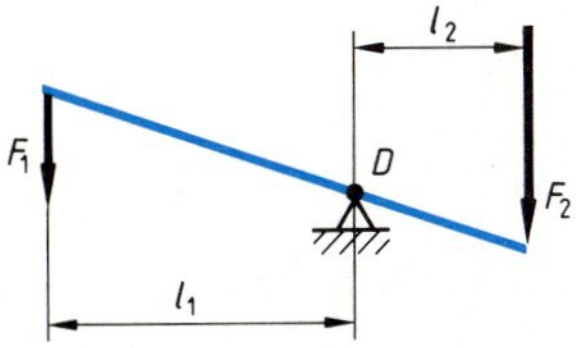

Zweiseitiger (ungleicharmiger) Hebel

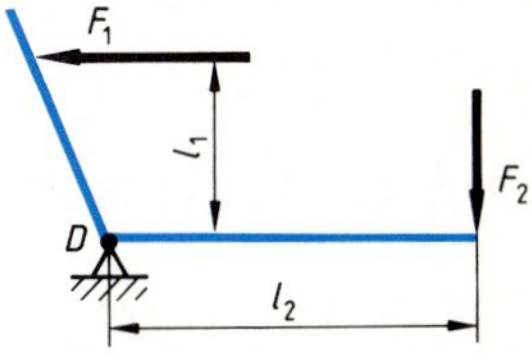

Winkelhebel

Die Hebelarme (l_1 und l_2) werden rechtwinklig zur Wirkungslinie der Kraft (F_1 oder F_2) zum Drehpunkt D des Hebels gemessen.

Hebelgesetz

$F_1 \cdot l_1 = F_2 \cdot l_2$

→ Hebel

F_1, F_2	Kräfte	N
l_1, l_2	Hebelarme (Lastarm, Kraftarm)	m

Hebelgesetz für den Doppelhebel

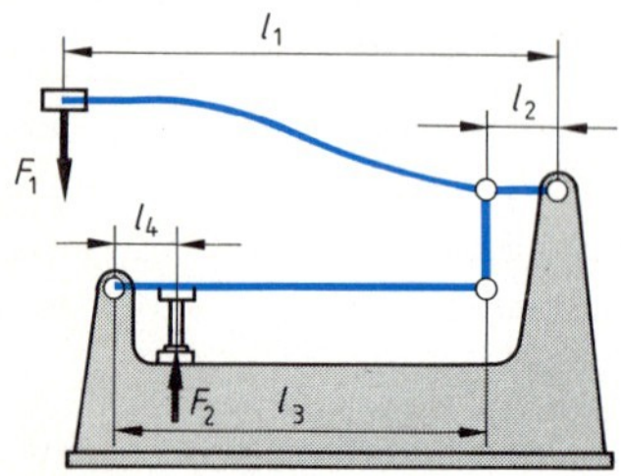

$$F_1 = F_2 \cdot \frac{l_2 \cdot l_4}{l_1 \cdot l_3} \qquad F_2 = F_1 \cdot \frac{l_1 \cdot l_3}{l_2 \cdot l_4}$$

$$i = \frac{F_1}{F_2} = \frac{l_2 \cdot l_4}{l_1 \cdot l_3}$$

F_1	aufgewandte * Kraft	N
F_2	wirksame * Kraft, Nutzkraft	N
$l_1 \ldots l_4$	Hebelarme	m
i	Kraftübersetzungsverhältnis	1

→ Goldene Regel der Mechanik, Hebelgesetz, Träger auf zwei Stützen, Übersetzung von Kräften

Heisenberg

→ Unschärferelation

Heizwert

→ Spezifischer Brennwert, Spezifischer Heizwert, Wärmeabhängige Daten

Heliumkerne

→ Alphateilchen

Helmholtz-Funktion

→ Freie Energie

Heron-Dreiecksformel

→ Dreieck

Hertzsche Pressung

Pressung zwischen zwei Zylindern (Linienpressung)

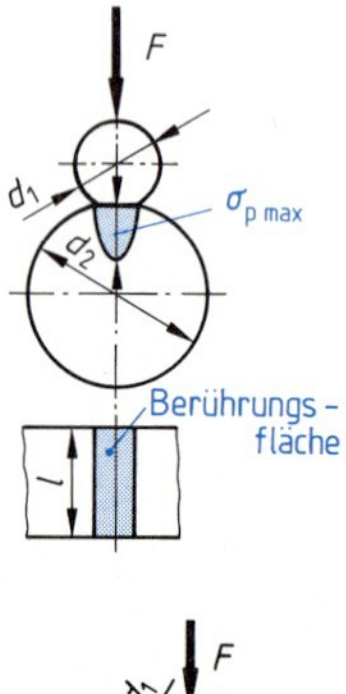

$$p_{max} = 0{,}591 \cdot \sqrt{\frac{F \cdot E}{l \cdot d_1} \cdot \left(1 + \frac{d_1}{d_2}\right)}$$

$$E = \frac{2 \cdot E_1 \cdot E_2}{E_1 + E_2}$$

Pressung zwischen zwei Kugeln (Punktpressung)

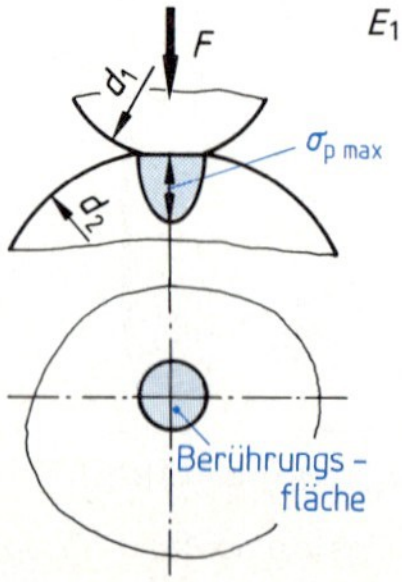

$$p_{max} = 0{,}616 \cdot \sqrt[3]{\frac{F \cdot E^2}{{d_1}^2} \cdot \left(1 + \frac{d_1}{d_2}\right)^2}$$

$$E = \frac{2 \cdot E_1 \cdot E_2}{E_1 + E_2}$$

p_{max}	maximale * Flächenpressung	N/mm^2
F	Anpreßkraft	N
E	* Elastizitätsmodul	N/mm^2
l	Zylinderlänge	mm
d_1	kleiner Zylinderdurchmesser bzw. kleiner Kugeldurchmesser	mm
d_2	großer Zylinderdurchmesser bzw. großer Kugeldurchmesser	mm
E_1, E_2	die den Körpern mit den Maßen d_1 bzw. d_2 zugehörigen * Elastizitätsmodule	N/mm^2

Hexaeder

→ Würfel

Hochpaß, Tiefpaß

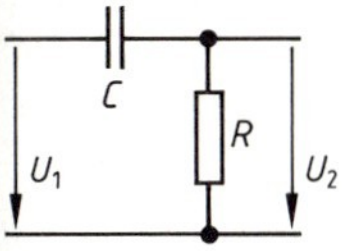

RC-Hochpaß

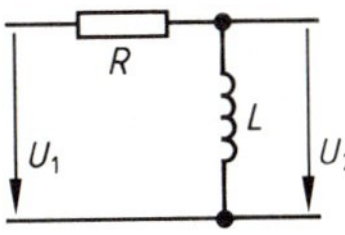

RL-Hochpaß

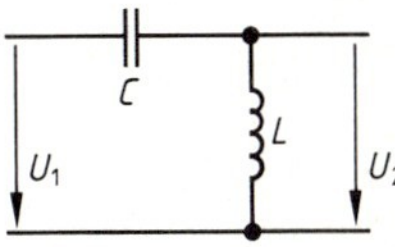

CL-Hochpaß

RC-Hochpaß

$$\frac{U_2}{U_1} = \frac{R}{\sqrt{R^2 + \left(\frac{1}{\omega \cdot C}\right)^2}}$$

$$f_g = \frac{1}{2 \cdot \pi \cdot R \cdot C}$$

U_1	Eingangsspannung	V
U_2	Ausgangsspannung	V
R	* Widerstand	Ω
C	* Kapazität	$F = s/\Omega$
f_g	Grenzfrequenz	Hz
ω	* Kreisfrequenz	rad/s

RL-Hochpaß

$$\frac{U_2}{U_1} = \frac{1}{\sqrt{\left(\frac{R}{\omega \cdot L}\right)^2 + 1}}$$

$$f_g = \frac{R}{2 \cdot \pi \cdot L}$$

U_1	Eingangsspannung	V
U_2	Ausgangsspannung	V
R	* Widerstand	Ω
L	* Induktivität	$H = \Omega \cdot s$
f_g	Grenzfrequenz	Hz
ω	* Kreisfrequenz	rad/s

CL-Hochpaß

$$f_g = \frac{1}{2 \cdot \pi \cdot \sqrt{L \cdot C}}$$

Für $X_L > X_C$:

$$\frac{U_2}{U_1} = \frac{1}{1 - \frac{1}{\omega^2 \cdot L \cdot C}}$$

Für $X_L < X_C$:

$$\frac{U_2}{U_1} = \frac{1}{\frac{1}{\omega^2 \cdot L \cdot C} - 1}$$

U_1	Eingangsspannung	V
U_2	Ausgangsspannung	V
C	* Kapazität	$F = s/\Omega$
L	* Induktivität	$H = \Omega \cdot s$
f_g	Grenzfrequenz	Hz
ω	* Kreisfrequenz	rad/s

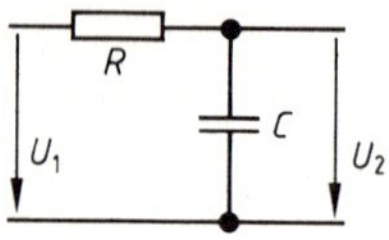

RC-Tiefpaß

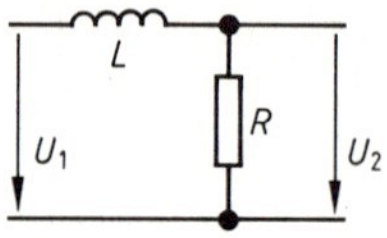

RL-Tiefpaß

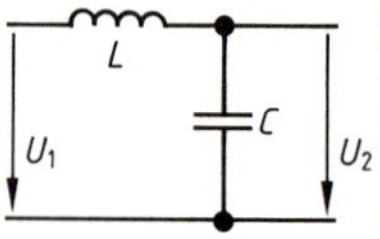

LC-Tiefpaß

RC-Tiefpaß

$$f_g = \frac{1}{2 \cdot \pi \cdot R \cdot C}$$

$$\frac{U_2}{U_1} = \frac{1}{\sqrt{1 + (\omega \cdot R \cdot C)^2}}$$

U_1	Eingangsspannung	V
U_2	Ausgangsspannung	V
R	* Widerstand	Ω
C	* Kapazität	F = s/Ω
f_g	Grenzfrequenz	Hz
ω	* Kreisfrequenz	rad/s

RL-Tiefpaß

$$f_g = \frac{R}{2 \cdot \pi \cdot L}$$

$$\frac{U_2}{U_1} = \frac{1}{\sqrt{1 + \left(\frac{\omega \cdot L}{R}\right)^2}}$$

U_1	Eingangsspannung	V
U_2	Ausgangsspannung	V
R	* Widerstand	Ω
L	* Induktivität	H = Ω · s
f_g	Grenzfrequenz	Hz
ω	* Kreisfrequenz	rad/s

LC-Tiefpaß

$$f_g = \frac{1}{2 \cdot \pi \cdot \sqrt{L \cdot C}}$$

Für $X_L > X_C$:

$$\frac{U_2}{U_1} = \frac{1}{\omega^2 \cdot L \cdot C - 1}$$

Für $X_L < X_C$:

$$\frac{U_2}{U_1} = \frac{1}{1 - \omega^2 \cdot L \cdot C}$$

U_1	Eingangsspannung	V
U_2	Ausgangsspannung	V
C	* Kapazität	F = s/Ω
L	* Induktivität	H = Ω · s
f_g	Grenzfrequenz	Hz
ω	* Kreisfrequenz	rad/s

Höhenformel, barometrische

$$p_{amb} = p_0 \cdot 10^{-h/h'}$$

$$h = h' \cdot \lg \frac{p_0}{p_{amb}}$$

$$h' = 18\,400 \text{ m}$$

Formel gültig unter Annahme konstanter Temperatur

p_{amb}	* Druck in der Höhe h	mbar = hPa
p_0	* Druck in Meereshöhe = 1013 hPa	mbar = hPa
h	Höhe, in der der * Druck p_{amb} vorhanden ist.	m

→ Trigonometrische Höhenmessung

Höhenmessung

→ Trigonometrische Höhenmessung

Höhensatz

$$h^2 = p \cdot q$$

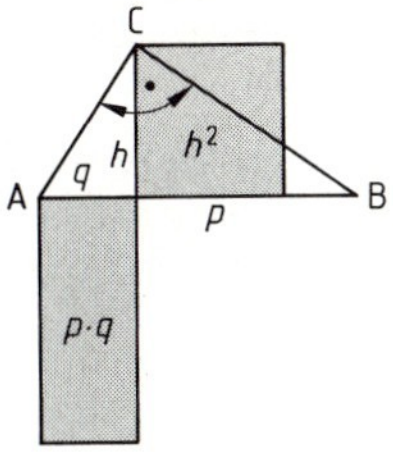

h	Höhe über der Hypotenuse	m
p, q	Hypotenusenabschnitte	m

Im rechtwinkligen Dreieck ist das Quadrat über der Höhe h flächengleich dem * Rechteck aus den Projektionen der Katheten auf die Hypotenuse, d.h. flächengleich dem Produkt aus den Hypothenusenabschnitten p und q.

Hohlkugel

$$A_o = 4 \cdot \pi \cdot (r_2^2 + r_1^2) = \pi \cdot (d_2^2 + d_1^2)$$

$$V = \frac{4}{3} \cdot \pi \cdot (r_2^3 - r_1^3) \approx 4{,}1888 \cdot (r_2^3 - r_1^3)$$

$$V = \frac{1}{6} \cdot \pi \cdot (d_2^3 - d_1^3) \approx 0{,}5236 \cdot (d_2^3 - d_1^3)$$

A_o	Oberfläche	m^2
V	* Volumen	m^3
r_2, d_2	Außenradius, Außendurchmesser	m
r_1, d_1	Innenradius, Innendurchmesser	m

Hohlkugelausschnitt (Hohlkugelsektor)

$$V = \frac{2}{3} \cdot \pi \cdot \frac{h}{r_1} \cdot (r_2^3 - r_1^3)$$

$$V = \frac{1}{6} \cdot \pi \cdot \frac{h}{d_1} \cdot (d_2^3 - d_1^3)$$

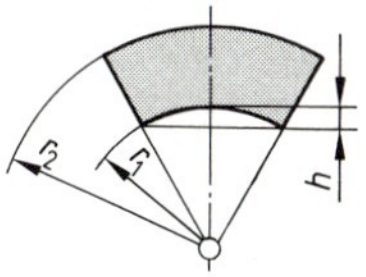

V	* Volumen	m^3
h	Höhe des inneren Segments	m
r_2, d_2	Außenradius, Außendurchmesser	m
r_1, d_1	Innenradius, Innendurchmesser	m

Hohlspiegel

→ Spiegelformel

Hohlzylinder

$$A_{Ma} = \pi \cdot d_2 \cdot h$$

$$A_{Mi} = \pi \cdot d_1 \cdot h$$

$$V = \frac{\pi \cdot h}{4} \cdot (d_2^2 - d_1^2)$$

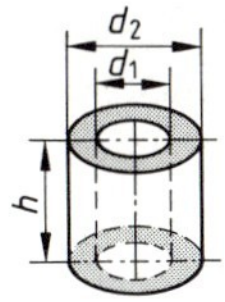

A_{Ma}	Außen-Mantelfläche	m^2
A_{Mi}	Innen-Mantelfläche	m^2
d_2	Außendurchmesser	m
d_1	Innendurchmesser	m
h	Höhe	m

Hookesches Gesetz

$$\varepsilon = \frac{1}{E} \cdot \sigma$$

→ Dehnung, Elastizitätsmodul, Federsteifigkeit

ε	* Dehnung	1
E	* Elastizitätsmodul	N/mm^2
σ	* Spannung, mechanische	N/mm^2

Horizontentfernung

→ Sichtweite

Hubarbeit

$$W_H = F_G \cdot h$$

W_H	Hubarbeit	N·m
F_G	* Gewichtskraft	N
h	Hubhöhe	m

Hub-Bohrungs-Verhältnis

$$\xi = \frac{s}{d}$$

ξ	Hub-Bohrungs-Verhältnis	1
s	Kolbenhub	m
d	Durchmesser der Zylinderbohrung	m

Hubleistung

$$P_H = \frac{W_H}{t}$$

→ Leistung, mechanische

P_H	Hubleistung	W
W_H	* Hubarbeit	N·m = W·s
t	* Zeit	s

Hubraum (Zylinderhubvolumen)

Kolbendampfmaschine

$$V_h = A_m \cdot s \qquad A_m = \frac{A_D + A_K}{2}$$

Verbrennungsmotor, Verdichter

$$V_h = A \cdot s \qquad V_H = V_h \cdot z$$

V_h	Hubraum	dm^3
A_m	Mittlere Kolbenfläche	dm^2
A_D	Kolbenfläche der Deckelseite	dm^2
A_K	Kolbenfläche der Kurbelseite	dm^2
V_H	Gesamthubraum	dm^3
s	Hub (Kolbenweg)	dm
z	Anzahl der Zylinder	1

Hubraumarbeit

→ Leistung von Kolbenkraftmaschinen

Hubraumleistung des Verbrennungsmotors

$$P_H = \frac{P}{V_H}$$

P_H	Hubraumleistung	kW/dm^3
P	Dauerleistung (Nennleistung)	kW
V_H	Gesamt-* Hubraum	dm^3

Hydraulische Presse

$$p = \frac{F}{A} = \frac{F_1}{A_1} = \frac{F_2}{A_2}$$

$$F_1 = F_2 \cdot i_F = \frac{F_2}{i_s} = p \cdot A_1$$

$$F_2 = F_1 \cdot i_s = \frac{F_1}{i_F} = p \cdot A_2$$

$$s_1 = s_2 \cdot i_s = \frac{s_2}{i_F}$$

$$s_2 = s_1 \cdot i_F = \frac{s_1}{i_s}$$

$$W = p \cdot A_1 \cdot s_1 = p \cdot A_2 \cdot s_2 = p \cdot V$$

$$i_s = \frac{s_1}{s_2} = \left(\frac{d_2}{d_1}\right)^2 = \frac{F_2}{F_1} = \frac{A_2}{A_1} = \frac{1}{i_F}$$

$$i_F = \frac{1}{i_s}$$

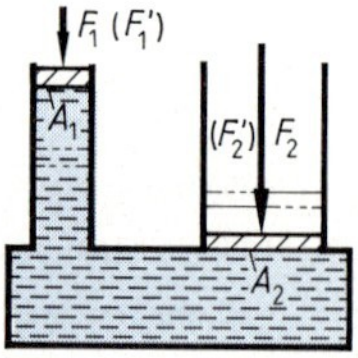

p	Kolbendruck (Preßdruck)	N/m^2 = Pa
F	Kolbenkraft	N
A	wirksame Kolbenfläche	m^2
i_F	Kraftübersetzungsverhältnis	1
i_s	Hubübersetzungsverhältnis	1
s_1, s_2	Kolbenwege	m
W	Druckenergie	N·m = J
V	verdrängtes Flüssigkeitsvolumen	m^3
d_1, d_2	Kolbendurchmesser	m
p_R	Kolbendruck unter Berücksichtigung der * Reibung an den Dichtflächen	N/m^2 = Pa
F'	Kolbenkraft unter Berücksichtigung der * Reibung	N
F_R	* Reibungskraft	N

Unter Berücksichtigung der Reibung:

$$p_R = \frac{F_1' - F_{R1}}{A_1} = \frac{F_2' + F_{R2}}{A_2}$$

$$F_1' = p_R \cdot A_1 + F_{R1}$$

$$F_2' = p_R \cdot A_2 - F_{R2}$$

$$F_{R1} = \mu \cdot \pi \cdot d_1 \cdot h_1 \cdot p_R$$

$$F_{R2} = \mu \cdot \pi \cdot d_2 \cdot h_2 \cdot p_R$$

→ Druck, Energie, Kraft, Übersetzung von Kräften, Volumen

μ	* Reibungszahl	1
h	Höhe der Dichtungsanlage an der Zylinderwand	m

Druckkolben: Index 1
Preßkolben: Index 2

Hydraulischer Radius

$$r_h = \frac{A}{U}$$

$$r_h = \frac{\pi \cdot d^2}{4 \cdot \pi \cdot d} = \frac{d}{4} = \frac{r}{2}$$

→ Äquivalenter Durchmesser

r_h	hydraulischer Radius	m
A	Abflußquerschnitt	m^2
U	benetzter innerer Rohrumfang	m
d, r	Durchmesser bzw. Radius (innen) eines kreisrunden Rohres	m

Hydrostatischer Druck

Schwere- bzw. Gewichtsdruck

$$p = h \cdot \varrho \cdot g$$

$$p_{abs} = h \cdot \varrho \cdot g + p_{amb}$$

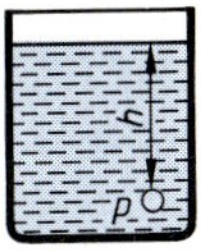

Preßdruck
(ohne Druckanteil durch Flüssigkeitsmasse)

$$p = \frac{F}{A}$$

$$A = \frac{\pi}{4} \cdot d^2$$

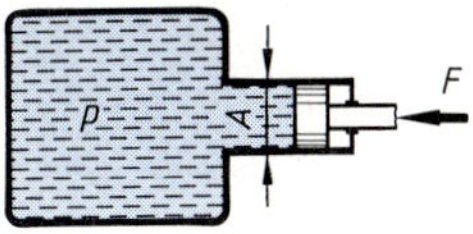

p	hydrostatischer Druck	$N/m^2 = Pa$
h	Höhe der Flüssigkeitssäule, d.h. hydrostatische * Druckhöhe	m
ϱ	* Dichte der Flüssigkeit	kg/m^3
g	* Fallbeschleunigung	m/s^2
p_{abs}	absoluter * Druck	$N/m^2 = Pa$
p_{amb}	atmosphärischer Luftdruck	$N/m^2 = Pa$
A	Kolbenfläche	m^2
d	Durchmesser eines kreisrunden Kolbens	m

Hydrostatisches Grundgesetz

$$\frac{F_1}{F_2} = \frac{A_1}{A_2}$$

→ Hydraulische Presse, Kraft

F	Kolbenkraft	N
A	Kolbenfläche	m^2

Druckkolben: Index 1
Preßkolben: Index 2

Hydrostatisches Paradoxon

→ Bodendruck

Hydrostatische Waage

→ Dichtebestimmung

Hyperonen

→ Elementarteilchen

Hypotenuse

→ *Euklid*-Satz, Höhensatz, *Pythagoras*-Satz

Ideelles Moment

→ Festigkeitshypothesen

Ideelle Spannung

→ Festigkeitshypothesen

Ikosaeder

Von zwanzig gleichseitigen kongruenten Dreiecken begrenzter Körper

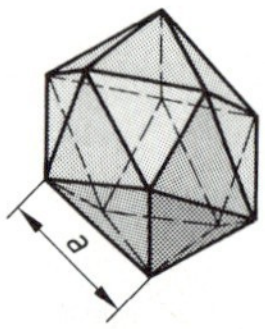

$$A_0 = 5 \cdot a^2 \cdot \sqrt{3} \approx 8{,}6603 \cdot a^2$$

$$V = \frac{5 \cdot a^3}{12} \cdot (3 + \sqrt{5}) \approx 2{,}1817 \cdot a^3$$

$$r_1 = \frac{a}{12} \cdot \sqrt{3} \cdot (3 + \sqrt{5}) \approx 0{,}756 \cdot a$$

$$r_2 = \frac{a}{4} \cdot \sqrt{10 + 2 \cdot \sqrt{5}} \approx 0{,}951 \cdot a$$

A_0	Oberfläche	m^2
a	Kantenlänge	m
V	* Volumen	m^3
r_1	Radius der einbeschriebenen * Kugel	m
r_2	Radius der umbeschriebenen * Kugel	m

→ Dodekaeder

Impedanz

→ Scheinwiderstand

Implikation-Verknüpfung

→ Logische Verknüpfungen

Impuls

→ Bewegungsgröße

Impuls in der Elektrotechnik

$$v = \frac{T}{\tau} \qquad g = \frac{\tau}{T} \qquad S = \frac{\Delta u}{\Delta t}$$

$$T = \tau + \tau_p \qquad f = \frac{1}{T}$$

v	Tastverhältnis	1
T	Pulsperiodendauer	s
τ	Impulsdauer	s
τ_p	Pausendauer (Impulsabstand)	s
g	Tastgrad	1
f	Pulsfrequenz	Hz
S	Flankensteilheit	V/s
Δi	Stromdifferenz	A
Δu	Spannungsdifferenz	V
Δt	Zeitdifferenz	s

Impulsänderung eines Körpers

$$\Delta p = F \cdot \Delta t$$

→ Bewegungsgröße

Δp	Impulsänderung	kg · m/s = N · s
F	beschleunigende * Kraft	N
Δt	Wirkzeit der * Kraft	s

npulserhaltung

$p = 0 = m \cdot v_0 = m \cdot v_t$

Bewegungsgröße, Geschwindigkeit

Δp	Impulsänderung	kg · m/s
m	* Masse des Körpers	kg
v_0	Anfangsgeschwindigkeit	m/s
v_t	Endgeschwindigkeit	m/s

ndex, stöchiometrischer

→ Stöchiometrischer Index

ndividuelle Gaskonstante

→ Gaskonstante

nduktion durch Bewegung

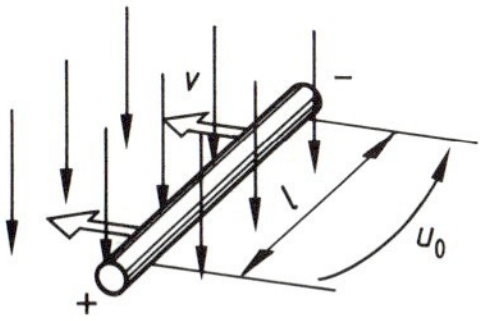

$) = B \cdot l \cdot v \cdot z$

u_0	induzierte elektrische Spannung	V
B	magnetische * Flußdichte	$T = V \cdot s/m^2$
l	wirksame Leiterlänge	m
v	* Geschwindigkeit	m/s
z	Leiterzahl	1

nduktion durch Flußänderung

nduktionsgesetz:

$) = - N \cdot \frac{\Delta \Phi}{\Delta t}$

u_0	induzierte elektrische * Spannung	V
$\Delta \Phi$	Flußänderung (Änderung des magnetischen Flusses)	Wb = V · s
Δt	Zeitdauer der Flußänderung	s
N	Windungszahl	1

nduktivität, Selbstinduktivität

$= \frac{N \cdot \Phi}{I} = \mu \cdot N^2 \cdot \frac{A}{l} = N^2 \cdot \Lambda$

$= - L \cdot \frac{\Delta I}{\Delta t}$

L	Induktivität	H = Wb/A
Φ	magnetischer * Fluß	Wb = V · s
N	Windungszahl	1
I	elektrische * Stromstärke	A
ΔI	Stromänderung	A
Δt	Zeitdauer der Änderung	s
μ	* Permeabilität	H/m
l	mittlere Feldlinienlänge	m
A	Querschnitt der Spule	m^2
Λ	magnetischer * Leitwert	H = Ω · s
u_i	Selbstinduktionsspannung	V

Augenblickswerte eines magnetischen Feldes beim Schalten einer Spule

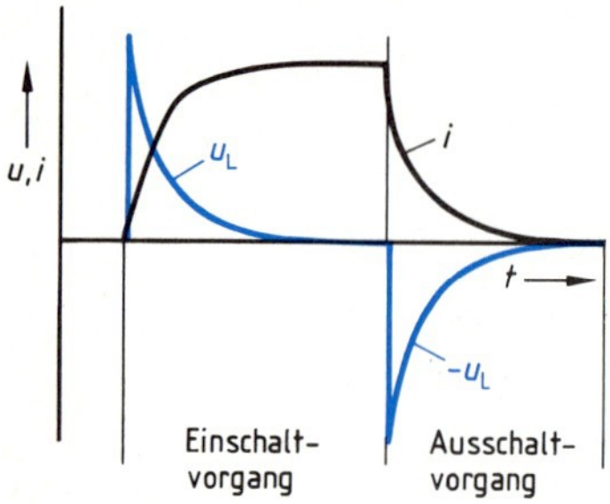

u_L	Augenblickswert der elektrischen Gleichspannung an der Spule	V
U	Gleichspannung	V
i	Augenblickswert des elektrischen Stromes in der Spule	A
R	Wirkwiderstand	Ω
e	Basis der natürlichen Logarithmen	1
t	* Zeit nach dem Schalten	s
τ	* Zeitkonstante	s

Beim Einschalten:

$$u_R = U \cdot [1 - e^{-(t/\tau)}]$$

$$u_L = U \cdot e^{-(t/\tau)}$$

$$i = \frac{U}{R} \cdot (1 - e^{-(t/\tau)})$$

Beim Ausschalten (Kurzschließen):

$$u_R = U \cdot e^{-(t/\tau)}$$

$$u_L = -U \cdot e^{-(t/\tau)}$$

$$i = \frac{U}{R} \cdot e^{-(t/\tau)}$$

Parallelschaltung von Induktivitäten

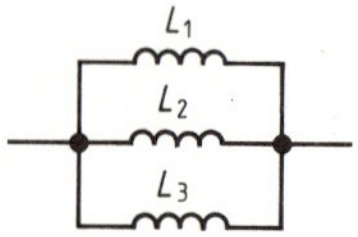

L	Ersatzinduktivität	H
$L_1, L_2, \ldots$	Teilinduktivitäten (bzw. L1, L2, ...)	H

$$\frac{1}{L} = \frac{1}{L_1} + \frac{1}{L_2} + \frac{1}{L_3} + \ldots$$

Reihenschaltung von Induktivitäten

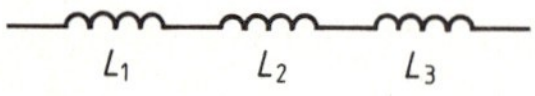

L	Ersatzinduktivität	H
$L_1, L_2, \ldots$	Teilinduktivitäten (bzw. L1, L2, ...)	H

$$L = L_1 + L_2 + L_3 + \ldots$$

Induktivität, gegenseitige
(früher: Gegeninduktivität)

$$L_{mn} = k \cdot \sqrt{L_1 \cdot L_2}$$

$$\sigma = \frac{\Phi_{1,0}}{\Phi_{1,1}} = \frac{\Phi_{2,0}}{\Phi_{2,1}}$$

$$\sigma = 1 - k^2$$

Von zwei parallelen Leitungen ($l \gg d$):

$$L_{mn} = \frac{\mu_0 \cdot l}{2 \cdot \pi} \cdot \left(\ln \frac{2 \cdot l}{d} - 1\right)$$

Von zwei Spulen:

$$L_{mn} = N_2 \cdot \frac{\Phi_{1,1}}{i_1} = N_1 \cdot \frac{\Phi_{2,1}}{i_2}$$

$$L_{mn} = \frac{N_1 \cdot N_2}{R_m} = N_1 \cdot N_2 \cdot \Lambda$$

L_{mn}	gegenseitige Induktivität	H
k	Kopplungsfaktor	1
L_1, L_2	* Induktivitäten	H
σ	Streufaktor	1
$\Phi_{1,0}$	Streufluß der Spule 1	Wb
$\Phi_{2,0}$	Streufluß der Spule 2	Wb
$\Phi_{1,1}$	Fluß, erzeugt von Spule 1	Wb
$\Phi_{2,1}$	Fluß, erzeugt von Spule 2	Wb
μ_0	magnetische * Feldkonstante	V·s/(A·m)
l	Leiterlänge	m
d	Abstand der Leiter	m
N_1, N_2	Windungszahlen	1
i_1, i_2	Augenblickswerte der Stromstärken	A
R_m	magnetischer Widerstand	Ω
Λ	magnetischer * Leitwert	H

Informationsgehalt eines Ergebnisses

$$I(x_i) = \log_2 \frac{1}{p(x_i)}$$

$I(x_i)$	Informationsgehalt eines Ergebnisses	bit
$p(x_i)$	Wahrscheinlichkeit	1

Informationsgehalt, mittlerer

$$H = \sum_{i=1}^{n} p(x_i) \cdot I(x_i)$$

H	Informationsgehalt, mittlerer	bit
I	Informationsgehalt der Einzelergebnisse	bit
n	Menge von Ergebnissen	1
$p(x_i)$	Wahrscheinlichkeit	1

INHIBIT-Verknüpfung

→ Logische Verknüpfung

Innenbeleuchtung
nach der Wirkungsgradmethode

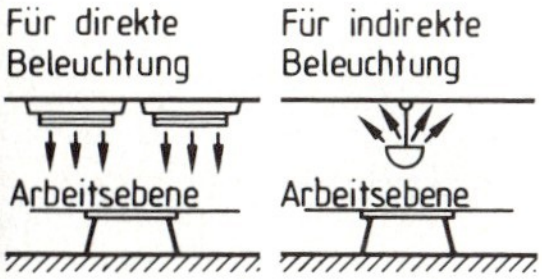

Für direkte Beleuchtung:

$$k = \frac{l \cdot b}{h \cdot (l + b)}$$

Für indirekte Beleuchtung:

$$k_i = \frac{3 \cdot l \cdot b}{2 \cdot h' \cdot (l + b)}$$

k	Raumindex für direkte Beleuchtung	1
k_i	Raumindex für indirekte Beleuchtung	1
l	Länge des Raumes	m
b	Breite des Raumes	m
h	Höhe der Leuchte über der Arbeitsebene	m
h'	Höhe der Decke über der Arbeitsebene	m

Innenwiderstand

→ Element, galvanisches

Innere Energie

$U = F + T \cdot S$

$\Delta U = m \cdot c_V \cdot \Delta T$

→ Zustandsänderungen idealer Gase

U	innere Energie	J
F	* freie Energie	J
T	absolute (thermodynamische) * Temperatur	K
S	* Entropie	J/K
ΔU	Änderung der inneren Energie	J
m	* Masse	kg
c_V	* spezifische Wärmekapazität bei konstantem * Volumen	J/(kg · K)
ΔT	Temperaturdifferenz	K

Innere Energie, spezifische

$u = c_V \cdot T$

u	spezifische innere Energie	J/kg
c_V	* spezifische Wärmekapazität bei konstantem * Volumen	J/(kg · K)
T	absolute (thermodynamische) * Temperatur	K

Interferenz des Lichts

Fresnel-Spiegelversuch

Die Entfernungsdifferenz des Punktes D (siehe Bild) von den scheinbaren Lichtquellen L₁′ und L₂′ beträgt eine halbe Wellenlänge λ. Somit

$\overline{DL_2'} - \overline{DL_1'} = \frac{\lambda}{2}$

$\frac{\lambda}{2} : a = d : e$

$\lambda = \frac{2 \cdot a \cdot d}{e}$

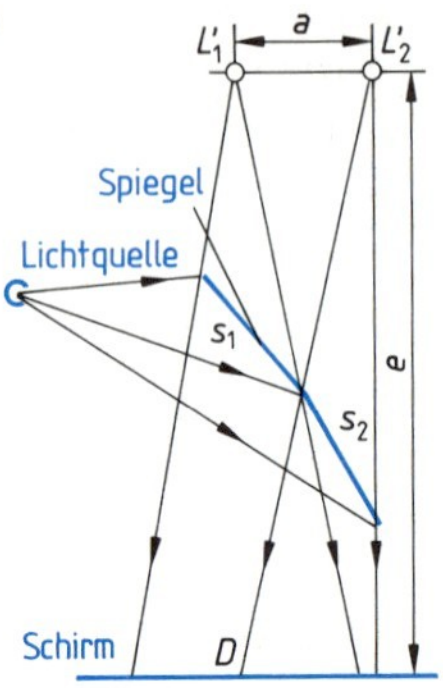

λ	* Wellenlänge des Lichts	m
a	Abstand der zwei Spiegelbilder L_1' und L_2' (scheinbare Lichtquellen)	m
d	Abstand zwischen einem hellen und einem dunklen Streifen	m
	Wird d zwischen zwei gleichen Streifen gemessen, dann entfällt in der Gleichung der Divisor 2	
e	Abstand des Schirmes	m

Farben dünner Plättchen

$\Delta s = 2 \cdot d \cdot n - \frac{\lambda}{2}$

Auslöschung bei:

$2 \cdot d = k \cdot \frac{\lambda}{n}$

Verstärkung bei:

$2 \cdot d = \frac{2 \cdot k + 1}{2} \cdot \frac{\lambda}{n}$

$k = 0,1,2,\ldots$

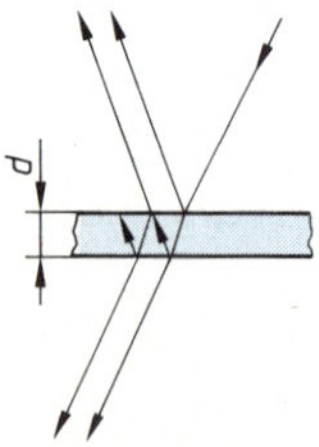

Δs	Gangunterschied bei senkrechtem Lichteinfall	m
d	Dicke des Plättchens	m
n	* Brechzahl des Plättchens	1
λ	* Wellenlänge des Lichts	m

***Newton*-Ringe**

Dunkelheit bei:

$$r_k^2 = 2 \cdot R \cdot k \cdot \frac{\lambda}{2}$$

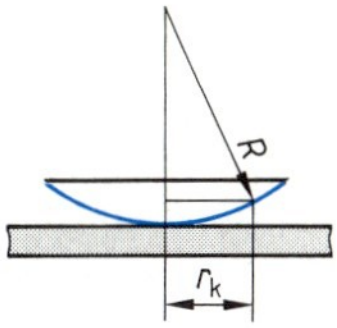

Helligkeit bei:

$$r_k^2 = R \cdot \frac{2 \cdot k + 1}{2} \cdot \lambda$$

$k = 0,1,2,\ldots$

r_k	Radius des k-ten Ringes	m
R	Krümmungsradius der Kugelfläche	m
λ	* Wellenlänge des Lichts	m

→ Beugung des Lichts, Lichtbrechung

Internationale Normalatmosphäre

→ Normatmosphäre

Interpolation, lineare

Es wird vorausgesetzt, daß der Zuwachs der Funktionswerte y proportional zum Zuwachs der Argumente x erfolgt. Dann gilt

$$y = y_0 + \frac{(y_1 - y_0) \cdot (x - x_0)}{x_1 - x_0}$$

Für Tabellen mit gegenläufiger Tendenz von Argument und Funktionswert gilt

$$y = y_1 + \frac{(y_0 - y_1) \cdot (x_1 - x)}{x_1 - x_0}$$

y	gesuchter Funktionswert zu x, zwischen den gegebenen Werten y_0 und y_1
y_0	Funktionswert zu x_0 (dem Argument x_0 zugeordneter Wert in der Tabelle)
y_1	Funktionswert zu x_1 (dem Argument x_1 zugeordneter Wert in der Tabelle)
x	Bezugsargument zum gesuchten Wert y
x_0	Bezugsargument zu y_0 (x_0 ist gegenüber x_1 immer der kleinere Wert)
x_1	Bezugsargument zu y_1

Beispiel 1:

Einer Tabelle können die folgenden Zuordnungen entnommen werden:

Bezugsargument ϑ in °C	Funktionswert λ in W/(m·K)
.	.
.	.
.	.
20 (x_0)	$26{,}03 \cdot 10^{-3}$ (y_0)
80 (x_1)	$30{,}38 \cdot 10^{-3}$ (y_1)
.	.
.	.

Gesucht ist die Wärmeleitfähigkeit λ (y) bei $\vartheta = 60\,°C$ (x)

$$y = 26{,}03 + \frac{(30{,}38 - 26{,}03) \cdot (60 - 20)}{80 - 20}$$

$$y = 28{,}93$$

$$\lambda = \mathbf{28{,}93 \cdot 10^{-3}\ \frac{W}{m \cdot K}}$$

Beispiel 2:

Tabelle mit gegenläufiger Tendenz

Bezugsargument ϑ in °C	Funktionswert ϱ in kg/m^3
⋮	⋮
100 (x_0)	0,9329 (y_0)
160 (x_1)	0,8036 (y_1)
⋮	⋮

Gesucht ist die Dichte ϱ (y) bei 140 °C.

$$y = 0{,}8036 + \frac{(0{,}9329 - 0{,}8036) \cdot (160 - 140)}{160 - 100}$$

$$y = 0{,}8467$$

$$\varrho = \mathbf{0{,}8467\ kg/m^3}$$

Intervallmaß

→ Töne

Ionen

Anzahl der Elektronen bei *Kationen* (positiv geladenen Ionen)

$$N_e = Z - |z|$$

Anzahl der Elektronen bei *Anionen* (negativ geladenen Ionen)

$$N_e = Z + |z|$$

Angabe der *Ladungszahl* rechts hochgestellt am Atomsymbol oder an einer Gruppe von Atomsymbolen

E^z z.B. Al^{3+}, Cl^-, $(SO_4)^{2-}$

Ladung eines Ions mit der Ladungszahl z

$$Q = |z| \cdot 1{,}602 \cdot 10^{-19}\ C$$

N_e	Elektronenzahl (→ Protonenzahl)	1
Z	* Protonenzahl	1
$\|z\|$	Betrag der * Ladungszahl eines Ions	1
Q	elektrische * Ladung	C

Ionendosis

$$J = \frac{Q}{m} \quad \text{bzw.} \quad J = \frac{dQ}{dm}$$

J	Ionendosis	C/kg
Q, dQ	elektrische * Ladung der Ionen eines Vorzeichens, die in einem Volumenelement Luft durch ionisierende Strahlung gebildet werden	C
m, dm	* Masse der Luft in dem Volumenelement	kg

Ionendosisrate (Ionendosisleistung)

$$\dot{J} = \frac{J}{t}$$

$\dot{J}$	Ionendosisrate, Ionendosisleistung	A/kg
J	* Ionendosis	C/kg
t	* Zeit	s

Ionenladungszahl

→ Äquivalentzahl, Ionen

Ionenprodukt des Wassers

$K_W = c(H^+) \cdot c(OH^-)$

K_W	Ionenprodukt des Wassers	mol^2/L^2
c	* Stoffmengenkonzentration des in der Klammer angegebenen Ions	mol/L

Isentrope, Adiabate

→ Zustandsänderungen idealer Gase

Isentropenexponent (Adiabatenexponent)

$$\varkappa = \frac{c_p}{c_V}$$

→ Verhältnis der spezifischen Wärmekapazitäten, Zustandsänderungen idealer Gase

$\varkappa$	Isentropenexponent	1
c_p	* spezifische Wärmekapazität bei konstantem * Druck	J/(kg·K)
c_V	* spezifische Wärmekapazität bei konstantem * Volumen	J/(kg·K)

Isobare

→ *Gay-Lussac*-Gesetze, Zustandsänderungen

Isochore

→ *Gay-Lussac*-Gesetze, Zustandsänderungen

Isotherme

→ *Boyle-Mariotte*-Gesetz, Zustandsänderungen

Isotope

→ Atomkern, Wasserstoffisotope

Josephson-Effekt

$$\frac{h}{e} = 4{,}136 \cdot 10^{-15}\ \mathrm{J \cdot s/C}$$

h	* *Planck*-Konstante	J·s
e	* Elementarladung	C

Joule-Thomson-Koeffizient

$$\mu = \frac{\Delta T}{\Delta p}$$

ΔT und Δp jeweils bei konstanter * Enthalpie

μ	*Joule-Thomson*-Koeffizient	K/Pa
ΔT	Temperaturänderung	K
Δp	Druckänderung	$N/m^2 = Pa$

Kalotte

→ Kugelkappe

Kammerton

→ Norm-Stimmton

Kanalfaktor

$$k = \frac{p_{dyn} \cdot A \cdot v}{P}$$

$$k = \frac{\varrho \cdot A \cdot v^3}{2 \cdot P}$$

Unter dem Kanalfaktor versteht man das Verhältnis der Meßstrahlleistung im Windkanal zur Antriebsleistung des Gebläses.

→ Geschwindigkeit, Leistung, Turbulenzfaktor

k	Kanalfaktor	1
p_{dyn}	* Staudruck (dynamischer Druck)	$N/m^2 = Pa$
A	Querschnitt der Meßstrecke	m^2
v	Luftgeschwindigkeit im Meßstrahl	m/s
ϱ	* Dichte der Luft	kg/m^3
P	Gebläseantriebsleistung	N·m/s = W

Kapazität, elektrische (beim Kondensator)

Kapazität

$$C = \frac{Q}{U}$$

C	elektrische Kapazität	F
Q	gespeicherte elektrische * Ladung	C
U	elektrische * Spannung	V

Kapazität beim Plattenkondensator
(homogenes Feld)

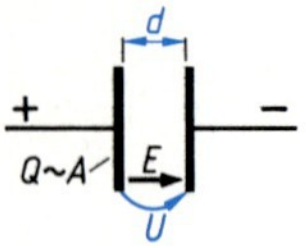

$$E = \frac{U}{d} \qquad C = \varepsilon \cdot \frac{A}{d}$$

Kapazität eines Wickelkondensators

$$C = \frac{2 \cdot \varepsilon \cdot A}{d}$$

Kapazität eines Drehkondensators

$$C_{max} = \frac{(n - 1) \cdot \varepsilon \cdot A}{d}$$

E	elektrische * Feldstärke zwischen den Platten	V/m
U	elektrische * Spannung	V
d	Plattenabstand bzw. Isolierstoffdicke	m
C	elektrische * Kapazität	F
C_{max}	maximale Kapazität eines Plattenkondensators	F
ε	* Permittivität	F/m
A	wirksame Fläche (Feldquerschnitt)	m^2
n	Anzahl der Platten eines Plattenkondensators	1

Dielektrikum im Kondensator ($\varepsilon_r > 1$)

$$\varepsilon = \varepsilon_r \cdot \varepsilon_0$$

ε	* Permittivität	F/m
ε_r	* Permittivitätszahl, relative Permittivität	1
ε_0	elektrische * Feldkonstante	F/m

Im Kondensator gespeicherte Energie

$$W = 0{,}5 \cdot C \cdot U^2$$

W	gespeicherte elektrische * Energie	J = W·s
C	* Kapazität	F
U	Spannung am Kondensator	V

Kraft zwischen geladenen Kondensatorplatten

$$F_p = 0{,}5 \cdot \varepsilon \cdot \frac{U^2}{d^2} \cdot A$$

F_p	* Kraft zwischen geladenen Kondensatorplatten	N
ε	* Permittivität	F/m
U	* Spannung zwischen den Platten	V
d	Plattenabstand	m
A	wirksame Fläche, Feldquerschnitt	m^2

Flächenladungsdichte, Ladungsbedeckung

$$\sigma = \frac{Q}{A} = E \cdot \varepsilon$$

σ	Flächenladungsdichte	$C/m^2 = A \cdot s/m^2$
Q	elektrische * Ladung	C
A	wirksame Fläche, Feldquerschnitt	m^2
E	elektrische * Feldstärke	$N/(A \cdot s) = N/C$
ε	* Permittivität	F/m

Schaltung von Kondensatoren

Reihenschaltung von Kondensatoren

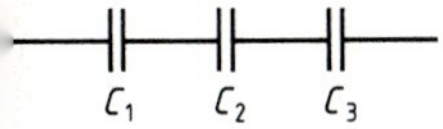

C	Ersatzkapazität	F
$C_1, C_2 \ldots$	Teilkapazitäten	F

$$\frac{1}{C} = \frac{1}{C_1} + \frac{1}{C_2} + \frac{1}{C_3} + \ldots$$

Reihenschaltung von 2 Kondensatoren: $C = \dfrac{C_1 \cdot C_2}{C_1 + C_2}$

Parallelschaltung von Kondensatoren

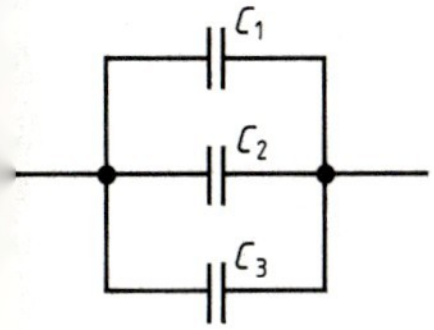

C	Ersatzkapazität	F
$C_1, C_2 \ldots$	Teilkapazitäten	F

$$C = C_1 + C_2 + C_3 + \ldots$$

Gemischte Schaltung von Kondensatoren → Widerstand, elektrischer

Ladezeit und Entladezeit von Kondensatoren

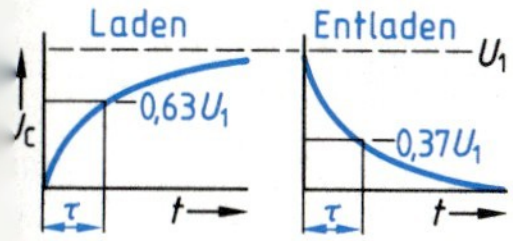

τ_C	Ladezeit, Entladezeit	s
τ	Zeitkonstante	s
U_C	Spannung am Kondensator	V
U_1	Spannung am RC-Glied	V
e	* *Eulersche* Zahl (e = 2,718...)	1

$$\tau_C \approx 5 \cdot \tau$$

Laden:

$$U_C = U_1 \cdot (1 - e^{-t/\tau})$$

Entladen:

$$U_C = U_1 \cdot e^{-t/\tau}$$

→ *Coulombsches* Gesetz, Zeitkonstante

Kapazität beim Akkumulator
→ Akkumulator

Kapillarität
→ Oberflächenspannung

Kathete
→ *Euklid*-Satz, Höhensatz, *Pythagoras*-Satz, Winkelfunktionen

Kathetensatz
→ *Euklid*-Satz

Kationen
→ Ionen

Kegel

Gerader Kreiskegel

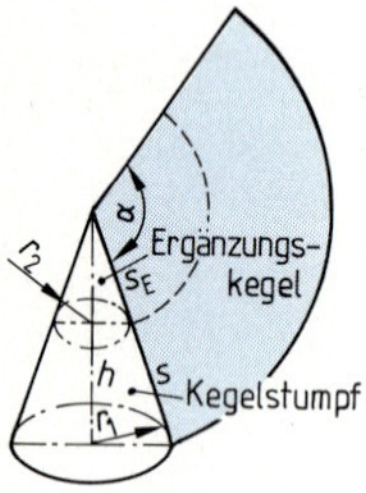

A_M	Mantelfläche	m^2
A_0	Oberfläche	m^2
r_1	Radius der Grundfläche	m
r_2	Radius der Deckfläche	m
d_1	Durchmesser der Grundfläche	m
d_2	Durchmesser der Deckfläche	m
s	Seitenkante	m
s_E	Seitenkante des Ergänzungskegels	m
h	Höhe	m
h_E	Höhe des Ergänzungskegels	m
V	* Volumen	m
α	* Winkel des abgewickelten Mantels	
$\widehat{\alpha}$	* Winkel des abgewickelten Mantels	ra

$$A_M = \pi \cdot r_1 \cdot s = \pi \cdot r_1 \cdot \sqrt{h^2 + r_1^2}$$

$$A_M = \frac{\pi \cdot s^2 \cdot \alpha}{360°}$$

$$A_0 = \pi \cdot r_1^2 + A_M = \frac{\pi \cdot d_1^2}{4} + A_M$$

$$A_0 = \pi \cdot r_1 \cdot (r_1 + s)$$

$$A_0 = \pi \cdot \frac{d_1}{4} \cdot (d_1 + 2 \cdot s)$$

$$s = \sqrt{h^2 + r_1^2}$$

$$h = \sqrt{s^2 - r_1^2}$$

$$V = \frac{\pi \cdot r_1^2 \cdot h}{3} = \frac{\pi \cdot d_1^2 \cdot h}{12}$$

$$\alpha = 360° \cdot \frac{r_1}{s}$$

$$\widehat{\alpha} = 2 \cdot \pi \cdot \frac{r_1}{s}$$

Kegelstumpf
(s. Bild: Gerader Kreiskegel)

$$A_M = \pi \cdot s \cdot (r_1 + r_2) = \frac{\pi \cdot s}{2} \cdot (d_1 + d_2)$$

$$A_0 = \pi \cdot (r_1^2 + r_2^2) + A_M = \frac{\pi}{4} \cdot (d_1^2 + d_2^2) + A_M$$

$$A_0 = \pi \cdot [r_1^2 + r_2^2 + s \cdot (r_1 + r_2)]$$

$$A_0 = \frac{\pi}{4} \cdot [d_1^2 + d_2^2 + 2 \cdot s \cdot (d_1 + d_2)]$$

$$s = \sqrt{h^2 + (r_1 - r_2)^2}$$

$$V = \frac{\pi \cdot h}{3} \cdot (r_1^2 + r_1 \cdot r_2 + r_2^2)$$

$$V = \frac{\pi \cdot h}{12} \cdot (d_1^2 + d_1 \cdot d_2 + d_2^2)$$

$$h_E = \frac{r_2 \cdot h}{r_1 - r_2}$$

$$s_E = 360° \cdot \frac{r_2}{\alpha} = \frac{r_2 \cdot s}{r_1 - r_2}$$

A_M	Mantelfläche	m^2
A_0	Oberfläche	m^2
r_1	Radius der Grundfläche	m
r_2	Radius der Deckfläche	m
d_1	Durchmesser der Grundfläche	m
d_2	Durchmesser der Deckfläche	m
s	Seitenkante	m
s_E	Seitenkante des Ergänzungskegels	m
h	Höhe	m
h_E	Höhe des Ergänzungskegels	m
V	* Volumen	m^3
α	* Winkel des abgewickelten Mantels	°

Kegeldrehen

Kegelfunktionen

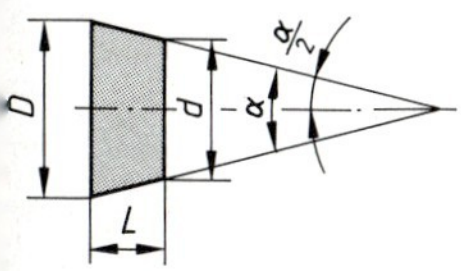

$$C = \frac{D - d}{L} = 2 \cdot \tan \frac{\alpha}{2}$$

$$\tan \frac{\alpha}{2} = \frac{C}{2}$$

$$\tan \frac{\alpha}{2} = \frac{D - d}{2 \cdot L}$$

C	Kegelverjüngung	1
D	großer Kegeldurchmesser	mm
d	kleiner Kegeldurchmesser	mm
α	Kegelwinkel	°
$\frac{\alpha}{2}$	Kegel-Erzeugungswinkel (Einstellwinkel)	°
L_W	Werkstücklänge	mm
L	Kegellänge	mm
V_R	Reitstockverstellung	mm

Reitstockverstellung

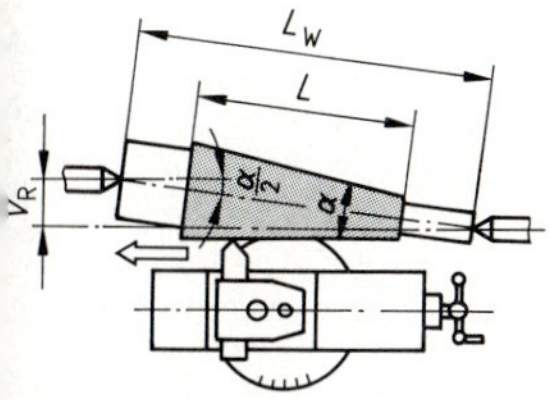

$$V_R = \frac{C}{2} \cdot L_W$$

$$V_R = \frac{D - d}{2} \cdot \frac{L_W}{L}$$

$$V_R \leq \frac{L_W}{50}$$

Supportverstellung
(Oberschlitten)

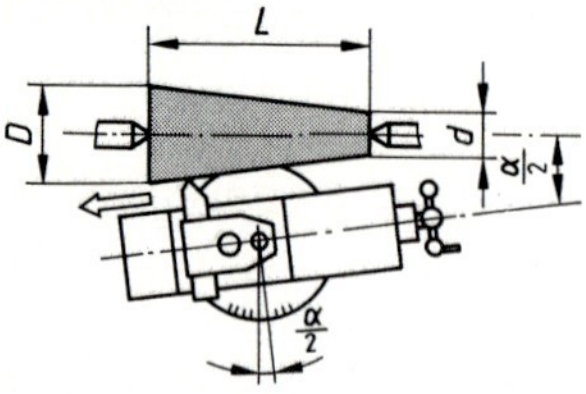

$$\tan\frac{\alpha}{2} = \frac{D - d}{2 \cdot L}$$

Keil

$$1 : y = \frac{h - h'}{l}$$

$$h = h' + \frac{l}{y}$$

$$l = y \cdot (h - h')$$

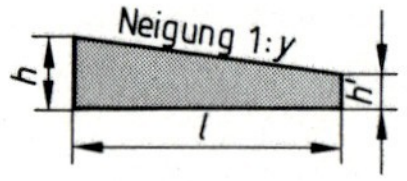

$1 : y$	Keilneigung	1
h	große Höhe	mm
h'	kleine Höhe	mm
l	Keillänge	mm

Keilkraft zum Eintreiben (Schlagkraft)

$$F = \frac{b}{l} \cdot F_N = 2 \cdot \sin\frac{\alpha}{2} \cdot F_N$$

mit Reibung:

$$F = 2 \cdot \sqrt{F_N^2 + F_R^2} \cdot \sin\left(\frac{\alpha}{2} + \varrho\right)$$

$$\mu = \tan \varrho$$

→ Geneigte Ebene, Kraft, Reibungskraft, Reibungswinkel

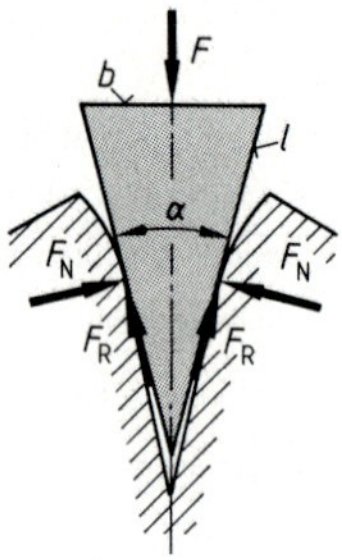

F	Keilkraft zum Eintreiben	N
F_N	Wangenkraft (Normalkraft)	N
F_R	* Reibungskraft	N
b	Keilbreite	mm
l	Keilwangenlänge	mm
α	Keilwinkel	°, rad
μ	* Reibungszahl	1
ϱ	* Reibungswinkel	°, rad

Keilkraft zum Bewegen eines Körpers
(längs einer symmetrischen Keilnut)

$$F_B = 2 \cdot F_R$$

$$F_B = 2 \cdot \mu \cdot F_N$$

$$F_B = \mu \cdot \frac{F}{\sin\frac{\alpha}{2}}$$

→ Geneigte Ebene, Kraft, Reibungskraft

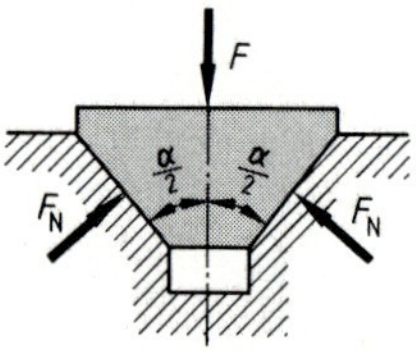

F_B	Bewegungskraft	N
F_R	* Reibungskraft	N
F_N	Normalkraft	N
F	Keilwirkkraft	N
μ	* Reibungszahl	1
α	Keilwinkel	°, rad

Keilvolumen

$$V = \frac{a_1 + 2 \cdot a_2}{6} \cdot b \cdot h$$

→ Volumen

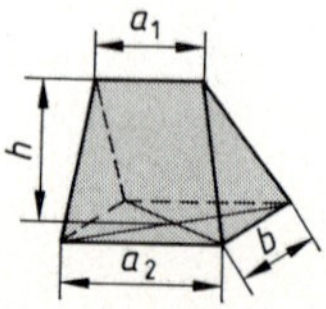

V	Keilvolumen	m
a_1, a_2	Seitenlängen	m
b	Breite der Grundfläche	m
h	Höhe	m

Keilwinkel

→ Schnittwinkel

Kelvin-Temperatur, *Kelvin*-Skale

→ Temperatur

Keplersche Gesetze

1. Gesetz: Bahnensatz

Die Bahnen der Planeten sind Ellipsen, in deren einem Brennpunkt die Sonne steht.

2. Gesetz: Flächensatz (Zentralbewegung)

Der Radiusvektor, d.h. die Verbindungsgerade Erde – Planet, überstreicht in gleichen Zeiten gleiche Flächen.

$A_1 = A_2$

$v_1 \cdot r_1 = v_2 \cdot r_2$

$v \cdot r = \text{konst.}$

$A = \frac{v \cdot r}{2} = \text{konst.}$

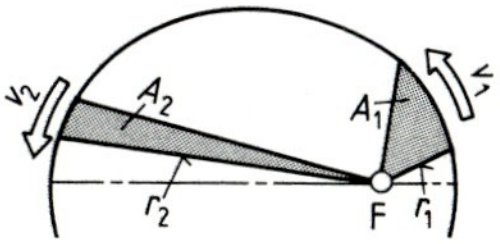

3. Gesetz: Zeitensatz

Die Quadrate der Umlaufzeiten zweier Planeten verhalten sich wie die dritten Potenzen der großen Halbachsen ihrer Bahnen.

$$\frac{T_1^2}{T_2^2} = \frac{a_1^3}{a_2^3} \rightarrow \frac{a^3}{T^2} = \text{konst.}$$

$$T_p = \sqrt{\frac{a_p^3}{a_E^3} \cdot T_E^2}$$

A_1, A_2	überstrichene Flächen	m^2, km^2
v_1, v_2	Umlaufgeschwindigkeiten	m/s, km/d
r_1, r_2	Sonnenfernen, Leitstrahlen	m, km
F	Mittelpunkt der Sonne, Brennpunkt der Ellipsenbahn	
T_1, T_2	Umlaufzeiten zweier Planeten	s, h, d
a_1, a_2	große Halbachsen der Ellipsenbahnen	m, km
T_p	Umlaufzeit eines Planeten in unserem Sonnensystem	s, h, d
a_p	große Halbachse der Ellipsenbahn des zu berechnenden Planeten	m, km
T_E	Umlaufzeit der Erde	s, h, d
a_E	große Halbachse der Erdbahnellipse	m, km

Gravitationsstörungen (nach *Newton*) sind im dritten Gesetz von *Kepler* nicht berücksichtigt.

→ Geschwindigkeit, Zeit

Kepler-Faßregel

→ Faß

Kerbempfindlichkeitszahl

→ Kerbwirkungszahl

Kerbformzahl

→ Kerbwirkungszahl

Kerbschlagarbeit

$A_v = m \cdot g \cdot (h_0 - h_1)$

$a_k = \frac{A_v}{S}$

A_v	Kerbschlagarbeit	J = N·m
m	* Masse des Pendelhammers	kg
g	* Fallbeschleunigung $g = 9{,}81\ m/s^2$	m/s^2
h_0	Höhe des Pendelhammers vor dem Ausklinken (Fallhöhe)	m
h_1	erreichte Höhe des Pendelhammers nach dem Durchschlagen der Probe (Steighöhe)	m
a_k	Kerbschlagzähigkeit	$J/cm^2 = N \cdot m/cm^2$
S	Prüfquerschnitt der Probe	cm^2

Kerbspannung

$$\sigma_{K\,max} = \beta_K \cdot \sigma_n \qquad \sigma_n = \frac{F}{S}$$

$$\tau_{K\,max} = \beta_K \cdot \tau_n \qquad \tau_n = \frac{F}{S}$$

$\sigma_{K\,max}$	maximale Normalspannung im Kerbengrund	N/mm²
β_K	* Kerbwirkungszahl	1
σ_n, τ_n	* Nennspannung	N/mm²
$\tau_{K\,max}$	maximale * Schubspannung im Kerbengrund	N/mm²
F	wirkende * Kraft	N
S	der durch die Kerbe geschwächte Querschnitt	mm²

Kerbwirkungszahl

$$\beta_K = 1 + (\alpha_K - 1) \cdot \eta_K$$

β_K	Kerbwirkungszahl	1
α_K	Kerbformzahl	1
η_K	Kerbempfindlichkeitszahl	1

Kerma

$$K = \frac{E_k}{m}$$

K	Kerma	Gy = J/kg
E_k	Summe der Anfangswerte der kinetischen * Energien aller geladenen Teilchen, die von indirekt ionisierender Strahlung aus dem Volumenelement eines Materials freigesetzt werden	J
m	* Masse des Materials im Volumenelement	kg

Kermaleistung (Kermarate)

$$\dot{K} = \frac{K}{t}$$

$\dot{K}$	Kermaleistung	Gy/s = W/kg
K	* Kerma	Gy
t	* Zeit	s

Kernfusion, Kernspaltung

→ Massendefekt

Kernladungszahl

→ Protonenzahl

Kernmagneton

$$\mu_N = \frac{e}{2 \cdot m_p} \cdot \frac{h}{2 \cdot \pi}$$

$\mu_N = 5{,}0508 \cdot 10^{-27}$ C·J·s/kg → Konstanten

μ_N	Kernmagneton	C·J·s/kg
e	* Elementarladung	C
m_p	* Masse des Protons	kg
h	* *Planck*-Konstante	J·s

Kernradius

→ Atomkern

Kernumwandlung

→ Radioaktivität

Kesselwanddicke

→ Wanddicke

Kinematische Viskosität

→ Viskosität

Kinetische Energie

→ Bewegungsenergie, Energie

Kinetische Gastheorie für ideale Gase

Druck eines Gases *bei konstanter Temperatur* (Grundgleichung der kinetischen Gastheorie):

$$p = \frac{1}{3} \cdot \frac{N}{V} \cdot m \cdot v^2$$

$$p = \frac{2}{3} \cdot \frac{N}{V} \cdot E_k$$

$$p = \frac{1}{3} \cdot \frac{N_A}{V_m} \cdot m \cdot v^2$$

$$p = \frac{1}{3} \cdot \varrho \cdot v^2$$

Volumenenergie eines Gases:

$$p \cdot V_m = R \cdot T$$

$$p \cdot V_m = N_A \cdot k \cdot T$$

Mittlere kinetische Energie der Moleküle:

$$E_k = \frac{i}{2} \cdot k \cdot T$$

Innere Energie:

$$U_m = \frac{i}{2} \cdot N_A \cdot k \cdot T \qquad \text{(je mol)}$$

$$U = \frac{i}{2} \cdot N \cdot m \cdot v^2$$

$$U = \frac{i}{2} \cdot n \cdot R \cdot T$$

$$U = \frac{i}{2} \cdot m \cdot R_B \cdot T$$

Zeitlich linearer Mittelwert der Geschwindigkeit von Molekülen (durchschnittliche Geschwindigkeit, arithmetisches Mittel):

$$v_D = \sqrt{\frac{8 \cdot k \cdot T}{\pi \cdot m}} = \sqrt{\frac{8 \cdot R \cdot T}{\pi \cdot M_B}} = \frac{2}{\sqrt{\pi}} \cdot v_W$$

Quadratischer Mittelwert der Geschwindigkeit von Molekülen (mittlere energetische Geschwindigkeit):

$$v = \sqrt{\frac{3 \cdot k \cdot T}{m}} = \sqrt{3 \cdot R_B \cdot T} = \sqrt{3 \cdot \frac{R \cdot T}{M_B}} = \sqrt{\frac{3 \cdot p}{\varrho}}$$

Geschwindigkeitsverteilung nach *Maxwell* (Anteil $\mathrm{d}N/N$ aller Moleküle, der bei der Temperatur T im Geschwindigkeitsbereich $\mathrm{d}v$ liegt):

$$\frac{\mathrm{d}N}{N} = \frac{4 \cdot v^2}{\sqrt{\pi} \cdot v_W^3} \cdot e^{-\left(\frac{v}{v_W}\right)^2} \cdot \mathrm{d}v$$

$$\frac{\mathrm{d}N}{N} = \frac{4 \cdot v^2}{\sqrt{\pi} \cdot (2 \cdot R_B \cdot T)^{3/2}} \cdot e^{-\frac{v^2}{2 \cdot R_B \cdot T}} \cdot \mathrm{d}v$$

Wahrscheinlichste Geschwindigkeit eines Moleküls (Maximum der Verteilungsfunktion):

$$v_W = \sqrt{\frac{2 \cdot k \cdot T}{m}} = \sqrt{2 \cdot R_B \cdot T} = \sqrt{\frac{2 \cdot R \cdot T}{M_B}}$$

p	* Druck des Gases	$\mathrm{N/m^2 = Pa}$
N	Anzahl der Teilchen	1
N_A	*Avogadro*-Konstante $N_A = 6{,}0221 \cdot 10^{23}\ \mathrm{mol^{-1}}$ → Konstanten	1/mol
V	* Volumen	$\mathrm{m^3}$
V_m	* molares Volumen	$\mathrm{m^3/mol}$
m	* Masse eines Gasteilchens	kg
v	mittlere energetische * Geschwindigkeit (quadratischer Mittelwert)	m/s
v_D	durchschnittliche * Geschwindigkeit	m/s
v_W	wahrscheinlichste * Geschwindigkeit	m/s
$\mathrm{d}v$	Geschwindigkeitsbereich	m/s
E_k	mittlere kinetische * Energie	J
ϱ	* Dichte des Gases	$\mathrm{kg/m^3}$
R	universelle * Gaskonstante $R = 8{,}31\ \mathrm{J/(mol \cdot K)}$ → Konstanten	J/(mol · K)
R_B	individuelle (spezielle) * Gaskonstante	J/(kg · K)
T	* Temperatur	K
k	* *Boltzmann*-Konstante	J/K
i	Anzahl der Freiheitsgrade der Moleküle eines Gases — einatomige Moleküle: $i = 3$ — zweiatomige Moleküle: $i = 5$ — drei- und mehratomige Moleküle: $i = 6$	1
U_m	molare * innere Energie	J/mol
U	* innere Energie	J
n	* Stoffmenge	mol
M_B	* molare Masse	kg/mol
$\frac{\mathrm{d}N}{N}$	Anteil aller vorliegenden Moleküle N	1
λ	mittlere freie Weglänge	m
d	Abstand der Mittelpunkte zweier Moleküle im Augenblick des Zusammenstoßes ($d = 2 \cdot r$, wobei r Radius der Moleküle)	m
$\dot{N}$	mittlere Stoßzahl, Stoßfrequenz	1/s
η	dynamische * Viskosität	Pa · s

Für zwei Gase mit $p_1 = p_2$ und $T_1 = T_2$:

$$\frac{v_1}{v_2} = \sqrt{\frac{\varrho_2}{\varrho_1}}$$

Mittlere freie Weglänge eines Moleküls

$$\lambda = \frac{V}{\pi \cdot \sqrt{2} \cdot d^2 \cdot N} = \frac{M_B}{\pi \cdot \sqrt{2} \cdot d^2 \cdot N_A \cdot \varrho} = \frac{k \cdot T}{\sqrt{2} \cdot \pi \cdot d^2 \cdot p}$$

Anzahl der Zusammenstöße eines Moleküls je Zeiteinheit (mittlere Stoßzahl)

$$\dot{N} = \frac{v}{\lambda} = \frac{\pi \cdot \sqrt{2} \cdot d^2 \cdot N \cdot v}{V} = \frac{\pi \cdot \sqrt{2} \cdot d^2 \cdot N_A \cdot \varrho \cdot v}{M_B}$$

Dynamische Viskosität eines Gases

$$\eta = \frac{\lambda \cdot \varrho \cdot v}{3}$$

→ Gasgemisch idealer Gase

Kinetischer Druck

→ Staudruck

Kippmoment

→ Kippsicherheit

Kippschaltungen

Astabile Kippschaltung

$$t_p \approx 0{,}69 \cdot R_1 \cdot C_1$$

$$t_i \approx 0{,}69 \cdot R_2 \cdot C_2$$

$$T \approx t_p + t_i \qquad g = \frac{t_i}{T}$$

$$f = \frac{1}{0{,}69 \cdot (R_1 \cdot C_1 + R_2 \cdot C_2)}$$

Monostabile Kippschaltung

$$t_i \approx 0{,}69 \cdot R_3 \cdot C_2$$

$$t_p \geq 5 \cdot R_4 \cdot C_2$$

t_p	Pausenzeit	s
t_i	Impulszeit	s
T	Taktdauer	s
g	Tastgrad	s
f	Taktfrequenz	Hz
R_1, R_2	Basisvorwiderstände	Ω
R_3	Ladewiderstand für Impulszeit	Ω
R_4	Ladewiderstand für Pausenzeit	Ω
C	* Kapazität	F

Kippsicherheit

$$\nu_K = \frac{\Sigma M_S}{\Sigma M_K} > 1$$

$$M_S = F_S \cdot a$$

$$M_K = F_K \cdot b$$

→ Kraft, Kraftmoment, Seitendruck

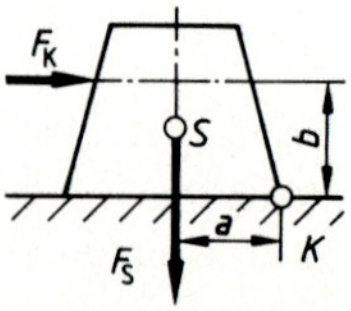

ν_K	Kippsicherheit	1
M_S	Standmoment	N · m
M_K	Kippmoment	N · m
F_S	Standkraft	N
F_K	Kippkraft	N
a, b	rechtwinklige Abstände der Kraftwirkungslinie von der Kippkante K	m

Kirchhoffsche Regeln

Knotenregel, Knotenpunktregel (1. *Kirchhoffsche* Regel)

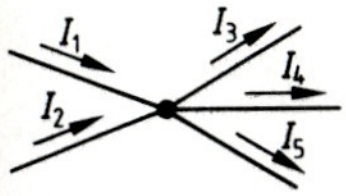

$$\Sigma I_{zu} = \Sigma I_{ab}$$

$$I_1 + I_2 = I_3 + I_4 + I_5$$

I_1, I_2	zufließende Ströme	A
I_3, I_4, I_5	abfließende Ströme	A
ΣI_{zu}	Summe der zufließenden Ströme	A
ΣI_{ab}	Summe der abfließenden Ströme	A

Knoten(punkt)regel:
Die Summe der zufließenden Ströme ist gleich der Summe der abfließenden Ströme.

Maschenregel (2. *Kirchhoffsche* Regel)

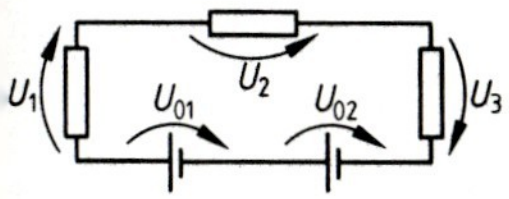

$$\Sigma U_{erz} = \Sigma U_{verbr}$$

$$U_{01} + U_{02} = U_1 + U_2 + U_3$$

U_{01}, U_{02}	Erzeugerspannungen (U_{erz})	V
U_1, U_2, U_3	Verbraucherspannungen (U_{verbr})	V
ΣU_{erz}	Summe der Erzeugerspannungen	V
ΣU_{verbr}	Summe der Verbraucherspannungen	V

Maschenregel:
Die Summe der Erzeugerspannungen ist gleich der Summe der Verbraucherspannungen.

Kirchhoffsches Gesetz der Wärmestrahlung (Strahlungsvermögen)

$$\frac{\varepsilon}{\alpha} = \frac{\alpha}{\varepsilon} = \varepsilon_S = \alpha_S = 1$$

ε	Emissionsgrad	1
α	* Absorptionsgrad	1

Index S für "absolut schwarzer Körper"

→ Strahlungskonstante, *Stefan-Boltzmann*-Strahlungsgesetz

Klammern

→ Vorzeichenregeln

Klebeverbindung, Lötverbindung

$$\tau_a = \frac{F}{S} \leq \tau_{a\,zul}$$

$$S = b \cdot l$$

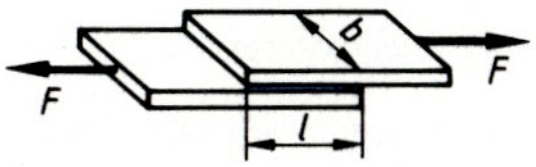

Bei Rohrsteckverbindungen:

$$S = \pi \cdot d \cdot l$$

→ Scherspannung

τ_a	Abscherspannung	N/mm^2
F	übertragbare * Kraft	N
S	Klebe- (bzw. Löt-) Fläche	mm^2
b	Klebebreite	mm
l	Klebelänge	mm
d	Außendurchmesser des inneren Rohres	mm

Klirrfaktor

→ Oberschwingungsgehalt

Knickfestigkeit im Maschinenbau

Elastischer Bereich (*Euler*-Hyperbel)

$\sigma_K \leq \sigma_P$

$$F_K = \frac{\pi^2 \cdot E \cdot I_{min}}{l_K^2}$$

$$\sigma_K = \frac{F_K}{S} = \frac{\pi^2 \cdot E \cdot I_{min}}{l_K^2 \cdot S}$$

$$\sigma_K = \frac{\pi^2 \cdot E}{\lambda^2}$$

$$\lambda = \frac{l_K}{i_{min}}$$

$$i_{min} = \sqrt{\frac{I_{min}}{S}}$$

$$I_{min\,erf} = \frac{\nu_K \cdot F \cdot l_K^2}{\pi^2 \cdot E} \quad \text{mit } \nu_K = \frac{F_K}{F}$$

$$\lambda_0 = \pi \cdot \sqrt{\frac{E}{\sigma_P}}$$

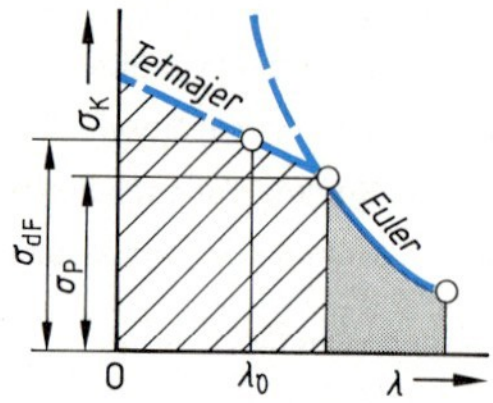

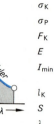

σ_K	Knickspannung	N/mm^2
σ_P	Proportionalitätsgrenze	N/mm^2
F_K	Knickkraft	N
E	* Elastizitätsmodul	N/mm^2
I_{min}	minimales * Flächenmoment 2. Grades (Flächenträgheitsmoment)	mm^4
l_K	Knicklänge	mm
S	Querschnittsfläche des Stabes	mm^2
λ	* Schlankheitsgrad	1
i_{min}	kleinster * Trägheitsradius	mm
ν_K	Knicksicherheit	1
F	im Stab wirkende Druckkraft	N
λ_0	Grenzschlankheitsgrad beim Übergang von der *Euler*-Hyperbel zur *Tetmajer*-Geraden	1

→ *Euler*-Knickformeln, Flächenmoment 2. Grades, Omega-Verfahren, *Tetmajer*-Formel, Trägheitsradius

Unelastischer Bereich (*Tetmajer*-Gerade)

→ *Tetmajer*-Formel

Knickung im Stahlbau

→ Omega-Verfahren

Knickspannung, Knickung

→ *Euler*-Knickformeln, Knickfestigkeit im Maschinenbau, Omega-Verfahren, *Tetmajer*-Formel

Knickzahl

→ Omega-Verfahren

Knotenpunktregel, Knotenregel

→ *Kirchhoffsche* Regeln

Kohärente Einheiten

→ Einheiten, abgeleitete

Kolbenarbeit

→ Zustandsänderungen idealer Gase

Kolbendruck

→ Hydraulische Presse

Kolbengeschwindigkeit

→ Kurbelgetriebe

Kolbenkraft

→ Hydraulische Presse, Kurbelgetriebe

Kolbenkraftmaschinen

→ Leistung von Kolbenkraftmaschinen

Kolbenpumpe

→ Förderung durch Pumpen

Kombinatorik

Permutationen

Anzahl der Permutationen von n verschiedenen Elementen (ohne Wiederholungen):

$$P(n) = n! = 1 \cdot 2 \cdot 3 \cdot \ldots \cdot n$$

Anzahl der Permutationen von n verschiedenen Elementen, wobei einzelne Elemente mehrfach vorkommen, z.B. das i-te Element k_i mal:

$$P(n) = \frac{n!}{k_1! \cdot k_2! \cdot \ldots \cdot k_m!}$$

Permutationen von n Elementen sind die Anordnungen aller n Elemente in jeder Reihenfolge, die möglich ist.

Beispiel
Mögliche Anordnungen der Buchstaben a, b und c
$P(3) = 3! = 1 \cdot 2 \cdot 3 = \mathbf{6}$ nämlich:

a b c, a c b, b a c, b c a, c a b, c b a

Beispiel
Mögliche Anordnungen der Buchstaben
a a a a b b b c c:

$$P(9) = \frac{9!}{4! \cdot 3! \cdot 2!} = \mathbf{1260}$$

Beispiel
Anzahl der möglichen Spiele beim Skat:

$$P(32) = \frac{32!}{10! \cdot 10! \cdot 10! \cdot 2!} = \mathbf{2{,}753 \cdot 10^{15}}$$

Variationen

Anzahl der möglichen Variationen ohne Wiederholung eines Elements in einer Variation:

$$V_r(n) = \binom{n}{r} \cdot r! = \frac{n!}{(n-r)!}$$

Anzahl der möglichen Variationen, wenn ein Element in einer Variation mehrfach vorkommen darf:

$$V_r(n) = n^r$$

Variationen aus n Elementen der r-ten Klasse sind Anordnungen, die sich aus je r der n Elemente bilden lassen (unter Berücksichtigung der Reihenfolge, d.h. die gleichen r Elemente in unterschiedlicher Reihenfolge ergeben mit jeder Reihenfolge eine neue Variation).

Beispiel
Anzahl der Würfe mit verschiedenen Augen, die mit 3 Würfeln möglich sind:

$$V_3(6) = \frac{6!}{(6-3)!} = \frac{6!}{3!} = \mathbf{120}$$

Beispiel
Anzahl der Würfe mit beliebiger Augenzahl, die mit 3 Würfeln möglich sind:

$$V_3(6) = 6^3 = \mathbf{216}$$

Beispiel
Anzahl der Variationen beim Fußballtoto $n = 3$ (gewonnen, verloren, unentschieden) $r = 11$ (Spiele):

$$V_{11}(3) = 3^{11} = \mathbf{177\,147}$$

Kombinationen

Anzahl der möglichen Kombinationen, wenn jedes Element in einer Kombination nur einmal vorkommen darf:

$$K_r(n) = \binom{n}{r} = \frac{n!}{r!\,(n-r)!} \qquad 1 \leq r \leq n$$

Anzahl der möglichen Kombinationen, wenn ein Element in einer Kombination mehrfach vorkommen darf:

$$K_r(n) = \binom{n+r-1}{r} = \frac{(n+r-1)!}{r!\,(n-1)!} = \frac{n \cdot (n+1) \cdot (n+2) \cdot \ldots \cdot (n+r-1)}{1 \cdot 2 \cdot \ldots \cdot r}$$

Kombinationen zur r-ten Klasse sind Anordnungen von je r Elementen aus n gegebenen Elementen (ohne Berücksichtigung der Reihenfolge, d.h. die gleichen r Elemente in anderer Reihenfolge ergeben keine neue Kombination).

Beispiel
Anzahl der möglichen Kombinationen beim Lotto (6 aus 49):

$$K_6(49) = \frac{49!}{6!\,(49-6)!} = \mathbf{13\,983\,816}$$

Beispiel
Anzahl der aus je 3 Zahlen möglichen Kombinationen bei den Zahlen 5, 6, 7, 8, 9, 10, 11, 12:

$$K_3(8) = \frac{(8+3-1)!}{3!\,(8-1)!} = \frac{10!}{3! \cdot 7!} = \mathbf{120}$$

Kommutativgesetz

→ Addieren, Multiplizieren, Schaltalgebra

Kompensation der Blindleistung

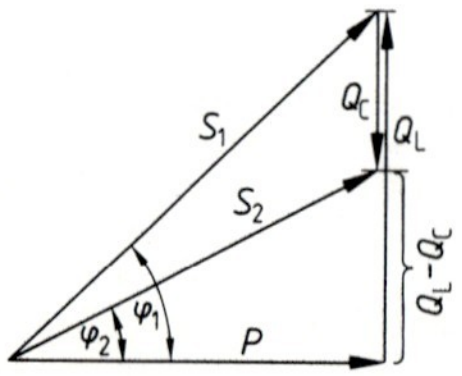

$$Q_C = P \cdot (\tan \varphi_1 - \tan \varphi_2)$$

$$Q_C = U \cdot I_{bC} = \frac{U^2}{X_C} = I_{bC}{}^2 \cdot X_C$$

Für Parallelkompensation:

$$C = \frac{Q_C}{2 \cdot \pi \cdot f \cdot U^2}$$

Für Reihenkompensation:

$$C = \frac{I_{bC}{}^2}{2 \cdot \pi \cdot f \cdot Q_C}$$

→ Blindleistung

Q_C	kapazitive * Blindleistung	var
Q_L	induktive * Blindleistung	var
P	Wirkleistung	W
φ_1	Phasenverschiebungswinkel, unkompensiert	rad
φ_2	Phasenverschiebungswinkel, kompensiert	rad
C	* Kapazität des Kompensationskondensators	F
f	* Frequenz	Hz
U	* Spannung	V
I_{bC}	kapazitiver * Blindstrom	A
X_C	kapazitiver * Blindwiderstand	Ω

Komplexe Zahlen

$$z = x + \mathrm{i} \cdot y$$

$\mathrm{i} = \pm \sqrt{-1}$ $\quad \mathrm{i}^2 = -1$ $\quad \mathrm{i}^3 = -\mathrm{i}$ $\quad \mathrm{i}^4 = +1$

Polarform:

$$z = r \cdot (\cos \varphi + \mathrm{i} \cdot \sin \varphi)$$

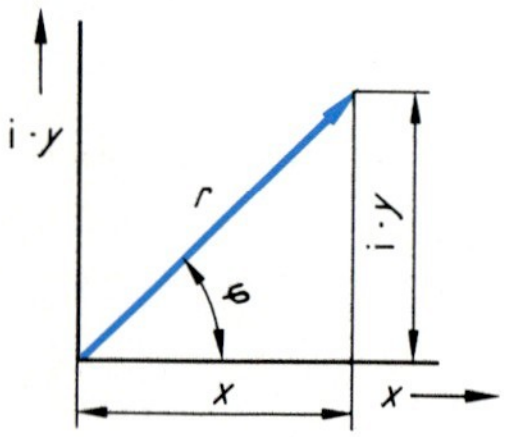

z	komplexe Zahl
x	reelle Zahl, Realteil von z (Re z)
y	reelle Zahl, Imaginärteil von z (Im z)
i	imaginäre Einheit (auch j)
r	Betrag (Modul) der komplexen Zahl in Polarform
φ	Argument (Phase) der komplexen Zahl in Polarform

Rechnen mit komplexen Zahlen

$$z_1 = x_1 + \mathrm{i} \cdot y_1 = r_1 \cdot (\cos \varphi_1 + \mathrm{i} \cdot \sin \varphi_1)$$
$$z_2 = x_2 + \mathrm{i} \cdot y_2 = r_2 \cdot (\cos \varphi_2 + \mathrm{i} \cdot \sin \varphi_2)$$

Addieren

$$z_1 + z_2 = (x_1 + x_2) + \mathrm{i} \cdot (y_1 + y_2)$$

Subtrahieren

$$z_1 - z_2 = (x_1 - x_2) + \mathrm{i} \cdot (y_1 - y_2)$$

Multiplizieren

$$z_1 \cdot z_2 = (x_1 + i \cdot y_1) \cdot (x_2 + i \cdot y_2) = (x_1 \cdot x_2 - y_1 \cdot y_2) + i \cdot (x_2 \cdot y_1 + x_1 \cdot y_2)$$

In Polarform:

$$z_1 \cdot z_2 = r_1 \cdot r_2 \cdot [\cos(\varphi_1 + \varphi_2) + i \cdot \sin(\varphi_1 + \varphi_2)]$$

Dividieren

$$\frac{z_1}{z_2} = \frac{x_1 + i \cdot y_1}{x_2 + i \cdot y_2} = \frac{x_1 \cdot x_2 + y_1 \cdot y_2}{x_2^2 + y_2^2} + i \cdot \frac{y_1 \cdot x_2 - x_1 \cdot y_2}{x_2^2 + y_2^2}$$

In Polarform:

$$\frac{z_1}{z_2} = \frac{r_1}{r_2} \cdot [\cos(\varphi_1 - \varphi_2) + i \cdot \sin(\varphi_1 - \varphi_2)]$$

Potenzieren

$$(x + i \cdot y)^2 = x^2 + 2 \cdot x \cdot y \cdot i - y^2$$
$$(x + i \cdot y)^3 = x^3 + 3 \cdot x^2 \cdot y \cdot i - 3 \cdot x \cdot y^2 - y^3 \cdot i$$
$$(x + i \cdot y)^4 = x^4 + 4 \cdot x^3 \cdot y \cdot i - 6 \cdot x^2 \cdot y^2 - 4 \cdot x \cdot y^3 \cdot i + y^4 \text{ usw.}$$

In Polarform:

$$z^n = r^n \cdot (\cos n \cdot \varphi + i \cdot \sin n \cdot \varphi) \quad (n \text{ ganze Zahl})$$

Radizieren (immer in Polarform)

Mit

$$z = r \cdot (\cos\varphi + i \cdot \sin\varphi) = r \cdot [\cos(\varphi + \nu \cdot 2 \cdot \pi) + i \cdot \sin(\varphi + \nu \cdot 2 \cdot \pi)]$$

gilt, wenn ν ganzzahlig:

$$\sqrt[n]{z} = r^{\frac{1}{n}} \cdot \left[\cos\frac{\varphi + \nu \cdot 2 \cdot \pi}{n} + i \cdot \sin\frac{\varphi + \nu \cdot 2 \cdot \pi}{n}\right],$$

n beliebig

Kompressibilität (Zusammendrückbarkeit)

$$\varkappa = \frac{\Delta V}{V} \cdot \frac{1}{\Delta p}$$

Stoff, Temperatur	Kompressibilität $\varkappa$ in bar^{-1}
Stahl 0 °C	$6 \cdot 10^{-7}$
Quecksilber 0 °C	$3 \cdot 10^{-6}$
Ethanol 7,3 °C	$8{,}6 \cdot 10^{-5}$
Hydrauliköl 20 °C	$6{,}3 \cdot 10^{-5}$
Meerwasser 17,5 °C	$4{,}5 \cdot 10^{-5}$
Wasser 0 °C	$5{,}1 \cdot 10^{-5}$
Wasser 10 °C	$4{,}9 \cdot 10^{-5}$
Wasser 18 °C	$4{,}7 \cdot 10^{-5}$
Wasser 25 °C	$4{,}6 \cdot 10^{-5}$
Wasser 43 °C	$4{,}5 \cdot 10^{-5}$
Wasser 53 °C	$4{,}5 \cdot 10^{-5}$

$\varkappa$	Kompressibilität	m^2/N, 1/bar
ΔV	Volumenänderung infolge Drucksteigerung	m^3
V	ursprüngliches * Volumen	m^3
Δp	Druckänderung	N/m^2, bar

→ Druck, Kompressionsmodul, Volumen

Die Kompressibilität ist von der Temperatur des Fluids abhängig.

Kompressionsmodul (Raumelastizitätsmodul)

$$K = \frac{1}{\varkappa}$$

$$\Delta V = V_1 - V_2 = \varkappa \cdot V_1 \cdot (p_1 - p_2)$$

Index 1: Zustand vor der Kompression
Index 2: Zustand am Ende der Kompression

K	Kompressionsmodul	$N/m^2 = Pa$
$\varkappa$	* Kompressibilität	m^2/N
ΔV	Volumenänderung	m^3
V	* Volumen	m^3
p	* Druck bei konstanter * Temperatur	$N/m^2 = Pa$

Kondensationswärme, Verdampfungswärme

$$Q = m \cdot r$$

→ Spezifische Wärmekapazität

Q	Kondensationswärme	J
m	* Masse	kg
r	* spezifische Verdampfungswärme	J/kg

Kondensator

→ Kapazität, elektrische

Konduktivität

→ Leitfähigkeit, elektrische

Kongruenzsätze der Dreiecke

Dreiecke sind kongruent, wenn sie übereinstimmen

1. in drei Seiten, oder
2. in einer Seite und zwei gleichliegenden Winkeln, oder
3. in zwei Seiten und dem von ihnen eingeschlossenen Winkel, oder
4. in zwei Seiten und dem der größeren Seite gegenüberliegenden Winkel

→ Ähnlichkeitssätze der * Dreiecke

Konjunktion (UND-Verknüpfung)

→ Logische Verknüpfungen

Konstanten

→ Am Ende des Buches

Kontinuitätsbedingung bei stationärer Strömung

Für inkompressible Fluide, d.h. bei ϱ = konst. ist:

$$\dot{V} = A_1 \cdot v_1 = A_2 \cdot v_2 = \ldots = \text{konst.}$$

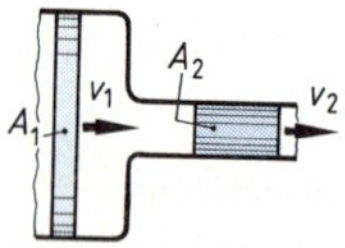

→ Kontinuitätsgleichung

ϱ	* Dichte	kg/m^3
$\dot{V}$	* Volumenstrom	m^3/s
v	Strömungsgeschwindigkeit	m/s
A	Strömungsquerschnitt	m^2

Kontinuitätsgleichung, Durchströmgleichung

Stetigkeitsgesetz für kompressible Fluide: ($\varrho_1 \neq \varrho_2$)

$$\dot{m} = A_1 \cdot v_1 \cdot \varrho_1 = A_2 \cdot v_2 \cdot \varrho_2 = \ldots = \text{konst.}$$

Index 1: Querschnitt 1
Index 2: Querschnitt 2

$\dot{m}$	* Massenstrom	kg/s
A	Strömungsquerschnitt	m^2
v	Strömungsgeschwindigkeit	m/s
ϱ	* Dichte	kg/m^3

Kontraktionszahl (Einschnürungszahl)

→ Ausflußzahl

Konvektion

→ Wärmestrom

Konzentration

Wortverbindungen mit -konzentration im Zusammenhang mit einer Mischphase bezeichnen Quotienten aus einer Größe und dem Volumen der Mischphase, z.B.

Massenkonzentration des Stoffes i

$$\beta_i = \frac{m_i}{V}$$

Volumenkonzentration des Stoffes i

$$\sigma_i = \frac{V_i}{V}$$

Stoffmengenkonzentration des Stoffes i

$$c_i = \frac{n_i}{V}$$

β_i	* Massenkonzentration des Stoffes i	kg/m^3
m_i	* Masse des Stoffes i	kg
V	* Volumen der Mischphase	m^3
V_i	* Volumen des Stoffes i	m^3
σ_i	* Volumenkonzentration des Stoffes i	1
c_i	* Stoffmengenkonzentration des Stoffes i, übliche Einheit: mol/L	mol/m^3
n_i	* Stoffmenge des Stoffes i	mol

Korngrößenverteilung bei der Siebanalyse

In vielen Fällen ist die Gleichung von *Rosin* und *Rammler* anwendbar

$$R = 100 \cdot e^{-\left(\frac{d_K}{\bar{d}_K}\right)^n}$$

$\bar{d}_K$ ist im RRSB-Körnungsnetz der Abszissenwert unter dem Schnittpunkt der RRSB-Geraden mit dem Ordinatenwert $R = 36{,}8\%$

R	* Massenanteil Rückstand (Siebrückstand) auf einem Siebboden	%
e	Basis der natürlichen Logarithmen e = 2,718 ...	1
d_K	mittlerer Korndurchmesser auf einem Siebboden oder Maschenweite	mm
$\bar{d}_K$	statistischer Mittelwert der Korndurchmesser (Körnungsparameter)	mm
n	Gleichmäßigkeitsfaktor (i. a. 0,8 bis 2,0)	1

Körperschwerpunkt

→ Schwerpunktlage von Körpern

Kosinussatz

→ Winkelfunktionen im schiefwinkligen Dreieck

Kosten der elektrischen Arbeit

$$K_A = W \cdot T$$

K_A	Arbeitspreis	DM
W	verbrauchte elektrische * Arbeit	kWh
T	Tarif (tariflicher Preis je Kilowattstunde)	DM/kWh

Kosten einer Beleuchtungsanlage

$$K = n_1 \cdot \left[\frac{\frac{k_1}{100} \cdot K_1 + \frac{k_2}{100} \cdot K_2}{n_2} + t_B \cdot a \cdot P + t_B \cdot \frac{K_3}{t_L} + t_B \cdot \frac{K_4}{t_L} + \frac{R}{n_2} \right]$$

K_1	Kosten einer Leuchte	DM
k_1	Kapitaldienst für K_1 (Verzinsung und Abschreibung)	%
K_2	Kosten für Installationsmaterial und Montage je Leuchte	DM
k_2	Kapitaldienst für K_2 (Verzinsung und Abschreibung)	%
R	Reinigungskosten je Leuchte und Jahr	DM
n_1	Anzahl aller Lampen	1
n_2	Anzahl der Lampen je Leuchte	1
K_3	Preis einer Lampe	DM
K_4	Kosten für das Auswechseln einer Lampe	DM
P	Leistungsaufnahme einer Lampe einschließlich Vorschaltgerät	kW
a	Kosten der elektrischen Energie je kWh, einschließlich der anteiligen Bereitstellungskosten (Grundpreis)	DM
t_L	Nutzlebensdauer der Lampe	h
t_B	jährliche Benutzungsdauer	h

Kotangens

→ Winkelfunktionen

Kraft

→ Beschleunigungskraft, Bodendruck, Kraftmoment, Kräftezerlegung, Kräftezusammensetzung, *Newtonsche* Gesetze

Kraft auf stromdurchflossene Leiter im Magnetfeld

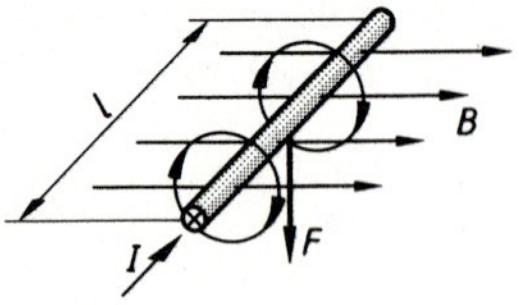

F	Ablenkkraft	N
B	magnetische * Flußdichte	T
l	Leiterlänge im Magnetfeld	m
I	elektrische * Stromstärke im Leiter	A
z	Zahl der stromdurchflossenen Leiter im Feld	
N	Windungszahl der Spule	

$F = B \cdot I \cdot l \cdot z$

Bei Drehspulen: $z = 2 \cdot N$

Kraft zwischen stromdurchflossenen parallelen Leitern

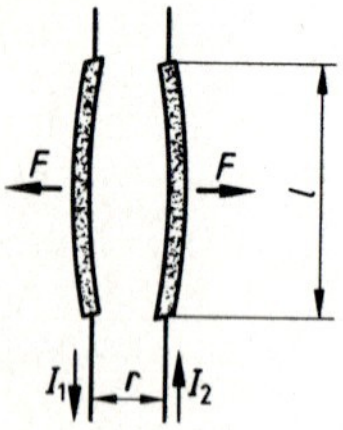

F	* Kraft zwischen zwei Leitern	N
μ_0	magnetische * Feldkonstante ($\mu_0 = 1{,}257 \cdot 10^{-6}$ V · s/(A · m)	V · s/(A · m)
I_1	* Stromstärke im Leiter 1	A
I_2	* Stromstärke im Leiter 2	A
l	Leiterlänge	m
r	Abstand der Leiter voneinander	m

$$F = \frac{\mu_0 \cdot I_1 \cdot I_2 \cdot l}{2 \cdot \pi \cdot r}$$

Kräftepaar

→ Statisches Moment eines Kräftepaares

Kraftimpuls

→ Kraftstoß

Kraftmoment

(Drehmoment, statisches Moment)

$M_r = \Sigma M$

Gleichgewicht: $M_r = 0$

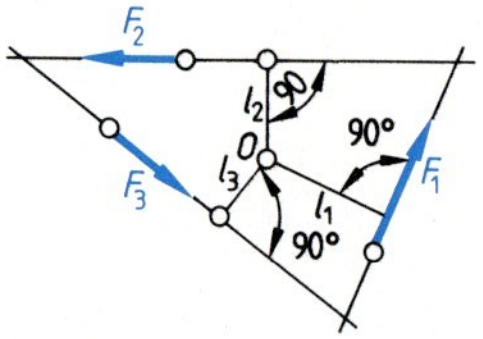

Kräfte in der Ebene (Momentensatz)

$\Sigma M = M_1 + M_2 + M_3 + \ldots + M_n$

$\Sigma M = F_r \cdot l_r = F_1 \cdot l_1 + F_2 \cdot l_2 + \ldots + F_n \cdot l_n = \Sigma F \cdot l$

M_r	resultierendes Moment	N · m
M	Einzelmoment	N · m
F	* Kraft	N
l	rechtwinkliger Abstand der Wirkungslinie vom Bezugspunkt 0	m
ΣM	Summe aller Momente	N · m
F_r	resultierende * Kraft	N
l_r	rechtwinkliger Abstand der Wirkungslinie von F_r zum Bezugspunkt 0	m

Kräfte im Raum

$M_x = y \cdot F_z - z \cdot F_y$

$M_y = z \cdot F_x - x \cdot F_z$

$M_z = x \cdot F_y - y \cdot F_x$

$\cos \alpha_M = \frac{M_x}{M}$

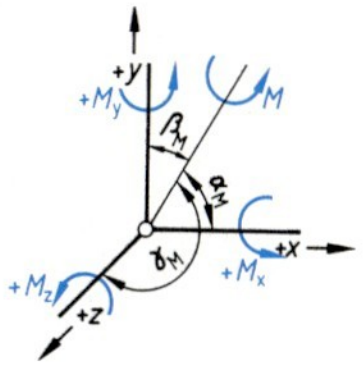

$\cos \beta_M = \frac{M_y}{M}$ $\quad\quad \cos \gamma_M = \frac{M_z}{M}$

$M = \sqrt{M_x^2 + M_y^2 + M_z^2}$

x, y, z	rechtwinklige Koordinaten	m
F_x, F_y, F_z	Kräfte, bezogen auf die rechtwinkligen Koordinaten	N
α, β, γ	* Winkel	°, rad

→ Drehmoment, Statisches Moment

Kraftstoffverbrauch

$K = \frac{k}{s}$

K	Kraftstoffverbrauch	l/km
k	verbrauchtes Kraftstoffvolumen	l
s	gefahrene Strecke	km

Kraftstoß (Antrieb, Kraftimpuls)

$I = F \cdot \Delta t = m \cdot v_t - m \cdot v_0$

→ Geschwindigkeit, Zeit

I	Kraftstoß	N · s
F	* Kraft	N
Δt	Wirkzeit	s
m	* Masse	kg
v_t	Endgeschwindigkeit	m/s
v_0	Anfangsgeschwindigkeit	m/s

Kraftübersetzungsverhältnis

→ Übersetzung von Kräften

Kraftwirkung, dynamische

→ Kurbelgetriebe, *Newtonsche* Gesetze

Kräftezerlegung

Zerlegung in zwei aufeinander senkrecht stehende Komponenten

$F_1 = F \cdot \cos \alpha \quad\quad F_2 = F \cdot \sin \alpha$

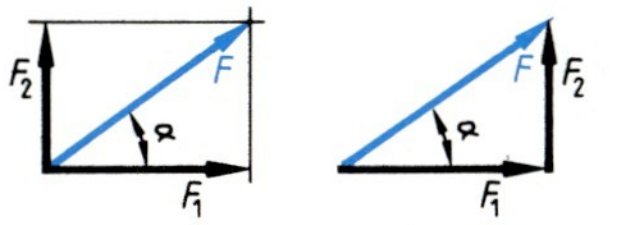

Zerlegung in zwei Komponenten von beliebiger Richtung

$F_1 = F \cdot \cos \alpha - F_2 \cdot \cos \beta$

$F_2 = F \cdot \frac{\sin \alpha}{\sin \beta}$

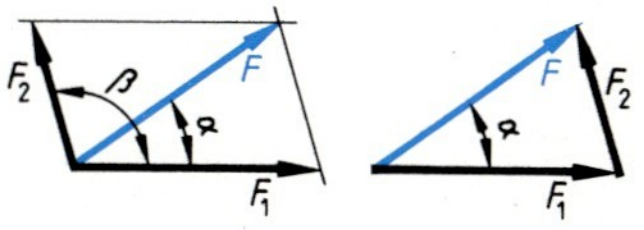

Zerlegung in zwei parallele Komponenten

$F_1 = F \cdot \frac{l_2}{l_1 + l_2}$

$F_2 = F - F_1 = F - F \cdot \frac{l_2}{l_1 + l_2} = F \cdot \left(1 - \frac{l_2}{l_1 + l_2}\right)$

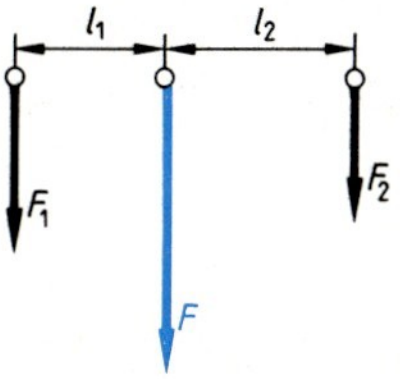

Zerlegung einer Kraft F in drei Komponenten, deren Wirkungslinien sich nicht in einem Punkt schneiden

Die Zerlegung erfolgt – gemäß nebenstehendem Bild – grafisch, und zwar mittels der *Culmann*-Hilfsgeraden h.

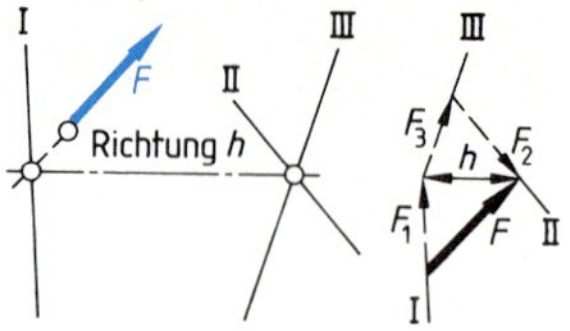

Kräftezusammensetzung in der Ebene

Zwei Kräfte auf gleicher Wirkungslinie und mit gleichem Richtungssinn

$F_r = F_1 + F_2$

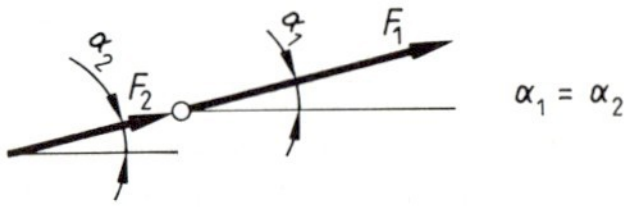

Zwei Kräfte auf gleicher Wirkungslinie und mit entgegengesetztem Richtungssinn

$F_r = F_1 - F_2$

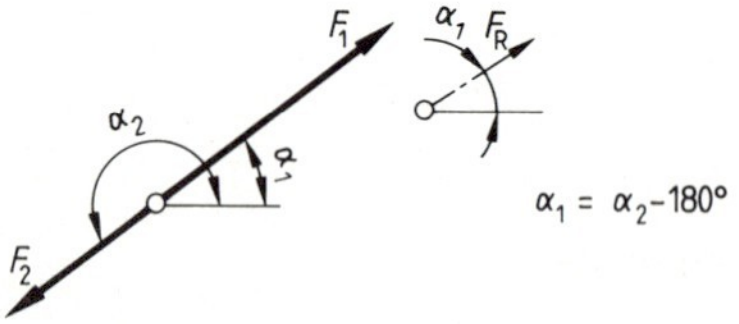

Zwei Kräfte mit gemeinsamem Angriffspunkt, die den Winkel β **einschließen**

$\beta = 90°$: $F_r = \sqrt{F_1^2 + F_2^2}$ $\tan\alpha = \dfrac{F_2}{F_1}$

β beliebig: $F_r = \sqrt{F_1^2 + F_2^2 - 2 \cdot F_1 \cdot F_2 \cdot \cos(180° - \beta)}$

$F_r = \sqrt{F_1^2 + F_2^2 + 2 \cdot F_1 \cdot F_2 \cdot \cos\beta}$

$\sin\alpha = \dfrac{F_2}{F_r} \cdot \sin\beta$

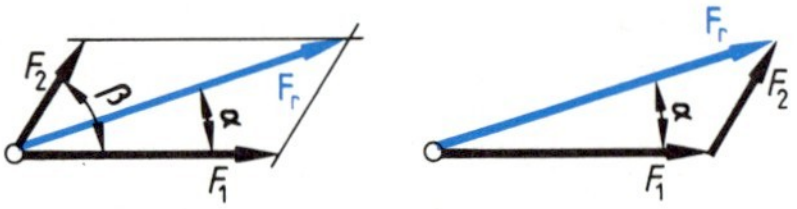

Zwei Kräfte parallel und in die gleiche Richtung gerichtet

$F_r = F_1 + F_2$

$F_1 = F_r \cdot \dfrac{l_2}{l_1 + l_2}$

$F_2 = F_r \cdot \dfrac{l_1}{l_1 + l_2}$

$F_1 \cdot l_1 = F_2 \cdot l_2$

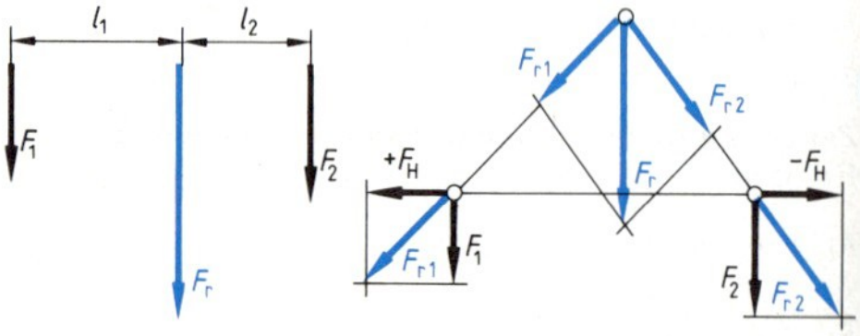

Zwei Kräfte parallel und entgegengesetzt gerichtet

$F_r = F_1 - F_2$ $\dfrac{F_1}{F_2} = \dfrac{l_2}{l_1}$

$F_1 = F_r \cdot \dfrac{l_2}{l_2 - l_1}$

$F_2 = F_r \cdot \dfrac{l_1}{l_2 - l_1}$

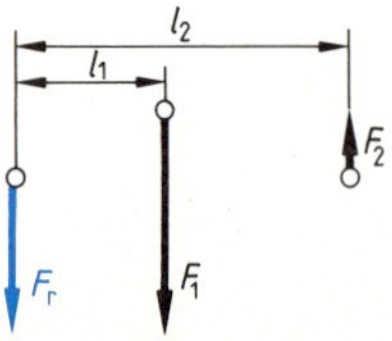

Mehrere Kräfte mit gemeinsamem Angriffspunkt

$$F_{rx} = \Sigma F_x = \Sigma F \cdot \cos\alpha$$

$$F_{ry} = \Sigma F_y = \Sigma F \cdot \sin\alpha$$

$$F_r = \sqrt{(\Sigma F_x)^2 + (\Sigma F_y)^2} = \sqrt{F_{rx}{}^2 + F_{ry}{}^2}$$

$$\tan\alpha_r = \frac{F_{ry}}{F_{rx}} = \frac{\Sigma F_y}{\Sigma F_x}$$

Beispiel in nebenstehenden Bildern:

$$F_{rx} = F_{x1} + F_{x2} - F_{x3} - F_{x4}\ (\rightarrow)$$

$$F_{ry} = F_{y1} + F_{y4} + F_{y3} - F_{y2}\ (\downarrow)$$

Die Kräfte stehen untereinander im Gleichgewicht, wenn sich das aus ihnen gebildete Kraftteck — das Kräftepolygon — schließt.

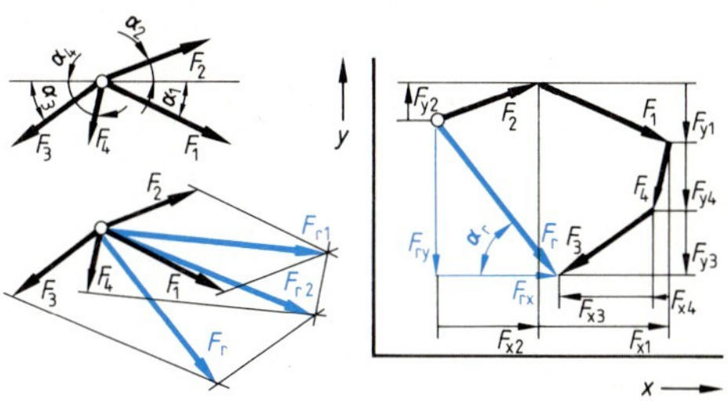

Mehrere parallele Kräfte in der Ebene

$$F_r = \Sigma F = F_1 + F_2 + \ldots$$

$$l_r = \frac{\Sigma F \cdot l}{F_r} = \frac{F_1 \cdot l_1 + F_2 \cdot l_2 + \ldots}{F_r}$$

→ Seileck

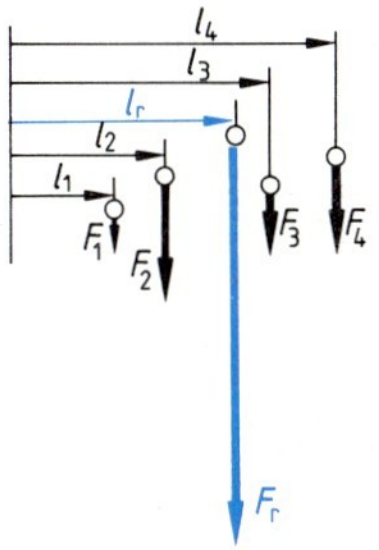

Kräftezusammensetzung im Raum

$$F_r = \sqrt{F_{rx}{}^2 + F_{ry}{}^2 + F_{rz}{}^2}$$

$$F_{rx} = \Sigma F \cdot \cos\alpha$$

$$F_{ry} = \Sigma F \cdot \cos\beta$$

$$F_{rz} = \Sigma F \cdot \cos\gamma$$

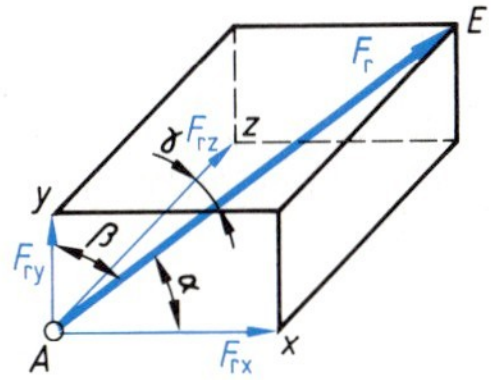

Kreis

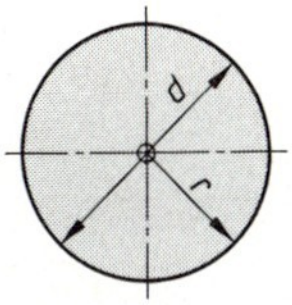

$$U = \pi \cdot d = 2 \cdot \pi \cdot r = 2 \cdot \sqrt{\pi \cdot A}$$

$$A = \frac{\pi \cdot d^2}{4} = \pi \cdot r^2 = \frac{U \cdot d}{4}$$

$$d = \sqrt{\frac{4 \cdot A}{\pi}} = 2 \cdot \sqrt{\frac{A}{\pi}} = \frac{U}{\pi}$$

$$r = \sqrt{\frac{A}{\pi}} = \frac{U}{2 \cdot \pi} = \frac{d}{2}$$

U	Umfang	m
d	Durchmesser	m
r	Radius	m
A	Flächeninhalt	m^2

Kreisabschnitt, Kreissegment

$$A = \frac{r \cdot (b - s) + s \cdot h}{2}$$

$$A = \frac{r^2}{2} \cdot \left(\frac{\pi \cdot \alpha}{180°} - \sin\alpha\right)$$

$$A \approx \frac{2}{3} \cdot s \cdot h$$

$$b = \pi \cdot d \cdot \frac{\alpha}{360°}$$

$$U = b + s$$

$$s = 2 \cdot r \cdot \sin\frac{\alpha}{2}$$

$$h = r \cdot \left(1 - \cos\frac{\alpha}{2}\right) = \frac{s}{2} \cdot \tan\frac{\alpha}{4}$$

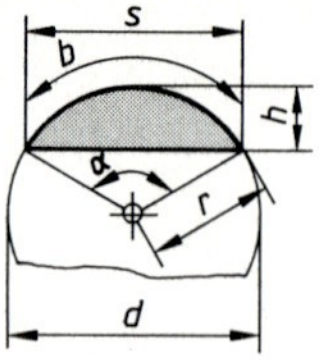

A	Flächeninhalt	m^2
r	Radius	m
b	Bogenlänge	m
s	Sehnenlänge	m
h	Bogenhöhe	m
α	Zentriwinkel	°
d	Durchmesser	m
U	Umfang	m

Kreisausschnitt, Kreissektor

$$A = \frac{\pi \cdot r^2 \cdot \alpha}{360°} = \frac{b \cdot r}{2} = \frac{r^2 \cdot \widehat{\alpha}}{2}$$

$$b = \pi \cdot r \cdot \frac{\alpha}{180°}$$

$$U = b + 2 \cdot r$$

$$\alpha = \frac{180° \cdot b}{\pi \cdot r} \approx 57{,}296° \cdot \frac{b}{r}$$

$$\widehat{\alpha} = \frac{b}{r}$$

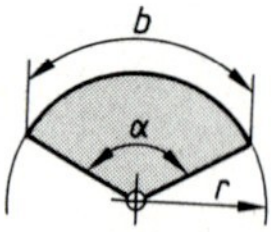

A	Flächeninhalt	m^2
r	Radius	m
α	Zentriwinkel	°
$\widehat{\alpha}$	* Bogenmaß	rad
b	Bogenlänge	m
U	Umfang	m

Kreisbahngeschwindigkeit

→ Umfangsgeschwindigkeit

Kreisbewegung, Rotationsbewegung

→ Arbeit, mechanische; Bewegung, drehend; Kurbeltrieb; Umfangsgeschwindigkeit; Winkelgeschwindigkeit

Kreisfrequenz, Pulsatanz (Winkelfrequenz)

$$\omega = 2 \cdot \pi \cdot f = \frac{2 \cdot \pi}{T}$$

→ Wechselstrom

ω	Kreisfrequenz	rad/s = 1/s
f	* Frequenz	Hz = 1/s
T	* Periodendauer	s

Kreisfunktionen

→ Winkelfunktionen

Kreiskolbenmotor, Drehkolbenmotor

→ Leistung von Kolbenkraftmaschinen

Kreisprozesse

Diese entstehen durch das Zusammenfügen der verschiedenen Zustandsänderungen von Gasen unter Berücksichtigung der thermodynamischen Möglichkeiten.

→ Zustandsänderungen idealer Gase

Kreisring

$$A = \frac{\pi}{4} \cdot (D^2 - d^2) = \pi \cdot (R^2 - r^2)$$

$$A = \frac{\pi}{2} \cdot (D + d) \cdot b = 2 \cdot \pi \cdot r_m \cdot b$$

$$r_m = \frac{D + d}{2}$$

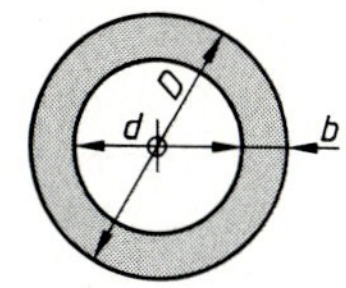

A	Flächeninhalt	m^2
D, R	Außendurchmesser, Außenradius	m
d, r	Innendurchmesser, Innenradius	m
b	Ringbreite	m
r_m	mittlerer Radius	m

→ Ring mit kreisförmigem Querschnitt

Kreisringausschnitt

$$A = \frac{\pi}{4} \cdot (D^2 - d^2) \cdot \frac{\alpha}{360°}$$

$$A = \pi \cdot (R^2 - r^2) \cdot \frac{\alpha}{360°}$$

$$A = \pi \cdot d_m \cdot b \cdot \frac{\alpha}{360°}$$

$$d_m = \frac{D + d}{2}$$

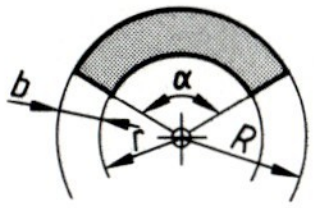

A	Flächeninhalt	m^2
D, R	Außendurchmesser, Außenradius	m
d, r	Innendurchmesser, Innenradius	m
α	Zentriwinkel	°
d_m	mittlerer Durchmesser	m
b	Ringbreite	m

Kreissegment

→ Kreisabschnitt

Kreissektor

→ Kreisausschnitt

Kreissichelstück

$$A = r^2 \cdot \left(\pi + \sin\alpha - \frac{\pi \cdot \alpha}{180°}\right)$$

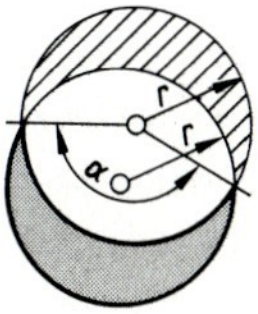

A	Flächeninhalt	m^2
r	Radius	m
α	Zentriwinkel	°

Kreisviereck

→ Sehnenviereck

Kreiszylinder

→ Zylinder

Kreuzregel

→ Mischungskreuz

Kreuzschleife, Kurbelschleife

→ Kurbelgetriebe

Kritische Drehfrequenz, biegekritische Drehzahl

$$n_k = \frac{30}{\pi} \cdot \sqrt{\frac{c}{m}}$$

n_k	kritische Drehfrequenz	1/min
c	* Federsteifigkeit	N/m
m	* Masse	kg

Kritische Geschwindigkeit

→ Kritische * *Reynolds*-Zahl

Kritische *Reynolds*-Zahl

$$Re_{krit} = \frac{v_{krit} \cdot d}{\nu} = 2320$$

→ Viskosität

Re_{krit}	kritische * *Reynolds*-Zahl	1
d	Rohrdurchmesser	m
ν	kinematische * Viskosität	m^2/s
v_{krit}	kritische * Geschwindigkeit	m/s

Kryoskopische Konstante

→ Gefrierpunktserniedrigung

Kubischer Ausdehnungskoeffizient

→ Volumenausdehnungskoeffizient, thermischer

Kubus

→ Würfel

Kugel

$$V = \frac{4}{3} \cdot \pi \cdot r^3 = \frac{\pi}{6} \cdot d^3$$

$$A_o = 4 \cdot \pi \cdot r^2 = \pi \cdot d^2 = 3 \cdot \frac{V}{r}$$

$$d = \sqrt[3]{\frac{6 \cdot V}{\pi}} \approx 1{,}24 \cdot \sqrt[3]{V}$$

$$r = \sqrt[3]{\frac{3 \cdot V}{4 \cdot \pi}} \approx 0{,}620\,4 \cdot \sqrt[3]{V}$$

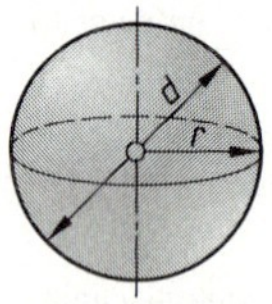

V	* Volumen	m^3
r	Radius	m
d	Durchmesser	m
A_o	Oberfläche	m^2

Kugelabschnitt, Kugelsegment

$$A_o = \frac{\pi \cdot s^2}{4} + A_M$$

$$A_M = \frac{\pi}{4} \cdot s^2 + 2 \cdot h^2$$

$$A_o = \frac{\pi}{2} \cdot (s^2 + 2 \cdot h^2)$$

$$A_o = \pi \cdot h \cdot (4 \cdot r - h)$$

$$A_0 = 2 \cdot \pi \cdot r \cdot h + \pi \cdot (2 \cdot r \cdot h - h^2)$$

$$V = \frac{\pi \cdot h}{6} \cdot \left(\frac{3}{4} \cdot s^2 + h^2\right)$$

$$V = \frac{\pi \cdot h}{6} \cdot (3 \cdot \varrho^2 + h^2)$$

$$V = \frac{\pi}{3} \cdot h^2 \cdot (3 \cdot r - h) = \frac{\pi}{6} \cdot h^2 \cdot (3 \cdot d - 2 \cdot h)$$

$$V = \frac{\pi}{2} \cdot \varrho^2 \cdot h + \frac{\pi}{6} \cdot h^3 = \pi \cdot h^2 \cdot \left(r - \frac{h}{3}\right)$$

$$h = r - \sqrt{r^2 - \varrho^2}$$

$$r = \frac{\varrho^2 + h^2}{2 \cdot h}$$

$$\varrho = \frac{s}{2} = \sqrt{h \cdot (2 \cdot r - h)}$$

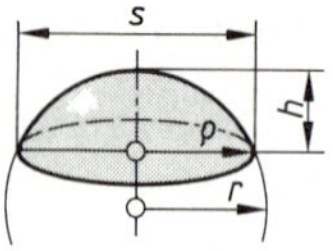

A_o	Oberfläche	m^2
A_M	Mantelfläche	m^2
s	Sehnenlänge	m
h	Höhe des Kugelabschnittes	m
r	Radius der Kugel	m
V	* Volumen	m^3
ϱ	Radius der Schnittfläche	m
d	Kugeldurchmesser $= 2 \cdot r$	m

Kugelausschnitt, Kugelsektor

$$A_o = \frac{\pi}{2} \cdot r \cdot (4 \cdot h + s)$$

$$A_o = \pi \cdot r \cdot (2 \cdot h + \varrho)$$

$$V = \frac{2}{3} \cdot \pi \cdot r^2 \cdot h$$

$$\varrho = \frac{s}{2} = \sqrt{h \cdot (2 \cdot r - h)}$$

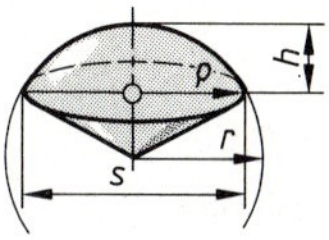

A_o	Oberfläche	m^2
r	Radius der Kugel	m
h	Pfeilhöhe (Kugelabschnittshöhe)	m
s	Sehnenlänge	m
ϱ	Radius des Ausschnittes	m
V	* Volumen	m^3

Kugelkappe, Kalotte (Kugeloberfläche oder Mantelfläche eines Kugelabschnittes)

$$A_o = 2 \cdot \pi \cdot r \cdot h$$

$$A_o = \frac{\pi}{4} \cdot (s^2 + 4 \cdot h^2)$$

$$A_o = \pi \cdot (\varrho^2 + h^2)$$

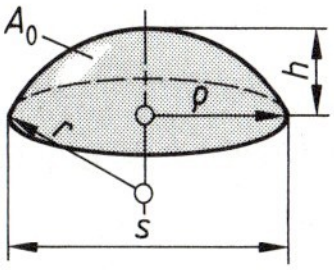

A_o	Oberfläche	m^2
r	Kugelradius	m
h	Höhe der Kugelkappe	m
s	Sehnenlänge	m
ϱ	Radius der Kugelkappe	m

Kugelschicht

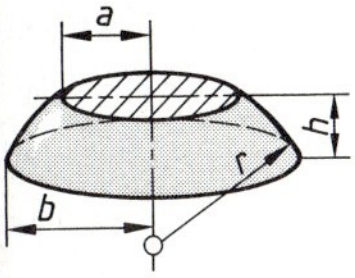

A_o	Oberfläche	m^2
r	Kugelradius	m
h	Höhe der Kugelschicht	m
a, b	Radien der parallelen Endflächen	m
V	* Volumen	m^3

$$A_o = \pi \cdot (2 \cdot r \cdot h + a^2 + b^2)$$

$$V = \frac{\pi \cdot h}{6} \cdot (3 \cdot a^2 + 3 \cdot b^2 + h^2)$$

$$V = \frac{\pi \cdot h}{2} \cdot a^2 + \frac{\pi \cdot h}{2} \cdot b^2 + \frac{\pi \cdot h^3}{6}$$

$$r = \sqrt{b^2 + \left(\frac{b^2 - a^2 - h^2}{2 \cdot h}\right)^2}$$

Kugelsegment

→ Kugelabschnitt

Kugelsektor

→ Kugelausschnitt

Kugelzone (Kugeloberfläche oder Mantelfläche einer Kugelschicht)

$$A_M = 2 \cdot \pi \cdot r \cdot h$$

A_M	Mantelfläche einer * Kugelschicht	m^2
r	Kugelradius	m
h	Höhe der * Kugelschicht	m

Kugel, zylindrisch durchbohrt

$$V = \frac{\pi}{6} \cdot h^3$$

$$A_o = 2 \cdot \pi \cdot h \cdot (R + r)$$

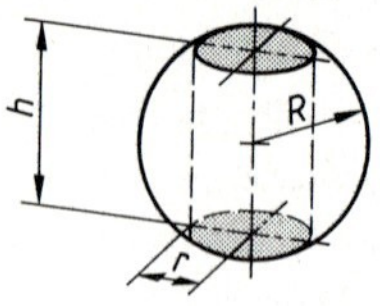

V	* Volumen	m^3
h	Höhe	m
A_o	Oberfläche	m^2
R	Kugelradius	m
r	Radius der Bohrung	m

Kühlung von elektronischen Halbleiterbauelementen

$$R_{th} = \frac{1}{G_{th}} \qquad R_{th} = \frac{\Delta\vartheta}{P_v}$$

$$P_v = \frac{\vartheta_j - \vartheta_U}{R_{th}}$$

Für $\vartheta_j > \vartheta_U$:

$$R_{th} = R_{thG} + R_{thÜ} + R_{thK}$$

R_{th}	thermischer * Widerstand	K/W
R_{thG}	thermischer Widerstand zwischen Sperrschicht und Gehäuse	K/W
R_{thK}	thermischer Widerstand zwischen Kühlkörper und Kühlmittel	K/W
$R_{thÜ}$	thermischer Widerstand zwischen Gehäuse und Kühlmittel	K/W
G_{th}	thermischer * Wärmeleitwert	W/K
P_v	Verlustleistung	W
$\Delta\vartheta$	* Temperaturänderung	K
ϑ_j	Sperrschichttemperatur	°C
ϑ_U	Umgebungstemperatur	°C

Kupplung, schaltbare Reibkupplung

$$M = F_R \cdot r_m \cdot z$$

$$F_R = \mu \cdot F_N = \mu \cdot F_S = \mu \cdot p_m \cdot A$$

$$r_m = \frac{d_1 + d_2}{2}$$

$$p_m = \frac{F_S}{A}$$

$$A = 2 \cdot \pi \cdot r_m \cdot b$$

$$A = 2 \cdot \pi \cdot r_m \cdot \left(\frac{d_2 - d_1}{2}\right)$$

$$A = \frac{\pi}{4} \cdot (d_2^2 - d_1^2)$$

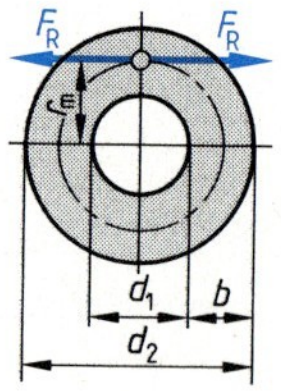

M	übertragbares * Drehmoment	N·m
F_R	* Reibungskraft	N
$F_N = F_S$	Normalkraft, Schaltkraft	N
r_m	mittlerer wirksamer Radius	m
z	Anzahl der Reibflächenpaare	1
μ	* Reibungszahl	1
p_m	mittlere * Flächenpressung	N/m^2
A	Reibfläche	m^2
d_1	Innendurchmesser der Reibfläche	m
d_2	Außendurchmesser der Reibfläche	m
b	Breite der Scheibe oder Lamelle	m

→ Reibungskraft, Reibungsmoment

Kurbelgetriebe

Schubkurbel

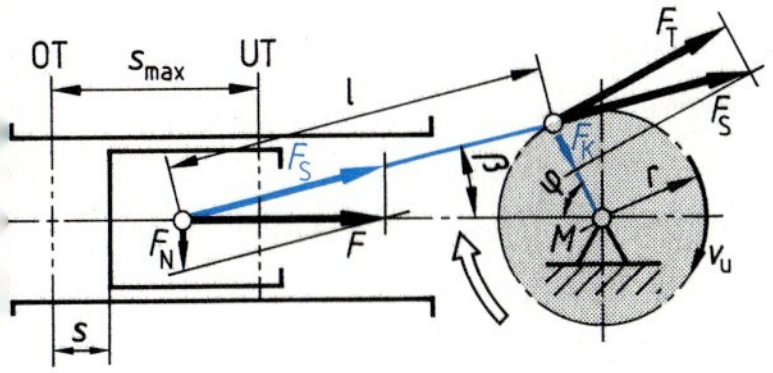

s	Weg des Kolbens	m
s_{max}	Hub	m
r	Kurbelradius	m
φ	* Drehwinkel der Kurbel	rad
l	Länge der Pleuelstange	m
β	Pleuelwinkel, Schubstangenwinkel	rad
λ	Pleuelverhältnis, Kurbelverhältnis	1
ω	* Winkelgeschwindigkeit	rad/s = 1/s
t	* Zeit	s
v	* Geschwindigkeit des Kolbens	m/s
v_u	konstante * Umfangsgeschwindigkeit im Kurbelkreis	m/s
a	* Beschleunigung des Kolbens	m/s^2
a_{max}	maximale * Beschleunigung im Totpunkt	m/s^2
M	* Drehmoment	N · m
F_T	Tangentialkraft	N
F_K	Kurbelkraft	N
F	Kolbenkraft	N
F_S	Pleuelstangenkraft	N
F_N	Normalkraft	N

Bewegungsverhältnisse (Kinematik)

$$s = r \cdot (1 - \cos\varphi) \pm l \cdot (1 - \cos\beta)$$

$$s \approx r \cdot (1 - \cos\varphi) \pm \frac{\lambda}{2} \cdot r \cdot \sin^2 \varphi$$

$$s_{max} = 2 \cdot r \qquad \varphi = \omega \cdot t$$

$$v = v_u \cdot \frac{\sin(\varphi \pm \beta)}{\cos\beta}$$

$$v \approx v_u \cdot \left(\sin\varphi \pm \frac{\lambda}{2} \cdot \sin 2\varphi\right)$$

$$a = \frac{{v_u}^2}{r} \cdot \left[\frac{\cos(\varphi + \beta)}{\cos\beta} \pm \lambda \cdot \frac{\cos^2\varphi}{\cos^3\beta}\right]$$

$$a \approx \frac{{v_u}^2}{r} \cdot (\cos\varphi \pm \lambda \cdot \cos 2\varphi)$$

$$a_{max} = \frac{{v_u}^2}{r} \cdot (1 \pm \lambda)$$

$$\lambda = \frac{r}{l} \approx \frac{1}{3} \ldots \frac{1}{6}$$

Kräfteverhältnisse (Kinetik)

$$M = F_T \cdot r$$

$$F_K = F \cdot \frac{\cos(\varphi \pm \beta)}{\cos\beta} = F_S \cdot \cos(\varphi \pm \beta)$$

$$F_N = F \cdot \tan\beta$$

$$F_S = \frac{F}{\cos\beta}$$

$$F_T = F \cdot \frac{\sin(\varphi \pm \beta)}{\cos\beta} = F_S \cdot \sin(\varphi \pm \beta)$$

Kurbelschleife

$$s = r \cdot \sin(\omega \cdot t) = r \cdot \sin\varphi$$

$$v = \omega \cdot r \cdot \cos(\omega \cdot t)$$

$$a = -\omega^2 \cdot r \cdot \sin(\omega \cdot t)$$

$$\varphi = \omega \cdot t$$

$$T = \frac{2 \cdot \pi}{\omega} = 2 \cdot \pi \cdot \sqrt{\frac{s}{a}}$$

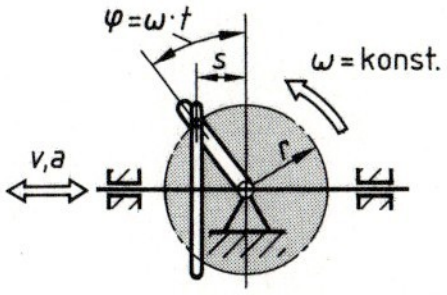

s	Kurbelweg	m
ω	* Winkelgeschwindigkeit	rad/s = 1/s
r	Kurbelradius	m
t	* Zeit	s
φ	* Drehwinkel der Kurbel	rad
v	* Geschwindigkeit	m/s
a	* Beschleunigung	m/s^2
T	* Periodendauer (Dauer einer Kurbelumdrehung)	s

Kurbelschwinge

$$v_a = \frac{2 \cdot \pi \cdot s \cdot n}{\alpha}$$

$$v_{a\,max} = \omega \cdot \frac{l \cdot r}{e + r}$$

$$v_r = \frac{2 \cdot \pi \cdot s \cdot n}{\beta}$$

$$v_{r\,max} = \omega \cdot \frac{l \cdot r}{e - r}$$

$$\beta = \alpha \cdot \frac{v_a}{v_r}$$

$$\alpha = \frac{2 \cdot \pi}{1 + \frac{v_a}{v_r}}$$

$$\frac{v_a}{v_r} = \frac{\beta}{\alpha}$$

$$\alpha + \frac{v_a}{v_r} \cdot \alpha = 360° = 2 \cdot \pi \text{ rad}$$

$$s = 2 \cdot l \cdot \sin \gamma$$

→ Schnittgeschwindigkeit beim Hobeln

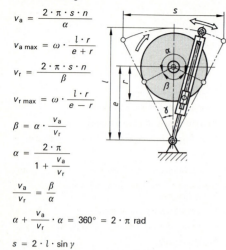

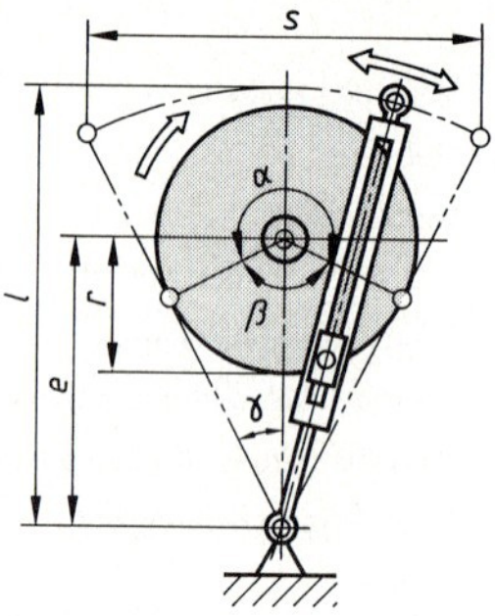

v_a	Arbeitsgeschwindigkeit (mittlere)	m/s
s	Weg, Hublänge	m
n	* Umdrehungsfrequenz (Drehzahl)	1/s
α	Vorlaufwinkel	rad
$v_{a\,max}$	größte Arbeitsgeschwindigkeit	m/s
ω	* Winkelgeschwindigkeit (konstant)	rad/s = 1/s
l	Länge der Schwinge	m
r	Kurbelradius	m
e	Abstand des Grundzapfens von der Kurbelmitte	m
v_r	Rücklaufgeschwindigkeit (mittlere)	m/s
β	Rücklaufwinkel	rad
$v_{r\,max}$	größte Rücklaufgeschwindigkeit	m/s
γ	Schwingwinkel	rad

Kurzschluß von galvanischen Elementen

→ Element, galvanisches

Ladefaktor

$$a = \frac{K_L}{K_E}$$

a	Ladefaktor	1
K_L	erforderliche Ladekapazität des Akkumulators	A·h
K_E	entnommene Ladekapazität	A·h

Ladespannung

→ Akkumulator

Ladezeit von Kondensatoren

→ Kapazität, elektrische

Ladung, elektrische

$$Q = \frac{W}{U} \qquad Q = C \cdot U \qquad Q = I \cdot t$$

→ *Coulombsches* Gesetz

Q	elektrische Ladung	C = A·s
W	elektrische * Arbeit	W·s = V·A·s
U	elektrische * Spannung	V
I	* Stromstärke, elektrische	A
C	* Kapazität	F = A·s/V
t	* Zeit	s

Ladungsbedeckung

→ Flächenladungsdichte; Kapazität, elektrische

Ladungs-Nutzungsgrad

→ Akkumulator

Ladungsträgerbeweglichkeit
(Beweglichkeit von Elektronen und Ionen)

$$b = \frac{v}{E}$$

b	Ladungsträgerbeweglichkeit	$m^2/(V \cdot s)$
v	Driftgeschwindigkeit	m/s
E	elektrische * Feldstärke	V/m

Ladungszahl

Ladungszahl eines Ions, Wertigkeit eines Stoffes B
Symbol: z_B

Die Ladungszahl wird als rechts hochgestellter Index an das Atomsymbol oder die Atomsymbolgruppe geschrieben, z.B.

Fe^{2+}, $SO_4{}^{2-}$ oder $(SO_4)^{2-}$, Na^+

Kernladungszahl
Symbol: Z
→ Protonenzahl

Lageenergie

→ Energie

Lagerdruck

→ Flächenpressung, Lochleibungsdruck

Lagerkräfte

→ Träger auf zwei Stützen

Lagerlast, Lagerreaktionen

→ Träger auf zwei Stützen

Lagerreibung

→ Reibungsmoment

Laminare Strömung

→ Reibungsverlustzahl, *Reynolds*-Zahl

Längenänderung

Druck (Stauchung):

$$\Delta l_d = l_0 - l = \varepsilon_d \cdot l_0$$

Zug (Dehnung):

$$\Delta l = l - l_0 = \frac{F \cdot l_0}{E \cdot S_0}$$

$$\Delta l = \varepsilon \cdot l_0 = \alpha \cdot \sigma \cdot l_0 = l_0 \cdot \frac{\sigma}{E}$$

Δl_d	Längenänderung bei Druck	mm
l_0	Meßlänge am Anfang	mm
l	Meßlänge bei Kraftwirkung	mm
ε_d	Stauchung (negative Dehnung)	1
Δl	Längenänderung bei Zug	mm
F	Zugkraft	N
E	* Elastizitätsmodul	N/mm^2
S_0	Querschnittsfläche am Anfang	mm^2
ε	* Dehnung	1
α	* Dehnungskoeffizient	mm^2/N
σ	* Spannung, mechanische	N/mm^2

Längenänderung durch Wärme

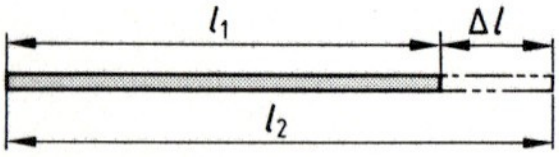

$$\Delta l = l_1 \cdot \alpha_l \cdot \Delta\vartheta$$

$$l_2 = l_1 \pm \Delta l = l_1 \pm l_1 \cdot \alpha_l \cdot \Delta\vartheta = l_1 \cdot (1 \pm \alpha_l \cdot \Delta\vartheta)$$

Vorzeichen + bei Erwärmung
Vorzeichen – bei Abkühlung

Δl	Längenänderung durch Wärme	m
l_1	Ausgangslänge	m
α_l	* Längenausdehnungskoeffizient, thermischer	$m/(m \cdot K) = 1/K$
$\Delta\vartheta$	Temperaturänderung	K, °C
l_2	Endlänge	m

Längenausdehnungskoeffizient, thermischer zwischen 0 °C und 100 °C

Stoff	α_l in $\frac{m}{m \cdot K} = \frac{1}{K}$	Stoff	α_l in $\frac{m}{m \cdot K} = \frac{1}{K}$
Aluminium	0,000 023 8	Magnesium	0,000 026 1
AlCuMg	0,000 023 5	Mangan	0,000 023
Antimon	0,000 010 9	Manganin	0,000 017 5
Beton (Stahlbeton)	0,000 012	Mauerwerk, Bruchstein-	0,000 012
Bismut	0,000 013 4	Mauerziegel-	0,000 005
Blei	0,000 029	Messing	0,000 018 4
Bronze	0,000 018	Molybdän	0,000 005 2
Cadmium	0,000 030 8	Neusilber	0,000 018
Chrom	0,000 008 5	Nickel	0,000 013
Chromstahl	0,000 010	Nickelstahl, 58% Ni	0,000 012
Cobalt	0,000 012 7	Palladium	0,000 011 9
Diamant	0,000 001	Platin	0,000 009
Eisen, rein	0,000 012 3	Polyvinylchlorid (PVC)	0,000 080
Flußstahl	0,000 013	Porzellan	0,000 004
Gips	0,000 025	Quarz	0,000 001
Glas (Fensterglas)	0,000 010	Quarzglas	0,000 005
Gold	0,000 014 2	Schwefel	0,000 090
Graphit	0,000 007 9	Silber	0,000 020
Gußeisen	0,000 010 4	Stahl, weich	0,000 012
Holz in Faserrichtung	0,000 008	hart	0,000 011 7
Invarstahl, 36% Ni	0,000 001 5	Tantal	0,000 006 5
Iridium	0,000 006 5	Titan	0,000 006 2
Kalium	0,000 083	Wolfram	0,000 004 5
Kohle	0,000 006	Zink	0,000 036
Konstantan	0,000 015 2	Zinn	0,000 026 7
Kupfer	0,000 016 5		

Längsdehnung

→ Dehnung

Last

In der Wägetechnik: die von einem Gegenstand ermittelte Masse in Masseeinheiten

In der Statik: die von einem Gegenstand ausgeübte Kraft in Krafteinheiten

Lastarm

→ Hebelgesetz

Läuferfrequenz

→ Asynchronmaschine

Laugen

→ Basen und Laugen

Lautheit (Stärke der Schallempfindung)

Formelzeichen: N
Einheit: sone

Der Schall der Lautstärke 40 phon hat die Lautheit $N = 1$ sone.

→ Lautstärkepegel

Lautstärkepegel

Hörschwelle und *Kurven gleicher Lautstärkepegel* (gleicher Schallempfindung) für Sinustöne im freien Schallfeld bei zweiohrigem Hören:

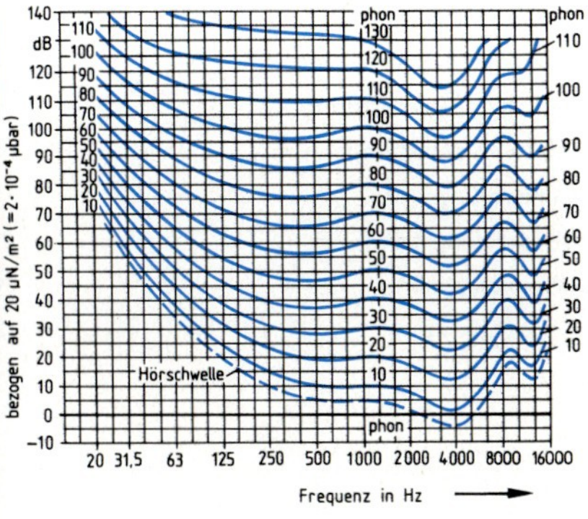

$$L_N = 20 \cdot \lg \frac{p}{p_0} \qquad p_0 = 0{,}0002\ \mu\text{bar}$$

$$N = 2^{0{,}1 \cdot (L_N - 40)}$$

L_N	Lautstärkepegel	phon
p	gemessener Schalldruck	µbar
p_0	Hörschwellendruck	µbar
N	Lautheit	sone

Die Lautstärke eines Schalls wird durch Hörvergleich mit dem Normalschall festgestellt. Als Normalschall gilt eine ebene fortschreitende Schallwelle von der Frequenz 1000 Hz, die von vorn auf den Kopf des Beobachters auftrifft.

Die Lautstärke des Normalschalls erreicht den Wert 0 phon, wenn der gemessene Schalldruck p gleich dem Hörschwellendruck p_0 (Bezugsschalldruck) wird.

→ Schalldruckpegel, Schallintensitätspegel

Lautstärke in phon bzw. dB		Lautstärke in phon bzw. dB	
Reizschwelle (Hörschwelle)	0	Übliche Unterhaltungslautstärke, einzelne Schreibmaschinen, Staubsauger	60
Blätterrauschen in leichtem Wind	10	Mittlerer Verkehrslärm, Straßenbahn, Baustelle	70
Untere Grenze der üblichen Wohngeräusche, Flüstern, ruhiger Garten	20	Stärkster üblicher Straßenlärm, laute Rundfunkmusik im Zimmer, Autohupe, U-Bahn, S-Bahn	80
Sehr ruhige Wohnstraße, mittlere Wohngeräusche	30	Drucklufthämmer	90
Leise Rundfunkmusik im Zimmer	40	Nietlärm, lautestes Autohorn, Motorrad	100
Obere Grenze der üblichen Wohngeräusche, geringster üblicher Straßenlärm, Geräusche in Geschäftsräumen (Zimmerlautstärke)	50	Laufender Flugzeugpropeller bei 4 m bis 5 m Entfernung	120
		Schmerzschwelle	130

Wird die Lautstärke auf eine Frequenz $f = 1000$ Hz bezogen, wird diese in phon, andernfalls, d.h. bei $f \neq 1000$ Hz, in dB (Dezibel) angegeben.

Dieser Zusammenhang ergibt sich aus den *Kurven gleicher Lautstärkepegel*. Auf einer solchen wird in Abhängigkeit von Frequenz f und Schalldruckpegel L_N die gleiche Lautheit empfunden.

lb

Binärer Logarithmus, Logarithmus zur Basis 2

$\text{lb}\, x = \log_2 x$

→ Logarithmen, Logarithmengesetze

LC-Siebung

→ Siebschaltungen

Leerlauf bei galvanischen Elementen

→ Element, galvanisches

Leistung bei Wechselstrom

Scheinleistung

$$S = U \cdot I$$

$$S = \sqrt{P^2 + Q_L^2}$$

$$S = \sqrt{P^2 + Q_C^2}$$

Wirkleistung

$$P = S \cdot \cos\varphi$$

$$P = U \cdot I \cdot \cos\varphi$$

Blindleistung

$$Q_L = S \cdot \sin\varphi$$

$$Q_C = S \cdot \sin\varphi$$

$$\cos\varphi = \frac{P}{S} \qquad \sin\varphi = \frac{Q_L}{S}$$

Kompensation → Blindleistung

S	Scheinleistung	V · A
P	Wirkleistung	W
Q_C	kapazitive * Blindleistung	var
Q_L	induktive * Blindleistung	var
φ	Phasenverschiebungswinkel	°, rad
$\cos\varphi$	Wirkleistungsfaktor	1
$\sin\varphi$	Blindleistungsfaktor	1
U	Gesamtspannung	V
I	Gesamtstrom	A

Leistung, elektrische

Gleichstromleistung

$$P = U \cdot I \qquad P = \frac{W}{t}$$

$$P = I^2 \cdot R \qquad P = \frac{U^2}{R}$$

→ Leistung bei Wechselstrom, Leistungsbestimmung mit dem Zähler

P	elektrische Leistung (Gleichstromleistung)	W
U	elektrische * Spannung	V
I	elektrische * Stromstärke	A
W	elektrische * Arbeit	W · s = J
R	* Widerstand	Ω
t	* Zeit	s

Leistung, mechanische

Geradlinige Bewegung

$$P = \frac{W}{t} = F \cdot v$$

Rotierende Bewegung

$$P = W \cdot n = M \cdot \omega$$

$$P_{eff} = P_i - P_v = P_i \cdot \eta$$

$$P_i = \frac{P_{eff}}{\eta}$$

P	mechanische Leistung	W
W	* Arbeit, mechanische	N · m = J
t	* Zeit	s
F	* Kraft	N
v	* Geschwindigkeit	m/s
n	* Umdrehungsfrequenz (Drehzahl)	1/s
ω	* Winkelgeschwindigkeit	rad/s = 1/s
P_{eff}	effektive (abgegebene) * Leistung	W
P_i	indizierte (zugeführte) * Leistung	W
P_v	Leistungsverlust	W
η	* Wirkungsgrad	1

Leistung von Kolbenkraftmaschinen

Hubkolbenmotor (HKM)

$$P_i = z \cdot \frac{W_i \cdot n_K}{u}$$

Kreiskolbenmotor (KKM)

$$P_i = z \cdot \frac{W_i \cdot n_E}{u}$$

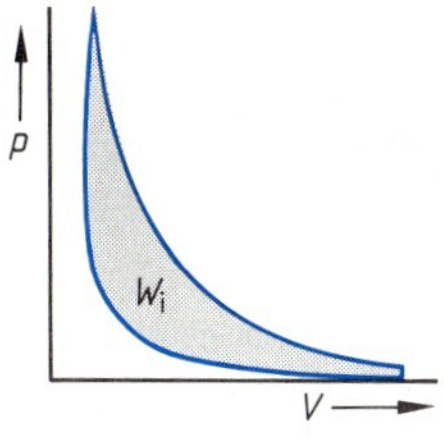

P_i	indizierte * Leistung	W
z	Anzahl der Zylinder bzw. Kammern	1
W_i	indizierte * Arbeit je Arbeitsspiel	N · m = J
n_K	* Umdrehungsfrequenz der Kurbelwelle	1/s
n_E	* Umdrehungsfrequenz der Exzenterwelle	1/s
u	Anzahl der Umdrehungen je Arbeitsspiel	1
V	* Volumen	m^3

Leistung von Wasserkräften

$$P_{eff} = \dot{V} \cdot H_n \cdot \varrho \cdot g \cdot \eta$$

$$P_{eff} = \dot{V} \cdot p \cdot \eta$$

P_{eff}	effektive (abgebene) * Leistung	W
$\dot{V}$	* Volumenstrom	m^3/s
H_n	Nutzfallhöhe	m
ϱ	* Dichte des Wassers	kg/m^3
g	* Fallbeschleunigung	m/s^2
η	* Wirkungsgrad (z. B. der Turbine)	1
p	* Druck	N/m^2 = Pa

Leistung von Pumpen

→ Pumpenleistung

Leistung von Werkzeugmaschinen

$$P_i = \frac{P_{eff}}{\eta}$$

→ Spanung

P_i	indizierte * Leistung (Antriebsleistung)	W
P_{eff}	effektive * Leistung (* Schnittleistung)	W
η	* Wirkungsgrad	1

Leistungsanpassung

→ Anpassung

Leistungsbestimmung mit dem Zähler
(Elektrizitätszähler)

$$P = \frac{n}{C_Z}$$

P	elektrische * Leistung	kW
n	Umdrehungen der Zählerscheibe je Stunde	1/h
C_Z	Zählerkonstante	1/(kW · h)

Leistungsdichte

$$\varphi = \frac{\Phi}{A}$$

φ	Leistungsdichte	W/m^3
Φ	Wärmestrom	W
V	Volumen	m^3

Leistungsfaktor

$$\lambda = \cos\varphi = \frac{P}{S} = \frac{P}{U \cdot I}$$

Bei Dreiphasenwechselstrom:

$$\cos\varphi = \frac{P}{\sqrt{3} \cdot U \cdot I}$$

→ Dreiphasenwechselstrom

Phasenverschiebungswinkel

$\varphi = 0° = 0$ rad	$\cos\varphi = 1$	$P = S$
$\varphi > 0°$ bzw. $\varphi > 0$ rad $\varphi < 90°$ bzw. $\varphi < \frac{\pi}{2}$ rad	$\cos\varphi < 1$	$P < S$
$\varphi = 90° = \frac{\pi}{2}$ rad	$\cos\varphi = 0$	$P = 0$

λ	Leistungsfaktor (bei nichtsinusförmigen Größen)	1
$\cos\varphi$	Leistungsfaktor (bei sinusförmigen Größen)	1
P	Wirkleistung	W
S	Scheinleistung	V · A
U	elektrische * Spannung	V
I	elektrische * Stromstärke	A
$\sqrt{3}$	Verkettungsfaktor	1
φ	* Phasenverschiebungswinkel	°, rad

Leistungsflußdichte, Strahlungsdichte

$$S = \frac{P}{A}$$

S	Leistungsflußdichte	W/m^2
P	* Leistung eines elektromagnetischen Feldes	W
A	Fläche	m^2

Leistungsverhältnis

→ Wirkungsgrad

Leistungsverlust, elektrischer
(in den Zuleitungen)

Verlust auf einer Leitung für Gleichstrom

$$P_v = \frac{2 \cdot I^2 \cdot l}{\gamma \cdot A}$$

$$P_{v\%} = \frac{P_v \cdot 100\%}{P} = \frac{2 \cdot I \cdot l \cdot 100\%}{\gamma \cdot A \cdot U}$$

Verlust auf einer Leitung für Wechselstrom

$$P_v = \frac{2 \cdot I^2 \cdot l}{\gamma \cdot A}$$

$$P_{v\%} = \frac{P_v \cdot 100\%}{P} = \frac{2 \cdot I \cdot l \cdot 100\%}{\gamma \cdot A \cdot U \cdot \cos\varphi}$$

Verlust auf einer Leitung für Dreiphasenwechselstrom

$$P_v = \frac{3 \cdot I^2 \cdot l}{\gamma \cdot A}$$

$$P_{v\%} = \frac{P_v \cdot 100\%}{P} = \frac{\sqrt{3} \cdot I \cdot l \cdot 100\%}{\gamma \cdot A \cdot U \cdot \cos\varphi}$$

→ Leitungsberechnungen

P	zu übertragende * Leistung	W
P_v	Leistungsverlust	W
$P_{v\%}$	Leistungsverlust in %	%
I	Leiterstrom	A
l	Länge der Leitung	m
γ	elektrische * Leitfähigkeit	$m/(\Omega \cdot mm^2)$; S/m
A	Leiterquerschnitt	mm^2; m^2
U	Netzspannung	V
$\cos\varphi$	Wirkleistungsfaktor	1

Leistungswirkungsgrad

$$\eta = \frac{P_{ab}}{P_{zu}}$$

→ Wirkungsgrad

η	Leistungswirkungsgrad	1
P_{ab}	abgegebene * Leistung (Nutzen)	W
P_{auf}	aufgenommene * Leistung (Aufwand)	W

Leiterwiderstand

→ Widerstand, elektrischer

Leitfähigkeit

→ Leitfähigkeit, elektrische; Wärmeleitfähigkeit

Leitfähigkeit, elektrische;
Konduktivität (spezifische Leitfähigkeit)

$$\gamma = \frac{l}{R \cdot A} \qquad \gamma = \frac{G \cdot l}{A}$$

$1\ S/m = 10^{-6}\ S \cdot m/mm^2 = 10^{-6}\ m/(\Omega \cdot mm^2)$

$$\gamma = \frac{1}{\varrho}$$

Werte der elektrischen Leitfähigkeit
→ Widerstand, spezifischer elektrischer

γ	elektrische Leitfähigkeit	$m/(\Omega \cdot mm^2)$; S/m
R	elektrischer * Widerstand, Leiterwiderstand	Ω
A	Leiterquerschnitt	mm^2; m^2
G	elektrischer * Leitwert	S
l	Länge des Leiters	m
ϱ	spezifischer elektrischer * Widerstand	Ω

Leitfähigkeit, molare; Äquivalentleitfähigkeit

$$\Lambda = \frac{\varkappa}{c\,(eq)}$$

Λ	molare * Leitfähigkeit	$S \cdot m^2/mol$
$\varkappa$	* Leitfähigkeit der Lösung	S/m
$c\,(eq)$	* Äquivalentkonzentration	mol/m^3

Leitungsberechnungen
Spannungsfall in elektrischen Leitungen (Zuleitungen)

Leitung für Gleichstrom

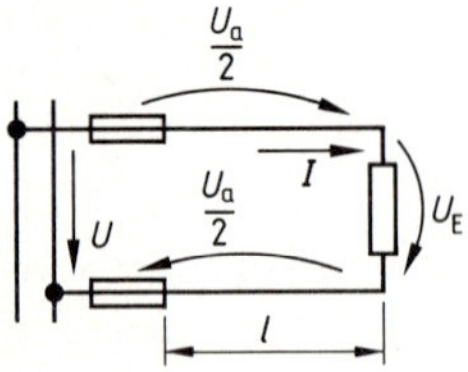

$U_a = U - U_E$

$$U_a = \frac{2 \cdot I \cdot l}{\gamma \cdot A} = \frac{2 \cdot P \cdot l}{\gamma \cdot A \cdot U}$$

P	zu übertragende * Leistung	W
U	* Spannung am Leitungsanfang, Netzspannung	V
U_a	Spannungsfall	V
U_E	Spannung am Leitungsende	V
u_a	Spannungsfall in %	%
I	Leiterstrom	A
l	Leiterlänge	m
$\cos\varphi$	Leistungsfaktor	1
γ	* elektrische Leitfähigkeit	$m/(\Omega \cdot mm^2)$
A	Leiterquerschnitt	mm^2

Leitung für Wechselstrom

$$U_a = \frac{2 \cdot I \cdot l \cdot \cos\varphi}{\gamma \cdot A} = \frac{2 \cdot P \cdot l}{\gamma \cdot A \cdot U}$$

Leitung für Dreiphasenwechselstrom

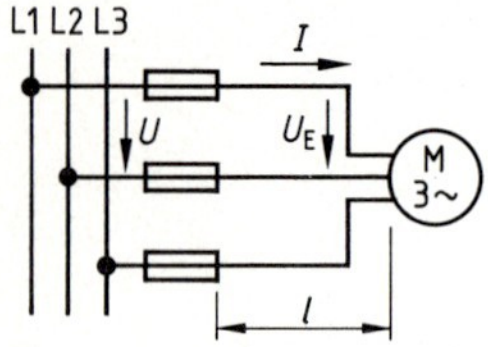

$U_a \approx U - U_E$

$$U_a = \frac{\sqrt{3} \cdot I \cdot l \cdot \cos\varphi}{\gamma \cdot A} = \frac{P \cdot l}{\gamma \cdot A \cdot U}$$

Spannungsfall in % (für alle Stromarten)

$$u_a = \frac{U_a}{U} \cdot 100\%$$

→ Leistungsverlust, elektrischer

Leitwert, elektrischer; Konduktanz

$$G = \frac{1}{R}$$

G	elektrischer Leitwert	$S = 1/\Omega$
R	* Widerstand (Widerstandswert)	Ω
G_1, G_2	Teilleitwerte	S

Ersatzleitwert bei Parallelschaltung der Widerstände

$G = G_1 + G_2 + G_3 + \ldots$

→ Widerstand, elektrischer

Leitwert, magnetischer; Permeanz

$$\Lambda = \frac{1}{R_m} = \frac{\mu_0 \cdot \mu_r \cdot A}{l_m}$$

$$\Lambda = \frac{\Phi}{\Theta} = \frac{L}{N^2}$$

Λ	magnetischer Leitwert	$H = \Omega \cdot s = A \cdot Wb$
R_m	magnetischer * Widerstand	$1/H = 1/(\Omega \cdot s)$
μ_0	magnetische * Feldkonstante	H/m
μ_r	relative * Permeabilität	1
l_m	mittlere Feldlinienlänge	m
Φ	magnetischer * Fluß	Wb
Θ	magnetische * Durchflutung	A
L	* Induktivität	H
N	Anzahl der Windungen	1

Leitwert, thermischer; Wärmeleitwert

$$G_{th} = \frac{1}{R_{th}}$$

→ Kühlung elektronischer Halbleiterbauelemente

G_{th}	thermischer Leitwert, Wärmeleitwert	W/K
R_{th}	thermischer * Widerstand	K/W

Leptonen

→ Elementarteilchen

Leuchtdichte

Lichteinfall senkrecht zur Fläche

$$L_v = \frac{I_v}{A} = \frac{\Phi_v}{A \cdot \Omega}$$

Lichteinfall unter dem ∢ α

$$L_v = \frac{I_v}{A \cdot \cos\alpha} = \frac{\Phi_v}{A \cdot \cos\alpha \cdot \Omega}$$

L_v	Leuchtdichte	cd/m^2
I_v	* Lichtstärke	cd
A	leuchtende, sichtbare Fläche	m^2
Φ_v	* Lichtstrom	lm
Ω	Raumwinkel	sr
α	Ausstrahlungswinkel	rad

Leuchtdichteverteilung
im Innenraum einer Beleuchtungsanlage

$$L = \frac{\varrho \cdot E}{\pi}$$

$$g_1 = \frac{E_{min}}{\bar{E}}$$

L	* Leuchtdichte	cd/m^2
ϱ	* Reflexionsgrad	1
E	* Beleuchtungsstärke	lx
$\bar{E}$	mittlere * Beleuchtungsstärke	lx
g_1	Gleichmäßigkeit der * Beleuchtungsstärke	1

Leuchtenbetriebswirkungsgrad

$$\eta_{LB} = \frac{\Phi_N}{\Phi}$$

η_{LB}	Leuchtenbetriebswirkungsgrad	1
Φ_N	abgegebener * Lichtstrom	lm
Φ	aufgenommener * Lichtstrom	lm

lg

Dekadischer Logarithmus, Logarithmus zur Basis 10

$\lg x = \log_{10} x$

→ Logarithmen, Logarithmengesetze

Lichtablenkung

Numerischer Wert nach *Einstein*

$$L_A = \frac{4 \cdot G \cdot m}{\Delta \cdot c_0^2}$$

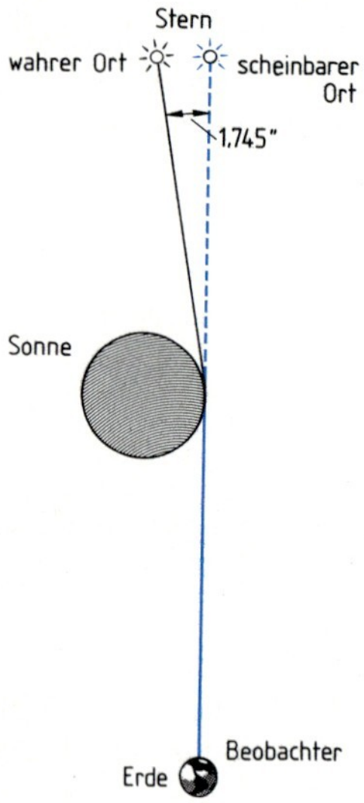

L_A	Lichtablenkung	1
G	* Gravitationskonstante	$N \cdot m^2/kg^2$
m	Masse des ablenkenden Körpers	kg
Δ	Abstand des Beobachters vom Mittelpunkt des ablenkenden Körpers	m
c_0	* Lichtgeschwindigkeit	m/s

Ein den Sonnenrand tangierender Lichtstrahl eines fernen Sternes erfährt eine Ablenkung zur Sonne hin, die 1,745″ (Bogensekunden) bzw. $8{,}46 \cdot 10^{-6}$ rad beträgt.

→ Aberrationskonstante, Gravitationskonstante

Lichtausbeute

$$\eta = \frac{\Phi_v}{P}$$

η	Lichtausbeute	
Φ_v	* Lichtstrom	lm
P	Leistungsaufnahme der Quelle	W

Lichtbrechung (Lichtdurchgang)

Planparallele Platte

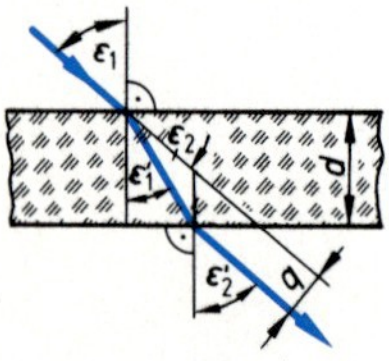

$$q = \frac{d \cdot \sin(\varepsilon_1 - \varepsilon_1')}{\cos \varepsilon_1'}$$

$$\varepsilon_1 = \varepsilon_2'$$

$$\varepsilon_1' = \varepsilon_2$$

q	Parallelversetzung eines Lichtstrahles	m
d	Dicke der planparallelen Platte	m
ε_1	außenliegender Einfallwinkel	rad,
ε_1'	innenliegender Ausfallwinkel	rad,
ε_2	innenliegender Einfallwinkel	rad,
ε_2'	außenliegender Ausfallwinkel	rad,

ptisches Prisma

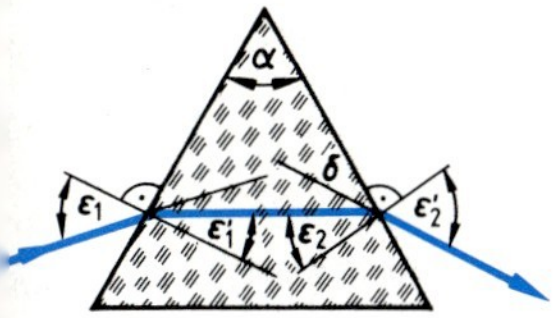

$= \varepsilon_1' + \varepsilon_2$

$= \varepsilon_1 + \varepsilon_2' - \alpha$

$= \varepsilon_1 - \varepsilon_1' + \varepsilon_2' - \varepsilon_2$

$$= \frac{\sin\left(\frac{\delta + \alpha}{2}\right)}{\sin\frac{\alpha}{2}}$$

α	Prismenwinkel	rad, °
ε_1'	innenliegender Ausfallwinkel	rad, °
ε_2	innenliegender Einfallwinkel	rad, °
δ	Ablenkungswinkel	rad, °
ε_1	außenliegender Einfallwinkel	rad, °
ε_2'	außenliegender Ausfallwinkel	rad, °
n	* Brechzahl	1

ichtgeschwindigkeit

ichtgeschwindigkeit im Vakuum

$$= \frac{1}{\sqrt{\varepsilon_0 \cdot \mu_0}}$$

$= 299\,792\,458$ m/s $\approx 300\,000$ km/s

eschwindigkeit elektromagnetischer Wellen in
nem Medium

$$= \frac{c_0}{\sqrt{\varepsilon_r \cdot \mu_r}} = \frac{c_0}{n}$$

c_0	Lichtgeschwindigkeit im Vakuum	m/s
c	* Geschwindigkeit elektromagnetischer Wellen in einem Medium	m/s
ε_0	elektrische * Feldkonstante	F/m
ε_r	* Permittivitätszahl (relative Permittivität)	1
μ_0	magnetische * Feldkonstante	H/m
μ_r	* Permeabilitätszahl (relative Permeabilität)	1
n	* Brechzahl	1

ichtmenge

$_v = I_v \cdot t$

Q_v	Lichtmenge	lm · s
I_v	* Lichtstärke	lm
t	* Zeit, Strahlungsdauer	s

chtquant

→ Photon

chtstärke

$$= \frac{\Phi_v}{\Omega}$$

Beleuchtungsstärke

I_v	Lichtstärke	cd
Φ_v	* Lichtstrom	lm
Ω	Raumwinkel	sr

chtstrom

$$_v = \Omega \cdot I_v = E_v \cdot A = \frac{Q_v}{t}$$

Φ_v	Lichtstrom	lm
Ω	Raumwinkel	sr
I_v	* Lichtstärke	cd
E_v	* Beleuchtungsstärke	lx
Q_v	* Lichtmenge	lm · s
t	* Zeit, Dauer der Strahlung	s

Lineare Querzusammenziehung

→ Querkürzung

Linearer Ausdehnungskoeffizient

→ Längenausdehnungskoeffizient, thermischer

Linearer Schwinger

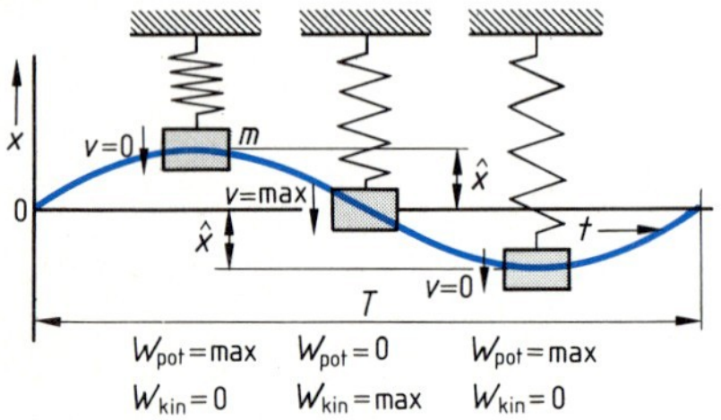

Harmonische Schwingung ohne Dämpfung:

$$T = \frac{1}{f} = 2 \cdot \pi \cdot \sqrt{\frac{m}{c}}$$

$$f = \frac{\omega}{2 \cdot \pi} = \frac{1}{2 \cdot \pi} \cdot \sqrt{\frac{c}{m}}$$

$$\omega = 2 \cdot \pi \cdot f = \sqrt{\frac{c}{m}}$$

$$x = \hat{x} \cdot \sin(\omega \cdot t + \varphi)$$

$$W_{pot} = \frac{c}{2} \cdot x^2$$

$$W_{kin} = \frac{m}{2} \cdot v^2$$

$$W = W_{pot} + W_{kin} = \frac{c}{2} \cdot x^2 + \frac{m}{2} \cdot v^2 = \text{konst.}$$

T	* Periodendauer (Schwingungsdauer)	s
f	* Frequenz	Hz = 1/s
m	* Masse (des Schwingers)	kg
c	* Federsteifigkeit	N/m
ω	* Kreisfrequenz	rad/s = 1/s
x	Elongation (Augenblickswert des Ausschlages)	m
$\hat{x}$	Amplitude, größte Elongation, Schwingungsweite, Scheitelwert	m
t	jeweilige Zeitdauer	s
φ	Nullphasenwinkel für $t = 0$	rad
W_{pot}	potentielle * Energie	N · m = …
W_{kin}	kinetische * Energie	N · m = …
W	Schwingungsenergie	N · m = …
v	* Geschwindigkeit der bewegten * Masse	m/…

Linienschwerpunkt

→ Schwerpunktlage von Linien

Linienspektren

Balmer-Gleichung des Wasserstoffspektrums:

$$f = \frac{e^4 \cdot m_e}{8 \cdot \varepsilon_0{}^2 \cdot h^3} \cdot \left(\frac{1}{n^2} - \frac{1}{m^2}\right) = R_H \cdot c_0 \cdot \left(\frac{1}{n^2} - \frac{1}{m^2}\right)$$

Für wasserstoffähnliche Atome:

$$f = R_H \cdot c_0 \cdot Z^2 \cdot \left(\frac{1}{n^2} - \frac{1}{m^2}\right) \text{ bzw.}$$

$$f = R_i \cdot c_0 \cdot Z^2 \cdot \left(\frac{1}{n^2} - \frac{1}{m^2}\right)$$

f	* Frequenz	H…
e	* Elementarladung	
m_e	Ruhemasse des Elektrons	k…
ε_0	elektrische * Feldkonstante	F/…
h	* *Planck*-Konstante	J · …
n	Hauptquantenzahl der Bahn mit der niedrigeren * Energie	
m	Hauptquantenzahl der Bahn mit der höheren * Energie	

Repetenz (Wellenzahl)

$$\sigma = R_\infty \cdot \left(\frac{1}{n^2} - \frac{1}{m^2}\right)$$

$$\sigma = \frac{1}{\lambda}$$

Repetenz für Wasserstoff:

$$\sigma = R_H \cdot \left(\frac{1}{n^2} - \frac{1}{m^2}\right)$$

Repetenz für wasserstoffähnliche Spektren:

$$\sigma = R_i \cdot Z^2 \cdot \left(\frac{1}{n^2} - \frac{1}{m^2}\right)$$

Umrechnung von R_i nach R_∞:

$$R_i = \frac{1}{1 + \frac{m_e}{m_N}} \cdot R_\infty$$

σ	Repetenz (* Wellenzahl)	1/m
λ	* Wellenlänge	m
R_H	*Rydberg*-Konstante für das Wasserstoffatom $R_H = 1{,}096\,775\,8 \cdot 10^7\ \mathrm{m}^{-1}$	1/m
R_∞	*Rydberg*-Konstante für unendliche Kernmasse und damit ohne Eigenbewegung des Kerns (obere Grenze der *Rydberg*-Konstante) $R_\infty = 1{,}097\,373\,15 \cdot 10^7\ \mathrm{m}^{-1}$ → Konstanten	1/m
R_i	*Rydberg*-Konstante des Stoffes i	1/m
Z	* Protonenzahl	1
c_0	* Lichtgeschwindigkeit im leeren Raum	m/s
m_N	* Masse des Kerns	kg

Serienformeln des Wasserstoffspektrums

Serie	Farbe	Formel	m	Wellenlänge $\lambda = 1/\sigma$ der ersten Linie $(m = n + 1)$
Lymann-Serie	Ultraviolett	$\sigma = R_H \cdot \left(\frac{1}{1^2} - \frac{1}{m^2}\right)$	2, 3, 4, ...	$121{,}57 \cdot 10^{-9}$ m
Balmer-Serie	Rot bis Ultraviolett, z.T. sichtbar	$\sigma = R_H \cdot \left(\frac{1}{2^2} - \frac{1}{m^2}\right)$	3, 4, 5, ...	$656{,}3 \cdot 10^{-9}$ m
Paschen-Serie	Ultrarot	$\sigma = R_H \cdot \left(\frac{1}{3^2} - \frac{1}{m^2}\right)$	4, 5, 6, ...	$1\,875{,}1 \cdot 10^{-9}$ m
Brackett-Serie	Ultrarot	$\sigma = R_H \cdot \left(\frac{1}{4^2} - \frac{1}{m^2}\right)$	5, 6, 7, ...	$4\,050{,}0 \cdot 10^{-9}$ m
Pfund-Serie	Ultrarot	$\sigma = R_H \cdot \left(\frac{1}{5^2} - \frac{1}{m^2}\right)$	6, 7, 8, ...	$7\,400{,}0 \cdot 10^{-9}$ m

n

atürlicher Logarithmus, Logarithmus zur Basis e,
= 2,718 28 ...

$x = \log_e x$

→ Logarithmen, Logarithmengesetze

Linsen

Sammellinsen

bikonvex

plankonvex

konkav-konvex
die stärker gekrümmte Fläche ist konvex

Zerstreuungslinsen

bikonkav

plankonkav

konvex-konkav
die stärker gekrümmte Fläche ist konkav

Linsenformel

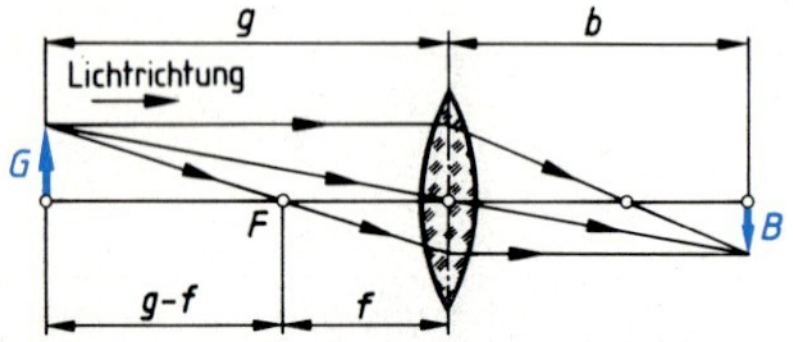

$\frac{1}{g} + \frac{1}{b} = \frac{1}{f}$; F ≙ Brennpunkt

g	*	Gegenstandsweite
b	*	Bildweite
f	*	Brennweite
G		Gegenstandsgröße
B	*	Bildgröße

→ Spiegelformel

Die Linsenformel gilt allgemein für jede sphärische Linse, wenn die nachstehenden Vorzeichen beachtet werden:

Linsendaten	Formelzeichen	Vorzeichen
Brennweite bei Konvexlinsen (Sammellinsen)	f	+
Brennweite bei Konkavlinsen (Zerstreuungslinsen)	f	−
Bildweite bei reellen Bildern	b	+
Bildweite bei virtuellen Bildern	b	−
Gegenstandsweite, falls ein auf die Linse fallendes Lichtbündel nach einem Punkt hinter der Linse konvergiert	g	−

Bildentstehung an Konvexlinsen (Sammellinsen)

Gegenstandsweite	Bildweite	Bildart	Bildlage	Bildgröße
$g > 2 \cdot f$	$b < 2 \cdot f$, $b > f$	reell	kopfstehend	$B < G$
$g = 2 \cdot f$	$b = 2 \cdot f$	reell	kopfstehend	$B = G$
$g < 2 \cdot f$, $g > f$	$b > 2 \cdot f$	reell	kopfstehend	$B > G$
$g < f$	$b > g$	virtuell	aufrecht	$B > G$

Bildentstehung an Konkavlinsen (Zerstreuungslinsen)

Konkavlinsen liefern von reellen aufrechten Gegenständen stets virtuelle, aufrechte, verkleinerte Bilder.

Lochabstand

→ Teilung

Lochen

→ Scherkraft

Lochkreisteilung

→ Teilung

Lochleibungsdruck

$$\sigma_l = \frac{F}{n \cdot d \cdot s}$$

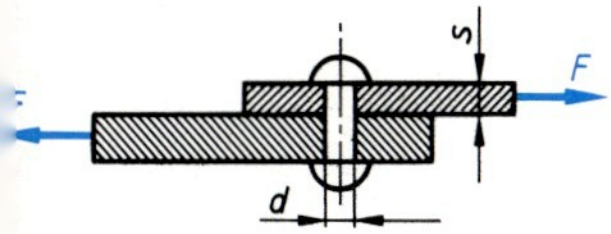

σ_l	Lochleibungsdruck (* Flächenpressung an einer gewölbten Fläche)	N/mm²
F	* Kraft im Bauteil	N
n	Anzahl der beanspruchten Niete bzw. Paßschrauben	1
d	Bohrungsdurchmesser	mm
s	(kleinste) Blechdicke	mm

Logarithmen

Schreibweise für den Logarithmus eines beliebigen Systems

$\log_a x$ (Logarithmus von x zur Basis a)

Logarithmus zur Basis 10 (dekadischer Logarithmus)

$\lg x = \log_{10} x$

Logarithmus zur Basis e (natürlicher Logarithmus)

$\ln x = \log_e x$ $\qquad e = 2{,}71828\ldots$

Logarithmus zur Basis 2 (binärer Logarithmus)

$\mathrm{lb}\, x = \log_2 x$

Umrechnung von Logarithmen

$$\lg x = \frac{\ln x}{\ln 10} = \ln x \cdot \lg e$$

$$\ln x = \frac{\lg x}{\lg e} = \lg x \cdot \ln 10$$

$$\mathrm{lb}\, x = \frac{\lg x}{\lg 2}$$

→ *Eulersche* Zahl

$\log_a 1 = 0$ (Der Logarithmus von 1 ist für jede beliebige zulässige Basis 0)

$\log_a a = 1$

Beispiele:

$\lg 10 = 1 \qquad \ln e = 1 \qquad \mathrm{lb}\, 2 = 1$

a	Basis des Logarithmus
x	Numerus

Logarithmengesetze

$$\log (a \cdot b) = \log a + \log b$$

$$\log \frac{a}{b} = \log a - \log b \qquad b \neq 0$$

$$\log a^n = n \cdot \log a \qquad a^n > 0$$

$$\log \sqrt[n]{a} = \log a^{\frac{1}{n}} = \frac{1}{n} \cdot \log a$$

$$\log \sqrt[n]{a^m} = \log a^{\frac{m}{n}} = \frac{m}{n} \cdot \log a$$

$$\log \frac{1}{a} = -\log a$$

Logarithmusfunktion

Umkehrfunktion zur Exponentialfunktion

Die Logarithmusfunktion ist nur für positive Werte von x definiert.

Mathematisches Zeichen	Sprechweise
$\log_a x$	Logarithmus von x zur Basis a

$y = \log_a x$ ist die Umkehrfunktion von $y = a^x$

y Funktionswert

a Basis des Logarithmus

x Variable

Logische Verknüpfungen (Logische Funktionen)

Bestandteile der Symbole nach DIN 40900	Bedeutung
0 (0-Zustand)	nein, z.B.: es fließt kein Strom
1 (1-Zustand)	ja, z.B.: es fließt ein Strom
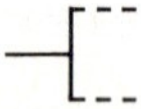	Eingangslinie
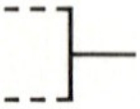	Ausgangslinie
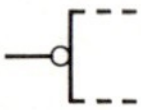	Negation (Eingang)
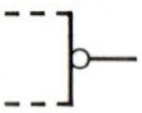	Negation (Ausgang)
Funktionszeichen	
=	Äquivalenz
&	UND
≥ 1	ODER
= 1	Exklusiv-ODER
1	Identität

E1, E2 Eingang 1, Eingang 2

E Eingang, allgemein

$\overline{E}$ Negation des Signalwertes von E

A Ausgang, allgemein

$\overline{A}$ Negation des Signalwertes von A

Verknüpfung	Symbol nach DIN 40900 für 2 Eingänge	für mehr als 2 Eingänge	Funktionstabelle	Schaltfunktion
Buffer[1] **ohne besondere Verstärkung** (Identität)	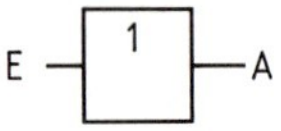		E A 0 0 1 1	E = A
NICHT, Inverter, Negation (Negator)	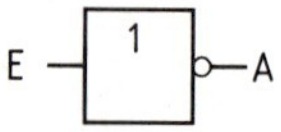		E A 0 1 1 0	$E = \overline{A}$
UND Konjunktion (AND)	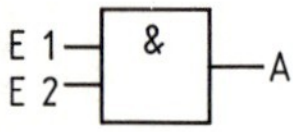	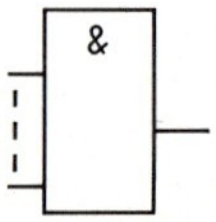	E1 E2 A 0 0 0 0 1 0 1 0 0 1 1 1	$A = E1 \wedge E2$

[1] Buffer (engl.) = Puffer, Zwischenspeicher

Verknüpfung	Symbol nach DIN 40 900 für 2 Eingänge	für mehr als 2 Eingänge	Funktionstabelle	Schaltfunktion
ODER Adjunktion Disjunktion (OR)	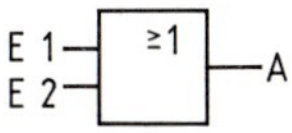	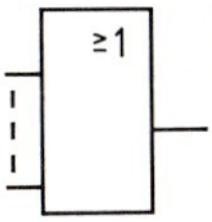	E1 | E2 | A 0 0 0 0 1 1 1 0 1 1 1 1	$A = E1 \vee E2$
UND - NICHT (NAND)	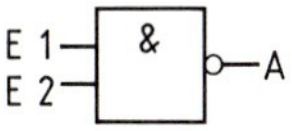	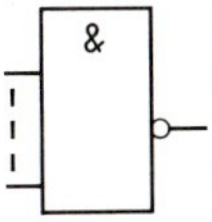	E1 | E2 | A 0 0 1 0 1 1 1 0 1 1 1 0	$A = \overline{E1 \wedge E2}$ oder $\overline{A} = E1 \wedge E2$
ODER - NICHT **(NOR)**	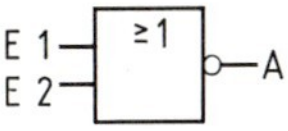	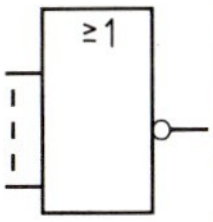	E1 | E2 | A 0 0 1 0 1 0 1 0 0 1 1 0	$A = \overline{E1 \vee E2}$ oder $\overline{A} = E1 \vee E2$
Exklusiv - ODER Antivalenz (XOR)	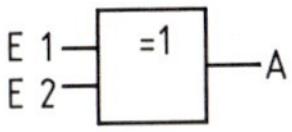		E1 | E2 | A 0 0 0 0 1 1 1 0 1 1 1 0	$A = (E1 \wedge \overline{E2}) \vee (\overline{E1} \wedge E2)$
Äquivalenz Äquijunktion Bisubjunktion	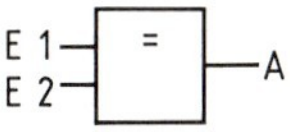	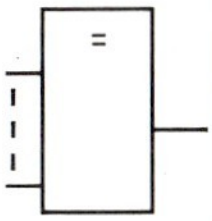	E1 | E2 | A 0 0 1 0 1 0 1 0 0 1 1 1	$A = (\overline{E1} \vee E2) \wedge (E1 \vee \overline{E2})$
Inhibition Sperrgatter	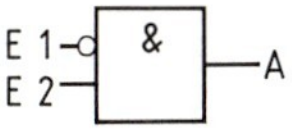		E1 | E2 | A 0 0 0 0 1 1 1 0 0 1 1 0	$A = \overline{E1} \wedge E2$
Implikation Subjunktion	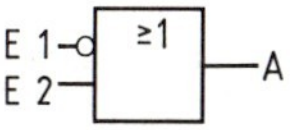		E1 | E2 | A 0 0 1 0 1 1 1 0 0 1 1 1	$A = \overline{E1} \vee E2$

***De Morgansche* Regeln (Inversionsgesetze)**

Umwandlung einer UND-Verknüpfung in eine ODER-Verknüpfung

$E1 \wedge E2 = \overline{\overline{E1} \vee \overline{E2}}$ bzw. $\overline{E1 \wedge E2} = \overline{E1} \vee \overline{E2}$

Allgemein:

$E1 \wedge E2 \wedge \ldots \wedge En = \overline{\overline{E1} \vee \overline{E2} \vee \ldots \vee \overline{En}}$

Umwandlung einer ODER-Verknüpfung in eine UND-Verknüpfung

$E1 \vee E2 = \overline{\overline{E1} \wedge \overline{E2}}$ bzw. $\overline{E1 \vee E2} = \overline{E1} \wedge \overline{E2}$

Allgemein:

$E1 \vee E2 \vee \ldots \vee En = \overline{\overline{E1} \wedge \overline{E2} \wedge \ldots \wedge \overline{En}}$

→ Schaltalgebra

Lorentz-Kraft

$F_L = Q \cdot v \cdot B$

Bei einem Leiter:

$F = I \cdot l \cdot B$

Bei mehreren Leitern:

$F = z \cdot I \cdot l \cdot B$

Für $\alpha \neq 90°$:

$F = z \cdot I \cdot l \cdot B \cdot \sin\alpha$

F_L	*Lorentz*-Kraft	N
Q	* Ladung der Elektronen	C
v	Geschwindigkeit der Elektronen	m/s
B	magnetische * Flußdichte	T
I	* Stromstärke	A
l	wirksame Breite des Magnetfeldes	m
z	Anzahl der Leiter	1
α	Winkel zwischen Leiter und Feldlinien	°

Lorentz-Transformation

→ Relativitätstheorie, spezielle

Loschmidt-Konstante

Für ideale Gase im physikalischen Normzustand gilt:

$$N_L = \frac{N_A}{V_{m,0}} = 2{,}686\,75 \cdot 10^{25}\ \frac{1}{m^3}$$

Gleiche Volumina enthalten bei gleicher Temperatur und gleichem Druck die gleiche Anzahl Teilchen.

N_L	*Loschmidt*-Konstante	$1/m^3$
N_A	* *Avogadro*-Konstante $N_A = 6{,}022\,1 \cdot 10^{23}\ mol^{-1}$ → Konstanten	1/mol
$V_{m,0}$	molares * Normvolumen des idealen Gases $V_{m,0} = 22{,}414$ L/mol → Konstanten	m^3/mol

Löslichkeitsprodukt

Für die gesättigte Lösung eines schwerlöslichen Salzes und das Dissoziationsgleichgewicht

$A_m B_n \rightleftarrows m\,A^+ + n\,B^-$

gilt:

$L = c^m(A^+) \cdot c^n(B^-) = K_D \cdot c\,(A_m B_n)$

z. B.

$Mg(OH)_2 \rightleftarrows Mg^{2+} + 2\,OH^-$

$L = c\,(Mg^{2+}) \cdot c^2(OH)^-$

L	Löslichkeitsprodukt	$(mol/L)^{m+n}$
$c(A^+)$	* Stoffmengenkonzentration des Ions A^+	mol/L
$c(B^-)$	* Stoffmengenkonzentration des Ions B^-	mol/L
$c(A_m B_n)$	* Stoffmengenkonzentration des Salzes	mol/L
K_D	* Dissoziationskonstante	$(mol/L)^{m+n-1}$

Lösung, aktive

→ *Nernstsche* Gleichung

Lösung, molare

→ Molare Lösung

Luftdichte

→ Dichte, Normatmosphäre

Luftfeuchte, relative

→ Feuchte

Luftkanalresultierende

→ Tragflügel

Luftwiderstand (Strömungswiderstand)

$$F_W = c_W \cdot p_{dyn} \cdot A$$

$$F_W = c_W \cdot \frac{\varrho}{2} \cdot v^2 \cdot A$$

$$F_{WF} = c_W \cdot \frac{\varrho}{2} \cdot (v \pm v_0)^2 \cdot A$$

→ Fahrwiderstand, Tragflügel

F_W	Luftwiderstand (Strömungswiderstand), Widerstandskraft	N
c_W	* Luftwiderstandsbeiwert	1
p_{dyn}	* Staudruck	$N/m^2 = Pa$
A	senkrechte Anströmfläche (Schattenfläche in Anströmrichtung), Stirnfläche des angeströmten Körpers	m^2
ϱ	* Dichte des strömenden Fluides bzw. der Luft	kg/m^3
v	Strömungsgeschwindigkeit, Fahrgeschwindigkeit	m/s
$+v_0$	* Geschwindigkeit des Gegenwindes	m/s
$-v_0$	* Geschwindigkeit des Rückenwindes	m/s

Luftwiderstandsbeiwerte, Widerstandsbeiwerte

In Abhängigkeit von Strömungsgeschwindigkeit, Körperform und Rauheit der Oberfläche kann mit den folgenden Werten gerechnet werden:

Von Luft umströmter Körper	c_W-Wert
von hinten angeströmter Stromlinienkörper 	0,15 bis 0,20
von vorne angeströmter Stromlinienkörper 	0,055 bis 0,085
von der Hohlseite angeströmte Hohlkugel 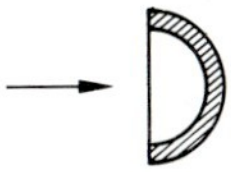	1,3 bis 1,5
von der Außenseite angeströmte Hohlkugel 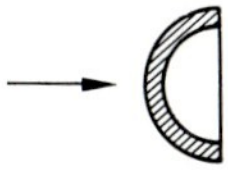	0,3 bis 0,5
Kugel 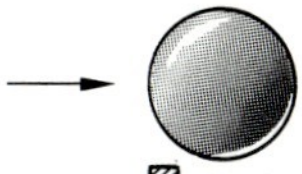	0,2 bis 0,5
ebene Kreisplatte 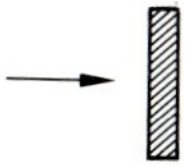	1,0 bis 1,4
Lastkraftwagen	0,6 bis 1,0
offener Pkw (Cabriolet)	0,7 bis 0,9
geschlossener Pkw	0,25 bis 0,6
Rennwagen	0,15 bis 0,2

Luftwiderstandsleistung

$$P_W = F_W \cdot v$$

→ Geschwindigkeit; Leistung, mechanische

P_W	Luftwiderstandsleistung	W
F_W	* Luftwiderstand	N
v	Fahr- bzw. Strömungsgeschwindigkeit	m/s

Luftzusammensetzung

Mittlere Zusammensetzung der trockenen Luft an der Erdoberfläche

Stoff	Symbol	Volumenanteil φ in %	Massenanteil w in %
Stickstoff	N_2	78,084	75,52
Sauerstoff	O_2	20,946	23,15
Argon	Ar	0,934	1,28
Kohlenstoffdioxid	CO_2	0,031 4	0,05
Neon	Ne	0,001 8	0,001 3
Helium	He	0,000 5	0,000 07
Krypton	Kr	0,000 1	0,000 3
Xenon	Xe	0,000 008 7	0,000 04
Wasserstoff	H_2	0,000 05	0,000 004

Luft enthält ferner ortsabhängig wechselnde Mengen von

Wasserdampf,
Ozon,
Stickstoffdioxid,
Distickstoffmonoxid,
Methan,
Schwefeldioxid,
gewerbliche Abgase,
Staub,
Schwebstoffe,
Mikroorganismen

Lupe

→ Vergrößerung

Lymann-Serie

→ Linienspektren

Mach-Zahl, *Mach*-Winkel, *Mach*-Kegel

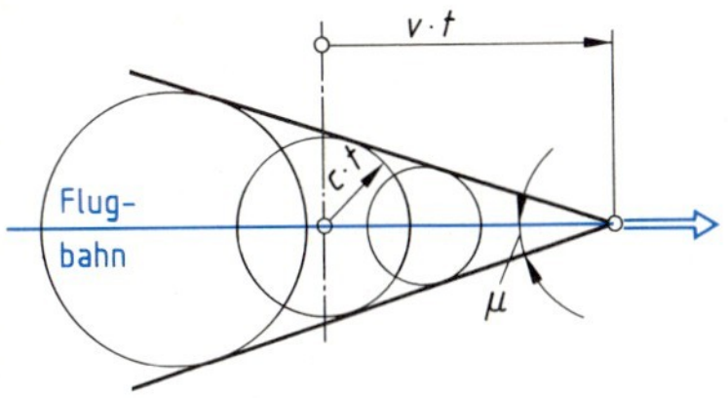

$$Ma = \frac{v}{c} = \frac{1}{\sin \mu}$$

$$\sin \mu = \frac{c}{v} = \frac{1}{Ma}$$

In Luft von 20 °C

$Ma = 1 \mathrel{\widehat{=}} v \approx 340 \text{ m/s} \approx 1200 \text{ km/h}$

$Ma = 2 \mathrel{\widehat{=}} v \approx 680 \text{ m/s} \approx 2400 \text{ km/h}$

Ma	*Mach*-Zahl	1
v	Flug- bzw. Strömungsgeschwindigkeit	m/s
c	* Schallgeschwindigkeit	m/s
μ	*Mach*-Winkel	rad, °

Unter dem *Machschen* Kegel versteht man die einhüllende Wellenfront der *Machschen* Wellen, die von einem mit Überschallgeschwindigkeit geradlinig bewegten Körper ausgehen. Die Erzeugenden dieses Kegels werden als *Machsche* Linien bezeichnet. Der halbe Öffnungswinkel des *Mach*-Kegels ist der *Mach*-Winkel μ.

Die *Mach*-Zahl ist von der * Schallgeschwindigkeit im Fluid und damit von der Fluidtemperatur ϑ abhängig.

→ Schallgeschwindigkeit

Magnetisierung

$$H_i = \frac{B}{\mu_0} - H \qquad H_i = \frac{B_i}{\mu_0}$$

H_i	Magnetisierung	A/m
B	magnetische * Flußdichte	T
B_i	magnetische * Polarisation	T
μ_0	magnetische * Feldkonstante	H/m
H	magnetische * Feldstärke	A/m

Magnus-Effekt

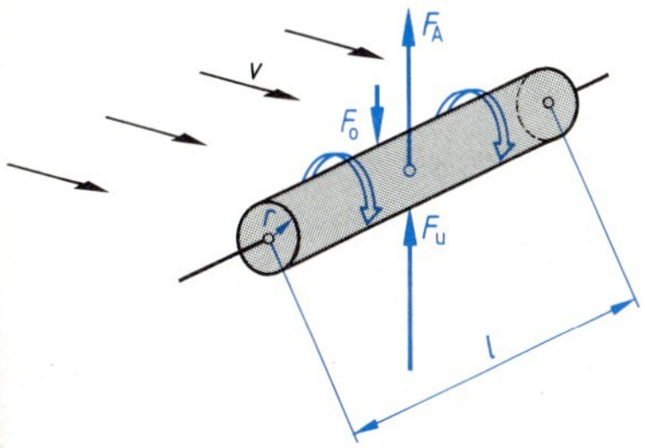

F_A	dynamische Querkraft (* Auftrieb)	N
F_o	Querkraft (* Druckkraft) auf der Zylinderseite mit Geschwindigkeitsaddition	N
F_u	Querkraft (* Druckkraft) auf der Zylinderseite mit Geschwindigkeitssubtraktion	N
r	* Zylinderradius	m
v_u	* Umfangsgeschwindigkeit des * Zylinders	m/s
ϱ	* Dichte	kg/m³
v	Anströmgeschwindigkeit	m/s
l	Zylinderlänge	m

Magnus-Effekt: Quertrieb eines von einem Fluid seitlich angeströmten rotierenden Körpers, z. B. eines Zylinders.

$$F_A = F_u - F_o$$

Für einen rotierenden Zylinder:

$$F_A = 2 \cdot \pi \cdot r \cdot v_u \cdot \varrho \cdot v \cdot l$$

Theoretischer Höchstwert:

$$F_{A\,max} = 4 \cdot \pi \cdot r \cdot v^2 \cdot \varrho \cdot l \qquad \text{bei } v_u = 2 \cdot v$$

Die dynamische Querkraft F_A ist auf das Gesetz von * *Bernoulli* zurückzuführen. Praktisch erreicht wurde

$$F_A \approx 2/3 \cdot F_{A\,max}$$

Mantelfläche von Rotationskörpern

→ *Guldinsche* Regel

Mariotte-Gesetz

→ *Boyle-Mariotte*-Gesetz

Maschenregel

→ *Kirchhoffsche* Regeln

Maschinen, elektrische

→ Asynchronmaschine, Synchronmaschine, Gleichstrom-Generator, Gleichstrom-Motor, Schrittmotor, Zahnläufermotor

Masse

$$m = V \cdot \varrho$$

$$m = \frac{F}{a}$$

Diese Gleichungen sind keine Definitionsgleichungen, da die Masse m eine Basisgröße ist. Die Masse eines Körpers ist ortsunabhängig.

m	Masse	kg
V	* Volumen	m^3
ϱ	* Dichte	kg/m^3
F	* Kraft	N
a	* Beschleunigung	m/s^2

Masse eines Elements in einer chemischen Verbindung

$$m(X) = \frac{a \cdot M(X)}{M(A)} \cdot m$$

Beispiel:

In 2 kg der chemischen Verbindung $Mg_2P_2O_7$ sind an Phosphor enthalten

$$m(P) = \frac{2 \cdot 30{,}97\ g/mol}{222{,}55\ g/mol} \cdot 2000\ g$$

$$m(P) = \mathbf{556{,}64\ g}$$

$m(X)$	* Masse des Elements X oder der Atomgruppe X in der chemischen Verbindung A	kg
m	* Masse der Stoffportion	kg
$M(X)$	* molare Masse des Stoffes X	kg/mol
$M(A)$	* molare Masse der Verbindung A	kg/mol
a	Anzahl der Atome oder Atomgruppen X in der chemischen Verbindung A	1

Masse-Hubraum-Verhältnis

$$m_H = \frac{m_M}{V_H}$$

m_H	Masse-Hubraum-Verhältnis	kg/dm^3
m_M	* Masse des Motors	kg
V_H	Gesamthubraum	dm^3

Masse, längenbezogene

→ Metermasse

Masse, reduzierte (in der Atomphysik)

$$\mu = \frac{m_1 \cdot m_2}{m_1 + m_2}$$

Beispiel:

Reduzierte Masse des Elektrons im H-Atom

$$\mu = \frac{m_e \cdot m_p}{m_e + m_p} \approx 9{,}104 \cdot 10^{-31}\ kg$$

μ	reduzierte * Masse (Masse eines fiktiven Ersatzteilchens für zwei reale Teilchen, die sich umeinander bewegen)	kg
m_1, m_2	* Massen zweier Teilchen (z. B. * Elektron und * Proton), die sich umeinander bewegen	kg

Masse, reduzierte (in der Mechanik)

$$m_{red} = \frac{I}{r^2}$$

m_{red}	reduzierte * Masse	kg
I	* Trägheitsmoment eines Körpers	$kg \cdot m^2$
r	Radius, auf den die * Masse reduziert wurde	m

Massenanteil

$$w_i = \frac{m_i}{m}$$

z. B. $w(HCl) = \frac{m(HCl)}{m}$

w_i	Massenanteil des Stoffes i	1
m_i	* Masse des Stoffes i in der Mischphase	kg
m	* Masse der gesamten Mischphase	kg

Massenbezogene Wärme

→ Wärme

Massendefekt

Differenz zwischen der Ruhemasse eines neutralen Atoms mit Z Protonen und N Neutronen einerseits und der Summe der Ruhemassen von Z Atomen des leichten Wasserstoffs ($^1_1$H) und N Neutronen andererseits

$$B = Z \cdot m_p + N \cdot m_n - m_N$$

Umrechnung des Massendefekts B in Bindungsenergie

$$E_B = B \cdot c_0^2$$

$$E_B = Z \cdot m_p \cdot c_0^2 + N \cdot m_n \cdot c_0^2 - m_N \cdot c_0^2$$

Beispiel: Heliumkern $^4_2$He

Tatsächliche Masse des Kerns

$m_N = 4{,}001\,506$ u $\qquad 1$ u $= 1{,}660\,540 \cdot 10^{-27}$ kg

Summe der Ruhemassen der Protonen und Neutronen

$m_p = 2 \cdot 1{,}007\,276$ u $= 2{,}014\,552$ u

$m_n = 2 \cdot 1{,}008\,665$ u $= 2{,}017\,330$ u

Massendefekt

$B = 2{,}014\,552$ u $+ 2{,}017\,330$ u $- 4{,}001\,506$ u

$B =$ **0,030 376 u** bzw.

$B = 0{,}030\,376$ u $\cdot 1{,}660\,540 \cdot 10^{-27}$ kg/u

$B =$ **$0{,}050\,441 \cdot 10^{-27}$ kg**

Bindungsenergie des Heliumkerns je Atom

$E_B \approx 0{,}050\,441 \cdot 10^{-27}$ kg $\cdot (2{,}997\,924\,58 \cdot 10^8$ m/s$)^2$

$E_B \approx$ **$4{,}533 \cdot 10^{-12}$ J**

Bindungsenergie je Mol Helium ($6{,}022 \cdot 10^{23}$ Atome)

$E_B \approx 4{,}533 \cdot 10^{-12}$ J $\cdot 6{,}022 \cdot 10^{23}$

$E_B \approx$ **$2{,}73 \cdot 10^{12}$ J**

B	Massendefekt, der bei der Verbindung von Z * Protonen und N * Neutronen zu einem * Atomkern entsteht	kg, u
m_p	Ruhemasse des * Protons	kg, u
m_n	Ruhemasse des * Neutrons	kg, u
m_N	Kernmasse	kg, u
Z	Anzahl der * Protonen	1
N	Anzahl der * Neutronen	1
E_B	Bindungsenergie	J
c_0	* Lichtgeschwindigkeit im leeren Raum	m/s

Massendichte (volumenbezogene Masse)

→ Dichte

Massendrehkraft

$$F_{mt} = \frac{M}{r} = 9550 \cdot \frac{P_{eff}}{n \cdot \eta \cdot r}$$

F_{mt}	mittlere Drehkraft aus dem * Drehmoment	N
M	* Drehmoment	N · m
r	Radius	m
P_{eff}	effektive * Leistung	kW
n	* Umdrehungsfrequenz (Drehzahl)	1/min
η	* Wirkungsgrad	1

Massendurchsatz

→ Massenstrom

Massen-Energieumwandlungskoeffizient

$$\frac{\mu_{tr}}{\varrho}$$

μ_{tr}/ϱ	Massen-Energieumwandlungskoeffizient	m^2/kg
μ_{tr}	* Energieumwandlungskoeffizient (kurz: Umwandlungskoeffizient)	1/m
ϱ	* Dichte	kg/m^3

Massenkonzentration (Partialdichte)

$$\beta_i = \frac{m_i}{V}$$

z. B. $\beta\,(N_2H_4) = \frac{m\,(N_2H_4)}{V}$

β_i	Massenkonzentration des Stoffes i	kg/m^3
m_i	* Masse des Stoffes i in der Mischphase	kg
V	* Volumen der Mischphase	m^3

Massenmittelpunkt (Schwerpunkt)

→ Schwerpunktlage von Körpern

Massenmoment ersten Grades

$$M_m = m \cdot r$$

M_m	Massenmoment ersten Grades	kg · m
m	* Masse	kg
r	Abstand von einem Drehpunkt (Radius)	m

Massenmoment zweiten Grades

→ Trägheitsmoment eines Körpers

Massenstrom (Massendurchsatz)

$$\dot{m} = \frac{m}{t}$$

$\dot{m}$	Massenstrom	kg/s
m	* Masse	kg
t	* Zeit	s

Massenstromdichte

$$I = \frac{\dot{m}}{A}$$

I	Massenstromdichte	$kg/(s \cdot m^2)$
$\dot{m}$	* Massenstrom	kg/s
A	Fläche, die der homogene * Massenstrom durchsetzt	m^2

Massenträgheitsmoment

→ Trägheitsmoment eines Körpers

Maßstäbe für technische Zeichnungen (ISO 5455)

Art des Maßstabes	Empfohlene Maßstäbe		
Vergrößerungsmaßstab	50 : 1 5 : 1	20 : 1 2 : 1	10 : 1
Natürlicher Maßstab	1 : 1		
Verkleinerungsmaßstab	1 : 2 1 : 20 1 : 200 1 : 2000	1 : 5 1 : 50 1 : 500 1 : 5000	1 : 10 1 : 100 1 : 1000 1 : 10000

Massenverhältnis

$$\zeta_{ik} = \frac{m_i}{m_k} \quad \text{(für ein binäres System)}$$

ζ_{ik}	Massenverhältnis	1
m_i	* Masse des Stoffes i in der Mischphase	kg
m_k	* Masse des Stoffes k in der Mischphase	kg

Massenwirkungsgesetz

Für beliebige Reaktionen des Typs

$a\,A + b\,B + \ldots \rightleftharpoons d\,D + e\,E + \ldots$

gelten die Gleichgewichtskonstanten

$$K_n = \frac{n^d(D) \cdot n^e(E) \cdot \ldots}{n^a(A) \cdot n^b(B) \cdot \ldots}$$

$$K_c = \frac{c^d(D) \cdot c^e(E) \cdot \ldots}{c^a(A) \cdot c^b(B) \cdot \ldots}$$

$$K_p = \frac{p^d(D) \cdot p^e(E) \cdot \ldots}{p^a(A) \cdot p^b(B) \cdot \ldots}$$

z.B. gilt für die Reaktion

$N_2 + 3\,H_2 \rightleftharpoons 2\,NH_3$

$$K_c = \frac{c^2(NH_3)}{c(N_2) \cdot c^3(H_2)}$$

a, b, d, e	stöchiometrische Zahlen (Anzahl der Mole)	1
K_n	Gleichgewichtskonstante	$\text{mol}^{d+e-a-b}$
K_c	Gleichgewichtskonstante	$(\text{mol/L})^{d+e-a-b}$
K_p	Gleichgewichtskonstante	$\text{Pa}^{d+e-a-b}$
$n(A), n(B),$ $n(D), n(E)$	* Stoffmengen der Stoffe A, B, D, E	mol
$c(A), c(B),$ $c(D), c(E)$	* Stoffmengenkonzentrationen der Stoffe A, B, D, E	mol/L
$p(A), p(B),$ $p(D), p(E)$	* Partialdrücke der Stoffe A, B, D, E	Pa

Massenzahl

→ Nukleonenzahl

Materiewellen

→ Wellentheorie

Mathematisches Pendel

→ Periodendauer

Mathematische Zeichen (nach DIN 1302 und 5473, Auswahl)

Zeichen/ Verwendung	Sprechweise	Anwendungs-beispiel	Bemerkungen
Pragmatische Zeichen und Zeichen für arithmetische Relationen und Verknüpfungen			
$\ldots$	und so weiter, und so weiter bis	$a_1 + a_2 + \ldots$ $a_1, a_2, \ldots a_n$ $i = 1, \ldots, n$ $\pi = 3{,}141\,592\ldots$	Anwendung bei unendlichen und endlichen Folgen und Reihen, Bereichsangaben, unendlichen Dezimalbrüchen usw.
$=$	gleich	$x = y$	
$=_{\text{def}}$	definitionsgemäß gleich	$x =_{\text{def}} y$	x ist definitionsgemäß gleich y
$\neq$	ungleich	$x \neq y$	x ungleich y
$\approx$	ungefähr gleich	$x \approx y$	x ist ungefähr gleich y, z. B. $\pi \approx 3{,}14$
$\triangleq$	entspricht	$x \triangleq y$	x entspricht y, z. B. die Angabe an einem Kraftpfeil: 1 cm $\triangleq$ 100 N
$\sim$	proportional	$U \sim r$	U ist proportional r (der Umfang U eines Kreises ist proportional dem Radius r des Kreises)
$<$	kleiner als	$x < y$	x kleiner als y
$>$	größer als	$x > y$	x größer als y
$\leq$	kleiner oder gleich, höchstens gleich	$x \leq y$	x kleiner oder gleich y
$\geq$	größer oder gleich, mindestens gleich	$x \geq y$	x größer oder gleich y
$\ll$	ist klein gegen	$x \ll y$	x ist klein gegen y (von anderer Größenordnung)
$\gg$	ist groß gegen	$x \gg y$	x ist groß gegen y (von anderer Größenordnung)
$+$	plus	$x + y$	x plus y, Summe von x und y
$-$	minus	$x - y$	x minus y, Differenz von x und y
$\cdot$	mal	$x \cdot y$	x mal y, Produkt von x und y (auch xy)
—, /	durch	$\frac{x}{y}$, x/y	x durch y, Quotient von x und y (auch $x : y$)
Σ	Summe	$\sum_{i=1}^{n} x_i$	Summe über x_i von i gleich 1 bis i gleich n $\sum_{i=1}^{n} x_i = x_1 + x_2 + \ldots + x_n$
Π	Produkt	$\prod_{i=1}^{n} x_i$	Produkt über x_i von i gleich 1 bis i gleich n $\prod_{i=1}^{n} x_i = x_1 \cdot x_2 \cdot \ldots \cdot x_n$
Geometrie			
$\perp$	orthogonal, rechtwinklig, senkrecht	$g \perp h$	g ist orthogonal zu h
$\parallel$	parallel	$g \parallel h$	g ist parallel zu h
$\uparrow\uparrow$	gleichsinnig parallel	$g \uparrow\uparrow h$	g und h sind gleichsinnig parallel
$\uparrow\downarrow$	gegensinnig parallel	$g \uparrow\downarrow h$	g und h sind gegensinnig parallel
$\sphericalangle$	Winkel (nicht orientierter)	$\sphericalangle ABC$	Winkel zwischen $\overline{BA}$ und $\overline{BC}$

Zeichen/ Verwendung	Sprechweise	Anwendungsbeispiel	Bemerkungen
$\sphericalangle$	orientierter Winkel	$\sphericalangle\ (g, h)$	orientierter Winkel von g nach h
—	Strecke	$\overline{AB}$	Strecke von A nach B
$\triangle$	Dreieck	$\triangle\ (ABC)$	Dreieck ABC
d	Abstand (Distanz)	$d\ (AB)$	Abstand von A und B
$\odot$	Kreis um	$\odot\ (P, r)$	Kreis um Punkt P mit dem Radius r
$\cong$	kongruent	$M \cong N$	M ist kongruent (übereinstimmend, deckungsgleich) zu N
Algebra und Analysis			
sgn	Signum (von)	sgn x	$\operatorname{sgn} x =_{\text{def}} \begin{cases} 1, \text{ wenn } x > 0 \\ 0, \text{ wenn } x = 0 \\ -1, \text{ wenn } x < 0 \end{cases}$
$\vert\ \vert$	Betrag (von)	$\vert x \vert$	Betrag von x, Betrag (absoluter Wert) einer reellen oder komplexen Zahl $\vert x \vert =_{\text{def}} \begin{cases} x, \text{ wenn } x \geq 0 \\ -x, \text{ wenn } x < 0 \end{cases}$
$[x]$	größte ganze Zahl kleiner oder gleich x	[e]	z.B. $[e] = 2$, $[\pi] = 3$
∞	unendlich		
$\binom{n}{k}$	n über k		$\binom{n}{k}$ ist der Binominalkoeffizient von n und k $\binom{n}{k} = \frac{n \cdot (n-1) \cdot \ldots \cdot (n-k+1)}{1 \cdot 2 \cdot \ldots \cdot k}$
!	Fakultät	$n!$	n Fakultät, $n! = 1 \cdot 2 \cdot 3 \cdot \ldots \cdot n$
π	pi		Verhältnis des Kreisumfangs zum Durchmesser, $\pi = 3{,}141\,59\ldots$
e			Basis der natürlichen Logarithmen, $e = 2{,}71828\ldots$
x^n	x hoch n, n-te Potenz von x		z.B. $2^3 = 2 \cdot 2 \cdot 2$
$\sqrt{\ }$	Wurzel aus, Quadratwurzel aus	$\sqrt{x}$	Wurzel aus x, $x \in \mathbb{R}$ und $0 \leq x$
$\sqrt[n]{\ }$	n-te Wurzel aus	$\sqrt[n]{x}$	n-te Wurzel aus x, $x \in \mathbb{R}$ und $0 \leq x$ und $0 < n$
i, j	imaginäre Einheit		$i^2 = j^2 = -1$ (üblich ist i in der Mathematik, j in der Elektrotechnik)
Re	Realteil	Re z	Realteil von z, $\operatorname{Re} z = \frac{1}{2}(z + \bar{z})$ bzw. $\operatorname{Re} z = \frac{1}{2}(z + z^*)$
Im	Imaginärteil	Im z	Imaginärteil von z, $\operatorname{Im} z = \frac{1}{2i}(z - \bar{z})$ bzw. $\operatorname{Im} z = \frac{1}{2i}(z - z^*)$
$\bar{z}, z^*$	konjungiert-komplexe Zahl von z		für $z = a + ib$ gilt $\bar{z} = a - ib$

Zeichen/ Verwendung	Sprechweise	Anwendungsbeispiel	Bemerkungen
Arc	Arcus	Arc z	Arcus von z (Bogen der komplexen Zahl z), $z \neq 0$
lim	Limes (Grenzwert)	$\lim\limits_{x \to x_0} f(x)$	Limes von $f(x)$ für x gegen x_0 (Grenzwert der Funktion $f(x)$, wenn die Variable x gegen den Wert x_0 geht)
$\simeq$	asymptotisch	$f \simeq g$	f ist asymptotisch gleich g
Δ	Delta	Δx	Differenz zweier Werte x_i, $\Delta x = x_1 - x_2$
$f(x)$	f von x		Funktion der Veränderlichen (Variablen) x (Funktionsterm), auch $g(x)$, $\varphi(t)$ usw.
$x \to f(x)$			Zuordnungsvorschrift von f
$f'(x)$	f Strich von x		1. Ableitung der Funktion $f(x)$ nach der Variablen x, auch $g'(x)$, $\varphi'(t)$ usw.
$f''(x)$	f zwei Strich von x		2. Ableitung der Funktion $f(x)$ nach der Variablen x, auch $g''(x)$, $\varphi''(t)$ usw.
$f'''(x), \ldots, f^{(n)}(x)$	f drei Strich von x, …, f n-Strich von x		3. Ableitung, …, n-te Ableitung der Funktion $f(x)$ nach der Variablen x, auch $g'''(x)$, $\varphi'''(t)$ usw.
$\int$	Integral	$\int_a^b f(x)\,\mathrm{d}x$	Integral über $f(x)\,\mathrm{d}x$ von a bis b
$F \Big\vert_a^b$	F zwischen den Grenzen a und b	$F(x) \Big\vert_{x=a}^{x=b}$	$F(x)$ zwischen den Grenzen für x von a bis b, $F(b) - F(a)$
exp	Exponentialfunktion	$\exp x$ oder e^x	Exponentialfunktion von x oder e hoch x, $e = 2{,}718\,28\ldots$
ln	natürlicher Logarithmus	$\ln x$	natürlicher Logarithmus von x, $\ln x = \log_e x$
log	Logarithmus	$\log_y x$	Logarithmus von x zur Basis y
lg	dekadischer Logarithmus	$\lg x$	dekadischer Logarithmus von x, $\lg x = \log_{10} x$
lb	binärer Logarithmus	$\mathrm{lb}\, x$	binärer Logarithmus von x, $\mathrm{lb}\, x = \log_2 x$
sin	Sinus	$\sin x$	Sinus von x → Winkelfunktionen
cos	Cosinus	$\cos x$	Cosinus von x → Winkelfunktionen
tan	Tangens	$\tan x$	Tangens von x → Winkelfunktionen
cot	Cotangens	$\cot x$	Cotangens von x → Winkelfunktionen
sinh	Hyperbelsinus	$\sinh x$	Hyperbelsinus von x
cosh	Hyperbelcosinus	$\cosh x$	Hyperbelcosinus von x
tanh	Hyperbeltangens	$\tanh x$	Hyperbeltangens von x
coth	Hyperbelcotangens	$\coth x$	Hyperbelcotangens von x
Arcsin	Arcussinus	Arcsin x	Arcussinus von x
Arccos	Arcuscosinus	Arccos x	Arcuscosinus von x
Arctan	Arcustangens	Arctan x	Arcustangens von x
Arccot	Arcuscotangens	Arccot x	Arcuscotangens von x

Zeichen/ Verwendung	Sprechweise	Anwendungsbeispiel	Bemerkungen
Arsinh	Areahyperbelsinus	Arsinh x	Areahyperbelsinus von x
Arcosh	Areahyperbelcosinus	Arcosh x	Areahyperbelcosinus von x
Artanh	Areahyperbeltangens	Artanh x	Areahyperbeltangens von x
Arcoth	Areahyperbelcotangens	Arcoth x	Areahyperbelcotangens von x
$(\ )$ oder (a_{ik})	Matrix	$\begin{pmatrix} a_{11} & \dots & a_{1n} \\ \vdots & & \vdots \\ a_{m1} & \dots & a_{mn} \end{pmatrix}$	Matrix a_{ik}
$\|\ \|$ oder det	Determinante	$\begin{vmatrix} a_{11} & \dots & a_{1n} \\ \vdots & & \vdots \\ a_{m1} & \dots & a_{mn} \end{vmatrix}$ det $\boldsymbol{A}$	Determinante von $\boldsymbol{A}$, auch Determinante (a_{ik})
Zahlenmengen			
$\mathbb{N}$ oder **N**	Doppelstrich-N		Menge der nichtnegativen ganzen Zahlen (Menge der natürlichen Zahlen, einschließlich 0)
$\mathbb{Z}$ oder **Z**	Doppelstrich-Z		Menge der ganzen Zahlen (einschließlich 0)
$\mathbb{Q}$ oder **Q**	Doppelstrich-Q		Menge der rationalen Zahlen (einschließlich 0)
$\mathbb{R}$ oder **R**	Doppelstrich-R		Menge der reellen Zahlen
$\mathbb{C}$ oder **C**	Doppelstrich-C		Menge der komplexen Zahlen
*	Stern	$\mathbb{N}^*$	Herausnahme der Null aus der bezeichneten Menge (im Beispiel: Menge der natürlichen Zahlen ohne Null)
+	Plus	$\mathbb{Q}^+$	nur die positiven Zahlen der bezeichneten Menge (im Beispiel: Menge der positiven rationalen Zahlen)
Zeichen der mathematischen Logik			
$\wedge$	und	$(a \wedge b)$	a und b (Konjunktion)
$\vee$	oder	$(a \vee b)$	a oder b (Adjunktion, Alternation, Disjunktion)
$\neg$	nicht	$\neg\ a$	nicht a (Negation)
$\rightarrow$	Pfeil	$(a \rightarrow b)$	a Pfeil b, wenn a so b (Subjunktion)
$\longleftrightarrow$	Doppelpfeil	$(a \longleftrightarrow b)$	a Doppelpfeil b, a genau dann wenn b (Bisubjunktion, Äquijunktion, Äquivalenz)
$\bigwedge$ oder $\forall$	für alle	$\bigwedge x\ \varphi$	für alle x φ (Allquantor)
$\bigvee$ oder $\exists$	es gibt ein ... mit ...	$\bigvee x\ \varphi$	es gibt wenigstens ein x mit φ (Existenzquantor)

→ Mengenlehre

Matrix

→ Determinanten

Mechanische Arbeit
→ Arbeit, mechanische

Mechanische Energie
→ Energie, kinetische und potentielle

Mechanische Impedanz
→ Impedanz, mechanische

Mechanische Leistung
→ Leistung, mechanische

Mechanischer Wirkungsgrad
→ Wirkungsgrad

Mechanische Spannung
→ Spannung, mechanische

Meerestiefe

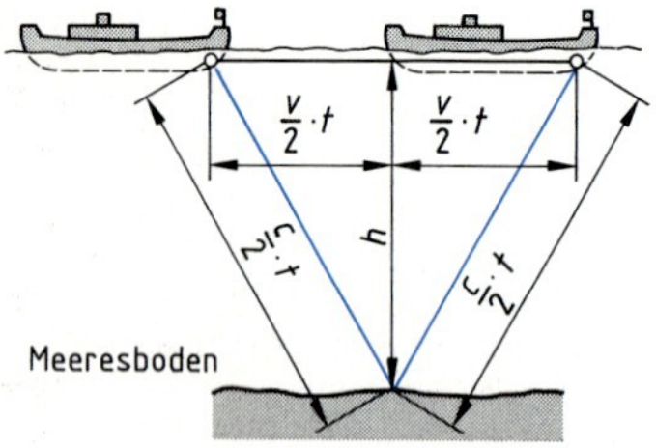

$$h = t \cdot \sqrt{\left(\frac{c}{2}\right)^2 - \left(\frac{v}{2}\right)^2}$$

h	Meerestiefe	m
t	vom Echoempfänger registrierte * Zeit	s
c	* Schallgeschwindigkeit im Wasser	m/s
v	* Geschwindigkeit des Schiffes	m/s

Mengenlehre

Zeichen für die Mengenlehre (Auswahl nach DIN 5473)

Zeichen / Verwendung	Sprechweise	Erläuterung
$\{ , \ldots , \}$	Menge	z. B. $A = \{a, b, c\}$ (Menge A, die aus den Elementen a, b, c besteht)
$\{ x \mid \varphi \}$	Menge aller x mit φ	φ ist eine Formel, i.a. mit der Variablen x
$\in$	Element von	z. B. $a \in A$ (a ist Element von A)
$\notin$	nicht Element von	z. B. $a \notin A$ (a ist nicht Element von A), auch $\neg\ (a \in A)$
$\emptyset$	leere Menge	$\emptyset = \{\ \}$, Menge ohne Elemente, z. B. $A \cup \emptyset = A$, $A \cap \emptyset = \emptyset$, $A \setminus A = \emptyset$, $(A \setminus B) \cap B = \emptyset$
$\subseteq$, $\subset$	Teilmenge von	z. B. $A \subseteq B$ (A ist Teilmenge von B). Bedeutung: enthalten oder gleich
$\subsetneqq$, $\subsetneq$	echte Teilmenge von	z. B. $A \subsetneqq B$ (A ist echte Teilmenge von B). Bedeutung: enthalten und ungleich
$\cap$	geschnitten mit, Durchschnitt von	z. B. $A \cap B$ (A geschnitten mit B bzw. Durchschnitt von A und B, d. h. alle Elemente, die A und B gemeinsam sind)
$\cup$	vereinigt mit, Vereinigung von	z. B. $A \cup B$ (A vereinigt mit B bzw. Vereinigung von A und B, d. h. die Menge aller Elemente, die wenigstens einer der beiden Mengen A und B angehören)
$\setminus$	ohne, Differenz von	z. B. $A \setminus B$ (A ohne B bzw. Differenz von A und B, d. h. die Menge aller Elemente von A, die nicht zu B gehören)

Zeichen / Verwendung	Sprechweise	Erläuterung
$\mathbb{N}$ oder **N**	Doppelstrich-N	Menge der nicht negativen ganzen Zahlen (Menge der natürlichen Zahlen, einschließlich 0): 0, 1, 2, ...
$\mathbb{Z}$ oder **Z**	Doppelstrich-Z	Menge der ganzen Zahlen, einschließlich 0: ..., −2, −1, 0, 1, 2, ...
$\mathbb{Q}$ oder **Q**	Doppelstrich-Q	Menge der rationalen Zahlen, einschließlich 0 (Zahlen, die sich durch einen Bruch p/q darstellen lassen, $p \in Z$, $q \in Z^*$): $\ldots -\frac{3}{1}, -\frac{2}{3}, -\frac{1}{3}, -\frac{2}{1}, -\frac{1}{2}, -\frac{1}{1}, \frac{0}{1}, \frac{1}{1}, \frac{1}{2}, \frac{2}{1}, \frac{1}{3}, \ldots$
$\mathbb{R}$ oder **R**	Doppelstrich-R	Menge der reellen Zahlen (Zahlen, die man durch Dezimalzahlen mit endlich oder unendlich vielen Stellen darstellen kann), z. B. 3, -6, $\frac{3}{4}$, $\sqrt{2}$, π, e, ...
$\mathbb{C}$ oder **C**	Doppelstrich-C	Menge der komplexen Zahlen, $a + bi$ $(a, b \in R, i^2 = -1)$
*	Stern	z. B. N*, Q* usw. Bedeutung: Herausnahme der Null aus der bezeichneten Menge (so ist N^* die Menge der natürlichen Zahlen, ohne 0)
+	Plus	z. B. Q^+, Z^+ usw. Bedeutung: nur die positiven Zahlen der bezeichneten Menge

Gesetze der Mengenalgebra

$A \cup B = B \cup A$

$A \cap B = B \cap A$

$A \cup (B \cup C) = (A \cup B) \cup C$

Definitionen von Mengenoperationen

$A \cup B = \{ x \mid x \in A \vee x \in B \}$

$A \cap B = \{ x \mid x \in A \wedge x \in B \}$

$A \setminus B = \{ x \mid x \in A \wedge x \notin B \}$

Gleiche Mengen

$A \subset B$ und $B \subset A \rightarrow A = B$

Echte Teilmenge

Gilt $A \subset B$ aber nicht $B \subset A$, dann ist A eine echte Teilmenge von B $(A \subsetneq B)$

Transitive Beziehung

$A = B$ und $B = C \rightarrow A = C$

$A \subset B$ und $B \subset C \rightarrow A \subset C$

→ Mathematische Zeichen

Mesonen

→ Elementarteilchen

Meßbereicherweiterung von elektrischen Meßinstrumenten

Beim Spannungsmesser:

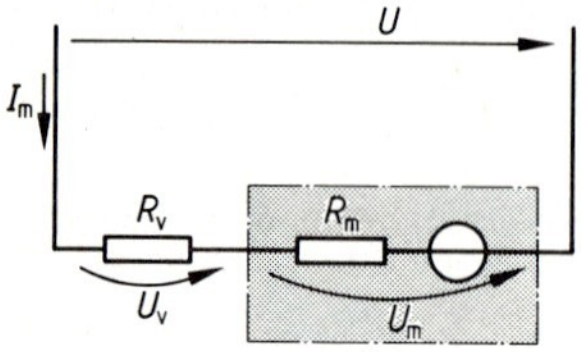

$$R_v = \frac{U_v}{I_m} \qquad R_v = \frac{U - U_m}{I_m}$$

$$n = \frac{U}{U_m} \qquad R_v = R_m \cdot (n - 1)$$

$$r_k = \frac{R_m}{U_m} \qquad r_k = \frac{1}{I_m}$$

R_v	Vorwiderstand	Ω
R_m	Meßwerkwiderstand	Ω
U	zu messende * Spannung	V
U_m	Meßwerkspannung (Spannung bei Vollausschlag)	V
U_v	* Spannung am Vorwiderstand	V
I_m	Meßwerkstrom	A
n	Faktor der Meßbereicherweiterung	1
r_k	Kenngröße	Ω/V

Beim Strommesser:

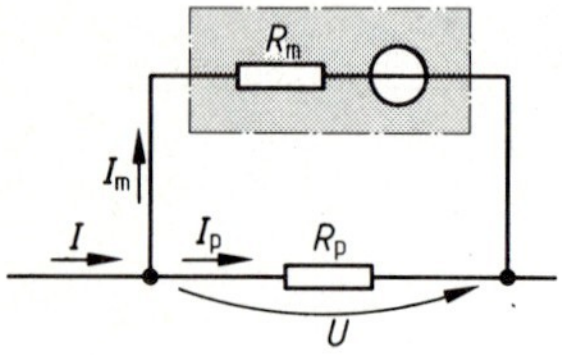

$$R_p = \frac{U}{I_p} \qquad R_p = \frac{U}{I - I_m}$$

$$n = \frac{I}{I_m} \qquad R_p = \frac{R_m}{n - 1}$$

I	zu messende * Stromstärke	A
I_m	Meßwerkstrom (Strom bei Vollausschlag)	A
I_p	Strom im Nebenwiderstand (Parallelwiderstand R_p)	A
R_m	Meßwerkwiderstand	Ω
R_p	Nebenwiderstand (Parallelwiderstand)	Ω
U	* Spannung am Meßwerk	V
n	Faktor der Meßbereicherweiterung	1

Meßbrücke, elektrische

→ Widerstandsmeßbrücke

Metergewicht von Profilen und Rohren

$$F_G' = \frac{F_G}{l}$$

F_G'	Metergewicht	N/m
F_G	* Gewichtskraft	N
l	Länge des Profils oder Rohres	m

Metermasse von Profilen und Rohren (längenbezogene Masse)

$$m' = \frac{m}{l}$$

m'	Metermasse	kg/m
m	* Masse	kg
l	Länge des Profils oder Rohres	m

Mikroskop

→ Vergrößerung

Mischungsgleichung

Werden zwei binäre Stoffsysteme (z. B. zwei Lösungen) mit den Massenanteilen w_1 und w_2 einer betrachteten Komponente gemischt, so kann der sich einstellende Massenanteil der Komponente in der neuen Mischung mit der folgenden Formel berechnet werden:

$$w_M = \frac{m_1 \cdot w_1 + m_2 \cdot w_2}{m_1 + m_2}$$

Allgemeine Mischungsgleichung für n binäre Systeme (z. B. n Lösungen):

$$m_1 \cdot w_1 + m_2 \cdot w_2 + \ldots + m_n \cdot w_n = m_M \cdot w_M$$

Verdünnen einer Lösung (binäres System) mit reinem Lösemittel (z. B. Wasser):

$$m_A \cdot w_A = (m_A + m_{LM}) \cdot w_M$$

Aufkonzentrieren einer Lösung (binäres System) durch Zugabe von reinem Inhaltsstoff:

$$m_A \cdot w_A + m_I = (m_A + m_I) \cdot w_M$$

bzw. wenn w in %

$$m_A \cdot w_A + m_I \cdot 100 = (m_A + m_I) \cdot w_M$$

Aufkonzentrieren (Einengen) einer Lösung (binäres System) durch Entzug von Lösemittel (z. B. Abdampfen von Wasser):

$$m_A \cdot w_A = (m_A - m_{LM}) \cdot w_K$$

w_M	* Massenanteil der betrachteten Komponente nach dem Mischen	1 oder %
w_1	* Massenanteil der Komponente im binären System 1 (z. B. Lösung 1)	1 oder %
w_2	* Massenanteil der Komponente im binären System 2 (z. B. Lösung 2)	1 oder %
w_n	* Massenanteil der Komponente im binären System n (z. B. Lösung n)	1 oder %
w_A	* Massenanteil der Komponente in der Ausgangslösung	1 oder %
w_K	* Massenanteil der Komponente im Konzentrat	1 oder %
m_1	* Masse des binären Systems 1 (z. B. Lösung 1)	kg
m_2	* Masse des binären Systems 2 (z. B. Lösung 2)	kg
m_n	* Masse des binären Systems n (z. B. Lösung n)	kg
m_M	* Masse des binären Systems nach dem Mischen	kg
m_A	* Masse der Ausgangslösung	kg
m_{LM}	* Masse des Lösemittels (z. B. Wasser)	kg
m_I	* Masse des zusätzlich zu lösenden reinen Stoffes (Inhaltsstoff)	kg

Mischungskreuz

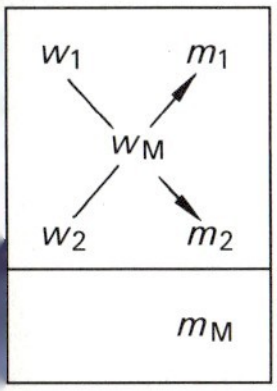

$= w_M - w_2$ oder $w_2 - w_M$ Masseneinheiten der Lösung 1

$= w_M - w_1$ oder $w_1 - w_M$ Masseneinheiten der Lösung 2

$= m_1 + m_2$ Masseneinheiten der Mischung

Beispiel:

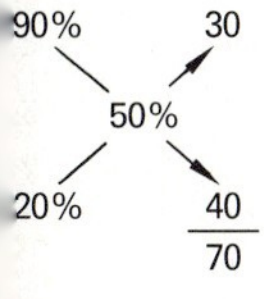

30 Masseneinheiten
40 Masseneinheiten
70 Masseneinheiten

30 kg 90%ige Lösung und 40 kg 20%ige Lösung ergeben 70 kg 50%ige Lösung oder allgemein: eine 90%ige und eine 20%ige Lösung müssen im Massenverhältnis 30 : 40 (3 : 4) gemischt werden, damit eine 50%ige Lösung entsteht.

w_1	* Massenanteil der Lösung 1	1 oder %
w_2	* Massenanteil der Lösung 2	1 oder %
w_M	* Massenanteil der Mischung aus Lösung 1 und Lösung 2	1 oder %
m_1	erforderliche Masseneinheiten von Lösung 1	kg, g, ...
m_2	erforderliche Masseneinheiten von Lösung 2	kg, g, ...
m_M	Masseneinheiten der Mischung	kg, g, ...

Die jeweils fehlende Größe kann durch entsprechende Differenz- oder Summenbildung ermittelt werden.

Mischungsregel, kalorische

$Q_{ab} = Q_{auf}$

Die von einem System beim Mischen mit einem anderen System abgegebene Wärmemenge, entspricht der von diesem anderem System aufgenommenen Wärmemenge, wenn Wärmeverluste nach außen unberücksichtigt bleiben.

Q_{ab}	abgegebene Wärmemenge	J
Q_{auf}	aufgenommene Wärmemenge	J

→ Wärme

Mischungstemperatur
(*Richmann*-Mischungsregel)

Für zwei Stoffe:

$$\vartheta_m = \frac{m_1 \cdot c_1 \cdot \vartheta_1 + m_2 \cdot c_2 \cdot \vartheta_2}{m_1 \cdot c_1 + m_2 \cdot c_2}$$

Allgemein, für n Stoffe:

$$\vartheta_m = \frac{\sum_{i=1}^{n} (m_i \cdot c_i \cdot \vartheta_i)}{\sum_{i=1}^{n} (m_i \cdot c_i)}$$

ϑ_m	Mischungstemperatur	°C
m	* Masse	kg
c	* spezifische Wärmekapazität	J/(kg · K)
ϑ	* Temperatur	°C

Mitteltemperatur

$$\vartheta_m = \frac{\vartheta_1 + \vartheta_2}{2}$$

ϑ_m	Mitteltemperatur	°C
ϑ_1, ϑ_2	Grenztemperaturen	°C

Mittelspannung

$$\sigma_m = \frac{\sigma_0 + \sigma_u}{2}$$

→ Spannung, mechanische

σ_m	Mittelspannung	N/mm^2
σ_0	Oberspannung	N/mm^2
σ_u	Unterspannung	N/mm^2

Mittelwert

→ Arithmetisches Mittel, Geometrisches Mittel, Harmonisches Mittel

Mittlere freie Weglänge

→ Kinetische Gastheorie

Mittlere logarithmische Temperaturdifferenz

$$\Delta\vartheta_m = \frac{\Delta\vartheta_{max} - \Delta\vartheta_{min}}{\ln \dfrac{\Delta\vartheta_{max}}{\Delta\vartheta_{min}}}$$

→ Wärmeaustauscher

$\Delta\vartheta_m$	mittlere logarithmische Temperaturdifferenz in einem Wärmeaustauscher	°C, K
$\Delta\vartheta_{max}$	maximale Temperaturdifferenz	°C, K
$\Delta\vartheta_{min}$	minimale Temperaturdifferenz	°C, K

Mittlere spezifische Wärmekapazität

→ Spezifische Wärmekapazität

Modul

→ Zahnradberechnung

Mohr-Hypothesen

→ Festigkeitshypothesen

Mol

Stoffmenge eines Systems (z.B. einer Stoffportion eines Elements oder einer Verbindung, einer Portion Ionen usw.) aus ebenso vielen Teilchen, wie Teilchen (Atome) in 0,012 kg Kohlenstoff ^{12}C enthalten sind.

Einheitenzeichen: mol (SI-Basiseinheit)

Grundlegende Beziehung zur Ermittlung der Anzahl der Mole:

$$n_i = \frac{m_i}{M_i}$$

$$n(X) = \frac{1}{N_A} \cdot N(X)$$

→ Stoffmenge

n_i	* Stoffmenge des Stoffes *i*	mol
$n(X)$	* Stoffmenge an Teilchen X	mol
m_i	* Masse des Stoffes *i*	kg
M_i	* molare Masse des Stoffes *i*	kg/mol
N_A	* *Avogadro*-Konstante $N_A = 6{,}0221 \cdot 10^{23}\ mol^{-1}$ → Konstanten	1/mol
$N(X)$	Anzahl der Teilchen X	1

Molalität

$$b(X) = \frac{n(X)}{m(Lm)} \quad \text{oder}$$

$$b_i = \frac{n_i}{m_k}$$

Beispiel:

$$b\,(C_2H_5OH \text{ in Wasser}) = \frac{n(C_2H_5OH)}{m(H_2O)}$$

$b(X)$	Molalität des Stoffes aus den Teilchen X in einer Mischphase	mol/kg
b_i	Molalität des gelösten Stoffes *i*	mol/kg
$n(X)$	* Stoffmenge des Stoffes aus den Teilchen X	mol
n_i	* Stoffmenge der gelösten Stoffportion *i*	mol
$m(Lm)$	* Masse des Lösemittels (Lösemittelportion)	kg
m_k	* Masse der Lösemittelportion *k*	kg

Molare Gaskonstante

→ Gaskonstante

Molare Lösung

ösung, deren Gehalt durch Angabe der Stoffnengenkonzentration kenntlich gemacht wird.

eispiel:

-molare Lösung enthält 1 mol/L

,1-molare Lösung enthält 0,1 mol/L

ennzeichnungsbeispiel nach DIN 32 625:

latronlauge, c (NaOH) = 0,1 mol/L (enthält ,1 mol NaOH in 1 L Natronlauge)

urzangabe:

aOH, 0,1 mol/L

Nach DIN 32 625 wird die Bezeichnung „molare Lösung" nicht mehr empfohlen, da üblicherweise unter „molar" ein Quotient gemeint ist, bei dem die Stoffmenge im Nenner steht (z.B. molare Masse M in kg/mol).

In der Praxis ist die Bezeichnung „molare Lösung" aber noch üblich.

Molare Masse (stoffmengenbezogene Masse)

$$M(X) = \frac{m_i}{n_i(X)}$$

(In Formeln auch Formelzeichen M_B)

Beispiel für die Angabe der molaren Masse eines Stoffes (hier Aluminium)

$M(Al) = 26{,}9815$ g/mol

Weitere Beziehungen:

$M_B = m_M \cdot N_A$ bzw. $M_B = m_a \cdot N_A$

Für ideale Gase im Normzustand:

$$M_B = \varrho_n \cdot V_{m,n}$$

$$M_B = \frac{m \cdot R \cdot T_n}{p_n \cdot V_n}$$

→ Normzustand, Zustandsgleichung der idealen Gase

$M(X)$	molare Masse des Stoffes oder Stoffbestandteils aus den Teilchen X	kg/mol
M_B	molare Masse des Stoffes B	kg/mol
m_i	* Masse einer Portion i des Stoffes oder Stoffbestandteils	kg
m_M	* Masse eines Moleküls	kg
m_a	* Masse eines Atoms (Nuklids)	kg
N_A	* *Avogadro*-Konstante → Konstanten	1/mol
$n_i(X)$	* Stoffmenge einer Portion i des Stoffes oder Stoffbestandteils aus den Teilchen X	mol
ϱ_n	* Normdichte des Gases (bei T = 273,15 K und p = 1,013 25 bar)	kg/m³
$V_{m,n}$	molares * Normvolumen (auch $V_{m,0}$) $V_{m,n}$ = 22,41 L/mol → Konstanten	m³/mol
V_n	* Normvolumen (bei T = 273,15 K und p = 1,013 25 bar)	m³
m	* Masse des Gases	kg
R	universelle * Gaskonstante R = 8,31 J/(mol · K) → Konstanten	J/(mol · K)
T_n	* Normtemperatur T_n = 273,15 K	K
p_n	Normdruck p_n = 101 325 Pa	Pa

Molare Masse von Äquivalenten

$$M\left(\frac{1}{z^*}X\right) = \frac{1}{z^*} \cdot M(X)$$

$\frac{1}{z^*}$ X ist ein gedachter Bruchteil des Teilchens X

Beispiel:

$$M\left(\frac{1}{2}H_2SO_4\right) = 49{,}04 \text{ g/mol}$$

mit $z^* = 2$ (Neutralisationsäquivalent mit der Äquivalentzahl 2)

→ Äquivalentteilchen, Äquivalentzahl

$M\left(\frac{1}{z^*}X\right)$	molare Masse von Äquivalenten	kg/mol
$M(X)$	* molare Masse eines Stoffes oder Stoffbestandteils, der aus den Teilchen X gebildet wird	kg/mol
z^*	* Äquivalentzahl	1

Molares Volumen

$$V_m = \frac{M_B}{\varrho} = \frac{M_B \cdot V}{m} = \frac{V}{n}$$

Ideale Gase

$$V_m = \frac{R \cdot T}{p}$$

V_m	molares Volumen	m³/mol
V	* Volumen	m³
$V_{m,n}$	molares Volumen im * Normzustand (bei idealen Gasen auch $V_{m,0}$)	m³/mol
M_B	* molare Masse	kg/mol
ϱ	* Dichte	kg/m³

Ideale Gase im Normzustand

$$V_{m,n} = \frac{R \cdot T_n}{p_n} \quad \text{(für } V_{m,n} \text{ auch } V_{m,0}\text{)}$$

$$V_{m,n} = \frac{N_A}{N_L}$$

$V_{m,n}$ = 22,41 L/mol → Konstanten

In technischen Berechnungen genügt i.a. der Wert $V_{m,n}$ = 22,4 L/mol.

Für genaue Berechnungen sind für reale Gase die individuellen, etwas abweichenden Werte für $V_{m,n}$ einzusetzen.

→ Normvolumen, Normzustand

m	* Masse	kg
n	* Stoffmenge	mol
R	universelle * Gaskonstante	J/(mol · K)
T	* Temperatur	K
T_n	* Normtemperatur T_n = 273,15 K	K
p	* Druck	N/m² = Pa
p_n	Normdruck p_n = 101 325 Pa	N/m² = Pa
N_A	* *Avogadro*-Konstante	1/mol
N_L	* *Loschmidt*-Konstante	1/m³

Molare Wärmekapazität

→ Wärmekapazität, molare

Moleküle

→ Teilchenzahl, Kinetische Gastheorie

Molekülmasse

$$m_M = \frac{m}{N}$$

$$m_M = \frac{M_B}{N_A}$$

$$m_M = M_r \cdot m_u$$

Für ein Molekül mit n Atomen und der jeweiligen Häufigkeit z, gilt

$$m_M = (z_1 \cdot A_{r1} + z_2 \cdot A_{r2} + \ldots + z_n \cdot A_{rn}) \cdot m_u$$

$$m_M = \Sigma A_r \cdot m_u$$

Beispiel:

Masse eines Schwefelsäuremoleküls H_2SO_4

H: A_{r1} = 1,01, z_1 = 2

S: A_{r2} = 32,06, z_2 = 1

O: A_{r3} = 16,00, z_3 = 4

$m_u = 1{,}660\,54 \cdot 10^{-27}$ kg

$m_M = (2 \cdot 1{,}01 + 1 \cdot 32{,}06 + 4 \cdot 16{,}00) \cdot 1{,}660\,54 \cdot 10^{-27}$ kg

m_M = **162,9 · 10^{-27} kg**

→ Gesetz der konstanten Massenverhältnisse

m_M	Molekülmasse	kg
m	* Masse	kg
m_u	Atommassenkonstante $m_u = \frac{1}{12} m\,(^{12}C) = 1{,}660\,54 \cdot 10^{-27}$ kg	kg
M_B	* molare Masse des Stoffes B	kg/mol
M_r	relative Molekülmasse	1
N_A	* *Avogadro*-Konstante	1/mol
A_r	relative * Atommasse	1
N	Anzahl der Teilchen	1
z	Häufigkeit	1

Index 1, 2, 3, ..., n für Element 1, 2, 3, ..., n im Molekül

Mollweide-Gleichungen

→ Winkelfunktionen im schiefwinkligen * Dreieck

Moment

→ Biegemoment, Drehmoment, Kraftmoment, Statisches Moment einer Kraft

Moment, elektrisches

→ Dipolmoment

Moment, elektromagnetisches (magnetisches Flächenmoment)

Feldlinien senkrecht zur Fläche:

$$m = \frac{M}{B}$$

Feldllinien im ∢ α zur Fläche:

$$m = \frac{M}{B \cdot \sin \alpha}$$

m	elektromagnetisches Moment	A · m
M	* Drehmoment	N · m =
B	magnetische * Flußdichte	T = J/m
α	* Winkel	°, ra

Moment, magnetisches

→ Dipolmoment

Momentensatz

→ Kraftmoment

Momentenstoß

→ Drehstoß

Mondbeschleunigung

Normalbeschleunigung

$$a_n = \frac{4 \cdot \pi^2 \cdot r}{T^2} \approx 0{,}00271\ \mathrm{m/s^2}$$

Schwerebeschleunigung an der Oberfläche

$$g_0 = \frac{G \cdot M}{R^2} \approx 1{,}62\ \mathrm{m/s^2}$$

$T = 2{,}36 \cdot 10^6$ s

$M = 7{,}35 \cdot 10^{22}$ kg

$R = 1\,738\,000$ m

→ *Newtonsche* Gesetze

a_n	Normalbeschleunigung	m/s
r	Abstand des Mondmittelpunktes vom Erdmittelpunkt	
T	Umlaufzeit des Mondes um die Erde	
g_0	Schwerebeschleunigung (* Fallbeschleunigung)	m/s
G	* Gravitationskonstante	N · m²/kg
M	Mondmasse	k
R	Mondradius	

Monotoniegesetz

→ Multiplizieren

Moseley-Gesetz

→ *Röntgen*-Spektrum

Multiplizieren

Grundrechenart der Form

$a \cdot b = c$

Multiplikant mal Multiplikator gleich Produkt (a und b sind Faktoren)

Kommutativgesetz (Gesetz der Vertauschung)

$a \cdot b = b \cdot a$

Assoziativgesetz (Gesetz der Zusammenfassung)

$a \cdot b \cdot c = (a \cdot b) \cdot c = a \cdot (b \cdot c)$

Vorzeichenregeln:

$(+a) \cdot (+b) = ab \qquad (+a) \cdot (-b) = -ab$

$(-a) \cdot (+b) = -ab \qquad (-a) \cdot (-b) = ab$

Distributivgesetz (Gesetz der Verteilung)

$a \cdot (b + c) = a \cdot b + a \cdot c$

Monotoniegesetz

Aus $a < b$ und $c > 0$ folgt stets $a \cdot c < b \cdot c$

Multiplizieren von Summen (binomische Formeln)

$a \cdot (b + c + d) = ab + ac + ad$

$(a + b) \cdot (a + b) = (a + b)^2 = a^2 + 2ab + b^2$

$(a - b) \cdot (a - b) = (a - b)^2 = a^2 - 2ab + b^2$

$(a + b) \cdot (a - b) = a^2 - b^2$

$$(a + b) \cdot (c + d) = a \cdot (c + d) + b \cdot (c + d) = ac + ad + bc + bd$$

$$(a - b) \cdot (c + d) = a \cdot (c + d) - b \cdot (c + d) = ac + ad - bc - bd$$

Multiplizieren mit Null

$a \cdot 0 = 0$

Aus $a \cdot b = 0$ folgt $a = 0$ oder/und $b = 0$

Ist das Produkt einer Multiplikation Null, so ist mindestens ein Faktor Null.

Multiplizieren von Potenzen mit gleicher Basis

$a^m \cdot a^n = a^{m+n}$

Multiplizieren von Wurzeln mit gleichem Radikanden

$\sqrt[n]{a} \cdot \sqrt[n]{b} = \sqrt[n]{a \cdot b}$

Multiplizieren von Potenzen mit gleichem Exponenten

$a^m \cdot b^m = (a \cdot b)^m$

→ Rechenarten, Null und Unendlich, Vorzeichenregeln

Mutterhöhe

$m = i \cdot P$

$$m = \frac{F \cdot P}{\pi \cdot p_{zul} \cdot d_2 \cdot H_1}$$

Bei mittelhartem Stahl:

$m \approx 0{,}8 \cdot d$

→ Schraube mit Mutter

m	Mutterhöhe	mm
i	Gangzahl	1
P	Steigung des Gewindes	mm
F	axiale Schraubenkraft	N
p_{zul}	* Flächenpressung, zulässige	N/mm²
d_2	Flankendurchmesser	mm
H_1	Flankenüberdeckung	mm
d	Nenndurchmesser des Gewindes	mm

Nachhallzeit → Schallabsorptionsvermögen

NAND-Verknüpfung → Logische Verknüpfungen

Negation (NICHT-Verknüpfung) → Logische Verknüpfungen

Neigung → Geneigte Ebene, Keil

Neigungswinkel → Geneigte Ebene, Keil

Nennspannung

$$\sigma_n = \frac{F}{S}$$

→ Kerbspannung

σ_n	Nennspannung	N/mm
F	* Kraft	
S	Restquerschnitt eines durch eine Kerbe geschwächten Bauteiles	mm

Neper-Gleichungen

→ Winkelfunktionen

Nernstsche Gleichung

Für ein Metall in einer Lösung, die gleichartige Metallionen enthält:

$$E = E_0 + \frac{R \cdot T}{z \cdot F} \cdot \ln a$$

Für Redox-Reaktionen:

$$E = E_0 + \frac{R \cdot T}{z \cdot F} \cdot \ln \frac{a\,(\text{Ox.})}{a\,(\text{Red.})}$$

$$a = f_a \cdot c$$

Für stark verdünnte Lösungen:

$$E = E_0 + \frac{R \cdot T}{z \cdot F} \cdot \ln \frac{c\,(\text{Ox.})}{c\,(\text{Red.})} \quad \text{oder}$$

$$E = E_0 + \frac{0{,}059}{z} \cdot \lg \frac{c\,(\text{Ox.})}{c\,(\text{Red.})} \quad (\text{für } 25\,°\text{C})$$

$$\frac{R \cdot T}{F} = 0{,}058 \text{ für } 20\,°\text{C}, \; 0{,}057 \text{ für } 15\,°\text{C}$$

E	Normalpotential (gegen die Normalwasserstoffelektrode gemessen) → Elektrochemische Spannungsreihe	
E_0	Standardpotential; $E_0 = E$, wenn $a\,(\text{Ox.}) = a\,(\text{Red.})$	
R	universelle * Gaskonstante $R = 8{,}31$ J/(K · mol) → Konstanten	J/(K · mo
T	absolute * Temperatur	
z	Anzahl der * Elektronen, die bei der Elektrodenreaktion ausgetauscht werden (z. B. $Me \rightleftharpoons Me^{z+} + z\,e^-$, Me für Metall)	
F	*Faraday*-Konstante F = 96 485 C/mol	C/m
a $a\,(\text{Ox.})$ $a\,(\text{Red.})$	Aktivität des Metallions in der Lösung bzw. Aktivität des Oxidations- oder Reduktionsmittels	mol
f_a	Aktivitätskoeffizient (für stark verdünnte Lösungen $f_a = 1$)	
$c\,(\text{Ox.})$ $c\,(\text{Red.})$	* Stoffmengenkonzentration des Oxidations- bzw. Reduktionsmittels	mol

Neutron

Ruhemasse

$m_n = 1{,}6749 \cdot 10^{-27}$ kg → Konstanten

$m_n = 1{,}0087$ u

Relative Atommasse

$A_r = 1{,}008\,665$

Compton-Wellenlänge

$$\lambda_c = \frac{h}{m_n \cdot c_0}$$

$\lambda_c = 1{,}319\,59 \cdot 10^{-15}$ m

De-Broglie-Wellenlänge

$$\lambda_B = \frac{h}{\sqrt{2 \cdot m_n \cdot E_k}} = \frac{h}{m_n \cdot v}$$

Bei $E_k = 1$ eV gilt $\lambda_B = 2{,}860 \cdot 10^{-11}$ m

m_n	Ruhemasse des Neutrons (auch m_{no})	kg, u
A_r	relative * Atommasse	1
λ_c	* *Compton*-Wellenlänge	m
λ_B	* *de-Broglie*-Wellenlänge	m
h	* *Planck*-Konstante	J·s
c_0	* Lichtgeschwindigkeit im Vakuum	m/s
E_k	kinetische * Energie	J
v	Teilchengeschwindigkeit	m/s

Neutronenzahl

$N = A - Z$

N	Neutronenzahl	1
A	* Nukleonenzahl (Massenzahl)	1
Z	* Protonenzahl (Kernladungszahl, Ordnungszahl eines Elements)	1

Newton-Ringe

→ Interferenz des Lichts

Newtonsche Gesetze

Krafteinheit

$[F] = [m] \cdot [a] = \text{kg} \cdot \text{m/s}^2$

1 *Newton* = 1 N = 1 kg · m/s²

F	→ * Kraft	N
m	→ * Masse	kg
a	→ * Beschleunigung	m/s²

Superpositionsprinzip

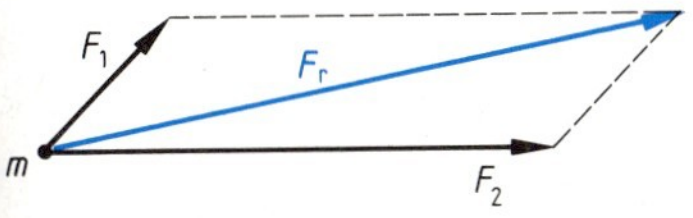

Zwei * Kräfte F_1 und F_2, die am gleichen Massenpunkt m angreifen, setzen sich zur Diagonalen des von ihnen gebildeten Parallelogramms zusammen. Die Diagonale heißt Resultierende F_r und hat die gleiche Wirkung auf die * Masse wie die Einzelkräfte.

Gravitationsgesetz

$$F = G \cdot \frac{m_1 \cdot m_2}{r^2}$$

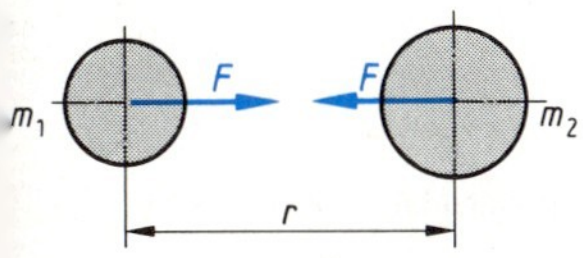

F	Anziehungskraft	N
G	* Gravitationskonstante	N·m²/kg²
m_1, m_2	* Massen	kg
r	Abstand der * Massen	m

Zwei Körper ziehen sich gegenseitig mit einer Kraft an, die dem Produkt ihrer Massen direkt und dem Quadrat ihrer Entfernung voneinander umgekehrt proportional ist.

1. Bewegungsgesetz, 1. *Newtonsches* Axiom (Trägheitssatz)

Jeder Körper beharrt in Ruhe oder in geradliniger, gleichförmiger Bewegung, wenn er nicht durch auf ihn einwirkende Kräfte gezwungen wird, seinen Bewegungszustand zu ändern.

2. Bewegungsgesetz, 2. *Newtonsches* Axiom

Die Beschleunigung, die ein Körper erfährt, ist der einwirkenden Kraft proportional und erfolgt in der Richtung, in der die Kraft wirkt.

$F = m \cdot a$

F	beschleunigende * Kraft (Trägheitskraft)	N
m	* Masse	kg
a	* Beschleunigung	m/s^2

3. Bewegungsgesetz, 3. *Newtonsches* Axiom, Wechselwirkungsgesetz, Reaktionsprinzip

Die aufeinander wirkenden Kräfte zweier Körper sind gleich groß und haben entgegengesetzte Richtungen.

Wirkung = Gegenwirkung
Kraft = Gegenkraft
Aktion = Reaktion
Aktionskraft = Reaktionskraft

NICHT-Verknüpfung

→ Logische Verknüpfungen

NOR-Verknüpfung

→ Logische Verknüpfungen

Normalbeschleunigung (Radialbeschleunigung, Zentripetalbeschleunigung)

$$a_n = \frac{v_u^2}{r}$$

$$a_n = r \cdot \omega^2$$

$$a_n = v_u \cdot \omega$$

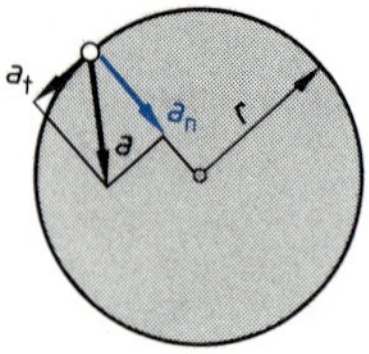

a_n	Normalbeschleunigung	m/s^2
a_t	* Tangentialbeschleunigung	m/s^2
a	resultierende * Beschleunigung	m/s^2
v_u	* Umfangsgeschwindigkeit	m/s
r	Radius des Rotationskörpers	m
ω	* Winkelgeschwindigkeit	rad/s = 1/s

→ Beschleunigung bei rotierender Bewegung, Mondbeschleunigung, Zentrifugalkraft

Normalfallbeschleunigung

$g_n = 9{,}80665\ m/s^2$

g_n	Normalfallbeschleunigung	m/s^2

→ Fallbeschleunigung

Normalkraft

→ Geneigte Ebene, Reibungsarbeit, Reibungskraft, Reibungswinkel

Normalpotential

→ Elektrochemische Spannungsreihe

Normalspannung

→ Festigkeitshypothesen; Spannung, mechanische

Normatmosphäre (nach DIN ISO 2533)

Die chemische Zusammensetzung der trockenen, sauberen Luft bleibt bis zu einer Höhe von 90 bis 95 km praktisch konstant (→ Luftzusammensetzung)

Konstanten zur Berechnung der ISO-Normatmosphäre:

$M_B = 28{,}964\,420$ g/mol
$R = 8{,}314\,32$ J/(K · mol)
$R_B = 287{,}052\,87$ J/(kg · K)
$\varrho_n = 1{,}225$ kg/m^3
$p_n = 101\,325$ Pa
$T_n = 288{,}15$ K
$N_A = 6{,}022\,57$ mol^{-1}
$\varkappa = 1{,}4$
$d = 0{,}365 \cdot 10^{-9}$ m
$c_n = 340{,}294$ m/s
$l_n = 6{,}6328 \cdot 10^{-8}$ m
$n_n = 2{,}5471 \cdot 10^{25}$ m^{-3}
$v_n = 458{,}94$ m/s
$\nu_n = 1{,}4607 \cdot 10^{-5}$ m^2/s
$\lambda_n = 2{,}5343 \cdot 10^{-2}$ W/(m · K)
$\vartheta_0 = 0{,}00$ °C
$T_0 = 273{,}15$ K
$g_n = 9{,}806\,65$ m/s^2

Temperatur in Höhe h der Normatmosphäre:

$$T = T_b + \beta \cdot (H - H_b) \text{ mit}$$

$$H = \frac{r \cdot h}{r + h}$$

(für die Troposphäre bis ≈ 11 km Höhe kann mit guter Näherung $H = h$ gesetzt werden)

Luftdruck in Höhe h der Normatmosphäre:

$$\ln p = \ln p_b - \frac{g_n}{\beta \cdot R_B} \cdot \ln \frac{T_b + \beta \cdot (H - H_b)}{T_b} \quad \text{für } \beta \neq 0$$

$$\ln p = \ln p_b - \frac{g_n}{R_B \cdot T} \cdot (H - H_b) \quad \text{für } \beta = 0$$

Dichte der Luft in Höhe h der Normatmosphäre:

$$\varrho = \frac{p}{R_B \cdot T}$$

Für die **Troposphäre** (bis ≈ 11 km Höhe) gilt:

$$T \approx T_n + \beta \cdot h = 288{,}15\text{ K} - 0{,}0065 \cdot h$$

$$\ln p \approx \ln p_n - \frac{g_n}{\beta \cdot R_B} \cdot \ln \frac{T_n + \beta \cdot h}{T_n}$$

$$\ln p \approx 11{,}526 + 5{,}256 \cdot \ln \frac{288{,}15 - 0{,}0065 \cdot h}{288{,}15}$$

M_B	* molare Masse der Luft bei Normal-Null (übliche Einheit: g/mol)	kg/mol
R	universelle * Gaskonstante der Luft	J/(K · mol)
R_B	individuelle * Gaskonstante der Luft	J/(kg · K)
ϱ_n	* Normdichte der Luft bei Normal-Null	kg/m^3
p_n	Normluftdruck	N/m^2 = Pa
T_n	thermodynamische Normtemperatur der Luft bei Normal-Null	K
N_A	* *Avogadro*-Konstante	1/mol
$\varkappa$	* Isentropenexponent	1
d	mittlerer gaskinetischer Durchmesser der Luftmoleküle	m
c_n	* Schallgeschwindigkeit bei Normal-Null	m/s
l_n	mittlere freie Weglänge der Luftteilchen	m
n_n	Teilchenzahldichte bei Normal-Null	1/m^3
v_n	mittlere Teilchengeschwindigkeit der Luft bei Normal-Null	m/s
ν_n	kinematische * Viskosität bei Normal-Null	m^2/s
λ_n	* Wärmeleitfähigkeit	W/(m · K)
ϑ_0	*Celsius*temperatur des Eispunktes bei Normal-Null	°C
T_0	thermodynamische * Temperatur des Eispunktes	K
g_n	* Normalfallbeschleunigung in der geographischen Breite $\varphi = 45° 32' 33''$	m/s^2
T_b	* Temperatur an der unteren Grenze der betreffenden Schicht (siehe Tabelle)	K
β	vertikaler Temperaturgradient für die betreffende Schicht	K/m
H	geopotentielle Höhe	m
H_b	geopotentielle Höhe der unteren Grenze der betrachteten Schicht	m
h	geometrische Höhe über Meeresspiegel	m
r	nomineller Erdradius $r = 6\,356{,}766$ km	m
p	Luftdruck	N/m^2 = Pa
ϱ	* Dichte der Luft	kg/m^3

Temperatur, Druck und vertikaler Temperaturgradient der Normatmosphäre bei verschiedenen geopotentiellen Höhen

H in m	T in K	p in Pa	β in K/m
– 2 000	301,15	127 774	
0	288,15	101 325	
1 000	281,65	89 875	– 0,0065
3 000	268,65	70 109	
5 000	255,65	54 020	
11 000	216,65	22 632	
20 000	216,65	5 475	0,0000
32 000	228,65	868	0,0010
47 000	270,65	111	0,0028
51 000	270,65	67	0,0000
71 000	214,65	4	– 0,0028
80 000	196,65	0,9	– 0,0020

Normdichte

Unter der Normdichte ϱ_n eines Gases versteht man seine Dichte bei der Temperatur ϑ_n und dem Druck p_n.

→ Normzustand, Wärmeabhängige Daten

ϱ_n	Normdichte	kg/m³
ϑ_n	Normtemperatur	°C
p_n	Normdruck	N/m² = Pa

Normdruck

→ Normzustand

Norm-Stimmton (Kammerton)

Bezugston a

Die Normstimmtonhöhe (zum Einstimmen von Musikinstrumenten) ist die Frequenz der Note a der eingestrichenen Oktave. Sie wurde 1939 (auf der „Internationalen Stimmtonkonferenz") auf 440 Hz festgelegt.

Normtemperatur

→ Normzustand

Normvolumen (nach DIN 1343)

$$V_n = \frac{m}{M_B} \cdot V_{m,n} = n \cdot V_{m,n}$$

$$V_n = V \cdot \frac{T_n \cdot p}{T \cdot p_n}$$

$$V_n = m \cdot \frac{R_B \cdot T_n}{p_n} = n \cdot \frac{R \cdot T_n}{p_n}$$

$$V_{m,n} = \frac{V_n}{n} = \frac{M_B}{\varrho_n}$$

Unter dem Normvolumen versteht man das Volumen eines Gases im Normzustand.

Das molare Volumen im Normzustand des idealen Gases beträgt

$V_{m,n} = 22{,}414$ l/mol

→ Konstanten, Normzustand

Index n: Normzustand

V_n	Normvolumen	m^3
m	* Masse	kg
M_B	* molare Masse	kg/mol
$V_{m,n}$	* molares Volumen im * Normzustand (bei idealen Gasen auch $V_{m,0}$)	m^3/mol
n	* Stoffmenge	mol
V	* Volumen bei p und T	m^3
T_n	absolute * Temperatur im * Normzustand	K
p	vorhandener * Druck	N/m^2 = Pa
T	vorhandene * Temperatur (absolut)	K
p_n	* Druck im * Normzustand	N/m^2 = Pa
R_B	* Gaskonstante, individuelle	J/(kg · K)
R	* Gaskonstante, universelle (molare)	J/(mol · K)

Normzustand

Der Normzustand ist derjenige Referenzzustand, der durch

$T_n = 273{,}15$ K oder $\vartheta_n = 0\,°C$ sowie

$p_n = 101325$ Pa $= 1{,}01325$ bar (physikalische Atmosphäre) festgelegt ist.

T_n	Normtemperatur	K
ϑ_n	Normtemperatur	°C
p_n	Normdruck	N/m^2 = Pa

Nukleonen

→ Elementarteilchen

Nukleonenzahl (Massenzahl)

$A = Z + N$

Die Nukleonenzahl eines Isotops wird links oben am Atomsymbol angegeben, z. B. für das Kohlenstoffisotop mit 12 Nukleonen (6 Protonen und 6 Neutronen): ^{12}C

A	Nukleonenzahl (Massenzahl)	1
Z	* Protonenzahl (Kernladungszahl, Ordnungszahl eines Elements)	1
N	* Neutronenzahl	1

Nuklide

Ein Nuklid ist eine durch die Anzahl der Protonen und Neutronen charakterisierte Atomart. Der Begriff Nuklid schließt Atomkern und Atomhülle ein.

Bezeichnungsbeispiel:
Kohlenstoffnuklid ^{12}C

Formelzeichen für die Masse des Nuklids X:
m_a oder m(X)

Null und unendlich

Rechnen mit Null

Addieren	*Subtrahieren*	*Multiplizieren*	*Dividieren*
$a + 0 = a$	$a - 0 = a$	$a \cdot 0 = 0$	$\frac{0}{a} = 0$
$0 + a = a$	$0 - a = -a$	$0 \cdot a = 0$	$\frac{0}{0}$ ist unbestimmt
$0 + 0 = 0$	$0 - 0 = 0$	$0 \cdot 0 = 0$	$\frac{a}{0}$ ist unbestimmt

Potenzieren	*Radizieren*	*Logarithmieren*	
$a^0 = 1$	$0^{\frac{1}{n}} = \sqrt[n]{0} = 0 \quad n \neq 0$	$\log 0 = -\infty$	Durch die Zahl 0 darf nicht dividiert werden
$0^n = 0$	$\sqrt{0} = 0$	$\log 1 = 0$	
$0^0 = 0$	$\sqrt[0]{a}$ ist unbestimmt		

Rechnen mit unendlich

Für eine Größe, die größer ist als jede noch so große angebbare Zahl, verwendet man das Zeichen ∞ (unendlich).

Addieren	*Subtrahieren*	*Multiplizieren*	*Dividieren*
$a + \infty = \infty$	$\infty - a = \infty$	$a \cdot \infty = \infty$	$\frac{\infty}{a}$ = unendlich
$\infty + a = \infty$	$a - \infty = -\infty$	$\infty \cdot a = \infty$	$\frac{\infty}{\infty}$ ist unbestimmt
		$0 \cdot \infty$ ist unbestimmt	

Potenzieren

für $a < 1$ gilt $a^{\infty} = 0$

für $a = 1$ gilt $a^{\infty} = 1$

für $a > 1$ gilt $a^{\infty} = \infty$

→ Logarithmen, Logarithmengesetze, Potenzen, Rechenarten, Wurzeln

Numerische Apertur

$A = n \cdot \sin\sigma = n' \cdot \sin\sigma'$

Apertur = $\sin\sigma$ = Sinus des Aperturwinkels, d.h. des halben Öffnungswinkels der Randstrahlen, die noch von einem Gegenstandspunkt in ein optisches System eintreten können.

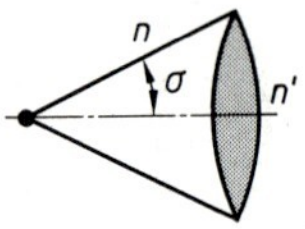

A	numerische Apertur	1
n	* Brechzahl (im Objektraum)	1
n'	* Brechzahl (im Bildraum)	1
σ	halber Öffnungswinkel im Objektraum (Gegenstandsraum)	rad, °
σ'	halber Öffnungswinkel im Bildraum	rad, °

Nußelt-Zahl

$$Nu = \frac{\alpha \cdot l}{\lambda}$$

→ *Stanton*-Zahl

Nu	*Nußelt*-Zahl	1
α	* Wärmeübergangskoeffizient	W/(m²·K)
l	eine kennzeichnende Länge in einem * Wärmeaustauscher, z.B. Durchmesser eines Behälters oder eines Wärmeaustauscherrohres	m
λ	* Wärmeleitfähigkeit	W/(m·K)

Nutzungsgrad

→ Arbeitsgrad

Obelisk

Pyramidenstumpf, dessen Grund- und Deckfläche unterschiedliche Seitenverhältnisse haben.

$$A_0 = A_G + A_M + A_D$$

$$V = \frac{h}{6} \cdot (2 \cdot a \cdot b + a_1 \cdot b + a \cdot b_1 + 2 \cdot a_1 \cdot b_1)$$

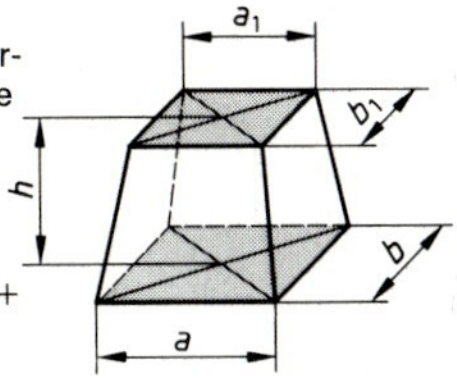

A_0	Oberfläche	m^2
A_G	Grundfläche	m^2
A_M	Mantelfläche	m^2
A_D	Deckfläche	m^2
V	* Volumen	m^3
h	Höhe	m
a, b	Seiten der Grundfläche	m
a_1, b_1	Seiten der Deckfläche	m

Oberflächenspannung (Grenzflächenspannung)

$$\sigma = \frac{\Delta W}{\Delta A} = \frac{F \cdot s}{2 \cdot d \cdot \pi \cdot s}$$

$$\sigma = \frac{F}{2 \cdot d \cdot \pi}$$

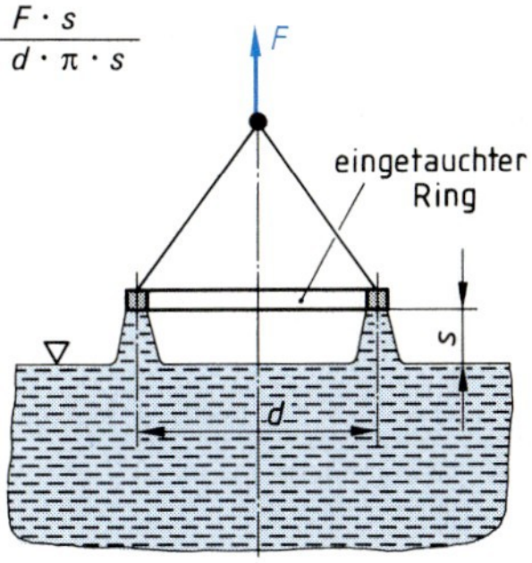

$$h = \frac{2 \cdot \sigma}{g \cdot r \cdot \varrho}$$

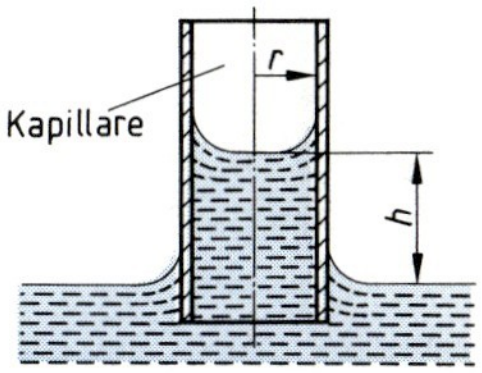

σ	Oberflächenspannung	N/m
ΔW	Änderung der Oberflächenenergie	N · m = J
ΔA	Änderung der Oberflächengröße	m^2
F	* Kraft	N
d	Ringdurchmesser	m
h	Höhe der kapillar gehobenen Flüssigkeitssäule	m
g	* Fallbeschleunigung	m/s^2
r	Radius der Kapillare	m
ϱ	* Dichte der Flüssigkeit	kg/m^3

Flüssigkeit	Oberflächenspannung σ in N/m bei 20 °C
Quecksilber	0,47
Wasser	0,073
Alkohol	0,025
Glyzerin	0,076
Benzin	0,030
Seifenlösung	0,040

Oberschwingungsgehalt, Klirrfaktor

Bei einer Spannung:

$$k_u = \frac{\sqrt{U_2^2 + U_3^2 + \ldots}}{U} = \frac{\sqrt{U^2 - U_1^2}}{U} = \sqrt{1 - g_u^2},$$

Bei einem Strom:

$$k_i = \frac{\sqrt{I_2^2 + I_3^2 + \ldots}}{I} = \frac{\sqrt{I^2 - I_1^2}}{I} = \sqrt{1 - g_i^2}.$$

k_u, k_i	Oberschwingungsgehalt	1
g_u^2	Grundschwingungsgehalt bei einer Spannung	1
g_i^2	Grundschwingungsgehalt bei einem Strom	1
U	Spannung	V
$U_1, U_2, \ldots$	Effektivwerte der Oberschwingungen einer Spannung	V
I	Stromstärke	A
$I_1, I_2, \ldots$	Effektivwerte der Oberschwingung eines Stromes	A

Objektgröße (Gegenstandsgröße)

→ Bildgröße

ODER-Verknüpfung

→ Logische Verknüpfungen

Öffnungsverhältnis

einer Düse, Blende oder eines *Venturi*-Rohres

$$m = \frac{d^2}{D^2}$$

m	Öffnungsverhältnis	1
d	Meßdurchmesser in der Normblende, Normdüse oder im Normventurirohr	mm
D	Durchmesser des Strömungsquerschnittes vor der Verengung	mm

Ohmsches Gesetz

Für Gleichstrom und nicht phasenverschobenen Wechselstrom:

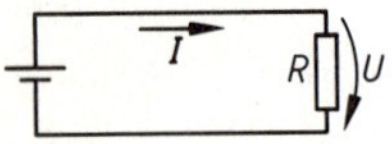

$$I = \frac{U}{R}$$

I	elektrische * Stromstärke	A
U	elektrische * Spannung	V
R	elektrischer * Widerstand	Ω

Für Wechselstrom (Reihenschaltung von R, X_L und X_C):

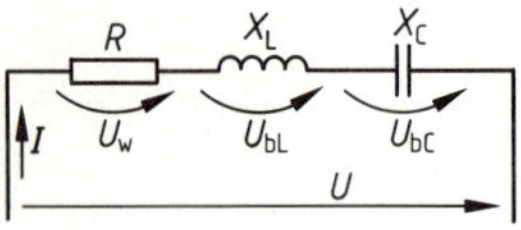

$$I = \frac{U}{\sqrt{R^2 + (\omega \cdot L - \frac{1}{\omega \cdot C})}}$$

$$I = \frac{U}{\sqrt{R^2 + (X_L - X_C)^2}}$$

Für Wechselstrom (Parallelschaltung von R, X_L und X_C):

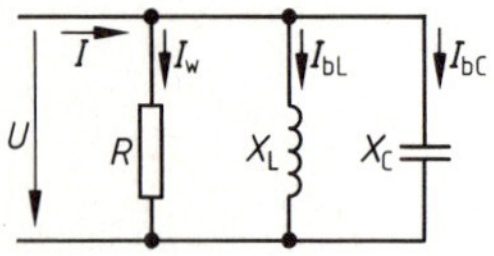

$$I = U \cdot \sqrt{\frac{1}{R^2} + \left(\frac{1}{X_L} - \frac{1}{X_C}\right)^2}$$

Für Wechselstrom allgemein:

$$I = \frac{U}{Z}$$

$$I_w = \frac{U_w}{R} \qquad I_{bL} = \frac{U_{bL}}{X_L} \qquad I_{bC} = \frac{U_{bC}}{X_C}$$

→ Wechselstrom

R	elektrischer * Widerstand, Wirkwiderstand	Ω
ω	* Kreisfrequenz	rad/s = 1/s
L	* Induktivität	H
C	* Kapazität	F
Z	Scheinwiderstand	Ω
X_L	induktiver * Blindwiderstand	Ω
X_C	kapazitiver * Blindwiderstand	Ω
U	Gesamtspannung	V
U_w	Wirkspannung	V
U_{bL}	induktive * Blindspannung	V
U_{bC}	kapazitive * Blindspannung	V
I	Gesamtstrom	A
I_{bL}	induktiver * Blindstrom	A
I_{bC}	kapazitiver * Blindstrom	A

Oktaeder, regelmäßiger Achtflächner

von acht gleichseitigen kongruenten Dreiecken umgrenzter Körper

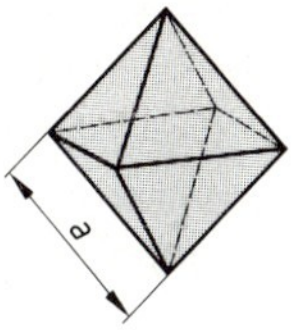

$$A_o = 2 \cdot a^2 \cdot \sqrt{3} \approx 3{,}464 \cdot a^2$$

$$V = \sqrt{2} \cdot \frac{a^3}{3} \approx 0{,}471 \cdot a^3$$

$$r_1 = \sqrt{6} \cdot \frac{a}{6} \approx 0{,}408 \cdot a$$

$$r_2 = \sqrt{2} \cdot \frac{a}{2} \approx 0{,}707 \cdot a$$

A_o	Oberfläche	m^2
a	Kantenlänge	m
V	* Volumen	m^3
r_1	Radius der einbeschriebenen * Kugel	m
r_2	Radius der umbeschriebenen * Kugel	m

→ Dodekaeder

Omega-Verfahren

$$\sigma_\omega = \frac{F \cdot \omega}{S} \leq \sigma_{zul}$$

$$\omega = \frac{S \cdot \sigma_\omega}{F} = \frac{\sigma_{zul}}{\sigma_{d\,zul}}$$

$$\omega = \frac{\sigma_{zul} \cdot \nu_K}{\sigma_K}$$

$$\sigma_{d\,zul} = \frac{\sigma_K}{\nu_K}$$

$$\sigma_K = \frac{F_K}{S} = \frac{\pi \cdot E}{\lambda^2}$$

Im *Stahlbau* ist das Omega-Verfahren bei der Berechnung der Knickbeanspruchung *behördlich vorgeschrieben*.

→ *Euler*-Knickformeln, *Tetmayer*-Formel

σ_ω	Omegaspannung	N/mm^2
F	Tragkraft des Stabes	N
ω	Knickzahl nach DIN 4114	1
S	Stabquerschnitt	mm^2
σ_{zul}	zulässige * Spannung auf reinen * Druck	N/mm^2
$\sigma_{d\,zul}$	vom * Schlankheitsgrad abhängige Druckspannung	N/mm^2
ν_K	Knicksicherheit	1
σ_K	Knickspannung	N/mm^2
F_K	Knickkraft	N
E	* Elastizitätsmodul	N/mm^2
λ	* Schlankheitsgrad	1

Knickzahlen ω in Abhängigkeit vom Schlankheitsgrad λ nach DIN 4114:

Schlankheitsgrad λ	20	40	60	80	100	120	140	160	180	200	220
Knickzahl ω für St 37	1,04	1,14	1,30	1,55	1,90	2,43	3,31	4,32	5,47	6,75	8,17
Knickzahl ω für St 52	1,06	1,19	1,41	1,79	2,53	3,65	4,96	6,48	8,21	10,13	12,26

Operationsverstärker

Invertierender Verstärker

$$V = -\frac{U_a}{U_e}$$

$$V = -\frac{R_K}{R_e}$$

$$U_a = -\frac{R_K}{R_e} \cdot U_e$$

V	Spannungsverstärkungsfaktor	1
R_K	Rückkoppelwiderstand	Ω
R_e	Eingangswiderstand	Ω
U_a	Ausgangsspannung	V
U_e	Eingangsspannung	V

Nichtinvertierender Verstärker

$$V = \frac{U_a}{U_e}$$

$$V = 1 + \frac{R_K}{R_Q}$$

$$U_a = \left(1 + \frac{R_K}{R_Q}\right) \cdot U_e$$

V	Spannungsverstärkungsfaktor	1
R_K	Rückkoppelwiderstand	Ω
R_Q	Eingangswiderstand	Ω
U_a	Ausgangsspannung	V
U_e	Eingangsspannung	V

Differenzverstärker (Subtrahierer)

$$V_1 = \frac{U_a}{U_{e1}}$$

$$V_1 = \frac{R_K}{R_e}$$

$$V_2 = \frac{U_a}{U_{e2}}$$

$$V_2 = \frac{1 + \frac{R_K}{R_e}}{1 + \frac{R_1}{R_2}}$$

$$U_a = V_2 \cdot U_{e2} - V_1 \cdot U_{e1}$$

V_1	Spannungsverstärkungsfaktor am invertierenden Eingang (−)	1
V_2	Spannungsverstärkungsfaktor am nichtinvertierenden Eingang (+)	1
U_{e1}	Spannung am invertierenden Eingang (−)	V
U_{e2}	Spannung am nichtinvertierenden Eingang (+)	V
U_a	Ausgangsspannung	V
R_e	Eingangswiderstand (−)	Ω
R_1	Eingangswiderstand (+)	Ω
R_2	Beschaltungswiderstand	Ω
R_K	Rückkoppelwiderstand	Ω

Summierverstärker (Addierer)

$$V_1 = -\frac{R_K}{R_{e1}}$$

$$V_2 = -\frac{R_K}{R_{e2}}$$

$$U_a = V_1 \cdot U_{e1} + V_2 \cdot U_{e2} + \ldots$$

R_K	Rückkoppelwiderstand	Ω
$R_{e1} \ldots R_{en}$	Eingangswiderstände	Ω
$U_{e1} \ldots U_{en}$	Eingangsspannungen	V
U_a	Ausgangsspannung	V
V	Spannungsverstärkungsfaktor	1
$V_1 \ldots V_n$	Spannungsverstärkungsfaktoren der Eingänge $1 \ldots n$	1

Differenzierer

$$V = 2 \cdot \pi \cdot f \cdot R_k \cdot C_e$$

Für linear ansteigende Eingangsspannung:

$$U_a = -R_k \cdot C_e \frac{\Delta u_e}{\Delta t}$$

V	Verstärkungsfaktor für Sinusspannung	1
f	* Frequenz	Hz = 1/s
R_k	Rückkoppelwiderstand	Ω
C_e	Eingangskapazität	F
U_a	Ausgangsspannung	V
Δu_e	Eingangsspannungsänderung	V
Δt	* Zeit für Δu_e	s

Optische Dichte (Schwärzung)

$$D = \lg \frac{1}{\tau}$$

D	optische * Dichte
τ	* Transmissionsgrad

Optische Linsen

→ Linsen

Ordnungszahl

→ Protonenzahl

Osmotischer Druck

Van't Hoff-Gesetz für ideal gelöste Stoffe

Bei Nichtelektrolyten:

$$\Pi = \frac{n}{V} \cdot R \cdot T = \frac{R \cdot T}{V_m} = c_B \cdot R \cdot T$$

Bei schwachen Elektrolyten:

$$\Pi = \frac{n}{V} \cdot R \cdot T \cdot [1 + \alpha \cdot (N - 1)]$$

Π	osmotischer Druck	N/m^2 = Pa
n	* Stoffmenge	mol
V	* Volumen	m^3
V_m	* molares Volumen	m^3/mol
R	universelle * Gaskonstante R = 8,31 J/(mol · K) → Konstanten	J/(mol · K)
T	* Temperatur	K
c_B	* Stoffmengenkonzentration des Stoffes B	mol/m^3
α	* Dissoziationsgrad	1
N	Anzahl der Ionen, die bei der Dissoziation eines Moleküls entstehen	1

Ostwaldsches Verdünnungsgesetz

→ Dissoziationskonstante

Paar-Umwandlungskoeffizient

$$\varkappa_a = \frac{E - 2 \cdot E_0}{E} \cdot \varkappa$$

$$\varkappa_a = \frac{E - 2 \cdot E_0}{E} \cdot \frac{d N_\varkappa}{N \cdot ds}$$

$\varkappa_a$	Paar-Umwandlungskoeffizient	1/m
$\varkappa$	Paarbildungskoeffizient	1/m
E	* Energie des * Photons	J
E_0	Ruheenergie des Elektron-Positron-Paares	J
$dN_\varkappa$	Anzahl absorbierter * Photonen	1
N	Photonenanzahl	1
ds	Weglänge	m

Packungsanteil

$$f = \frac{B}{A \cdot m_u}$$

f	Packungsanteil	1
B	* Massendefekt	kg
A	* Nukleonenzahl (Massenzahl)	1
m_u	Atommassenkonstante $m_u = 1{,}660\,54 \cdot 10^{-27}$ kg → Konstanten	kg,

Parabel

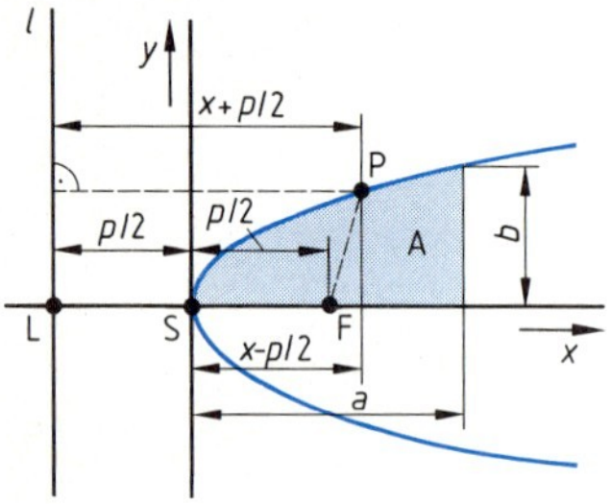

Eine Parabel ist die Menge aller Punkte, die gleich weit von einem festen Brennpunkt F und einer festen Leitlinie entfernt sind.

A	Flächeninhalt	m
a	Scheitelhöhe	m
b	Weite des Segments	m

Fläche unter der Parabel im 1. Quadrant:

$$A = \frac{2}{3} \cdot a \cdot b$$

Scheitelgleichung der nach rechts oder links geöffneten Parabel:

$$y^2 = \pm\, 2 \cdot p \cdot x$$ (+) nach rechts, (−) nach links geöffnet

Scheitelgleichung der nach oben oder nach unten geöffneten Parabel:

$$x^2 = \pm\, 2 \cdot p \cdot y$$ (+) nach oben, (−) nach unten geöffnet

bzw.

$$y = a \cdot x^2 \qquad \left(a = \pm \frac{1}{2}\, p\right)$$

Parallelogramm

Rhombus (Raute)

$U = 4 \cdot a$

$A = a \cdot h_a$

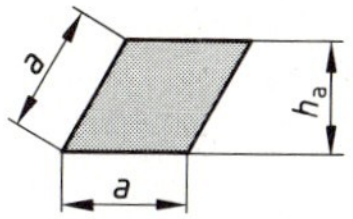

Rhomboid

$U = 2 \cdot (a + b)$

$A = a \cdot h_a$

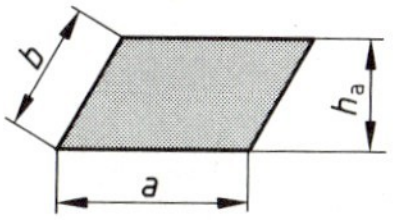

U	Umfang	m
a, b	Seitenlängen	m
A	Flächeninhalt	m^2
h_a	Höhe auf die Seite a	m

Parallelogramm der Geschwindigkeiten

→ Geschwindigkeitszusammensetzung (räumliche Bewegungen)

Parallelogramm der Kräfte

→ Kräftezusammensetzung

Parallelschaltung von galvanischen Elementen

→ Element, galvanisches

Parallelschaltung von Kondensatoren (Kapazitäten)

→ Kapazität, elektrische

Parallelschaltung von Spulen (Induktivitäten)

→ Wechselstromwiderstände

Parallelschaltung von Widerständen

→ Widerstand, elektrischer

Parallelschwingkreis

→ Resonanz

Pegel

Spannungspegel

$$L_u = 20 \cdot \lg \frac{U}{U_0}$$

Leistungspegel

$$L_p = 10 \cdot \lg \frac{P}{P_0}$$

→ Antennen

L_u	Spannungspegel	dB
L_p	Leistungspegel	dB
U	angegebene * Spannung	V
U_0	Bezugsspannung	V
P	angegebene * Leistung	W
P_0	Bezugsleistung	W

Partialdichte

→ Massenkonzentration

Partialdruck (Teildruck)

$$p_i = p \cdot \frac{m_i}{m} \cdot \frac{R_{Bi}}{R_B}$$

$$p_i = x_i \cdot p$$

→ *Dalton*-Gesetz, Gaskonstante

p_i	Partialdruck (Teildruck)	$N/m^2 = Pa$
p	Gesamtdruck	$N/m^2 = Pa$
m_i	* Masse des Gasanteils	kg
m	Gesamtmasse des Gemisches	kg
R_{Bi}	individuelle * Gaskonstante des Gasanteils	$J/(kg \cdot K)$
R_B	individuelle * Gaskonstante des Gemisches	$J/(kg \cdot K)$
x_i	Stoffmengenanteil des Gasanteils	1

Partialstoffmenge, spezifische

$$q\,(\mathrm{X}) = \frac{n\,(\mathrm{X})}{\Sigma\, m}$$

Beispiel:

q (NaOH) = 0,1 mol/kg

q (X)	spezifische Partialstoffmenge	mol/kg
n (X)	* Stoffmenge des Bestandteiles X in einer Mischphase	mol
$\Sigma\, m$	* Masse der gesamten Mischphasenportion	kg

Pascal-Dreieck der Binominalkoeffizienten

$(a \pm b)^0$	1
$(a \pm b)^1$	1 1
$(a \pm b)^2$	1 2 1
$(a \pm b)^3$	1 3 3 1
$(a \pm b)^4$	1 4 6 4 1
$(a \pm b)^5$	1 5 10 10 5 1
$(a \pm b)^6$	1 6 15 20 15 6 1
$(a \pm b)^7$	1 7 21 35 35 21 7 1

→ Binomischer Satz, Polynome

Die Summe zweier benachbarter Koeffizienten einer Zeile ergibt den zwischen ihnen stehenden Koeffizienten der nächsten Zeile.

Beispiel:

$(a + b)^7 = a^7 + 7\,a^6\,b + 21\,a^5\,b^2 + 35\,a^4\,b^3 + 35\,a^3\,b^4 + 21\,a^2\,b^5 + 7\,a\,b^6 + b^7$

$(a - b)^7 = a^7 - 7\,a^6\,b + 21\,a^5\,b^2 - 35\,a^4\,b^3 + 35\,a^3\,b^4 - 21\,a^2\,b^5 + 7\,a\,b^6 - b^7$

Pascal-Gesetz

→ Bodendruck

Passungen

$G_o = N + A_o$

$G_u = N + A_u$

$T = G_o - G_u$

$T = A_o - A_u$

G_o	Höchstmaß (Größtmaß)	mm
G_u	Mindestmaß (Kleinstmaß)	mm
N	Nennmaß	mm
A_o	oberes Grenzabmaß	mm
A_u	unteres Grenzabmaß	mm
T	Maßtoleranz	mm

Péclet-Zahl

$Pe = Re \cdot Pr$

$$Pe = \frac{v \cdot l}{a}$$

→ *Nußelt*-Zahl, *Stanton*-Zahl

Pe	*Péclet*-Zahl	1
Re	* *Reynolds*-Zahl	1
Pr	* *Prandtl*-Zahl	1
v	Strömungsgeschwindigkeit des Fluids	m/s
l	eine kennzeichnende Länge → *Nußelt*-Zahl	m
a	* Temperaturleitfähigkeit	m^2/s

Peltier-Wärme

$Q_P = \pi \cdot I \cdot t$

Der *Peltier*-Koeffizient π ist von der Werkstoffkombination im *Peltier*-Element abhängig.

Q_P	*Peltier*-Wärme	J
π	*Peltier*-Koeffizient	J/(A·s)
I	elektrische * Stromstärke	A
t	* Zeit	s

Pendel → Periodendauer

Pendellänge, reduzierte → Periodendauer

Pentagondodekaeder → Dodekaeder

Periodendauer (Schwingungsdauer)

Allgemein

$$T = \frac{1}{f}$$

$$T = \frac{\lambda}{c}$$

$$T = \frac{2 \cdot \pi}{\omega}$$

Geradliniges Federpendel

Zylindrischer Stab, einseitig eingespannt

$$T = 2 \cdot \pi \cdot \sqrt{\frac{m}{c_F}}$$

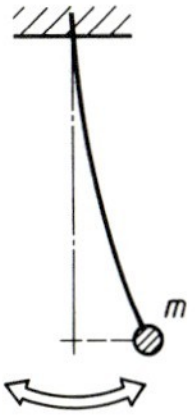

Drehfederpendel (Torsionspendel)

$$T = 2 \cdot \pi \cdot \sqrt{\frac{J}{c_F}}$$

$$M = D \cdot \varphi$$

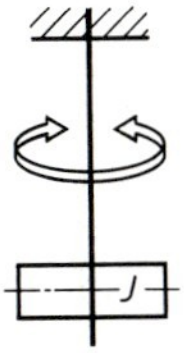

Mathematisches Pendel

Pendelmasse an einem masselosen Pendelarm in einem Punkt vereinigt:

$$T = 2 \cdot \pi \cdot \sqrt{\frac{l}{g}}$$

Bei einer Periodendauer $T = 1$ s (für hin und her) spricht man von einem **Sekundenpendel**. Hierbei ist $l = 0{,}2485$ m

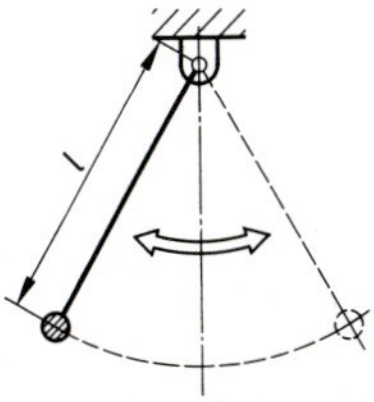

Physikalisches Pendel (physisches Pendel)

$$T = 2 \cdot \pi \cdot \sqrt{\frac{J}{m \cdot g \cdot a}}$$

$$T = 2 \cdot \pi \cdot \sqrt{\frac{l_{red}}{g}}$$

$$l_{red} = \frac{J}{m \cdot a}$$

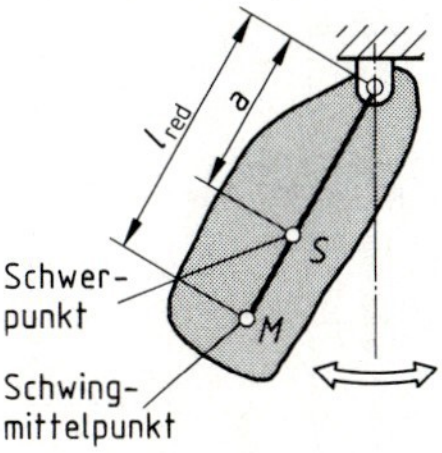

T	Periodendauer	s
f	* Frequenz	Hz = 1/s
λ	* Wellenlänge	m
c	* Ausbreitungsgeschwindigkeit	m/s
ω	* Kreisfrequenz	rad/s = 1/s
m	* Masse	kg
c_F	* Federsteifigkeit	N/m
J	* Trägheitsmoment eines Körpers	kg · m²
M	* Drehmoment	N · m
D	Direktionsmoment (winkelbezogenes Rückstellmoment), Drehfederkonstante	N · m/rad
φ	* Drehwinkel	rad
l	Pendellänge	m
g	* Fallbeschleunigung	m/s²
a	Abstand der Drehachse vom Schwerpunkt	m
l_{red}	reduzierte Pendellänge	m

Die reduzierte Pendellänge wird auch als korrespondierende Pendellänge bezeichnet. Rechnet man mit dieser, so ist das physikalische Pendel auf ein mathematisches Pendel zurückgeführt worden.

Periodenfrequenz → Frequenz, Wechselstrom

Periodensystem der Elemente

Hauptgruppen (Gruppennummer ≙ Anzahl der Außenelektronen) – Nebengruppen – Hauptgruppen

Perioden (Periodennummer ≙ Anzahl der Hauptenergieniveaus bzw. Elektronenschalen nach Bohr)

Periode	I	II	IIIa	IVa	Va	VIa	VIIa	VIIIa	VIIIa	VIIIa	Ia	IIa	III	IV	V	VI	VII	VIII
1.	1 H 1,00794																	2 He 4,0026
2.	3 Li 6,941	4 Be 9,0122											5 B 10,811	6 C 12,01115	7 N 14,0067	8 O 15,999	9 F 18,9984	10 Ne 20,1797
3.	11 Na 22,9898	12 Mg 24,305											13 Al 26,9815	14 Si 28,086	15 P 30,9736	16 S 32,06	17 Cl 35,453	18 Ar 39,948
4.	19 K 39,098	20 Ca 40,08	21 Sc 44,956	22 Ti 47,88	23 V 50,942	24 Cr 51,996	25 Mn 54,938	26 Fe 55,847	27 Co 58,933	28 Ni 58,69	29 Cu 63,546	30 Zn 65,38	31 Ga 69,72	32 Ge 72,59	33 As 74,922	34 Se 78,96	35 Br 79,904	36 Kr 83,80
5.	37 Rb 85,468	38 Sr 87,62	39 Y 88,906	40 Zr 91,22	41 Nb 92,906	42 Mo 95,94	43 Tc* (98)	44 Ru 101,07	45 Rh 102,906	46 Pd 106,4	47 Ag 107,87	48 Cd 112,41	49 In 114,82	50 Sn 118,69	51 Sb 121,75	52 Te 127,6	53 I 126,9	54 Xe 131,3
6.	55 Cs 132,905	56 Ba 137,33	57 La 138,91	72 Hf 178,49	73 Ta 180,948	74 W 183,85	75 Re 186,2	76 Os 190,2	77 Ir 192,2	78 Pt 195,08	79 Au 196,967	80 Hg 200,59	81 Tl 204,38	82 Pb 207,2	83 Bi 208,98	84 Po* (209)	85 At* (210)	86 Rn* (222)
7.	87 Fr* (223)	88 Ra* 226,03	89 Ac* (227)	104 Ku* (261)	105 Ha* (262)													

Metalle ← → Nichtmetalle

Lanthaniden- Elemente

58	59	60	61	62	63	64	65	66	67	68	69	70	71
Ce 140,12	Pr 140,908	Nd 144,24	Pm* 145	Sm 150,4	Eu 151,96	Gd 157,25	Tb 158,925	Dy 162,50	Ho 164,93	Er 167,26	Tm 168,93	Yb 173,04	Lu 174,97

Actiniden- Elemente

90	91	92	93	94	95	96	97	98	99	100	101	102	103
Th* 232,04	Pa* 231,04	U* 238,03	Np* (237)	Pu* (244)	Am* (243)	Cm* (247)	Bk* (247)	Cf* (251)	Es* (252)	Fm* -	Md* -	No* -	Lr* -

Protonenzahl: 13
Element-symbol: Al
Atommasse: 26,9815

Weißes Feld: Metalle (Ausnahme Wasserstoff H)
Hellblaues Feld: Halbmetalle
Dunkelblaues Feld: Nichtmetalle
Blaue Schrift: Künstlich hergestelltes Element
*: Alle Isotope des Elements radioaktiv
→ Chemische Elemente

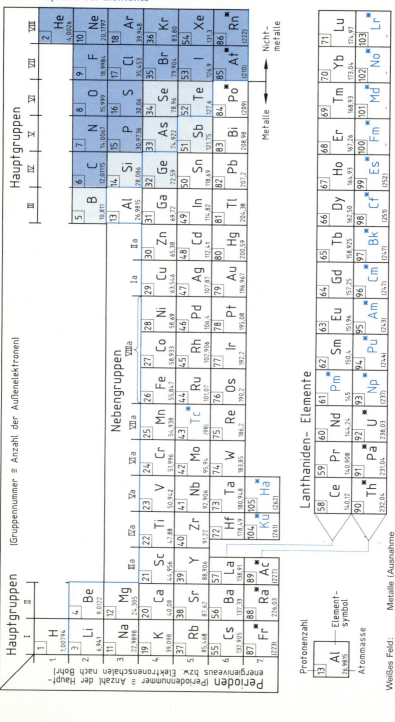

Permeabilität

$\mu = \frac{B}{H}$ $\mu = \mu_0 \cdot \mu_r$

μ	Permeabilität	H/m
μ_0	magnetische * Feldkonstante	H/m
μ_r	* Permeabilitätszahl	1
B	magnetische * Flußdichte	T
H	magnetische * Feldstärke	A/m

Permeabilitätszahl, relative Permeabilität

$\mu_r = \frac{\mu}{\mu_0}$

μ_r	Permeabilitätszahl	1
μ	* Permeabilität	H/m
μ_0	magnetische * Feldkonstante	H/m

Permeabilitätszahlen μ_r bzw. $\mu_{r\,max}$ von ferromagnetischen Stoffen (Auswahl)

hartmagnetische Werkstoffe		weichmagnetische Werkstoffe	
	μ_r		$\mu_{r\,max}$
AlNiCo 12/6	4 bis 5,5	Mumetall	140 000
AlNiCo 35/5	3 bis 4,5	PERMENORM*	8 000
FeCoVCr 11/2	2 bis 8	TRAFOPERM N2**	35 000
SeCo 112/100	1,1	HYPERM* 36 M	16 000

* Handelsnamen der Firma KRUPP Widia; ** Handelsname der Firma SIEMENS

μ_r ist bei einem Feld in Luft und in nichtferromagnetischen Stoffen ≈ 1, bei einem Feld in ferromagnetischem Stoff $\gg 1$.

Permeanz

→ Leitwert, magnetischer

Permittivität (früher: Dielektrizitätskonstante)

$\varepsilon = \varepsilon_0 \cdot \varepsilon_r$

$\varepsilon = \frac{D}{E}$

ε	Permittivität	F/m
ε_0	elektrische * Feldkonstante	H/m
ε_r	* Permittivitätszahl (früher: Dielektrizitätszahl)	1
D	elektrische * Flußdichte	C/m^2
E	elektrische * Feldstärke	V/m

Permittivitätszahl, relative Permittivität
(früher: Dielektrizitätszahl)

$\varepsilon_r = \frac{\varepsilon}{\varepsilon_0} = \frac{D}{D_0}$

$\varepsilon_r = \frac{D}{\varepsilon_0 \cdot E}$

ε_r	Permittivitätszahl	1
ε	* Permittivität	F/m
ε_0	elektrische * Feldkonstante	F/m
E	elektrische * Feldstärke	V/m
D	elektrische * Flußdichte im Dielektrikum	C/m^2
D_0	elektrische * Flußdichte im Vakuum	C/m^2

Permittivitätszahlen von Isolierstoffen und Isolierflüssigkeiten

Isolierstoff	ε_r	Isolierstoff	ε_r	Isolierflüssigkeiten	ε_r
Acrylglas	3,5	Paraffin	2,1	Benzol	2,3
Aluminiumoxid	6 bis 9	Petroleum	2	Chlophen	5
Bariumtitanat	bis 3000	Plexiglas	3,4	Petroleum	2,1
Epoxidharz	3,7 bis 4,2	Phenolharz	5	Wasser (4 °C)	80
Ethanol	25	Phosphor	4,1	Isolieröl	2 bis 2,4
Glas	5 bis 16	Polyamid	2,3		
Glimmer	6 bis 8	Polycarbonat	2,8		
Glycerin	56	Polyethylen	2,3		
Hartgewebe	5 bis 6	Polystyrol	2,5		
Hartgummi	2,8	Polyurethan	3,4		
Hartpapier	4	Polyvinylchlorid	3,4 bis 4		
Kautschuk	2,5	Porzellan	3 bis 6		
Keramik	10 bis 50 000	Preßspan	2,5 bis 4		
Luft (0 °C)	1	Quarz	2 bis 4		
Mikanit	4,5 bis 5,5	Schellack	3,1		
		Zellulosepapier	4		

Phasenverschiebungswinkel

$$\varphi = \varphi_1 - \varphi_2$$

→ Leistung bei Wechselstrom

φ	Phasenverschiebungswinkel	rad
φ_1, φ_2	* Phasenwinkel	rad

Phasenwinkel

→ Leistungsfaktor

Photo-Umwandlungskoeffizient

$$\tau_a = \left(1 - \frac{\bar{E}_{ch}}{E}\right) \cdot \tau$$

$$\tau_a = \left(1 - \frac{\bar{E}_{ch}}{E}\right) \cdot \frac{d N_\tau}{N \cdot ds}$$

τ_a	Photo-Umwandlungskoeffizient	1/m
τ	Photo-Schwächungskoeffizient	1/m
$\bar{E}_{ch}$	mittlere emittierte * Energie (als charakteristische Röntgenstrahlung) nach der Absorption eines * Photons	J
E	* Energie des * Photons	J
dN_τ	Anzahl absorbierter * Photonen	1
N	Photonenanzahl	1
ds	Weglänge	m

Photon (Lichtquant)

Masse des Photons

$$m = \frac{h \cdot f}{c_0^2} = \frac{E}{c_0^2} \quad \text{(Ruhemasse: 0)}$$

Photonenenergie

$$E = h \cdot f = \frac{h \cdot c_0}{\lambda}$$

Impuls

$$p = m \cdot c_0 = \frac{h \cdot f}{c_0} = \frac{h}{\lambda}$$

m	Photonenmasse	kg
m_e	* Masse des * Elektrons	kg
h	* *Planck*-Konstante	J · s
f	* Frequenz	Hz
c_0	* Lichtgeschwindigkeit im Vakuum	m/s
λ	* Wellenlänge	m
p	* Bewegungsgröße (Impuls)	kg · m/s
W_A	Austrittsarbeit bzw. Auslöseenergie eines * Elektrons aus einem Metall	J
v	* Geschwindigkeit des abgelösten * Elektrons	m/s

Äußerer lichtelektrischer Effekt (Photoeffekt)

$$h \cdot f = W_A + \frac{m_e \cdot v^2}{2}$$

→ Elementarteilchen, Quantentheorie, Wellentheorie der Materie

pH-Wert

$\mathrm{pH} = -\lg c(H_3O^+)$ bzw. vereinfacht

$\mathrm{pH} = -\lg c(H^+)$ oder

$\mathrm{pH} = -\lg a(H_3O^+)$

Für 18 °C gilt:

neutral reagierende Lösungen: $\mathrm{pH} = 7$
sauer reagierende Lösungen: $\mathrm{pH} < 7$
alkalisch reagierende Lösungen: $\mathrm{pH} > 7$

pH	negativer dekadischer * Logarithmus der Wasserstoff- bzw. H_3O^+-Ionenkonzentration einer Lösung	1
$c(H_3O^+)$	* Stoffmengenkonzentration der hydratisierten Wasserstoffionen in einer Lösung	mol/L
$c(H^+)$	* Stoffmengenkonzentration der Wasserstoffionen in einer Lösung	mol/L
$a(H_3O^+)$	Aktivität (wirksame * Stoffmengenkonzentration) der H_3O^+-Ionen in einer Lösung	mol/L

Physikalischer Normzustand

→ Normzustand

Physikalisches Pendel (physisches Pendel)

→ Periodendauer

Pi, π

Verhältnis des Kreisumfangs zum Durchmesser
$\pi = 3{,}141\,592\,653\ldots$

→ Kreis

Planck-Elementarlänge

$l_P = 1{,}616 \cdot 10^{-35}$ m

→ Elementarlänge, Konstanten

Planck-Konstante (*Plancksches* Wirkungsquantum)

$h = 6{,}6261 \cdot 10^{-34}$ J·s → Konstanten

Plancksche Strahlungskonstante

Erste *Plancksche* Strahlungskonstante

$c_1 = 2 \cdot \pi \cdot h \cdot c_0^2$

$c_1 = 3{,}7418 \cdot 10^{-16}$ W·m² → Konstanten

Zweite *Plancksche* Strahlungskonstante

$$c_2 = \frac{c_0 \cdot h}{k}$$

$c_2 = 0{,}014\,39$ m·K → Konstanten

c_1	erste *Plancksche* Strahlungskonstante	W·m²
c_2	zweite *Plancksche* Strahlungskonstante	K·m
h	* *Planck*-Konstante	J·s
c_0	* Lichtgeschwindigkeit im Vakuum	m/s
k	* *Boltzmann*-Konstante	J/K

Planetenbewegung

→ *Keplersche* Gesetze

Planungsfaktor und Verminderungsfaktor wegen Verschmutzung und Alterung von Leuchten

$p = \frac{1}{v}$ $v = \frac{1}{p}$

p	Planungsfaktor	1
v	Verminderungsfaktor	1

Grad der Verschmutzung und Alterung		normal	erhöht	stark
Planungsfaktor	p	1,25	1,43	1,67
Verminderungsfaktor	v	0,8	0,7	0,6

Plattenkondensator

→ Kapazität

Pleuelstangenkraft, Pleuelverhältnis

→ Kurbelgetriebe

Poisson-Gesetze

→ Zustandsänderungen idealer Gase

Poisson-Konstante

$m = \frac{1}{\mu}$

m	*Poisson*-Konstante	1
μ	* *Poisson*-Zahl	1

Poisson-Zahl (Querzahl)

$\mu = \frac{\varepsilon_q}{\varepsilon}$

μ	*Poisson*-Zahl	1
ε_q	* Querkürzung (Querdehnung)	1
ε	* Dehnung	1

Polares Flächenmoment 2. Grades (Polares Trägheitsmoment)

→ Flächenmoment 2. Grades

Polares Widerstandsmoment

$W_p = \frac{I_p}{R}$

→ Flächenmoment 2. Grades, Widerstandsmoment

W_p	polares * Widerstandsmoment	mm^3
I_p	polares * Flächenmoment 2. Grades	mm^4
R	größter Radius des Drehkörpers	mm

Polarisation, elektrische

$P = D - \varepsilon_0 \cdot E$

P	elektrische Polarisation	C/m^2
D	elektrische * Flußdichte	C/m^2
ε_0	elektrische * Feldkonstante	$F/m = A \cdot s/(V \cdot m)$
E	elektrische * Feldstärke	$N/C = V/m$

Polarisation, magnetische

$B_i = \mu_0 \cdot H_i$

B_i	magnetische Polarisation	$T = Wb/m^2$
μ_0	magnetische * Feldkonstante	$H/m = V \cdot s/(A \cdot m)$
H_i	* Magnetisierung	A/m

Polarisationswinkel

→ *Brewster*-Gesetz

Polpaarzahl

→ Synchronmaschine, Schrittmotor, Wechselstrom

Polteilung

$$\tau_p = \frac{N}{2 \cdot p}$$

τ_p	Polteilung	1
N	Anzahl der Nuten	1
p	Polzahl	1

Polyeder, regelmäßige

→ Dodekaeder, Würfel (Hexaeder), Ikosaeder, Oktaeder, Tetraeder

Polyedersatz

→ *Euler*-Polyedersatz

Polygon

→ Vieleck, regelmäßiges

Polynome, binomische Formeln

$$(a+b)^2 = (a+b) \cdot (a+b) = a^2 + 2ab + b^2$$

$$(a-b)^2 = (a-b) \cdot (a-b) = a^2 - 2ab + b^2$$

$$(a+b) \cdot (a-b) = a^2 - b^2$$

$$(a+b+c)^2 = a^2 + 2ab + 2ac + b^2 + 2bc + c^2$$

$$(a+b+c+d)^2 = a^2 + b^2 + c^2 + d^2 + 2 \cdot (ab + ac + ad + bc + bd + cd)$$

→ Binomischer Satz, *Pascal*-Dreieck der Binominalkoeffizienten

Polytrope

→ Zustandsänderungen

Polytropenexponent

→ Zustandsänderungen

Positron

Elektron-Antiteilchen → Elementarteilchen

Positronium (Ps)

Atom mit einem Positron (e^+) im Kern und einem Elektron (e^-) in der Hülle.

Die Lebensdauer des Atoms ist nicht größer als $1{,}4 \cdot 10^{-7}$ s (Zerstrahlung der beiden Antiteilchen).

Potential, elektrisches

→ Potentialdifferenz

Potential, elektrolytisches

→ Elektrochemische Spannungsreihe

Potentialdifferenz, elektrische

$$U_{12} = -(\varphi_{e1} - \varphi_{e2})$$

$$U_{21} = \varphi_{e2} - \varphi_{e1}$$

U_{21}, U_{12}	elektrische Potentialdifferenz von P_1 nach P_2	V
φ_{e1}, φ_{e2}	elektrisches Potential am Punkt 1 bzw. Punkt 2	V

Potentielle Energie

→ Energie

Potentiometer

→ Spannungsteiler

Potenzen

Rechengesetze (m, $n \geq 1$, ganzzahlig)

Rechenoperation	Potenzen mit gleicher Basis	Potenzen mit gleichem Exponenten	Potenzen mit gleicher Basis und gleichem Exponenten
Addieren	nicht möglich	nicht möglich	$a^m + a^m = 2 \cdot a^m$
Subtrahieren	nicht möglich	nicht möglich	$2 \cdot a^m - a^m = a^m$
Multiplizieren	$a^m \cdot a^n = a^{m+n}$ $a^m \cdot a^{-n} = a^{m-n}$ $a^{-m} \cdot a^{-n} = a^{-(m+n)}$	$a^m \cdot b^m = (a \cdot b)^m$ $a^{-m} \cdot b^{-m} = (a \cdot b)^{-m}$	$a^m \cdot a^m = a^{m+m} = a^{2 \cdot m}$ $a^m \cdot a^{-m} = a^0 = 1$
Dividieren	für $m > n$ gilt $\frac{a^m}{a^n} = a^{m-n}$ für $m < n$ gilt $\frac{a^m}{a^n} = \frac{1}{a^{n-m}}$ $\frac{a^m}{a^{-n}} = a^{m+n}$	$\frac{a^m}{b^m} = \left(\frac{a}{b}\right)^m$ $\frac{a^{-m}}{b^{-m}} = \left(\frac{a}{b}\right)^{-m} = \frac{b^m}{a^m}$	$\frac{a^m}{a^m} = a^{m-m} = a^0 = 1$ $\frac{a^m}{a^{-m}} = a^{2 \cdot m}$
Potenzieren	$(a^m)^n = a^{m \cdot n} = (a^n)^m$ $(a^{-m})^{-n} = a^{m \cdot n}$ $[(a^m)^n]^p = a^{m \cdot n \cdot p}$ $(a^m)^{-n} = a^{-m \cdot n}$		
Radizieren	$\sqrt[n]{a^m} = \left(\sqrt[n]{a}\right)^m = a^{\frac{m}{n}} = (a^m)^{\frac{1}{n}}$		

Vorzeichenregeln ($n \in \mathbb{N}$)

$$(\pm a)^{2 \cdot n} = + a^{2 \cdot n}$$

$$(\pm a)^{2 \cdot n+1} = \pm a^{2 \cdot n+1}$$

Null als Exponent

$$a^0 = 1$$

Potenzen mit negativem Exponenten

$$a^{-n} = \frac{1}{a^n}$$

$$\frac{1}{a^{-n}} = a^n$$

Potenzen von Binomen → Binomischer Satz, *Pascal*-Dreieck der Binominalkoeffizienten

Potenzen mit gebrochenem Exponenten

$$a^{\frac{1}{n}} = \sqrt[n]{a}$$

$$a^{\frac{m}{n}} = \sqrt[n]{a^m} = \left(\sqrt[n]{a}\right)^m$$

$$\left(a^{\frac{1}{n}}\right)^n = a^{\frac{1}{n} \cdot n} = a^1 = a$$

$$a^{-\frac{m}{n}} = \frac{1}{\sqrt[n]{a^m}}$$

$$\frac{a^{\frac{m}{p}}}{a^{\frac{n}{p}}} = a^{\frac{m-n}{p}} = \sqrt[p]{a^{m-n}}$$

$$\frac{a^{\frac{1}{n}}}{b^{\frac{1}{n}}} = \left(\frac{a}{b}\right)^{\frac{1}{n}} = \sqrt[n]{\frac{a}{b}} = \frac{\sqrt[n]{a}}{\sqrt[n]{b}}$$

ppb (parts per billion)

Einheit für die Verhältnisgröße 1 zu 10^9 (die englische Billion entspricht der deutschen Milliarde); keine SI-Einheit

Beispiele:

1 ppb entspricht dem Verhältnis von 1 Fremdatom auf $1 \cdot 10^9$ Reinstoffatome

1 ppb entspricht einem

- * Massenanteil von $w = 1 \cdot 10^{-9}$
- * Volumenanteil von $\varphi = 1 \cdot 10^{-9}$
- * Massenanteil von $w = 1 \cdot 10^{-7}$ %
- * Volumenanteil von $\varphi = 1 \cdot 10^{-7}$ %

ppm (parts per million)

Einheit für die Verhältnisgröße 1 zu 10^6; keine SI-Einheit

Beispiele:

1 ppm entspricht dem Verhältnis von 1 cm^3 eines Gases zu 1 m^3 Raumluft

1 ppm entspricht einem

- * Massenanteil von $w = 1 \cdot 10^{-6}$
- * Volumenanteil von $\varphi = 1 \cdot 10^{-6}$
- * Massenanteil von $w = 1 \cdot 10^{-4}$ %
- * Volumenanteil von $\varphi = 1 \cdot 10^{-4}$ %

Prandtl-Zahl

$$Pr = \frac{\nu}{a}$$

→ *Stanton*-Zahl, Viskosität

Pr	*Prandtl*-Zahl	1
ν	kinematische * Viskosität	m^2/s
a	* Temperaturleitfähigkeit	m^2/s

Preßdruck

→ Druck, Hydraulische Presse

Presse, hydraulische

→ Hydraulische Presse

Prinzip von *Archimedes*

→ Auftrieb beim Schwimmkörper

Prinzip von *d'Alembert*

$$\Sigma F - m \cdot a = 0$$

$$F_a = m \cdot a$$

Alle auf einen Körper wirkenden Kräfte, einschließlich der Beschleunigungskraft, haben zusammen den Wert Null.

ΣF	Summe aller an einem Körper angreifenden Kräfte	N
m	* Masse	kg
a	* Beschleunigung	m/s^2
F_a	* Beschleunigungskraft (Massenträgheitskraft)	N

Prisma

$$A_o = 2 \cdot A + A_M$$

$$V = A \cdot h$$

→ Achtkantprisma, *Cavalieri*satz, Dreikantprisma, Sechskantprisma, Vierkantprisma, Zylinder

→ Lichtbrechung (Optisches Prisma)

A_o	Oberfläche	m^2
A	Grund- bzw. Deckfläche	m^2
A_M	Mantelfläche	m^2
V	* Volumen	m^3
h	Höhe	m

Projektionssatz

→ Winkelfunktionen im schiefwinkligen * Dreieck

Prony-Bremszaum

→ Bremsleistung

Proportionen (Verhältnisgleichungen)

Geometrische Proportion: Gleichheit zweier Brüche

Einfache Proportion

$\frac{a}{b} = \frac{c}{d}$ bzw. $a : b = c : d$

Außenglieder: a, d
Innenglieder: b, c

Regel:
Das Produkt der Innenglieder ist gleich dem Produkt der Außenglieder:
$a \cdot d = b \cdot c$

Außen- und Innenglieder können vertauscht werden:

$a : b = c : d$ oder
$a : c = b : d$ oder
$b : a = d : c$ oder
$b : d = a : c$ oder
$c : a = d : b$ oder
$c : d = a : b$ oder
$d : b = c : a$ oder
$d : c = b : a$

Auflösen der Proportion (4. Proportionale)

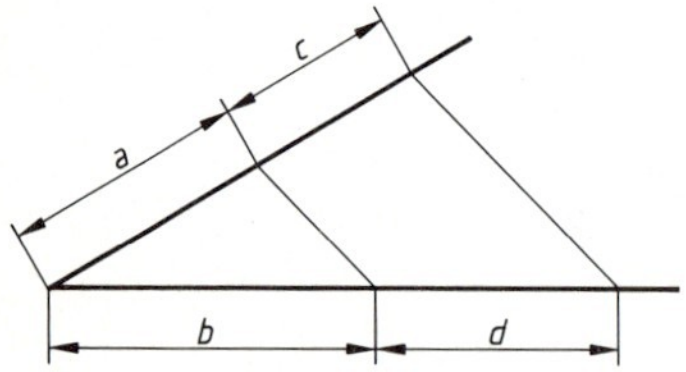

$$a = \frac{b \cdot c}{d} \qquad b = \frac{a \cdot d}{c}$$

$$c = \frac{a \cdot d}{b} \qquad d = \frac{b \cdot c}{a}$$

Mittlere Proportionale oder geometrisches Mittel

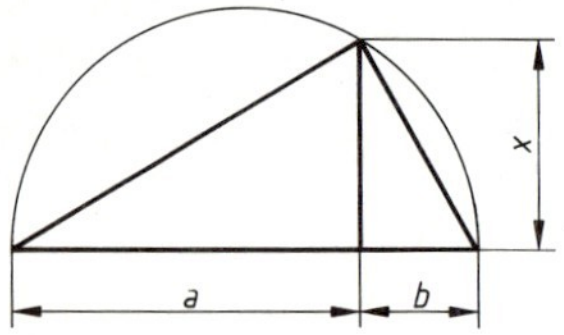

$a : x = x : b$

$x^2 = a \cdot b$

$x = \sqrt{a \cdot b}$

x ist die mittlere Proportionale zu a und b

→ Höhensatz

Korrespondierende Addition und Subtraktion

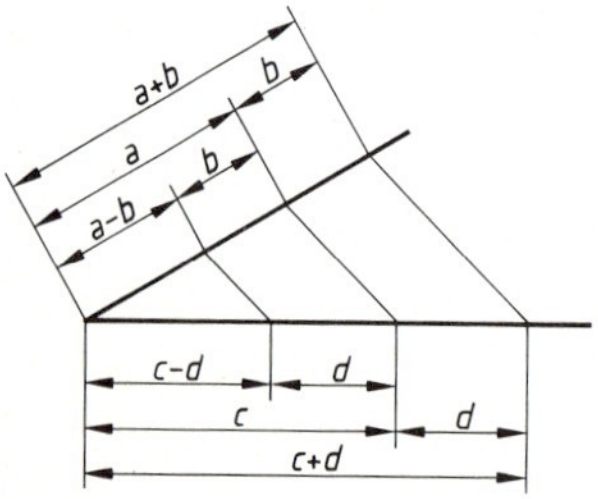

$$\frac{a+b}{b} = \frac{c+d}{d}$$

$$\frac{a+b}{a} = \frac{c+d}{c}$$

$$\frac{a+b}{a-b} = \frac{c+d}{c-d}$$

Fortlaufende Proportion

Aus $a : b : c : d = a_1 : b_1 : c_1 : d_1$ können folgende Einzelproportionen gebildet werden:

$a : b = a_1 : b_1$ $\quad$ $c : c_1 = d : d_1$
$d : b = d_1 : b_1$ $\quad$ $a_1 : a = c_1 : c$

→ Arithmetische Proportionen, Geometrische Proportionen

Proton (Wasserstoffkern)

Relative Atommasse:

$$A_r = \frac{m_p}{m_u} = 1{,}007\,276\,470 \pm 12 \cdot 10^{-9}$$

Ruhemasse:

$$m_p = 1{,}672\,62 \cdot 10^{-27}\ \text{kg} \rightarrow \text{Konstanten}$$
$$m_p = 1{,}007\,276\ \text{u}$$

Massenverhältnis Proton — Elektron:

$$\frac{m_p}{m_e} = 1\,836{,}153 \rightarrow \text{Konstanten}$$

Spezifische Ladung des Protons:

$$\frac{e}{m_p} = 9{,}5788 \cdot 10^7\ \text{C/kg}$$

Magnetisches Moment des Protons:

$$\mu_p = \frac{\gamma_p \cdot h}{4 \cdot \pi}$$
$$\mu_p = 1{,}41061 \cdot 10^{-26}\ \text{J/T} \rightarrow \text{Konstanten}$$
$$\frac{\mu_p}{\mu_N} = 2{,}792\,847$$

Gyromagnetischer Koeffizient des Protons:

$$\gamma_p = 26\,752{,}2 \cdot 10^4\ \text{T}^{-1} \cdot \text{s}^{-1} \rightarrow \text{Konstanten}$$

Compton-Wellenlänge:

$$\lambda_{C,p} = \frac{h}{m_p \cdot c_0}$$
$$\lambda_{C,p} = 1{,}321\,41 \cdot 10^{-15}\ \text{m} \rightarrow \text{Konstanten}$$

de Broglie-Wellenlänge:

$$\lambda_{B,p} = \frac{h}{\sqrt{2 \cdot m_p \cdot E_k}}$$

A_r	relative * Atommasse	1
m_p	Ruhemasse des * Protons	kg, u
m_u	Atommassen-Konstante	kg
m_e	Ruhemasse des * Elektrons	kg
e	* Elementarladung	C
μ_p	magnetisches Moment des * Protons $1\ \text{A} \cdot \text{m}^2 = 1\ \text{J/T}$	$\text{A} \cdot \text{m}^2$
μ_N	* Kernmagneton $1\ \text{A} \cdot \text{m}^2 = 1\ \text{J/T}$	$\text{A} \cdot \text{m}^2$
γ_p	* gyromagnetischer Koeffizient des Protons $1\ \text{A} \cdot \text{m}^2/(\text{J} \cdot \text{s}) = 1/(\text{T} \cdot \text{s})$	$\text{A} \cdot \text{m}^2/(\text{J} \cdot \text{s})$
h	* *Planck*-Konstante	$\text{J} \cdot \text{s}$
$\lambda_{C,p}$	* *Compton*-Wellenlänge	m
$\lambda_{B,p}$	* *de Broglie*-Wellenlänge	m
c_0	* Lichtgeschwindigkeit im Vakuum	m/s
E_k	kinetische * Energie	J

Protonenzahl

$$Z = A - N$$

Z	Protonenzahl (Kernladungszahl, Ordnungszahl eines Elements)	1
A	* Nukleonenzahl (Massenzahl)	1
N	* Neutronenzahl	1

Prozentsatz

$$p = \frac{w}{g} \cdot 100$$

Beispiel:

Ausgangslänge einer Zugprobe (Grundwert): L_o

Längenänderung bei Belastung (Prozentwert): ΔL

Dehnung ε in Prozent (Prozentsatz):

$$\varepsilon = \frac{\Delta L}{L_o} \cdot 100 \quad \left(\text{entsprechend } p = \frac{w}{g} \cdot 100\right)$$

p	Prozentsatz	%
w	Prozentwert (Einheit je nach Bezugsgröße)	
g	Grundwert (Einheit je nach Bezugsgröße)	

Psychrometrische Differenz

$\Delta\vartheta_{Ps} = \vartheta_{tr} - \vartheta_f$

$\Delta\vartheta_{Ps}$	psychrometrische Differenz	°C, K
ϑ_{tr}	Trockenkugeltemperatur	°C
ϑ_f	Feuchtkugeltemperatur	°C

Pulsatanz

→ Kreisfrequenz

Pulsperiodendauer

$T = \tau + \tau_p$

→ Impuls

T	Pulsperiodendauer	s
τ	Impulsdauer	s
τ_p	Pausendauer	s

Pumpenleistung

$$P_{eff} = \dot{V} \cdot \varrho \cdot g \cdot H$$

$$P_i = \frac{\dot{V} \cdot \varrho \cdot g \cdot H}{\eta} = \frac{\dot{m} \cdot g \cdot H}{\eta}$$

$$H = H_{geo} + \frac{p_{aus} - p_{ein}}{\varrho \cdot g} + \frac{v^2_{aus} - v^2_{ein}}{2 \cdot g} + \frac{\Delta p}{\varrho \cdot g}$$

→ Druckverlust in Rohrleitungen, Förderhöhe, Förderung durch Pumpen, Geschwindigkeit

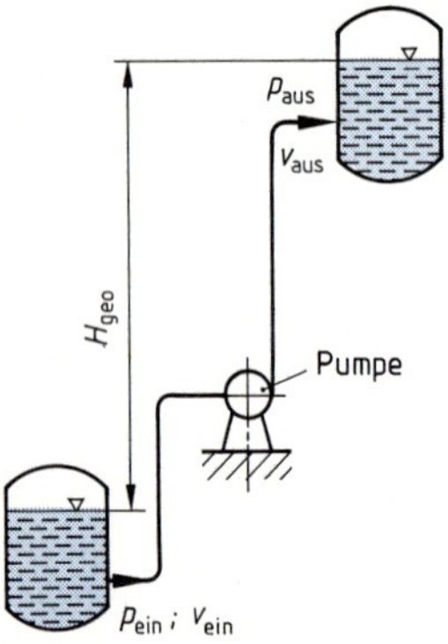

P_{eff}	effektive * Leistung	W
P_i	indizierte * Leistung	W
$\dot{V}$	* Volumenstrom	m^3/s
ϱ	* Dichte des Fördermediums	kg/m^3
g	* Fallbeschleunigung	m/s^2
H	* Förderhöhe, die von der Pumpe im stationären Zustand aufzubringen ist	m
H_{geo}	geodätische Höhendifferenz (geodätische Förderhöhe, Ortshöhendifferenz)	m
$\dot{m}$	* Massenstrom	kg/s
η	* Wirkungsgrad der Pumpenanlage	1
p_{aus}	* Druck am Austrittsquerschnitt der Anlage	$N/m^2 = Pa$
p_{ein}	* Druck am Eintrittsquerschnitt der Anlage	$N/m^2 = Pa$
v_{aus}	Strömungsgeschwindigkeit am Austrittsquerschnitt der Anlage	m/s
v_{ein}	Strömungsgeschwindigkeit am Eintrittsquerschnitt der Anlage	m/s
Δp	* Druckverlust im Rohrleitungssystem	$N/m^2 = Pa$

Pyramide

$A_O = A_G + A_M$

$$V = \frac{A_G \cdot h}{3}$$

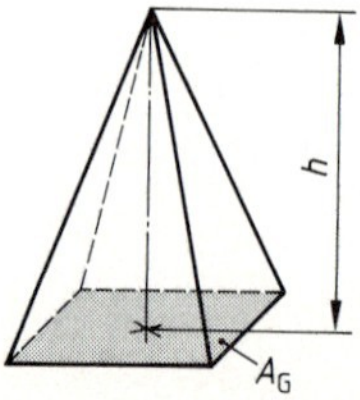

A_O	Oberfläche	m^2
A_G	Grundfläche	m^2
A_M	Mantelfläche	m^2
V	* Volumen	m^3
h	Höhe	m

Pyramidenstumpf

$$A_O = A_G + A_D + A_M$$

$$V = \frac{h}{3} \cdot (A_G + A_D + \sqrt{A_G \cdot A_D})$$

$$V \approx h \cdot \frac{A_G + A_D}{2}$$

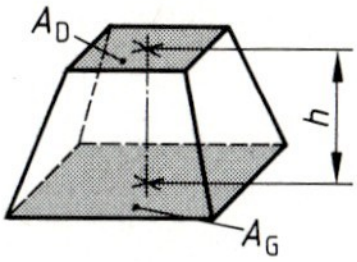

A_O	Oberfläche	m^2
A_G	Grundfläche	m^2
A_D	Deckfläche	m^2
A_M	Mantelfläche	m^2
V	* Volumen	m^3
h	Höhe	m

Pythagoras-Satz

$$c^2 = a^2 + b^2$$

$$c = \sqrt{a^2 + b^2}$$

$$a = \sqrt{c^2 - b^2}$$

$$b = \sqrt{c^2 - a^2}$$

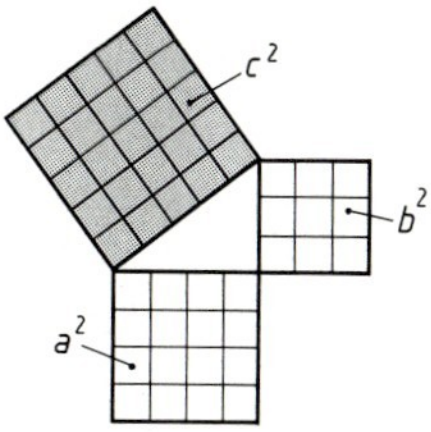

c	Hypotenuse	m
a, b	Katheten	m

→ *Euklid*-Satz, Winkelfunktionen

Quader

→ Vierkantprisma

Quadrantenbeziehungen

→ Winkelfunktionen

Quadrat

$$A = a^2 = \frac{d^2}{2}$$

$$d = a \cdot \sqrt{2} \approx 1{,}414 \cdot a$$

$$U = 4 \cdot a$$

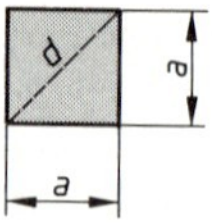

A	Flächeninhalt	m^2
a	Seitenlänge	m
d	Diagonale	m
U	Umfang	m

Quadratische Gleichung

→ Gleichungen

Quadratische Säule

→ Vierkantprisma

Quantentheorie

Auf der Grundlage der Quantenhypothese von *Planck* entwickelt:

$$E = h \cdot f$$

Z.B. wird die Energie E in Form eines Lichtquants frei, wenn ein Elektron von einer Bahn mit der höheren Energie E_1 auf eine Bahn mit der niedrigeren Energie E_2 übergeht.

→ Elektronenbahnen, Photon

E	* Energie eines Strahlungsquants	J
h	* *Planck*-Konstante	J · s
f	* Frequenz	Hz

Querkürzung (Querdehnung, Querkontraktion, Querzusammenziehung)

$$\varepsilon_q = \frac{\Delta d}{d_0} = \frac{\varepsilon}{m} = \mu \cdot \varepsilon$$

$$\varepsilon_q = \frac{d - d_0}{d_0} = \frac{d}{d_0} - 1$$

ε_q	Querkürzung, Querdehnung	1
Δd	Durchmesserdifferenz	mm
d_0	Durchmesser vor Belastung	mm
d	Durchmesser bei Belastung	mm
ε	* Dehnung	1
m	* *Poisson*-Konstante	1
μ	* *Poisson*-Zahl	1

Querschnittsänderung

Beim Zugversuch:

$$\Delta S_B = S_0 - S_u$$

$$q = \frac{\Delta S}{S_0}$$

$$Z = \frac{\Delta S_B}{S_0} \cdot 100$$

Beim Druckversuch:

$$\Delta S_d = S - S_0$$

$$q_d = \frac{\Delta S_d}{S_0}$$

$$Z_d = \frac{\Delta S_B}{S_0} \cdot 100$$

ΔS_B	Querschnittsänderung bei Bruch	mm^2
ΔS	Querschnittsänderung	mm^2
S_0	Anfangsquerschnitt innerhalb der Versuchslänge	mm^2
S_u	Kleinster Probenquerschnitt nach dem Bruch	mm^2
q	Einschnürung	1
Z	Brucheinschnürung	%

Querstromverhältnis

→ Spannungsteiler

Querzahl

→ *Poisson*-Zahl

Rädergetriebe (auch Vorgelege)

Einfache Übersetzung

$z_1 \cdot n_1 = z_2 \cdot n_2$

$i = \frac{n_1}{n_2} = \frac{z_2}{z_1}$

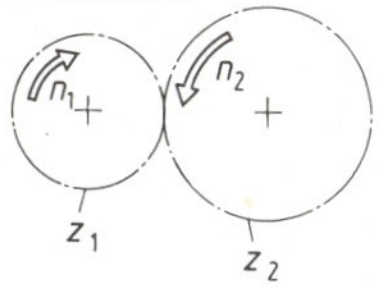

Doppelte Übersetzung

$\frac{z_1 \cdot n_1}{z_2} = \frac{z_4 \cdot n_4}{z_3}$

$i = \frac{n_1}{n_4} = \frac{z_2 \cdot z_4}{z_1 \cdot z_3}$

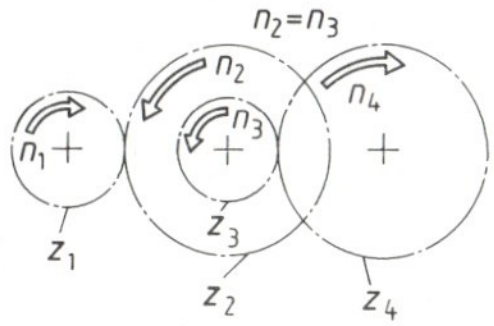

z	Zähnezahl	1
n	* Umdrehungsfrequenz (Drehzahl)	1/s, 1/min
i	Übersetzungsverhältnis	1

treibende Räder: ungerade Indizes 1, 3, . . .
getriebene Räder: gerade Indizes 2, 4 . . .

→ Übersetzung von Getrieben, Riemengetriebe, Zahnradberechnung

Radialbeschleunigung

→ Normalbeschleunigung

Radiales Feld

→ *Coulombsches* Gesetz

Radialkraft

→ Zentrifugalkraft

Radiant

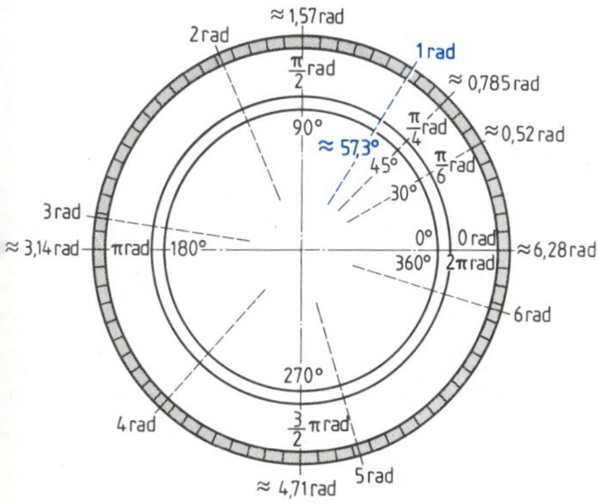

Die Einheit des Winkels im Bogenmaß ist der Radiant (rad).

1 rad ist der Winkel, für den das Verhältnis b/r, d.h. das Bogenmaß, 1 ist.

Es somit $1 \text{ rad} = \frac{1 \text{ m}}{1 \text{ m}}$

$1 \text{ rad} \triangleq 57{,}295\,779\ldots°$

$1 \text{ rad} \approx 57°\ 17'\ 43''$

b	Bogenlänge	m
r	Radius	m

→ Bogenmaß

Radioaktivität, radioaktive Strahlung

Aktivität einer radioaktiven Substanz

$A = -\frac{dN}{dt} = \lambda \cdot N$

Zerfallskonstante

$\lambda = \frac{1}{\tau}$

Halbwertszeit (physikalische)

$T_{1/2} = \frac{\ln 2}{\lambda} = \tau \cdot \ln 2$

$T_{1/2} = 0{,}6931 \cdot \tau$

A	* Aktivität	Bq, 1/s
dN	Änderung der Anzahl der Atome des Radionuklids im Zeitintervall dt	1
N	Anzahl der Atome des Nuklids zum Bezugszeitpunkt	1
N_0	Anzahl der Atome des Radionuklids zum Zeitpunkt t = 0	1
dt	Zeitintervall	s
λ	Zerfallskonstante	1/s
τ	mittlere Lebensdauer	s

Spezifische Aktivität eines radioaktiven Stoffes

$$a = \frac{A}{m}$$

Aktivitätskonzentration

$$c_A = \frac{A}{V}$$

Gesetz der radioaktiven Umwandlung

$$N = N_0 \cdot e^{-\lambda \cdot t}$$

$$N = N_0 \cdot e^{-(t/\tau)}$$

Für $t = \tau : N = 0{,}368 \cdot N_0$
Für $t = T_{1/2} : N = 0{,}5 \cdot N_0$

$T_{1/2}$	Halbwertszeit	s
a	spezifische * Aktivität	Bq/kg
m	* Masse des gesamten radioaktiven Stoffes (einschließlich der nicht radioaktiven Anteile)	kg
c_A	Aktivitätskonzentration	Bq/m^3
V	* Volumen der radioaktiven Substanz	m^3
e	* Basis der natürlichen Logarithmen e = 2,718 . . .	1

Radius

→ Kreis

Raketengleichung

$$v = \sqrt{2 \cdot \frac{\varkappa}{\varkappa - 1} \cdot \frac{R \cdot T_1}{M_B} \cdot \left[1 - \left(\frac{p_m}{p_1}\right)^{(\varkappa - 1)/\varkappa}\right]}$$

$$v_e = v \cdot \ln \frac{m_2}{m_1}$$

$$F_s = \dot{m} \cdot v + p_e \cdot A = \dot{m} \cdot v + (p_m - p_{amb}) \cdot A$$

v	Ausströmgeschwindigkeit der Verbrennungsgase	m/s
$\varkappa$	* Isentropenexponent	1
R	universelle * Gaskonstante	J/(mol · K)
T_1	absolute * Temperatur in der Brennkammer	K
M_B	* molare (stoffmengenbezogene) Masse	kg/mol
p_m	* Druck in der Düsenmündung	$N/m^2 = Pa$
p_1	* Druck in der Brennkammer	$N/m^2 = Pa$
v_e	Endgeschwindigkeit der Rakete	m/s
m_2	Startmasse der Rakete	kg
m_1	* Masse der Rakete ohne Treibstoff	kg
F_s	Schubkraft	N
$\dot{m}$	* Massenstrom (Verbrennungsgas)	kg/s
p_e	Überdruck in der Düsenmündung	$N/m^2 = Pa$
A	Mündungsquerschnitt der Ausströmdüse	m^2
p_{amb}	Außendruck	$N/m^2 = Pa$

Raketenprinzip, Rückstoßprinzip

→ *Newtonsche* Gesetze (3. Bewegungsgesetz)

Raumänderungsarbeit

→ Zustandsänderungen idealer Gase

Raumausdehnung durch Wärme

→ Volumenausdehnung durch Wärme

Raumausdehnungskoeffizient

→ Volumenausdehnungskoeffizient, thermischer

Raumbestrahlungsstärke

→ Strahlungsflußdichte

Raumelastizitätsmodul

→ Kompressionsmodul

Räumen

→ Hauptnutzungszeit

Rauminhalt

→ Volumen

Raumladungsdichte

$$\varrho = \frac{Q}{V}$$

ϱ	Raumladungsdichte	C/m^3
Q	elektrische * Ladung	C
V	* Volumen	m^3

Raumwirkungsgrad

$$\eta_R = \frac{\Phi_N}{\Phi_L}$$

→ Beleuchtungswirkungsgrad

η_R	Raumwirkungsgrad	1
Φ_N	* Lichtstrom auf die Nutzfläche	lm
Φ_L	* Lichtstrom aus der Leuchte	lm

Raute

→ Parallelogramm

RC-Siebung

→ Siebschaltungen

Reaktanz

→ Blindwiderstand

Reaktionskraft, Reaktionsprinzip

→ *Newtonsche* Gesetze

Reale Gase

→ Gase, reale

Rechenarten

Stufe	Rechenart	Beispiel	Bezeichnungen für *a*	Bezeichnungen für *b*	Bezeichnungen für *c*
1			Glieder		
1	Addieren	$a + b = c$	Summanden		Summe
1	Subtrahieren	$c - a = b$	Subtrahend	Differenz	Minuend
2			Faktoren		
2	Multiplizieren	$a \cdot b = c$	Multiplikant	Multiplikator	Produkt
2	Dividieren	$c : a = b$	Divisor	Quotient	Dividend
3	Potenzieren	$a^b = c$	Basis, Grundzahl	Exponent, Hochzahl	Potenzwert
3	Radizieren	$\sqrt[b]{c} = a$	Wurzel, Wurzelwert	Wurzelexponent	Radikand
3	Logarithmieren	$\log_a c = b$	Basis	Logarithmus	Numerus

Bei Aufgaben ohne Klammern sind die Rechenoperationen der höheren Stufe stets vor denen der niedrigeren auszuführen. Die Klammern heben die Vorrangstellung der höheren Rechenart auf. Die Rechenoperationen in den Klammern müssen vor allen anderen ausgeführt werden.

→ Addieren, Dividieren, Logarithmen, Logarithmengesetze, Multiplizieren, Potenzen, Vorzeichenregeln, Wurzeln

Rechteck

$A = l \cdot b$

$U = 2 \cdot (l + b)$

$d = \sqrt{l^2 + b^2}$

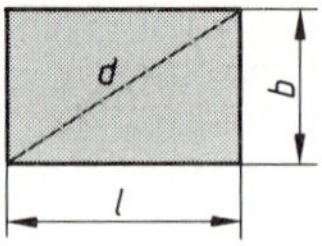

A	Flächeninhalt	m^2
l	Länge	m
b	Breite	m
d	Diagonale	m

Rechtecksäule

→ Vierkantprisma

Rechteckspule

→ Spulen

Redundanz

$R = H_0 - H$

Relative Redundanz

$$r = \frac{R}{H_0} = \frac{H_0 - H}{H_0}$$

R	Redundanz	bit
r	relative Redundanz	1
H_0	* Entscheidungsgehalt	bit
H	mittlerer * Informationsgehalt	bit

Reduzierte Länge

→ Periodendauer

Reduzierte Masse

→ Masse, reduzierte

Reelles Bild

→ Linsenformel

Reflexion des Lichts

an einer ebenen Fläche

$\varepsilon = \varepsilon'$

$\delta = \varepsilon + \varepsilon' = 2 \cdot \varepsilon$

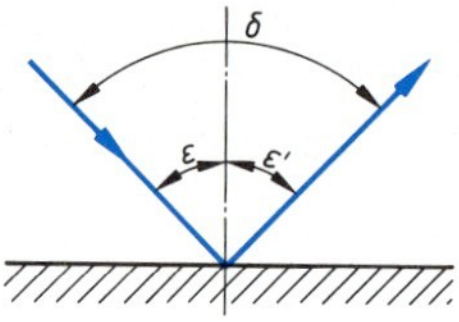

ε	Einfallwinkel	rad, °
ε'	Reflektionswinkel (Ausfallwinkel)	rad, °
δ	Ablenkungswinkel	rad, °

Reflexion des Schalls

$$t = \frac{2 \cdot l}{c}$$

t	* Zeit für den vom Schall zurückgelegten Weg (hin und zurück)	s
l	Entfernung der reflektierenden Wand	m
c	* Schallgeschwindigkeit	m/s

Reflexion von Röntgenstrahlen

→ Röntgen-Spektrum

Reflexionsgrad

$$\varrho = \frac{\Phi_\varrho}{\Phi}$$

$\Phi = \Phi_\varrho + \Phi_\alpha + \Phi_\tau$

$\varrho = 1 - \alpha - \tau$

$\varrho + \alpha + \tau = 1$

→ Absorptionsgrad, Transmissionsgrad

ϱ	Reflexionsgrad	1
α	* Absorptionsgrad	1
τ	* Transmissionsgrad	1
Φ	auftreffender * Lichtstrom	lm
Φ_ϱ	reflektierter * Lichtstrom	lm
Φ_α	absorbierter * Lichtstrom	lm
Φ_τ	durchgelassener * Lichtstrom	lm

Regel der Mechanik, goldene

→ Goldene Regel der Mechanik

Reibung in Fluiden (innere Reibung)

→ Viskosität

Reibungsarbeit

$$W_R = F_R \cdot s = \mu \cdot F_N \cdot s$$

$$W_{RR} = F_{RR} \cdot s = \frac{f}{r} \cdot F_N \cdot s$$

→ Geneigte Ebene, Reibungskraft, Reibungszahl

W_R	Gleitreibungsarbeit	N · m = J
F_R	Gleitreibungskraft	N
s	zurückgelegter Weg	m
μ	Gleitreibungszahl	1
F_N	Normalkraft	N
W_{RR}	Rollreibungsarbeit	N · m = J
F_{RR}	Rollreibungskraft	N
f	* Reibungsarm	mm, cm
r	Radius des Rollkörpers	mm, cm

Reibungsarm, Hebelarm der Rollreibung

Werkstoff des Rollkörpers	Werkstoff der Rollbahn	Mittelwert des Reibungsarmes f in cm
Grauguß	Stahl	0,05
Stahl	Stahl	0,05
Grauguß	Grauguß	0,05
Holz	Holz	0,5
Stahl, gehärtet	Stahl, gehärtet	0,000 5 . . . 0,00 1

→ Reibungskraft

Reibungskraft (Reibungsgesetz von *Coulomb*)

$$F_R = \mu \cdot F_N$$

$$F_{Ro} = \mu_0 \cdot F_N$$

$$F_W = \sqrt{F_R^2 + F_N^2}$$

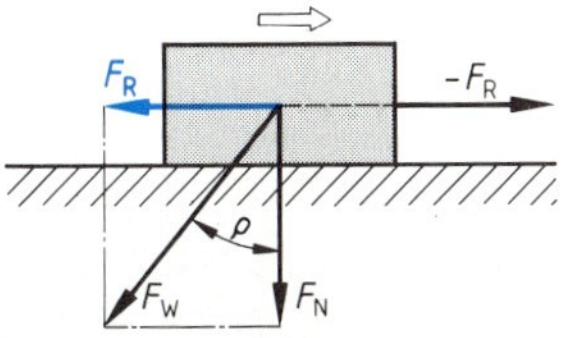

$$F_{RR} = \frac{f}{r} \cdot F_N$$

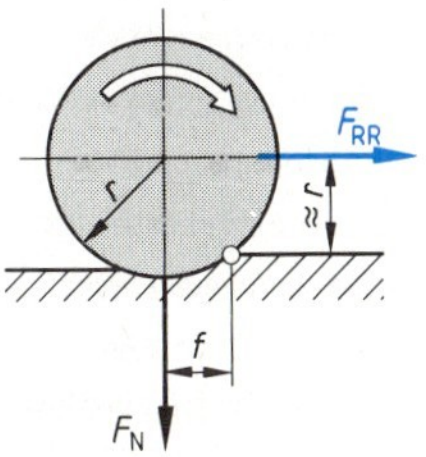

F_R	Gleitreibungskraft	N
F_N	Normalkraft	N
F_{Ro}	Haftreibungskraft	N
F_W	Reibungswiderstand	N
F_{RR}	Rollreibungskraft	N
f	* Reibungsarm	mm, cm
r	Radius des Rollkörpers	mm, cm
μ_0	Haftreibungszahl	1
μ	Gleitreibungszahl	1
ϱ	* Reibungswinkel	rad, °

→ Reibungskraft, Reibungswinkel, Reibungszahl, Umfangskraft

Reibungskraft am Kolben

→ Hydraulische Presse

Reibungsleistung

Geradlinige Bewegung:

$$P_R = \frac{W_R}{t} = F_R \cdot v$$

Rotierende Bewegung:

$$P_R = W_R \cdot n = M_R \cdot \omega$$

P_R	Reibungsleistung	W
W_R	* Reibungsarbeit	N · m = J
t	* Zeit	s
F_R	* Reibungskraft	N
v	* Geschwindigkeit	m/s
n	* Umdrehungsfrequenz (Drehzahl)	1/s
M_R	* Reibungsmoment	N · m
ω	* Winkelgeschwindigkeit	rad/s = 1/s

Reibungsmoment

Tragzapfen (Querlager)

$$M_R = \mu \cdot F_N \cdot r$$

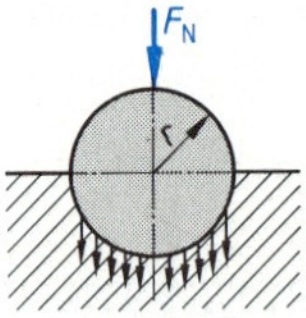

M_R	Reibungsmoment	N · m
μ	Haftreibungszahl	
F_N	Normalkraft	N
r	Radius des Lagers	m

Spurzapfen (Längslager)

$$M_R = \frac{1}{2} \cdot \mu \cdot F_N \cdot (r_1 + r_2)$$

bei $r_2 = 0$:

$$M_R = \frac{2}{3} \cdot \mu \cdot F_N \cdot r_1$$

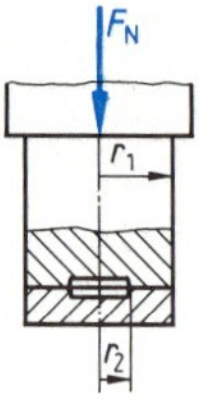

r_1	Außenradius des Lagers	m
r_2	Innenradius des Lagers	m

→ Reibungszahl

Reibungsverlusthöhe (Widerstandshöhe)

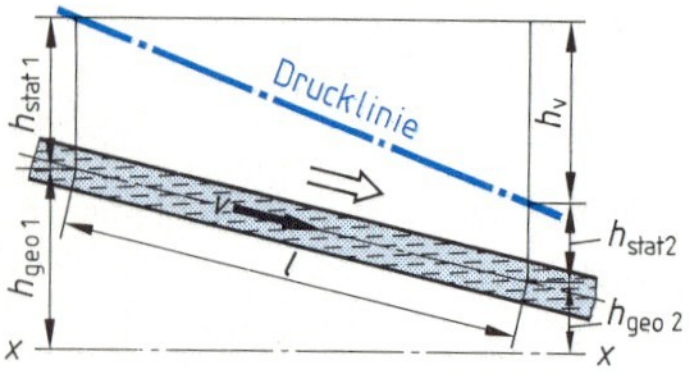

$$h_v = \frac{\Delta p_{stat}}{\varrho \cdot g} = L \cdot l$$

$$h_v = \lambda \cdot \frac{l}{d} \cdot \frac{v^2}{2 \cdot g}$$

$$h_v = h_{geo\,1} + h_{stat\,1} - (h_{geo\,2} + h_{stat\,2})$$

→ Druckhöhe

h_v	Reibungsverlusthöhe	m
Δp_{stat}	statischer * Druckverlust	N/m² = Pa
ϱ	* Dichte des strömenden Fluids	kg/m³
g	* Fallbeschleunigung	m/s²
L	* Druckliniengefälle	
l	Länge der geraden Rohrleitung	m
λ	* Reibungsverlustzahl	
d	Innendurchmesser der Rohrleitung	m
v	Strömungsgeschwindigkeit	m/s
h_{geo}	geodätische Höhe	m
h_{stat}	statische * Druckhöhe	m

Reibungsverlustzahl (Rohrreibungszahl, Rohrwiderstandszahl)

Bei laminarer Strömung $Re < Re_{\text{krit}}$

$$\lambda = \frac{64}{Re}$$

$$Re_{\text{krit}} = 2320$$

Bei turbulenter Strömung $Re \geq Re_{\text{krit}}$:

$\lambda = f\,(Re,\ k_{\text{rel}})$ entsprechend dem nachfolgenden *Rohrreibungsdiagramm:*

λ	Reibungsverlustzahl	1
Re	* *Reynolds*-Zahl	1
Re_{krit}	kritische * *Reynolds*-Zahl	1

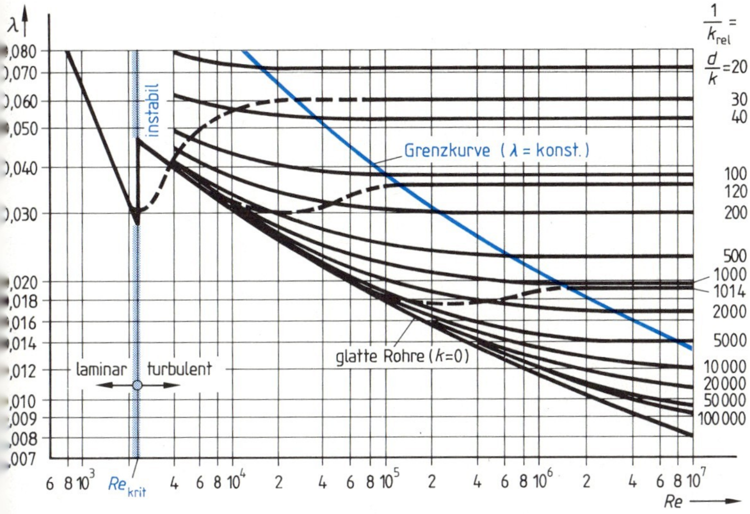

$$\frac{1}{k_{\text{rel}}} = \frac{d}{k}$$

k_{rel}	relative Rauheit	1
d	Rohrinnendurchmesser	mm
k	mittlere Rauheitshöhe (nach DIN 1304, Teil 5: äquivalente Rohrrauheit)	mm

Reibungswiderstand

→ Reibungskraft

Reibungswinkel

$$\mu = \tan \varrho = \frac{F_{\text{R}}}{F_{\text{N}}}$$

$$\mu_0 = \tan \varrho_0 = \frac{F_{\text{Ro}}}{F_{\text{N}}}$$

Selbsthemmung: $\varrho > \alpha$

Gleitgrenze: $\varrho = \alpha$

Selbstgleitung: $\varrho < \alpha$

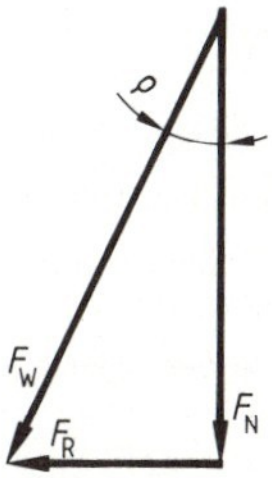

→ Geneigte Ebene, Reibungskraft, Reibungszahl

μ	Gleitreibungszahl	1
μ_0	Haftreibungszahl	1
ϱ	Gleitreibungswinkel	rad, °
ϱ_0	Haftreibungswinkel	rad, °
F_{R}	Gleitreibungskraft	N
F_{Ro}	Haftreibungskraft	N
F_{N}	Normalkraft	N
F_{W}	Resultierende aus N, F_{R} und F_{N}	
α	Neigungswinkel einer * geneigten Ebene	rad, °

Reibungszahlen

Durchschnittswerte bei Raumtemperatur (20 °C):

Werkstoffpaarung		Haftreibungszahl μ_0		Gleitreibungszahl μ	
		trocken	geschmiert	trocken	geschmiert
Bronze	Bronze	0,28	0,11	0,2	0,06
Bronze	Grauguß	0,28	0,16	0,21	0,08
Grauguß	Grauguß	—	0,16	—	0,12
Stahl	Bronze	0,27	0,11	0,18	0,07
Stahl	Eis	0,027	—	0,014	—
Stahl	Grauguß	0,20	0,10	0,16	0,05
Stahl	Stahl	0,15	0,10	0,10	0,05
Stahl	Weißmetall	—	—	0,20	0,04
Holz	Eis	—	—	0,035	—
Holz	Holz	0,65	0,16	0,35	0,05
Leder	Grauguß	0,55	0,22	0,28	0,12
Bremsbelag	Stahl	—	—	0,55	0,4
Stahl	Polyamid	—	—	0,35	0,10

Reihe, arithmetische → Arithmetische Reihe

Reihe, geometrische → Geometrische Reihe

Reihenschaltung von galvanischen Elementen → Element, galvanisches

Reihenschaltung von Spulen (Induktivitäten) → Wechselstromwiderstände

Reihenschaltung von Widerständen → Widerstand, elektrischer

Reihenschwingkreis → Resonanz

Reinheitsgrad

Ausdruck für die Reinheit von Stoffen in der Metallurgie. Er entspricht i.a. dem Verhältnis der Masse der Reinsubstanz zur Gesamtmasse einer Werkstoffportion.

→ Massenanteil

Beispiel:

Reinstaluminium besitzt einen Reinheitsgrad von 99,9 bis 99,99%, d.h. einen Massenanteil von $w\,(\mathrm{Al}) = 0{,}99$ bis 0,9999. Der Rest besteht aus Verunreinigungen.

Reißlänge (Traglänge)

$$l_r = \frac{R_m}{\varrho \cdot g}$$

l_r	Reißlänge	m
R_m	* Zugfestigkeit	N/m²
ϱ	* Dichte eines prismatischen, senkrecht aufgehängten Stabes	kg/m³
g	* Fallbeschleunigung	m/s²

Reitstockverstellung → Kegeldrehen

Rektifikation (Gegenstromdestillation)

Die nachstehenden Gleichungen gelten für ideale Zweistoffgemische, die in jedem Verhältnis ineinander löslich sind.

Gleichgewichtskurve im *Mc-Cabe-Thiele*-Diagramm:

$$y = \frac{\alpha \cdot x}{1 + (\alpha - 1) \cdot x}$$

Relative Flüchtigkeit (Trennfaktor):

$$\alpha = \frac{p_{01}}{p_{02}} \quad \text{(temperaturabhängig)}$$

Ist α über den Konzentrations- bzw. Temperaturbereich nicht ausreichend konstant, kann das geometrische Mittel $\alpha = \sqrt{\alpha_1 \cdot \alpha_2}$ verwendet werden.

Diskontinuierliche Rektifikation

Bilanzgerade (Arbeitsgerade, Verstärkergerade):

$$y = \frac{v}{v+1} \cdot x + \frac{1}{v+1} \cdot x_D$$

Schnittpunkt der Bilanzgeraden mit der Ordinate:

$$y(0) = \frac{x_D}{v+1}$$

Rücklaufverhältnis:

$$v = \frac{\dot{n}_R}{\dot{n}_D}$$

Mindestrücklaufverhältnis:

$$v_{min} = \frac{x_D - y_B}{y_B - x_B}$$ (y_B mit Hilfe der Gleichgewichtskurve ermitteln)

Minimale theoretische Bodenzahl nach *Fenske/Underwood* (bei $v = \infty$ und α = konst.):

$$n_{th,\,min} = \frac{\lg \left[\frac{x_D \cdot (1 - x_B)}{x_B \cdot (1 - x_D)}\right]}{\lg \alpha} - 1$$

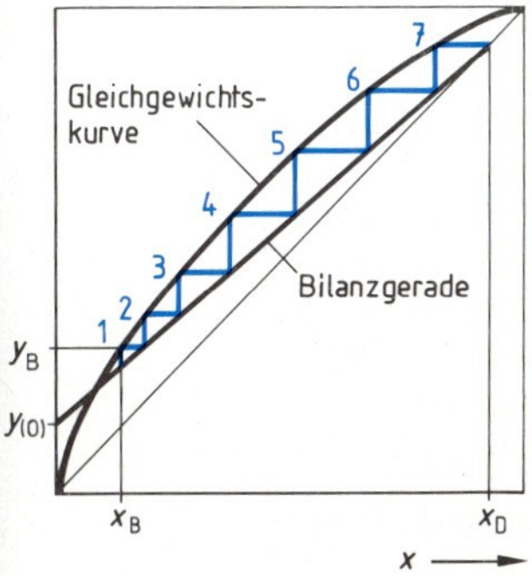

Jede Stufe im Diagramm entspricht einer theoretischen Destillation, eine in der Blase und 6 auf idealen Kolonnenböden. *Die Anzahl der Stufen entspricht der theoretischen Bodenzahl (Mindestbodenzahl).* Soll die Kopfproduktzusammensetzung konstant gehalten werden, muß das Rücklaufverhältnis stetig erhöht werden.

Bei totalem Rücklauf ($v = \infty$) werden die Stufen zwischen Gleichgewichtskurve und Diagonale gezeichnet.

y	* Stoffmengenanteil der leichter siedenden Komponente in der Dampfphase	1
y_B	* Stoffmengenanteil der leichter siedenden Komponente im Dampf, der aus dem Kolonnensumpf aufsteigt	1
x	* Stoffmengenanteil der leichter siedenden Komponente in der flüssigen Phase	1
x_B	* Stoffmengenanteil der leichter siedenden Komponente im Kolonnensumpf	1
x_D	* Stoffmengenanteil der leichter siedenden Komponente im Kolonnenkopf (bzw. im Destillat)	1
x_Z	* Stoffmengenanteil der leichter siedenden Komponente im Zulauf bei kontinuierlicher Rektifikation	1
α	relative Flüchtigkeit (Trennfaktor)	1
p_{01}	Dampfdruck der reinen leichter siedenden Komponente	Pa
p_{02}	Dampfdruck der reinen schwerer siedenden Komponente	Pa
v	Rücklaufverhältnis	1
v_{min}	Mindestrücklaufverhältnis	1
$\dot{n}_R$	Stoffmengenstrom des Rücklaufs	mol/s
$\dot{n}_D$	Stoffmengenstrom des Destillats	mol/s
$n_{th,\,min}$	Mindeststufenzahl bei totalem Rücklauf ($v = \infty$)	1
q	erforderliche * Wärmemenge, um 1 mol Zulauf zu verdampfen, bezogen auf die molare Verdampfungsenthalpie des Zulaufs	1
$H_{m,\,sF}$	molare * Enthalpie des siedenden Gemisches auf dem Zulaufboden	J/mol
$H_{m,\,Z}$	molare * Enthalpie des Zulaufs	J/mol
ΔH_m	Verdampfungsenthalpie des Gemisches auf dem Zulaufboden	J/mol
x_F	* Stoffmengenanteil der leichter siedenden Komponente auf dem Zulaufboden	1
x_q	* Stoffmengenanteil, bei dem die Schnittpunktsgerade die Abszisse schneidet	1
C_{m1}	molare * Wärmekapazität der leichter siedenden Komponente	J/(mol · K)
C_{m2}	molare * Wärmekapazität der schwerer siedenden Komponente	J/(mol · K)
$T_{s,\,Z}$	Siedetemperatur des Zulaufgemisches	K
T_Z	* Temperatur des Zulaufs	K
ΔH_{m1}	molare Verdampfungsenthalpie der leichter siedenden Komponente	J/mol
ΔH_{m2}	molare Verdampfungsenthalpie der schwerer siedenden Komponente	J/mol

Kontinuierliche Rektifikation

Wird das Zulaufgemisch der Kolonne kontinuierlich und als *siedende Flüssigkeit* zugeführt, so ist die Abtriebsgerade für den unteren Kolonnenteil zwischen dem Schnittpunkt P_1 (der Senkrechten über x mit der Diagonalen) und dem Schnittpunkt P_2 (der Senkrechten über x_Z mit der Bilanzgeraden) zu konstruieren.

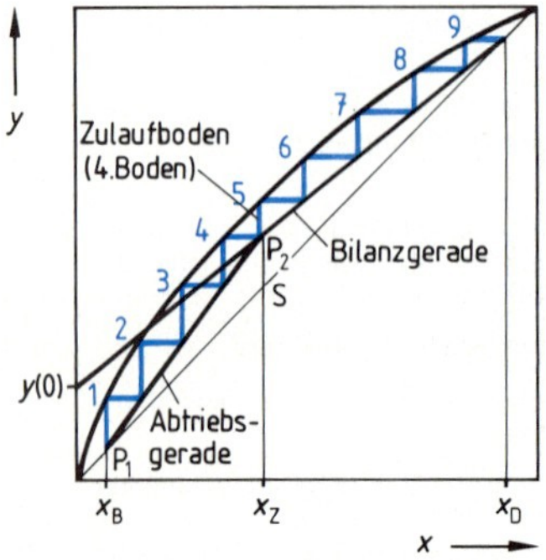

Gleichung für die Schnittpunktsgerade durch x_Z und P_2 zur Ermittlung des Schnittpunkts P_2

$$y = \frac{q}{q-1} \cdot x - \frac{x_Z}{q-1}$$

$$q = 1 + \frac{H_{m,sF} - H_{m,Z}}{\Delta H_m} \quad \text{bzw. da } H_m = C_m \cdot T\text{:}$$

$$q = 1 + \frac{[x_F \cdot C_{m1} + (1 - x_F) \cdot C_{m2}] \cdot (T_{s,Z} - T_Z)}{x_F \cdot \Delta H_{m1} + (1 - x_F) \cdot \Delta H_{m2}}$$

(in erster Näherung $x_F = x_Z$ einsetzen, dann — bei zu großer Abweichung — optimieren)

Schnittpunkt der Schnittpunktsgeraden mit der Abszisse

$$x_q = \frac{x_Z}{q}$$

Ist der Zulauf siedend flüssig, gilt $x_Z = x_q$.

Wird der Zulauf als gesättigter Dampf zugeführt, ist die Schnittpunktsgerade die Waagerechte durch S.

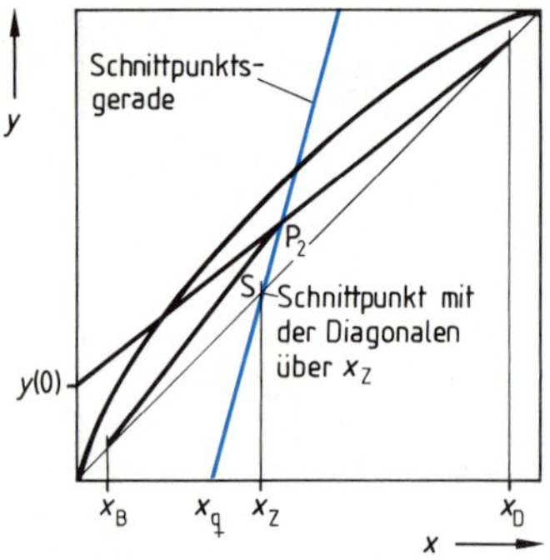

Relative Atommasse → Atommasse, Chemische Elemente

Relative Dichte → Dichte, relative

Relative Feuchtigkeit → Feuchte

Relative Geschwindigkeit → Geschwindigkeitszusammensetzung

Relative Luftfeuchte → Feuchte

Relative Molekülmasse → Molekülmasse

Relative Rauheit

→ Reibungsverlustzahl

Relative Viskosität

→ Viskosität

Relative Viskositätsänderung

→ Viskosität

Relatives Spiegelgefälle in Flüssigkeitsgerinnen

$$H = \frac{\Delta h}{l}$$

H	relatives Spiegelgefälle	1
Δh	geodätisches Gefälle	m
l	Gefällstrecke	m

Relativitätstheorie, spezielle

Galilei-Transformation

$$y = y' \qquad t = t' \qquad z = z' \qquad x = x' + v \cdot t$$
$$y' = y \qquad t' = t \qquad z' = z \qquad x' = x - v \cdot t$$

Bei *Einstein* stellen t und t' unterschiedliche Zeiten dar:

$$x = x' + v \cdot t' \qquad x' = x - v \cdot t$$

Mit der in allen Bezugssystemen konstanten Lichtgeschwindigkeit folgt:

$$x = c_0 \cdot t \qquad x' = c_0 \cdot t'$$

Lorentz-Transformation

$$y = y' \quad z = z' \quad x = \frac{x' + v \cdot t'}{\sqrt{1 - \beta^2}} \quad t = \frac{t' + \frac{v}{c_0^2} \cdot x'}{\sqrt{1 - \beta^2}}$$

$$y' = y \quad z' = z \quad x' = \frac{x - v \cdot t}{\sqrt{1 - \beta^2}} \quad t' = \frac{t + \frac{v}{c_0^2} \cdot x}{\sqrt{1 - \beta^2}}$$

Für $t = t'$ und $\beta = \frac{v}{c_0} \ll 1$: $\quad x' = x - v \cdot t$, $\quad x = x' + v \cdot t$

Geschwindigkeit (relativistische Addition)

$$u = \frac{u' + v}{1 + \frac{u' \cdot v}{c_0^2}} \qquad u' = \frac{u - v}{1 - \frac{u \cdot v}{c_0^2}}$$

Für $\beta \ll 1$: $u = u' + v \qquad u' = u - v$

Länge (relativistische Längenänderung)

$$x_2 - x_1 = (x_2' - x_1') \cdot \sqrt{1 - \beta^2}$$

$$x_2' - x_1' = \frac{x_2 - x_1}{\sqrt{1 - \beta^2}}$$

($x_2' - x_1'$ ist die Länge einer im Bezugssystem S' ruhenden Strecke)

x, y, z	Koordinaten eines Massepunktes im bewegten Bezugssystem S	
x', y', z'	Koordinaten eines Massepunktes im bewegten Bezugssystem S'	
t	* Zeit bzw. Zeitpunkt eines Ereignisses im Bezugssystem S	
t'	* Zeit bzw. Zeitpunkt eines Ereignisses im Bezugssystem S'	
Δt	Zeitspanne, von einer bewegten Uhr gemessen	s
Δt_R	Zeitspanne, von einer ruhenden Uhr gemessen	s
t_1, t_2	Zeitpunkte für Ereignisse an den Stellen x_1 und x_2	
t_1', t_2'	Zeitpunkte für Ereignisse an den Stellen x_1 und x_2 bzw. x_1' und x_2'	
v	* Geschwindigkeit, mit der sich das System S' relativ zum System S bewegt	m/s
c_0	* Lichtgeschwindigkeit im Vakuum	m/s
β	Quotient aus v und c_0; $\beta = v/c_0$	1
u	* Geschwindigkeit, bezogen auf das Bezugssystem S	m/s
u'	* Geschwindigkeit, bezogen auf das Bezugssystem S'	m/s
m	bewegte * Masse	kg
m_0	Ruhemasse ($v = 0$)	kg
E	Gesamtenergie	J
E_0	Ruheenergie	J
E_k	kinetische * Energie	J

Zeit (relativistische Zeitdehnung)

$$t_1' - t_2' = \frac{t_1 - t_2 - \dfrac{v}{c_0^2} \cdot (x_1 - x_2)}{\sqrt{1 - \beta^2}}$$

Zeitspanne Δt eines von einer bewegten Uhr gemessenen Vorganges gegenüber der von ruhenden Uhren gemessenen Zeitspanne Δt_R:

$$\Delta t = \Delta t_R \cdot \sqrt{1 - \beta^2}$$

Zwei Ereignisse an verschiedenen Orten zur gleichen Zeit:

$$t_1 = t_2 \qquad t_1' - t_2' = -\frac{v \cdot (x_1 - x_2)}{c_0^2 \cdot \sqrt{1 - \beta^2}}$$

Zwei Ereignisse am gleichen Ort, zu verschiedenen Zeiten:

$$x_1 = x_2 \qquad t_1' - t_2' = \frac{t_1 - t_2}{\sqrt{1 - \beta^2}}$$

Masse (relativistische Massenzunahme)

$$m = \frac{m_0}{\sqrt{1 - \beta^2}}$$

Masse-Energie-Beziehung

$$E = m \cdot c_0^2$$

Ruheenergie:

$$E_0 = m_0 \cdot c_0^2$$

Gesamtenergie einer bewegten Masse:

$$E = \frac{m_0 \cdot c_0^2}{\sqrt{1 - \beta^2}}$$

Kinetische Energie einer bewegten Masse:

$$E_k = (m - m_0) \cdot c_0^2$$

$$E_k = m_0 \cdot c_0^2 \cdot \left(\frac{1}{\sqrt{1 - \beta^2}} - 1\right)$$

x, y, z	Koordinaten eines Massepunktes im bewegten Bezugssystem S	
x', y', z'	Koordinaten eines Massepunktes im bewegten Bezugssystem S'	
t	* Zeit bzw. Zeitpunkt eines Ereignisses im Bezugssystem S	
t'	* Zeit bzw. Zeitpunkt eines Ereignisses im Bezugssystem S'	
Δt	Zeitspanne, von einer bewegten Uhr gemessen	s
Δt_R	Zeitspanne, von einer ruhenden Uhr gemessen	s
t_1, t_2	Zeitpunkte für Ereignisse an den Stellen x_1 und x_2	
t_1', t_2'	Zeitpunkte für Ereignisse an den Stellen x_1 und x_2 bzw. x_1' und x_2'	
v	* Geschwindigkeit, mit der sich das System S' relativ zum System S bewegt	m/s
c_0	* Lichtgeschwindigkeit im Vakuum	m/s
β	Quotient aus v und c_0 $\beta = v/c_0$	
u	* Geschwindigkeit, bezogen auf das Bezugssystem S	m/s
u'	* Geschwindigkeit, bezogen auf das Bezugssystem S'	m/s
m	bewegte * Masse	kg
m_0	Ruhemasse ($v = 0$)	kg
E	Gesamtenergie	
E_0	Ruheenergie	
E_k	kinetische * Energie	

Rentenrechnung → Zinsrechnung

Repetenz → Wellenzahl

Resistanz → Widerstand, elektrischer

Resonanz im Parallel- und Reihenschwingkreis

$X_L = X_C$

$\omega_0 \cdot L = \frac{1}{\omega_0 \cdot C}$

$\omega_0 = \frac{1}{\sqrt{L \cdot C}}$

$f_0 = \frac{1}{2 \cdot \pi \cdot \sqrt{L \cdot C}}$

Parallelresonanz

$Q = \frac{I_{bL}}{I} = \frac{I_{bC}}{I}$

Reihenresonanz

$Q = \frac{U_{bL}}{U} = \frac{U_{bC}}{U}$

X_L	induktiver * Blindwiderstand	Ω
X_C	kapazitiver * Blindwiderstand	Ω
ω_0	Resonanzkreisfrequenz	1/s
f_0	Resonanzfrequenz	1/s
L	* Induktivität	H
C	* Kapazität	F
Q	* Gütefaktor	1
I_{bL}	induktiver * Blindstrom	A
I_{bC}	kapazitiver * Blindstrom	A
U	elektrische * Spannung	V
U_{bL}	induktive * Blindspannung	V
U_{bC}	kapazitive * Blindspannung	V

Resultierende

→ Kräftezusammensetzung, Schwerpunktsatz

Reynolds-Zahl

$Re = \frac{Pe}{Pr}$

Aerodynamik

$Re = \frac{l \cdot v \cdot \varrho}{\eta} = \frac{l \cdot v}{\nu}$

Hydraulik

Rohr mit Kreisquerschnitt:

$Re = \frac{v \cdot d}{\nu}$ mit $Re_{krit} = 2320$

$Re < 2320$: Laminarität

$Re > 2320$: Turbulenz

Rohr mit beliebigem Querschnitt:

$Re = \frac{4 \cdot v \cdot r_h}{\nu}$

→ Äquivalenter Durchmesser, Kritische *Reynolds*-Zahl, Reibungsverlustzahl, Strömungsformen

Re	*Reynolds*-Zahl	1
Pe	* *Péclet*-Zahl	1
Pr	* *Prandtl*-Zahl	1
l	eine kennzeichnende Länge, z.B. Profiltiefe, Dicke, Durchmesser	m
v	* Strömungsgeschwindigkeit	m/s
ϱ	* Dichte des Fluids	kg/m³
η	dynamische * Viskosität des Fluids	Pa·s
ν	kinematische * Viskosität des Fluids	m²/s
d	Innendurchmesser des kreisrunden Rohres	m
Re_{krit}	kritische *Reynolds*-Zahl (entsprechend der kritischen Geschwindigkeit)	1
r_h	* hydraulischer Radius	m

Reziproke Werte

Kehrwerte, z.B.

Wert	reziproker Wert
x	$\frac{1}{x}$
$\frac{a}{b}$	$\frac{b}{a}$
$\frac{3}{4}$	$\frac{4}{3}$

Allgemein heißt für jede reelle Zahl $a \neq 0$ die Zahl $1/a$ Reziprokwert von a.

Rhomboid, Rhombus

→ Parallelogramm

Richmann-Mischungsregel

→ Mischungstemperatur

Riemengetriebe

Einfacher Riementrieb

$$n_1 \cdot d_1 = n_2 \cdot d_2$$

$$n_1 = n_2 \cdot \frac{d_2}{d_1} = i \cdot n_2$$

$$d_1 = d_2 \cdot \frac{n_2}{n_1} = \frac{d_2}{i}$$

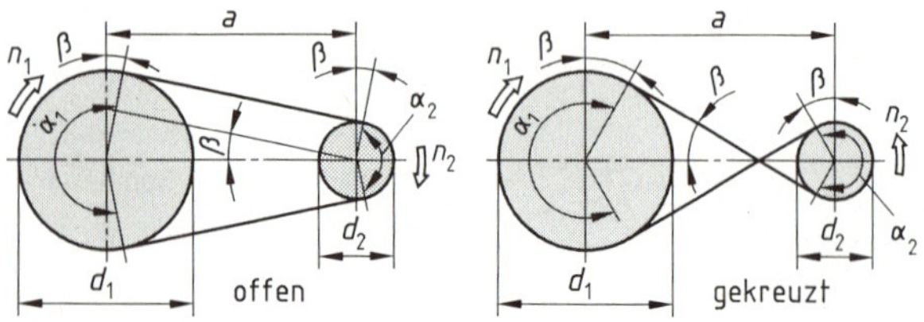

Doppelter Riementrieb

$$i = i_1 \cdot i_2 = \frac{d_2}{d_1} \cdot \frac{d_4}{d_3}$$

$$n_1 = n_4 \cdot \frac{d_2 \cdot d_4}{d_1 \cdot d_3} = i \cdot n_4$$

$$d_1 = \frac{n_4}{n_1} \cdot \frac{d_2 \cdot d_4}{d_3} = \frac{d_2 \cdot d_4}{d_3 \cdot i}$$

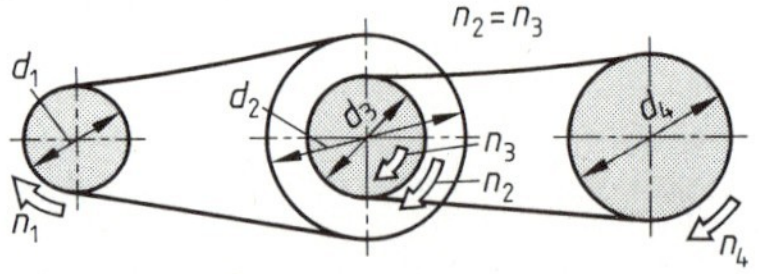

$$P = \frac{\pi \cdot d \cdot n}{1000} \cdot F_u = F_u \cdot v_u$$

$$b = \frac{F_u}{\sigma \cdot s}$$

$$L = \frac{\pi \cdot d_1 \cdot \alpha_1}{360°} + \frac{\pi \cdot d_2 \cdot \alpha_2}{360°} + 2 \cdot a \cdot \cos \beta$$

$$F_1 = \sigma_{z\,zul} \cdot S = \frac{2 \cdot M}{d}$$

$$\sigma = \frac{F_1}{S} + \frac{v^2 \cdot \varrho}{10^6} + E \cdot \frac{s}{d_{min}}$$

$$F_n = \sigma \cdot S = F_u$$

Indizes 1, 3: treibend
Indizes 2, 4: getrieben

Erfahrungswerte für Lederriemendicken:

Scheibendurchmesser d	Riemendicke s
bis 100 mm	3 mm
bis 150 mm	3,5 bis 4 mm
bis 200 mm	4 mm
bis 250 mm	5 mm

→ Übersetzung von Getrieben, Rädergetriebe, Zahnradberechnung

n	* Umdrehungsfrequenz (Drehzahl)	1/s
d	Durchmesser	mm
i	Übersetzungsverhältnis	1
P	übertragene * Leistung	W
F_u	Umfangskraft	N
F_n	Nutzkraft (übertragbare Umfangskraft)	N
F_1	* Kraft im ziehenden Trum	N
v_u	* Umfangsgeschwindigkeit	m/s
b	Riemenbreite	mm
σ	Riemenspannung	N/mm²
s	Riemendicke	mm
L	Riemenlänge	mm
α	Umschlingungswinkel	rad,
β	Neigungswinkel	rad,
a	Achsabstand	mm
$\sigma_{z\,zul}$	zulässige Riemenspannung	N/mm
S	Riemenquerschnitt	mm
M	übertragenes * Drehmoment	N · mm
v	Riemengeschwindigkeit	m/
ϱ	* Dichte des Riemenwerkstoffes	kg/m
E	* Elastizitätsmodul des Riemenwerkstoffes	N/mm
d_{min}	kleinster Scheibendurchmesser	mm

Riementrieb

→ Riemengetriebe

Ring mit kreisförmigem Querschnitt (Torus)

$$A_o = \pi^2 \cdot d_1 \cdot d_2$$

$$A_o = 4 \cdot \pi^2 \cdot r_1 \cdot r_2$$

$$V = \frac{\pi^2}{4} \cdot d_1^2 \cdot d_2$$

$$V = 2 \cdot \pi^2 \cdot r_1^2 \cdot r_2$$

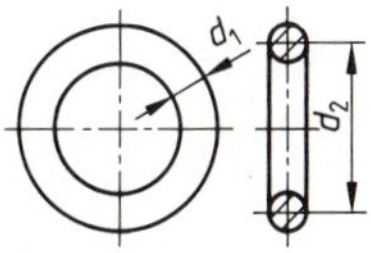

A_o	Oberfläche	m^2
d_1	Querschnittsdurchmesser	m
d_2	mittlerer Ringdurchmesser	m
r_1	Radius des Querschnittes	m
r_2	mittlerer Ringradius	m
V	* Volumen	m^3

Rohrdurchmesser

→ Äquivalenter Durchmesser, Wanddicke

Rohrlänge

→ Äquivalente Rohrlänge

Rohrreibungsdiagramm

→ Reibungsverlustzahl

Rohrreibungszahl

→ Reibungsverlustzahl

Rohrströmung

→ *Bernoulli*-Gleichung, Kontinuitätsgleichung

Rohrwandstärke

→ Wanddicke, erforderliche

Rohrwiderstandszahl

→ Reibungsverlustzahl

Rolle

Feste Rolle

$$F_1 = F_2$$

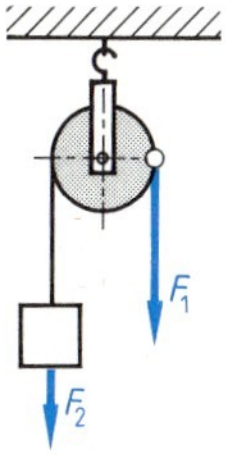

Lose Rolle

$$F_1 = \frac{F_2}{2}$$

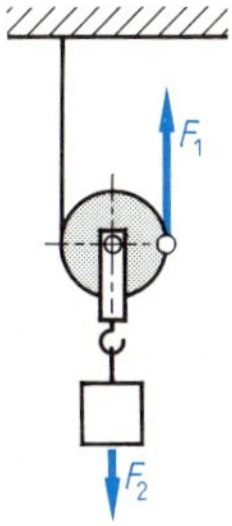

Einfacher Flaschenzug

$$F_1 = \frac{F_2}{2}$$

Der einfache Flaschenzug besteht aus einer festen Rolle und einer losen Rolle.

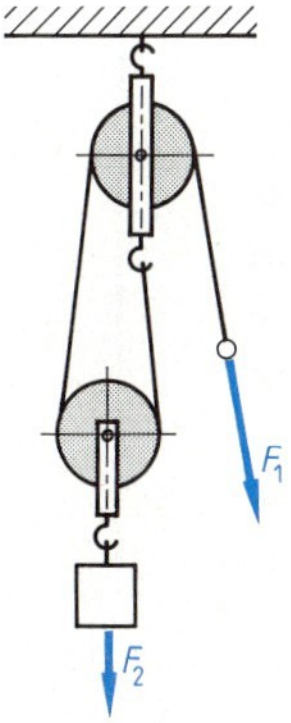

$$F_1 = \frac{F_2}{2}$$

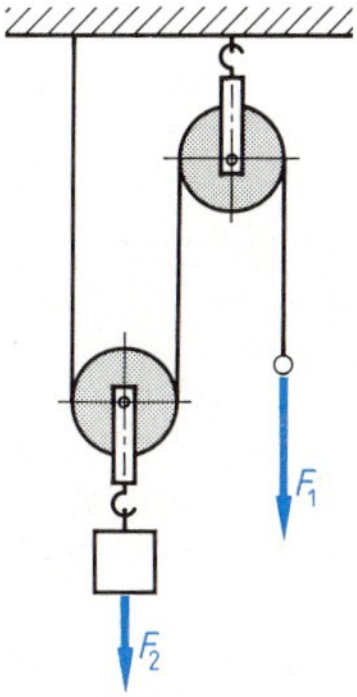

→ Flaschenzug

F_1	aufgewendete * Kraft	N
F_2	Tragkraft (Last)	N

Rollende Bewegung → Bewegung auf * geneigter Ebene

Rollreibung → Reibungsarbeit, Reibungsarm, Reibungskraft

Rollreibungsarbeit → Reibungsarbeit

Rollreibungskraft → Reibungskraft

Rollwiderstandskraft
(auf horizontaler Fahrbahn)

$F_R = m \cdot g \cdot \mu_R$

F_R	Rollwiderstandskraft	N
m	* Masse	kg
g	* Fallbeschleunigung	m/s^2
μ_R	Rollwiderstandszahl	1

Rollwiderstandsleistung

$P_R = F_R \cdot v$

→ Reibungskraft

P_R	Rollwiderstandsleistung	W
F_R	* Rollwiderstandskraft	N
v	* Geschwindigkeit	m/s

Römische Zahlzeichen

Römisches Zahlzeichen	Zahl in arabischen Ziffern	Römisches Zahlzeichen	Zahl in arabischen Ziffern	Römisches Zahlzeichen	Zahl in arabischen Ziffern
I	1	XX	20	CC	200
II	2	XXX	30	CCC	300
III	3	XL	40	CD	400
IV	4	L	50	D	500
V	5	LX	60	DC	600
VI	6	LXX	70	DCC	700
VII	7	LXXX	80	DCCC	800
VIII	8	XC	90	CM	900
IX	9	C	100	M	1000
X	10				

Hintereinandergesetzt sind die römischen Ziffern zu addieren. Steht ein Zahlzeichen vor einem folgenden mit höherem Wert, so wird es mit negativem Vorzeichen eingesetzt.

Beispiele:

XLVIII = − 10 + 50 + 5 + 1 + 1 + 1 = 48

MCMLXXI = 1000 − 100 + 1000 + 50 + 10 + 10 + 1 =
= 1971

Röntgen-Spektrum, Röntgen-Strahlen

Röntgenstrahlung ist eine elektromagnetische Strahlung mit Wellenlängen zwischen $\lambda = 10^{-8}$ m und $\lambda = 10^{-13}$ m.

Kurzwellige Grenze des kontinuierlichen Röntgenspektrums

Minimale Wellenlänge:

$$\lambda_{\text{min}} = \frac{h \cdot c_0}{e \cdot U}$$

Grenzfrequenz der Röntgenstrahlung:

$$f_{\text{max}} = \frac{e \cdot U}{h}$$

Moseley-Gesetz für das charakteristische Röntgenspektrum

Frequenz:

$$f = R_{\infty} \cdot c_0 \cdot (Z - 1)^2 \cdot \left(\frac{1}{n^2} - \frac{1}{m^2}\right)$$

Frequenzen der K-Serie:

$$f = R_{\text{H}} \cdot c_0 \cdot (Z - 1)^2 \cdot \left(\frac{1}{1^2} - \frac{1}{m^2}\right)$$

Bragg-Formel für die Reflexion von Röntgenstrahlung

$$2 \cdot d \cdot \sin\vartheta = k \cdot \lambda \qquad k = 1, 2, 3, \ldots$$

$$k = \frac{\Delta s}{\lambda}$$

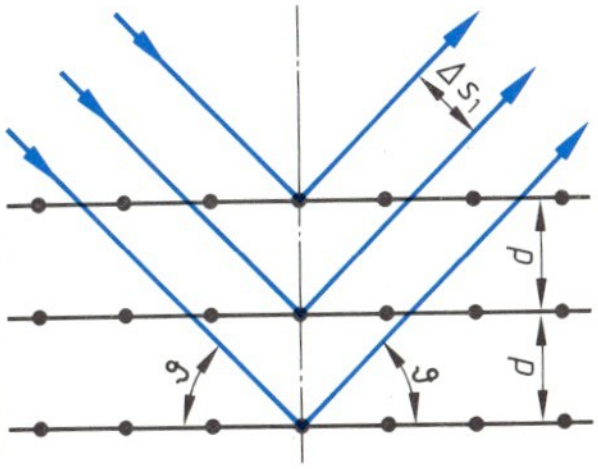

→ Linienspektren

λ	* Wellenlänge	m
λ_{min}	minimale * Wellenlänge	m
h	* *Planck*-Konstante $h = 6{,}6261 \cdot 10^{-34}$ J · s → Konstanten	J · s
c_0	* Lichtgeschwindigkeit im Vakuum $c_0 = 299\,792\,458$ m/s	m/s
e	* Elementarladung $e = 1{,}602\,18 \cdot 10^{-19}$ C → Konstanten	C
U	elektrische (Anoden-) Spannung an der Röntgenröhre	V
f	* Frequenz	Hz
f_{max}	maximale * Frequenz (Grenzfrequenz)	Hz
R_{∞}	*Rydberg*-Konstante für unendliche Kernmasse $R_{\infty} = 10\,973\,731{,}5\ \text{m}^{-1}$ → Konstanten	1/m
R_{H}	*Rydberg*-Konstante für das Wasserstoffatom	1/m
Z	* Protonenzahl	1
n	Hauptquantenzahl der Bahn mit der niedrigeren * Energie; $n = 1, 2, 3 \ldots$	1
m	Hauptquantenzahl der Bahn mit der höheren * Energie; $m \geq n + 1$	1
d	Abstand zweier Netzebenen (Gitterebenen) von Kristallen	m
ϑ	*Bragg*-Winkel (Winkel, bei dem Verstärkung der Intensität von Röntgenstrahlen auftritt)	rad
k	Ordnungszahl des Spektrums	1
Δs	Gangunterschied	m
Δs_1	Gangunterschied zweier Strahlen, die auf benachbarte Netzebenen auftreffen	m

Rotationsenergie

→ Arbeit, mechanische; Energie; Leistung, mechanische

Rotierende Bewegung

→ Bewegung, drehend

Rückdämpfungsmaß

→ Antennen

Rückstellmoment

→ Periodendauer

Runden von Zahlen (DIN 1333)

Die folgenden Regeln gelten für die Angabe von Meß- und Rechenergebnissen in Wissenschaft und Technik, nicht für Geldwert- und Kostenangaben.

Verfahren:

1. Addition des halben Stellenwertes der Rundestelle zur zu rundenden Zahl.
2. Streichung der in der entstandenen Summe hinter der Rundestelle stehenden Ziffern.

Rundestelle ist die Dezimalstelle, an der nach dem Runden die letzte Ziffer steht.

Beispiel:

Zu rundende Zahl:	16,94365
Rundestelle:	┬ (unter der 3. Dezimalstelle)
Halber Wert der Rundestelle:	+ 0,0005
Summe:	16,94405
Gerundete Zahl:	**16,944**

Vereinfachtes Verfahren mit gleichem Ergebnis

Abrunden:

d.h. die Ziffern nach der Rundestelle weglassen, wenn nach der Rundestelle eine der Ziffern 0 bis 4 folgt

Beispiel:

Zu rundende Zahl:	9,4328
Rundestelle:	┘ (unter der 2. Dezimalstelle)
Gerundete Zahl:	**9,43**

Aufrunden:

d.h. der gesamte Stellenwert der Rundestelle wird zu der zu rundenden Zahl addiert (also die Ziffer auf der Rundestelle um „1" erhöht) und dann die Ziffernfolge nach der Rundestelle gestrichen, wenn nach der Rundestelle eine der Ziffern 5 bis 9 folgt.

Beispiel:

Zu rundende Zahl:	24,3472
Rundestelle:	┘ (unter der 2. Dezimalstelle)
Gerundete Zahl:	**24,35**

Rundefehler: gerundete Zahl minus zu rundende Zahl

Ist aus technischen (z. B. sicherheitstechnischen) Gründen ein positiver Rundefehler unzulässig, wird in jedem Fall abgerundet. Muß ein negativer Rundefehler vermieden werden, wird in jedem Fall aufgerundet.

Rundspule

→ Spulen

Rydberg-Konstante

→ Linienspektren

Saiten, schwingende

→ Töne gespannter Saiten

Salze

Salze sind chemische Verbindungen, die bei Normalbedingungen in fester Form vorliegen (Kationen und Anionen in regelmäßiger Anordnung gepackt) und aus Metall- oder Ammonium und Säurerestionen bestehen.

In der Schmelze oder in Lösung dissoziieren die Salze in positive Metall- oder Ammoniumionen und negative Säurerestionen.

Bildung von Salzen

Base + Säure → Salz + Wasser
Metalloxid + Säure → Salz + Wasser
Metall + Säure → Salz + Wasserstoff
Base + Nichtmetalloxid → Salz + Wasser
Metall + Nichtmetall → Salz
Metalloxid + Nichtmetalloxid → Salz

Beispiele:

$NaOH + HCl \rightarrow NaCl + H_2O$
$CuO + H_2SO_4 \rightarrow CuSO_4 + H_2O$
$Fe + 2\,HCl \rightarrow FeCl_2 + H_2$
$Ca(OH)_2 + CO_2 \rightarrow CaCO_3 + H_2O$
$2\,Na + Cl_2 \rightarrow 2\,NaCl$
$CuO + SO_3 \rightarrow CuSO_4$

Sammellinse

→ Linsen

Satz des *Pythagoras*

→ *Pythagoras*-Satz

Saughöhe

→ Förderhöhe, Pumpenleistung

Säuren

Säuren sind chemische Verbindungen, die Protonen abgeben können (Protonendonatoren) und in wäßriger Lösung in Hydroniumionen und Säurerestionen protolysieren.

Säuren färben Lackmuspapier rot (Nachweis einer Säure).

Beispiel:

$HCl + H_2O \rightarrow H_3O^+ + Cl^-$

Bildung von Säuren

Nichtmetalloxid + Wasser → Säure
Halogen + Wasserstoff → Säure

Beispiel:

$SO_2 + H_2O \rightarrow H_2SO_3$
$Cl_2 + H_2 \rightarrow 2\,HCl$

Schallabsorption

→ Schallabsorptionsvermögen

Schallabsorptionsgrad

$$\alpha = \delta + \tau$$

$$\alpha = 1 - \varrho$$

$$\alpha = \frac{P_2}{P_1}$$

$$\alpha = 1 - \frac{I_1}{I_2}$$

→ Schallabsorptionsvermögen, Schallintensität, Schalleistung

α	Schallabsorptionsgrad	1
δ	Schalldissipationsgrad	1
τ	Schalltransmissionsgrad	1
ϱ	* Schallreflexionsgrad	1
P_2	nicht reflektierte * Schalleistung	W
P_1	auftreffende * Schalleistung	W
I_1	reflektierte * Schallintensität	W/m^2
I_2	auftreffende * Schallintensität	W/m^2

Schallabsorptionsvermögen

$A = \Sigma (\alpha_i \cdot S_i)$

$A_{ges} = A + \Sigma A'_i$

$A = k \cdot \frac{V}{T}$

$k = 0{,}163$ s/m

$T = 0{,}163 \cdot \frac{V}{A}$

A	äquivalente Absorptionsfläche	m^2
α_i	* Schallabsorptionsgrad (der einzelnen Flächen)	1
S_i	Einzelflächen	m^2
A_{ges}	gesamte äquivalente Absorptionsfläche	m^2
A'_i	äquivalente Absorptionsflächen der Einzelgegenstände und Personen im Raum	m^2
k	Proportionalitätsfaktor	s/m
V	* Volumen des Raumes	m^3
T	Nachhallzeit im Raum	s

Schalldämm-Maß (Schallisolationsmaß)

$R = 10 \cdot \lg \frac{P_1}{P_2}$

$R = 20 \cdot \lg \frac{1}{\tau}$

$R = \Delta L_p + 10 \cdot \lg \frac{S}{A}$

→ Schallabsorptionsvermögen, Schalldruckpegel

R	Schalldämm-Maß	dB
P_1	auftreffende * Schalleistung	W
P_2	* Schalleistung, welche die Wand vom Raum 1 in den Raum 2 durchdringt	W
τ	Schalltransmissionsgrad	1
ΔL_p	Schalldruckpegeldifferenz	dB
S	Flächengröße der Trennwand	m^2
A	äquivalente Absorptionsfläche	m^2

Schalldichte

→ Schallenergiedichte

Schalldissipationsgrad

→ Schallabsorptionsgrad

Schalldruck

$p = \varrho \cdot c \cdot v$

$p = v \cdot Z$

$p = q \cdot Z_a$

p	Schalldruck	$N/m^2 = Pa$
ϱ	* Dichte des Mediums	kg/m^3
c	* Schallgeschwindigkeit	m/s
v	* Schallschnelle	m/s
Z	* Feldimpedanz	Pa · s/m
q	* Schallfluß	m^3/s
Z_a	* Flußimpedanz	Pa · s/m

Schalldruckpegel

$L_p = 20 \cdot \lg \frac{p}{p_0}$

$L_p = 10 \cdot \lg \frac{p^2}{p_0^2}$

$p_0 = 2 \cdot 10^{-5}$ Pa $= 20$ µPa (in Luft)

$p_0 = 1$ µPa (in anderen Medien)

L_p	Schalldruckpegel	dB
p	* Schalldruck (gemessen oder berechnet)	$N/m^2 = Pa$
p_0	Bezugsschalldruck (Hörschwellendruck)	$N/m^2 = Pa$

→ Lautstärkepegel

Schalldruckpegel werden auf der Grundlage der Kurven gleicher Lautstärkepegel nach unterschiedlichen Kriterien bewertet. Heute wird meist die A-Bewertung zugrundegelegt und die Angabe des Schalldruckpegels erfolgt dann in dB (A). Einige typische Geräuschquellen und ihre zugehörigen Schalldruckpegel siehe → Lautstärkepegel.

Schalleistung (Schallenergiefluß)

$P = I \cdot A$

P	Schalleistung	W
I	* Schallintensität	W/m^2
A	Fläche	m^2

Schalleistungsdichte

→ Schallintensität

Schalleistungspegel

$$L_W = 10 \cdot \lg \frac{P}{P_0}$$

$$P_0 = 1\ pW = 10^{-12}\ W$$

L_W	Schalleistungspegel	dB
P	* Schalleistung	W
P_0	Bezugsschalleistung	W

Schallenergiedichte, räumliche (Schalldichte)

$$E = \frac{I}{c}$$

$$E = \frac{W}{V}$$

E	Schallenergiedichte	J/m^3
I	* Schallintensität	W/m^2
c	* Schallgeschwindigkeit	m/s
W	Schallenergie	J
V	* Volumen des Mediums	m^3

Schallenergiefluß

→ Schalleistung

Schallenergieflußdichte

→ Schallintensität

Schallfeldgrößen

→ Schalldruck, Schalldruckpegel, Schalleistung, Schalleistungspegel, Schallenergiedichte, Schallfluß, Schallgeschwindigkeit, Schallintensität, Schallschnelle

Schallfluß

$$q = v \cdot A$$

$$q = \frac{p}{Z_a}$$

q	Schallfluß	m^3/s
v	* Schallschnelle	m/s
A	Fläche, Querschnitt senkrecht zur Schwingungsrichtung	m^2
p	* Schalldruck	$N/m^2 = Pa$
Z_a	* Flußimpedanz	$Pa \cdot s/m^3$

Schallgeschwindigkeit

$$c = \lambda \cdot f$$

In festen Stoffen:

$$c = \sqrt{\frac{E}{\varrho} \cdot \frac{1-\mu}{1-\mu-2\cdot\mu^2}}$$

In Flüssigkeiten:

$$c = \sqrt{\frac{K}{\varrho}}$$

In Gasen:

$$c = \sqrt{\varkappa \cdot R_B \cdot T} = \sqrt{\frac{p \cdot \varkappa}{\varrho}}$$

In normal feuchter Luft (φ = 60% bis 80%):

$$c = c_0 + k \cdot T$$

$$k \approx 0{,}6 \text{ m/(s} \cdot \text{K)}$$

→ Ausbreitungsgeschwindigkeit einer Welle

c	Schallgeschwindigkeit	m/s
λ	* Wellenlänge	m
f	* Frequenz	Hz = 1/s
E	* Elastizitätsmodul	N/m^2
ϱ	* Dichte	kg/m^3
μ	* *Poisson*-Zahl	1
K	* Kompressionsmodul	N/m^2 = Pa
$\varkappa$	* Isentropenexponent	1
R_B	individuelle * Gaskonstante	J/(kg · K)
T	absolute * Temperatur	K
φ	relative * Feuchte	%
p	* Druck	N/m^2 = Pa
c_0	Schallgeschwindigkeit bei 0 °C	m/s
k	Proportionalitätsfaktor	m/(s · K)

Schallgeschwindigkeiten:

fester Stoff	c in m/s bei 20 °C	fester Stoff	c in m/s bei 20 °C
Aluminium	5100	Mauerwerk	3500
Blei	1320	Messing	3200
Eisen	5100	Nickel	4800
Glas	5500	Silber	2640
Holz (Eiche)	3380	Stahl	4900
Holz (Tanne)	4180	Ton, gebrannt	3650
Kork	480	Ziegelstein	3600
Kupfer	3550	Zink	3700
Magnesium	4600	Zinn	2530

flüssiger Stoff	c in m/s bei 20 °C	flüssiger Stoff	c in m/s bei 20 °C
Benzin	1170	Salzsäure, konzentriert	1520
Benzol	1330	Stickstoff	– 200 °C: 900
Ethanol	1190	Wasser	1407
Kochsalzlösung, konzentriert	1660	Wasser	5 °C: 1400
Petroleum	1330	Wasser	25 °C: 1457

gasförmiger Stoff bei 1013 hPa	c in m/s bei 0 °C	gasförmiger Stoff bei 1013 hPa	c in m/s bei 0 °C
Argon	308	Stickstoff	378
Helium	981	Wasserstoff	1270
Kohlenstoffdioxid	258	Luft	– 20 °C: 319,5
Leuchtgas	453	Luft	331,8
Sauerstoff	316	Luft	+ 20 °C: 343,8

Schallintensität (Schallenergieflußdichte, früher Schalleistungsdichte oder Schallstärke)

$$I = \frac{P}{A} = \frac{p \cdot v}{2}$$

$$I = \frac{W}{t \cdot A} = \frac{p^2}{2 \cdot \varrho \cdot c} = \frac{\varrho \cdot c \cdot v^2}{2}$$

In Luft ungefähr:

$I = k \cdot v^2$

$k \approx 4 \cdot 10^{-2}$ kg/(m² · s)

I	Schallintensität	W/m²
P	* Schalleistung	W
A	schallbeaufschlagte Fläche	m²
p	* Schalldruck	N/m² = Pa
v	* Schallschnelle	m/s
W	Schallenergie	J = N · m
t	* Zeit	s
ϱ	* Dichte (des Mediums)	kg/m³
c	* Schallgeschwindigkeit	m/s
k	Proportionalitätsfaktor	kg/(m² · s)

Schallintensitätspegel

$$L_I = 10 \cdot \lg \frac{I}{I_0}$$

$I_0 = 1$ pW/m² $= 10^{-12}$ W/m²

L_I	Schallintensitätspegel	dB
I	* Schallintensität	W/m²
I_0	Bezugs-Schallintensität	W/m²

Schallisolationsmaß

→ Schalldämm-Maß

Schallreflexionsfaktor

$$r = \frac{p_r}{p_a}$$

→ Reflexion des Schalls

r	Schallreflexionsfaktor	1
p_r	* Schalldruck (der reflektierten Welle)	N/m² = Pa
p_a	* Schalldruck (der auffallenden Welle)	N/m² = Pa

Schallreflexionsgrad

$\varrho = 1 - \delta - \tau$

→ Schallabsorptionsgrad

ϱ	Schallreflexionsgrad	1
δ	Schalldissipationsgrad	1
τ	Schalltransmissionsgrad	1

Schallschnelle

$$v = \frac{F}{z} + \frac{p}{Z} + \xi \cdot \omega$$

Schallschnelle (nicht zu verwechseln mit der Schallgeschwindigkeit) = Momentanwert der Geschwindigkeit der schwingenden Teilchen, d.h.:

$v = \mathrm{d}s/\mathrm{d}t$ (Differentialquotient)

v	Schallschnelle	m/s
F	* Kraft	N
z	mechanische * Impedanz	N · s/m
p	* Schalldruck	N/m² = Pa
Z	* Feldimpedanz	Pa · s/m
ξ	Schallausschlag (Amplitude der Schallschwingung)	m
ω	* Kreisfrequenz	rad/s = 1/s

Schallstärke

→ Schallintensität

Schalltransmissionsgrad

→ Schallabsorptionsgrad

Schallwellen

→ Wellenlänge

Schaltalgebra

Bedeutung der Zeichen		Erläuterung
a, b, c	Schaltvariable (Eingangsvariable)	Binäre Größen (Variable, die nur einen von zwei Werten annehmen können)
1, 0	Werte der Schaltvariablen	1 ja, wahr, Spannung vorhanden 0 nicht, falsch, keine Spannung vorhanden
$\wedge$	und (UND-Verknüpfung)	Die UND-Verknüpfung nimmt nur dann den Wert 1 an, wenn alle Eingangsvariablen den Wert 1 haben, z.B. 
$\vee$	oder (ODER-Verknüpfung)	Die ODER-Verknüpfung nimmt dann den Wert 1 an, wenn mindestens eine der Eingangsvariablen den Wert 1 besitzt, z.B. 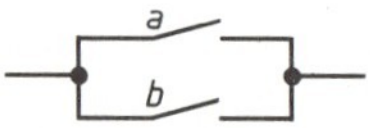
¯ z.B. $\bar{a}$	nicht, z.B. nicht *a* (Negation)	z.B. Ruhekontakt eines Relais 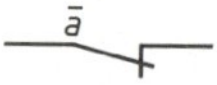

Rechenregeln	Beispiel für elektrische Schaltungen
UND-Verknüpfung	
1 Variable	
$0 \wedge a = 0$	
$1 \wedge a = a$	
$a \wedge a = a$ $a \wedge a \wedge a \ldots \wedge a = a$	
$a \wedge \bar{a} = 0$	
2 oder mehr Variable	
Kommutativgesetz (Vertauschungsgesetz) $a \wedge b = b \wedge a$	
Assoziativgesetz (Verbindungsgesetz) $a \wedge b \wedge c = (a \wedge b) \wedge c = a \wedge (b \wedge c) = (a \wedge c) \wedge b$	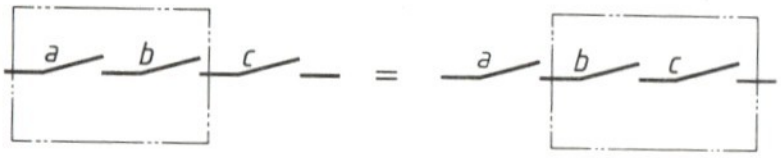
ODER-Verknüpfung	
1 Variable	
$0 \vee a = a$	
$1 \vee a = 1$	
$a \vee a = a$ $a \vee a \vee a \ldots \vee a = a$	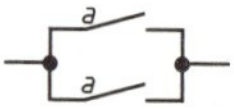
$a \vee \bar{a} = 1$	
2 oder mehr Variable	
Kommutativgesetz (Vertauschungsgesetz) $a \vee b = b \vee a$	
Assoziativgesetz (Verbindungsgesetz) $a \vee b \vee c = (a \vee b) \vee c = a \vee (b \vee c) = (a \vee c) \vee b$	

Rechenregeln	Beispiel für elektrische Schaltungen
Gemischte Verknüpfungen	
Distributivgesetz, z. B. $a \wedge (b \vee c) = (a \wedge b) \vee (a \wedge c)$ oder $a \vee (b \wedge c) = (a \vee b) \wedge (a \vee c)$	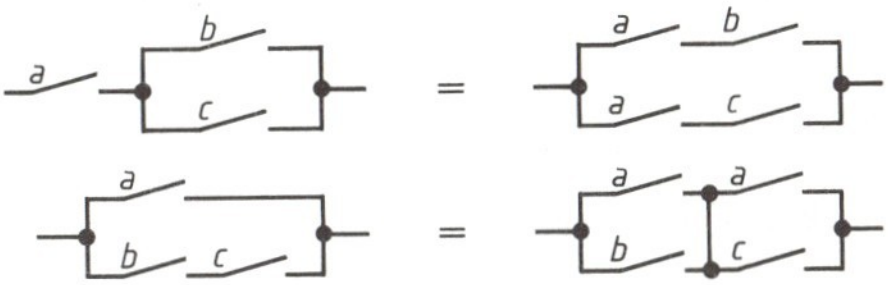

→ Logische Verknüpfungen

Schaltungen

→ Widerstand, elektrischer; Kapazität; Element, galvanisches

Schaltzeichen binärer Elemente

→ Logische Verknüpfungen

Scheinbare Masse

→ Dichtebestimmung

Scheinleistung

→ Leistung bei Wechselstrom

Scheinleitwert

$$Y = \frac{1}{Z}$$

Parallelschaltung von R und X_L

$$Y = \sqrt{G^2 + B_L{}^2}$$

Parallelschaltung von R und X_C

$$Y = \sqrt{G^2 + B_C{}^2}$$

Parallelschaltung von R, X_L und X_C

$$Y = \sqrt{G^2 + (B_L - B_C)^2} = \frac{G}{\cos\varphi} = \frac{B}{\sin\varphi}$$

Y	Scheinleitwert	S
Z	* Scheinwiderstand	Ω
G	Wirkleitwert	S
B	resultierender * Blindleitwert	S
B_L	induktiver * Blindleitwert	S
B_C	kapazitiver * Blindleitwert	S
φ	* Phasenverschiebungswinkel	rad

Scheinwiderstand (Impedanz)

$$Z = \sqrt{R^2 + X^2}$$

Reihenschaltung von R und X_L

$$Z = \sqrt{R^2 + X_L{}^2} \qquad Z = \frac{R}{\cos\varphi} \qquad Z = \frac{X_L}{\sin\varphi}$$

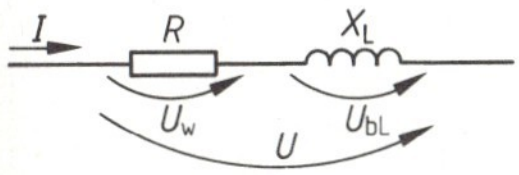

Z	Scheinwiderstand	Ω
R	Wirkwiderstand	Ω
X	* Blindwiderstand	Ω
X_L	induktiver * Blindwiderstand	Ω
φ	* Phasenverschiebungswinkel	rad

Reihenschaltung von R und X_C

$$Z = \sqrt{R^2 + X_C{}^2} \qquad Z = \frac{R}{\cos\varphi} \qquad Z = \frac{X_C}{\sin\varphi}$$

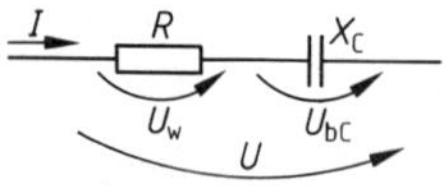

Z	Scheinwiderstand	Ω
R	Wirkwiderstand	Ω
X_C	kapazitiver * Blindwiderstand	Ω
φ	* Phasenverschiebungswinkel	rad

Reihenschaltung von R, X_L und X_C

$$Z = \sqrt{R^2 + (X_L - X_C)^2}$$

$$Z = \frac{R}{\cos\varphi} \qquad Z = \frac{X}{\sin\varphi}$$

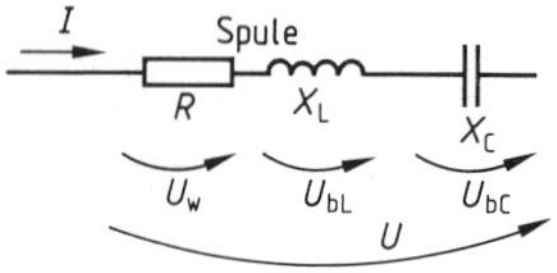

Z	Scheinwiderstand	Ω
R	Wirkwiderstand	Ω
X_L	induktiver * Blindwiderstand	Ω
X_C	kapazitiver * Blindwiderstand	Ω
X	resultierender Blindwiderstand	Ω
φ	* Phasenverschiebungswinkel	rad

Parallelschaltung von R und X_L

$$Z = \frac{1}{\sqrt{\frac{1}{R^2} + \frac{1}{X_L{}^2}}} \qquad Z = R \cdot \cos\varphi \qquad Z = X_L \cdot \sin\varphi$$

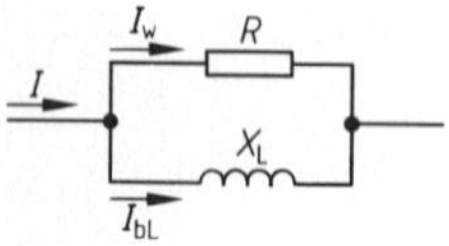

Z	Scheinwiderstand	Ω
R	Wirkwiderstand	Ω
X_L	induktiver * Blindwiderstand	Ω
φ	* Phasenverschiebungswinkel	rad

Parallelschaltung von R und X_C

$$Z = \frac{1}{\sqrt{\frac{1}{R^2} + \frac{1}{X_C{}^2}}} \qquad Z = R \cdot \cos\varphi \qquad Z = X_C \cdot \sin\varphi$$

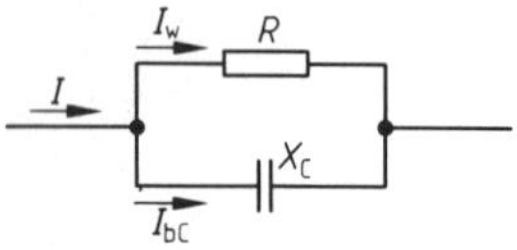

Z	Scheinwiderstand	Ω
R	Wirkwiderstand	Ω
X_C	kapazitiver * Blindwiderstand	Ω
φ	* Phasenverschiebungswinkel	rad

Parallelschaltung von R, X_L und X_C

$$Z = \frac{1}{\sqrt{\frac{1}{R^2} + \left(\frac{1}{X_L} - \frac{1}{X_C}\right)^2}}$$

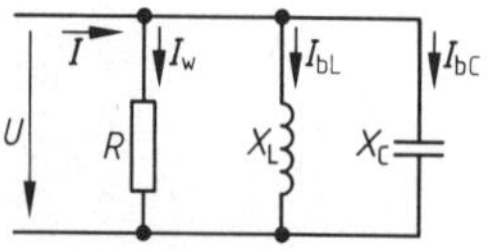

Z	Scheinwiderstand	Ω
R	Wirkwiderstand	Ω
X_L	induktiver * Blindwiderstand	Ω
X_C	kapazitiver * Blindwiderstand	Ω
φ	* Phasenverschiebungswinkel	rad

→ Wechselstromwiderstände

Scheitelfaktor

$$F_C = \frac{\hat{u}}{U} = \frac{\hat{i}}{I}$$

Schwingungsform	Scheitelfaktor F_C
sinusförmig	$\sqrt{2}$
dreieckförmig	$\sqrt{3}$
sägezahnförmig	$\sqrt{3}$
rechteckförmig	1

F_C	Scheitelfaktor	1
$\hat{u}$	Scheitelwert der * Spannung	V
$\hat{i}$	Scheitelwert des Stromes	A
U	elektrische * Spannung	V
I	elektrische * Stromstärke	A

Scheitelwert (Amplitude)

→ Wechselstrom

Scherbeanspruchung

→ Scherkraft, Scherspannung

Scherfestigkeit

$$\tau_{aB} = \frac{F_{max}}{S_o}$$

Bei mittelhartem Stahl:

$$\tau_{aB} \approx 0{,}8 \cdot R_m$$

τ_{aB}	Scherfestigkeit	N/mm²
F_{max}	Höchstkraft beim Bruch	N
S_o	ursprünglicher Querschnitt	mm²
R_m	* Zugfestigkeit	N/mm²

Scherkraft

einschnittig:

$$F = n \cdot S \cdot \tau_{a\,zul}$$

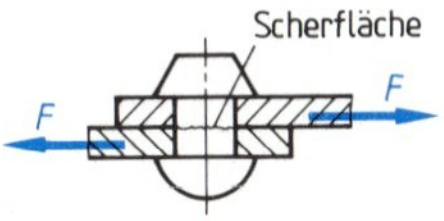

mehrschnittig:

$$F = m \cdot n \cdot S \cdot \tau_{a\,zul}$$

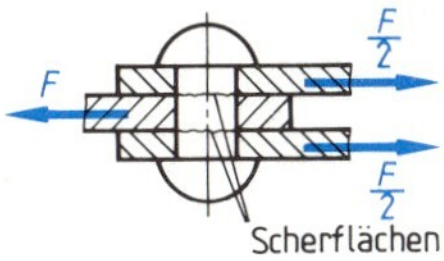

ausschneiden:

$$F = k \cdot U \cdot s \cdot \tau_{aB}$$

$$k \approx 1{,}7$$

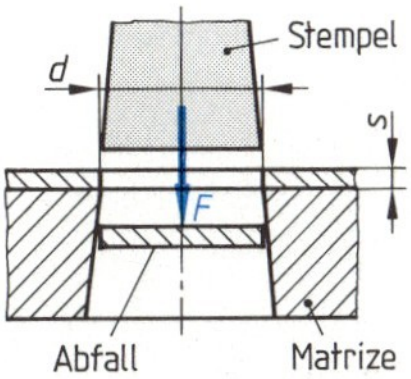

F	Scherkraft	N
n	Anzahl der Verbindungselemente (z. B. Niete, Schrauben)	1
S	* Scherquerschnitt	mm²
$\tau_{a\,zul}$	zulässige * Scherspannung	N/mm²
m	Schnittzahl, Schnittigkeit, Anzahl der Scherflächen pro Verbindungselement	1
k	Beiwert, der die Reibungswiderstände berücksichtigt	1
U	Umfang (Länge der Schnittlinie)	mm
s	Blechdicke	mm
τ_{aB}	* Scherfestigkeit	N/mm²

→ Scherquerschnitt, Scherspannung

Scherquerschnitt

$$S = U \cdot s$$

Für Kreis:

$$S = \pi \cdot d \cdot s$$

S	Scherquerschnitt	mm²
U	Umfang (Länge der Schnittlinie)	mm
s	Blechdicke	mm
d	Stempeldurchmesser	mm

Scherspannung

$$\tau_a = \frac{F}{S}$$

→ Scherspannung, zulässige

τ_a	Scherspannung	N/mm²
F	* Scherkraft	N
S	* Scherquerschnitt	mm²

Scherspannung, zulässige

$$\tau_{a\,zul} = \frac{\tau_{aB}}{\nu_B}$$

Bei mittelhartem Stahl:

$$\tau_{a\,zul} \approx 0{,}8 \cdot \sigma_{z\,zul}$$

→ Schubspannung, Zugspannung

$\tau_{a\,zul}$	zulässige Scherspannung	N/mm²
τ_{aB}	* Scherfestigkeit	N/mm²
ν_B	* Sicherheit gegen Bruch	1
$\sigma_{z\,zul}$	zulässige * Zugspannung	N/mm²

Schiebung (Gleitung)

$$\tan \gamma = \frac{s}{l}$$

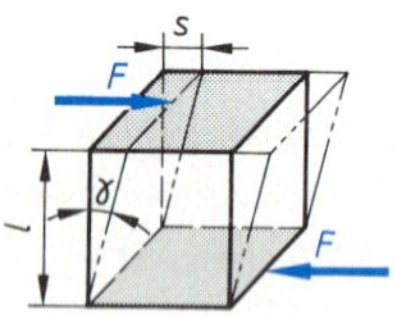

Im elastischen Bereich sind die Verschiebewinkel γ sehr klein. Bei kleinem Winkel ist aber $\tan \gamma \approx \widehat{\gamma}$. Somit:

$$\gamma = \frac{s}{l}$$

$$\gamma = \beta \cdot \tau_s = \frac{\tau_s}{G}$$

Im elastischen Bereich spricht man von der *Schiebung*, während im plastischen Bereich nach DIN 13316 das Wort *Gleitung* verwendet wird.

γ	elastische Schiebung	1
s	Verschiebestrecke	mm
l	Abstand zweier parallel zueinander verschobener Flächen unter der Wirkung der * Schubspannung	mm
β	* Schubkoeffizient	mm²/N
τ_s	* Schubspannung	N/mm²
G	* Schubmodul	N/mm²

Schiefe Ebene

→ Geneigte Ebene

Schiefer Quader

→ *Cavalieri*-Satz

Schiefer Zylinder

→ *Cavalieri*-Satz

Schlagarbeit

→ Schmiedekrafthämmer

Schlagkraft

→ Keil

Schlankheitsgrad

$$\lambda = \frac{s_K}{i}$$

$$\lambda = \frac{s_K}{\sqrt{\frac{I}{S}}}$$

→ *Euler*-Knickformeln, *Tetmajer*-Formel

Bei Berechnung auf Knickung ist darauf zu achten, daß grundsätzlich *der kleinste Trägheitsradius i* eingesetzt werden muß.

λ	Schlankheitsgrad	1
s_K	Knicklänge	mm
i	* Trägheitsradius	mm
I	* Flächenmoment 2. Grades	mm⁴
S	Querschnitt des Knickstabes	mm²

Schleifen

→ Hauptnutzungszeit

Schlupf bei Wechselstrom- und Drehstrommaschinen

$$n_{sch} = n_s - n$$

Bei Motoren:

$$s = \left(1 - \frac{n}{n_s}\right) \cdot 100\%$$

Bei Generatoren:

$$s = \left(\frac{n}{n_s} - 1\right) \cdot 100\%$$

n_{sch}	Schlupfdrehzahl	1/min
n_s	synchrone Drehzahl, Drehfelddrehzahl	1/min
n	Läuferdrehzahl	1/min
s	Schlupf	%

→ Umdrehungsfrequenz

Schlußlinie

→ Seileck

Schmelzpunkterniedrigung

→ Gefrierpunktserniedrigung

Schmelzwärme, Erstarrungswärme

$$Q = m \cdot q$$

→ Schmelzwärme, spezifische

Q	Schmelzwärme	J
m	* Masse	kg
q	spezifische Schmelzwärme	J/kg

Schmelzwärme, spezifische

$$q = \frac{Q}{m}$$

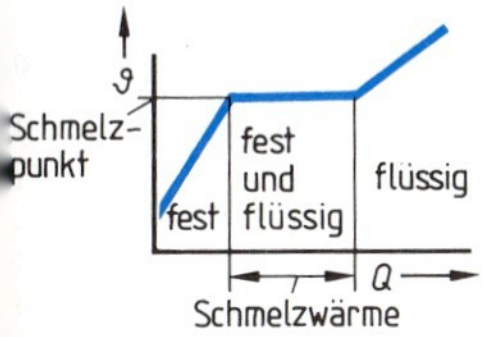

Tafelwerte von q: → Spezifische Wärmekapazität

q	spezifische Schmelzwärme	J/kg

Unter der spezifischen Schmelzwärme q versteht man die Wärmemenge, die 1 kg eines Stoffes bei p_n = 101325 Pa am Schmelzpunkt vom festen in den flüssigen Zustand bei konstanter Temperatur überführt oder die beim Erstarren aus dem flüssigen Zustand frei wird.

Q	* Schmelzwärme	J
m	* Masse	kg

Schmiedekrafthämmer

Fallhammer

$$W = F_G \cdot h = m \cdot g \cdot h = \frac{m \cdot v^2}{2}$$

$$v = \sqrt{2 \cdot g \cdot h}$$

Blattfederhammer

$$W_f = \frac{m \cdot v^2}{2}$$

$$v = \sqrt{2 \cdot a \cdot h}$$

Dampf- bzw. Lufthammer

$$W = \frac{m \cdot v^2}{2}$$

$$v = a \cdot t$$

→ Fall, freier

W	* Energie je Schlag (Schlagarbeit)	N · m
F_G	Fallkraft, Schlagkraft, * Gewichtskraft des Bären	N
h	Fallhöhe	m
m	* Masse des Bären (Fallmasse)	kg
g	* Fallbeschleunigung	m/s²
v	Auftreffgeschwindigkeit	m/s
W_f	* Federspannarbeit (Federenergie)	N · m
a	* Beschleunigung (des Bären)	m/s²
t	Fallzeit	s

Schmiedelänge

$$l = \frac{V}{A}$$

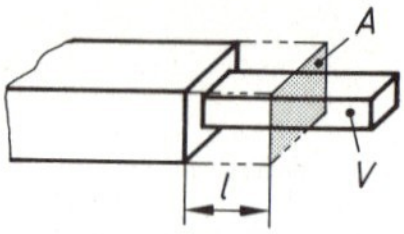

l	Schmiedelänge	mm
V	* Volumen des angeschmiedeten Teils	mm^3
A	Querschnitt des Ausgangsteils	mm^2

Schmitt-Trigger

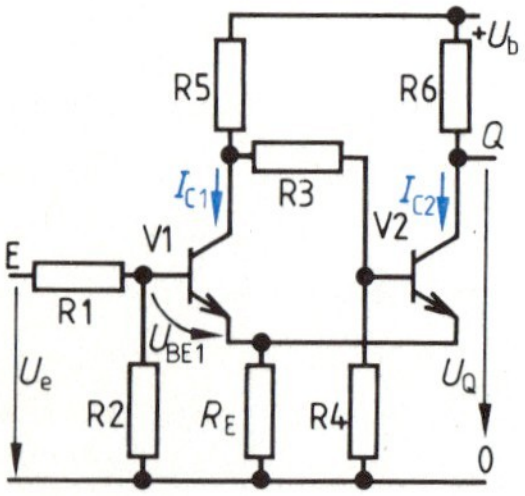

$$U_1 = I_{C2} \cdot R_E + U_{BE1} \qquad U_2 = I_{C1} \cdot R_E + U_{BE1}$$

$$\Delta U = U_1 - U_2 \qquad \Delta U = (I_{C2} - I_{C1}) \cdot R_E$$

U_1	obere Schwellenspannung	V
U_2	untere Schwellenspannung	V
ΔU	Schaltdifferenz	V
U_{BE1}	Basis-Emitter-Spannung des Transistors V1	V
I_{C1}	Kollektorstrom des Transistors V1	A
I_{C2}	Kollektorstrom des Transistors V2	A
R_E	Emitterwiderstand	Ω

Schneckenflaschenzug

→ Flaschenzug

Schneckengetriebe

$$i = \frac{n_1}{n_2}$$

$$i = \frac{z_2}{z_1}$$

→ Umdrehungsfrequenz, Übersetzung, Zahnradberechnung

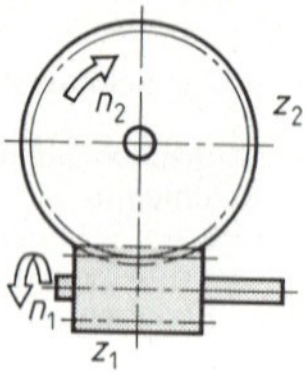

i	Übersetzungsverhältnis	1
n_1	* Umdrehungsfrequenz (Drehzahl) der Schnecke	1/s, 1/min
n_2	* Umdrehungsfrequenz (Drehzahl) des Schneckenrades	1/s, 1/min
z_1	Zähnezahl der Schnecke	1
z_2	Zähnezahl des Schneckenrades	1

Schnelle

→ Schallschnelle

Schnittdruck

→ Schnittkraft, spezifische

Schnittgeschwindigkeit

Bohren

$$v_c = \frac{\pi \cdot d \cdot n}{1000}$$

v_c	Schnittgeschwindigkeit	m/min
d	Bohrerdurchmesser	mm
n	* Umdrehungsfrequenz (Drehzahl) der Bohrspindel	1/min

Drehen

$$v_c = \frac{\pi \cdot d \cdot n}{1000}$$

v_c	Schnittgeschwindigkeit	m/min
d	Durchmesser des Drehteils	mm
n	* Umdrehungsfrequenz (Drehzahl) der Arbeitsspindel	1/min

Fräsen

$$v_c = \frac{\pi \cdot d \cdot n}{1000}$$

v_c	Schnittgeschwindigkeit	m/min
d	Fräserdurchmesser	mm
n	* Umdrehungsfrequenz (Drehzahl) der Fräserspindel	1/min

Hobeln, Stoßen, Räumen

$$v_c = \frac{l_f}{t_c}$$

$$v_r = \frac{l_f}{t_r}$$

$$v_m = \frac{2 \cdot l_f}{T} = 2 \cdot l_f \cdot i$$

$$v_m = 2 \cdot \frac{v_c \cdot v_r}{v_c + v_r} = 2 \cdot \frac{v_c}{1 + k}$$

$$k = \frac{v_c}{v_r}$$

v_c	mittlere Schnittgeschwindigkeit für den Vorlauf	m/min
v_r	mittlere Schnittgeschwindigkeit für den Rücklauf	m/min
v_m	mittlere Schnittgeschwindigkeit für den Doppelhub	m/min
l_f	Hublänge	m
t_c	Vorlaufzeit	min
t_r	Rücklaufzeit	min
T	Zeit für den Doppelhub	min
i	Anzahl der Doppelhübe	1/min
k	Geschwindigkeitsverhältnis	1

Schleifen

$$v_c = \frac{\pi \cdot d \cdot n}{1000 \cdot 60}$$

Beim Schleifen wird die Schnittgeschwindigkeit grundsätzlich in der Einheit m/s angegeben.

v_c	Schnittgeschwindigkeit	m/s
d	Durchmesser der Schleifscheibe	mm
n	* Umdrehungsfrequenz (Drehzahl) der Schleifscheibe	1/min

Schnittiefe

→ Spanung

Schnittigkeit

→ Scherkraft

Schnittkraft (Schnittwiderstand)

$$F_c = k_c \cdot A$$

→ Spanung; Schnittkraft, spezifische

F_c	Schnittkraft	N
k_c	spezifische Schnittkraft	N/mm^2
A	Spanungsquerschnitt	mm^2

Schnittkraft, spezifische

$$k_c = k \cdot C_1 \cdot C_2$$

$$k_c = \frac{k_{c\,1.1}}{h^{m_c}} \cdot C_1 \cdot C_2$$

Korrekturfaktoren C_1 und C_2

v_c in m/min	C_1	Fertigungsverfahren	C_2
10 ... 30	1,3	Fräsen	0,8
31 ... 80	1,1	Drehen	1,0
81 ... 400	1,0	Bohren	1,2
> 400	0,9		

→ Spanungsquerschnitt

k_c	spezifische Schnittkraft	N/mm^2
C_1	Korrekturfaktor für die * Schnittgeschwindigkeit v_c (s. Tabelle)	1
C_2	Korrekturfaktor für das Fertigungsverfahren (s. Tabelle)	1
k	Grundwert der spezifischen * Schnittkraft (s. große Tabelle)	N/mm^2
$k_{c\,1.1}$	Hauptwert der spezifischen * Schnittkraft (s. große Tabelle)	N/mm^2
h	Spanungsdicke	mm
m_c	Werkstoffkonstante	1

Richtwerte für die spezifische Schnittkraft

Werkstoff	$k_{c1.1}$ N/mm²	m_c	spezifische Schnittkraft k in N/mm² (für die Spanungsdicke h in mm) 0,08	0,1	0,16	0,2	0,31	0,5	0,8	1,0	1,6
St 50-2	1500	0,3	3200	2995	2600	2430	2130	1845	1605	1500	1305
C 35, C 45	1450	0,27	2870	2700	2380	2240	1990	1750	1540	1450	1275
C 60	1690	0,22	2945	2805	2530	2410	2185	1970	1775	1690	1525
9 S 20	1390	0,18	2190	2105	1935	1855	1715	1575	1445	1390	1275
9 SMn 28	1310	0,18	2065	1985	1820	1750	1615	1485	1365	1310	1205
35 S 20	1420	0,17	2180	2100	1940	1865	1735	1600	1475	1420	1310
16 MnCr 5	1400	0,30	2985	2795	2425	2270	1990	1725	1495	1400	1215
18 CrNi 8	1450	0,27	2870	2700	2380	2240	1990	1750	1540	1450	1275
20 MnCr 5	1465	0,26	2825	2665	2360	2225	1985	1755	1555	1465	1295
34 CrMo 4	1550	0,28	3145	2955	2590	2430	2150	1880	1650	1550	1360
37 MnSi 5	1580	0,25	2970	2810	2500	2365	2115	1880	1670	1580	1405
40 Mn 4	1600	0,26	3085	2910	2575	2430	2170	1915	1695	1600	1415
42 CrMo 4	1565	0,26	3020	2850	2520	2380	2120	1875	1660	1565	1385
50 CrV 4	1585	0,27	3135	2950	2600	2450	2175	1910	1685	1585	1395
X 210 Cr 12	1720	0,26	3315	3130	2770	2615	2330	2060	1825	1720	1520
GG-20	825	0,33	1900	1765	1510	1405	1215	1035	890	825	705
GG-30	900	0,42	2600	2365	1945	1740	1470	1205	990	900	740
CuZn 37	1180	0,15	1725	1665	1555	1500	1405	1310	1220	1180	1100
CuZn 36 Pb 1,5	835	0,15	1220	1180	1100	1065	995	925	865	835	780
CuZn 40 Pb 2	500	0,32	1120	1045	900	835	725	625	535	500	430

Die Richtwerte gelten für Hartmetallwerkzeuge mit den Spanwinkeln:

$\gamma_0 = +6°$ für die angegebenen Stähle,

$\gamma_0 = +2°$ für die angegebenen Gußeisenwerkstoffe,

$\gamma_0 = +8°$ für die angegebenen Kupferlegierungen.

Schnittleistung

Drehen, Stirnfräsen:

$$P_c = Q \cdot k_c = F_c \cdot v_c$$

Bohren:

$$P_c = Q \cdot k_c = \frac{F_c \cdot v_c}{2}$$

→ Spanung; Schnittkraft, spezifische

P_c	Schnittleistung	W
Q	Zeitspanungsvolumen	m³/s
k_c	spezifische Schnittkraft	N/m²
F_c	* Schnittkraft	N
v_c	* Schnittgeschwindigkeit	m/s

Schnittwiderstand

→ Schnittkraft

Schraube mit Mutter (Bewegungsschraube)

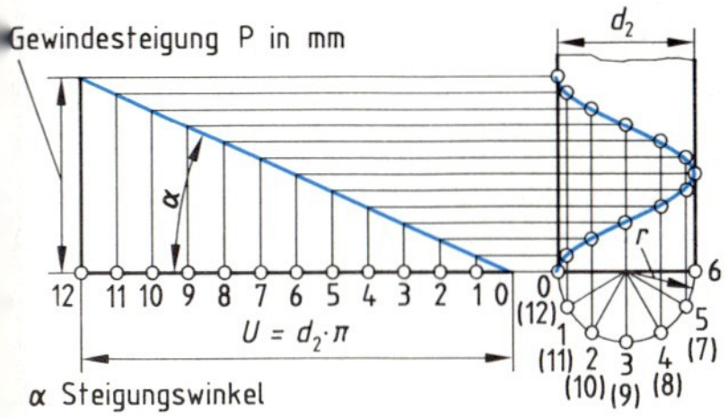

$$\tan \alpha = \frac{P}{d_2 \cdot \pi}$$

α	Steigungswinkel	°
P	Gewindesteigung	mm
d_2	Flankendurchmesser	mm

Bei eingängigen Gewinden wird die Steigung, bei mehrgängigen Gewinden wird die Teilung mit P bezeichnet.

Bei mehrgängigen Gewinden wird für die Steigung der Formelbuchstabe P_h verwendet.

Schraube mit Flachgewinde (nicht genormt)

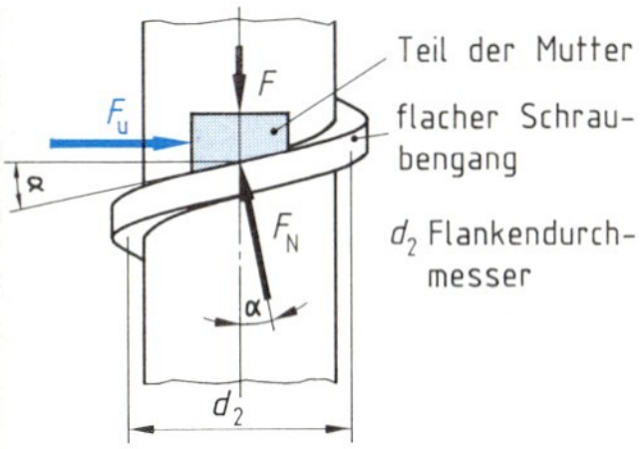

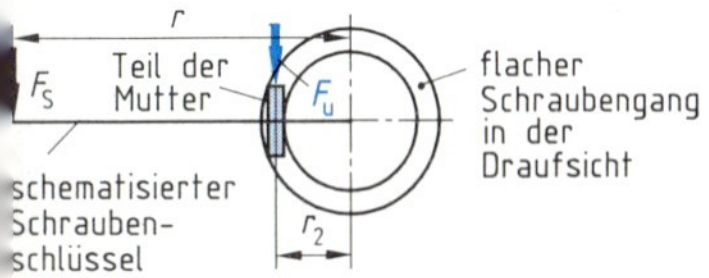

$$M = F_s \cdot r = F_u \cdot r_2 = F_u \cdot \frac{d_2}{2}$$

$$F_u = F \cdot \tan(\alpha \pm \varrho)$$

$$M_{RG} = F_u \cdot r_2 = F \cdot \tan(\alpha \pm \varrho) \cdot \frac{d_2}{2}$$

M	zur Bewegung aufzubringendes * Drehmoment	N · mm
F_s	* Kraft am Schraubenschlüssel	N
r	Hebellänge des Schraubenschlüssels	mm
F_u	Umfangskraft am Flankendurchmesser	N
F	axiale Schraubenkraft	N
F_N	Normalkraft	N
d_2	Flankendurchmesser	mm
α	Flankenwinkel	°
ϱ	* Reibungswinkel	°
M_{RG}	Gewindereibungsmoment	N · mm
μ'	Gewindereibungszahl	1
μ	* Reibungszahl	1
β	Flankenwinkel des Gewindes	°
ϱ'	Gewindereibungswinkel	°
η_H	Schraubenwirkungsgrad beim Heben bzw. Anziehen der Schraube	1
η_s	Schraubenwirkungsgrad beim Senken bzw. Lösen der Schraube	1

+ beim Heben bzw. Anziehen

− beim Senken bzw. Lösen

Schraube mit Spitz- oder Trapezgewinde

$$\mu' = \frac{\mu}{\cos \beta/2}$$

$$\mu' = \tan \varrho'$$

$$F_u = F \cdot \tan(\alpha \pm \varrho')$$

$$M_{RG} = F_u \cdot \frac{d_2}{2}$$

$$\eta_H = \frac{\tan \alpha}{\tan(\alpha + \varrho')}$$

$$\eta_s = \frac{\tan(\alpha - \varrho')}{\tan \alpha}$$

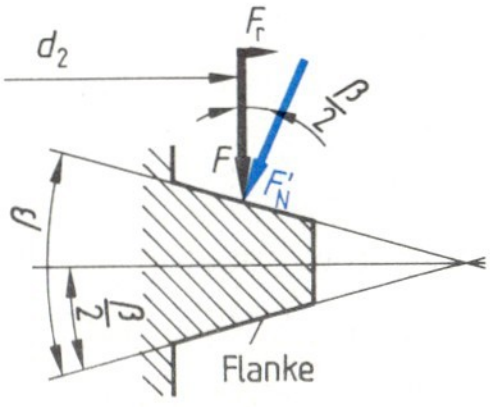

→ Drehmoment, Hebelgesetz, Kraftmoment, Schraube zum Befestigen, Wirkungsgrad

Schraube zum Befestigen (Befestigungsschraube)

Querbelastete Schrauben

Paßschrauben

$$\tau_{a\,vorh} = \frac{4 \cdot F}{n \cdot m \cdot d^2 \cdot \pi}$$

$$p_{vorh} = \frac{F}{d \cdot s \cdot n}$$

Durchsteckschrauben

$$\sigma_{z\,vorh} = \frac{F}{\mu_0 \cdot A_s}$$

$$A_s = \frac{\pi}{4} \cdot \left(\frac{d_2 + d_3}{2}\right)^2$$

Statisch längsbelastete Schrauben

$$\sigma_{z\,vorh} = \frac{F}{A_s}$$

$$p_{G\,vorh} = \frac{F}{\pi \cdot i \cdot d_2 \cdot H_1}$$

$$m_{erf} = \frac{F \cdot P}{\pi \cdot p_{zul} \cdot d_2 \cdot H_1}$$

→ Lochleibungsdruck, Reibungszahl, Scherkraft, Schraube mit Mutter (Bewegungsschraube)

$\tau_{a\,vorh}$	vorhandene * Scherspannung	N/mm²
F	axiale Schraubenkraft	N
n	Anzahl der Schrauben	1
m	Anzahl der Schnittflächen pro Schraube (Schnittzahl oder Schnittigkeit)	1
d	Schaftdurchmesser der Schraube	mm
d_2	Flankendurchmesser	mm
d_3	Kerndurchmesser des Gewindebolzens	mm
p_{vorh}	vorhandene * Flächenpressung am Schraubenschaft	N/mm²
s	kleinste Blechdicke	mm
$\sigma_{z\,vorh}$	* Zugspannung in der Schraube	N/mm²
μ_0	Haftreibungszahl	1
A_s	Spannungsquerschnitt	mm²
$p_{G\,vorh}$	vorhandene * Flächenpressung am Gewinde	N/mm²
i	Anzahl der Gewindegänge	1
H_1	Flankenüberdeckung	mm
m_{erf}	erforderliche Mutterhöhe	mm
p_{zul}	zulässige * Flächenpressung	N/mm²
P	Gewindesteigung	mm

Schraubenfeder

→ Druckfeder, Zugfeder

Schraubenverbindungen

→ Scherkraft

Schraubenwirkungsgrad

→ Schraube mit Mutter

Schrittfrequenz

→ Schrittmotor

Schrittmotor

$$z_u = 2 \cdot p \cdot m$$

$$\alpha = \frac{360^\circ}{2 \cdot p \cdot m} \qquad n = \frac{f_{sch}}{2 \cdot p \cdot m} = \frac{f_{sch}}{z_u}$$

z_u	Schrittzahl je Umdrehung	1
p	Polpaarzahl des Läufers	1
m	Strangzahl (Phasenzahl)	1
α	Schrittwinkel	°
f_{sch}	Schrittfrequenz	1/s
n	* Umdrehungsfrequenz, Drehzahl	1/s

Schrumpfmaß

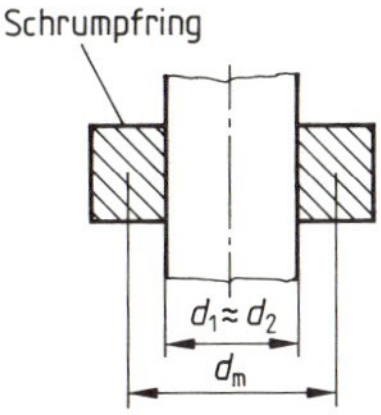

$$\lambda = \frac{1}{E} \cdot d_m \cdot \sigma_{z\,zul}$$

$$d_1 = d_2 - \lambda$$

$$\Delta\vartheta = \frac{d_2 - d_1}{d_m \cdot \alpha_l}$$

Um eine Schrumpfwirkung zu erzielen, muß $d_1 < d_2$ sein.

λ	Schrumpfmaß	mm
E	* Elastizitätsmodul	N/mm²
d_m	mittlerer Schrumpfringdurchmesser	mm
$\sigma_{z\,zul}$	zulässige * Zugspannung des Schrumpfringes	N/mm²
d_1	Schrumpfring-Innendurchmesser	mm
d_2	Wellendurchmesser	mm
$\Delta\vartheta$	erforderliche Temperaturdifferenz	°C, K
α_l	* Längenausdehnungskoeffizient, thermischer	m/(m·K)

Schubkoeffizient (Schubzahl)

$$\beta = \frac{1}{G} = \frac{\gamma}{\tau_s}$$

$$\beta = \frac{2}{E} \cdot \frac{m+1}{m}$$

$$\beta = 2 \cdot \frac{m+1}{m} \cdot \alpha$$

β	Schubkoeffizient	mm²/N
G	* Schubmodul	N/mm²
γ	* Schiebung	1
τ_s	* Schubspannung (Scherung oder Torsion)	N/mm²
E	* Elastizitätsmodul	N/mm²
m	* *Poisson*-Konstante	1
α	* Dehnungskoeffizient	mm²/N

Schubmodul (Gleitmodul)

$$G = \frac{1}{\beta}$$

$$G = \frac{m}{2 \cdot (m+1)} \cdot E$$

$$G = \frac{E}{2 \cdot (1+\mu)}$$

G	Schubmodul	N/mm²
β	* Schubkoeffizient	mm²/N
m	* *Poisson*-Konstante	1
E	* Elastizitätsmodul	N/mm²
μ	* *Poisson*-Zahl	1

Werkstoff	G in N/mm²	Werkstoff	G in N/mm²
Bronze	44 000	Kupfer	41 000
Federstahl	83 000	Messing	34 000
Flußstahl	79 000	Rotguß	31 000
Grauguß	28 000 . . . 39 000	Stahlguß	81 000

Schubspannung

$$\tau_s = \frac{F}{S} = \tau_a = \gamma \cdot G$$

$$\tau_s = \frac{M_t}{W_p} = \tau_t = \gamma \cdot G$$

→ Widerstandsmoment

τ_s	Schubspannung	N/mm²
F	* Scherkraft	N
S	* Scherquerschnitt	mm²
τ_a	* Scherspannung	N/mm²
γ	* Schiebung	1
G	* Schubmodul	N/mm²
M_t	* Verdrehmoment	N · mm
W_p	polares * Widerstandsmoment	mm³
τ_t	* Verdrehspannung	N/mm²

Schubstangenverhältnis, Pleuelverhältnis

→ Kurbelgetriebe

Schubzahl

→ Schubkoeffizient

Schutzmaßnahmen gegen zu hohe Berührungsspannung

Im TT-Netz:

$$R_A \cdot I_a \leq U_L$$

Im IT-Netz:

$$R_A \cdot I_d \leq U_L$$

Widerstand der Fehlerschleife

$$Z_s = \frac{U_{01} - U_{02}}{I}$$

Abschaltstrom

$$I_a \leq \frac{U_0}{Z_s}$$

Kurzschlußstrom

$$I_k = \frac{U_{01}}{Z_s} \qquad I_k = \frac{U_{01} \cdot I}{U_{01} - U_{02}}$$

Fehlerstrom-Schutzeinrichtung

$$R_A \cdot I_{\Delta n} \leq U_L$$

U_L	höchstzulässige Berührungsspannung	V
R_A	höchstzulässiger Erdungswiderstand der Verbraucheranlage	Ω
I_a	Abschaltstrom	A
I_d	Fehlerstrom im Falle des ersten Fehlers zwischen Körper und Außenleiter	A
Z_s	* Scheinwiderstand (Impedanz) der Fehlerschleife	Ω
U_0	Nennspannung gegen den PEN-Leiter	V
U_{01}	Spannung zwischen dem unbelasteten Außenleiter und dem PE- bzw. PEN-Leiter	V
U_{02}	Spannung zwischen dem belasteten Außenleiter und dem PE- bzw. PEN-Leiter	V
I	Belastungsstrom	A
I_k	Kurzschlußstrom	A
$I_{\Delta n}$	Nennfehlerstrom	A

Schwächungskoeffizient

$$\mu = \frac{\mathrm{d}N}{N \cdot \mathrm{d}s}$$

$$\mu = n_a \cdot \sigma_T = \frac{N_A \cdot \varrho}{M}$$

$$\mu = \tau \cdot \sigma \cdot \varkappa$$

μ	Schwächungskoeffizient	1/m
$\mathrm{d}N$	Anzahl * Photonen, die innerhalb der Weglänge $\mathrm{d}s$ mit der Materie in Wechselwirkung treten	1
N	Photonenzahl	1
N_A	* *Avogadro*-Konstante	1/mol
$\mathrm{d}s$	Weglänge	m
n_a	Anzahldichte der Atome	1/m^3
σ_T	Wirkungsquerschnitt	m^2
σ	Streukoeffizient	1/m
ϱ	* Dichte	kg/m^3
M	* molare Masse	kg/mol
τ	Photoschwächungskoeffizient	1/m
$\varkappa$	Paarbildungskoeffizient	1/m

Schwärzegrad

→ Strahlungskonstante der vollkommen schwarzen Fläche

Schwellfestigkeit

Bei mittelharten Stählen:

$$\sigma_{sch} \approx \frac{2}{3} \cdot \sigma_B$$

σ_{sch}	Schwellfestigkeit	N/mm^2
σ_B	* Statische Festigkeit	N/mm^2

Schwerebeschleunigung

→ Fallbeschleunigung

Schweredruck

$$p = h \cdot \varrho \cdot g$$

→ Bodendruck

p	Schweredruck	N/m^2 = Pa
h	Höhe der Flüssigkeitssäule	m
ϱ	* Dichte	kg/m^3
g	* Fallbeschleunigung	m/s^2

Schwerkraft (Gravitationskraft)

→ Gewichtskraft, *Newtonsche* Gesetze

Schwerpunktlage von Flächen

Dreieck

$$y_0 = \frac{h}{3}$$

Der Schwerpunkt liegt im Schnittpunkt der Seitenhalbierenden.

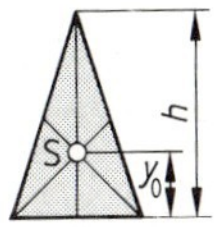

y_0	Abstand des Schwerpunktes von der Grundlinie	m
h	Dreieckshöhe	m

Halbkreis

$$y_0 = \frac{4}{3} \cdot \frac{r}{\pi} \approx 0{,}424 \cdot r$$

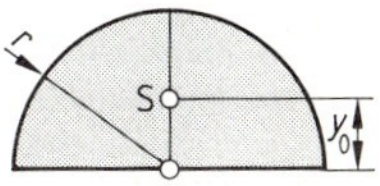

y_0	Abstand des Schwerpunktes von der Grundlinie	m
r	Radius	m

Kreis, Kreisring

Der Schwerpunkt liegt im Mittelpunkt.

Kreisabschnitt

$$y_0 = \frac{s^3}{12 \cdot A}$$

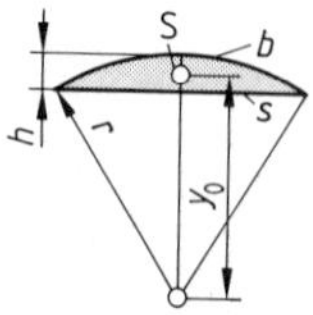

y_0	Abstand des Schwerpunktes zum Mittelpunkt	m
s	* Sehnenlänge	m
A	Flächeninhalt des * Kreisabschnittes	m^2
r	Radius	m
b	Bogenlänge	m
h	* Bogenhöhe	m

Kreisausschnitt

$$y_0 = \frac{2 \cdot r \cdot s}{3 \cdot b}$$

→ Bogenhöhe

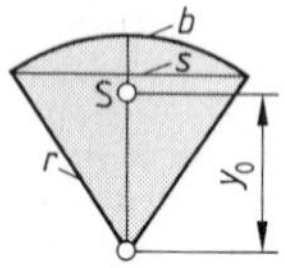

y_0	Abstand des Schwerpunktes zum Mittelpunkt	m
r	Radius	m
s	* Sehnenlänge	m
b	Bogenlänge	m

Parabel

$$x_0 = \frac{3}{5} \cdot a$$

$$y_0 = \frac{3}{8} \cdot b$$

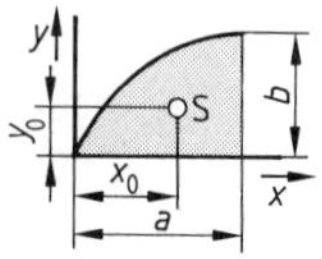

x_0	x-Koordinate des Schwerpunktes	m
y_0	y-Koordinate des Schwerpunktes	m
a, b	Öffnungsweiten der Parabel	m

Quadrat, Rechteck

Der Schwerpunkt liegt im Schnittpunkt der Diagonalen.

Trapez

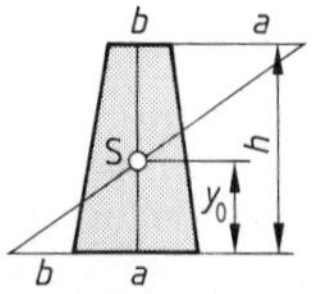

y_0	Abstand des Schwerpunktes von der Grundlinie	m
h	Trapezhöhe	m
a	lange Trapezseite	m
b	kurze Trapezseite	m

Schwerpunktlage bei beliebiger Fläche

Grafische Ermittlung mit Hilfe der Seileckkonstruktion

Die Gesamtfläche wird – entsprechend der folgenden Abbildung – in einzelne Teilflächen (z.B. A_1, A_2, A_3), deren Schwerpunktlage bekannt sein muß, zerlegt.

Bei der Anwendung der Seileckkonstruktion werden die Beträge der Teilflächen wie die von Kräften bei der Resultierendenbildung behandelt und zwar in x- und y-Richtung. Damit ergeben sich die beiden Schwerlinien ΣA_y und ΣA_x, deren Schnittpunkt mit dem Schwerpunkt der Gesamtfläche identisch ist.

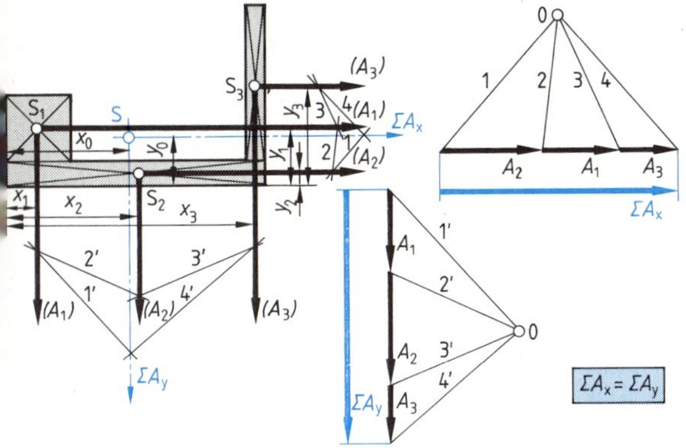

$\Sigma A_x = \Sigma A_y$

→ Seileck

Analytische Ermittlung mit Hilfe des Momentensatzes

$$x_0 = \frac{\int x \cdot dA}{A_{ges}} \quad \text{oder} \quad x_0 = \frac{\Sigma x \cdot \Delta A}{A_{ges}}$$

Mit den Daten der grafischen Lösung:

$$x_0 = \frac{A_1 \cdot x_1 + A_2 \cdot x_2 + A_3 \cdot x_3 + \ldots}{A_{ges}}$$

$$y_0 = \frac{\int y \cdot dA}{A_{ges}} \quad \text{oder} \quad y_0 = \frac{\Sigma y \cdot \Delta A}{A_{ges}}$$

Mit den Daten der grafischen Lösung:

$$y_0 = \frac{A_1 \cdot y_1 + A_2 \cdot y_2 + A_3 \cdot y_3 + \ldots}{A_{ges}}$$

$$A_{ges} = A_1 + A_2 + A_3 + \ldots$$

x_0, y_0	Schwerpunktkoordinaten	mm
A	Teilflächen	mm^2
A_{ges}	Gesamtfläche	mm^2
x, y	Schwerpunktkoordinaten der Teilflächen	mm

→ Kraftmoment, Seileckkonstruktion

Schwerpunktlage von Körpern

Halbkugel

$$z_0 = \frac{3}{8} \cdot r = 0{,}375 \cdot r$$

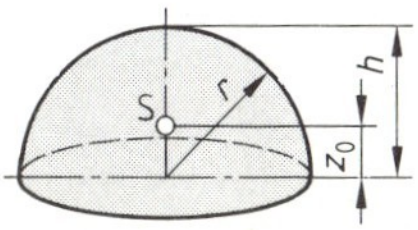

z_0	z-Komponente des Schwerpunktes	m
h	Höhe	m
r	Radius	m

Kegel

$$z_0 = \frac{h}{4} = 0{,}25 \cdot h$$

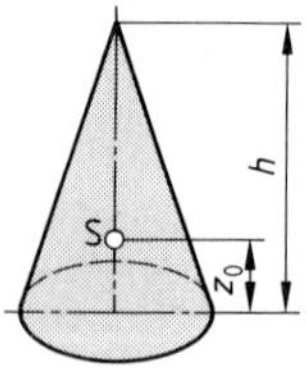

z_0	z-Komponente des Schwerpunktes	m
h	Höhe	m

Kegelstumpf

$$z_0 = \frac{h}{4} \cdot \frac{d_1^2 + 2 \cdot d_1 \cdot d_2 + 3 \cdot d_2^2}{d_1^2 + d_1 \cdot d_2 + d_2^2}$$

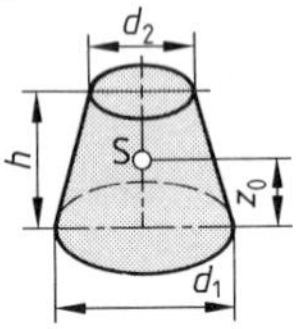

z_0	z-Komponente des Schwerpunktes	m
h	Höhe	m
d_1	Durchmesser der Grundfläche	m
d_2	Durchmesser der Deckfläche	m

Keil

$$z_0 = \frac{h}{2} \cdot \frac{a_2 + a_1}{2 \cdot a_2 + a_1}$$

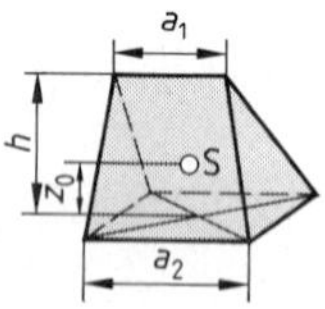

z_0	z-Komponente des Schwerpunktes	m
h	Höhe	m
a_1	kleine Keilbreite	m
a_2	große Keilbreite	m

Kugel, Hohlkugel

Der Schwerpunkt liegt im Mittelpunkt.

Kugelabschnitt

$$z_0 = \frac{3}{4} \cdot \frac{(2 \cdot r - h)^2}{3 \cdot r - h}$$

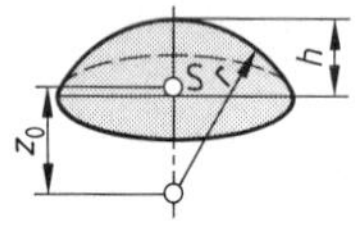

z_0	z-Komponente des Schwerpunktes	m
h	Höhe	m
r	Kugelradius	m

Kugelausschnitt

$$z_0 = \frac{3}{8} \cdot (2 \cdot r - h)$$

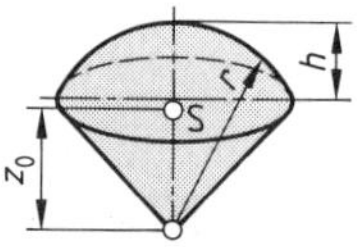

z_0	z-Komponente des Schwerpunktes	m
h	die dem Kugelabschnitt entsprechende Höhe	m
r	Kugelradius	m

Prisma

$$z_0 = \frac{h}{2}$$

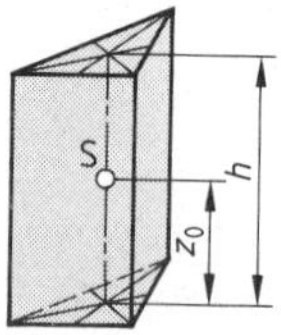

z_0	z-Komponente des Schwerpunktes	m
h	Höhe	m

Pyramide

$$z_0 = \frac{h}{4} = 0{,}25 \cdot h$$

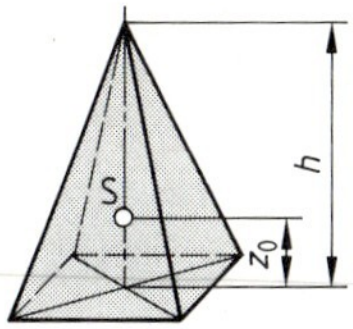

z_0	z-Komponente des Schwerpunktes	m
h	Höhe	m

Pyramidenstumpf

$$z_0 = \frac{h}{4} \cdot \frac{A_G + 2 \cdot \sqrt{A_G \cdot A_D} + 3 \cdot A_D}{A_G + \sqrt{A_G \cdot A_D} + A_D}$$

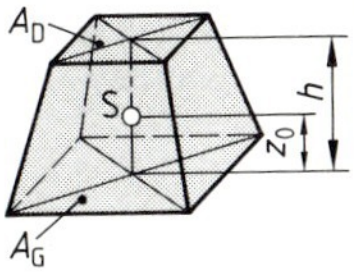

z_0	z-Komponente des Schwerpunktes	m
h	Höhe	m
A_G	Grundfläche	m^2
A_D	Deckfläche	m^2

Quader, Rechtecksäule

Der Schwerpunkt ist mit dem Schnittpunkt der Raumdiagonalen identisch.

Tetraeder

$$z_0 = \frac{h}{4}$$

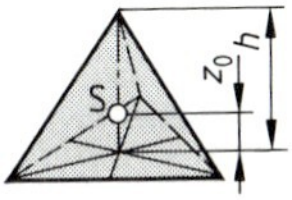

z_0	z-Komponente des Schwerpunktes	m
h	Höhe	m

Würfel

→ Quader

Zylinder

$$z_0 = \frac{h}{2}$$

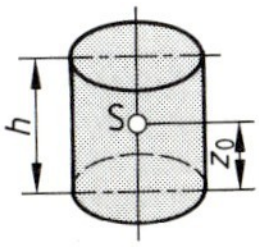

z_0	z-Komponente des Schwerpunktes	m
h	Höhe	m

Zylinder, schief abgeschnitten

$$z_0 = \frac{h + h_1}{4} + \frac{1}{4} \cdot \frac{r^2 \cdot \tan^2 \alpha}{h + h_1}$$

$$= \frac{d}{2}$$

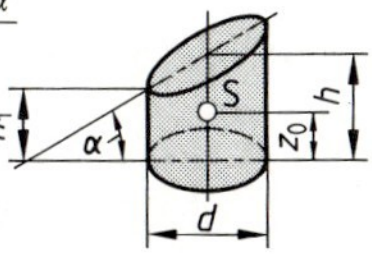

z_0	z-Komponente des Schwerpunktes	m
h	mittlere Höhe	m
h_1	kleinste Höhe	m
r	Zylinderradius	m
α	Neigungswinkel der schrägen Deckfläche gegen die Horizontale	°
d	Zylinderdurchmesser	m

Schwerpunktlage von Linien

Umfang des Dreiecks

$$y_0 = \frac{h \cdot (b + c)}{2 \cdot (a + b + c)}$$

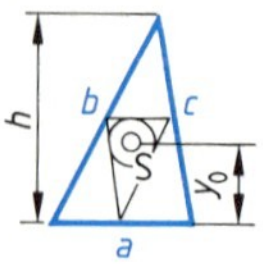

y_0	y-Komponente des Schwerpunktes	m
h	Höhe	m
a, b, c	Dreieckseiten	m

Halbkreisbogen

$$y_0 = \frac{2 \cdot r}{\pi}$$

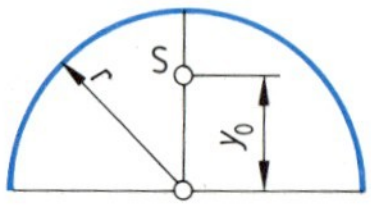

y_0	y-Komponente des Schwerpunktes	m
r	Radius des Kreises	m

Kreisbogen

$$y_0 = r \cdot \frac{s}{b}$$

→ Bogenhöhe

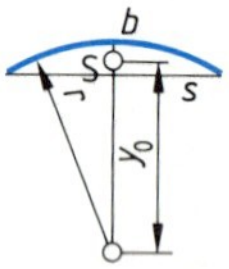

y_0	y-Komponente des Schwerpunktes	m
r	Radius des Kreises	m
s	* Sehnenlänge	m
b	Bogenlänge	m

Umfang des Rechtecks

$$y_0 = \frac{h}{2}$$

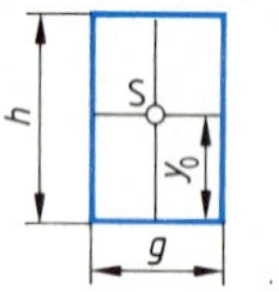

y_0	y-Komponente des Schwerpunktes	m
h	Höhe	m

Winkel

$$x_0 = \frac{b^2}{2 \cdot (a + b)}$$

$$y_0 = \frac{a^2}{2 \cdot (a + b)}$$

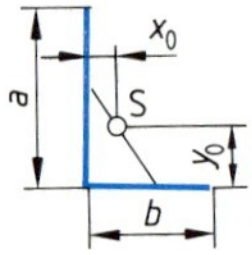

x_0	x-Komponente des Schwerpunktes	m
y_0	y-Komponente des Schwerpunktes	m
a, b	Länge der Schenkel	m

Gebrochener Linienzug

$$x_0 = \frac{\Sigma\,(l \cdot x)}{\Sigma\, l}$$

$$y_0 = \frac{\Sigma\,(l \cdot y)}{\Sigma\, l}$$

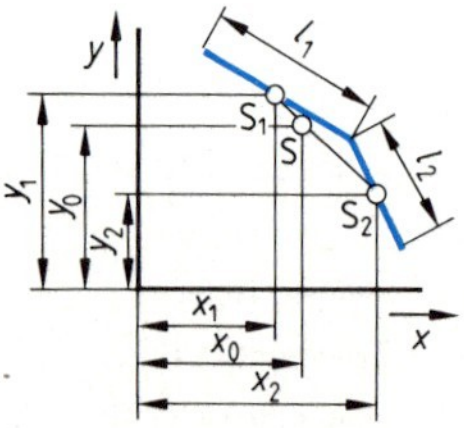

x_0, x	x-Komponenten des Schwerpunktes	m
y_0, y	y-Komponenten des Schwerpunktes	m
l	Teillängen (l_1, l_2, ...)	m

Für beliebige Linienzahl:

$$x_0 = \frac{l_1 \cdot x_1 + l_2 \cdot x_2 + \ldots}{l_1 + l_2 + \ldots}$$

$$y_0 = \frac{l_1 \cdot y_1 + l_2 \cdot y_2 + \ldots}{l_1 + l_2 + \ldots}$$

$l \cdot x$ $l \cdot y$	Linienmoment oder statisches Moment einer Linie	m^2

Schwerpunktsatz

$F_r = m \cdot \sqrt{a_x^2 + a_y^2 + a_z^2} = m \cdot a_s$

→ Kräftezusammensetzung

F_r	Resultierende aller äußeren * Kräfte	N
m	* Masse des Körpers	kg
a	* Beschleunigung in Richtung der Koordinaten x, y, z	m/s^2
a_s	* Beschleunigung des * Schwerpunktes	m/s^2

Schwimmgleichgewicht

$F_A > m \cdot g$ → Körper schwimmt

$F_A = m \cdot g$ → Körper schwebt

$F_A < m \cdot g$ → Körper sinkt

$m \cdot g = F_G$

F_A	Auftriebskraft	N
F_G	* Gewichtskraft	N
m	* Masse	kg
g	* Fallbeschleunigung	m/s^2

→ Auftrieb beim Schwimmkörper

Schwinger, Schwingungen

→ Linearer Schwinger, Periodendauer

Schwingungsdauer

→ Periodendauer

Schwingungspaketsteuerung

Bei Wechselstromstellern

$P_0 = U \cdot I \cdot \cos \varphi$

$P = \frac{t_E}{T_S} \cdot P_0$

→ Wechselstromsteller mit Triac

P_0	Leistung ohne Schwingungspaketsteuerung	W
P	Leistung bei Schwingungspaketsteuerung	W
U	Effektivwert der * Spannung	V
I	Effektivwert der * Stromstärke	A
$\cos \varphi$	* Leistungsfaktor	1
t_E	Einschaltdauer des Verbrauchers	s
T_S	Dauer der Schaltperiode	s

Schwungradberechnung

$J = \frac{\pi}{32} \cdot \varrho \cdot b \cdot (D^4 - d^4)$

$W = W_{max} - W_{min}$

$W = \frac{J}{2} \cdot (\omega_{max}^2 - \omega_{min}^2)$

$W = J \cdot \delta \cdot \omega_m^2$

$\omega_m = \frac{\omega_{max} + \omega_{min}}{2}$

$\delta = \frac{n_{max} - n_{min}}{n_m} = \frac{\omega_{max} - \omega_{min}}{\omega_m}$

→ Energie, Umdrehungsfrequenz (Drehzahl), Winkelgeschwindigkeit

J	* Trägheitsmoment eines Körpers	$kg \cdot m^2$
ϱ	* Dichte des Werkstoffes	kg/m^3
b	Breite des Schwungkranzes	m
D	Außendurchmesser des Kranzes	m
d	Innendurchmesser des Kranzes	m
W	Arbeitsüberschuß	$N \cdot m$
W_{max}	Rotationsenergie bei n_{max}	$N \cdot m$
W_{min}	Rotationsenergie bei n_{min}	$N \cdot m$
ω_{max}	maximale * Winkelgeschwindigkeit	rad/s
ω_{min}	minimale * Winkelgeschwindigkeit	rad/s
ω_m	mittlere * Winkelgeschwindigkeit	rad/s
δ	Ungleichförmigkeitsgrad	1
n_{max}	maximale * Umdrehungsfrequenz	1/s
n_{min}	minimale * Umdrehungsfrequenz	1/s

Sechseck, regelmäßiges

$d_1 = a \cdot \sqrt{3}$

$d_2 = 2 \cdot a$

$A = \dfrac{d_1^2}{2} \cdot \sqrt{3}$

$A = \dfrac{3}{8} \cdot d_2^2 \cdot \sqrt{3}$

$A = \dfrac{3}{2} \cdot a^2 \cdot \sqrt{3}$

$U = 6 \cdot a$

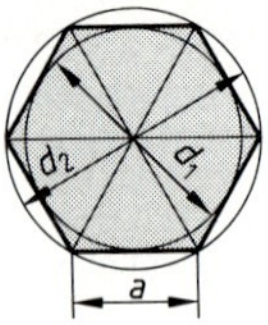

d_1	Durchmesser des Inkreises	m
d_2	Durchmesser des Umkreises	m
a	Seitenlänge	m
A	Flächeninhalt	m^2
U	Umfang	m

→ Vieleck, regelmäßiges

Sechsflächner (Hexaeder)

→ Würfel

Sechskantprisma (Sechskantsäule)

$A_0 = 2 \cdot A + 6 \cdot a \cdot h$

$V = A \cdot h$

→ *Cavalieri*-Satz

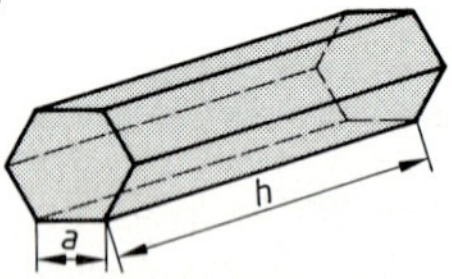

A_0	Oberfläche	m^2
A	Flächeninhalt des * Sechseckes	m^2
a	Seitenlänge des * Sechseckes	m
h	Höhe des Prismas	m
V	* Volumen	m^3

Sechspuls-Brückenschaltung

→ Gleichrichterschaltungen

Segmentbogen

$r = \dfrac{s^2 + 4 \cdot h^2}{8 \cdot h}$

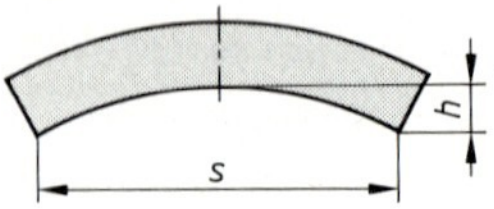

r	Bogenradius	m
s	Spannweite	m
h	Stichhöhe	m

Sehnenkonstante

→ Teilung auf dem Lochkreis

Sehnenlänge

$s = 2 \cdot r \cdot \sin \dfrac{\alpha}{2}$

$s = 2 \cdot \sqrt{2 \cdot h \cdot r - h^2}$

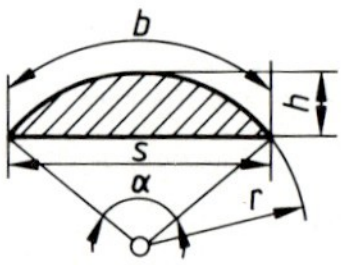

s	Sehnenlänge	m
r	Radius des Kreises	m
α	Zentriwinkel	°, rad
h	* Bogenhöhe	m
b	Bogenlänge	m

Sehnensatz

$a \cdot b = c \cdot \alpha$

$a : c = d : b$

→ Sekantensatz

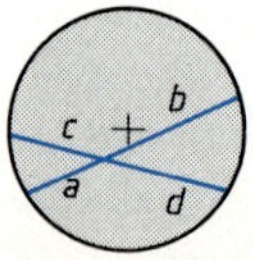

a, b, c, d	Sehnenabschnitte	m

Schneiden sich Sehnen innerhalb eines Kreises, so ist das Produkt ihrer Abschnitte konstant.

Sehnenviereck (Kreisviereck)

$$A = \sqrt{(s-a)\cdot(s-b)\cdot(s-c)\cdot(s-d)}$$

$$s = \frac{a+b+c+d}{2}$$

Nach *Ptolomäus*:

$$D_1 \cdot D_2 = a \cdot c + b \cdot d$$

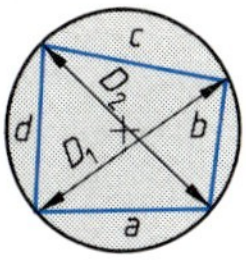

A	Flächeninhalt	m^2
s	halber Umfang	m
a, b, c, d	Seiten	m
D_1, D_2	Diagonalen	m

Seileck (Seilpolygon)

Zwei Kräfte in beliebiger Richtung

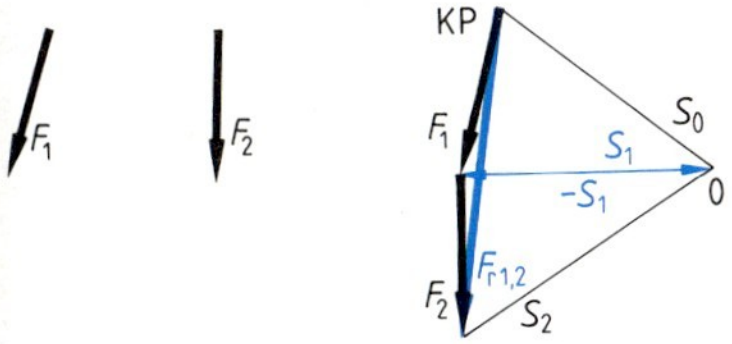

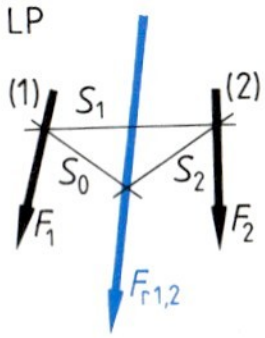

0 Pol

S_0, S_1, S_2 } Polstrahlen

KP **Kräfteplan** (Krafteck) oder **Poleck**

F Einzelkräfte ($F_1, F_2, \ldots, F_i$)

F_r Resultierende

LP **Lageplan** oder **Seileck**

S_0, S_1, S_2 } Seilstrahlen (meistens mit 0, 1, 2 . . . bezeichnet)

Mehr als zwei Kräfte in beliebiger Richtung:

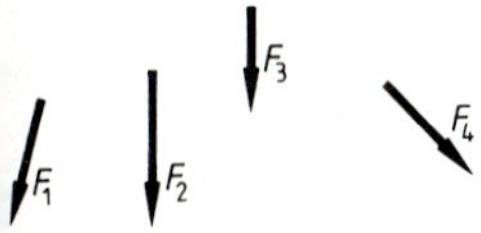

Polstrahlen: 0, 1, 2, 3, 4 . . .

Krafteck bzw. Poleck

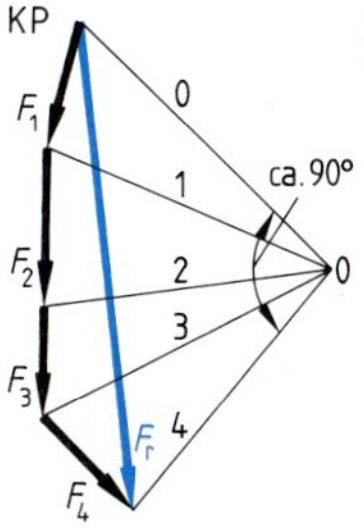

Seilstrahlen: 0, 1, 2, 3, 4 . . .

Seileck

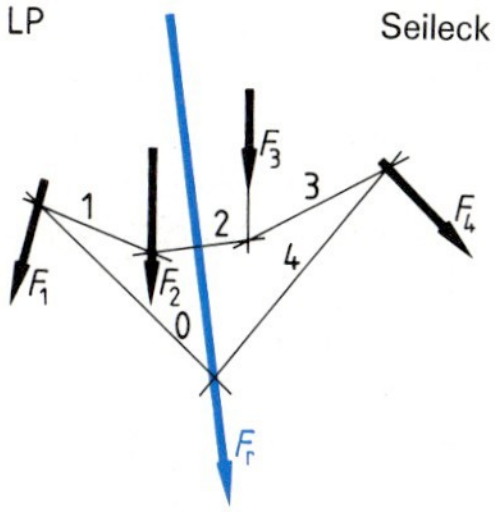

Lösungsschritte zur Seileckkonstruktion

1. Mit den Daten der Aufgabe (LP und Größe der Kraft) wird der KP (Krafteck) gezeichnet. Zwischen dem Anfangspunkt der ersten und dem Endpunkt der letzten Kraft liegt F_r.
2. Man wählt frei einen Pol 0 und zeichnet die Polstrahlen in den KP.
3. Man verschiebt die Polstrahlen (0, 1, 2 . . .) parallel vom KP in den LP, d.h. man zeichnet im LP die Seilstrahlen. Seilstrahl 0 schneidet dabei die Wirkungslinie von F_1 an einer beliebigen Stelle.

   1 wird parallel aus dem KP durch diesen Schnittpunkt verschoben und schneidet F_2 usw.
4. Man bringt den ersten Seilstrahl (hier 0) mit dem letzten Seilstrahl (hier 4) im LP zum Schnitt. Durch den Schnittpunkt dieser beiden Seilstrahlen geht die Wirkungslinie von F_r.
5. Man verschiebt F_r aus dem KP parallel durch den Schnittpunkt der beiden äußeren Seilstrahlen im LP.

→ Kräftezusammensetzung,
Schwerpunktlage bei beliebiger Fläche

Seilflaschenzug

→ Flaschenzug, Rolle, Winde

Seilmaschinen

→ Flaschenzug, Rolle, Winde

Seilreibungskraft

→ Umfangskraft

Seiltrieb

$$d_{min} = k \cdot \sqrt{F}$$

$$k = \sqrt{\frac{\nu}{x \cdot \frac{\pi}{4} \cdot R_m}}$$

$$\nu = \frac{R_m}{\sigma_{z\,vorh}} = \frac{S_m}{F} \cdot R_m = \frac{x \cdot \frac{\pi}{4} \cdot d^2 \cdot R_m}{F}$$

$$x = \frac{S_m}{S_u}$$

$$F_{max} = i \cdot \frac{\pi}{4} \cdot d^2 \cdot \sigma_{z\,zul}$$

→ Umfangskraft

d_{min}	kleinster zulässiger Seildurchmesser	mm
k	Beiwert	$mm/\sqrt{N}$
F	gegebener größter Seilzug	N
ν	* Sicherheit (auf Zug)	1
x	Füllfaktor	1
R_m	* Zugfestigkeit	N/mm^2
$\sigma_{z\,vorh}$	vorhandene * Zugspannung	N/mm^2
S_m	metallischer Querschnitt des Seils	mm^2
d	Durchmesser des einzelnen Drahtes	mm
S_u	umschriebener Seilquerschnitt	mm^2
F_{max}	größte Seilzugkraft	N
i	Anzahl der Drähte im Seil	1
$\sigma_{z\,zul}$	zulässige * Zugspannung	N/mm^2

Seiltrommel

→ Winde

Seitendruckkraft in offenen Gefäßen

Allgemein gilt:

$$F_s = h_s \cdot \varrho \cdot g \cdot A$$

F_s	Seitendruckkraft	N
h_s	Abstand des * Schwerpunktes der Seitenfläche vom Flüssigkeitsspiegel	m
ϱ	* Dichte der Flüssigkeit	kg/m^3
g	* Fallbeschleunigung	m/s^2
A	gedrückte Fläche	m^2

Gegen eine senkrechte, rechteckige Wand:
(Höhe des Flüssigkeitsspiegels = Wandhöhe)

$$F_s = h_s \cdot \varrho \cdot g \cdot A$$

$$y_D = \frac{2}{3} \cdot h$$

$$M = F_s \cdot \frac{h}{3}$$

$$h_s = \frac{h}{2}$$

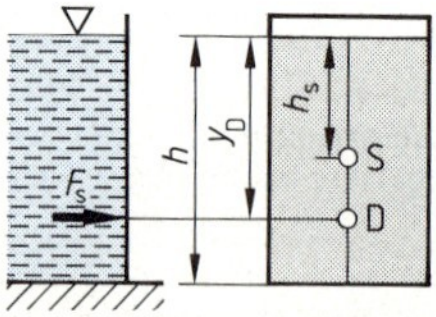

→ Kippsicherheit, Schwerpunktlage von Flächen

h	Höhe des Flüssigkeitsspiegels	m
y_D	Abstand des * Druckmittelpunktes vom Flüssigkeitsspiegel	m
M	Kippmoment der Seitendruckkraft	N · m
S	* Schwerpunkt der Fläche	
D	Druckmittelpunkt	

Gegen eine senkrechte Trennwand:

$$F_s = \frac{1}{2} \cdot \varrho \cdot g \cdot (h_1^2 - h_2^2) \cdot b$$

$$y_D = h_1 - l$$

$$y_D = h_1 - \frac{1}{3} \cdot \frac{h_1^2 + h_1 \cdot h_2 + h_2^2}{h_1 + h_2}$$

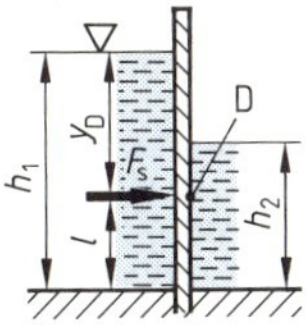

h_1	Höhe des oberen Flüssigkeitsspiegels	m
h_2	Höhe des unteren Flüssigkeitsspiegels	m
b	Breite der gedrückten Wand	m
y_D	Abstand des * Druckmittelpunktes vom oberen Flüssigkeitsspiegel	m
l	Abstand des * Druckmittelpunktes vom Gefäßboden	m

Gegen eine symmetrische schräge Wand:

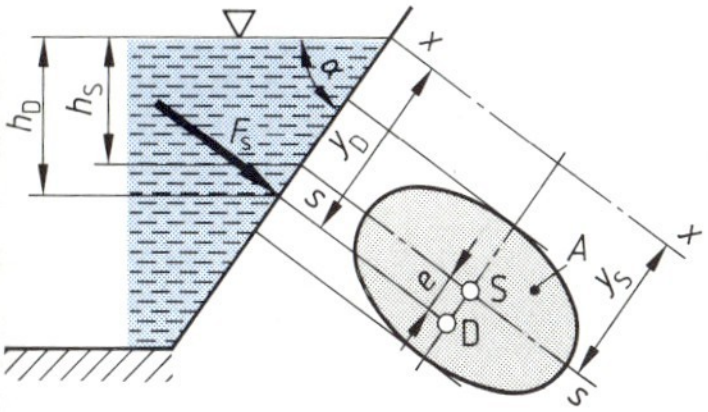

$$F_s = \varrho \cdot g \cdot y_s \cdot \sin\alpha \cdot A$$

$$F_s = h_s \cdot \varrho \cdot g \cdot A$$

$$y_D = \frac{I_x}{A \cdot y_s} = y_s + e$$

$$e = \frac{I_s}{A \cdot y_s}$$

y_s	Abstand des Flächenschwerpunktes von der Linie x — x	m
α	Neigungswinkel der Seitenfläche	°, rad
y_D	Abstand des * Druckmittelpunktes von der Linie x — x	m
I_x	* Flächenmoment 2. Grades (bezogen auf x — x) der gedrückten Fläche	m^4
e	Abstand zwischen Flächenschwerpunkt und * Druckmittelpunkt	m
I_s	* Flächenmoment 2. Grades, bezogen auf die Schwerlinie S — S	m^4

Gegen eine gekrümmte Wand:

$$F_r = \sqrt{F_x^2 + F_y^2}$$

$$F_x = h_s \cdot \varrho \cdot g \cdot A$$

$$F_y = \varrho \cdot g \cdot V$$

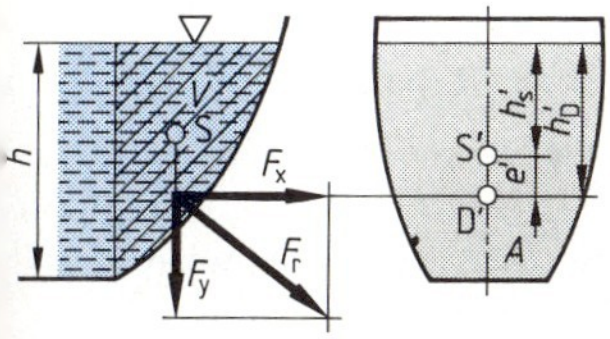

F_r	resultierende Seitendruckkraft	N
F_x	horizontale Seitendruckkraft	N
F_y	vertikale Seitendruckkraft	N
V	* Volumen der Flüssigkeit über der gekrümmten Wand	m^3

Sekantensatz

$$a \cdot b = c \cdot d$$

$$a : c = d : b$$

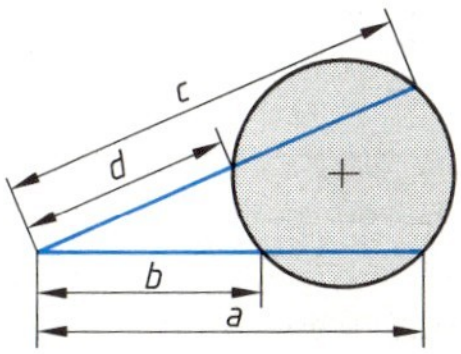

$a - b$, $c - d$	Sekanten	m

Schneiden sich zwei Sekanten in einem Punkt außerhalb des Kreises, so ist das Produkt aus der ganzen Länge der einen Sekante und ihrem äußeren Abschnitt gleich dem Produkt aus der ganzen Länge und dem äußeren Abschnitt der anderen Sekante.

Sekanten-Tangenten-Satz

$a \cdot b = t^2$

$a : t = t : b$

$a - b$	Sekante	m
t	Tangente	m

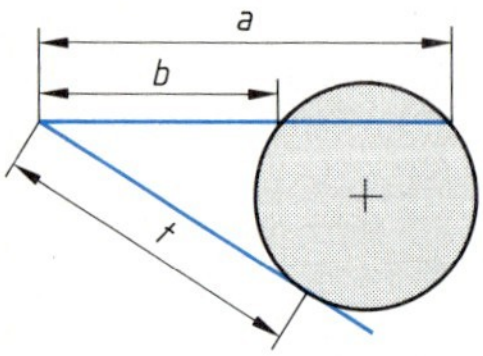

Schneiden sich eine Sekante und eine Tangente in einem Punkt außerhalb des Kreises, so ist das Produkt aus der ganzen Länge der Sekante und ihrem äußeren Abschnitt gleich dem Quadrat der Tangentenlänge.

Selbsthemmung

→ Reibungswinkel

Selbstinduktion, Selbstinduktionsspannung

→ Induktivität

Serienformel, allgemeine

→ Linienspektren

Serienformel des Wasserstoffspektrums

→ Linienspektren

SI-Basiseinheiten

SI-Basisgröße	Formelzeichen	SI-Basiseinheit Name	SI-Basiseinheit Einheitenzeichen
Länge	l	Meter	m
Masse	m	Kilogramm	kg
Zeit	t	Sekunde	s
elektrische Stromstärke	I	Ampere	A
thermodynamische Temperatur	T	Kelvin	K
Stoffmenge	n	Mol	mol
Lichtstärke	I_v	Candela	cd

Meter: 1 m ist die Länge der Strecke, die das Licht im Vakuum während 1/299 792 458 Sekunden durchläuft.

Kilogramm: 1 kg ist die Masse eines Kilogrammprototyps (Urkilogramm), der sich in Sèvres bei Paris befindet.

Sekunde: 1 s ist das 9 192 631 770fache der Periodendauer der Strahlung, die vom Caesiumisotop $^{133}_{55}Cs$ bei einem genau festgelegten Quantensprung ausgesandt wird.

Ampere: 1 A fließt dann jeweils durch zwei parallele und unendlich lange Leiter im Vakuum, wenn sie im Abstand 1 m mit der Kraft $2 \cdot 10^{-7}$ N je 1 m Länge aufeinander wirken.

Kelvin: 1 K ist der 273,16te Teil der thermodynamischen Temperatur des Tripelpunktes von Wasser.

Mol: 1 mol ist die Stoffmenge eines Systems, das aus ebenso vielen Teilchen besteht, wie Atome im Nuklid ^{12}C vorhanden sind.

Candela: 1 cd ist die Lichtstärke in einer bestimmten Richtung einer Strahlungsquelle, welche monochromatische Strahlung der Frequenz $540 \cdot 10^{12}$ Hz aussendet und deren Strahlstärke in dieser Richtung 1/683 W/sr (Watt durch Steradiant) beträgt.

SI-Basisgrößen

→ SI-Basiseinheiten

Sicherheit gegen Bruch

$$\nu_{stat} = \frac{\sigma_B}{\sigma_{zul}} \quad \text{bzw.} \quad \nu_{stat} = \frac{\tau_B}{\tau_{zul}}$$

$$\nu_{dyn} = \frac{\sigma_D}{\sigma_{n\,max}}$$

→ Festigkeitshypothesen; Spannung, mechanische

ν_{stat}	Sicherheit bei statischer Beanspruchung	1
σ_B	* statische Festigkeit	N/mm^2
σ_{zul}	zulässige Normalspannung	N/mm^2
τ_B	statische * Schubspannung	N/mm^2
τ_{zul}	zulässige * Schubspannung	N/mm^2
ν_{dyn}	Sicherheit bei dynamischer Beanspruchung	1
σ_D	* Dauerfestigkeit	N/mm^2
$\sigma_{n\,max}$	wirklich auftretende Spannung	N/mm^2

Übliche Sicherheiten	Verformungsbruch	Trennbruch	Dauerbruch	Knicken, Einbeulen
im Maschinenbau	1,3 bis 2	2 bis 4	2,5 bis 3,5	5 bis 12
im Stahlbau	1,5 bis 1,7	2,2 bis 2,6	—	3 bis 4

Sichtweite

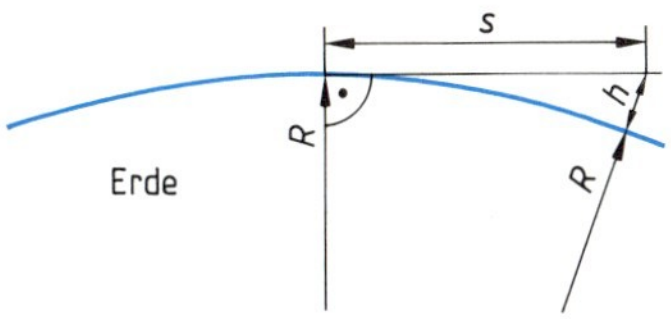

s	Sichtweite, Horizontentfernung, Kimmentfernung	m
R	mittlerer Erdradius	m
h	Höhe des Standpunktes (Augenhöhe)	m
s'	Sichtweite mit Berücksichtigung der * Lichtbrechung in der Atmosphäre	m

$$s = \sqrt{(R + h)^2 - R^2}$$

$$s = 3570 \cdot \sqrt{h}$$

$$s' = 3840 \cdot \sqrt{h}$$

Siebschaltungen

$$f_p = f \cdot z_p \qquad \omega_p = 2 \cdot \pi \cdot f_p$$

RC-Siebung

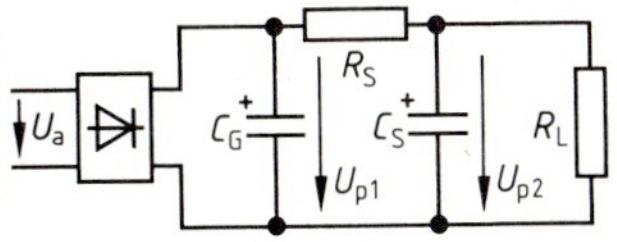

$$s = \frac{U_{p1}}{U_{p2}} \qquad s = \sqrt{R_s^2 \cdot \omega_p^2 \cdot C_s^2 + 1}$$

$$s \approx 2 \cdot \pi \cdot f_p \cdot R_s \cdot C_s \qquad s = \omega_p \cdot R_s \cdot C_s$$

f	* Frequenz	Hz
f_p	Pulsfrequenz	Hz
z_p	Pulszahl je Periode	1
ω_p	Pulskreisfrequenz	rad/s
s	Siebfaktor	1
U_{p1}	Brummspannung 1	V
U_{p2}	Brummspannung 2	V
R_s	Siebwiderstand	Ω
C_s	* Kapazität des Siebkondensators	F

LC-Siebung

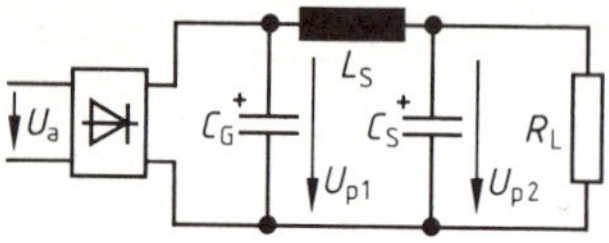

$$s = \frac{U_{p1}}{U_{p2}} \qquad s = \omega_p^2 \cdot L_s \cdot C_s - 1$$

$$s \approx (2 \cdot \pi \cdot f_p)^2 \cdot L_s \cdot C_s \qquad s \approx \omega_p^2 \cdot L_s \cdot C_s$$

s	Siebfaktor	1
U_{p1}	Brummspannung 1	V
U_{p2}	Brummspannung 2	V
ω_p	Pulskreisfrequenz	rad/s
L_s	Siebinduktivität	$H = \Omega \cdot s$
C_s	Kapazität des Siebkondensators	$F = s/\Omega$
f_p	Pulsfrequenz	Hz = 1/s

Siedepunktserhöhung

$$\Delta T = T_1 - T_2$$

Nichtelektrolyte

$$\Delta T = \frac{K_b \cdot m\,(X)}{M\,(X) \cdot m\,(Lm)} = K_b \cdot b\,(X)$$

Elektrolyte

$$\Delta T = K_b \cdot b\,(X) \cdot [1 + (N - 1) \cdot \alpha]$$

Ebullioskopische Konstante des reinen Lösemittels

$$K_b = \frac{R \cdot T_2^2}{\Delta h_v}$$

→ Gefrierpunktserniedrigung

ΔT	Siedepunktserhöhung	K
T_1	Siedepunkt (Kondensationspunkt) der Lösung	K
T_2	Siedepunkt (Kondensationspunkt) des reinen Lösemittels	K
K_b	ebullioskopische Konstante	kg · K/mol
$m\,(X)$	* Masse des gelösten Stoffes	kg
$m\,(Lm)$	* Masse des Lösemittels	kg
$M\,(X)$	* molare Masse des gelösten Stoffes	kg/mol
$b\,(X)$	* Molalität	mol/kg
N	Anzahl der * Ionen, die bei der Dissoziation eines Moleküls entstehen	1
α	* Dissoziationsgrad	1
R	universelle * Gaskonstante	J/(mol · K)
Δh_v	Enthalpieänderung beim Verdampfen des Lösemittels (auch als spezifische * Verdampfungswärme r bezeichnet)	J/kg

Simpson-Regel

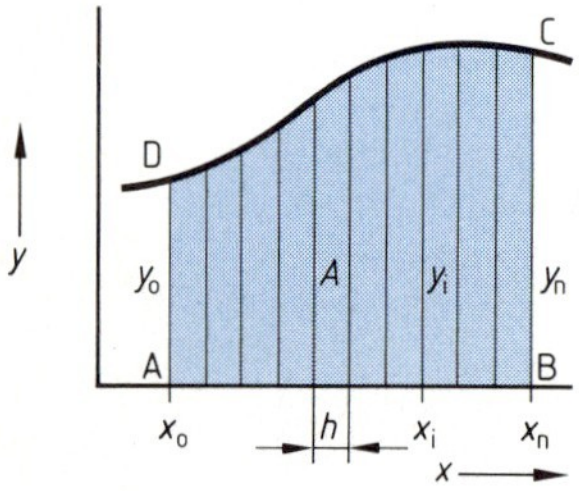

$$A \approx \frac{h}{3} \cdot [y_0 + y_n + 4 \cdot (y_1 + y_3 + \ldots + y_{n-1}) + 2 \cdot (y_2 + y_4 + \ldots + y_{n-2})$$

oder

$$A \approx \frac{x_n - x_0}{3 \cdot n} \cdot (y_0 + 4 \cdot y_1 + 2 \cdot y_2 + 4 \cdot y_3 + 2 \cdot y_4 + \ldots + 2 \cdot y_{n-2} + 4 \cdot y_{n-1} + y_n)$$

Ist die Fläche $ABCD$ unter dem Graphen der Funktion $y = f(x)$ in n Streifen gleicher Breite h geteilt, so kann diese Fläche näherungsweise mit den angegebenen Formeln berechnet werden.

Sinkgeschwindigkeit

Relativgeschwindigkeit zwischen einem Korn eines Schüttgutes und dem umgebenden Fluid (z.B. in Stromklassierern, Windsichtern).

Bei kugelförmigen Körnern gilt:

$$v = \sqrt{\frac{d_K \cdot (\varrho_s - \varrho_f) \cdot g \cdot 4}{3 \cdot w_K \cdot \varrho_f}}$$

Die Widerstandszahl w_K ist abhängig von der *Reynolds*-Zahl *Re*:

Re	< 1	5 bis 10^3	10^3 bis $3 \cdot 10^5$
w_K	$\frac{24}{Re}$	$\frac{16}{\sqrt{Re}}$	0,44

Die Formel zur Berechnung von v gilt für einzelne Kugeln. Im Realfall ist v kleiner.

v	Sinkgeschwindigkeit	m/s
d_K	Korndurchmesser	m
ϱ_s	* Dichte des Feststoffs	kg/m³
ϱ_f	* Dichte des Fluids	kg/m³
g	Fallbeschleunigung $g = 9{,}81$ m/s²	m/s²
w_K	Widerstandszahl	1
Re	* *Reynolds*-Zahl	1

→ *Stokes*-Gleichung

Sinusfunktion

→ Winkelfunktionen

Sinussatz

→ Winkelfunktionen im schiefwinkligen Dreieck

Sommerfeld-Feinstruktur-Konstante

$$\alpha = \frac{\mu_0 \cdot c_0 \cdot e^2}{2 \cdot h} = \frac{e^2}{2 \cdot \varepsilon_0 \cdot h \cdot c_0}$$

$\alpha = 7{,}29735 \cdot 10^{-3}$ → Konstanten

α	*Sommerfeld*-Feinstruktur-Konstante	1
μ_0	magnetische * Feldkonstante	H/m
c_0	* Lichtgeschwindigkeit im Vakuum	m/s
e	* Elementarladung	C
h	* *Planck*-Konstante	J · s
ε_0	elektrische * Feldkonstante	F/m

Sonnenbeschleunigung, Sonnenmasse

$$a_n = \frac{4 \cdot \pi^2 \cdot r}{T^2} = 0{,}59 \cdot 10^{-2}\ \text{m/s}^2$$

$$g_0 = \frac{G}{R^2} \cdot M = 273{,}98\ \text{m/s}^2$$

$$M = g_0 \cdot \frac{R^2}{G} = \frac{4 \cdot \pi^2 \cdot r^3}{G \cdot T^2} = 1{,}983 \cdot 10^{30}\ \text{kg}$$

→ *Newtonsche* Gesetze

a_n	Normalbeschleunigung	m/s²
r	Abstand des Sonnenmittelpunktes vom Erdmittelpunkt	m
T	Umlaufzeit der Erde um die Sonne	s
g_0	Schwerebeschleunigung (* Fallbeschleunigung)	m/s²
G	* Gravitationskonstante	N · m²/kg²
R	Radius der Sonne	m
M	Sonnen-* Masse	kg

Spannung, elektrische

$$U = \frac{W}{Q}$$

U	elektrische Spannung	V
W	* Energie	J
Q	elektrische * Ladung	C

Spannung, induzierte elektrische

→ Induktion durch Flußänderung

Spannung, magnetische

$V = H \cdot l$

V	magnetische Spannung	A
H	magnetische * Feldstärke	A/m
l	Weglänge	m

Spannung, mechanische (Normalspannung)

$$\sigma = \frac{F}{S} = \varepsilon \cdot E$$

$$\sigma_{zul} = \frac{\sigma_B}{\nu}$$

σ	mechanische Spannung	N/mm^2
F	* Kraft	N
S	beanspruchter Querschnitt	mm^2
ε	* Dehnung	1
E	* Elastizitätsmodul	N/mm^2
σ_{zul}	zulässige mechanische Spannung	N/mm^2
σ_B	* statische Festigkeit	N/mm^2
ν	* Sicherheit	1

Spannungsarten, mechanische

Arten der Spannung	Zug	Druck	Biegung	Abscherung	Torsion	Schub
vorhandene Spannung	$\sigma_{z\,vorh}$	$\sigma_{d\,vorh}$	$\sigma_{b\,vorh}$	$\tau_{a\,vorh}$	$\tau_{t\,vorh}$	$\tau_{s\,vorh}$
zulässige Spannung	$\sigma_{z\,zul}$	$\sigma_{d\,zul}$	$\sigma_{b\,zul}$	$\tau_{a\,zul}$	$\tau_{t\,zul}$	$\tau_{s\,zul}$
Bruchspannung (statische Festigkeit)	R_m	σ_{dB}	σ_{bB}	τ_{aB}	τ_{tB}	τ_{sB}

Spannungsanpassung

→ Anpassung

Spannungsfall

→ Leitungsberechnungen

Spannungs-Dehnungs-Diagramm

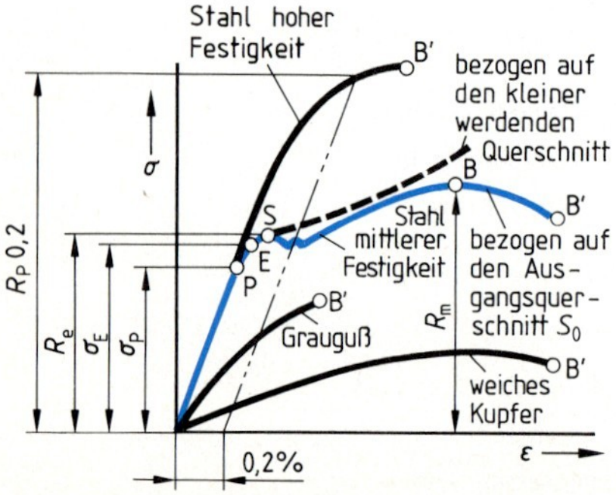

σ_p	Proportionalitätsgrenze	N/mm^2
σ_E	Elastizitätsgrenze (Lage von E werkstoffabhängig)	N/mm^2
R_e	Streckgrenze, Fließgrenze	N/mm^2
R_m	* Zugfestigkeit	N/mm^2
$R_{p0,2}$	0,2%-Dehngrenze	N/mm^2
S_0	Anfangsquerschnitt	mm^2

B′ ≙ Bruch

Spannungsfehlerschaltung

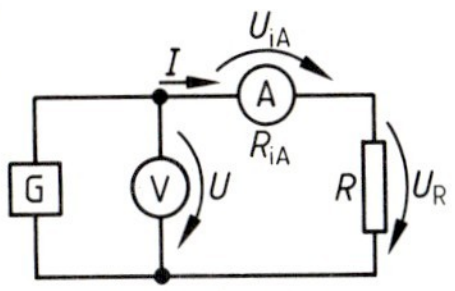

$$R = \frac{U}{I} - R_{iA} \qquad R = \frac{U - U_{iA}}{I}$$

→ Stromfehlerschaltung

U	angezeigte * Spannung	V
U_{iA}	Spannung am Strommesser	V
I	angezeigte * Stromstärke	A
R_{iA}	Innenwiderstand des Strommessers	Ω
R	zu bestimmender * Widerstand	Ω
U_R	Spannung am Widerstand	V

Die Spannungsfehlerschaltung ist eine Methode zur Bestimmung von großen Widerstandswerten.

Spannungshypothesen

→ Festigkeitshypothesen

Spannungspegel

→ Antennen

Spannungsquerschnitt bei Schrauben

$$A_s = \frac{\pi}{4} \cdot \left(\frac{d_2 + d_3}{2}\right)^2$$

A_s	Spannungsquerschnitt	mm^2
d_2	Flankendurchmesser	mm
d_3	Kerndurchmesser des Gewindebolzens des metrischen ISO-Gewindes	mm

Spannungsreihe der Metalle

→ Elektrochemische Spannungsreihe

Spannungsreihe, elektrochemische

→ Elektrochemische Spannungsreihe

Spannungsreihe, thermoelektrische

Thermoelektrische Spannung zwischen zwei Metallen (Bezugsmetall: Platin bei 0 °C; Temperaturdifferenz: 100 K)

Metall	Spannung in mV	Metall	Spannung in mV
Bismut	− 7,7 ... − 7,0	Silber	+ 0,67 ... + 0,79
Konstantan	− 3,47 ... − 3,40	Kupfer	+ 0,72 ... + 0,77
Cobalt	− 1,99 ... − 1,52	V2A-Stahl	+ 0,77
Nickel	− 1,94 ... − 1,20	Zink	+ 0,60 ... + 0,79
Quecksilber	− 0,07 ... + 0,04	Mangan	+ 0,57 ... + 0,82
Platin	± 0,00	Iridium	+ 0,65 ... + 0,68
Graphit	+ 0,22	Gold	+ 0,56 ... + 0,80
Tantal	+ 0,34 ... + 0,51	Cadmium	+ 0,85 ... + 0,92
Zinn	+ 0,40 ... +0,44	Molybdän	+ 1,16 ... + 1,13
Blei	+ 0,41 ... + 0,46	Eisen	+ 1,80 ... + 1,89
Magnesium	+ 0,40 ... + 0,43	Chromnickel	+ 2,20
Aluminium	+ 0,37 ... + 0,41	Antimon	+ 4,70 ... + 4,86
Wolfram	+ 0,65 ... + 0,90	Silicium	+ 44,8
Rhodium	+ 0,65	Tellur	+ 50,0

→ Thermopaare (Thermoelemente)

Spannungsteiler, Potentiometer

Unbelasteter Spannungsteiler:

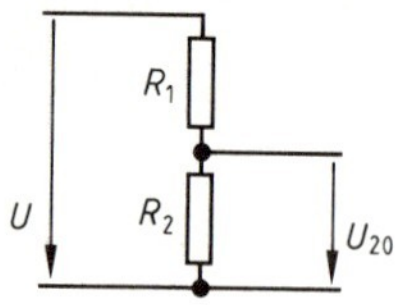

$$R_1 = R_2 \cdot \left(\frac{U}{U_{20}} - 1\right)$$

$$U_{20} = \frac{R_2}{R_1 + R_2} \cdot U$$

R_1, R_2	Teilwiderstände	Ω
U	Gesamtspannung	V
U_{20}	Teilspannung (Leerlaufspannung)	V

Belasteter Spannungsteiler:

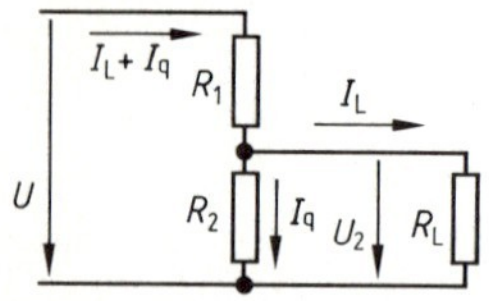

$$U_2 = \frac{U}{\dfrac{R_1 \cdot (R_L + R_2)}{R_L \cdot R_2} + 1}$$

$$R_2 = R_L \cdot \frac{U}{U_2} \cdot \frac{U_{20} - U_2}{U - U_{20}}$$

$$q = \frac{I_q}{I_L} = \frac{R_L}{R_2}$$

R_L	Lastwiderstand	Ω
R_1, R_2	Teilwiderstände	Ω
U	Gesamtspannung	V
U_2	Teilspannung bei Belastung	V
U_{20}	Teilspannung bei Leerlauf	V
I_L	Laststrom	A
I_q	Querstrom	A
q	Querstromverhältnis	1

Spannungsverhältnis

→ Bandbremse

Spannweite

→ Bogen, Segmentbogen

Spanung

	Spanungsquerschnitt A	Zeitspanungsvolumen Q
Drehen	$A = a \cdot f$	$Q = A \cdot v_c = a \cdot f \cdot v_c$
Bohren	$A = \frac{d \cdot f}{2}$	$Q = A \cdot \frac{v_c}{2} = \frac{d \cdot f \cdot v_c}{4}$
Stirnfräsen	$A = a_p \cdot h \cdot z_e$	$Q = a_p \cdot a_e \cdot v_f$

→ Grundzeit, Hauptnutzungszeit, Schnittgeschwindigkeit, Schnittkraft, Schnittleistung

A	Spanungsquerschnitt	mm^2
a	Schnittiefe	mm
f	Vorschub	mm
Q	Zeitspanungsvolumen	mm^3/s
v_c	* Schnittgeschwindigkeit	mm/s
d	Bohrerdurchmesser	mm
a_p	Schnittiefe	mm
h	Spanungsdicke	mm
z_e	Zahl der Schneiden im Eingriff	1
a_e	Arbeitseingriff (Breite der gefrästen Fläche)	mm
v_f	Vorschubgeschwindigkeit	mm/s

Spartransformator → Transformator

Spektrales Absorptionsmaß → Extinktion

Spektrum → *Fraunhofer*-Linien

Spezifische Enthalpie → Enthalpie, spezifische

Spezifische Gaskonstante (Spezielle Gaskonstante) → Gaskonstante

Spezifische innere Energie → Innere Energie, spezifische

Spezifische Partialstoffmenge → Partialstoffmenge, spezifische

Spezifische Schallimpedanz → Feldimpedanz

Spezifische Schmelzwärme → Schmelzwärme, spezifische

Spezifische Schnittkraft → Schnittkraft, spezifische

Spezifische Sublimationswärme → Sublimationswärme

Spezifische thermische Ausbiegung → Wärmeausbiegung eines Bimetalls

Spezifische Verdampfungswärme → Verdampfungswärme, spezifische

Spezifische Wärmekapazität

$$c = \frac{C}{m}$$

$$c = \frac{Q}{m \cdot \Delta T}$$

→ Verhältnis der spezifischen Wärmekapazitäten, Wärme, Wärmeabhängige Daten von Gasen und Dämpfen.

c	spezifische Wärmekapazität	J/(kg · K)
C	* Wärmekapazität	J/K
m	* Masse	kg
Q	zugeführte * Wärme	J
ΔT	Temperaturdifferenz	K, °C

Werte von *c*:

Stoff	spezifische Wärmekapazität c in kJ/(kg · K) zwischen 0 und 100 °C	spezifische Schmelzwärme q in kJ/kg	spezifische Verdampfungswärme r in kJ/kg
Aluminium	0,896	396,07	11 723
Ammoniak	2,219	339,13	1 369
Antimon	0,206	164,96	1 256
Blei	0,127	24,79	921
Chlor	0,481	188,40	260
Eisen, rein	0,460	272,14	6 364
Ethanol	2,415	108,02	858
Gold	0,130	64,48	1 758
Helium	5,275	—	25
Kadmium (Cadmium)	0,234	54,43	1 005
Kalium	0,758	65,7	2 051,5
Kobalt (Cobalt)	0,427	268	6 489,5
Kohlenstoffdioxid	0,846	184,2	572,8
Konstantan	0,419	—	—
Kupfer	0,385	204,8	4 647,3
Luft	1,009	—	—

Stoff	spezifische Wärmekapazität c in kJ/(kg · K) zwischen 0 und 100 °C	spezifische Schmelzwärme q in kJ/kg	spezifische Verdampfungswärme r in kJ/kg
Magnesium	1,047	372,6	5 652,2
Mangan	0,469	251,2	4 186,8
Maschinenöl	1,675	—	—
Messing	0,389	167,5	—
Natrium	1,218	114,7	4 186,8
Nickel	0,431	299,8	6 196,5
Paraffin	2,135	146,5	—
Platin	0,131	111,4	2 512
Porzellan	0,795	—	—
Quecksilber	0,138	11,8	284,7
Sauerstoff	0,913	13,8	213,5
Schwefeldioxid	0,632	—	401,9
Silber	0,251	104,7	2 177,1
Terpentinöl	1,800	—	293,1
Toluol	1,750	—	347,5
Trichlormethan	1,005	79,5	247
Wachs	3,433	175,8	—
Wasser	4,180	333,7	2 256,2
Dampf	2,010	—	—
Eis	2,093	—	—
Wasserstoff	14,268	58,6	467,2
Wismut (Bismut)	0,124	52,3	837,4
Wolfram	0,134	192,6	4 814,8
Ziegelstein	0,837	—	—
Zink	0,385	104,7	1 800,3
Zinn	0,226	58,6	2 595,8

Spezifische Wärmemenge

→ Spezifische Wärmekapazität, Wärme

Spezifischer Brennwert, spezifischer Heizwert

Für feste und flüssige Brennstoffe:

$$H_u = H_o - r \cdot w_{H_2O}$$

Für gasförmige Brennstoffe:

$$H_{u,n} = H_{o,n} - r \cdot \varphi_{H_2O}$$

$$Q = V \cdot H_u$$

$$Q = V \cdot H_{u,n}$$

H_u	spezifischer Heizwert	J/kg, J/m³ [1]
H_o	spezifischer Brennwert	J/kg, J/m³ [1]
r	* Verdampfungswärme, spezifische Index n: Gas im * Normzustand	J/kg
Q	nutzbare Wärmeenergie (Verbrennungswärme)	J
m	* Masse	kg
V	* Volumen	m^3
w_{H_2O}	* Massenanteil des Wassers	1
φ_{H_2O}	* Volumenanteil des Wassers	1

Der spezifische Heizwert H_u ist um den Betrag der spezifischen Verdampfungswärme r des Wasseranteils kleiner als der spezifische Brennwert H_0. Beim Verbrennen der Brennstoffe ist also nur der spezifische Heizwert H_u nutzbar. Dies erklärt die früheren Bezeichnungsweisen gemäß nebenstehender Tabelle. →

heutige Bezeichnung (nach DIN)	frühere Bezeichnung
spezifischer Brennwert H_0	oberer Heizwert H_0
spezifischer Heizwert H_u	unterer Heizwert H_u

[1] Für gasförmige Brennstoffe

H_o- und H_u-Werte fester, flüssiger und gasförmiger Brennstoffe bei 25 °C:

Brennstoff	H_o in $\frac{kJ}{kg}$ bzw. $H_{o,n}$ in $\frac{kJ}{m^3}$	H_u in $\frac{kJ}{kg}$ bzw. $H_{u,n}$ in $\frac{kJ}{m^3}$
reiner Kohlenstoff	Je nach Wassergehalt, um den Betrag der zur Verdampfung dieses Wassers erforderlichen Wärme größer als H_u.	33 800
Steinkohle		30 000 bis 35 000
Braunkohle		8 000 bis 11 000
Brikett		17 000 bis 21 000
Torf		10 000 bis 15 000
Holz		9 000 bis 15 000
Heizöl EL	45 400	42 700
Heizöl S	42 300	40 200
Benzin	46 700	42 500
Benzol	41 940	40 230
Dieselöl	44 800	41 640
Petroleum	42 900	40 800
Hochofengichtgas	4 080	3 980
Koksofengas	19 670	17 370
Erdgas Typ H	41 300	37 300
Methan	39 850	35 790
Propan	100 890	92 890

Spezifischer Wärmedurchgangswiderstand

→ Wärmedurchgangswiderstand, spezifischer

Spezifischer Wärmeleitwiderstand

→ Wärmeleitwiderstand, spezifischer

Spezifischer Wärmeübergangswiderstand

→ Wärmeübergangswiderstand, spezifischer

Spezifischer Wärmewiderstand

→ Wärmewiderstand, spezifischer

Spezifisches Volumen (massenbezogenes Volumen)

$$v = \frac{V}{m} = \frac{1}{\varrho} = \frac{V_m}{M_B}$$

v	spezifisches Volumen	m^3/kg
V	* Volumen	m^3
m	* Masse	kg
ϱ	* Dichte	kg/m^3
V_m	* molares Volumen	m^3/mol
M_B	* molare Masse	kg/mol

Spiegelformel

$$\frac{1}{g} + \frac{1}{b} = \frac{1}{f}$$

g	* Gegenstandsweite	m
b	* Bildweite	m
f	* Brennweite	m

Spiegelung

→ Totalreflexion

Spulen

$N = N_1 \cdot z$ $\qquad N_1 = \dfrac{b}{d_1}$ $\qquad z = \dfrac{h}{d_1}$

Rundspulen

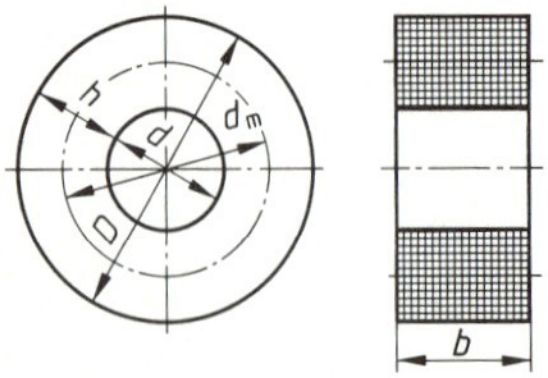

$$h = \frac{D - d}{2} \qquad l = \pi \cdot d_m \cdot N$$

$$d_m = \frac{D + d}{2} \qquad d_m = d + h$$

$$d_m = D - h$$

l	erforderliche Drahtlänge	mm
l_m	mittlere Drahtlänge	mm
D	Spulen-Außendurchmesser	mm
d_1	Drahtdurchmesser	mm
d	Spulen-Innendurchmesser	mm
d_m	mittlerer Durchmesser der Spule	mm
h	Höhe (Wickelhöhe)	mm
N	Windungszahl	1
N_1	Windungszahl einer Lage	1
z	Anzahl der Lagen	1
b	Wickelbreite	mm

Rechteckspulen

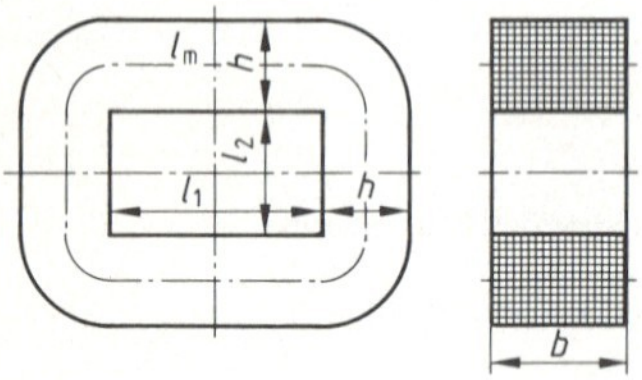

l	Drahtlänge	mm
l_m	mittlere Windungslänge	mm
l_1, l_2	Innenmaße des Spulenkörpers	mm
h	Wickelhöhe	mm
N	Windungszahl	1

$$l = N \cdot (2 \cdot l_1 + 2 \cdot l_2 + \pi \cdot h)$$

$$l = l_m \cdot N$$

Standmoment, Standsicherheit

→ Kippsicherheit

Standort-Übergangswiderstand

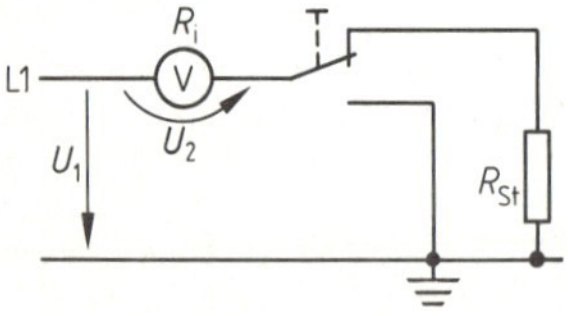

R_{St}	Standortübergangswiderstand	Ω
R_i	Innenwiderstand des Spannungsmessers	Ω
U_1	Spannung gegen Erde	V
U_2	Spannung zwischen Außenleiter und der Prüfplatte (Metallplatte)	V

$$R_{St} = R_i \cdot \left(\frac{U_1}{U_2} - 1\right)$$

Stanton-Zahl

$$St = \frac{Nu}{Re \cdot Pr} = \frac{Nu}{Pe}$$

$$St = \frac{\alpha}{v \cdot \varrho \cdot c_p}$$

→ Verhältnis der spezifischen Wärmekapazitäten

St	*Stanton*-Zahl	1
Nu	* *Nußelt*-Zahl	1
Re	* *Reynolds*-Zahl	1
Pr	* *Prandtl*-Zahl	1
Pe	* *Péclet*-Zahl	1
α	* Wärmeübergangskoeffizient	$W/(m^2 \cdot K)$
v	Strömungsgeschwindigkeit	m/s
ϱ	* Dichte	kg/m^3
c_p	* spezifische Wärmekapazität bei konstantem Druck	$J/(kg \cdot K)$

Statischer Auftrieb

→ Auftrieb beim Schwimmkörper

Statischer Druck (Ruhedruck)

→ *Bernoulli*-Gleichung

Statische Festigkeit

$$\sigma_B = \frac{F_{max}}{S_0}$$

σ_B	statische Festigkeit	N/mm^2
F_{max}	Höchstkraft beim Bruch	N
S_0	ursprünglicher Querschnitt	mm^2

Statische Höhe

→ Druckhöhe

Statisches Moment einer Kraft

Bei $F \perp r$:

$M = \pm F \cdot r$

Allgemein:

$M = \pm F \cdot r \cdot \cos \alpha$

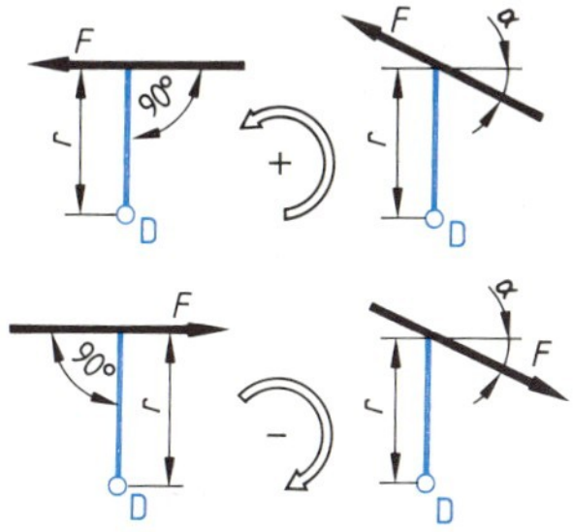

M	statisches Moment, * Drehmoment, * Kraftmoment	N · m
F	* Kraft	N
r	Hebelarm (Radius)	m

\+ entspricht Linksdrehsinn, d.h. entgegen dem Uhrzeigersinn

— entspricht Rechtsdrehsinn, d.h. im Uhrzeigersinn

D Drehpunkt

→ Drehmoment, Hebelgesetz, Kraftmoment

Statisches Moment eines Kräftepaares

$M = F \cdot l$

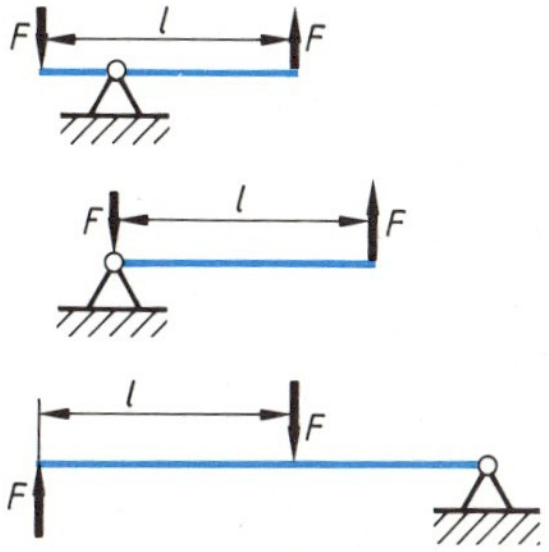

M	statisches Moment	N · m
F	* Kraft	N
l	Abstand zwischen den Kräften	m

Statisches Moment einer Fläche

→ Flächenmoment 1. Grades, Schwerpunktlage bei beliebigen Flächen

Statisches Moment einer Linie
(Linienmoment)

→ Schwerpunktlage von Linien (gebrochener Linienzug)

Stauchung

→ Längenänderung

Staudruck (dynamischer oder kinetischer Druck)

$$p_{dyn} = \frac{\varrho}{2} \cdot v^2$$

p_{dyn}	Staudruck	$N/m^2 = Pa$
ϱ	* Dichte (des strömenden Fluids)	kg/m^3
v	Fließgeschwindigkeit	m/s

Stefan-Boltzmann-Strahlungsgesetz

$$\dot{Q} = \varepsilon \cdot \sigma \cdot A \cdot T^4$$

$$\dot{Q} = \varepsilon \cdot C_s \cdot A \cdot \left(\frac{T}{100}\right)^4$$

$$C_s = \sigma \cdot 10^8 \approx 5{,}67\ W/(m^2 \cdot K^4)$$

$\dot{Q}$	* Wärmestrom	W
ε	Emissionsgrad	1
σ	* *Stefan-Boltzmann*-(Strahlungs)-konstante	$W/(m^2 \cdot K^4)$
A	abstrahlende Fläche	m^2
T	absolute * Temperatur	K
C_s	* Strahlungskonstante der vollkommen schwarzen Fläche	$W/(m^2 \cdot K^4)$

Stefan-Boltzmann-Strahlungskonstante
(nach DIN 1304: St.-Bo.-Konstante)

$\sigma = 5{,}67 \cdot 10^{-8}\ W/(m^2 \cdot K^4)$ → Konstanten

→ Strahlungskonstante der vollkommen schwarzen Fläche

Steifigkeit

→ Biegesteifigkeit

Steighöhe

→ Wurf

Steigkraft

→ Auftrieb beim Schwimmkörper

Steigung

$$S = \tan \alpha = \frac{h}{b}$$

$$S = \frac{h}{b} \cdot 100 \text{ in } \%$$

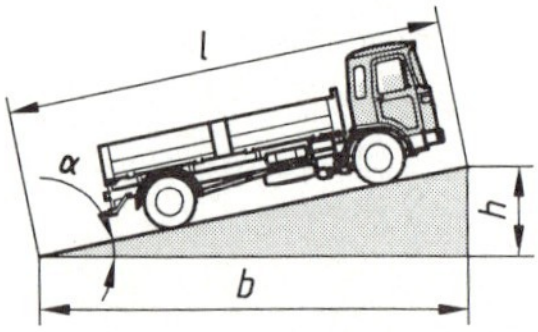

S	Steigung	1
α	Steigungswinkel	°, rad
h	senkrechter Höhenunterschied	m
b	senkrechte Projektion der zurückgelegten Strecke l	m

Steigung eines Gewindes

→ Gewindesteigungswinkel

Steigungswiderstand (Hangabtriebskraft)

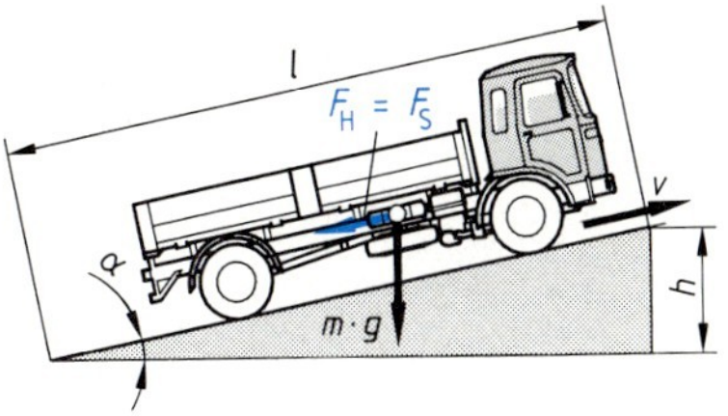

$$F_S = F_H = F_G \cdot \sin\alpha = m \cdot g \cdot \sin\alpha$$

$$F_S = F_H = m \cdot g \cdot \frac{h}{l}$$

→ Geneigte Ebene

F_S	Steigungswiderstand	N
F_H	Hangabtriebskraft	N
F_G	* Gewichtskraft	N
α	Steigungswinkel	°, rad
m	* Masse	kg
g	* Fallbeschleunigung	m/s²
h	senkrechter Höhenunterschied	m
l	zurückgelegte Strecke	m

Steigzeit

→ Wurf

Steinerscher Satz

Für das Flächenmoment 2. Grades:

$$I = I_A + A \cdot r^2$$

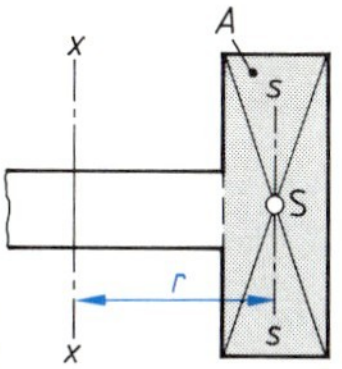

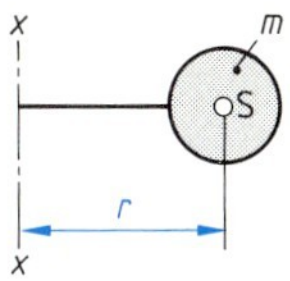

Für das Trägheitsmoment:

$$J = J_m + m \cdot r^2$$

I	* Flächenmoment 2. Grades, bezogen auf die Achse x – x	mm⁴, cm⁴
I_A	* Flächenmoment 2. Grades, bezogen auf die Schwerlinie S – S	mm⁴, cm⁴
A	Fläche	mm², cm²
r	Abstand zwischen x – x und S – S	mm, cm
J	* Trägheitsmoment eines Körpers, bezogen auf die Achse x – x	kg · m²
J_m	* Trägheitsmoment, bezogen auf den Schwerpunkt des Körpers	kg · m²
m	* Masse	kg
r	Abstand des Körperschwerpunktes von der Drehachse x – x	m

→ Trägheitsmomente einfacher Körper

Stern-Dreieck-Umwandlung

Dreieck in Stern

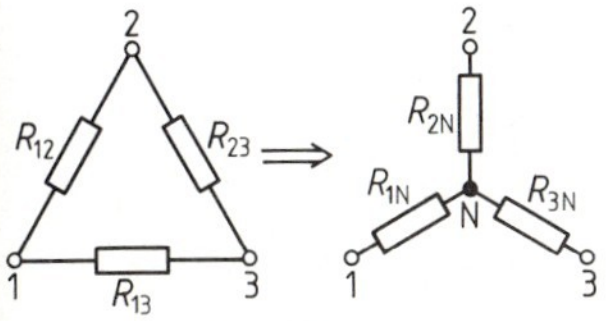

$$R_{1N} = \frac{R_{12} \cdot R_{13}}{R_{12} + R_{13} + R_{23}}$$

$$R_{2N} = \frac{R_{12} \cdot R_{23}}{R_{12} + R_{13} + R_{23}}$$

$$R_{3N} = \frac{R_{13} \cdot R_{23}}{R_{12} + R_{13} + R_{23}}$$

R_{12}, R_{13}, R_{23}	Widerstände der Dreieckschaltung	Ω
R_{1N}, R_{2N}, R_{3N}	Widerstände der Sternschaltung	Ω

Stern in Dreieck

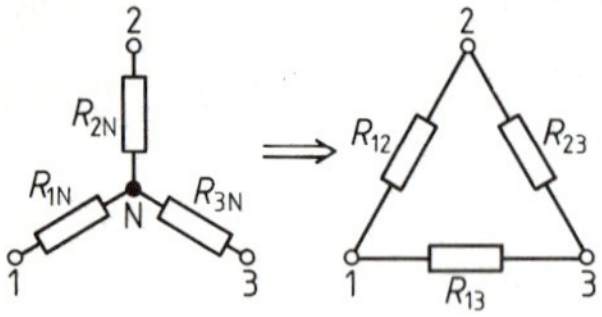

R_{12}, R_{13}, R_{23} Widerstände der Dreieckschaltung Ω

R_{1N}, R_{2N}, R_{3N} Widerstände der Sternschaltung Ω

$$R_{12} = \frac{R_{1N} \cdot R_{2N}}{R_{3N}} + R_{1N} + R_{2N}$$

$$R_{13} = \frac{R_{1N} \cdot R_{3N}}{R_{2N}} + R_{1N} + R_{3N}$$

$$R_{23} = \frac{R_{2N} \cdot R_{3N}}{R_{1N}} + R_{2N} + R_{3N}$$

Sternschaltung

→ Dreiphasenwechselstrom

Stetige Teilung

→ Goldener Schnitt

Stirnräder

→ Zahnradberechnung

Stöchiometrischer Index

Anzahl gleichartiger Atome oder Atomgruppen, die sich zu einem Atomverband zusammengeschlossen haben.

Angabe durch tiefgesetzte arabische Ziffer (Index) hinter dem Atomsymbol oder hinter einer Klammer, die die Atomsymbole einer Atomgruppe einschließt.

Beispiele:
H_2
CO_2
$[Co(NH_3)_6]_2\,(SO_4)_3$

→ Atomsymbole

Stoffmenge

$$n = \frac{m}{M} = \frac{N}{N_A}$$

Schreibweise in der Chemie:

$$n_i(X) = \frac{m_i}{M(X)}$$

n	Stoffmenge	mol
$n_i(X)$	Stoffmenge einer Portion i aus den Teilchen X	mol
m	* Masse	kg
m_i	* Masse einer Portion i des Stoffes	kg
M	* molare Masse	kg/mol
$M(X)$	* molare Masse des Stoffes aus den Teilchen X	kg/mol
N	* Teilchenzahl	1
N_A	* *Avogadro*-Konstante $N_A = 6{,}022 \cdot 10^{23}\ \mathrm{mol}^{-1}$ → Konstanten	1/mol

Stoffmengenanteil

$$x_i = \frac{n_i}{n}$$

z. B.

$$x(\mathrm{HCl}) = \frac{n(\mathrm{HCl})}{n}$$

Für binäre Gemische:

$$x_1 = \frac{n_1}{n_1 + n_2} \qquad x_2 = \frac{n_2}{n_1 + n_2}$$

x_i	Stoffmengenanteil des Stoffes i	1
n_i	* Stoffmenge des Stoffes i in der Mischphase	mol
n	Gesamtstoffmenge der Mischphase	mol

Index 1, 2, . . . für Stoff 1, 2, . . .

Stoffmengenkonzentration

$$c_i = \frac{n_i}{V}$$

z. B.

$$c(\mathrm{NaOH}) = \frac{n(\mathrm{NaOH})}{V}$$

c_i	Stoffmengenkonzentration des Stoffes i (in der Chemie übliche Einheit: mol/L)	mol/m³
n_i	* Stoffmenge des Stoffes i in der Mischphase	mol
V	* Volumen der Mischphase	m³

Stoffmengenstrom

$$\dot{n} = \frac{n}{t}$$

→ Massenstrom, Volumenstrom

$\dot{n}$	Stoffmengenstrom	mol/s
n	* Stoffmenge	mol
t	* Zeit	s

Stoffmengenverhältnis

$$r_{ik} = \frac{n_i}{n_k}$$

r_{ik}	Stoffmengenverhältnis	1
n_i	* Stoffmenge des Stoffes i in der Mischphase	mol
n_k	* Stoffmenge des Stoffes k in der Mischphase	mol

Stokes-Gleichung

$$v = \frac{2 \cdot r^2 \cdot (\varrho_p - \varrho_M) \cdot g}{9 \cdot \eta}$$

$$F = 6 \cdot \pi \cdot r \cdot \eta \cdot v$$

Das *Stokes*-Gesetz ist gültig für sehr kleine *Reynolds*-Zahlen: ($Re < 1$), jedoch nicht für sehr kleine Kugeldurchmesser.

→ *Reynolds*-Zahl, Viskosität

v	Fällungsgeschwindigkeit kugelförmiger Teilchen	m/s
r	Radius des kugelförmigen Teilchens	m
ϱ_p	* Dichte des kugelförmigen Teilchens	kg/m³
ϱ_M	* Dichte der Flüssigkeit oder des Gases	kg/m³
g	* Fallbeschleunigung	m/s²
η	dynamische * Viskosität (der Flüssigkeit)	Pa · s
F	* Kraft, die auf die Kugel in Fallrichtung wirkt	N

Stoß zweier Körper

Gerader zentraler unelastischer Stoß:

$$v = \frac{m_1 \cdot v_1 + m_2 \cdot v_2}{m_1 + m_2}$$

$$\Delta W = W_v - W_e = \frac{1}{2} \cdot \frac{m_1 \cdot m_2}{m_1 + m_2} \cdot (v_1 - v_2)^2$$

Gerader zentraler elastischer Stoß:

$$v_{1e} = 2 \cdot \frac{m_1 \cdot v_1 + m_2 \cdot v_2}{m_1 + m_2} - v_1$$

$$v_{2e} = 2 \cdot \frac{m_1 \cdot v_1 + m_2 \cdot v_2}{m_1 + m_2} - v_2$$

Teilelastischer Stoß (halbelastischer Stoß):

$$v_{1e} = \frac{m_1 \cdot v_1 + m_2 \cdot v_2 - m_2 \cdot (v_1 - v_2) \cdot k}{m_1 + m_2}$$

$$v_{2e} = \frac{m_1 \cdot v_1 + m_2 \cdot v_2 + m_1 \cdot (v_1 - v_2) \cdot k}{m_1 + m_2}$$

$$\Delta W = \frac{1}{2} \cdot \frac{m_1 \cdot m_2}{m_1 + m_2} \cdot (v_1 - v_2)^2 \cdot (1 - k^2)$$

Stoßart bzw. Werkstoff	Stoßfaktor k
teilelastischer Stoß	$0 < k < 1$
vollkommen elastischer Stoß	1
vollkommen unelastischer Stoß	0
Stahl bei 20 °C	~ 0,7
Kupfer bei 200 °C	~ 0,3

v	gemeinsame * Geschwindigkeit im Augenblick der größten Zusammendrückung	m/s
m_1	* Masse des Körpers 1	kg
m_2	* Masse des Körpers 2	kg
v_1	* Geschwindigkeit des Körpers 1	m/s
v_2	* Geschwindigkeit des Körpers 2	m/s
ΔW	Verlust an kinetischer * Energie, * Formänderungsarbeit	N · m = J
W_v	kinetische * Energie vor dem Stoß	N · m = J
W_e	kinetische * Energie am Ende des Stoßes	N · m = J
v_{1e}	* Geschwindigkeit des Körpers 1 am Ende des Stoßes	m/s
v_{2e}	* Geschwindigkeit des Körpers 2 am Ende des Stoßes	m/s
k	Stoßfaktor (s. Tabelle)	1

→ Energie, kinetische; Formänderungsarbeit; Geschwindigkeit

Stoßfaktor

→ Stoß

Strahlensätze

$\overline{SA} : \overline{AC} = \overline{SB} : \overline{BD}$

$\overline{SA} : \overline{SC} = \overline{SB} : \overline{SD}$

$\overline{SC} : \overline{AC} = \overline{SD} : \overline{BD}$

$\overline{CD} : \overline{AB} = \overline{SC} : \overline{SA}$

$\overline{CD} : \overline{AB} = \overline{SD} : \overline{SB}$

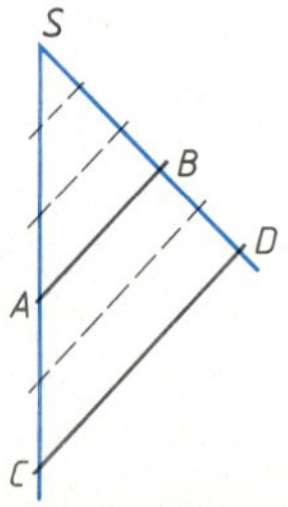

1. Strahlensatz:

Werden von einem Punkt ausgehende Strahlen durch Parallelen geschnitten, so verhalten sich zwei Abschnitte auf einem Strahl wie die entsprechenden Abschnitte auf jedem anderen Strahl.

2. Strahlensatz

Werden zwei von einem Punkt ausgehende Strahlen durch Parallelen geschnitten, so verhalten sich die Abschnitte auf zwei Parallelen wie die vom Ausgangspunkt der Strahlen bis zu diesen Parallelen reichenden Abschnitte eines Strahls.

Strahlstärke (Strahlungsintensität)

$$I_e = \frac{\Phi_e}{\Omega}$$

I_e	Strahlstärke	W/sr
Φ_e	* Strahlungsleistung	W
Ω	durchstrahlter Raumwinkel	sr

Strahlungsarbeit

→ Strahlungsenergie

Strahlungsaustausch zweier Flächen

→ Wärmeübergang

Strahlungsenergie (Strahlungsarbeit)

$$Q_e = \Phi_e \cdot t$$

Q_e	Strahlungsenergie	J
Φ_e	* Strahlungsleistung	W
t	* Zeit	s

Strahlungsenergiedichte (volumenbezogene Strahlungsenergie)

$$w = \frac{Q_e}{V}$$

w	Strahlungsenergiedichte	J/m³
Q_e	* Strahlungsenergie	J
V	* Volumen	m³

Strahlungsfluß

→ Strahlungsleistung

Strahlungsflußdichte (Raumbestrahlungstärke)

$$E_{e0} = \frac{\Phi_e}{A}$$

E_{e0}	Strahlungsflußdichte	W/m²
Φ_e	* Strahlungsleistung	W
A	durchstrahlte Fläche oder abstrahlende Oberfläche des Strahlers	m²

Strahlungsintensität

→ Strahlstärke

Strahlungskonstante der „grauen Strahler"

$$C = \varepsilon \cdot C_s$$

→ *Kirchhoffsches* Gesetz der Wärmestrahlung, *Stefan-Boltzmann*-Strahlungsgesetz

C	Strahlungskonstante	$W/(m^2 \cdot K^4)$
ε	Emissionsgrad (Schwärzegrad) siehe nachfolgende Tabelle	1
C_s	* Strahlungskonstante der vollkommen schwarzen Fläche	$W/(m^2 \cdot K^4)$

Emissionsgrade ε einiger Stoffoberflächen bei senkrechter und völlig freier Strahlung			
Stoff	ε	Stoff	ε
Aluminium	0,1 ... 0,4	Magnesium	0,1 ... 0,45
Aluminium, poliert	0,04	Nickel	0,3 ... 0,4
Buchenholz	0,93	Platin	0,3 ... 0,4
Dachpappe, schwarz	0,91	Silber	0,05 ... 0,1
Eisen und Stahl, (s.a. Stahl, poliert)	0,35 ... 0,95	Stahl, poliert	0,26
Eis-Oberfläche	0,96	Wasser-Oberfläche	0,95
Heizkörperlack	0,93	Wolfram	0,4 ... 0,5
Kupfer	0,1 ... 0,25	Ton	0,75
Kupfer, poliert	0,03	Ziegelstein	0,92

Strahlungskonstante der vollkommen schwarzen Fläche

$$C_s = \sigma \cdot 10^8 \approx 5{,}67 \text{ W}/(\text{m}^2 \cdot \text{K}^4)$$

C_s Strahlungskonstante der vollkommen schwarzen Fläche $\quad$ W/(m$^2\cdot$K^4)

σ * *Stefan-Boltzmann*-Strahlungskonstante $\quad$ W/(m$^2\cdot$K^4)

Strahlungsleistung (Strahlungsfluß)

$$\Phi_e = \frac{Q_e}{t}$$

Φ_e Strahlungsleistung $\quad$ W

Q_e * Strahlungsenergie $\quad$ J = W · s

t * Zeit $\quad$ s

Strahlungsleistung von Himmelskörpern

$$\Phi_e = \sigma \cdot A \cdot T^4 = \sigma \cdot 4 \cdot \pi \cdot r^2 \cdot T^4$$

Sonne (insgesamt)

$$\Phi_e = 3{,}861 \cdot 10^{23} \text{ kW}$$

Φ_e * Strahlungsleistung $\quad$ W

σ * *Stefan-Boltzmann*-Strahlungskonstante $\quad$ W/(m$^2\cdot$K^4)

A Oberfläche $\quad$ m^2

T absolute * Temperatur $\quad$ K

r Radius des Himmelskörpers $\quad$ m

Strahlungsstärke

→ Strahlstärke

Strahlungsvermögen

→ *Kirchhoffsches* Gesetz der Wärmestrahlung

Streckgrenze

→ Spannungs-Dehnungs-Diagramm

Stromdichte, elektrische

$$J = \frac{I}{A}$$

J elektrische Stromdichte (nach DIN 1304 anstelle von J auch S) $\quad$ A/mm^2

I elektrische * Stromstärke $\quad$ A

A Leiterquerschnitt $\quad$ mm^2

Stromfehlerschaltung

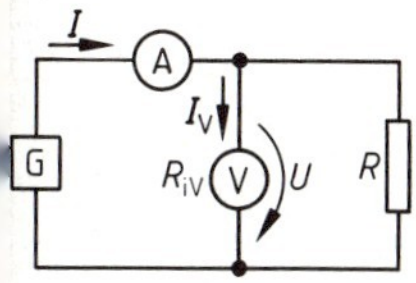

U	angezeigte * Spannung	V
I	angezeigte * Stromstärke	A
I_V	Strom durch den Spannungsmesser	V
R	zu bestimmender * Widerstand	Ω
R_{iV}	Innenwiderstand des Spannungsmessers	Ω

$$R = \frac{U}{I - I_V}$$

$$R = \frac{U}{I - \frac{U}{R_{iV}}}$$

Die Stromfehlerschaltung ist eine Methode zur Bestimmung von kleinen Widerstandswerten.

→ Spannungsfehlerschaltung

Strompreis

→ Kosten der elektrischen Arbeit

Stromstärke, elektrische

Für Gleichstrom:

$$I = \frac{U}{R} \qquad I = U \cdot G$$

$$I = S \cdot A \qquad I = \frac{Q}{t}$$

$$I = \frac{P}{U} \qquad I = \sqrt{\frac{P}{R}}$$

$$I = \frac{\Theta}{N}$$

I	elektrische Stromstärke	A
U	elektrische * Spannung	V
R	elektrischer * Widerstand	Ω = V / A
G	elektrischer * Leitwert	S = A/V
S	elektrische * Stromdichte	A/mm^2
A	Querschnittsfläche	mm^2
Q	elektrische * Ladung	C = A · s
t	* Zeit	s
P	elektrische * Leistung	W
Θ	elektrische * Durchflutung	A
N	Windungszahl	1

→ Ohmsches Gesetz; Reihenschaltung von Widerständen; Parallelschaltung von Widerständen; Äquivalent, elektrochemisches (für Elektrolyse); Akkumulator; Wechselströme; Dreiphasenwechselstrom; Wechselstromwiderstände

Strömungsenergie

→ *Bernoulli*-Gleichung

Strömungsformen

Laminare Strömung

$Re < Re_{krit}$

Turbulente Strömung

$Re > Re_{krit}$

Bei kreisförmigem Strömungsquerschnitt:

$Re_{krit} = 2320$

Re	* *Reynolds*-Zahl	1
Re_{krit}	kritische * *Reynolds*-Zahl	1

→ Reibungsverlustzahl, Turbulenzfaktor

Strömungsgeschwindigkeit (inkompressibel)

$$v = \frac{\dot{V}}{A}$$

Bei Änderung des Strömungsquerschnitts:

$$v_1 = v_2 \cdot \frac{A_2}{A_1}$$

Bei kreisförmigem Strömungsquerschnitt:

$$v_1 = v_2 \cdot \frac{d_2^2}{d_1^2}$$

v	Strömungsgeschwindigkeit	m/s
A	Strömungsquerschnitt	m^2
d	Durchmesser des Strömungsquerschnittes	m
$\dot{V}$	* Volumenstrom	m^3/s

Index 1: Strömungsquerschnitt 1
Index 2: Strömungsquerschnitt 2

→ Kontinuitätsbedingung

Strömungsgleichungen

→ *Bernoulli*-Gleichung, Durchflußgleichung, Kontinuitätsgleichung

Strömungsleistung

$$P = \frac{m \cdot g \cdot h}{t} = \dot{m} \cdot g \cdot h$$

$$P = F_w \cdot v$$

P	Strömungsleistung	W
m	* Masse des strömenden Fluids	kg
h	Höhe des Gefälles	m
t	* Zeit	s
$\dot{m}$	* Massenstrom	kg/s
F_w	* Strömungswiderstand	N
v	Strömungsgeschwindigkeit	m/s
g	* Fallbeschleunigung	m/s^2

Strömungswiderstand (Widerstandskraft)

$$F_w = c_w \cdot A \cdot p_{dyn}$$

$$F_w = c_w \cdot A \cdot \frac{\varrho}{2} \cdot v^2$$

F_w	Strömungswiderstand	N
c_w	Widerstandsbeiwert	1
A	Stirnfläche (senkrechte Projektion) des angeströmten Körpers	m^2
p_{dyn}	* Staudruck	$N/m^2 = Pa$
ϱ	* Dichte des strömenden Fluids	kg/m^3
v	* Strömungsgeschwindigkeit	m/s

Strouhal-Zahl

$$Sr = \frac{f \cdot l}{v}$$

Sr	*Strouhal*-Zahl	1
f	* Frequenz (Anzahl der Wirbel je Sekunde)	Hz = 1/s
l	eine kennzeichnende Länge (siehe *Nußelt*-Zahl)	m
v	* Strömungsgeschwindigkeit	m/s

Stufenrolle

→ Winde

Stufensprung

$$\varphi = \sqrt[z-1]{\frac{n_{max}}{n_{min}}}$$

φ	Stufensprung	1
z	Anzahl der verschiedenen * Umlauffrequenzen (Drehzahlen)	1
n_{max}	größte * Umlauffrequenz (Drehzahl)	1/s, 1/min
n_{min}	kleinste * Umlauffrequenz (Drehzahl)	1/s, 1/min

Stützkraft

→ Träger auf zwei Stützen

Sublimationswärme

$$Q = m \cdot \sigma$$

Q	Sublimationswärme	J
m	* Masse des sublimierenden Stoffes	kg
σ	spezifische Sublimationswärme	J/kg

Suszeptibilität, elektrische

$$\chi_e = \frac{P}{\varepsilon_0 \cdot E}$$

$$\chi_e = \varepsilon_r - 1$$

$$\chi_e = \frac{\varepsilon}{\varepsilon_0} - 1$$

→ Suszeptibilität, magnetische

χ_e	elektrische Suszeptibilität	1
P	elektrische * Polarisation	$A \cdot s/m^2$
ε_0	elektrische * Feldkonstante	$A \cdot s/(V \cdot m)$
ε	* Permittivität	$A \cdot s/(V \cdot m)$
ε_r	* Permittivitätszahl	1
E	elektrische * Feldstärke	V/m

Suszeptibilität, magnetische

$$\chi_m = \frac{H_i}{H}$$

$$\chi_m = \mu_r - 1$$

$$\chi_m = \frac{\mu}{\mu_0} - 1$$

→ Suszeptibilität, elektrische

χ_m	magnetische Suszeptibilität	1
H_i	* Magnetisierung	A/m
H	magnetische * Feldstärke	A/m
μ	* Permeabilität	$V \cdot s/(A \cdot m)$
μ_0	magnetische * Feldkonstante	$V \cdot s/(A \cdot m)$
μ_r	* Permeabilitätszahl	1

Synchronmaschine

allgemein:

$$n = n_s = \frac{f}{p}$$

Synchronmotor:

$$\eta = \frac{P_{ab}}{P_{zu}} = \frac{P_{mech}}{P_{el,1} + P_{el,2}}$$

$$P_{zu} = P_{el} = P_{el,1} + P_{el,2}$$

Synchrongenerator:

$$\eta = \frac{P_{ab}}{P_{zu}} = \frac{P_{el,1}}{P_{mech} + P_{el,2}}$$

Synchronmaschine (Motor oder Generator) für Einphasenwechselstrom:

$$P_{el,1} = U_1 \cdot I_1 \cdot \cos\varphi_1$$

Synchronmaschine (Motor oder Generator) für Dreiphasenwechselstrom (Drehstrom):

$$P_{el,1} = \sqrt{3} \cdot U_1 \cdot I_1 \cdot \cos\varphi_1$$

n	Läuferdrehzahl	1/s
n_s	Drehfelddrehzahl (synchrone Drehzahl)	1/s
f	Netzfrequenz	Hz = 1/s
p	Polpaarzahl	1
η	Wirkungsgrad, Leistungswirkungsgrad	1
P_{ab}	abgegebene (Wirk-)Leistung	$N \cdot m/s = W$
P_{zu}	zugeführte (Wirk-)Leistung	$N \cdot m/s = W$
P_{mech}	abgegebene (b. Motor) bzw. aufgenommene (b. Generator) mechanische Leistung	$N \cdot m/s = W$
P_{el}	elektrische Leistung	W
$P_{el,1}$	beim Synchronmotor aufgenommene bzw. beim Generator abgegebene elektrische Wechsel- bzw. Drehstromleistung	$V \cdot A = W$
$P_{el,2}$	Erregerleistung, aus dem Gleichstromnetz aufgenommene Leistung	$V \cdot A = W$
U_1	Ständerspannung (Klemmenspannung)	V
I_1	Ständerstrom (Leiterstrom)	A
$\cos\varphi_1$	Leistungsfaktor	1

Tangenssatz

→ Winkelfunktionen im schiefwinkligen Dreieck

Tangentenviereck

$$A = \frac{r}{2} \cdot (a + b + c + d)$$

$$A = r \cdot s$$

$$s = a + c = b + d$$

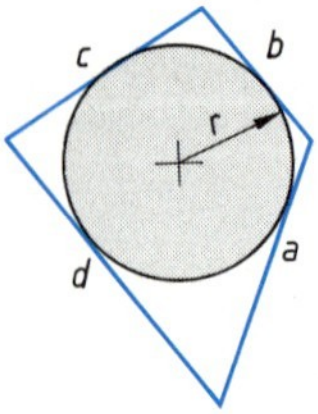

A	Flächeninhalt	m^2
a, b, c, d	Seiten (Tangenten)	m
s	halber Umfang	m

Tangentialbeschleunigung (Umfangsbeschleunigung)

$$a_t = \alpha \cdot r$$

$$a_t = \frac{\Delta v_u}{\Delta t}$$

→ Umfangsgeschwindigkeit, Zeit

a_t	Tangentialbeschleunigung	m/s^2
α	* Winkelbeschleunigung	m/s^2
r	Radius des Drehkörpers	m
Δv_u	Änderung der * Umfangsgeschwindigkeit	m/s
Δt	Zeitdifferenz	s

Tangentialkraft

→ Kurbelgetriebe

Tangentialspannung

→ Verdrehspannung

Tauchgewichtskraft

→ Auftrieb beim Schwimmkörper

Teilchenfluenz (Fluenz)

$$\Phi = \frac{N}{A}$$

Φ	Teilchenfluenz	$1/m^2$
N	Anzahl der Teilchen (z. B. Elektronen, Neutronen), die in einem Zeitintervall in eine kleine Kugel eintreten	1
A	Fläche (Querschnittsfläche der Kugel)	m^2

Teilchenkonzentration

→ Teilchenzahldichte

Teilchenzahl

Anzahl der Atome, Moleküle, Ionen oder anders spezifizierten Teilchen in einer Stoffportion

$$N = \frac{m \cdot N_A}{M} = n \cdot N_A$$

$$N_A = 6{,}022 \cdot 10^{23}\ \text{mol}^{-1}$$

N	Teilchenzahl	1
m	* Masse der Stoffportion	kg
N_A	* *Avogadro*-Konstante	1/mol
M	* molare Masse	kg/mol
n	* Stoffmenge	mol

Teilchenzahlanteil

$$X_i = \frac{N_i}{N}$$

X_i	Teilchenzahlanteil	1
N_i	Anzahl der Teilchen des Stoffes i in der Mischphase	1
N	Gesamtteilchenzahl	1

Teilchenzahldichte (Teilchenkonzentration)

$$n = \frac{N}{V}$$

$$n = \frac{N_A \cdot \varrho}{M}$$

Für ideale Gase:

$$n = \frac{N_A}{V_m} = \frac{p}{k \cdot T}$$

$$N_L = \frac{N_A}{V_{m,n}} = \frac{p_n}{k \cdot T_n}$$

n	Teilchenzahldichte	$1/m^3$
N	* Teilchenzahl	1
N_A	* *Avogadro*-Konstante $N_A = 6{,}0221 \cdot 10^{23}\ mol^{-1}$ → Konstanten	1/mol
N_L	* *Loschmidt*-Konstante $N_L = 2{,}68675 \cdot 10^{25}\ m^{-3}$	$1/m^3$
V	* Volumen des Stoffes	m^3
ϱ	* Dichte des Stoffes	kg/m^3
M	* molare Masse	kg/mol
V_m	* molares Volumen	m^3/mol
$V_{m,n}$	molares * Normvolumen (auch $V_{m,0}$) $V_{m,n} = 22{,}41$ L/mol → Konstanten	m^3/mol
k	*Boltzmann*-Konstante $k = 1{,}381 \cdot 10^{-23}$ J/K → Konstanten	J/K
p	* Druck des Gases	$N/m^2 = Pa$
p_n	* Druck im * Normzustand $p_n = 101\,325$ Pa	$N/m^2 = Pa$
T	absolute * Temperatur	K
T_n	* Temperatur im * Normzustand $T_n = 273{,}15$ K	K

Teilchenzahlkonzentration

$$C_i = \frac{N_i}{V}$$

C_i	Teilchenzahlkonzentration	$1/m^3$
N_i	Anzahl der Teilchen des Stoffes i in der Mischphase	1
V	* Volumen der Mischphase	m^3

Teilchenzahlverhältnis

$$R_{ik} = \frac{N_i}{N_k}$$

→ Teilchenzahl

R_{ik}	Teilchenzahlverhältnis	1
N_i	Anzahl der Teilchen des Stoffes i in der Mischphase	1
N_k	Anzahl der Teilchen des Stoffes k in der Mischphase	1

Teildruck

→ Partialdruck

Teilen mit dem Teilkopf

Direktes Teilen

$$n_l = \frac{n_L}{T}$$

$$n_l = \frac{\alpha \cdot n_L}{360^\circ}$$

Indirektes Teilen

$$n_K = \frac{i}{T}$$

$$n_K = \frac{i \cdot \alpha}{360^\circ}$$

Ausgleichsteilen (Differentialteilen)

$$n_K = \frac{i}{T'}$$

$$\frac{z_t}{z_g} = \frac{i}{T'} \cdot (T' - T)$$

n_l	Anzahl der weiterzuschaltenden Lochabstände	1
n_L	Anzahl der Löcher der Teilscheibe	1
T	Teilzahl	1
α	Winkelteilung	°
n_K	Anzahl der Teilkurbelumdrehungen für eine Teilung, Teilschritt	1
i	Übersetzungsverhältnis des Teilkopfes	1
T'	Hilfsteilzahl	1
z_t	Zähnezahlen der treibenden Räder (z_1, z_3)	1
z_g	Zähnezahlen der getriebenen Räder (z_2, z_4)	1

Teilung (Gitterteilung)

Lochabstand ohne Randabstand

$$x = \frac{l}{z + 1}$$

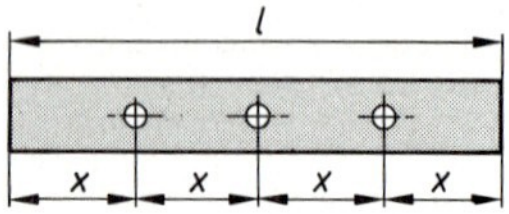

Lochabstand mit Randabstand

$$x = \frac{l - 2 \cdot y}{z - 1}$$

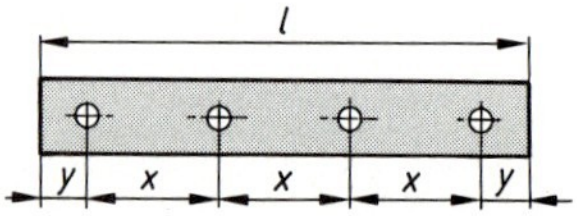

x	Lochabstand	mm
l	Werkstücklänge	mm
z	Anzahl der Löcher	1
y	Randabstand	mm

Teilung auf dem Lochkreis

$$s = 2 \cdot r \cdot \sin \frac{360^\circ}{2 \cdot n}$$

$$s = 2 \cdot r \cdot \sin \frac{180^\circ}{n} = d \cdot k$$

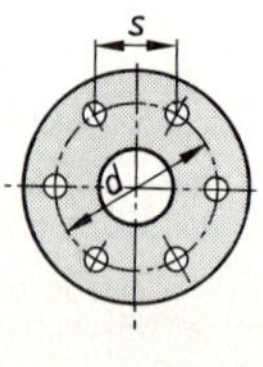

s	Teilungsstrecke, Sehnenlänge	mm
r	Lochkreisradius	mm
n	Anzahl der Teilungsstrecken bzw. Anzahl der Löcher	1
d	Teilkreisdurchmesser	mm
k	Sehnenkonstante (siehe Tabelle)	1

Sehnenkonstanten in Abhängigkeit von der Anzahl der Löcher:

n	*k*	*n*	*k*	*n*	*k*	*n*	*k*
1	0,000 00	26	0,120 54	51	0,061 56	76	0,041 32
2	1,000 00	27	0,116 09	52	0,060 38	77	0,040 79
3	0,866 03	28	0,111 96	53	0,059 24	78	0,040 27
4	0,707 11	29	0,108 12	54	0,058 14	79	0,039 76
5	0,587 79	30	0,104 53	55	0,057 09	80	0,039 26
6	0,500 00	31	0,101 17	56	0,056 07	81	0,038 78
7	0,433 88	32	0,098 02	57	0,055 09	82	0,038 30
8	0,382 68	33	0,095 06	58	0,054 14	83	0,037 84
9	0,342 02	34	0,092 27	59	0,053 22	84	0,037 39
10	0,309 02	35	0,089 61	60	0,052 34	85	0,036 95
11	0,281 73	36	0,087 16	61	0,051 48	86	0,036 52
12	0,258 82	37	0,084 81	62	0,050 65	87	0,036 10
13	0,239 32	38	0,082 58	63	0,049 85	88	0,035 69
14	0,222 52	39	0,080 47	64	0,049 07	89	0,035 29
15	0,207 91	40	0,078 46	65	0,048 31	90	0,034 90
16	0,195 09	41	0,076 55	66	0,047 58	91	0,034 52
17	0,183 75	42	0,074 73	67	0,046 87	92	0,034 14
18	0,173 65	43	0,073 00	68	0,046 18	93	0,033 77
19	0,164 59	44	0,071 34	69	0,045 51	94	0,033 41
20	0,156 43	45	0,069 76	70	0,044 86	95	0,033 06
21	0,149 04	46	0,068 24	71	0,044 23	96	0,032 72
22	0,142 31	47	0,066 79	72	0,043 62	97	0,032 38
23	0,136 17	48	0,065 40	73	0,043 02	98	0,032 05
24	0,130 53	49	0,064 07	74	0,042 44	99	0,031 73
25	0,125 33	50	0,062 79	75	0,041 88	100	0,031 41

Temperatur, Temperaturskalen, Temperaturdifferenz

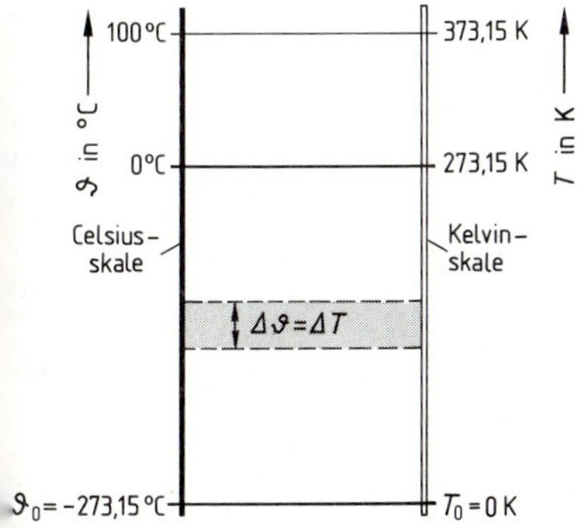

$T = \vartheta + 273{,}15$

$\vartheta = T - 273{,}15$

$\Delta\vartheta = \Delta T$

ϑ	Celsiustemperatur	°C
T	absolute Temperatur (*Kelvin*-Temperatur, thermodynamische Temperatur)	K
$\Delta\vartheta = \Delta T$	Temperaturdifferenz	°C, K

Temperaturdifferenzen können sowohl in °C als auch in K angegeben werden.

Absoluter Nullpunkt:

$\vartheta_0 = -273{,}15\,°C \mathrel{\widehat{=}} T_0 = 0\ K$

Schmelzpunkt des Eises bei Normalluftdruck:

$\vartheta = 0\,°C \mathrel{\widehat{=}} T = 273{,}15\ K$

Siedepunkt des Wassers bei Normalluftdruck:

$\vartheta = 100\,°C \mathrel{\widehat{=}} T = 373{,}15\ K$

→ Fadenkorrektur eines Thermometers, Normzustand, Tripelpunkt des Wassers

Temperatur und Widerstand

→ Widerstand und Temperatur

Temperaturbeiwert

→ Temperaturkoeffizient, elektrischer

Temperaturdifferenz

→ Temperatur; Temperaturdifferenz, mittlere logarithmische

Temperaturdifferenz, mittlere logarithmische

$$\Delta\vartheta_m = \frac{\Delta\vartheta_{max} - \Delta\vartheta_{min}}{\ln \dfrac{\Delta\vartheta_{max}}{\Delta\vartheta_{min}}}$$

$\Delta\vartheta_m$	mittlere logarithmische Temperaturdifferenz eines * Wärmeaustauschers	°C, K
$\Delta\vartheta_{max}$	maximale Temperaturdifferenz	°C, K
$\Delta\vartheta_{min}$	minimale Temperaturdifferenz	°C, K

Temperaturkoeffizient, elektrischer

Temperaturbeiwert für eine Ausgangstemperatur von 20 °C bei einer Temperaturänderung um 1 K

Werkstoff	Temperaturkoeffizient α in K^{-1}	Werkstoff	Temperaturkoeffizient α in K^{-1}
Aluminium	– 0,004	Magnesium	0,004 1
Blei	0,004 22	Mangan	0,005 3
Cadmium	0,004 2	Manganin	0,000 01
Chrom	0,005 9	Molybdän	0,004 7
Cobalt	0,006 6	Nickel	0,005 5
Eisen, rein	0,006 57	Nickelin	0,000 15
Gußeisen	0,005	Platin	0,003 8
Gold	0,003 98	Quecksilber	0,000 9
Kohle	– 0,000 5	Silber	0,004 1
Konstantan	0,000 04	Wolfram	0,004 6
Kupfer	0,003 9	Zink	0,004 2
Lithium	0,004 9	Zinn	0,004 63

Temperaturleitfähigkeit

$$a = \frac{\lambda}{\varrho \cdot c_p}$$

→ Verhältnis der spezifischen Wärmekapazitäten

a	Temperaturleitfähigkeit	m^2/s
λ	* Wärmeleitfähigkeit	W/(m · K)
ϱ	* Dichte	kg/m^3
c_p	* spezifische Wärmekapazität bei konstantem Druck	J/(kg · K)

Tetmajer-Formel

$$\sigma_K = k_1 - k_2 \cdot \lambda_0 + k_3 \cdot \lambda_0^2$$

$$\nu_K = \frac{\sigma_K}{\sigma_{d\,vorh}}$$

→ *Euler*-Knickformeln, Knickfestigkeit im Maschinenbau, Schlankheitsgrad

σ_K	Knickspannung bei unelastischer Knickung	N/mm^2
$\sigma_{d\,vorh}$	vorhandene * Druckspannung	N/mm^2
λ_0	Grenzschlankheitsgrad	1
$k_1 \ldots k_3$	Beiwerte (siehe Tabelle S. 331)	N/mm^2
ν_K	Knicksicherheit	1

Werkstoff	Beiwerte in N/mm² k_1	k_2	k_3	Grenzschlankheitsgrad λ_0
Grauguß	760,9	11,77	0,052	< 80
St 37	304	1,12	0	< 105
St 50, St 60	328,5	0,61	0	< 89
Nickelstahl (bis 5% Ni)	461,0	2,25	0	< 86
Nadelholz	28,7	0,19	0	< 100

Tetraeder (regelmäßiger Vierflächner)

von 4 gleichseitigen, kongruenten Dreiecken umgrenzter Körper

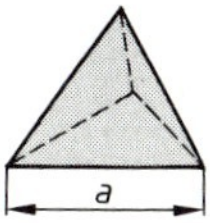

$$A_o = a^2 \cdot \sqrt{3} \approx 1{,}7321 \cdot a^2$$

$$V = \frac{a^3}{12} \cdot \sqrt{2} \approx 0{,}1179 \cdot a^3$$

$$r_1 = \frac{a}{12} \cdot \sqrt{6} = \frac{r_2}{3} \approx 0{,}204 \cdot a$$

$$r_2 = \frac{a}{4} \cdot \sqrt{6} = 3 \cdot r_1 \approx 0{,}612 \cdot a$$

$$h = \sqrt{a^2 - \left(\frac{a}{3} \cdot \sqrt{3}\right)^2} = \sqrt{a^2 - \left(\frac{a}{\sqrt{3}}\right)^2}$$

$$h = \sqrt{\frac{2 \cdot a^2}{3}} = a \cdot \sqrt{\frac{2}{3}} = \frac{a}{3} \cdot \sqrt{6}$$

A_o	Oberfläche	m²
a	Kantenlänge	m
V	* Volumen	m³
r_1	Radius der einbeschriebenen Kugel	m
r_2	Radius der umschriebenen Kugel	m
h	Höhe des Tetraeders (spezielle * Pyramide)	m

→ Dodekaeder

Thales-Satz

→ Winkel

Thermischer Ausdehnungskoeffizient

→ Längenausdehnungskoeffizient, Volumenausdehnungskoeffizient

Thermischer Leitwert

→ Wärmeleitwert

Thermischer Widerstand

→ Wärmewiderstand

Thermischer Wirkungsgrad

$$\eta_{th} = \frac{Q_n}{Q_a}$$

$$\eta_{th} = \frac{W_n}{Q_a}$$

η_{th}	thermischer * Wirkungsgrad	1
Q_n	Nutzwärme	J
Q_a	aufgewendete Wärme	J
W_n	Nutzarbeit	N · m = J

Thermobimetall, Thermobistahl

→ Wärmeausbiegung

Thermodynamische Temperatur

→ Temperatur

Thermodynamische Zustandsänderungen

→ Zustandsänderungen idealer Gase

Thermodynamische Zustandsgleichung

→ Zustandsgleichungen der idealen Gase

Thermopaare (Thermoelemente)

Meßtemperatur ϑ in °C	Thermopaare mit Thermospannung U in mV				
	Cu — CuNi (Cu-Konstantan) DIN 43 710	Fe — CuNi (Fe-Konstantan) DIN 43 710	NiCr — CuNi DIN IEC 584	NiCr — Ni DIN IEC 584	Pt 10 Rh — Pt DIN IEC 584
— 270			— 9,835	— 6,458	
— 200	— 5,70	— 8,15	— 8,824	— 5,891	
— 100	— 3,40	— 4,75	— 5,237	— 3,553	
— 50	— 1,85	— 2,51	— 2,787	— 1,889	— 0,236
0	0,00	0,00	0,000	0,000	0,000
50	2,05	2,65	3,047	2,022	0,299
100	4,25	5,37	6,317	4,095	0,645
200	9,20	10,95	13,419	8,137	1,440
300	14,90	16,56	21,033	12,207	2,323
400	21,00	22,16	28,943	16,395	3,260
500	27,41	27,85	36,999	20,640	4,234
600	34,31	33,67	45,085	24,902	5,237
700		39,72	53,110	29,128	6,274
800		46,22	61,022	33,277	7,345
900		53,14	68,783	37,325	8,448
1000			76,358	41,269	9,585
1100				45,108	10,754
1200				48,828	11,947
1300				52,398	13,155
1400					14,368
1500					15,567
1600					16,771
1700					17,942

→ Spannungsreihe, thermoelektrische

Thyristor

→ Gleichstromsteller mit Thyristor

Tiefpaß

→ Hochpaß

Tiefziehen

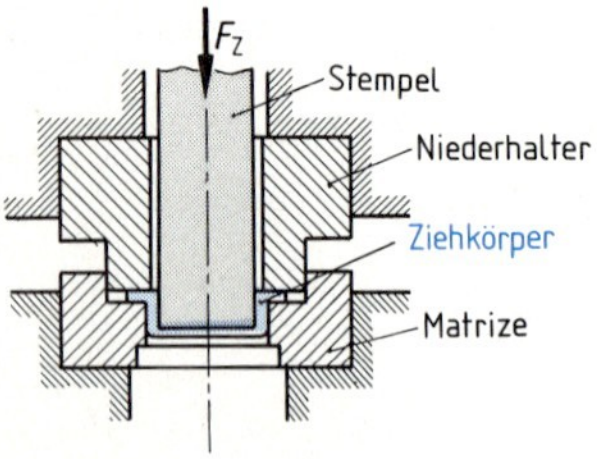

$$F_N = p \cdot (A_{Pl} - A_{St})$$

$$F_Z = n \cdot U \cdot s \cdot R_m$$

$$\beta = \frac{D}{d}$$

F_N	Niederhalterkraft	N
A_{Pl}	Fläche der Platine	mm^2
A_{St}	Fläche des Ziehstempels	mm^2
p	erforderlicher Niederhalterdruck (siehe Tabelle)	N/mm^2
F_Z	Ziehkraft	N
n	Beiwert (siehe Tabelle)	1
U	Länge der Ziehkante	mm
s	Blechdicke	mm
R_m	* Zugfestigkeit (des Werkstoffes)	N/mm^2
β	Ziehverhältnis	1
D	Zuschnittdurchmesser	mm
d	Stempeldurchmesser	mm

Werkstoff	erforderlicher Niederhalterdruck p in N/mm^2
Tiefziehstahlblech	2,45
Neusilber	1,76
Kupferblech	1,96
Zinkblech	1,47
Aluminiumblech	1,17
Weißblech	2,94
Messingblech, weich	1,96
Messingblech, hart	2,35
Al-Cu, Al-Mg, Al-Cu-Mg	1,47

Verhältnis $d/D = 1/\beta$	Beiwert n
1,0	0,50
0,9	0,55
0,8	0,60
0,7	0,65
0,6	0,70
0,5	0,75
0,4	0,80
0,3	0,85
0,2	0,90

→ Zuschnittdurchmesser

Tiefziehverhältnis (Ziehverhältnis)

→ Tiefziehen

Titer

$$t = \frac{c\,(X)}{\tilde{c}\,(X)}$$

Tatsächlich vorhandene Stoffmengenkonzentration einer Maßlösung in der chemischen Analytik:

$$c\,(X) = t \cdot \tilde{c}\,(X)$$

Beispiel für die Titerangabe bei Maßlösungen:

$\tilde{c}$ (NaOH) = 0,1 mol/L t = 1,018

t	Titer	1
$c\,(X)$	tatsächlich vorliegende * Stoffmengenkonzentration einer Maßlösung	mol/L
$\tilde{c}\,(X)$	angestrebte * Stoffmengenkonzentration der Maßlösung	mol/L

Titration

$$m\,(X) = \frac{M\,(X) \cdot c\,(Y) \cdot z\,(Y) \cdot V \cdot t \cdot f_A}{z\,(X)}$$

$$w\,(X) = \frac{M\,(X) \cdot c\,(Y) \cdot z\,(Y) \cdot V \cdot t \cdot f_A}{z\,(X) \cdot m\,(\text{Lsg})}$$

$m\,(X)$	* Masse der zu bestimmenden Substanz X in der Probelösung	g
$m\,(\text{Lsg})$	* Masse der Probelösung	g
$M\,(X)$	* molare Masse des zu bestimmenden Stoffes X	g/mol
$c\,(Y)$	* Stoffmengenkonzentration der Maßlösung	mol/L
$z\,(Y)$	* Ladungszahl des Titrators Y in der Maßlösung	1
$z\,(X)$	* Ladungszahl des zu bestimmenden Stoffes X	1
V	bei der Titration verbrauchtes * Volumen an Maßlösung	L
t	* Titer	1
f_A	Aliquotierfaktor (Verdünnungsfaktor)	1
$w\,(X)$	* Massenanteil des zu bestimmenden Stoffes X	1

Töne

$F = 1200 \cdot \mathrm{lb}\,(f_2 / f_1)$

→ Norm-Stimmton

F	Intervallmaß	cent
f_2	obere * Frequenz	Hz = 1/s
f_1	untere * Frequenz	Hz = 1/s

Diatonische Dur-Tonleiter

Intervall	Ton	Frequenz f in Hz	Verhältnis
Prime (Grundton)	c	24	1 : 1
Sekunde	d	27	27 : 24
Terz	e	30	30 : 24
Quarte	f	32	32 : 24
Quinte	g	36	36 : 24
Sexte	a	40	40 : 24
Septime	h	45	45 : 24
Oktave	c′	48	48 : 24

Töne gespannter Saiten

Grundschwingung einer longitudinal schwingenden Saite

$$f_0 = \frac{1}{2 \cdot l} \cdot \sqrt{\frac{E}{\varrho}}$$

Grundschwingung einer transversal schwingenden Saite

$$f_0 = \frac{1}{2 \cdot l} \cdot \sqrt{\frac{F}{S \cdot \varrho}}$$

f_0	Grundfrequenz (Grundschwingung)	Hz = 1/s
l	Länge der Saite	m
E	* Elastizitätsmodul	N/m^2
ϱ	* Dichte der Saitenwerkstoffe	kg/m^3
F	spannende * Kraft in der Saite	N
S	Querschnitt der Saite	m^2

Tönende Luftsäulen

Beidseitig offene Luftsäule (offene Pfeife)

Ton	Grundton Grundschwingung	1. Oberton 1. Oberschwingung	2. Oberton 2. Oberschwingung
Symbol			
Anzahl der Schwingungsknoten	1	2	3
Pfeifenlänge	$l = \frac{1}{2} \cdot \lambda_0$	$l = \frac{2}{2} \cdot \lambda_1$	$l = \frac{3}{2} \cdot \lambda_2$
Wellenlänge	$\lambda_0 = \frac{2}{1} \cdot l$	$\lambda_1 = \frac{2}{2} \cdot l$	$\lambda_2 = \frac{2}{3} \cdot l$
Tonfrequenz	$f_0 = \frac{1}{2} \cdot \frac{c}{l}$	$f_1 = \frac{2}{2} \cdot \frac{c}{l}$ $f_1 = 2 \cdot f_0$	$f_2 = \frac{3}{2} \cdot \frac{c}{l}$ $f_2 = 3 \cdot f_0$

Einseitig geschlossene Luftsäule

$$f_0 = \frac{1}{4} \cdot \frac{c}{l}$$

f_0	Grundfrequenz	Hz = 1/s
c	* Schallgeschwindigkeit	m/s
l	Pfeifenlänge	m

Torsionsfestigkeit → Verdrehfestigkeit

Torsionsmoment → Verdrehfestigkeit

Torsionsspannung → Verdrehspannung

Torsionsfeder → Periodendauer

Totalreflexion (vollkommene Spiegelung)

$$\frac{\sin \varepsilon_g}{\sin 90^\circ} = \frac{\sin \varepsilon_g}{1}$$

$$\sin \varepsilon_g = \frac{n_1}{n_2}$$

$$n_2 > n_1$$

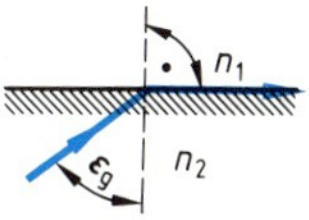

→ Brechungsgesetz, Brechzahl, Reflexion des Lichts

ε_g	Grenzwinkel der Totalreflexion	°, rad
n_1	* Brechzahl des optisch dünneren Mediums	1
n_2	* Brechzahl des optisch dichteren Mediums	1

Träger auf zwei Stützen

$$F_A = \sum \frac{F \cdot b}{l}$$

$$F_B = \sum \frac{F \cdot a}{l}$$

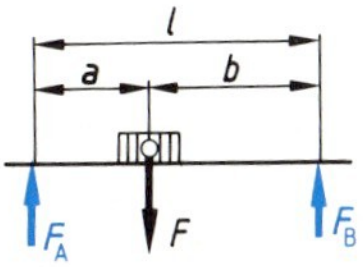

Kontrolle:

$$F_A + F_B = \Sigma F$$

→ Biegemoment, Flachformfedern

F_A, F_B	Auflagerkraft, Stützkraft	N
F	Belastungskräfte	N
a	Entfernung der * Kraft vom Lager B	m
b	Entfernung der * Kraft vom Lager A	m
l	Stützweite, Trägerlänge	m

Träger, fest eingespannt (Freiträger) → Biegemoment, Blattfeder einseitig eingespannt, Flachformträger

Tragflügel

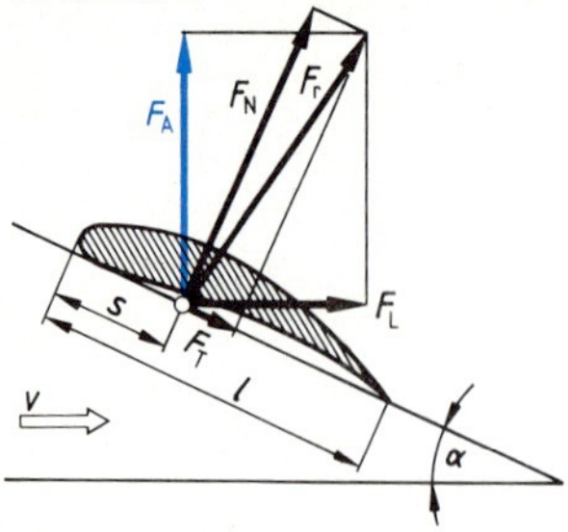

F_r	Luftkanalresultierende	N
F_A	dynamische Auftriebskraft	N
F_w	* Luftwiderstand	N
F_N	Normalkraft	N
F_T	Tangentialkraft	N
c_r	Beiwert der Luftkraftresultierenden	1
c_A	* Auftriebsbeiwert	1
c_w	* Luftwiderstandsbeiwert	1
c_N	Normalkraftbeiwert	1
c_T	Tangentialkraftbeiwert	1
p_{dyn}	* Staudruck (dynamischer Druck)	$N/m^2 = Pa$
A	Grundfläche des Tragflügels	m^2
M_t	Flügeldrehmoment	$N \cdot m$
s	Druckpunktlage	m
l	Länge des Flügelprofils	m
b	Flügellänge, Spannweite	m
α	Anstellwinkel	°, rad
ε	Flug-Gleitzahl	1

$$F_r = c_r \cdot p_{dyn} \cdot A$$
$$F_A = c_A \cdot p_{dyn} \cdot A$$
$$F_w = c_w \cdot p_{dyn} \cdot A$$
$$F_N = c_N \cdot p_{dyn} \cdot A$$
$$F_T = c_T \cdot p_{dyn} \cdot A$$
$$M_t = s \cdot F_N = s \cdot c_N \cdot p_{dyn} \cdot A = c_M \cdot p_{dyn} \cdot A \cdot l$$
$$c_r = \sqrt{c_A^2 + c_w^2}$$
$$c_r = \sqrt{c_N^2 + c_T^2}$$
$$c_N = c_A \cdot \cos\alpha + c_w \cdot \sin\alpha$$
$$c_T = -c_A \cdot \sin\alpha + c_w \cdot \cos\alpha$$
$$\varepsilon = \frac{c_w}{c_A}$$
$$A = b \cdot l$$
$$s = l \cdot \frac{c_M}{c_N} \approx l \cdot \frac{c_M}{c_A}$$

→ Auftrieb beim Tragflügel, *Magnus*-Effekt, Staudruck

Trägheitsgesetz

→ *Newtonsche* Gesetze

Trägheitskraft

→ *Newtonsche* Gesetze

Trägheitsmoment, axiales

→ Flächenmoment 2. Grades

Trägheitsmoment, polares

→ Flächenmoment 2. Grades

Trägheitsmoment eines Körpers

(Massenmoment 2. Grades, früher: Massenträgheitsmoment)

$$J_x = \Sigma\,(y^2 + z^2) \cdot m$$
$$J_y = \Sigma\,(z^2 + x^2) \cdot m$$
$$J_z = \Sigma\,(x^2 + y^2) \cdot m$$
$$J_p = \Sigma\,(x^2 + y^2 + z^2) \cdot m$$

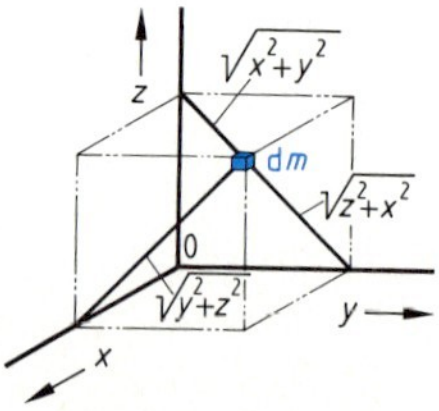

J_x, J_y, J_z	axiale Trägheitsmomente	$kg \cdot m^2$
J_p	polares Trägheitsmoment, auf den Punkt 0 (Ursprung) bezogen	$kg \cdot m^2$
x, y, z	Koordinaten	m
m	* Masse (Drehmasse)	kg
dm	kleines Masseteilchen	kg

→ Schwungradberechnung, *Steinerscher* Satz für das Trägheitsmoment, Trägheitsmomente einfacher Körper (s. folgende Tabelle)

Trägheitsmomente einfacher Körper (Massenträgheitsmomente)

Kreiszylinder

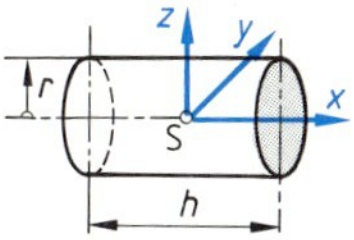

$$m = \varrho \cdot \pi \cdot r^2 \cdot h$$

$$J_x = \frac{m \cdot r^2}{2}$$

$$J_y = J_z = \frac{m \cdot (3 \cdot r^2 + h^2)}{12}$$

Hohlzylinder

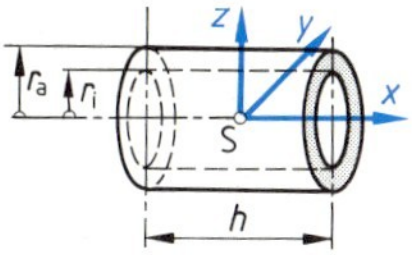

$$m = \varrho \cdot \pi \cdot (r_a^2 - r_i^2) \cdot h$$

$$J_x = \frac{m \cdot (r_a^2 + r_i^2)}{2}$$

$$J_y = J_z = \frac{m \cdot \left(r_a^2 + r_i^2 + \frac{h^2}{3}\right)}{4}$$

Kugel

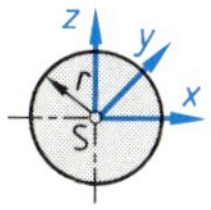

$$m = \varrho \cdot \frac{4}{3} \cdot \pi \cdot r^3$$

$$J_x = J_y = J_z = \frac{2}{5} \cdot m \cdot r^2$$

Kreiskegel

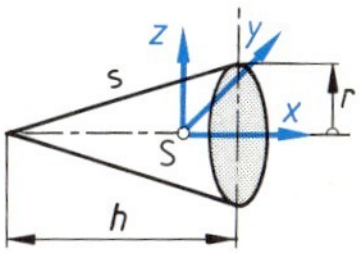

$$m = \varrho \cdot \pi \cdot r^2 \cdot \frac{h}{3}$$

$$J_x = \frac{3}{10} \cdot m \cdot r^2$$

$$J_y = J_z = \frac{3 \cdot m \cdot (4 \cdot r^2 + h^2)}{80}$$

Quader

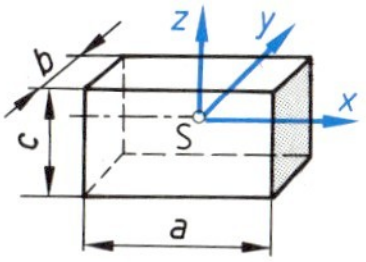

$$m = \varrho \cdot a \cdot b \cdot c$$

$$J_x = \frac{m \cdot (b^2 + c^2)}{12}$$

$$J_y = \frac{m \cdot (a^2 + c^2)}{12}$$

$$J_z = \frac{m \cdot (a^2 + b^2)}{12}$$

Dünner Stab

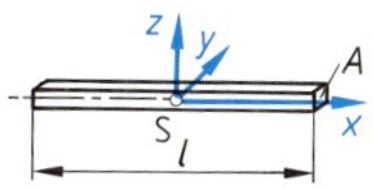

$$m = \varrho \cdot A \cdot l$$

$$J_y = J_z = \frac{m \cdot l^2}{12}$$

Hohlkugel

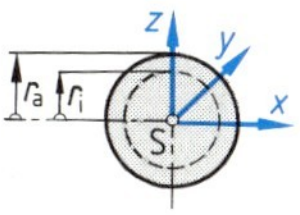

$$m = \varrho \cdot \frac{4}{3} \cdot \pi \cdot (r_a^3 - r_i^3)$$

$$J_x = J_y = J_z = \frac{2}{5} \cdot m \cdot \frac{r_a^5 - r_i^5}{r_a^3 - r_i^3}$$

Kreiskegelstumpf

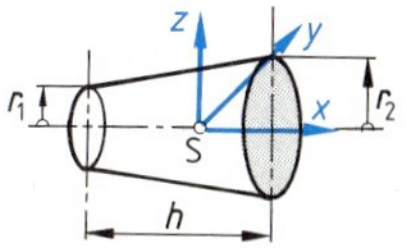

$$m = \varrho \cdot \frac{1}{3} \cdot \pi \cdot h \cdot (r_2^2 + r_1 \cdot r_2 + r_1^2)$$

$$J_x = \frac{3}{10} \cdot m \cdot \frac{r_2^5 - r_1^5}{r_2^3 - r_1^3}$$

Rechteck-Pyramide

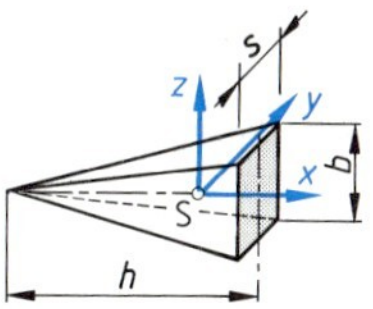

$$m = \frac{\varrho \cdot a \cdot b \cdot h}{3}$$

$$J_x = \frac{m \cdot (a^2 + b^2)}{20}$$

$$J_y = \frac{m \cdot \left(b^2 + \frac{3}{4} \cdot h^2\right)}{20}$$

$$J_z = \frac{m \cdot \left(a^2 + \frac{3}{4} \cdot h^2\right)}{20}$$

Kreistorus

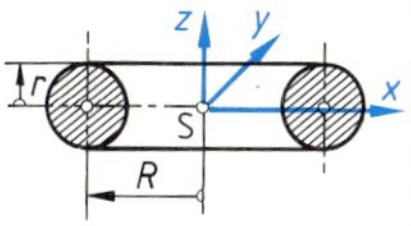

$$m = \varrho \cdot 2 \cdot \pi^2 \cdot r^2 \cdot R$$

$$J_x = J_y = \frac{m \cdot (4 \cdot R^2 + 5 \cdot r^2)}{8}$$

$$J_z = \frac{m \cdot (4 \cdot R^2 + 3 \cdot r^2)}{4}$$

Halbkugel

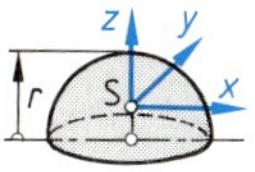

$$m = \varrho \cdot \frac{2}{3} \cdot \pi \cdot r^3$$

$$J_x = J_y = \frac{83}{320} \cdot m \cdot r^2$$

$$J_z = \frac{2}{5} \cdot m \cdot r^2$$

Beliebiger Rotationskörper

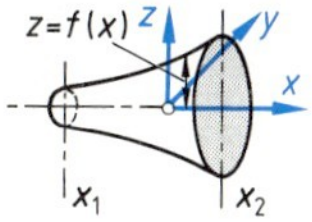

$$m = \varrho \cdot \pi \cdot \int_{x_1}^{x_2} f^2(x)\, dx$$

$$J_x = \frac{1}{2} \cdot \varrho \cdot \pi \cdot \int_{x_1}^{x_2} f^4(x)\, dx$$

Außer J, m und ϱ sind alle Formelzeichen mit Hilfe der Bilder erklärt.

J	Trägheitsmoment	$kg \cdot m^2$
m	* Masse	kg
ϱ	* Dichte	kg/m^3

Trägheitsradius

einer Fläche

$$i = \sqrt{\frac{I}{S}}$$

eines Körpers

$$i = \sqrt{\frac{J}{m}}$$

i	Trägheitsradius	m
I	* Flächenmoment 2. Grades	m^4
S	Flächenquerschnitt	m^2
J	* Trägheitsmoment eines Körpers	$kg \cdot m^2$
m	* Masse	kg

Trägheitssatz

→ *Newtonsche* Gesetze

Trägheitswiderstand, Trägheitskraft

$F = m \cdot a$

→ *Newtonsche* Gesetze

F	Trägheitskraft	N
m	* Masse	kg
a	* Beschleunigung	m/s^2

Tragkraft von Elektromagneten

→ Haltekraft von Elektromagneten

Traglänge

→ Reißlänge

Transformator

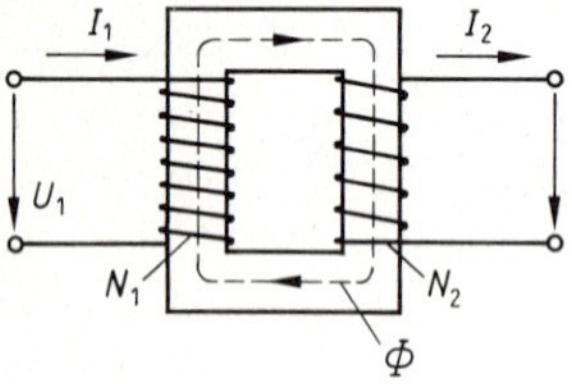

Übersetzungsverhältnis

$$\frac{U_1}{U_2} \approx \frac{N_1}{N_2} \qquad \frac{I_1}{I_2} \approx \frac{N_2}{N_1}$$

$$ü = \frac{N_1}{N_2} \qquad \frac{N_1}{N_2} \approx \sqrt{\frac{Z_1}{Z_2}}$$

U_1	Eingangsspannung	V
U_2	Ausgangsspannung	V
N_1	Windungszahl der Eingangswicklung	1
N_2	Windungszahl der Ausgangswicklung	1
I_1	* Stromstärke der Eingangswicklung	A
I_2	* Stromstärke der Ausgangswicklung	A
Z_1	Wechselstromwiderstand der Eingangswicklung	Ω
Z_2	Wechselstromwiderstand der Ausgangswicklung	Ω
$ü$	Übersetzungsverhältnis	1

Transformator-Hauptgleichung

$$U_0 = 4{,}44 \cdot \hat{B} \cdot A_{Fe} \cdot f \cdot N$$

$$f_{Fe} = \frac{A_{Fe}}{A_k} \qquad \frac{2 \cdot \pi}{\sqrt{2}} = 4{,}44$$

U_0	Leerlaufspannung	V
$\hat{B}$	magnetische * Flußdichte (Scheitelwert)	$T = V \cdot s/m^2$
A_{Fe}	Eisenquerschnitt	m^2
A_k	Kernquerschnitt	m^2
f	Frequenz	Hz = 1/s
f_{Fe}	* Eisenfüllfaktor	1

Nennscheinleistung

Bei Einphasenwechselstrom:

$S_N = U_2 \cdot I_2$

Bei Drehstrom:

$S_N = \sqrt{3} \cdot U_2 \cdot I_2$

S_N	Nennscheinleistung	V · A
U_2	Nennspannung der Ausgangsseite	V
I_2	Nennstromstärke der Ausgangsseite	A

Spartransformator

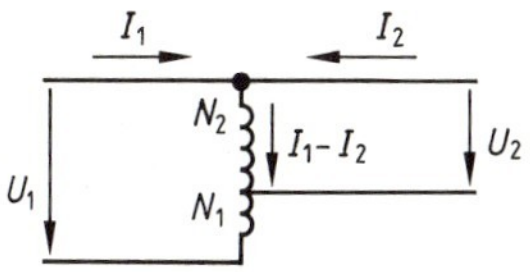

S_B	Bauleistung	V·A
S_D	Durchgangsleistung	V·A
U_1	Eingangsspannung	V
U_2	Ausgangsspannung	V
I_2	Ausgangsstromstärke	A
N_1, N_2	Windungszahlen	1

$$S_B = \frac{U_1 - U_2}{U_1} \cdot S_D$$

$$S_D = U_2 \cdot I_2 \qquad \frac{U_1}{U_2} \approx \frac{N_1}{N_2}$$

→ Wirkungsgrad

Transistor

→ Arbeitspunkteinstellung, Emitterschaltung, Transistor als Schalter

Transistor als Schalter

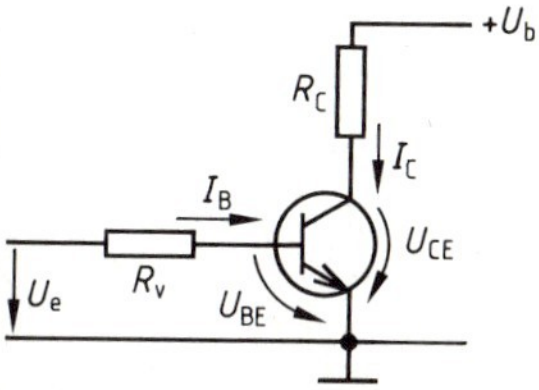

$I_{C\,max}$	maximal zulässiger Kollektorstrom	A
I_B	Basisstrom	A
$I_{B\,min}$	minimaler Basisstrom	A
U_b	Betriebsspannung	V
U_e	Eingangsspannung	V
U_{BE}	Basis-Emitter-Spannung	V
$U_{CE\,sat}$	Kollektor-Emitter-Sättigungsspannung	V
$ü$	Übersteuerungsfaktor (2 . . . 5)	1
R_v	Basisvorwiderstand	Ω
R_C	Kollektorwiderstand	Ω
B_{min}	minimaler Stromverstärkungsfaktor	1

$$I_{C\,max} = \frac{U_b - U_{CE\,sat}}{R_C}$$

$$I_{B\,min} = \frac{I_{C\,max}}{B_{min}}$$

$$I_B = ü \cdot I_{B\,min}$$

$$I_B = \frac{ü \cdot I_{C\,max}}{B_{min}}$$

$$R_v = \frac{(U_e - U_{BE}) \cdot B_{min}}{ü \cdot I_{C\,max}}$$

Transmissionsgrad

$$\tau = \frac{\Phi_\tau}{\Phi}$$

$$\Phi = \Phi_\varrho + \Phi_\alpha + \Phi_\tau$$

$$\tau = 1 - \varrho - \alpha$$

$$\varrho + \alpha + \tau = 1$$

→ Absorptionsgrad, Reflexionsgrad

τ	Transmissionsgrad	1
α	* Absorptionsgrad	1
ϱ	* Reflexionsgrad	1
Φ	auftreffender * Lichtstrom	lm
Φ_ϱ	reflektierter * Lichtstrom	lm
Φ_α	absorbierter * Lichtstrom	lm
Φ_τ	durchgelassener * Lichtstrom	lm

Trapez

$$A = \frac{a + b}{2} \cdot h$$

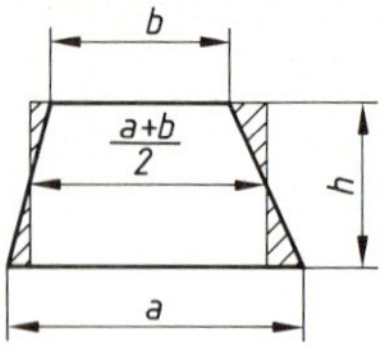

A	Flächeninhalt	m^2
a, b	Seitenlängen	m
h	Höhe	m

Trapezfeder

→ Blattfeder

Trapezoid (unregelmäßiges Viereck)

$$A = A_1 + A_2$$

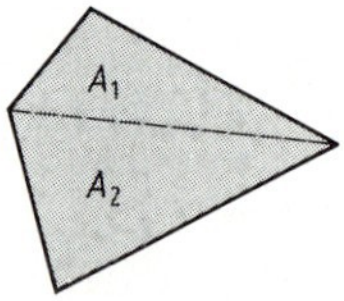

A	Flächeninhalt	m^2
A_1, A_2	Teilflächen	m^2

Trennkorndichte

Dichte, bei der ein Feststoff in einem Fluid nicht mehr absinkt (z. B. beim Sortieren)

$$\varrho_s = \varrho_f + \frac{18 \cdot \eta \cdot v}{g \cdot d^2} \qquad \text{für } Re < 1$$

$$\varrho_s = \varrho_f + \frac{12 \cdot \varrho_f \cdot \sqrt{\nu}}{g} \cdot \left(\frac{v}{d}\right)^{1,5} \qquad \text{für } 5 < Re < 10^3$$

$$\varrho_s = \varrho_f + \frac{0{,}33 \cdot \varrho_f \cdot v^2}{g \cdot d} \qquad \text{für } 10^3 < Re < 3 \cdot 10^5$$

ϱ_s	* Dichte des Feststoffs	kg/m^3
ϱ_f	* Dichte des Fluids	kg/m^3
η	dynamische * Viskosität	Pa · s
v	Sinkgeschwindigkeit	m/s
g	* Fallbeschleunigung	m/s^2
d	Korndurchmesser	m
ν	kinematische * Viskosität	m^2/s
Re	* *Reynolds*-Zahl	1

Trennkorngröße

Durchmesser, bei dem ein Korn mit kugeliger Form infolge der Widerstandskraft in einem es umgebenden Fluid in der Schwebe bleibt (z. B. in Windsichtern und Stromklassierern)

$$d_T = \sqrt{\frac{18 \cdot \eta \cdot v}{(\varrho_s - \varrho_f) \cdot g}} \qquad \text{für } Re < 1$$

$$d_T = \left[\frac{12 \cdot \varrho_f \cdot \sqrt{\nu}}{(\varrho_s - \varrho_f) \cdot g}\right]^{2/3} \cdot v \qquad \text{für } 5 < Re < 10^3$$

$$d_T = \frac{0{,}33 \cdot \varrho_f \cdot v^2}{(\varrho_s - \varrho_f) \cdot g} \qquad \text{für } 10^3 < Re < 3 \cdot 10^5$$

d_T	Trennkorngröße	m
η	dynamische * Viskosität	Pa · s
v	Sinkgeschwindigkeit	m/s
ϱ_s	* Dichte des Feststoffs	kg/m^3
ϱ_f	* Dichte des Fluids	kg/m^3
g	* Fallbeschleunigung	m/s^2
ν	kinematische * Viskosität	m^2/s
Re	* *Reynolds*-Zahl	1

Triac

→ Schwingungspaketsteuerung

Trigonometrische Funktionen, deren Umkehrungen und Ableitungen

Zeichen	Sprechweise	Umkehrfunktion	Ableitung
$y = \sin x$	Sinus	$y = \arcsin x$	$y' = \cos x$
$y = \cos x$	Kosinus	$y = \arccos x$	$y' = -\sin x$
$y = \tan x$	Tangens	$y = \arctan x$	$y' = \frac{1}{\cos^2 x} = 1 + \tan^2 x$
$y = \cot x$	Kotangens	$y = \text{arccot}\, x$	$y' = \frac{-1}{\sin^2 x} = -(1 + \cot^2 x)$

→ Winkelfunktionen

Trigonometrische Höhenmessung

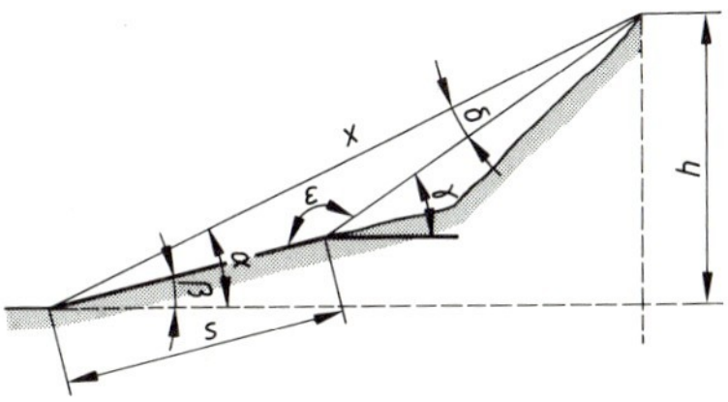

$h = x \cdot \sin \alpha$

$$h = s \cdot \frac{\sin \varepsilon \cdot \sin \alpha}{\sin \sigma} = s \cdot \frac{\sin(\gamma - \beta) \cdot \sin \alpha}{\sin(\gamma - \alpha)}$$

$$x = s \cdot \frac{\sin \varepsilon}{\sin \sigma}$$

$\varepsilon = \beta + (180° - \gamma)$

$\sigma = \gamma - \alpha$

h	Höhe	m
α, γ	Höhenwinkel	°, rad
β	Anstiegswinkel der Standlinie	°, rad
s	Standlinie	m
x	geradlinige Entfernung vom Anfangspunkt der Standlinie zum obersten Punkt	m
ε	* Winkel zwischen der Standlinie und der Verbindungslinie des Endpunktes der Standlinie und des obersten Punktes	°, rad

Bei Entfernungen über etwa 400 m sind die Erdkrümmung und die * Lichtbrechung zu berücksichtigen.

→ Sichtweite

Tripelpunkt (Dreiphasenpunkt) des Wassers

$p_t = 6{,}1$ mbar

$\vartheta_t = 0{,}01\,°C \mathrel{\hat{=}} T_t = 273{,}16$ K

p_t	Tripelpunktdruck	mbar
ϑ_t	Tripelpunkttemperatur	°C
T_t	absolute Tripelpunkttemperatur	K

Im Zustand p_t und ϑ_t existiert Wasser im festen, flüssigen und gasförmigen Zustand im thermischen Gleichgewicht nebeneinander. Der *Tripelpunkt* heißt auch *genauer Eispunkt* und dient der Definition der Einheit für die thermodynamische Temperatur. ⇒ 1 *Kelvin* (1 K) entspricht dem 273,16ten Teil der absoluten Temperatur des Tripelpunktes von Wasser.

Tritium, Triton

→ Wasserstoffisotope

Trockenkugeltemperatur

→ Psychrometrische Differenz

Trumkraftverhältnis

$$m = \frac{F_1}{F_2}$$

→ Riemengetriebe, Umfangskraft

m	Trumkraftverhältnis	1
F_1	* Kraft im ziehenden Trum	N
F_2	* Kraft im gezogenen Trum	N

Turbulente Strömung

→ Reibungsverlustzahl, Strömungsformen

Turbulenzfaktor

$$t = \frac{Re_{\text{krit L}}}{Re_{\text{krit K}}}$$

→ Kanalfaktor, *Reynolds*-Zahl, Strömungsformen

t	Turbulenzfaktor	1
$Re_{\text{krit L}}$	* kritische *Reynolds*-Zahl einer Kugel in laminarer Strömung	1
$Re_{\text{krit K}}$	* kritische *Reynolds*-Zahl einer Kugel im Meßstrahl eines Windkanals	1

Abkürzung für *kritisch* nach DIN 1304: crit

Überdruck

→ Druck

Übersetzung bei Getrieben
(Übersetzungsverhältnis)

einfach:

$$i = \frac{n_1}{n_2} = \frac{d_2}{d_1} = \frac{z_2}{z_1}$$

mehrfach (Gesamtübersetzungsverhältnis):

$$i = \frac{n_1}{n_2} \cdot \frac{n_2}{n_3} \cdot \frac{n_3}{n_4} \cdot \ldots = i_1 \cdot i_2 \cdot i_3 \cdot \ldots = \frac{n_a}{n_e}$$

Indizes 1, 3, ...: treibende Räder
Indizes 2, 4, ...: getriebene Räder

→ Rädergetriebe, Riemengetriebe, Schneckengetriebe

i	Übersetzungsverhältnis	1
n	* Umdrehungsfrequenz (Drehzahl)	1/s, 1/min
d	Durchmesser	m
z	Zähnezahl	1
n_a	* Umdrehungsfrequenz am Anfang des Kraftflusses	1/s, 1/min
n_e	* Umdrehungsfrequenz am Ende des Kraftflusses	1/s, 1/min

Übersetzung von Kräften (Kraftübersetzung)

$$i = \frac{F_1}{F_2}$$

→ Flaschenzug, Hebelgesetz, Hydraulische Presse

i	Kraftübersetzungsverhältnis	1
F_1	aufgewendete * Kraft	N
F_2	Tragkraft (Last)	N

Übersetzungsverhältnis

→ Transformator, Übersetzung bei Getrieben

Übertragungsfaktor

→ Antennen

Umdrehungsfrequenz (Drehzahl)

$$n = \frac{z}{t} = \frac{1}{T}$$

→ Frequenz

n	Umdrehungsfrequenz (Drehzahl)	1/s, 1/min
z	Anzahl der Umdrehungen	1
t	* Zeit	s
T	* Umlaufzeit (Dauer einer Umdrehung)	s, min

Umfang

→ Kreis

Umfangsbeschleunigung

→ Tangentialbeschleunigung

Umfangsgeschwindigkeit
(Kreisbahngeschwindigkeit)

Gleichförmig

$$v_u = \pi \cdot d \cdot n = r \cdot \omega$$

Gleichmäßig beschleunigt

$$v_u = r \cdot t \cdot \alpha = a_t \cdot t$$

→ Schnittgeschwindigkeit

v_u	Umfangsgeschwindigkeit	m/s
d	Durchmesser	m
n	* Umdrehungsfrequenz (Drehzahl)	1/s
r	Radius	m
ω	* Winkelgeschwindigkeit	rad/s
t	* Zeit	s
α	* Winkelbeschleunigung	rad/s^2
a_t	* Tangentialbeschleunigung	m/s^2

Umfangskraft (Seilreibungskraft)

Bremsband, Riemen, Seil um einen Zylinder

$$F_u = \frac{M_R}{r} = \frac{P}{v_u}$$

$$F_u = F_1 - F_2 = F_1 \cdot \frac{m-1}{m}$$

$$M_R = F_u \cdot r$$

$$F_1 = F_u \cdot \frac{m}{m-1} = F_2 \cdot m$$

$$F_2 = F_u \cdot \frac{1}{m-1}$$

$$m = \frac{F_1}{F_2} = e^{\mu \cdot \alpha} > 1$$

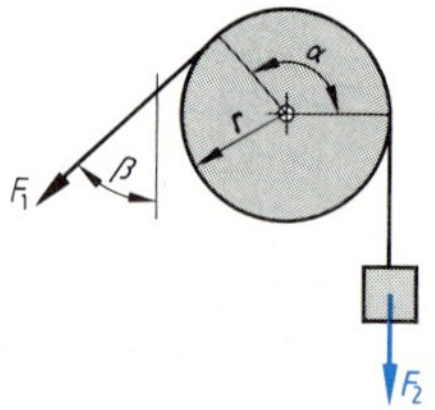

→ Bandbremse, Riemengetriebe

F_u	Umfangskraft	N
M_R	* Reibungsmoment	N · m
r	Radius	m
P	* Leistung	W
v_u	* Umfangsgeschwindigkeit	m/s
F_1	Spannkraft im ziehenden Trum	N
F_2	Spannkraft im gezogenen Trum	N
m	* Trumkraftverhältnis (Spannungsverhältnis)	1
μ	* Reibungszahl	1
α	Umschlingungswinkel	rad

Umformarbeit

→ Formänderungsarbeit

Umgebungsdruck

→ Druck

Umlaufzeit (Umlaufdauer)

$$T = \frac{1}{n}$$

$$T = \frac{\pi \cdot \alpha}{v_u} = \frac{2 \cdot \pi}{\omega}$$

→ Periodendauer

T	Umlaufzeit (Dauer) einer vollen Umdrehung	s
n	* Umdrehungsfrequenz (Drehzahl)	1/s
d	Durchmesser	m
v_u	* Umfangsgeschwindigkeit	m/s
ω	* Winkelgeschwindigkeit	rad/s

Umlaufzeit eines Planeten

→ *Keplersche* Gesetze

Umschlingungswinkel

→ Riemengetriebe, Umfangskraft

Umsatz bei chemischen Reaktionen

Kontinuierlicher Betrieb (Fließbetrieb)

$$U = \frac{\dot{n}_{ein} - \dot{n}_{aus}}{\dot{n}_{ein}} = \frac{\dot{m}_{ein} - \dot{m}_{aus}}{\dot{m}_{ein}}$$

Diskontinuierlicher Betrieb (Satzbetrieb, Chargenbetrieb)

$$U = \frac{n_{ein} - n_{aus}}{n_{ein}} = \frac{m_{ein} - m_{aus}}{m_{ein}}$$

U	Umsatz	1
$\dot{n}_{ein}$	in den Reaktor eintretender * Stoffmengenstrom des betrachteten Stoffes	mol/s
$\dot{n}_{aus}$	aus dem Reaktor austretender * Stoffmengenstrom des betrachteten Stoffes	mol/s
n_{ein}	* Stoffmenge des betrachteten Stoffes vor der Reaktion	mol
n_{aus}	* Stoffmenge des betrachteten Stoffes nach der Reaktion	mol
$\dot{m}_{ein}$	in den Reaktor eintretender * Massenstrom des betrachteten Stoffes	kg/s
$\dot{m}_{aus}$	aus dem Reaktor austretender * Massenstrom des betrachteten Stoffes	kg/s
m_{ein}	* Masse des betrachteten Stoffes vor der Reaktion	kg
m_{aus}	* Masse des betrachteten Stoffes nach der Reaktion	kg

Umspanner → Transformator

UND-Verknüpfung → Logische Verknüpfungen

Unendlich (∞) → Null und unendlich

Ungleichförmigkeitsgrad → Schwungradberechnung

Universelle Gaskonstante → Gaskonstante

Unschärferelation (Unbestimmtheitsrelation)

Nach *Heisenberg* gilt:

$$\Delta x \cdot \Delta p \geq h$$

Bei konstanter Masse und mit $\Delta p = m \cdot \Delta v$:

$$\Delta x \geq \frac{h}{m \cdot \Delta v}$$

Δx	Unschärfe (Unbestimmtheit) des Ortes eines Teilchens	m
Δp	Unschärfe (Unbestimmtheit) des Impulses	kg · m/s
h	* *Planck*-Konstante $h = 6{,}626\,1 \cdot 10^{-34}$ J · s → Konstanten	J · s
m	* Masse	kg
Δv	Teilchengeschwindigkeit	m/s

van-der-Waals-Zustandsgleichung

→ Gase, reale

van't Hoff-Gesetz

→ Osmotischer Druck

Variationen

→ Kombinatorik

Venturi-Prinzip (Saugwirkung)

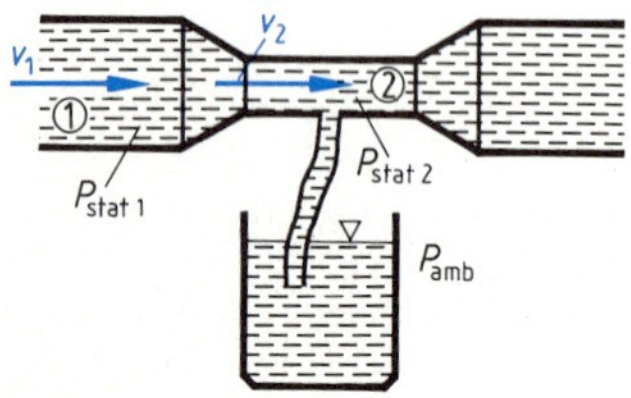

p_{stat}	statischer * Druck	$N/m^2 = Pa$
p_{dyn}	* Staudruck (dynamischer * Druck)	$N/m^2 = Pa$
p_{amb}	absoluter Atmosphärendruck	$N/m^2 = Pa$
ϱ	* Dichte des strömenden Fluids	kg/m^3
v_1	Strömungsgeschwindigkeit an der Stelle 1	m/s
v_2	Strömungsgeschwindigkeit an der Stelle 2	m/s

$$p_{stat\,1} + p_{dyn\,1} = p_{stat\,2} + p_{dyn\,2}$$

$$p_{stat\,2} = p_{stat\,1} + p_{dyn\,1} - p_{dyn\,2}$$

$$p_{stat\,2} = p_{stat\,1} + \frac{\varrho}{2} \cdot \left(v_1^2 - v_2^2\right)$$

Saugwirkung bei $p_{stat\,2} < p_{amb}$

→ *Bernoulli*-Gleichung, Kontinuitätsgleichung

Venturi-Rohr (nach DIN 1952)

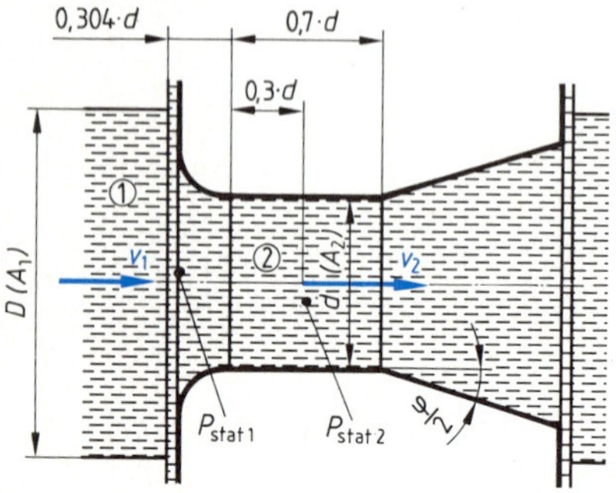

$$v_2 = \sqrt{\frac{2 \cdot \Delta p}{\varrho \cdot (1 + \zeta - m^2)}}$$

$$\Delta p = p_{stat\,1} - p_{stat\,2}$$

$$m = \frac{A_2}{A_1} = \frac{d^2}{D^2}$$

$$\dot{V} = v_2 \cdot A_2$$

→ *Bernoulli*-Gleichung, Kontinuitätsgleichung

v_2	Strömungsgeschwindigkeit an der Stelle 2	m/s
Δp	gemessener Druckunterschied	$N/m^2 = Pa$
ϱ	* Dichte des strömenden Fluids	kg/m^3
ζ	Widerstandsbeiwert des *Venturi*-Rohrs	1
m	* Öffnungsverhältnis	1
p_{stat}	statischer * Druck	$N/m^2 = Pa$
A_1	Strömungsquerschnitt der Rohrleitung	m^2
A_2	Strömungsquerschnitt der Meßstelle im *Venturi*-Rohr (d)	m^2
d	Meßstellendurchmesser	m
D	Durchmesser der Rohrleitung	m
$\dot{V}$	* Volumenstrom	m^3/s
φ	Öffnungswinkel	

Index 1: Stelle 1
Index 2: Stelle 2

Verbrennungswärme

→ Spezifischer Brennwert

Verdampfungsenthalpie, spezifische

→ Verdampfungswärme, spezifische

Verdampfungswärme, Kondensationswärme

$Q = m \cdot r$

Die Berechnung der *Verdunstungswärme* erfolgt entsprechend.

Q	Verdampfungswärme	J
m	* Masse	kg
r	* Verdampfungswärme, spezifische	J/kg

Verdampfungswärme, spezifische

$r = \frac{Q}{m}$

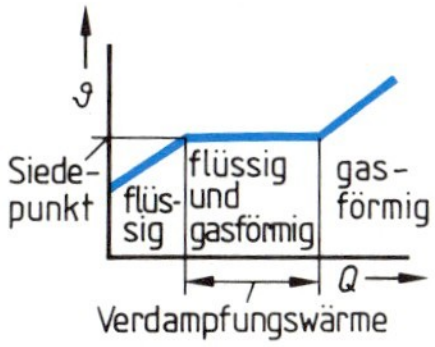

Werte von r: → Spezifische Wärmekapazität

r	spezifische Verdampfungswärme (auch spez. Verdampfungsenthalpie Δh_v)	J/kg

Unter der spezifischen Verdampfungswärme versteht man die Wärmeenergie, die 1 kg eines Stoffes bei p_n = 101 325 Pa am Siedepunkt vom flüssigen in den gasförmigen (dampfförmigen) Zustand bei konstanter Temperatur überführt oder bei der Verflüssigung (Kondensation) des Dampfes frei wird.

Q	* Verdampfungswärme	J
m	* Masse	kg

Verdichtung

$$V_c = \frac{V_h}{\varepsilon - 1}$$

$$\varepsilon = \frac{V_h + V_c}{V_c} = 1 + \frac{V_h}{V_c}$$

$$\Delta h = \frac{s}{\varepsilon_1 - 1} - \frac{s}{\varepsilon_2 - 1}$$

OT: oberer Totpunkt

UT: unterer Totpunkt

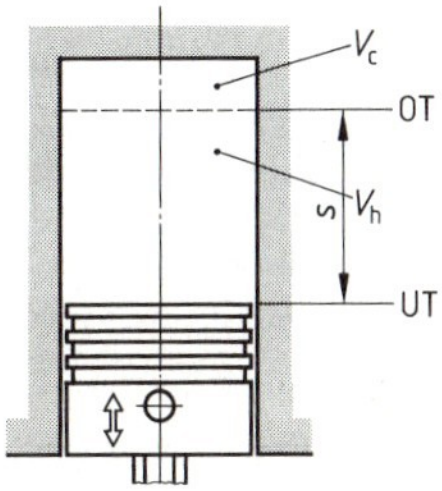

V_c	Verdichtungsraum	cm^3
V_h	Hubraum	cm^3
ε	Verdichtungsverhältnis	1
Δh	Höhenänderung des Hubraumes	cm
s	Kolbenhub	cm
ε_1	Verdichtungsverhältnis am UT	1
ε_2	Verdichtungsverhältnis am OT	1

Verdrehfestigkeit (Torsionsfestigkeit)

$$\tau_{tB} = \frac{M_{tB}}{W_p}$$

τ_{tB}	Verdrehfestigkeit	N/mm^2
M_{tB}	* Verdrehmoment (Torsionsmoment) beim Bruch	N · mm
W_p	* polares Widerstandsmoment	mm^3

Verdrehmoment (Torsionsmoment)

$M_t = F \cdot r$

→ Drehmoment, Festigkeitshypothesen, Hebelgesetz

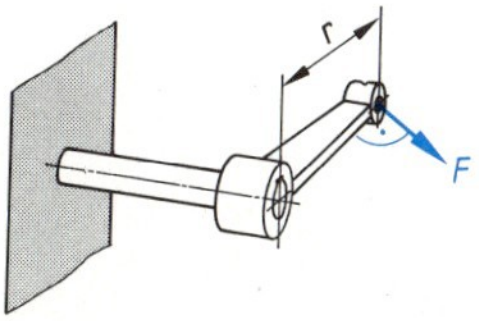

M_t	Verdrehmoment	N · mm
F	* Kraft	N
r	Kraftarm (Hebelarm)	mm

Verdrehspannung (Torsionsspannung, Tangentialspannung)

$\tau_t = \frac{M_t}{W_p}$ (Torsionshauptgleichung)

$M_{t\,zul} = W_p \cdot \tau_{t\,zul}$

τ_t	vorhandene Verdrehspannung	N/mm^2
M_t	vorhandenes * Verdrehmoment	$N \cdot mm$
W_p	* polares Widerstandsmoment	mm^3
$M_{t\,zul}$	zulässiges * Verdrehmoment	$N \cdot mm$
$\tau_{t\,zul}$	zulässige Verdrehspannung	N/mm^2

Verdrehwinkel

$\varphi = \frac{M_t \cdot l}{G \cdot I_p}$

φ	Verdrehwinkel	rad
M_t	* Verdrehmoment	$N \cdot mm$
l	Stablänge (Länge des Torsionsstabes)	mm
G	* Schubmodul	N/mm^2
I_p	polares * Flächenmoment 2. Grades	mm^4

Verdunstungswärme

→ Verdampfungswärme

Vereinigtes Gasgesetz

→ Zustandsgleichungen der idealen Gase

Verformungsarbeit

→ Formänderungsarbeit

Vergleichsmoment

→ Festigkeitshypothesen

Vergleichsspannung

→ Festigkeitshypothesen

Vergrößerung

Bildwerfer (Diaskop)

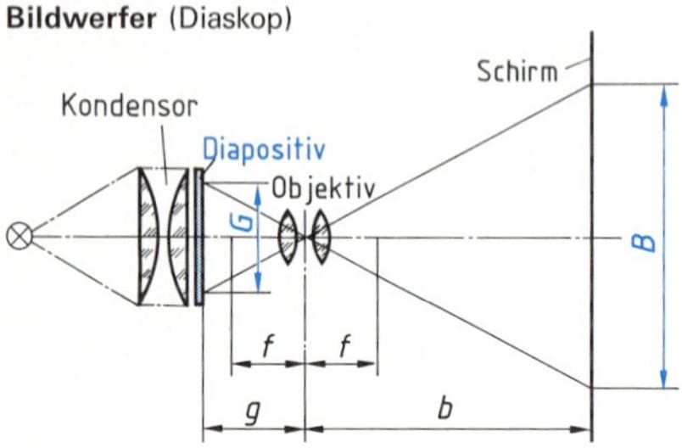

$v = \frac{b}{f} - 1$

Lupe:

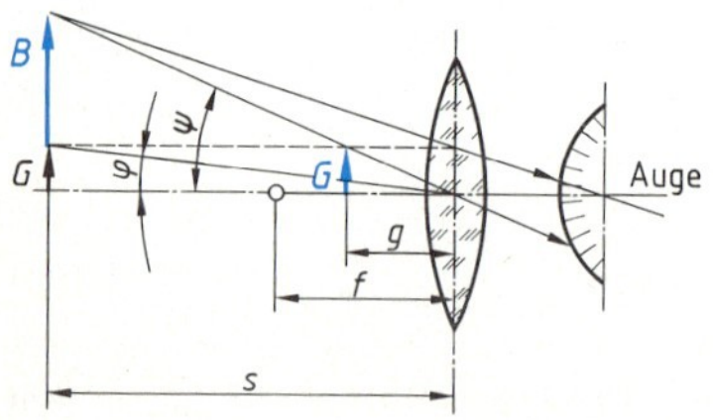

$v = \frac{s}{f} + 1$

v	Vergrößerung	1
b	* Bildweite	m
g	* Gegenstandsweite	m
f	* Brennweite	m
s	deutliche Sehweite (normal 0,25 m)	m
t	optische Tubuslänge (innerer Brennpunktabstand)	m
f_1	* Brennweite des Objektivs	m
f_2	* Brennweite des Okulars	m
B	* Bildgröße	m
G	Gegenstandsgröße	m
Ψ, φ	Strahlenwinkel	°

→ Abbildungsmaßstab, Linsenformel

Mikroskop

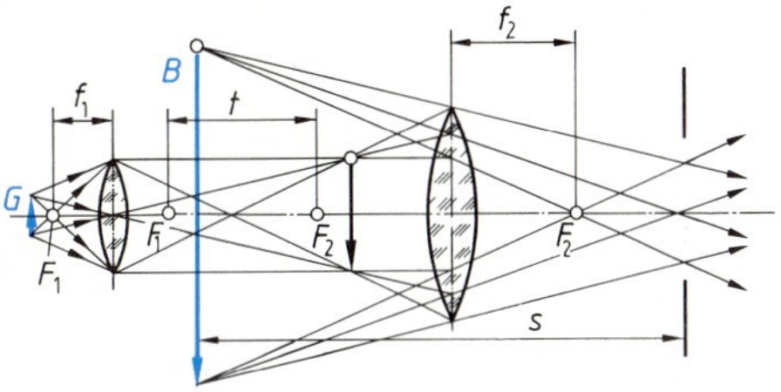

$$v = \frac{t \cdot s}{f_1 \cdot f_2}$$

Verhältnis der spezifischen Wärmekapazitäten
(Isentropenexponent, Adiabatenexponent)

$$\varkappa = \frac{c_p}{c_v} = \frac{i+2}{i}$$

Anzahl der Atome im Gas	$\varkappa$
1	1,667
2	1,4
mehr als 2	1,33

Für ideale Gase:

$$R_B = c_p - c_v$$

$$c_p = \frac{\varkappa}{\varkappa - 1} \cdot R_B$$

$$c_v = \frac{R_B}{\varkappa - 1}$$

$\varkappa$	Verhältnis der spezifischen Wärmekapazitäten, * Isentropenexponent, Adiabatenexponent	1
c_p	* spezifische Wärmekapazität bei konstantem Druck	J/(kg·K)
c_v	* spezifische Wärmekapazität bei konstantem Volumen	J/(kg·K)
i	Anzahl der Freiheitsgrade	1
R_B	individuelle * Gaskonstante	J/(kg·K)

→ Spezifische Wärmekapazität, Wärmeabhängige Daten, Zustandsänderungen idealer Gase

Verhältnisgrößen

Verhältnis aus zwei gleichartigen oder voneinander abhängigen Größen gleicher Dimension, speziell das Verhältnis einer Größe zu einer gleichartigen Bezugsgröße

Beispiele:

Massenverhältnis

$$\zeta_{ik} = \frac{m_i}{m_k}$$

Volumenverhältnis

$$\psi_{ik} = \frac{V_i}{V_k}$$

Stoffmengenverhältnis

$$r_{ik} = \frac{n_i}{n_k}$$

Teilchenzahlverhältnis

$$R_{ik} = \frac{N_i}{N_k}$$

ζ_{ik}	* Massenverhältnis	1
m_i	* Masse der Stoffportion i	kg
m_k	* Masse der Stoffportion k	kg
ψ_{ik}	* Volumenverhältnis	1
V_i	* Volumen der Stoffportion i	m^3
V_k	* Volumen der Stoffportion k	m^3
r_{ik}	* Stoffmengenverhältnis	1
n_i	* Stoffmenge der Stoffportion i	mol
n_k	* Stoffmenge der Stoffportion k	mol
R_{ik}	* Teilchenzahlverhältnis	1
N_i	* Teilchenzahl der Stoffportion i	1
N_k	* Teilchenzahl der Stoffportion k	1

Verkettungsfaktor → Dreiphasenwechselstrom

Verknüpfungsglieder → Logische Verknüpfungen

Verkürzung → Druckfeder, Längenänderung, Längenausdehnung, Querkürzung, Volumenausdehnung

Verlängerung → Dehnung, Längenänderung, Längenausdehnung, Volumenausdehnung

Verlustfaktor
für Verluste bei Spulen und Kondensatoren

$$d = \frac{1}{Q}$$

Bei Sinusgrößen:

$$d = \tan \delta$$

$$\delta = 90^\circ - \varphi$$

Verluste der Spule:

$$d = \tan \delta = \frac{R_v}{X_L} \qquad Q = \frac{X_L}{R_v}$$

Verluste des Kondensators:

$$d = \tan \delta = \frac{X_C}{R_p} \qquad Q = \frac{R_p}{X_C}$$

d	Verlustfaktor	1
Q	* Gütefaktor	1
δ	Verlustwinkel	rad
φ	* Phasenverschiebungswinkel	rad
X_L	induktiver * Blindwiderstand (Spule)	Ω
X_C	kapazitiver * Blindwiderstand (Kondensator)	Ω
R_v	Reihenverlustwiderstand (Spule)	Ω
R_p	paralleler Verlustwiderstand (Kondensator)	Ω

Verlusthöhe

$$h_v = \frac{\Delta p}{\varrho \cdot g}$$

→ Energielinienhöhe

h_v	Verlusthöhe	m
Δp	* Druckverlust	$N/m^2 = Pa$
ϱ	* Dichte des strömenden Fluids	kg/m^3
g	* Fallbeschleunigung	m/s^2

Verminderungsfaktor → Planungsfaktor

Verschiebungssatz → *Steinerscher* Satz

Verstärker → Operationsverstärker

Verstärkung, Verstärkungsfaktor, Verstärkungsmaß → Antennen

Verzahnung → Zahnradberechnung

Verzögerung → Bewegung, geradlinig gleichmäßig verzögert; Bewegung, drehend

***Vickers*-Härte** → Härte nach *Vickers*

Vieleck, regelmäßiges (regelmäßiges Polygon)

$$A = \frac{n}{2} \cdot a \cdot r_1$$

$$A = \frac{n}{2} \cdot r_2^2 \cdot \sin \alpha$$

$$A = n \cdot r_1^2 \cdot \tan \varphi$$

$$A = \frac{n}{2} \cdot r_2^2 \cdot \sin 2\varphi$$

$$A = \frac{n}{8} \cdot d_2^2 \cdot \sin \alpha$$

$$A = \frac{n}{4} \cdot a^2 \cdot \cot \frac{\alpha}{2} = \frac{n}{4} \cdot a^2 \cdot \cot \varphi$$

$$r_1 = \sqrt{r_2^2 - \frac{1}{4} \cdot a^2} = r_2 \cdot \cos \frac{180^\circ}{n}$$

$$a = 2 \cdot r_1 \cdot \tan \varphi = 2 \cdot r_2 \cdot \sin \frac{180^\circ}{n}$$

$$a = 2 \cdot \sqrt{r_2^2 - r_1^2}$$

$$U = n \cdot a = 2 \cdot n \cdot r_1 \cdot \tan \varphi = 2 \cdot n \cdot r_2 \cdot \sin \varphi$$

$$\alpha = \frac{360^\circ}{n} = \frac{2 \cdot \pi}{n} \text{ rad}$$

$$\varphi = \frac{\alpha}{2}$$

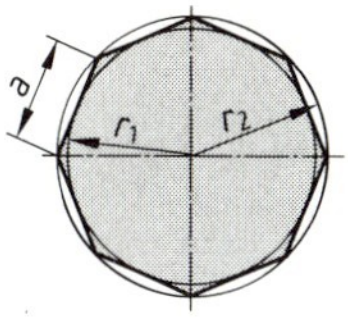

A	Flächeninhalt	m^2
n	Anzahl der Ecken bzw. Seiten	1
a	Seitenlänge	m
r_1	Radius des Inkreises	m
r_2	Radius des Umkreises	m
α	Zentriwinkel	°, rad
φ	halber Zentriwinkel	°, rad
d_2	Umkreisdurchmesser	m
U	Umfang	m

Vieleck, unregelmäßiges (unregelmäßiges Polygon)

$$A = A_1 + A_2 + A_3 + \ldots + A_n$$

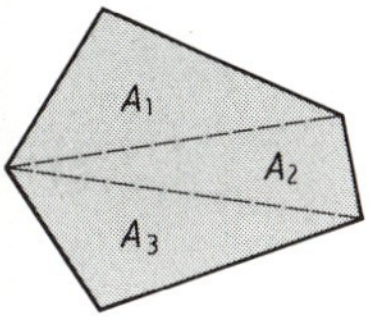

A	Gesamtfläche	m^2
$A_1 \ldots A_n$	Teilflächen	m^2

Vielflächner (Polyeder)

→ *Euler*-Polyedersatz

Viereck, allgemein

$$A = \frac{d_1}{2} \cdot (h_1 + h_2)$$

$$A = \frac{d_2}{2} \cdot (h_3 + h_4)$$

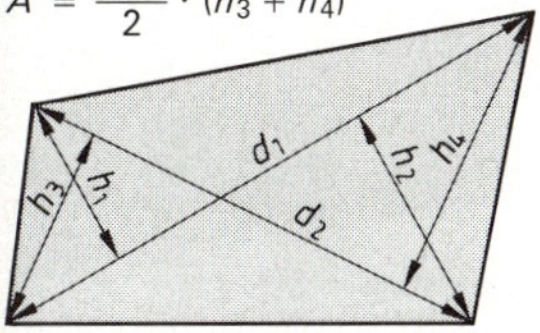

A	Flächeninhalt	m^2
d_1, d_2	Diagonalen	m
h_1, h_2	Höhen auf d_1	m
h_3, h_4	Höhen auf d_2	m

→ Drachenviereck, Parallelogramm, Quadrat, Rechteck, Trapez

Vierflächner

→ Tetraeder

Vieta-Wurzelsatz

→ Gleichungen

Vierkantprisma

Gerade Säule mit quadratischem Querschnitt:

$d_1 = \sqrt{a^2 + h^2}$

$d_2 = \sqrt{2 \cdot a^2} = a \cdot \sqrt{2}$

$d_4 = \sqrt{2 \cdot a^2 + h^4}$

$A_o = 2 \cdot a^2 + 4 \cdot a \cdot h$

$V = A \cdot h = a^2 \cdot h$

$A = a^2$

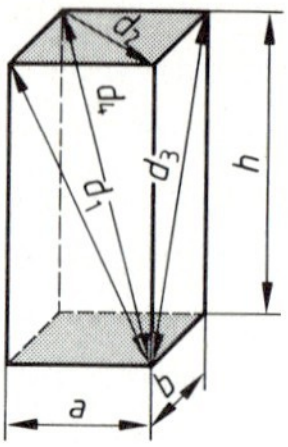

$d_1, \dots d_3$	Flächendiagonalen	m
d_4	Raumdiagonale	m
h	Höhe	m
a, b	Seiten der Grundfläche	m
A_o	Oberfläche	m^2
V	* Volumen	m^3
A	Grundfläche, Deckfläche	m^2

→ Achtkantprisma, *Cavalieri*-Satz, Dreikantprisma, Sechskantprisma

Gerade Säule mit rechteckigem Querschnitt (Quader):

$d_1 = \sqrt{a^2 + h^2}$

$d_2 = \sqrt{a^2 + b^2}$

$d_3 = \sqrt{b^2 + h^2}$

$d_4 = \sqrt{d_2^2 + h^2} = \sqrt{a^2 + b^2 + h^2}$

$A_o = 2 \cdot (a \cdot b + b \cdot h + a \cdot h)$

$V = A \cdot h = a \cdot b \cdot h$

Schiefe Säule mit rechteckigem Querschnitt:

$A_o = 2 \cdot (a \cdot b + b \cdot l + a \cdot h)$

$V = A \cdot h = a \cdot b \cdot h$

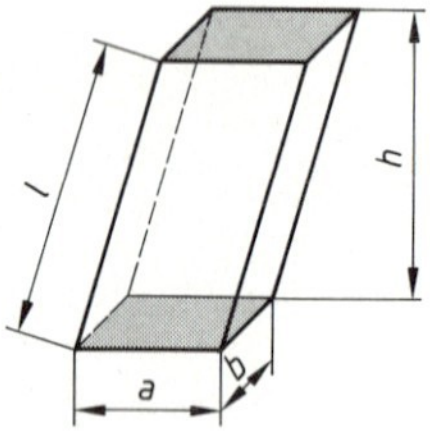

Virtuelles Bild

→ Linsenformel

Viskosität (Zähigkeit)

Dynamische Viskosität

$\eta = \nu \cdot \varrho$

Nach *Newton* ist:

$$\eta = \frac{F_R \cdot \Delta y}{A \cdot (v_{x2} - v_{x1})}$$

$$\eta = \frac{\tau_s \cdot \Delta y}{\Delta v_x} = \frac{\tau_s}{D}$$

$\Delta v_x = v_{x2} - v_{x1}$

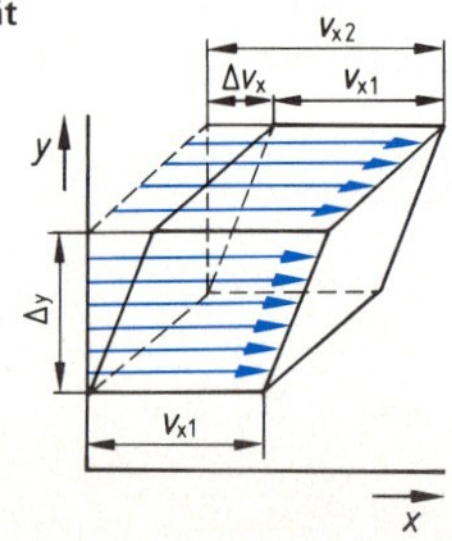

η	dynamische Viskosität	Pa · s
ν	kinematische Viskosität	m^2/s
ϱ	* Dichte	kg/m^3
F_R	innere * Reibungskraft	N
A	Schichtfläche	m^2
Δy	Abstand zwischen zwei parallelen Schichten	m
Δv_x	Geschwindigkeitsunterschied zwischen zwei ebenen parallelen Schichten eines laminar strömenden, homogenen Stoffes	m/s
τ_s	* Schubspannung	N/m^2

Relative Viskosität (Viskositätsverhältnis)

$$\delta = \frac{\eta}{\eta_0}$$

Relative Viskositätsänderung

$$\eta_r = \frac{\eta - \eta_0}{\eta_0} = \frac{\eta}{\eta_0} - 1 = \delta - 1$$

Kinematische Viskosität

$$\nu = \frac{\eta}{\varrho}$$

Bei Temperaturzunahme nimmt die Viskosität von Flüssigkeiten stark ab und von Gasen bzw. Dämpfen schwach zu.

→ Fluidität

D	Geschwindigkeitsgefälle	1/s
δ	relative Viskosität (Viskositätsverhältnis)	1
η_0	Viskosität des Lösemittels	Pa · s
η_r	relative Viskositätsänderung	Pa · s

Stoff und Temperatur	Kinematische Viskosität ν in m^2/s bei Normalluftdruck 1013,25 hPa
Ethanol bei 20 °C	$1{,}5 \cdot 10^{-6}$
Benzol bei 20 °C	$0{,}74 \cdot 10^{-6}$
Glyzerin bei 20 °C	$850 \cdot 10^{-6}$
Wasser bei 0 °C	$1{,}79 \cdot 10^{-6}$
Wasser bei 20 °C	$1{,}01 \cdot 10^{-6}$
Wasser bei 100 °C	$0{,}28 \cdot 10^{-6}$
Luft bei 0 °C	$132 \cdot 10^{-6}$
Luft bei 20 °C	$169 \cdot 10^{-6}$
Luft bei 100 °C	$1810 \cdot 10^{-6}$
Sauerstoff bei 20 °C	$18 \cdot 10^{-6}$

Volumen

$$V = \frac{m}{\varrho}$$

→ Normvolumen, Spezifisches Volumen

V	Volumen	m^3
m	* Masse	kg
ϱ	* Dichte	kg/m^3

Volumenänderung

→ Kompressibilität, Volumenausdehnung durch Wärme

Volumenänderungsarbeit

→ Zustandsänderungen idealer Gase

Volumenanteil

$$\varphi_i = \frac{V_i}{V_0}$$

z. B.

$$\varphi(C_2H_5OH) = \frac{V(C_2H_5OH)}{V_0}$$

φ_i	Volumenanteil des Stoffes i	1
V_i	* Volumen des Stoffes i vor dem Mischvorgang	m^3
V_0	Gesamtvolumen der Stoffe vor dem Mischvorgang	m^3

Volumenausdehnung durch Wärme

$$V_2 = V_1 \pm V_1 \cdot \alpha_V \cdot \Delta\vartheta$$

Vorzeichen + : bei Erwärmung

Vorzeichen − : bei Abkühlung

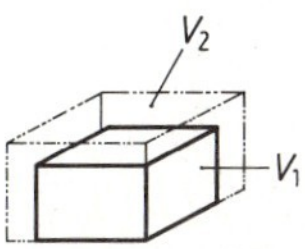

V_2	Endvolumen	m^3
V_1	Ausgangsvolumen	m^3
α_V	thermischer * Volumenausdehnungskoeffizient	$m^3/(m^3 \cdot K)$
$\Delta\vartheta$	Temperaturdifferenz	°C, K

Volumenausdehnungskoeffizient, thermischer

Für feste und flüssige Stoffe:

$$\alpha_V \approx 3 \cdot \alpha_l$$

Für gasförmige Stoffe:

$$\alpha_V = \frac{1}{273{,}15} \; \frac{m^3}{m^3 \cdot K}$$

In der Literatur wird für den thermischen Volumenausdehnungskoeffizienten auch häufig der Formelbuchstabe γ verwendet.

α_V	thermischer Volumenausdehnungskoeffizient	$m^3/(m^3 \cdot K)$
α_l	thermischer * Längenausdehnungskoeffizient	$m/(m \cdot K)$

flüssiger Stoff	α_V in $m^3/(m^3 \cdot K) = 1/K$
Alkohol (Ethanol)	0,00110
Benzin	0,00100
Glyzerin	0,00050
Petroleum	0,00092
Quecksilber	0,00018
Terpentinöl	0,00100
Toluol	0,00108
Wasser	0,00018

Volumenkonzentration

$$\sigma_i = \frac{V_i}{V}$$

z.B.

$$\sigma(NH_3) = \frac{V(NH_3)}{V}$$

σ_i	Volumenkonzentration	1
V_i	* Volumen des Stoffes i vor dem Mischvorgang	m^3
V	* Volumen der Mischphase	m^3

Volumenschwerpunkt

→ Schwerpunktlage von Körpern

Volumenstrom (Durchsatz)

$$\dot{V} = A \cdot v = \frac{A \cdot s}{t} = \frac{V}{t}$$

$\dot{V}$	Volumenstrom	m^3/s
A	Strömungsquerschnitt	m^2
v	Strömungsgeschwindigkeit	m/s
s	Strömungsweg	m
t	* Zeit	s
V	Strömungsvolumen	m^3

Volumenverhältnis

$$\psi_{ik} = \frac{V_i}{V_k}$$

ψ_{ik}	Volumenverhältnis	1
V_i	* Volumen des Stoffes i vor dem Mischvorgang	m^3
V_k	* Volumen des Stoffes k vor dem Mischvorgang	m^3

Vor-Rück-Verhältnis bei Antennen

→ Antennen

Vorsätze (SI-Vorsätze) Nach DIN 1301

Vorsatz-zeichen	Vorsatz	Faktor	Wert
a	Atto	10^{-18}	0,000 000 000 000 000 001
f	Femto	10^{-15}	0,000 000 000 000 001
p	Piko	10^{-12}	0,000 000 000 001
n	Nano	10^{-9}	0,000 000 001
µ	Mikro	10^{-6}	0,000 001
m	Milli	10^{-3}	0,001
c	Zenti	10^{-2}	0,01
d	Dezi	10^{-1}	0,1
da	Deka	10^{1}	10
h	Hekto	10^{2}	100
k	Kilo	10^{3}	1 000
M	Mega	10^{6}	1 000 000 (Million)
G	Giga	10^{9}	1 000 000 000 (Milliarde)
T	Tera	10^{12}	1 000 000 000 000 (Billion)
P	Peta	10^{15}	1 000 000 000 000 000 (Billiarde)
E	Exa	10^{18}	1 000 000 000 000 000 000 (Trillion)

Anwendung der Vorsätze in Verbindung mit SI-Einheiten:

1 Es sind möglichst solche Vorsätze anzuwenden, daß die Zahlenwerte der anzugebenden Größen zwischen 0,1 und 1000 liegen.

2 In Tabellen ist möglichst für jede Größe nur ein einheitlicher Vorsatz anzuwenden, auch wenn einige Zahlen die in Nr. 1 genannten Grenzen überschreiten.

3 Dezimale Vielfache und Teile von Einheiten mit selbständigem Namen werden durch Anfügen eines Vorsatzes vor den Namen der Einheit gebildet.
Beispiele: Kilometer, Milliampere, Megahertz, Megapascal, Mikrometer.

4 Dezimale Vielfache und Teile dürfen nicht gebildet werden, wenn bei der betreffenden Einheit keine Vorsätze zugelassen sind.
falsch: Milligrad, Kilostunden, Mikrominute

5 Dezimale Vielfache und Teile dürfen nur mit dem Einheitenzeichen verbunden werden, nicht mit dem Einheitennamen.
richtig: km, mA; *falsch:* Kilom, kmeter, MilliA, mAmpere

6 Zwischen Vorsatzzeichen und Einheitenzeichen steht kein Zwischenraum.
richtig: klx (Kilolux); *falsch:* k lx

7 Vorsätze mit einer ganzzahligen Potenz von Tausend (10^{3n}) sind zu bevorzugen.
vorzugsweise: km, mA, nF, GHz

8 Die Vorsätze Hekto, Deka, Dezi und Zenti sollen nur noch zur Bezeichnung von solchen Vielfachen und Teilen von Einheiten verwendet werden, die bereits üblich sind:
zulässig: hl, cl, cm, dg; *verboten:* cA, hHz, daN, cN

9 Es darf *nur ein Vorsatz* verwendet werden. Er soll im Zähler stehen. Vorsätze dürfen also nicht kombiniert werden.
richtig: Nanometer (nm), Gigawatt (GW), Pikofarad (pF)
falsch: Millimikrometer (mµm), Kilomegawatt (kMW), Mikromikrofarad (µµF), Millimillifarad (mmF)
richtig: kV/m
falsch: kV/km

10 Die Kombination von Vorsatzzeichen und Einheitenzeichen gilt als *ein* Symbol, das ohne Verwendung von Klammern in eine Potenz erhoben werden kann.
Beispiele: cm^3 bedeutet: $(0,01\ m)^3$, aber nicht $0,01\ m^3$; μs^{-1} bedeutet: $(10^{-6}\ s)^{-1}$, aber nicht $10^{-6}\ s^{-1}$;
Mm^3 bedeutet: $(10^6\ m)^3$, aber nicht $10^6\ m^3$

11 Dezimale Vielfache und Teile von Einheiten ohne selbständigen Namen werden gebildet, indem Vorsätze vor einen oder mehrere der Namen der Einheiten angefügt werden, aus denen die Benennung zusammengesetzt ist.
richtig: km/s; *falsch:* m/ms

12 Vorsätze dürfen nicht vor Potenzbezeichnungen gesetzt werden, da mit Potenzbezeichnungen gebildete Benennungen von Einheiten nicht als selbständige Namen gelten.
falsch: $M\,m^3$ (für $10^6\ m^3$)

Vorschub (Vorschubweg)

→ Hauptnutzungszeit

Vorschubgeschwindigkeit

Bohren, Drehen

$v_f = n \cdot f$

Fräsen

$v_f = n \cdot f_z \cdot z$

Gewindetrieb

$v_f = n \cdot P$

Hobeln, Stoßen, Räumen

$v_f = v_c$

v_f	Vorschubgeschwindigkeit	mm/min
n	* Umdrehungsfrequenz (Drehzahl)	1/min
f	Vorschub	mm
f_z	Vorschub je Schneide	mm
z	Anzahl der Schneiden	1
P	Gewindesteigung	mm
v_c	* Schnittgeschwindigkeit	mm/min

Vorzeichenregeln

Setzen von Klammern (Ausklammern von Faktoren)

$ab + ac = a(b + c)$

$-ab - ac = -a(b + c)$

$ab - ac = a(b - c) = -a(c - b)$

$-ab + ac = -a(b - c) = a(c - b)$

$ab + ac - ad = a(b + c - d)$

Mehrere Klammern

$$a - \{b + [c - (d + e)] - f\} = a - \{b + [c - d - e] - f\}$$
$$= a - \{b + c - d - e - f\}$$
$$= a - b - c + d + e + f$$

Auflösen von Klammern

Steht vor einer Klammer ein Pluszeichen, so bleiben nach Weglassen der Klammer die Vorzeichen unverändert, z.B.

$a + (b - c + d) = a + b - c + d$

Steht vor einer Klammer ein Minuszeichen, so erhalten die in der Klammer stehenden Glieder beim Weglassen der Klammer das entgegengesetzte Vorzeichen, z.B.

$a - (b - c + d) = a - b + c - d$

Addition und Subtraktion

$(+a) + (+b) = +(a + b) = +a + b$

$(+a) - (-b) = +(a + b) = +a + b$

$(-a) + (-b) = -(a + b) = -a - b$

$(-a) - (+b) = -(a + b) = -a - b$

$(+a) + (-b) = +(a - b) = +a - b$

$(+a) - (+b) = +(a - b) = +a - b$

$(-a) + (+b) = -(a - b) = -a + b$

$(-a) - (-b) = -(a - b) = -a + b$

Multiplikation

$+ \cdot + = +$	$(+a) \cdot (+b) = +ab$
$- \cdot - = +$	$(-a) \cdot (-b) = +ab$
$+ \cdot - = -$	$(+a) \cdot (-b) = -ab$
$- \cdot + = -$	$(-a) \cdot (+b) = -ab$

Treffen eine Anzahl von Vorzeichen, die sich verknüpfen lassen, multiplikativ zusammen, so ist das Resultat positiv, wenn die Minuszeichen in gerader Anzahl vorkommen, sonst negativ.

$(+a) \cdot (+b) \cdot (+c) \cdot (-d) \cdot (-e) = +abcde$

$(+a) \cdot (+b) \cdot (-c) \cdot (-d) \cdot (-e) = -abcde$

→ Addieren, Dividieren, Multiplizieren, Rechenarten

Division

$+ : + = +$	$(+a) : (+b) = +\frac{a}{b}$
$- : - = +$	$(-a) : (-b) = +\frac{a}{b}$
$+ : - = -$	$(+a) : (-b) = -\frac{a}{b}$
$- : + = -$	$(-a) : (+b) = -\frac{a}{b}$

Multiplikation und Division haben Vorrang vor Addition und Subtraktion (Punktrechnung geht vor Strichrechnung).

Beispiele:

$$5 \cdot 8 + 6 : 2 - 3 \cdot 7 + \frac{16}{4} = 40 + 3 - 21 + 4 = 26$$

$$a(b + c) - \frac{abc + ac^2}{c} + \frac{d + e}{f} =$$
$$= ab + ac - (ab + ac) + \frac{d}{f} + \frac{e}{f} = \frac{d}{f} + \frac{e}{f}$$

Waage, hydrostatische

→ Dichtebestimmung

Waagerechter Wurf

→ Wurf, waagerecht

Wahrscheinlichkeit

Wahrscheinlichkeit für das Eintreten eines Ereignisses E (bei gleichwahrscheinlichen Elementarereignissen):

$$P(\mathrm{E}) = \frac{g}{m} \qquad 0 \leq g \leq m$$

$P(\mathrm{E})$	Wahrscheinlichkeit für das Ereignis E	1
g	Anzahl der günstigen Fälle	1
m	Anzahl der möglichen Fälle	1

Beispiel:

Die Wahrscheinlichkeit, mit einem Würfel bei einem Wurf eine 2 zu würfeln, beträgt $P = 1/6$

Additionsgesetz der Wahrscheinlichkeit bei zwei Ereignissen, die miteinander vereinbar sind

$$P(\mathrm{E}_1 \cup \mathrm{E}_2) = P(\mathrm{E}_1) + P(\mathrm{E}_2) - P(\mathrm{E}_1 \cap \mathrm{E}_2)$$

Beispiel:

Die Wahrscheinlichkeit, daß eine aus einem Skatspiel gezogene Karte eine Herzkarte oder ein As ist, beträgt $P = 8/32 + 4/32 - 1/32 = 11/32 \approx 0{,}344$.

Additionssatz der Wahrscheinlichkeit bei k Ereignissen, die unvereinbar sind

$$P(\mathrm{E}_1 \cup \mathrm{E}_2 \cup \ldots \cup \mathrm{E}_\mathrm{k}) = P(\mathrm{E}_1) + P(\mathrm{E}_2) + \ldots + P(\mathrm{E}_\mathrm{k}) = \frac{g_1}{m_1} + \frac{g_2}{m_2} + \ldots + \frac{g_\mathrm{k}}{m_\mathrm{k}}$$

Beispiel:

Die Wahrscheinlichkeit, bei einem Wurf mit einem Würfel eine 3 oder eine 6 zu würfeln, beträgt $P = 1/6 + 1/6 = 1/3$.

Multiplikationsgesetz der Wahrscheinlichkeit für das gleichzeitige Eintreffen zweier Ereignisse

$$P(\mathrm{E}_1 \cap \mathrm{E}_2) = P(\mathrm{E}_1) \cdot P\left(\frac{\mathrm{E}_2}{\mathrm{E}_1}\right)$$

Beispiel:

Wahrscheinlichkeit, aus einem Skatspiel einen „Buben" zu ziehen: $P(\mathrm{E}_1) = 4/32 = 1/8$.

Wahrscheinlichkeit, bei nochmaligem Ziehen einen weiteren „Buben" zu erhalten: $P(\mathrm{E}_2/\mathrm{E}_1) = 3/31$.

Wahrscheinlichkeit, beim Ziehen von 2 Karten 2 „Buben" zu erhalten: $P = (1/8) \cdot (3/31) = 3/248 \approx 0{,}012$.

Multiplikationsgesetz der Wahrscheinlichkeit für das Eintreten zweier unabhängiger Ereignisse

$$P(\mathrm{E}_1 \cap \mathrm{E}_2) = P(\mathrm{E}_1) \cdot P(\mathrm{E}_2)$$

Beispiel:

Wahrscheinlichkeit, bei einem Wurf mit zwei Würfeln je eine 6 zu erhalten: $P = (1/6) \cdot (1/6) = 1/36 \approx 0{,}028$

→ Kombinatorik

Walzfräsen

→ Hauptnutzungszeit beim Fräsen

Wanddicke, erforderliche

von zylindrischen Behältern und Rohrleitungen bei Innendruck

$$s = \frac{F}{2 \cdot l \cdot \sigma_{z\,zul}}$$

$$s = \frac{d \cdot p}{2 \cdot \sigma_{z\,zul}}$$

$$F = d \cdot l \cdot p = A \cdot \sigma_{z\,zul}$$

$$A = 2 \cdot l \cdot s$$

Bei der Berechnung von Behältern mit Innendruck sind die *Druckbehälterverordnung* und die *AD-Merkblätter* der Arbeitsgemeinschaft Druck zu berücksichtigen.

s	Wanddicke	m
F	Druckkraft	N
l	Behälter- oder Rohrlänge	m
$\sigma_{z\,zul}$	zulässige * Zugspannung	$N/m^2 = Pa$
d	Behälter- oder Rohrdurchmesser	m
p	Innendruck des Behälters oder des Rohres	$N/m^2 = Pa$
A	Schnittfläche	m^2

Wärme (Wärmemenge, Wärmeenergie)

$$Q = m \cdot c \cdot \Delta T$$

$$Q = m \cdot c \cdot \Delta\vartheta$$

Grundgesetz der Wärmelehre

$$\Delta T = T_2 - T_1$$

$$\Delta\vartheta = \vartheta_2 - \vartheta_1$$

Q	Wärme (Wärmemenge, Wärmeenergie)	J
m	* Masse	kg
c	* spezifische Wärmekapazität	$J/(kg \cdot K)$
ΔT	Temperaturdifferenz	K
$\Delta\vartheta$	Temperaturdifferenz	°C

Wärme, massenbezogene

$$q = \frac{Q}{m}$$

q	massenbezogene Wärme	J/kg
Q	* Wärme (Wärmemenge)	J
m	* Masse	kg

Wärmeabhängige Daten von Gasen und Dämpfen

Gas, Dampf	Formel bzw. chemisches Zeichen	Individuelle * Gaskonstante R_B in $J/(kg \cdot K)$	* Normdichte ϱ_n in kg/m^3	* Spezifische Wärmekapazität bei 0 °C		* Verhältnis der spezifischen Wärmekapazitäten $\varkappa$
				c_p in $kJ/(kg \cdot K)$	c_v in $kJ/(kg \cdot K)$	
Acetylen (Ethin)	C_2H_2	319,5	1,171	1,51	1,22	1,26
Ammoniak	NH_3	488,2	0,772	2,05	1,56	1,31
Argon	Ar	208,2	1,784	0,52	0,32	1,65
Chlorwasserstoff	HCl	228,0	1,642	0,81	0,58	1,40
Distickstoffmonoxid	N_2O	188,9	1,978	0,89	0,70	1,27
Ethan	C_2H_6	276,5	1,356	1,73	1,44	1,20
Ethylchlorid	C_2H_5Cl	128,9	2,880	1,005	0,718	1,16
Ethylen (Ethen)	C_2H_4	296,6	1,261	1,61	1,29	1,25
Helium	He	2077,0	0,178	5,24	3,16	1,66
Kohlenstoffdioxid	CO_2	188,9	1,977	0,82	0,63	1,30
Kohlenstoffmonoxid	CO	296,8	1,250	1,04	0,74	1,40
Luft (CO_2-frei)	—	287,1	1,293	1,00	0,72	1,40
Methan	CH_4	518,3	0,717	2,16	1,63	1,32
Methylchlorid	CH_3Cl	164,7	2,307	0,73	0,57	1,29
Sauerstoff	O_2	259,8	1,429	0,91	0,65	1,40
Schwefeldioxid	SO_2	129,8	2,931	0,61	0,48	1,27
Stickstoff	N_2	296,8	1,250	1,04	0,74	1,40
Stickstoffmonoxid	NO	277,1	1,340	1,00	0,72	1,39
Wasserstoff	H_2	4124,0	0,0899	14,38	10,26	1,41
Wasserdampf	H_2O	461,5	0,804	1,86	1,40	1,33

Weitere Tabellen wärmeabhängiger Daten → Dichte technisch wichtiger Stoffe; Elastizitätsmodul; Kompressibilität; Längenausdehnungskoeffizient, thermischer; Oberflächenspannung; Reibungszahlen; Schallgeschwindigkeit; Spezifischer Brennwert; Spezifischer Heizwert; Spezifische Wärmekapazität; Volumenausdehnungskoeffizient, thermischer; Wärmeleitfähigkeit

Wärmeausbiegung eines Thermobimetalls (bzw. Thermobistahls)

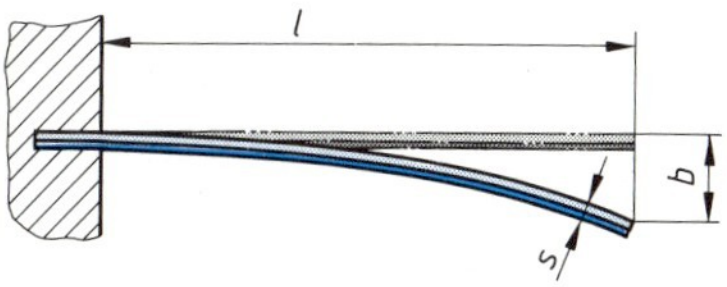

$$\alpha = \frac{b \cdot s}{\Delta T \cdot l^2}$$

α	spezifische thermische Ausbiegung an einem einseitig eingespannten Streifen	1/K, 1/°C
b	Ausbiegung am Ende der Meßlänge	m
s	Dicke des Thermobimetallstreifens (bzw. Thermobistahlstreifens)	m
ΔT	Temperaturdifferenz	K, °C
l	Länge des Thermobimetallstreifens (bzw. Thermobistahlstreifens)	m

Wärmeausdehnung

→ Längenausdehnung durch Wärme, Volumenausdehnung durch Wärme

Wärmeaustausch

→ Wärmeaustauscher, Wärmestrom

Wärmeaustauscher

Vom Medium mit der höheren Temperatur abgegebener Wärmestrom
ohne Änderung des Aggregatzustandes:

$$\dot{Q}_1 = \dot{m}_1 \cdot c_{p1} \cdot (\vartheta_{11} - \vartheta_{12})$$

kondensierender Sattdampf:

$$\dot{Q}_1 = \dot{m}_1 \cdot \Delta h_{v1} + \dot{m}_1 \cdot c_{p1} \cdot (\vartheta_{11} - \vartheta_{12})$$

Vom Medium mit der niedrigeren Temperatur aufgenommener Wärmestrom:

$$\dot{Q}_2 = \dot{m}_2 \cdot c_{p2} \cdot (\vartheta_{22} - \vartheta_{21})$$

Gesamtbilanz:

$$\dot{Q}_1 = \dot{Q}_2 + \dot{Q}_{Verl}$$

Erforderliche Wärmeaustauschfläche:

$$A = \frac{\dot{Q}}{k \cdot \Delta\vartheta_m}$$

Bei vernachlässigbarem Verlustwärmestrom:

$$\dot{Q} = k \cdot A \cdot \Delta\vartheta_m = \dot{m}_1 \cdot c_{p1} \cdot (\vartheta_{11} - \vartheta_{12}) = \dot{m}_2 \cdot c_{p2} \cdot (\vartheta_{22} - \vartheta_{21})$$

bzw. bei kondensierendem Sattdampf:

$$\dot{Q} = k \cdot A \cdot \Delta\vartheta_m = \dot{m}_1 \cdot \Delta h_{v1} + \dot{m}_1 \cdot c_{p1} \cdot (\vartheta_{11} - \vartheta_{12}) = \dot{m}_2 \cdot c_{p2} \cdot (\vartheta_{22} - \vartheta_{21})$$

$\dot{Q}$	* Wärmestrom	W, J/s
$\dot{m}$	* Massenstrom	kg/s
c_p	* spezifische Wärmekapazität bei konstantem Druck	J/(kg · K)
ϑ	* Temperatur	°C
Δh_v	Enthalpiedifferenz (hier Verdampfungsenthalpie bzw. Kondensationsenthalpie), auch spezifische * Verdampfungswärme r	J/kg
A	Fläche (Wärmeaustauschfläche)	m²
k	* Wärmedurchgangskoeffizient	W/(m² · K)
$\Delta\vartheta_m$	* mittlere logarithmische Temperaturdifferenz	°C
$\Delta\vartheta$	Temperaturdifferenz	°C

Indizes:

- 1 : Medium mit der höheren * Temperatur
- 2 : Medium mit der niedrigeren * Temperatur
- 11 : Eingangszustand des Mediums mit der höheren Temperatur
- 12 : Ausgangszustand des Mediums mit der höheren Temperatur

Mittlere logarithmische Temperaturdifferenz

$$\Delta\vartheta_m = \frac{\Delta\vartheta_{gr} - \Delta\vartheta_{kl}}{\ln \frac{\Delta\vartheta_{gr}}{\Delta\vartheta_{kl}}}$$

Gegenstrom:

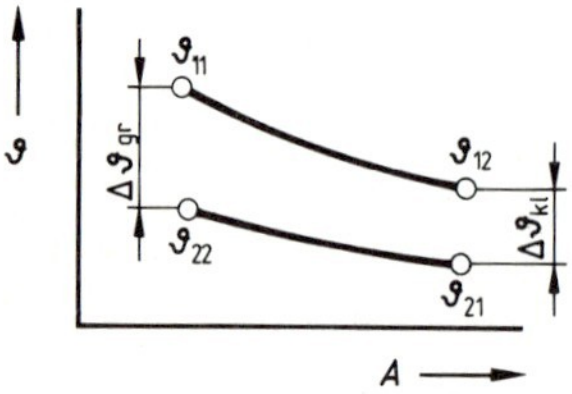

Gleichstrom:

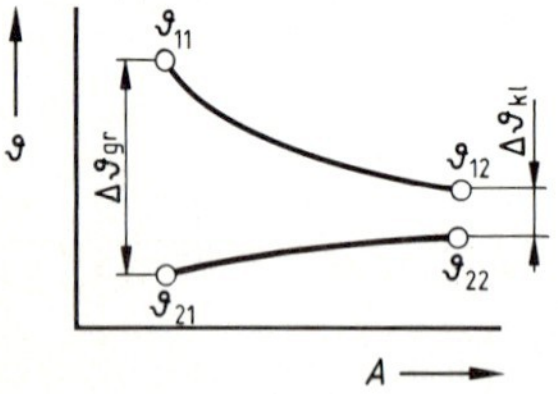

Indizes:

21 : Eingangszustand des Mediums mit der niedrigeren * Temperatur

22 : Ausgangszustand des Mediums mit der niedrigeren * Temperatur

Verl: Verlust

gr : groß (auch max)

kl : klein (auch min)

→ Verhältnis der spezifischen Wärmekapazitäten, Wärmedurchgang, Wärmedurchgangskoeffizient, Wärmedurchgang durch zylindrische Rohr- oder Behälterwand

Wärmedurchgangskoeffizienten k in W/(m^2 · K) für verschiedene Wärmeaustauscher (WA)

Bauart	Gas/Gas $p \approx 1$ bar	Hochdruckgas/ Hochdruckgas $p \approx 200$ bis 300 bar	Flüssigkeit/ Flüssigkeit	Kondensierender Dampf/ Flüssigkeit	Kondensierender Dampf/ verdampfende Flüssigkeit	Flüssigkeit/ Gas $p \approx 1$ bar
Rohrbündel-WA	15 … 35	150 … 500	150 … 1400	300 … 1800 (… 4000)	300 … 1700 (… 3000)	15 … 80
Doppelrohr-WA	10 … 35	150 … 500	200 … 1400			
Spiral-WA			250 … 2500	750 … 3500		
Platten-WA			350 … 3500			20 … 60
Rührkessel mit						
– Außenmantel			150 … 350	500 … 1700		
– Schlange innen			500 … 1200	700 … 3500		

Wärmedehnung

→ Längenausdehnung durch Wärme, Volumenausdehnung durch Wärme

Wärmedichte (volumenbezogene Wärme)

$$w_{th} = \frac{Q}{V}$$

w_{th}	Wärmedichte	J/m^3
Q	* Wärme	J
V	* Volumen	m^3

Wärmedurchgang (*Ohmsches* Gesetz des Wärmedurchgangs)

$$\Delta\vartheta = R_k \cdot \dot{Q}$$

$$\dot{Q} = \frac{\Delta\vartheta}{R_k}$$

$\Delta\vartheta$	Temperaturdifferenz	K, °C
R_k	* Wärmedurchgangswiderstand	K/W
$\dot{Q}$	* Wärmestrom	W

Wärmedurchgang durch eine einschichtige zylindrische Behälter- oder Rohrwand

$$\dot{Q} = \frac{2 \cdot \pi \cdot l \cdot \Delta\vartheta}{\frac{2}{\alpha_i \cdot d_i} + \frac{1}{\lambda} \cdot \ln \frac{d_a}{d_i} + \frac{2}{\alpha_a \cdot d_a}}$$

Index i: innen
Index a: außen

→ *Nußelt*-Zahl, Wärmeübergangskoeffizient

$\dot{Q}$	Wärmestrom	W
l	Rohr- bzw. Behälterlänge	m
$\Delta\vartheta$	Temperaturdifferenz	K, °C
α	* Wärmeübergangskoeffizient	$W/(m^2 \cdot K)$
d	Durchmesser	m
λ	* Wärmeleitfähigkeit	$W/(m \cdot K)$

Wärmedurchgangskoeffizient (Wärmedurchgangszahl)

$$k = \frac{1}{\frac{1}{\alpha_i} + \sum \frac{\delta}{\lambda} + \frac{1}{\alpha_a}}$$

Index i: innen
Index a: außen

→ *Nußelt*-Zahl, Wärmestrom, Wärmeübergangskoeffizient

k	Wärmedurchgangskoeffizient	$W/(m^2 \cdot K)$
α	* Wärmeübergangskoeffizient	$W/(m^2 \cdot K)$
δ	Dicke der Wand	m
λ	* Wärmeleitfähigkeit	$W/(m \cdot K)$

Wärmedurchgangswiderstand

$$R_k = \frac{1}{k \cdot A}$$

$$R_k = R_{\alpha i} + R_{\lambda 1} + R_{\lambda 2} + \ldots + R_{\lambda n} + R_{\alpha a}$$

Index i: innen
Index a: außen

→ Wärmewiderstand

R_k	Wärmedurchgangswiderstand	K/W
k	* Wärmedurchgangskoeffizient	$W/(m^2 \cdot K)$
A	durchströmte Fläche	m^2
R_α	* Wärmeübergangswiderstand	K/W
R_λ	* Wärmeleitwiderstand	K/W

Wärmedurchgangswiderstand, spezifischer

$$\varrho_k = R_k \cdot A = \frac{1}{k}$$

ϱ_k	spezifischer Wärmedurchgangswiderstand	$m^2 \cdot K/W$
R_k	* Wärmedurchgangswiderstand	K/W
A	durchströmte Fläche	m^2
k	* Wärmedurchgangskoeffizient	$W/(m^2 \cdot K)$

Wärmedurchgangszahl

→ Wärmedurchgangskoeffizient

Wärmeemission

→ *Kirchhoffsches* Gesetz der Wärmestrahlung

Wärmekapazität

$$C = \frac{Q}{\Delta T}$$

$$C = m \cdot c$$

→ Spezifische Wärmekapazität; Wärmekapazität, molare

C	Wärmekapazität	J/K
Q	* Wärme (Wärmemenge)	J
ΔT	Temperaturdifferenz	K, °C
m	* Masse	kg
c	* spezifische Wärmekapazität	J/(kg · K)

Wärmekapazität, molare
(stoffmengenbezogene Wärmekapazität)

$$C_\text{m} = M_\text{B} \cdot c = \frac{C}{n}$$

$$C_\text{pm} - C_\text{vm} = R$$

Für jeden Freiheitsgrad eines Mols:

$$C_\text{vm} = \frac{1}{2} \cdot R$$

Für einatomige Gase:

$$C_\text{vm} = \frac{3}{2} \cdot R \approx 12{,}5 \text{ J/(mol} \cdot \text{K)}$$

Für mehratomige Gase:

$$C_\text{vm} = \frac{6}{2} \cdot R \approx 25 \text{ J/(mol} \cdot \text{K)}$$

Dulong-Petit-Regel für feste Elemente

$$C_\text{m} = 3 \cdot R$$

Die *Dulong-Petit*-Regel ist für Näherungsberechnungen bei Metallen anwendbar, jedoch nicht bei Temperaturen weit unter der Raumtemperatur.

C_m	molare Wärmekapazität	J/(mol · K)
M_B	* molare (stoffmengenbezogene) Masse	kg/mol
c	* spezifische Wärmekapazität	J/(kg · K)
C	* Wärmekapazität	J/K
n	* Stoffmenge	mol
C_pm	molare Wärmekapazität bei konstantem * Druck	J/(mol · K)
C_vm	molare Wärmekapazität bei konstantem * Volumen	J/(mol · K)
R	universelle * Gaskonstante	J/(mol · K)

→ Gasgemisch idealer Gase, Verhältnis der spezifischen Wärmekapazitäten, Wärmekapazität

Wärmekonvektion

→ Wärmeübergang durch Konvektion

Wärmeleistung

→ Wärmestrom

Wärmeleistung, elektrische

$$P = \frac{Q}{\eta \cdot t} = \frac{\dot{Q}}{\eta}$$

$$P = \frac{\Sigma\,(m \cdot c \cdot \Delta\vartheta)}{\eta \cdot t}$$

→ Wärme

P	Wärmeleistung	W
Q	* Wärme (Wärmemenge)	J
η	* Wirkungsgrad	1
t	* Zeit	s
$\dot{Q}$	* Wärmestrom	W
m	* Masse	kg
c	* spezifische Wärmekapazität	J/(kg · K)
$\Delta\vartheta$	Temperaturdifferenz	K, °C

Wärmeleitfähigkeit (früher Wärmeleitzahl)

$$\lambda = \frac{q \cdot \delta}{\Delta T}$$

Die Wärmeleitfähigkeit ist — z. T. stark — temperaturabhängig. Die folgende Tabelle zeigt *Werte der Wärmeleitfähigkeit bei 20 °C*:

λ	Wärmeleitfähigkeit	W/(m·K)
q	* Wärmestromdichte	W/m^2
δ	Dicke eines homogenen Stoffes	m
ΔT	Temperaturdifferenz	K, °C

Stoff	λ in W/(m·K)	Stoff	λ in W/(m·K)
Aluminium	209	Leder	0,16
Antimon	22,53	Marmor	2,9
Asbest	0,17	Maschinenöl	0,126
Benzen (Benzol)	0,135	Messing	81 . . . 105
Blei	35,01	Neusilber	29
Bronze	58,15	Nickel	52
Flußstahl	46,5	Platin	80
Glas	0,6 . . . 0,9	Porzellan	0,8 . . . 1,9
Glimmer	0,41	Quarz	1,09
Glyzerin	0,28	Quecksilber	8,4
Gold	311	Roheisen, weiß	52
Graphit	140	Schwefel	0,27
Grauguß	48,8	Silber	418,7
Holz, Eiche	0,21	Stahlguß	52
Kiefer	0,14	Tombak	93 . . . 116
Rotbuche	0,17	Wasser	0,597
Holzkohle	0,08	Weißmetall	35 . . . 70
Kesselstein	1,16 . . . 3,5	Zink	110
Kupfer	372	Zinn	64

Wärmeleitung (*Ohmsches* Gesetz der Wärmeleitung)

$$\Delta\vartheta = R_\lambda \cdot \dot{Q}$$

$$\dot{Q} = \frac{\Delta\vartheta}{R_\lambda}$$

$\Delta\vartheta$	Temperaturdifferenz	K, °C
R_λ	* Wärmeleitwiderstand	K/W
$\dot{Q}$	* Wärmestrom	W

Wärmeleitwert (thermischer Leitwert)

$$G_{th} = \frac{1}{R_{th}}$$

G_{th}	Wärmeleitwert	W/K
R_{th}	* Wärmewiderstand (thermischer Widerstand)	K/W

Wärmeleitwiderstand

$$R_\lambda = \frac{\delta}{\lambda \cdot A}$$

$$R_{\lambda\,ges} = R_{\lambda 1} + R_{\lambda 2} + \ldots + R_{\lambda n}$$

→ Wärmewiderstand

Die Indizes 1, 2, . . ., n kennzeichnen die Wandschichten.

R_λ	Wärmeleitwiderstand	K/W
$R_{\lambda\,ges}$	Gesamt-Wärmeleitwiderstand	K/W
δ	Dicke der Wand	m
λ	* Wärmeleitfähigkeit	W/(m·K)
A	durchströmte Fläche	m^2

Wärmeleitwiderstand, spezifischer

$$\varrho_\lambda = R_\lambda \cdot A$$

$$\varrho_\lambda = \frac{\delta}{\lambda}$$

ϱ_λ	spezifischer Wärmeleitwiderstand	$m^2 \cdot K/W$
R_λ	* Wärmeleitwiderstand	K/W
A	durchströmte Fläche	m^2
δ	Dicke der Wand	m
λ	* Wärmeleitfähigkeit	$W/(m \cdot K)$

Wärmemenge

→ Wärme

Wärmemischung

→ Mischungstemperatur

Wärmenutzungsgrad (früher: Wärmewirkungsgrad)

$$\zeta = \frac{Q_N}{Q_S}$$

ζ	Wärmenutzungsgrad (Energieverhältnis)	1
Q_N	Nutzwärme	$J = W \cdot s$
Q_S	Stromwärme	$J = W \cdot s$

Wärmespannung

$$\sigma = E \cdot \alpha_l \cdot \Delta T = \frac{\Delta l}{l_0} \cdot E$$

$$\alpha_l \cdot \Delta T = \frac{\Delta l}{l_0}$$

$$F = \sigma \cdot S$$

→ Dehnung

σ	Wärmespannung	N/mm^2
E	* Elastizitätsmodul	N/mm^2
α_l	thermischer * Längenausdehnungskoeffizient	$m/(m \cdot K) = 1/K$
ΔT	Temperaturdifferenz	K, °C
Δl	Längenänderung	m
l_0	ursprüngliche Länge	m
F	* Kraft	N
S	Querschnitt des Bauteils	mm^2

Wärmestrahlung

→ *Kirchhoffsches* Gesetz der Wärmestrahlung, *Stefan-Boltzmann*-Strahlungsgesetz

Wärmestrom (Wärmeleistung)

$$\dot{Q} = k \cdot A \cdot \Delta T = k \cdot A \cdot \Delta \vartheta$$

→ Wärmeaustauscher, Wärmedurchgang, Wärmeleitung, Wärmeübergang durch Konvektion, Wärmeübergang durch Strahlung, Wärmeübergang durch Konvektion und Strahlung

$\dot{Q}$	Wärmestrom	W
k	* Wärmedurchgangskoeffizient	$W/(m^2 \cdot K)$
A	durchströmte Fläche	m^2
ΔT	Temperaturdifferenz	K
$\Delta \vartheta$	Temperaturdifferenz	°C

Wärmestromdichte (Heizflächenbelastung)

$$\dot{q} = \frac{\dot{Q}}{A}$$

$\dot{q}$	Wärmestromdichte	W/m^2
$\dot{Q}$	* Wärmestrom	W
A	durchströmte Fläche	m^2

Wärmetauscher

→ Wärmeaustauscher

Wärmetransport

→ Wärmeaustauscher, Wärmedurchgang, Wärmeleitung, Wärmeübergang

Wärmeübergang (*Ohmsches* Gesetz des Wärmeübergangs)

$$\Delta\vartheta = R_\alpha \cdot \dot{Q}$$

$$\dot{Q} = \frac{\Delta\vartheta}{R_\alpha}$$

$\Delta\vartheta$	Temperaturdifferenz	K, °C
R_α	* Wärmeübergangswiderstand	K/W
$\dot{Q}$	* Wärmestrom	W

Wärmeübergang durch Konvektion (*Newtonsches* Gesetz des Wärmeübergangs)

$$\dot{Q} = \alpha \cdot A \cdot \Delta\vartheta$$

$\dot{Q}$	* Wärmestrom	W
α	* Wärmeübergangskoeffizient	$W/(m^2 \cdot K)$
A	durchströmte Fläche	m^2
$\Delta\vartheta$	Temperaturdifferenz	K, °C

Wärmeübergang durch Strahlung

$$\dot{Q} = C_{12} \cdot A_1 \cdot \left[\left(\frac{T_1}{100}\right)^4 - \left(\frac{T_2}{100}\right)^4\right]$$

$$\dot{Q} = \alpha_{Str} \cdot A_1 \cdot (T_1 - T_2)$$

Strahlungskonstante für zwei sich gegenseitig bestrahlende parallele Flächen:

$$C_{12} = \frac{1}{\frac{1}{C_1} + \frac{1}{C_2} - \frac{1}{C_S}} = \frac{C_s}{\frac{1}{\varepsilon_1} + \frac{1}{\varepsilon_2} - 1}$$

Strahlungskonstante, wenn die Fläche A_1 von der Fläche A_2 umhüllt ist (Körper in geschlossenem Raum):

$$C_{12} = \frac{1}{\frac{1}{C_1} + \frac{A_1}{A_2} \cdot \left(\frac{1}{C_2} - \frac{1}{C_S}\right)} = \frac{C_S}{\frac{1}{\varepsilon_1} + \frac{A_1}{A_2} \cdot \left(\frac{1}{\varepsilon_2} - 1\right)}$$

Strahlungskonstante bei A_1 wesentlich kleiner als A_2:

$$C_{12} = C_1 = \varepsilon_1 \cdot C_S$$

Strahlungskonstante bei zwei kleineren Flächen in beliebiger Lage zueinander:

$$C_{12} = \frac{C_1 \cdot C_2}{C_S} = C_1 \cdot \varepsilon_2 = C_2 \cdot \varepsilon_1 = \varepsilon_1 \cdot \varepsilon_2 \cdot C_S$$

$$C_1 = \varepsilon_1 \cdot C_S \qquad C_2 = \varepsilon_2 \cdot C_S$$

→ *Kirchhoffsches* Gesetz der Wärmestrahlung, *Stefan-Boltzmann*-Strahlungsgesetz, Strahlungskonstante der „grauen Strahler“ (dort auch Emissionsgrade)

$\dot{Q}$	Wärmestrom (nach DIN 1341: Austauschstrahlungsfluß)	W
C_{12}	Strahlungskonstante (nach DIN 1341 auch Strahlungsaustauschkonstante), die von der gegenseitigen Lage der beiden die Wärme austauschenden Körper sowie den Emissionsgraden der beiden strahlenden Flächen abhängig ist	$W/(m^2 \cdot K^4)$
A_1	Oberfläche des Körpers mit der * Temperatur T_1	m^2
A_2	Oberfläche des Körpers mit der * Temperatur T_2	m^2
T_1	absolute * Temperatur des Körpers mit der höheren * Temperatur	K
T_2	absolute * Temperatur des Körpers mit der niedrigeren * Temperatur	K
α_{Str}	* Wärmeübergangskoeffizient durch Strahlung	$W/(m^2 \cdot K)$
C_1	* Strahlungskonstante der Fläche A_1	$W/(m^2 \cdot K^4)$
C_2	* Strahlungskonstante der Fläche A_2	$W/(m^2 \cdot K^4)$
C_S	* Strahlungskonstante der vollkommen schwarzen Fläche	$W/(m^2 \cdot K^4)$
ε_1	Emissionsgrad der Fläche A_1	1
ε_2	Emissionsgrad der Fläche A_2	1

Index 1: Körper mit höherer * Temperatur
Index 2: Körper mit niedrigerer * Temperatur

Wärmeübergang durch Konvektion und Strahlung

$$\dot{Q} = (\alpha + \alpha_{Str}) \cdot A_1 \cdot (T_1 - T_2)$$

→ Wärmeübergang durch Konvektion, Wärmeübergang durch Strahlung

$\dot{Q}$	* Wärmestrom	W
α	* Wärmeübergangskoeffizient	$W/(m^2 \cdot K)$
α_{Str}	* Wärmeübergangskoeffizient durch Strahlung	$W/(m^2 \cdot K)$
A_1	Oberfläche des Körpers mit der * Temperatur T_1	m^2
T_1	absolute * Temperatur des Körpers mit der höheren * Temperatur	K
T_2	absolute * Temperatur des Körpers mit der niedrigeren * Temperatur	K

Wärmeübergangskoeffizient

Konvektion

$$\alpha = \frac{\dot{Q}}{A \cdot \Delta\vartheta}$$

$$\alpha = Nu \cdot \frac{\lambda_F}{l}$$

α	Wärmeübergangskoeffizient	$W/(m^2 \cdot K)$
$\dot{Q}$	* Wärmestrom	W
A	durchströmte Fläche	m^2
$\Delta\vartheta$	Temperaturdifferenz	K, °C
Nu	* *Nußelt*-Zahl	1
λ_f	* Wärmeleitfähigkeit (des strömenden Fluids)	$W/(m \cdot K)$
l	eine für die Konstruktion des * Wärmeaustauschers charakteristische Länge	m

Strahlung

$$\alpha_{Str} = \frac{C_{12} \cdot \left[\left(\frac{T_1}{100}\right)^4 - \left(\frac{T_2}{100}\right)^4\right]}{T_1 - T_2}$$

→ Wärmeübergang durch Strahlung

α_{Str}	Wärmeübergangskoeffizient bei Strahlung	$W/(m^2 \cdot K)$
C_{12}	„gemeinsame" * Strahlungskonstante	$W/(m^2 \cdot K^4)$
T_1	absolute * Temperatur des Körpers mit der höheren * Temperatur	K
T_2	absolute * Temperatur des Körpers mit der niedrigeren * Temperatur	K

Konvektion und Strahlung

(Gesamtwärmeübergangskoeffizient)

$$\alpha_{ges} = \alpha + \alpha_{Str}$$

→ Wärmeübergang durch Konvektion und Strahlung

α_{ges}	Gesamtwärmeübergangskoeffizient (Konvektion plus Strahlung)	$W/(m^2 \cdot K)$
α	Wärmeübergangskoeffizient (Konvektion)	$W/(m^2 \cdot K)$
α_{Str}	Wärmeübergangskoeffizient (Strahlung)	$W/(m^2 \cdot K)$

Wärmeübergangswiderstand

$$R_\alpha = \frac{1}{\alpha \cdot A}$$

→ Wärmewiderstand

R_α	Wärmeübergangswiderstand	K/W
α	* Wärmeübergangskoeffizient	$W/(m^2 \cdot K)$
A	durchströmte Fläche	m^2

Wärmeübergangswiderstand, spezifischer

$$\varrho_\alpha = R_\alpha \cdot A$$

$$\varrho_\alpha = \frac{1}{\alpha}$$

ϱ_α	spezifischer Wärmeübergangswiderstand	$m^2 \cdot K/W$
R_α	* Wärmeübergangswiderstand	K/W
A	durchströmte Fläche	m^2
α	* Wärmeübergangskoeffizient	$W/(m^2 \cdot K)$

Wärmeübergangszahl

→ Wärmeübergangskoeffizient

Wärmewiderstand, thermischer Widerstand

$$R_{th} = \frac{1}{G_{th}}$$

$$R_{th} = \frac{\Delta \vartheta}{P_v}$$

$$R_{th} = \frac{\vartheta_1 - \vartheta_2}{P_v}$$

$$R_{th} = \frac{\Delta \vartheta}{\dot{Q}}$$

$\Delta \vartheta = R_{th} \cdot \dot{Q}$ (*Ohmsches* Gesetz der Wärmelehre)

→ Wärmedurchgangswiderstand, Wärmeleitwiderstand, Wärmeübergangswiderstand

R_{th}	thermischer Widerstand	K/W
G_{th}	thermischer Leitwert	W/K
$\Delta \vartheta$	Temperaturdifferenz	K, °C
ϑ_1	Anfangstemperatur	°C
ϑ_2	Endtemperatur	°C
P_v	Verlustleistung	W
$\dot{Q}$	* Wärmestrom	W

Wärmewiderstand, spezifischer

$$\varrho_{th} = \frac{1}{\lambda}$$

ϱ_{th}	spezifischer Wärmewiderstand	K · m/W
λ	* Wärmeleitfähigkeit	W/(m · K)

Wärmewirkungsgrad

→ Wärmenutzungsgrad

Wasserdampfteildruck

→ Partialdruck

Wasserdampfpartialdruck

→ Partialdruck

Wassergehalt (Feuchtmasse)

→ Feuchte

Wassergeschwindigkeit

→ Ausfluß von Flüssigkeiten, *Bernoulli*-Gleichung, Kontinuitätsgleichung, Strömungsgeschwindigkeit, *Venturi*-Prinzip

Wasserhärte

Kenngröße für den Gehalt an gelösten Salzen in einem Wasser

Carbonathärte

$$c(HCO_3^-) = \frac{\beta(HCO_3^-)}{M(HCO_3^-)}$$

Gesamthärte

Summe der Stoffmengenkonzentrationen der Erdalkali-Ionen im Wasser, im allgemeinen:

$$c(\text{Erdalkali-Ionen}) = c(Ca^{2+}) + c(Mg^{2+})$$

$$c(\text{Erdalkali-Ionen}) = \frac{\beta(Ca^{2+})}{M(Ca^{2+})} + \frac{\beta(Mg^{2+})}{M(Mg^{2+})}$$

$c(X)$	* Stoffmengenkonzentration des Stoffes X, übliche Einheit hier: mmol/L	mol/m^3
$\beta(X)$	* Massenkonzentration des Stoffes X, übliche Einheit hier: mg/L	kg/m^3
$M(X)$	* molare Masse des Stoffes X, übliche Einheit hier: mg/mmol	kg/mol

Wasserkräfte

→ Leistung von Wasserkräften

Wasserpumpe

→ Förderung durch Pumpen, Pumpenleistung

Wasserstoffatom

Masse:

$m(\mathrm{H}) = A_r \cdot m_u = 1{,}6735 \cdot 10^{-27}$ kg

Ionisierungsenergie:

$E = 2{,}1798 \cdot 10^{-18}$ J (13,6 eV)

Bahngeschwindigkeit des Elektrons:

$$v = 2{,}187\,68 \cdot 10^6 \text{ m/s} \approx \frac{1}{137} \cdot c_0$$

Radius der Elektronenbahn nach *Bohr*:

$r = 0{,}529\,18 \cdot 10^{-10}$ m

→ Elektronenbahnen

$m(\mathrm{H})$	* Masse des Wasserstoffatoms $^1_1\mathrm{H}$	kg
A_r	relative * Atommasse	1
m_u	Atommassen-Konstante	kg
E	* Energie	J
v	* Geschwindigkeit	m/s
c_0	* Lichtgeschwindigkeit im Vakuum	m/s
r	Radius	m

Wasserstoffisotope

Name des Isotops	Symbol des Isotops	Name des Atomkerns	Symbol des Atomkerns	Kernaufbau
Wasserstoff	H oder $^1_1\mathrm{H}$	Proton	p	1 p
Deuterium (Schwerer Wasserstoff)	D oder $^2_1\mathrm{H}$	Deuteron	d	1 p + 1 n
Tritium[1)] (Überschwerer Wasserstoff)	T oder $^3_1\mathrm{H}$	Triton	t	1 p + 2 n

[1)] radioaktiv, $T_{1/2} = 12{,}32$ a

→ Wasserstoffatom

p	* Proton
n	* Neutron

Wasserstoffspektrum

→ Linienspektren

Weber-Zahl

$$We = \frac{v^2 \cdot l \cdot \varrho}{\sigma}$$

We	*Weber*-Zahl	1
v	* Strömungsgeschwindigkeit	m/s
l	charakteristische Länge	m
ϱ	* Dichte	kg/m³
σ	* Oberflächenspannung	N/m

Wechselfestigkeit

bei mittelharten Stählen

$$\sigma_W \approx \frac{1}{3} \cdot \sigma_B$$

σ_W	Wechselfestigkeit	N/mm²
σ_B	* statische Festigkeit	N/mm²

Wechselstrom

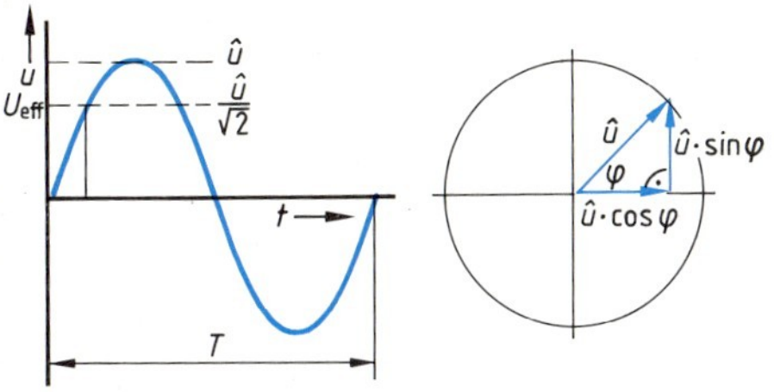

Frequenz

$f = \frac{1}{T}$

Kreisfrequenz

$\omega = 2 \cdot \pi \cdot f$

Wellenlänge

$\lambda_a = \frac{c}{f}$

f	* Frequenz	1/s = Hz
T	* Periodendauer	s
ω	* Kreisfrequenz	1/s = Hz
c	* Ausbreitungsgeschwindigkeit elektromagnetischer Wellen im leeren Raum ($c \approx 300\,000$ km/s)	m/s
λ	* Wellenlänge	m

Augenblickswerte und Amplituden von elektrischer Spannung und Stromstärke bei Sinusform

$u = \hat{u} \cdot \sin \varphi$

$u = \hat{u} \cdot \sin (\omega \cdot t)$

$i = \hat{i} \cdot \sin \varphi$

$i = \hat{i} \cdot \sin (\omega \cdot t)$

u	Augenblickswert der elektrischen * Spannung	V
$\hat{u}$	Amplitude (Scheitelwert) der elektrischen * Spannung)	V
i	Augenblickswert des Stromes (der elektrischen * Stromstärke)	A
$\hat{i}$	Amplitude (Scheitelwert) des elektrischen Stromes (der elektrischen * Stromstärke)	A
φ	Winkel, Drehwinkel	rad
t	Zeit	s

Effektivwerte von elektrischer Spannung und Stromstärke:

$U = U_{eff} = \frac{\hat{u}}{\sqrt{2}}$

$I = I_{eff} = \frac{\hat{i}}{\sqrt{2}}$

U, U_{eff}	Effektivwert der elektrischen * Spannung	V
I, I_{eff}	Effektivwert der elektrischen * Stromstärke	A
$\hat{u}$	Amplitude (Scheitelwert) der elektrischen * Spannung	V
$\hat{i}$	Amplitude (Scheitelwert) der elektrischen * Stromstärke	A

Der Effektivwert (auch: quadratischer Mittelwert) eines Wechselstromes ist der Wert des Wechselstromes, der dieselbe Wärme(menge) wie ein Gleichstrom hervorbringt.

Frequenz und Polpaarzahl

$f = p \cdot n$

Leistung bei Wechselstrom → Leistung, elektrische

f	* Frequenz	Hz = 1/s
p	Polpaarzahl (Anzahl der Polpaare einer Wechselstrommaschine, 1 Polpaar = 2 Pole)	1
n	* Umdrehungsfrequenz (Drehzahl)	1/s

Wechselstromleistung

→ Leistung bei Wechselstrom

Wechselstromsteller

→ Schwingungspaketsteuerung

Wechselstromsteller mit Triac

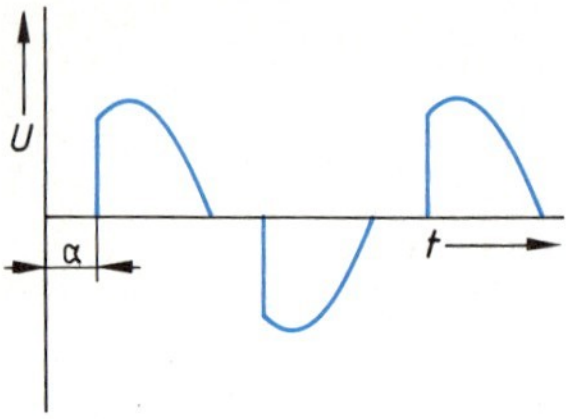

U_α, I_α	Effektivwert beim Zündwinkel α	V bzw. A
U_0, I_0	Effektivwert beim Zündwinkel $\alpha = 0$	V bzw. A
α	Zündwinkel	°, rad
P_α	Leistung beim Zündwinkel α	W
R	Lastwiderstand	Ω

$$U_\alpha = U_0 \cdot \sqrt{1 - \frac{\alpha}{180^\circ} + \frac{\sin 2\,\alpha}{2 \cdot \pi}}$$

$$I_\alpha = I_0 \cdot \sqrt{1 - \frac{\alpha}{180^\circ} + \frac{\sin 2\,\alpha}{2 \cdot \pi}}$$

$$P_\alpha = U_\alpha \cdot I_\alpha \qquad P_\alpha = \frac{U_\alpha^2}{R} = I_\alpha^2 \cdot R$$

Wechselstromwiderstände

Blindwiderstand und Blindleitwert

Induktiver Blindwiderstand

$$X_L = \omega \cdot L$$

Induktiver Blindleitwert

$$B_L = \frac{1}{\omega \cdot L}$$

Kapazitiver Blindwiderstand

$$X_C = \frac{1}{\omega \cdot C}$$

Kapazitiver Blindleitwert

$$B_C = \omega \cdot C$$

X_L	induktiver * Blindwiderstand	Ω
ω	* Kreisfrequenz	1/s
L	* Induktivität	V · s/A = H
B_C	kapazitiver * Blindleitwert	S = 1/Ω
B_L	induktiver * Blindleitwert	S = 1/Ω
X_C	kapazitiver * Blindwiderstand	Ω
C	* Kapazität	F

Reihenschaltung von induktiven bzw. kapazitiven Blindwiderständen

$$X_L = X_{L1} + X_{L2} + X_{L3} + \ldots$$

$$X_C = X_{C1} + X_{C2} + X_{C3} + \ldots$$

Parallelschaltung von induktiven bzw. kapazitiven Blindwiderständen

$$\frac{1}{X_L} = \frac{1}{X_{L1}} + \frac{1}{X_{L2}} + \frac{1}{X_{L3}} + \ldots$$

$$\frac{1}{X_C} = \frac{1}{X_{C1}} + \frac{1}{X_{C2}} + \frac{1}{X_{C3}} + \ldots$$

$$B_C = B_{C1} + B_{C2} + B_{C3} + \ldots$$

X_L	induktiver Ersatzblindwiderstand	Ω
X_{L1}, X_{L2}, X_{L3}, ...	induktive Teilblindwiderstände	Ω
X_C	kapazitiver Ersatzblindwiderstand	Ω
X_{C1}, X_{C2}, X_{C3}, ...	kapazitive Teilblindwiderstände	Ω
B_C	kapazitiver * Blindleitwert	S = 1/Ω
B_{C1}, B_{C2}, B_{C3}, ...	Teil-Blindleitwerte	S = 1/Ω

Reihenschaltung von Wirkwiderstand *R* und Induktivität *L*:

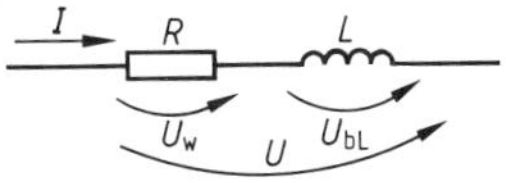

$U = \sqrt{U_w^2 + U_{bL}^2}$

$U_w = U \cdot \cos\varphi$ $U_{bL} = U \cdot \sin\varphi$

$Z = \sqrt{R^2 + X_L^2}$

U	Gesamtspannung	V
U_w	Wirkspannung	V
U_{bL}	induktive * Blindspannung	V
φ	* Phasenverschiebungswinkel	°, rad
Z	Scheinwiderstand	Ω
R	Wirkwiderstand	Ω
X_L	induktiver * Blindwiderstand	Ω

Reihenschaltung von Wirkwiderstand *R* und Kapazität *C*

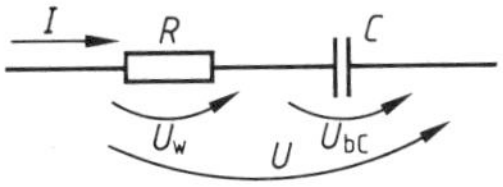

$U = \sqrt{U_w^2 + U_{bC}^2}$

$U_w = U \cdot \cos\varphi$ $U_{bC} = U \cdot \sin\varphi$

$Z = \sqrt{R^2 + X_C^2}$

U	Gesamtspannung	V
U_w	Wirkspannung	V
U_{bC}	kapazitive * Blindspannung	V
X_C	kapazitiver * Blindwiderstand	Ω
φ	* Phasenverschiebungswinkel	°, rad
R	Wirkwiderstand	Ω
Z	* Scheinwiderstand	Ω

Reihenschaltung von Wirkwiderstand *R*, Induktivität *L* und Kapazität *C*

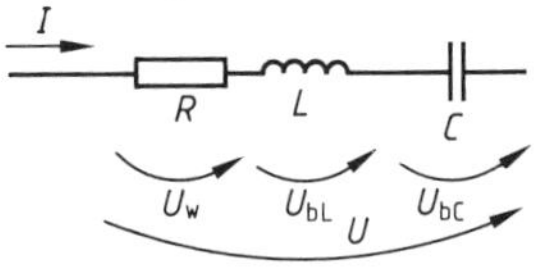

$U = \sqrt{U_w^2 + (U_{bL} - U_{bC})^2}$

$U_w = U \cdot \cos\varphi$ $U_b = U \cdot \sin\varphi$

$Z = \sqrt{R^2 + (X_L - X_C)^2}$

U	Gesamtspannung	V
U_w	Wirkspannung	V
U_{bL}	induktive * Blindspannung	V
U_{bC}	kapazitive * Blindspannung	V
Z	* Scheinwiderstand	Ω
R	Wirkwiderstand	Ω
X_L	induktiver * Blindwiderstand	Ω
X_C	kapazitiver * Blindwiderstand	Ω
φ	* Phasenverschiebungswinkel	°, rad

Parallelschaltung von Wirkwiderstand *R* und Induktivität *L*

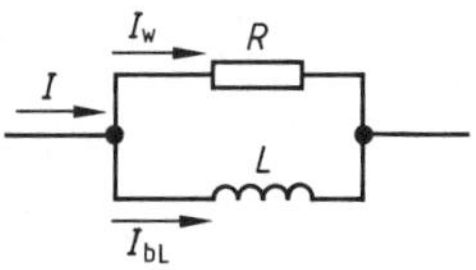

$I = \sqrt{I_w^2 + I_{bL}^2}$ $I_w = I \cdot \cos\varphi$

$I_{bL} = I \cdot \sin\varphi$ $Y = \sqrt{G^2 + B_L^2}$

$$Z = \frac{1}{\sqrt{\frac{1}{R^2} + \frac{1}{X_L^2}}}$$

$R = \frac{Z}{\cos\varphi}$ $X_L = \frac{Z}{\sin\varphi}$

I	Gesamtstrom	A
I_w	Wirkstrom	A
I_{bL}	induktiver Blindstrom	A
φ	* Phasenverschiebungswinkel	°, rad
Y	* Scheinleitwert	S
G	* Wirkleitwert	S
B_L	induktiver * Blindleitwert	S
R	Wirkwiderstand	Ω
X_L	induktiver * Blindwiderstand	Ω
Z	* Scheinwiderstand	Ω

Parallelschaltung
von Wirkwiderstand *R* und Kapazität *C*

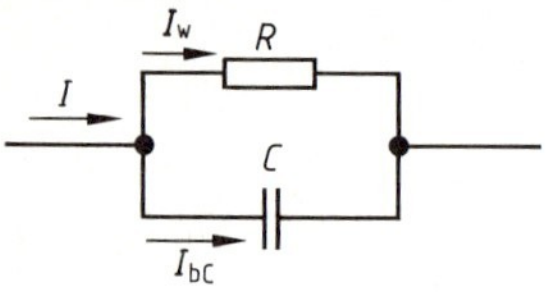

$$I = \sqrt{I_w^2 + I_{bC}^2}$$

$$I_w = I \cdot \cos\varphi \qquad I_{bC} = I \cdot \sin\varphi$$

$$Y = \sqrt{G^2 + B_C^2}$$

$$Z = \frac{1}{\sqrt{\frac{1}{R^2} + \frac{1}{X_C^2}}}$$

I	Gesamtstrom	A
I_w	Wirkstrom	A
I_{bC}	kapazitiver * Blindstrom	A
X_C	kapazitiver * Blindwiderstand	Ω
B_C	kapazitiver * Blindleitwert	S
φ	* Phasenverschiebungswinkel	°, rad
Y	* Scheinleitwert	S
G	Wirkleitwert	S
R	Wirkwiderstand	Ω
Z	* Scheinwiderstand	Ω

Parallelschaltung aus Wirkwiderstand *R*,
Induktivität *L* und Kapazität *C*

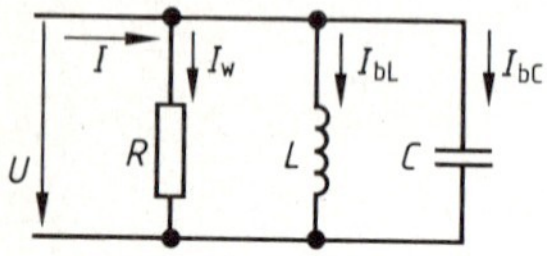

$$I = \sqrt{I_w^2 + (I_{bL} - I_{bC})^2}$$

$$I_w = I \cdot \cos\varphi \qquad I_b = I \cdot \sin\varphi$$

$$Y = \sqrt{G^2 + (B_L - B_C)^2}$$

$$G = Y \cdot \cos\varphi \qquad B = Y \cdot \sin\varphi$$

$$Z = \frac{1}{\sqrt{\frac{1}{R^2} + \left(\frac{1}{X_L} - \frac{1}{X_C}\right)^2}}$$

I	Gesamtstrom	A
I_w	Wirkstrom	A
I_{bL}	induktiver * Blindstrom	A
I_{bC}	kapazitiver * Blindstrom	A
I_b	resultierender * Blindstrom	A
φ	* Phasenverschiebungswinkel	°, rad
Y	* Scheinleitwert	S
B	resultierender * Blindleitwert	S
B_L	induktiver * Blindleitwert	S
B_C	kapazitiver * Blindleitwert	S
G	Wirkleitwert	S
Z	Scheinwiderstand	Ω
X_L	induktiver * Blindwiderstand	Ω
X_C	kapazitiver * Blindwiderstand	Ω
R	Wirkwiderstand	Ω

Weglänge
→ Arbeit; Bewegung, geradlinig; Geneigte Ebene

Weg-Zeit-Abhängigkeit
→ Bewegung, geradlinige

Wellen
→ Achsen und Wellen

Wellenbereiche
→ Frequenz- und Wellenbereiche

Wellendurchmesser
→ Achsen und Wellen

Wellengleichung
→ Linearer Schwinger

Wellenlänge

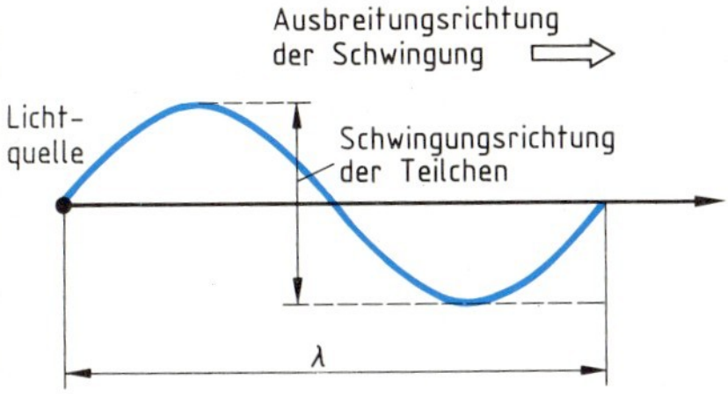

$$\lambda = \frac{c}{f} = c \cdot T$$

λ	Wellenlänge	m
c	* Ausbreitungsgeschwindigkeit (Phasengeschwindigkeit), z. B. * Lichtgeschwindigkeit	m/s
f	* Frequenz	Hz = 1/s
T	* Periodendauer	s

→ Linearer Schwinger, Wechselstrom, Antennen

Wellentheorie der Materie

Nach *de Broglie* gilt:

$$\lambda = \frac{h}{m \cdot v} = \frac{h}{p} = \frac{c_0^2}{f \cdot v}$$

$$m = \frac{m_0}{\sqrt{1 - \frac{v^2}{c_0^2}}}$$

$$\lambda = \frac{h}{\sqrt{2 \cdot m \cdot e \cdot U}} = \frac{h}{\sqrt{2 \cdot m \cdot E_k}}$$

$$E = h \cdot f$$

Phasengeschwindigkeit (Geschwindigkeit der Materiewelle):

$$u = \frac{c_0^2}{v} = \lambda \cdot f = \frac{E}{p}$$

λ	* Wellenlänge eines bewegten Teilchens (Materiewellenlänge)	m
h	* *Planck*-Konstante $h = 6{,}6261 \cdot 10^{-34}$ J · s → Konstanten	J · s
m	* Masse des Teilchens (für $v \ll c_0$ kann näherungsweise m_0 eingesetzt werden)	kg
m_0	Ruhemasse des Teilchens	kg
v	* Geschwindigkeit des Teilchens	m/s
p	* Bewegungsgröße (Impuls)	kg · m/s
c_0	* Lichtgeschwindigkeit im Vakuum $c_0 = 299\,792\,458$ m/s	m/s
f	* Frequenz der Materiewelle	Hz = 1/s
e	* Elementarladung $e = 1{,}602\,18 \cdot 10^{-19}$ C → Konstanten	C
U	elektrische * Spannung	V
E_k	kinetische * Energie	J
E	Gesamtenergie eines Teilchens	J
u	Phasengeschwindigkeit	m/s

Wellenwiderstand

Wellenwiderstand der Leitung:

$$Z = \sqrt{\frac{L}{C}}$$

Wellenwiderstand des leeren Raumes:

$$Z_0 = \sqrt{\frac{\mu_0}{\varepsilon_0}}$$

→ Antennen

Z	Wellenwiderstand der Antennenleitung	Ω
L	* Induktivität der Antennenleitung	V · s/A
C	* Kapazität der Antennenleitung	A · s/V
Z_0	Wellenwiderstand des leeren Raumes	Ω
μ_0	magnetische * Feldkonstante	V · s/(A · m)
ε_0	elektrische * Feldkonstante	A · s/(V · m)

Wellenzahl (Repetenz)

$$\sigma = \frac{1}{\lambda}$$

σ	Wellenzahl (Repetenz)	1/m
λ	* Wellenlänge	m

Welligkeitsfaktor

$$w = \frac{U_p}{U}$$

w	Welligkeitsfaktor	1
U_p	Effektivwert der Welligkeitsspannung	V
U	Gleichspannung	V

Wellrad

→ Winde

Wheatstonesche Meßbrücke

→ Widerstandsmeßbrücke

Widerstand, elektrischer; Leiterwiderstand

(Resistanz)

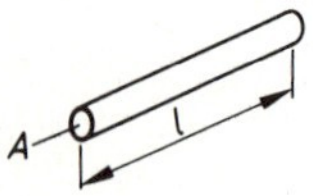

R	elektrischer Widerstand (Leiterwiderstand)	Ω
A	Leiterquerschnitt (nach DIN 1304 statt A auch S)	mm^2
l	Leiterlänge	m
γ	elektrische * Leitfähigkeit (nach DIN 1304 statt γ auch $\varkappa$ oder σ)	$S/m = 1/(\Omega \cdot m)$
ϱ	spezifischer * Widerstand	$\Omega \cdot mm^2/m$

$$R = \frac{l}{\gamma \cdot A} \qquad R = \frac{\varrho \cdot l}{A}$$

$$\gamma = \frac{1}{\varrho}$$

$$1\ \Omega \cdot m = 10^6 \cdot \frac{\Omega \cdot mm^2}{m}$$

$$1\ \Omega \cdot cm = 10^4 \cdot \frac{\Omega \cdot mm^2}{m}$$

$$1\ \frac{\Omega \cdot mm^2}{m} = 10^{-6}\ \Omega \cdot m = 10^{-4}\ \Omega \cdot cm$$

Bei Nichtleitern und Halbleitern ist der spezifische Widerstand ϱ der in $\Omega \cdot m$ bzw. $\Omega \cdot cm$ gemessene Widerstand eines Würfels von 1 m bzw. 1 cm Seitenlänge.

Reihenschaltung von Widerständen

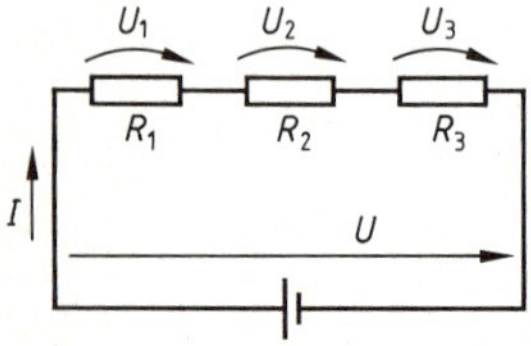

R	Ersatzwiderstand (Gesamtwiderstand)	Ω
R_1, R_2, R_3	Einzelwiderstände	Ω
U	Gesamtspannung	V
U_1, U_2, U_3	Teilspannungen (Verbraucherspannungen)	V
I	elektrische * Stromstärke	A

Durch in Reihe geschaltete Verbraucher fließt derselbe elektrische Strom.

$$R = R_1 + R_2 + R_3 + \ldots$$

$$U = U_1 + U_2 + U_3 + \ldots$$

$$\frac{U_1}{U_2} = \frac{R_1}{R_2} \qquad \frac{U_1}{U} = \frac{R_1}{R}$$

Für n gleich große in Reihe geschaltete Widerstände:

$$R = n \cdot R_1$$

R	Ersatzwiderstand	Ω
R_1	Einzelwiderstand	Ω
n	Anzahl der in Reihe geschalteten Widerstände	Ω

Parallelschaltung von Widerständen

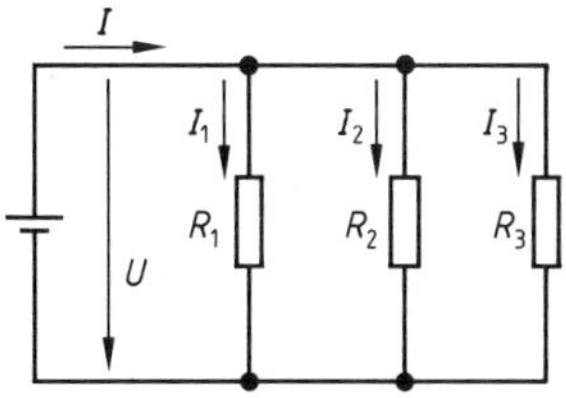

R	Ersatzwiderstand	Ω
$R_1, R_2, R_3, \ldots$	Teilwiderstände	Ω
I	Gesamt-Stromstärke	A
$I_1, I_2, I_3, \ldots$	Teilströme	A
U	elektrische * Spannung	V
G	Ersatzleitwert	S = 1/Ω
$G_1, G_2, G_3, \ldots$	Teilleitwerte	S = 1/Ω
n	Anzahl gleich großer Widerstände	1

$$I = I_1 + I_2 + I_3 + \ldots$$

$$G = G_1 + G_2 + G_3 + \ldots$$

$$\frac{1}{R} = \frac{1}{R_1} + \frac{1}{R_2} + \frac{1}{R_3} + \ldots$$

$$\frac{I_1}{I_2} = \frac{R_2}{R_1} \qquad \frac{I_1}{I_3} = \frac{R_3}{R_1}$$

Für n gleiche, parallel geschaltete Widerstände:

$$R = \frac{R_1}{n}$$

R	Gesamtwiderstand	Ω
R_1	Teilwiderstand	Ω
n	Anzahl der parallel geschalteten Widerstände	Ω

Parallelschaltung von zwei Widerständen

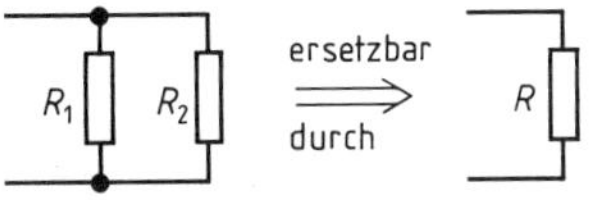

R	Ersatzwiderstand	Ω
R_1, R_2	parallel geschaltete Teilwiderstände	Ω

$$R = \frac{R_1 \cdot R_2}{R_1 + R_2}$$

Gemischte Widerstandsschaltungen

1. Erweiterte Reihenschaltung:

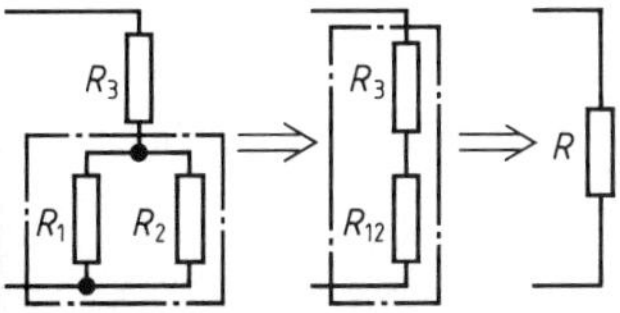

R	Ersatzwiderstand	Ω
R_1, R_2	parallel geschaltete Teilwiderstände	Ω
R_{12}	Ersatzwiderstand aus R_1 und R_2	Ω
R_3	Teilwiderstand in Reihe zu R_{12}	Ω

$$R = R_3 + \frac{R_1 \cdot R_2}{R_1 + R_2}$$

2. Erweiterte Parallelschaltung:

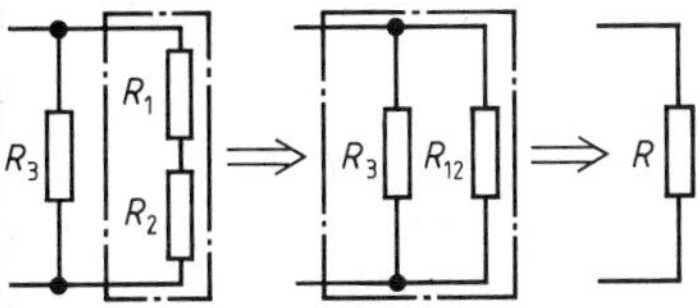

R	Ersatzwiderstand	Ω
R_1, R_2	in Reihe geschaltete Teilwiderstände	Ω
R_{12}	Ersatzwiderstand aus R_1 und R_2	Ω
R_3	Teilwiderstand parallel zu R_{12}	Ω

$$R = \frac{R_3 \cdot (R_1 + R_2)}{R_1 + R_2 + R_3}$$

Widerstand, magnetischer

$$R_m = \frac{\Theta}{\Phi}$$

$$R_m = \frac{l}{\mu \cdot A} = \frac{l}{\mu_0 \cdot \mu_r \cdot A}$$

→ Leitwert, magnetischer

R_m	magnetischer Widerstand	1/H
Θ	* Durchflutung	A
Φ	magnetischer * Fluß	Wb
l	mittlere Feldlinienlänge	m
μ	* Permeabilität	H/m
μ_0	magnetische * Feldkonstante	H/m
μ_r	relative * Permeabilität (* Permeabilitätszahl)	1
A	Kernquerschnitt	m^2

Widerstand, spezifischer elektrischer

$$\varrho = \frac{R \cdot A}{l} = \frac{A}{G \cdot l}$$

$$\gamma = \frac{l}{R \cdot A} = \frac{l \cdot G}{A}$$

$$\varrho = \frac{1}{\gamma} \qquad \gamma = \frac{1}{\varrho}$$

$$1\,\frac{\Omega \cdot mm^2}{m} = 10^{-6}\,\Omega \cdot m = 10^{-4}\,\Omega \cdot cm$$

→ Leitfähigkeit, elektrische; Widerstand, elektrischer; Widerstand und Temperatur

ϱ	spezifischer Widerstand	$\Omega \cdot mm^2/m$; m/S
R	Leiterwiderstand	Ω
A	Leiterquerschnitt **	mm^2
l	Leiterlänge	m
G	elektrischer * Leitwert	S
γ	elektrische * Leitfähigkeit **	$m/(\Omega \cdot mm^2)$; S/m

** Nach DIN 1304:
Für Querschnitt auch S oder q;
statt γ auch $\varkappa$ oder σ.

Spezifischer (elektrischer) Widerstand und spezifische (elektrische) Leitfähigkeit fester Stoffe bei 20 °C

Werkstoff	spezifischer Widerstand ϱ_{20} in $\Omega \cdot mm^2/m$	spezifische Leitfähigkeit γ_{20} in $m/(\Omega \cdot mm^2)$	Werkstoff	spezifischer Widerstand ϱ_{20} in $\Omega \cdot mm^2/m$	spezifische Leitfähigkeit γ_{20} in $m/(\Omega \cdot mm^2)$
Aldrey (AlMgSi)	0,0328	30,49	Molybdän	0,047	21,3
Aluminium	0,0278	36,0	Natrium	0,043	23,3
Antimon	0,42	2,38	Nickel	0,095	10,5
Blei	0,208	4,8	Nickelin (CuNi 30 Mn)	0,43	2,3
Cadmium	0,077	13,0	Platin	0,098	10,2
Chrom	0,13	7,7	Quecksilber	0,94	1,063
Chromnickel	0,91	1,1	Selen	≈ 0,001	≈ 1000
Cobalt	0,057	17,5	Silber	0,0167	59,9
Eisen (rein)	0,1	10,0	Silicium	≈ 1000	≈ 0,001
Gold	0,022	45,45	Siliciumkarbid	≈ 5000	≈ 0,0002
Graphit	20,0	0,05	Stahl	0,13	7,7
Kalium	0,07	14,3	Tantal	0,15	6,67
Kohle	100	0,01	Titan	0,8	1,25
Konstantan (CuNi 44)	0,49	2,04	Uran	0,32	3,1
Kupfer (99,9%)	0,0178	56,2	Vanadium	0,20	5,0
Magnesium	0,044	22,7	Wolfram	0,055	18,2
Mangan	1,85	0,54	Woodmetall	0,54	1,85
Manganin (CuMn 12 Ni)	0,43	2,3	Zink	0,0625	16,0
			Zinn	0,115	8,7

spezifischer Widerstand weiterer Stoffe siehe folgende Seite

Spezifischer Widerstand von Isolierstoffen bei 20 °C

Isolierstoff	spezifischer Widerstand ϱ_{20} in $\Omega \cdot$ cm	Isolierstoff	spezifischer Widerstand ϱ_{20} in $\Omega \cdot$ cm
Bernstein	10^{16} bis 10^{22}	Kautschuk	10^{16}
Glas	10^{11} bis 10^{17}	Marmor	10^{10}
Glimmer (Naturglimmer)	10^{17}	Mikafolium	10^{8} bis 10^{12}
Hartgewebe	10^{9} bis 10^{10}	Mikanit	10^{8} bis 10^{12}
Hartgummi	10^{15} bis 10^{16}	Paraffin	10^{20} bis 10^{22}
Hartpapier	10^{9} bis 10^{10}	Polystyrol	10^{16}
Hartporzellan	10^{14}	Porzellan	10^{19} bis 10^{20}
		Quarz	10^{19}

→ Leitfähigkeit, elektrische

Spezifischer Widerstand des Erdbodens (Bodenwiderstand)

Der spezifische Widerstand von Erdreich und von Elektrolyten wird in Ohm mal Meter ($\Omega \cdot$ m) angegeben. Der Zahlenwert von ϱ für Erdreich entspricht dem zwischen zwei gegenüberliegenden Seiten gemessenen Widerstand eines Bodenwürfels mit einer Kantenlänge von 1 m. Damit wird die Einheit des Bodenwiderstandes $\Omega \cdot m^2/m = \Omega \cdot m$.

Bezeichnung	spezifischer Bodenwiderstand ϱ in $\Omega \cdot$ m	Bezeichnung	spezifischer Bodenwiderstand ϱ in $\Omega \cdot$ m
Humus	10 bis 40	Schiefer	300 bis 700
Kalk	200 bis 3000	Schlamm	20 bis 100
Kies	400 bis 2000	Schlick	5 bis 30
Lehm	300 bis 1000	Schotter	400 bis 2000
Mergel	10 bis 100	Ton	5 bis 20
Sand	100 bis 5000	Torf	80 bis 120

Widerstand, thermischer

→ Wärmewiderstand

Widerstand und Leitwert
(elektrischer Widerstand und elektrischer Leitwert)

$$G = \frac{1}{R} \qquad R = \frac{1}{G}$$

G	Leitwert	$S = 1/\Omega$
R	Widerstand (Widerstandswert)	Ω

Widerstand und Temperatur
(elektrischer Widerstand bei Erwärmung für $\Delta\vartheta < 300\,°C$)

$$\Delta R = \alpha \cdot R_k \cdot \Delta\vartheta$$

$$R_w = R_k \cdot (1 + \alpha \cdot \Delta\vartheta)$$

$$\Delta\vartheta = \frac{R_w - R_k}{\alpha \cdot R_k}$$

Werte für α → Temperaturkoeffizient

ΔR	Widerstandsänderung	Ω
R_w	Warmwiderstand	Ω
R_k	Kaltwiderstand	Ω
$\Delta\vartheta$	Temperaturänderung (Temperaturdifferenz)	K, °C
α	Temperaturkoeffizient (Temperaturbeiwert)	1/K

Widerstandsbeiwert

→ Äquivalente Rohrlänge, Luftwiderstandsbeiwerte, Reibungsverlustzahl, Strömungswiderstand

Widerstandsbestimmung

durch Messen der Spannung und der Stromstärke

für kleine Widerstandswerte: → Stromfehlerschaltung

für große Widerstandswerte: → Spannungsfehlerschaltung

Widerstandshöhe

→ Reibungsverlusthöhe, Strömungswiderstand

Widerstandskraft

→ Luftwiderstand, *Newtonsche* Gesetze, Steigungswiderstand, Strömungswiderstand

Widerstandsmeßbrücke

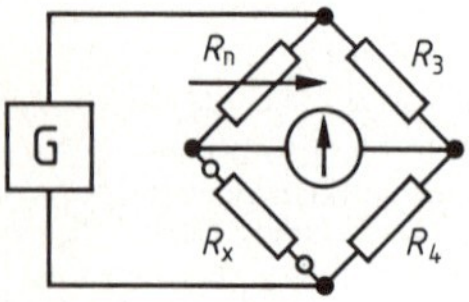

R_x	unbekannter Widerstand	Ω
R_n	Vergleichswiderstand	Ω
R_3, R_4	Brückenwiderstände	Ω

Abgleichbedingung:

$$\frac{R_x}{R_n} = \frac{R_4}{R_3}$$

Widerstandsmoment

Äquatoriales (axiales) Widerstandsmoment

$$W_{erf} = \frac{M_{b\ vorh}}{\sigma_{b\ zul}}$$

$$W_{vorh} = \frac{I}{e}$$

Polares Widerstandsmoment

$$W_{p\ erf} = \frac{M_t}{\tau_{t\ zul}}$$

$$W_{p\ vorh} = \frac{I_p}{R}$$

→ Biegefestigkeit, Biegespannung, Flächenmoment 2. Grades, polares Widerstandsmoment, Verdrehfestigkeit, Verdrehspannung

W_{erf}	erforderliches axiales Widerstandsmoment	mm^3
$M_{b\ vorh}$	vorhandenes * Biegemoment	N · mm
$\sigma_{b\ zul}$	zulässige * Biegespannung	N/mm^2
W_{vorh}	vorhandenes axiales Widerstandsmoment	mm^3
I	* Flächenmoment 2. Grades	mm^4
e	größter Randabstand	mm
W_p	* polares Widerstandsmoment erf: erforderlich, vorh: vorhanden	mm^3
I_p	polares * Flächenmoment 2. Grades	mm^4
R	größter Radius des Drehkörpers	mm

Windstärken nach *Beaufort*

Windstärke	Windgeschwindigkeit in m/s	Bezeichnung	Auswirkungen des Windes im Binnenland	Auswirkungen des Windes auf See
0	0,0 ... 0,2	still	Windstille, Rauch steigt gerade empor	spiegelglatte See
1	0,3 ... 1,5	leiser Zug	Windrichtung angezeigt nur durch Zug des Rauches	kleine Kräuselwellen ohne Schaumkämme
2	1,6 ... 3,3	leichte Brise	Wind am Gesicht fühlbar, Blätter säuseln, Windfahne bewegt sich	kurze, aber ausgeprägtere Wellen mit glasigen Kämmen
3	3,4 ... 5,4	schwache Brise	bewegt Blätter und dünne Zweige, streckt einen Wimpel	Kämme beginnen sich zu brechen, vereinzelt kleine Schaumköpfe
4	5,5 ... 7,9	mäßige Brise	hebt Staub und loses Papier, bewegt Zweige und dünnere Äste	kleine längere Wellen, vielfach Schaumköpfe
5	8,0 ... 10,7	frische Brise	kleine Laubbäume schwanken, Schaumkämme auf Seen	mäßig lange Wellen, überall Schaumkämme
6	10,8 ... 13,8	starker Wind	starke Äste in Bewegung, Pfeifen in Freileitungen	große Wellen, Kämme brechen sich, größere weiße Schaumflecken
7	13,9 ... 17,1	steifer Wind	ganze Bäume in Bewegung, Hemmung beim Gehen gegen den Wind	See türmt sich, Schaumstreifen in Windrichtung
8	17,2 ... 20,7	stürmischer Wind	bricht Zweige von den Bäumen, sehr erschwertes Gehen	mäßig hohe Wellenberge mit langen Kämmen, gut ausgeprägte Schaumstreifen
9	20,8 ... 24,4	Sturm	kleinere Schäden an Häusern und Dächern	hohe Wellenberge, dichte Schaumstreifen, „Rollen" der See, Gischt beeinträchtigt die Sicht
10	24,5 ... 28,4	schwerer Sturm	entwurzelt Bäume, bedeutende Schäden an Häusern	sehr hohe Wellenberge mit langen überbrechenden Kämmen, See weiß durch Schaum, schweres stoßartiges „Rollen", Sichtbeeinträchtigung
11	28,5 ... 32,6	orkanartiger Sturm	verbreitete Sturmschäden (sehr selten im Binnenland)	außergewöhnlich hohe Wellenberge, Sichtbeeinträchtigung
12	32,7 ... 36,9	Orkan	—	Luft mit Schaum und Gischt angefüllt, See vollständig weiß, jede Fernsicht hört auf
13 ... 17	37,0 ... > 56	—	—	—

Winde, Wellrad, Stufenrolle

einfach

$$F_1 = F_2 \cdot \frac{d}{2 \cdot r}$$

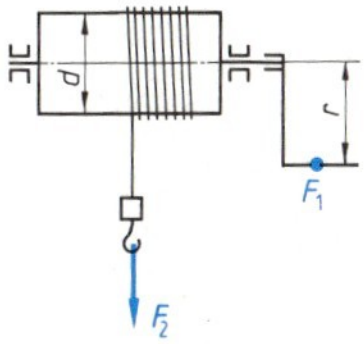

mit Rädervorgelege

$$F_1 = F_2 \cdot \frac{d}{2 \cdot r} \cdot i_v$$

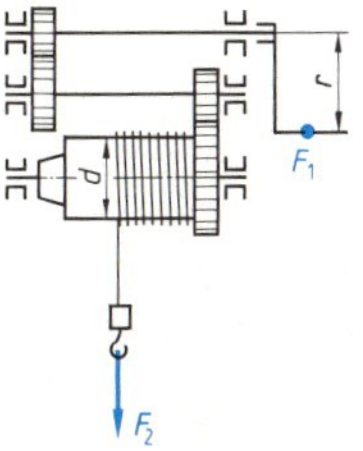

F_1	aufgewandte * Kraft	N
F_2	wirksame * Kraft, Tragkraft, Last	N
d	Durchmesser der Trommel	mm
d_1	großer Durchmesser der Trommel bei der Differentialwinde	mm
d_2	kleiner Durchmesser der Trommel bei der Differentialwinde	mm
r	Kurbelradius	mm
i_v	* Übersetzungsverhältnis des Rädervorgeleges	1

→ Flaschenzug, Rolle

Differentialwinde

$$F_1 = F_2 \cdot \frac{d_1 + d_2}{4 \cdot r}$$

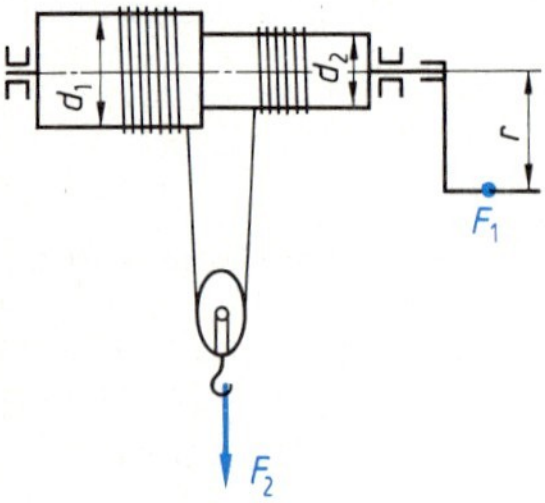

Windkanal

→ Kanalfaktor, Turbulenzfaktor

Windkraft

$$F = c_w \cdot A \cdot p_{dyn} \cdot \sin \alpha$$

$$F = c_w \cdot A \cdot \frac{\varrho}{2} \cdot v^2 \cdot \sin \alpha$$

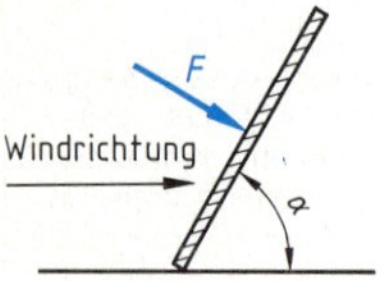

F	Windkraft	N
c_w	* Luftwiderstandsbeiwert	1
A	angeströmte Fläche	m^2
p_{dyn}	* Staudruck	$N/m^2 = Pa$
α	Winkel gegen die Horizontale bei der Prüfplatte	rad, °
ϱ	Luft-* Dichte	kg/m^3
v	Windgeschwindigkeit	m/s

Winkel

Winkelarten

Spitzer Winkel	Rechter Winkel (R)	Stumpfer Winkel
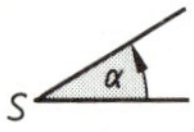	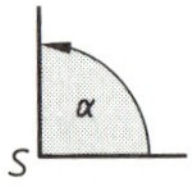	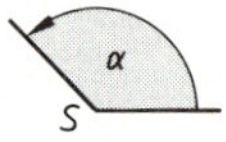
$0° < \alpha < 90°$	$\alpha = 90°$	$90° < \alpha < 180°$
$0 \text{ rad} < \alpha < \frac{\pi}{2} \text{ rad}$	$\alpha = \frac{\pi}{2} \text{ rad}$	$\frac{\pi}{2} \text{ rad} < \alpha < \pi \text{ rad}$
Gestreckter Winkel	**Überstumpfer Winkel**	**Vollwinkel**
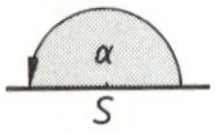	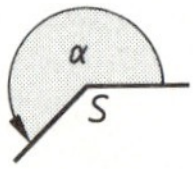	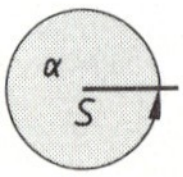
$\alpha = 180°$	$180° < \alpha < 360°$	$\alpha = 360°$
$\alpha = \pi \text{ rad}$	$\pi \text{ rad} < \alpha < 2 \cdot \pi \text{ rad}$	$\alpha = 2 \cdot \pi \text{ rad}$

Winkelbenennungen

Außenwinkel

Jeder Außenwinkel eines Dreiecks ist gleich der Summe der nichtanliegenden Innenwinkel:

$\alpha_1 = \beta + \gamma$ $\beta_1 = \gamma + \alpha$ $\gamma_1 = \alpha + \beta$

Die Summe der drei Außenwinkel im Dreieck beträgt 360°:

$\alpha_1 + \beta_1 + \gamma_1 = 360°$

Jeder Außenwinkel eines gleichseitigen Dreiecks beträgt 120°

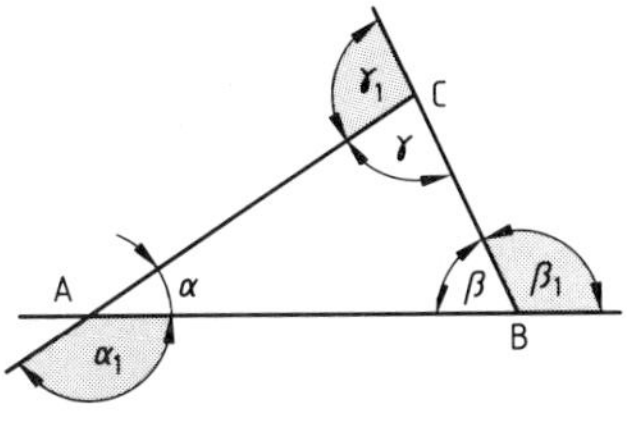

Entgegengesetzte Winkel

Die Summe zweier entgegengesetzter Winkel an geschnittenen Parallelen ergibt 180°:

$\alpha_1 + \delta = \alpha + \delta_1 = \gamma + \beta_1 = \beta + \gamma_1 = 180°$

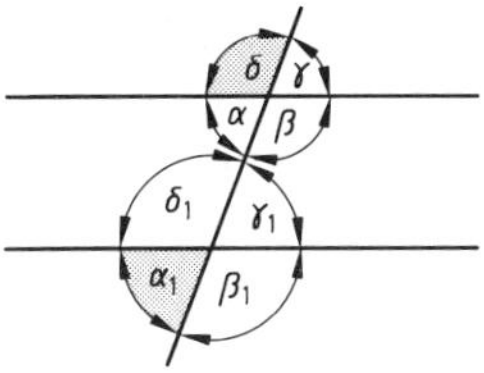

Gegenwinkel

Die Summe zweier Gegenwinkel im Sehnenviereck beträgt 180°:

$\alpha + \gamma = \beta + \delta = 180°$

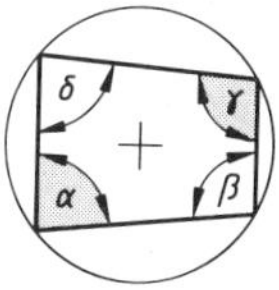

Implementwinkel

Die Summe zweier Implementwinkel beträgt 360°:

$\alpha + \beta = 360°$

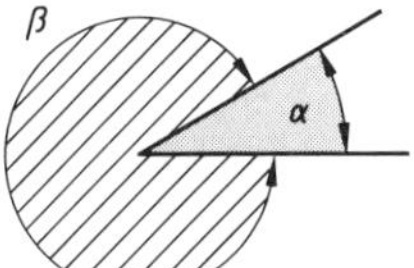

Innenwinkel

Die Summe der Innenwinkel im Dreieck ist 2 · R (1 · R = 90°). Jeder Innenwinkel eines gleichseitigen Dreiecks ist 60°. Die Summe der Innenwinkel im Viereck ist 360°. Die Summe der Innenwinkel im n-Eck ist (2 · n − 4) · R.

Beispiel Sechseck:

Innenwinkel = (2 · 6 − 4) · R = 8 · R = 8 · 90° = = 720°

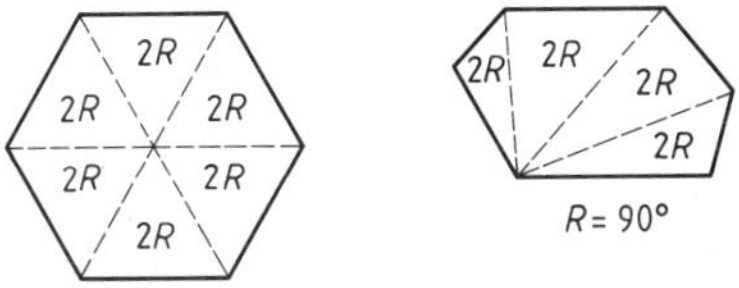

Komplementwinkel

Komplementwinkel sind zwei Winkel in beliebiger Lage, wenn ihre Summe 90° = 1 · R ist.

$\alpha + \beta = 90° = 1 \cdot R$

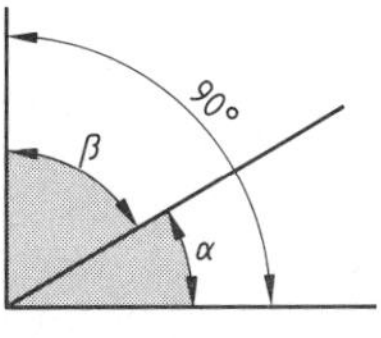

Nebenwinkel

Die Summe zweier Nebenwinkel ist 180° = 2 · R.
Nebenwinkel sind gleichzeitig auch **Supplementwinkel**.

$\alpha + \beta = 180° = 2 \cdot R$

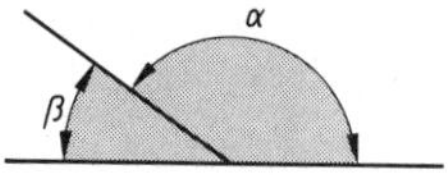

Peripheriewinkel (Umfangswinkel)

Jeder Peripheriewinkel über dem Halbkreis ist ein rechter. Diese Regel heißt *Thales*-Satz.

$\alpha = \beta = 90°$

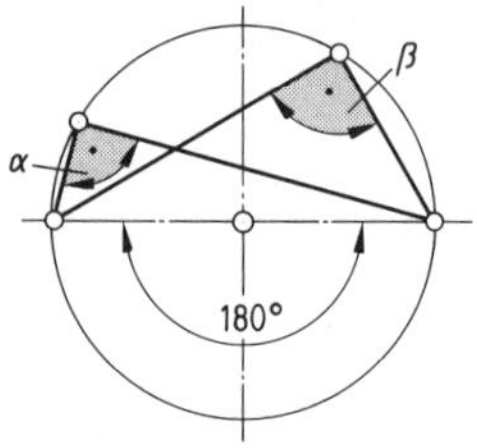

Ein Peripheriewinkel im Kreis ist halb so groß wie der Zentriwinkel über demselben Bogen.

$\beta = \frac{\alpha}{2}$

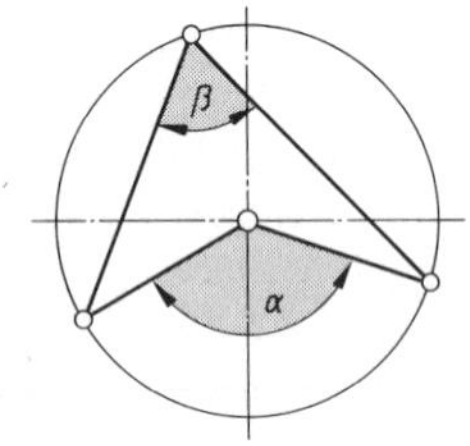

Peripheriewinkel über demselben Bogen sind gleich.

$\beta_1 = \beta_2 = \beta_3 = \ldots$

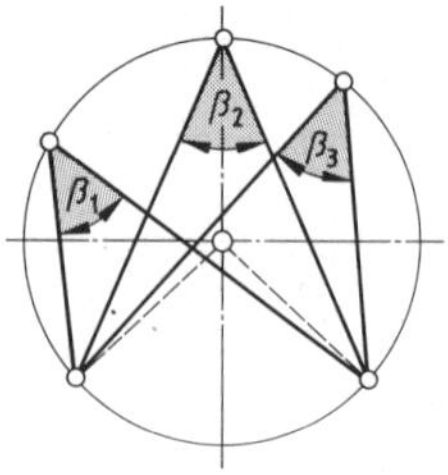

Scheitelwinkel

Scheitelwinkel sind einander gleich.

$\alpha = \gamma$

$\beta = \delta$

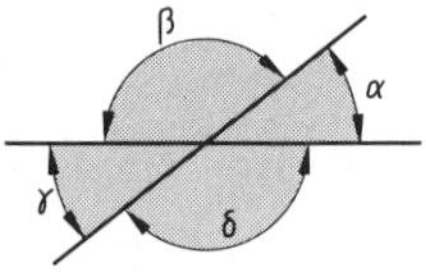

Sehnentangentenwinkel

Ein Sehnentangentenwinkel ist jedem Peripheriewinkel gleich, der über der Sehne steht.

$\alpha = \beta$

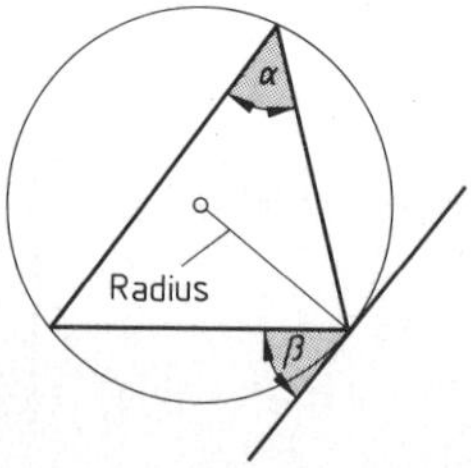

Stufenwinkel

An zwei geschnittenen Parallelen sind je zwei gleichliegende Stufenwinkel einander gleich.

$\alpha = \alpha_1 \qquad \beta = \beta_1 \qquad \gamma = \gamma_1 \qquad \delta = \delta_1$

Die Summe zweier entgegengesetzter Stufenwinkel ergibt 180° = 2 · R.

$\alpha + \delta_1 = \beta + \gamma_1 = \gamma + \beta_1 = \delta + \alpha_1 = 180°$

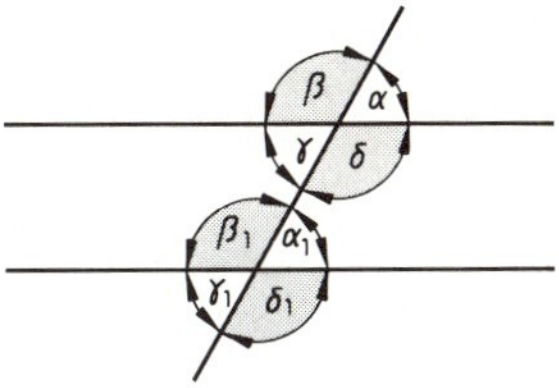

Supplementwinkel

Supplementwinkel heißen zwei Winkel in beliebiger Lage, deren Summe zwei rechte Winkel, d.h. 180°, sind.

$\alpha + \beta = 180° = 2 \cdot R$

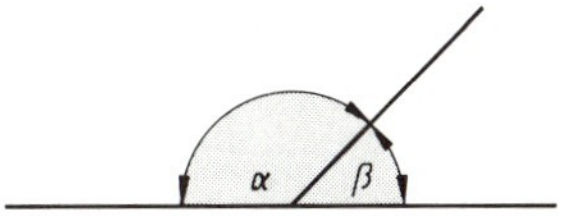

Wechselwinkel

An zwei geschnittenen Parallelen sind je zwei Wechselwinkel einander gleich.

$\alpha = \gamma_1 \qquad \beta = \delta_1 \qquad \gamma = \alpha_1 \qquad \delta = \beta_1$

Die Summe zweier entgegengesetzter Wechselwinkel ergibt zwei Rechte.

$\alpha + \beta_1 = \beta + \alpha_1 = \delta + \gamma_1 = \gamma + \delta_1 = 180° = 2 \cdot R$

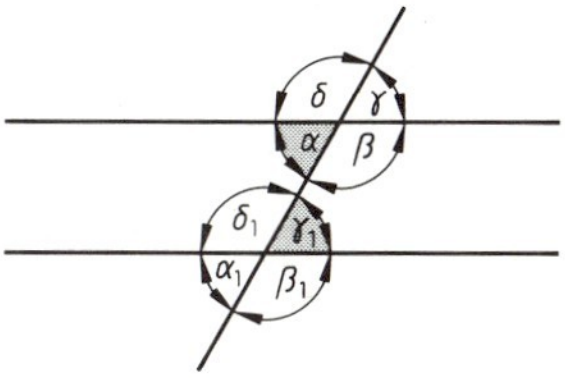

Zentriwinkel (Mittelpunktwinkel)

Ein Zentriwinkel ist doppelt so groß wie ein über demselben Kreisbogen stehender Sehnentangentenwinkel.

$\alpha = 2 \cdot \beta$

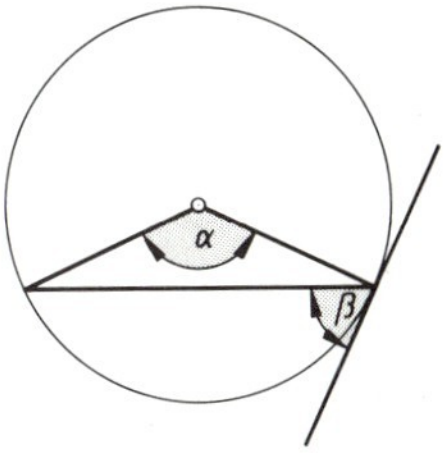

Winkel an der Werkzeugschneide

$\alpha + \beta + \gamma = 90°$

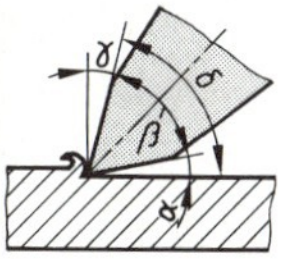

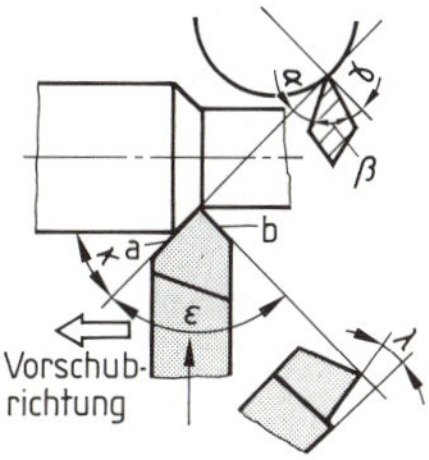

Beim Drehmeißel sind neben α, β und γ noch die Winkel ε, $\varkappa$ und λ von Bedeutung

a: Hauptschneide, b: Nebenschneide

α	Freiwinkel	°
β	Keilwinkel	°
γ	Spanwinkel	°
	Der Spanwinkel γ kann auch negativ sein. $\gamma < 0$: schabende Wirkung $\gamma > 0$: spanende Wirkung Dann ist $\alpha + \beta + \gamma > 90°$	
ε	Spitzenwinkel	°
$\varkappa$	Einstellwinkel	°
λ	Neigungswinkel der Spanfläche	°

Winkelbeschleunigung (Drehbeschleunigung)

$$\alpha = \frac{a_t}{r}$$

$$\alpha = \frac{\Delta\omega}{\Delta t}$$

$$\alpha = \frac{M}{J} = \frac{F_u \cdot r}{J}$$

α	Winkelbeschleunigung	$rad/s^2 = 1/s^2$
a_t	* Tangentialbeschleunigung	m/s^2
r	Radius des Drehkörpers	m
$\Delta\omega$	Änderung der * Winkelgeschwindigkeit	1/s
Δt	* Zeit (Zeitspanne)	s
M	* Drehmoment	N · m
J	* Trägheitsmoment eines Körpers	$kg \cdot m^2$
F_u	* Umfangskraft	N

Winkelfrequenz

→ Kreisfrequenz

Winkelfunktionen im rechtwinkligen Dreieck
(Kreisfunktionen)

$\sin\alpha = \frac{a}{c}$ $\quad\sin\beta = \frac{b}{c}$

$\cos\alpha = \frac{b}{c}$ $\quad\cos\beta = \frac{a}{c}$

$\tan\alpha = \frac{a}{b}$ $\quad\tan\beta = \frac{b}{a}$

$\cot\alpha = \frac{b}{a}$ $\quad\cot\beta = \frac{a}{b}$

$\alpha = 90° - \beta$

$\beta = 90° - \alpha$

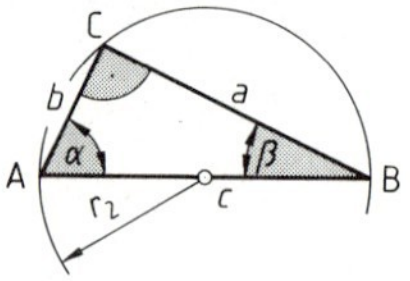

Sinus eines Winkels $= \frac{\text{Gegenkathete}}{\text{Hypotenuse}}$

Cosinus eines Winkels $= \frac{\text{Ankathete}}{\text{Hypotenuse}}$

Tangens eines Winkels $= \frac{\text{Gegenkathete}}{\text{Ankathete}}$

Cotangens eines Winkels $= \frac{\text{Ankathete}}{\text{Gegenkathete}}$

a, b Katheten

c Hypotenuse (längste Seite)

α, β Winkel

Länge der Katheten und der Hypotenuse

Kathete $a = \sqrt{c^2 - b^2} = c \cdot \sin\alpha = b \cdot \tan\alpha = \frac{b}{\cot\alpha} = c \cdot \cos\beta = \frac{b}{\tan\beta} = b \cdot \cot\beta$

Kathete $b = \sqrt{c^2 - a^2} = c \cdot \cos\alpha = \frac{a}{\tan\alpha} = a \cdot \cot\alpha = c \cdot \sin\beta = a \cdot \tan\beta = \frac{a}{\cot\beta}$

Hypotenuse $c = \sqrt{a^2 + b^2} = \frac{a}{\sin\alpha} = \frac{b}{\cos\alpha} = \frac{b}{\sin\beta} = \frac{a}{\cos\beta}$

Inhalt der Dreiecksfläche

$$A = \frac{a \cdot b}{2} = \frac{a \cdot c \cdot \sin\beta}{2} = \frac{a^2 \cdot \tan\beta}{2} = \frac{b \cdot c \cdot \cos\beta}{2} = \frac{b^2 \cdot \cot\beta}{2}$$

$$A = \frac{c^2 \cdot \sin\alpha \cdot \cos\alpha}{2} = \frac{b \cdot c \cdot \sin\alpha}{2} = \frac{b^2 \cdot \tan\alpha}{2} = \frac{a \cdot c \cdot \cos\alpha}{2} = \frac{a^2 \cdot \cot\alpha}{2}$$

Wichtige Funktionswerte der vier Winkelfunktionen:

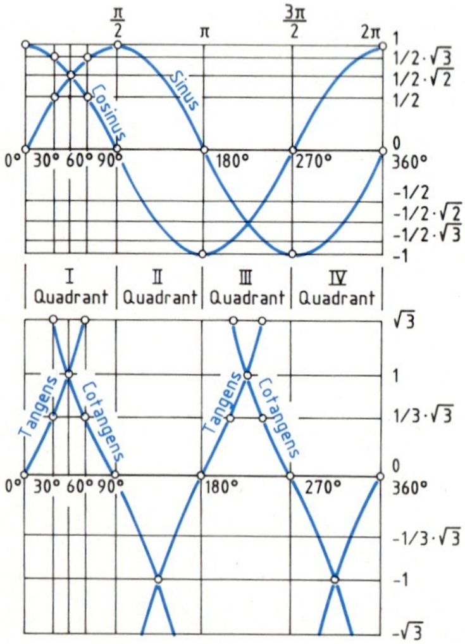

α in rad	0	$\frac{\pi}{6}$	$\frac{\pi}{4}$	$\frac{\pi}{3}$	$\frac{\pi}{2}$	π	$\frac{3}{2}\pi$	2π
α in °	0	30	45	60	90	180	270	360
$\sin\alpha$	0	$\frac{1}{2}$	$\frac{1}{2}\cdot\sqrt{2}$	$\frac{1}{2}\cdot\sqrt{3}$	1	0	-1	0
$\cos\alpha$	1	$\frac{1}{2}\cdot\sqrt{3}$	$\frac{1}{2}\cdot\sqrt{2}$	$\frac{1}{2}$	0	-1	0	1
$\tan\alpha$	0	$\frac{1}{3}\cdot\sqrt{3}$	1	$\sqrt{3}$	$\pm\infty$	0	$\pm\infty$	0
$\cot\alpha$	$\pm\infty$	$\sqrt{3}$	1	$\frac{1}{3}\cdot\sqrt{3}$	0	$\pm\infty$	0	$\pm\infty$

Vorzeichen in den Quadranten:

	I.	II.	III.	IV.
$\sin\alpha$	+	+	−	−
$\cos\alpha$	+	−	−	+
$\tan\alpha$	+	−	+	−
$\cot\alpha$	+	−	+	−

Quadranten-Beziehungen (Reduktionsformeln):

$\sin(-\alpha) = -\sin\alpha$	$\sin(180° \pm \alpha) = \mp \sin\alpha$	$\sin(360° - \alpha) = -\sin\alpha$
$\cos(-\alpha) = +\cos\alpha$	$\cos(180° \pm \alpha) = -\cos\alpha$	$\cos(360° - \alpha) = +\cos\alpha$
$\tan(-\alpha) = -\tan\alpha$	$\tan(180° \pm \alpha) = \pm \tan\alpha$	$\tan(360° - \alpha) = -\tan\alpha$
$\cot(-\alpha) = -\cot\alpha$	$\cot(180° \pm \alpha) = \pm \cot\alpha$	$\cot(360° - \alpha) = -\cot\alpha$
$\sin(90° \pm \alpha) = +\cos\alpha$	$\sin(270° \pm \alpha) = -\cos\alpha$	$\sin(\alpha \pm n \cdot 360°) = +\sin\alpha$
$\cos(90° \pm \alpha) = \mp \sin\alpha$	$\cos(270° \pm \alpha) = \pm \sin\alpha$	$\cos(\alpha \pm n \cdot 360°) = +\cos\alpha$
$\tan(90° \pm \alpha) = \mp \cot\alpha$	$\tan(270° \pm \alpha) = \mp \cot\alpha$	$\tan(\alpha \pm n \cdot 180°) = +\tan\alpha$
$\cot(90° \pm \alpha) = \mp \tan\alpha$	$\cot(270° \pm \alpha) = \mp \tan\alpha$	$\cot(\alpha \pm n \cdot 180°) = +\cot\alpha$

Grundbeziehungen zweier Winkelfunktionen:

$\sin^2\alpha + \cos^2\alpha = 1$	$\tan\alpha \cdot \cot\alpha = 1$
$\frac{\sin\alpha}{\cos\alpha} = \tan\alpha$	$\frac{\cos\alpha}{\sin\alpha} = \cot\alpha$
$1 + \tan^2\alpha = \frac{1}{\cos^2\alpha}$	$1 + \cot^2\alpha = \frac{1}{\sin^2\alpha}$
$\sin^2\alpha = \frac{1}{2} \cdot [1 - \cos(2\alpha)]$	$\cos^2\alpha = \frac{1}{2} \cdot [1 + \cos(2\alpha)]$

Additionstheoreme (Winkelsummen und Winkeldifferenzen):

$\sin(\alpha + \beta) = \sin\alpha \cdot \cos\beta + \cos\alpha \cdot \sin\beta$	$\sin(\alpha - \beta) = \sin\alpha \cdot \cos\beta - \cos\alpha \cdot \sin\beta$
$\cos(\alpha + \beta) = \cos\alpha \cdot \cos\beta - \sin\alpha \cdot \sin\beta$	$\cos(\alpha - \beta) = \cos\alpha \cdot \cos\beta + \sin\alpha \cdot \sin\beta$
$\tan(\alpha + \beta) = \frac{\tan\alpha + \tan\beta}{1 - \tan\alpha \cdot \tan\beta}$	$\tan(\alpha - \beta) = \frac{\tan\alpha - \tan\beta}{1 + \tan\alpha \cdot \tan\beta}$
$\cot(\alpha + \beta) = \frac{\cot\alpha \cdot \cot\beta - 1}{\cot\beta + \cot\alpha}$	$\cot(\alpha - \beta) = \frac{\cot\alpha \cdot \cot\beta + 1}{\cot\beta - \cot\alpha}$

Goniometrische Umformungen (Beziehungen desselben Winkels):

$\sin \alpha$	$\cos \alpha$	$\tan \alpha$	$\cot \alpha$
$= \cos(90° - \alpha)$ $= \sqrt{1 - \cos^2 \alpha}$ $= 2 \cdot \sin \frac{\alpha}{2} \cdot \cos \frac{\alpha}{2}$ $= \frac{\tan \alpha}{\sqrt{1 + \tan^2 \alpha}}$ $= \sqrt{\cos^2 \alpha - \cos 2\alpha}$ $= \sqrt{\frac{1 - \cos 2\alpha}{2}}$ $= \frac{1}{\sqrt{1 + \cot^2 \alpha}}$ $= \frac{2 \cdot \tan \frac{\alpha}{2}}{1 + \tan^2 \frac{\alpha}{2}}$	$= \sin(90° - \alpha)$ $= \sqrt{1 - \sin^2 \alpha}$ $= \cos^2 \frac{\alpha}{2} - \sin^2 \frac{\alpha}{2}$ $= \frac{\cot \alpha}{\sqrt{1 + \cot^2 \alpha}}$ $= 1 - 2 \cdot \sin^2 \frac{\alpha}{2}$ $= \sqrt{\frac{1 + \cos 2\alpha}{2}}$ $= \frac{1}{\sqrt{1 + \tan^2 \alpha}}$ $= \frac{1 - \tan^2 \frac{\alpha}{2}}{1 + \tan^2 \frac{\alpha}{2}}$ $= 2 \cdot \cos^2 \frac{\alpha}{2} - 1$ $= \frac{\sin 2\alpha}{2 \cdot \sin \alpha}$	$= \cot(90° - \alpha)$ $= \frac{1}{\cot \alpha}$ $= \frac{\sin \alpha}{\cos \alpha}$ $= \frac{\sin \alpha}{\sqrt{1 - \sin^2 \alpha}}$ $= \sqrt{\frac{1}{\cos^2 \alpha} - 1}$ $= \sqrt{\frac{1 - \cos^2 \alpha}{\cos \alpha}}$ $= \frac{2 \cdot \tan \frac{\alpha}{2}}{1 - \tan^2 \frac{\alpha}{2}}$	$= \tan(90° - \alpha)$ $= \frac{1}{\tan \alpha}$ $= \frac{\cos \alpha}{\sin \alpha}$ $= \frac{\cos \alpha}{\sqrt{1 - \cos^2 \alpha}}$ $= \sqrt{\frac{1}{\sin^2 \alpha} - 1}$ $= \sqrt{\frac{1 - \sin^2 \alpha}{\sin \alpha}}$ $= \frac{\cot^2 \frac{\alpha}{2} - 1}{2 \cdot \cot \frac{\alpha}{2}}$ $= \frac{1}{2} \cdot \left(\cot \frac{\alpha}{2} - \tan \frac{\alpha}{2}\right)$
$\sin 2\alpha$	**$\cos 2\alpha$**	**$\tan 2\alpha$**	**$\cot 2\alpha$**
$= 2 \cdot \sin \alpha \cdot \cos \alpha$ $= \frac{2 \cdot \tan \alpha}{1 + \tan^2 \alpha}$	$= \cos^2 \alpha - \sin^2 \alpha$ $= 2 \cdot \cos^2 \alpha - 1$ $= 1 - 2 \cdot \sin^2 \alpha$ $= \frac{1 - \tan^2 \alpha}{1 + \tan^2 \alpha}$	$= \frac{2 \cdot \tan \alpha}{1 - \tan^2 \alpha}$ $= \frac{2}{\cot \alpha - \tan \alpha}$	$= \frac{\cot^2 \alpha - 1}{2 \cdot \cot \alpha}$ $= \frac{1}{2} \cdot \cot \alpha - \frac{1}{2} \cdot \tan \alpha$
$\sin \frac{\alpha}{2}$	**$\cos \frac{\alpha}{2}$**	**$\tan \frac{\alpha}{2}$**	**$\cot \frac{\alpha}{2}$**
$= \sqrt{\frac{1 - \cos \alpha}{2}}$ $= \frac{1}{2} \cdot (\sqrt{1 + \sin \alpha} -$ $- \sqrt{1 - \sin \alpha})$	$= \sqrt{\frac{1 + \cos \alpha}{2}}$ $= \frac{1}{2} \cdot (\sqrt{1 + \sin \alpha} +$ $+ \sqrt{1 - \sin \alpha})$	$= \frac{\sin \alpha}{1 + \cos \alpha}$ $= \frac{1 - \cos \alpha}{\sin \alpha}$ $= \sqrt{\frac{1 - \cos \alpha}{1 + \cos \alpha}}$	$= \frac{\sin \alpha}{1 - \cos \alpha}$ $= \frac{1 + \cos \alpha}{\sin \alpha}$ $= \sqrt{\frac{1 + \cos \alpha}{1 - \cos \alpha}}$

Summen und Differenzen zweier Winkelfunktionen:

$\sin\alpha + \sin\beta = 2 \cdot \sin\frac{\alpha+\beta}{2} \cdot \cos\frac{\alpha-\beta}{2}$	$\sin\alpha - \sin\beta = 2 \cdot \cos\frac{\alpha+\beta}{2} \cdot \sin\frac{\alpha-\beta}{2}$
$\cos\alpha + \cos\beta = 2 \cdot \cos\frac{\alpha+\beta}{2} \cdot \cos\frac{\alpha-\beta}{2}$	$\cos\alpha - \cos\beta = -2 \cdot \sin\frac{\alpha+\beta}{2} \cdot \sin\frac{\alpha-\beta}{2}$
$\tan\alpha + \tan\beta = \frac{\sin(\alpha+\beta)}{\cos\alpha \cdot \cos\beta}$	$\tan\alpha - \tan\beta = \frac{\sin(\alpha-\beta)}{\cos\alpha \cdot \cos\beta}$
$\cot\alpha + \cot\beta = \frac{\sin(\alpha+\beta)}{\sin\alpha \cdot \sin\beta}$	$\cot\alpha - \cot\beta = \frac{\sin(\beta-\alpha)}{\sin\alpha \cdot \sin\beta}$
$\tan\alpha + \cot\beta = \frac{\cos(\alpha-\beta)}{\cos\alpha \cdot \cos\beta}$	$\cot\alpha - \tan\beta = \frac{\cos(\alpha+\beta)}{\sin\alpha \cdot \cos\beta}$
$\cos\alpha + \sin\alpha = \sqrt{1 + \sin(2\alpha)}$	$\cos\alpha - \sin\alpha = \sqrt{1 - \sin(2\alpha)}$
$\tan\alpha + \cot\alpha = \frac{2}{\sin(2\alpha)}$	$\tan\alpha - \cot\alpha = -2 \cdot \cot(2\alpha)$
$\sin^2\alpha - \sin^2\beta = \cos^2\beta - \cos^2\alpha = \sin(\alpha+\beta) \cdot \sin(\alpha-\beta)$	$\cos^2\alpha - \sin^2\beta = \cos^2\beta - \sin^2\alpha = \cos(\alpha+\beta) \cdot \cos(\alpha-\beta)$

Produkte von Winkelfunktionen:

$\sin\alpha \cdot \sin\beta = \frac{1}{2} \cdot [\cos(\alpha-\beta) - \cos(\alpha+\beta)]$	$2 \cdot \sin\alpha \cdot \sin\beta = \cos(\alpha-\beta) - \cos(\alpha+\beta)$
$\sin\alpha \cdot \cos\beta = \frac{1}{2} \cdot [\sin(\alpha+\beta) + \sin(\alpha-\beta)]$	$2 \cdot \sin\alpha \cdot \cos\beta = \sin(\alpha+\beta) + \sin(\alpha-\beta)$
$\cos\alpha \cdot \sin\beta = \frac{1}{2} \cdot [\sin(\alpha+\beta) - \sin(\alpha-\beta)]$	$2 \cdot \cos\alpha \cdot \sin\beta = \sin(\alpha+\beta) - \sin(\alpha-\beta)$
$\cos\alpha \cdot \cos\beta = \frac{1}{2} \cdot [\cos(\alpha-\beta) + \cos(\alpha+\beta)]$	$2 \cdot \cos\alpha \cdot \cos\beta = \cos(\alpha-\beta) + \cos(\alpha+\beta)$
$\tan\alpha \cdot \tan\beta = \frac{\tan\alpha + \tan\beta}{\cot\alpha + \cot\beta} = -\frac{\tan\alpha - \tan\beta}{\cot\alpha - \cot\beta}$	$\tan\alpha \cdot \cot\beta = \frac{\tan\alpha + \cot\beta}{\cot\alpha + \tan\beta} = -\frac{\tan\alpha - \cot\beta}{\cot\alpha - \tan\beta}$
$\cot\alpha \cdot \tan\beta = \frac{\cot\alpha + \tan\beta}{\tan\alpha + \cot\beta} = -\frac{\cot\alpha - \tan\beta}{\tan\alpha - \cot\beta}$	$\cot\alpha \cdot \cot\beta = \frac{\cot\alpha + \cot\beta}{\tan\alpha + \tan\beta} = -\frac{\cot\alpha - \cot\beta}{\tan\alpha - \tan\beta}$

Winkelfunktionen im schiefwinkligen Dreieck

$\alpha + \beta + \gamma = 180°$

$\alpha + \beta > \gamma$: spitzwinklig

$\alpha + \beta = \gamma$: rechtwinklig

$\alpha + \beta < \gamma$: stumpfwinklig

$$s = \frac{a + b + c}{2}$$

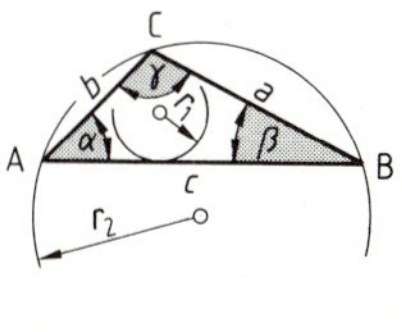

α, β, γ	Winkel im Dreieck	°
a, b, c	Dreieckseiten	m
s	halber Dreieckumfang	m
r_2	Umkreisradius	m

Sinussatz

$$\sin\alpha : \sin\beta : \sin\gamma = a : b : c$$

$$\frac{a}{\sin\alpha} = \frac{b}{\sin\beta} = \frac{c}{\sin\gamma} = 2\cdot r_2$$

$$a = \frac{b}{\sin\beta}\cdot\sin\alpha = \frac{c}{\sin\gamma}\cdot\sin\alpha = 2\cdot r_2\cdot\sin\alpha$$

$$b = \frac{a}{\sin\alpha}\cdot\sin\beta = \frac{c}{\sin\gamma}\cdot\sin\beta = 2\cdot r_2\cdot\sin\beta$$

$$c = \frac{a}{\sin\alpha}\cdot\sin\gamma = \frac{b}{\sin\beta}\cdot\sin\gamma = 2\cdot r_2\cdot\sin\gamma$$

Cosinussatz

$$a^2 = b^2 + c^2 - 2\cdot b\cdot c\cdot\cos\alpha$$

$$b^2 = c^2 + a^2 - 2\cdot a\cdot c\cdot\cos\beta$$

$$c^2 = a^2 + b^2 - 2\cdot a\cdot b\cdot\cos\gamma$$

$$\left.\begin{aligned}\cos\alpha &= \frac{b^2 + c^2 - a^2}{2\cdot b\cdot c}\\ \cos\beta &= \frac{a^2 + c^2 - b^2}{2\cdot a\cdot c}\\ \cos\gamma &= \frac{a^2 + b^2 - c^2}{2\cdot a\cdot b}\end{aligned}\right\}$$

Bei stumpfem Winkel wird der Cosinus negativ.

Projektionssatz

$$a = b\cdot\cos\gamma + c\cdot\cos\beta$$

$$b = c\cdot\cos\alpha + a\cdot\cos\gamma$$

$$c = a\cdot\cos\beta + b\cdot\cos\alpha$$

Höhensatz

Höhe auf $a = h_a = b\cdot\sin\gamma = c\cdot\sin\beta = \frac{b\cdot c}{a}\cdot\sin\alpha$

Höhe auf $b = h_b = c\cdot\sin\alpha = a\cdot\sin\gamma = \frac{a\cdot c}{b}\cdot\sin\beta$

Höhe auf $c = h_c = a\cdot\sin\beta = b\cdot\sin\alpha = \frac{a\cdot b}{c}\cdot\sin\gamma$

Tangenssatz

$$\tan\alpha = \frac{a\cdot\sin\beta}{c - a\cdot\cos\beta} = \frac{a\cdot\sin\gamma}{b - a\cdot\cos\gamma}$$

$$\tan\beta = \frac{b\cdot\sin\gamma}{a - b\cdot\cos\gamma} = \frac{b\cdot\sin\alpha}{c - b\cdot\cos\alpha}$$

$$\tan\gamma = \frac{c\cdot\sin\alpha}{b - c\cdot\cos\alpha} = \frac{c\cdot\sin\beta}{a - c\cdot\cos\beta}$$

***Neper*-Gleichungen**

$$\frac{a+b}{a-b} = \frac{\tan\frac{\alpha+\beta}{2}}{\tan\frac{\alpha-\beta}{2}}; \quad \tan\frac{\alpha-\beta}{2} = \frac{a-b}{a+b}\cdot\cot\frac{\gamma}{2}$$

$$\frac{a+c}{a-c} = \frac{\tan\frac{\alpha+\gamma}{2}}{\tan\frac{\alpha-\gamma}{2}}; \quad \tan\frac{\alpha-\gamma}{2} = \frac{a-c}{a+c}\cdot\cot\frac{\beta}{2}$$

$$\frac{b+c}{b-c} = \frac{\tan\frac{\beta+\gamma}{2}}{\tan\frac{\beta-\gamma}{2}}; \quad \tan\frac{\beta-\gamma}{2} = \frac{b-c}{b+c}\cdot\cot\frac{\alpha}{2}$$

Halbwinkelsatz

$$\tan\frac{\alpha}{2} = \sqrt{\frac{(s-b)\cdot(s-c)}{s\cdot(s-a)}}$$

$$\tan\frac{\beta}{2} = \sqrt{\frac{(s-c)\cdot(s-a)}{s\cdot(s-b)}}$$

$$\tan\frac{\gamma}{2} = \sqrt{\frac{(s-a)\cdot(s-b)}{s\cdot(s-c)}}$$

$$\sin\frac{\alpha}{2} = \sqrt{\frac{(s-b)\cdot(s-c)}{b\cdot c}}$$

$$\cos\frac{\alpha}{2} = \sqrt{\frac{s\cdot(s-a)}{b\cdot c}}$$

$$\cot\frac{\alpha}{2} = \sqrt{\frac{s\cdot(s-a)}{(s-b)\cdot(s-c)}}$$

***Mollweide*-Gleichungen**

$$\frac{a+b}{c} = \frac{\cos\frac{\alpha-\beta}{2}}{\sin\frac{\gamma}{2}}; \quad \frac{a+c}{b} = \frac{\cos\frac{\alpha-\gamma}{2}}{\sin\frac{\beta}{2}}$$

$$\frac{a-b}{c} = \frac{\sin\frac{\alpha-\beta}{2}}{\cos\frac{\gamma}{2}}; \quad \frac{a-c}{b} = \frac{\sin\frac{\alpha-\gamma}{2}}{\cos\frac{\beta}{2}}$$

$$\frac{b+c}{a} = \frac{\cos\frac{\beta-\gamma}{2}}{\sin\frac{\alpha}{2}}; \quad \frac{b-c}{a} = \frac{\sin\frac{\beta-\gamma}{2}}{\cos\frac{\alpha}{2}}$$

Flächeninhalt	Inkreisradius
$A = \frac{a \cdot b \cdot \sin\gamma}{2}$ $A = \frac{a \cdot c \cdot \sin\beta}{2}$ $A = \frac{b \cdot c \cdot \sin\alpha}{2}$ $A = \sqrt{s \cdot (s-a) \cdot (s-b) \cdot (s-c)}$ (Satz des *Heron*)	$r_1 = (s-a) \cdot \tan\frac{\alpha}{2} = (s-b) \cdot \tan\frac{\beta}{2} = (s-c) \cdot \tan\frac{\gamma}{2}$ $r_1 = \frac{A}{s} = \sqrt{\frac{(s-a) \cdot (s-b) \cdot (s-c)}{s}}$ **Umkreisradius** $r_2 = \frac{a}{2 \cdot \sin\alpha} = \frac{b}{2 \cdot \sin\beta} = \frac{c}{2 \cdot \sin\gamma}$ $r_2 = \frac{a \cdot b \cdot c}{4 \cdot \sqrt{s \cdot (s-a) \cdot (s-b) \cdot (s-c)}}$

Winkelgeschwindigkeit

$$\omega = \frac{\Delta\varphi}{\Delta t}$$

$$\omega = 2 \cdot \pi \cdot n$$

$$\omega = \frac{v_u}{r}$$

$$\omega = \frac{a_t}{r} \cdot t$$

$$\Delta\omega = \alpha \cdot \Delta t$$

$$\Delta\omega = \frac{M \cdot t}{J} = \frac{L}{J}$$

Häufig verwendete Zahlenwertgleichung:

$$\omega = \frac{\pi \cdot n}{30} \qquad n \text{ in min}^{-1} \text{ (Drehzahl)}$$

→ Kreisfrequenz

ω	Winkelgeschwindigkeit	rad/s = 1/s
φ	* Drehwinkel	rad
t	* Zeit	s
n	* Umdrehungsfrequenz (Drehzahl)	1/s
v_u	* Umfangsgeschwindigkeit	m/s
r	Radius des Drehkörpers	m
a_t	* Tangentialbeschleunigung	m/s^2
α	* Winkelbeschleunigung	$rad/s^2 = 1/s^2$
$\Delta\omega$	Änderung der Winkelgeschwindigkeit	rad/s = 1/s
Δt	Zeitdifferenz	s
M	* Drehmoment	N · m
J	* Trägheitsmoment eines Körpers	$kg \cdot m^2$
L	* Drall (Drehimpuls)	$kg \cdot m^2/s$

Winkelverzögerung

→ Winkelbeschleunigung

Winkelweg

→ Drehwinkel

Wirkleistung

→ Leistung bei Wechselstrom

Wirkungsgrad (Gütegrad)

$$\eta = \frac{W_n}{W_a} < 1 \text{ (Arbeits- bzw. Energieverhältnis)}$$

$$\eta = \frac{P_n}{P_a} < 1 \text{ bzw. } \eta = \frac{P_{ab}}{P_{zu}} \text{ (Leistungsverhältnis)}$$

$$P_v = P_{zu} - P_{ab}$$

$$\eta_{ges} = \eta_1 \cdot \eta_2 \cdot \ldots \cdot \eta_n$$

→ Schraube mit Mutter, thermischer Wirkungsgrad

η	Wirkungsgrad	1
W_n	Nutzarbeit	N · m
W_a	aufgewendete * Arbeit	N · m
P_n	Nutzleistung	W
P_a	aufgewendete * Leistung	W
P_{ab}	abgegebene * Leistung	W
P_{zu}	zugeführte * Leistung	W
P_v	Verlustleistung	W
η_{ges}	Gesamtwirkungsgrad einer Maschinenanlage	1
$\eta_1 \ldots \eta_n$	Einzelwirkungsgrade	1

Wirkungsgrad beim Transformator

$$\eta = \frac{P_{ab}}{P_{zu}} \qquad \eta = \frac{P_{ab}}{P_{ab} + P_{vFe} + P_{vCu}}$$

$$\eta = \frac{S_2 \cdot \cos\varphi}{S_2 \cdot \cos\varphi + P_{vFe} + P_{vCu}}$$

η	* Wirkungsgrad	1
P_{ab}	abgegebene * Leistung	W
P_{zu}	zugeführte * Leistung	W
S_2	abgegebene Scheinleistung	V · A
$\cos\varphi$	* Leistungsfaktor	1
P_{vFe}	Eisenverlustleistung	W
P_{vCu}	Wicklungsverlustleistung	W

Wirkungsgradmethode

→ Innenbeleuchtung

Wölbspiegel

→ Spiegelformel

Wurf

Schiefer Wurf

$$h = v_0 \cdot t \cdot \sin\alpha - \frac{g}{2} \cdot t^2$$

$$H = \frac{v_0^2 \cdot \sin^2\alpha}{2 \cdot g}$$

$$w = \frac{v_0^2 \cdot \sin(2\,\alpha)}{g}$$

$$v_b = \sqrt{v_0^2 - 2 \cdot g \cdot h}$$

$$s = v_0 \cdot \cos\alpha \cdot t$$

$$t_h = \frac{v_0 \cdot \sin\alpha}{g}$$

$$t_w = 2 \cdot t_h = \frac{2 \cdot v_0 \cdot \sin\alpha}{g} = \frac{w}{v_0 \cdot \cos\alpha}$$

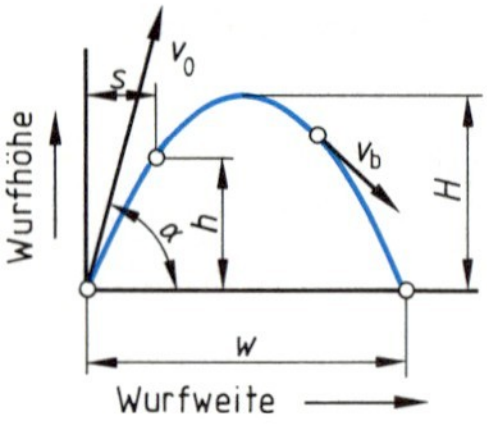

Die maximale Wurfweite w_{max} wird bei einem Abwurfwinkel $\alpha = 45°$ erzielt.

h	Höhe nach der * Zeit t	m
v_0	Abwurfgeschwindigkeit	m/s
v_b	Bahngeschwindigkeit	m/s
t	* Zeit	s
α	Abwurfwinkel	°
g	* Fallbeschleunigung	m/s²
H	Steighöhe	m
w	erreichbare Wurfweite	m
s	Wurfweite nach der * Zeit t	m
t_h	* Zeit zum Erreichen der Höhe h	s
t_w	* Zeit zum Erreichen der Weite w	s

Waagerechter Wurf

$$h = \frac{g}{2} \cdot \frac{s^2}{v_0^2} = \frac{g}{2} \cdot t^2$$

$$s = v_0 \cdot t = v_0 \cdot \sqrt{\frac{2 \cdot h}{g}}$$

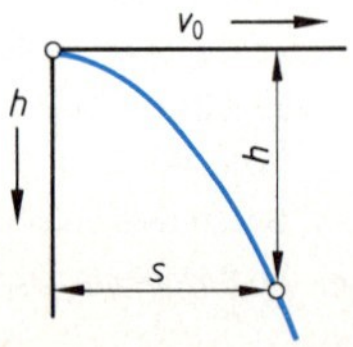

h	Höhe nach der * Zeit t	m
g	* Fallbeschleunigung	m/s²
s	Wurfweite nach der * Zeit t	m
v_0	Abwurfgeschwindigkeit	m/s
t	* Zeit	s

Senkrechter Wurf nach oben

$$h = v_0 \cdot t - \frac{g}{2} \cdot t^2 = \frac{v_0^2 - v^2}{2 \cdot g}$$

$$H = \frac{v_0^2}{2 \cdot g}$$

$$v = v_0 - g \cdot t = \frac{2 \cdot h}{t} - v_0 = \sqrt{v_0^2 - 2 \cdot g \cdot h}$$

$$t = \frac{v_0 - v}{g} = \frac{2 \cdot h}{v_0 + v}$$

$$t_h = \frac{v_0}{g} = \frac{2 \cdot H}{v_0}$$

h	Höhe nach der * Zeit t	m
v_0	Abwurfgeschwindigkeit	m/s
t	* Zeit	s
g	* Fallbeschleunigung	m/s^2
v	* Geschwindigkeit nach der * Zeit t	m/s
H	Steighöhe	m
t_h	Steigzeit	s

Senkrechter Wurf nach unten

$$h = v_0 \cdot t + \frac{g}{2} \cdot t^2 = \frac{v^2 - v_0^2}{2 \cdot g}$$

$$v = v_0 + g \cdot t$$

$$t = \frac{v - v_0}{g} = \frac{2 \cdot h}{v - v_0}$$

Würfel (Hexaeder, Kubus), regelmäßiger Sechsflächner

$$d_1 = \sqrt{2 \cdot a^2} = \sqrt{2} \cdot a$$

$$d_2 = \sqrt{3 \cdot a^2} = \sqrt{3} \cdot a$$

$$A_0 = 6 \cdot a^2 = 3 \cdot d_1^2 = 2 \cdot d_2^2$$

$$V = a^3$$

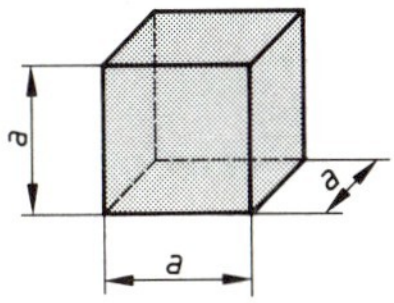

d_1	Flächendiagonale	m
a	Seitenlänge	m
d_2	Körperdiagonale	m
A_0	Oberfläche	m^2
V	* Volumen	m^3

Wurzeln

$$\sqrt[n]{x} = x^{\frac{1}{n}} \qquad x \in \mathbb{R}, \quad x \geq 0, \quad n > 0$$

$$\sqrt[n]{x^m} = x^{\frac{m}{n}} \qquad x \in \mathbb{R}, \quad x \geq 0, \quad n > 0$$

$$\sqrt[2]{x} = \sqrt{x}$$

Für Wurzeln mit geradem Wurzelexponenten n, Radikand x positiv:

$\sqrt[n]{+x} = \pm y$ (doppeldeutig)

Radikand x negativ

$\sqrt[n]{-x} = i \cdot \sqrt[2n]{x} = \pm i \cdot y$ (imaginär)

Für Wurzeln mit ungeradem Wurzelexponenten n, Radikand x positiv:

$\sqrt[n]{+x} = +y$ (eindeutig)

Radikand x negativ

$\sqrt[n]{-x} = -\sqrt[n]{x} = -y$ (eindeutig)

Rechenregeln

Rechen-operation	Wurzeln mit gleichen Wurzelexponenten	Wurzeln mit gleichen Radikanden	Wurzeln mit gleichen Wurzel-exponenten und gleichen Radikanden
Addieren	nicht möglich	nicht möglich	$a \cdot \sqrt[n]{c} + b \cdot \sqrt[n]{c} = (a + b) \cdot \sqrt[n]{c}$
Subtrahieren	nicht möglich	nicht möglich	$a \cdot \sqrt[n]{c} - b \cdot \sqrt[n]{c} = (a - b) \cdot \sqrt[n]{c}$
Multiplizieren	$\sqrt[n]{a} \cdot \sqrt[n]{b} = \sqrt[n]{a \cdot b}$	$\sqrt[n]{a} \cdot \sqrt[m]{a} = \sqrt[n \cdot m]{a^{n+m}}$	$\sqrt[n]{a} \cdot \sqrt[n]{a} = \sqrt[n]{a^2}$
Dividieren	$\sqrt[n]{a} : \sqrt[n]{b} = \frac{\sqrt[n]{a}}{\sqrt[n]{b}} = \sqrt[n]{\frac{a}{b}}$	$\sqrt[n]{a} : \sqrt[m]{a} = \frac{\sqrt[n]{a}}{\sqrt[m]{a}} = \sqrt[n \cdot m]{a^{m-n}}$	$\sqrt[n]{a} : \sqrt[n]{a} = \frac{\sqrt[n]{a}}{\sqrt[n]{a}} = 1$
Potenzieren	$\left(\sqrt[n]{a}\right)^m = \sqrt[n]{a^m} = a^{\frac{m}{n}}$, $\left(\sqrt[n \cdot x]{a}\right)^{m \cdot x} = \left(\sqrt[n/x]{a}\right)^{m/x} = \sqrt[n]{a^m}$, $\left(\sqrt[n]{a}\right)^n = \sqrt[n]{a^n} = a$		
Radizieren	$\sqrt[n]{\sqrt[m]{a}} = \sqrt[n \cdot m]{a}$, $\sqrt[n]{a \cdot \sqrt[m]{b}} = \sqrt[n]{\sqrt[m]{a^m \cdot b}} = \sqrt[n \cdot m]{a^m \cdot b}$		

Sonderfälle:

$\sqrt{0} = 0$ $\quad \sqrt[n]{0} = 0$ $\quad$ für alle $n > 0$

$\sqrt{1} = 1$ $\quad \sqrt[n]{1} = 1$

$$\sqrt[-n]{x} = x^{-(1/n)} = \frac{1}{\sqrt[n]{x}} = \sqrt[n]{\frac{1}{x}} = \sqrt[n]{x^{-1}}$$

$\sqrt[1]{x} = x$ $\quad \sqrt[0]{x} = 0$ $\quad$ für $x < 1$

$\sqrt[0]{x} = \infty$ $\quad$ für $x > 1$

$\sqrt[0]{1}$ unbestimmt

Vereinbarungsgemäß wird aus negativen Zahlen keine Wurzel gezogen, auch wenn der Wurzelexponent negativ ist. Andernfalls wäre z.B. folgende Aussage möglich:

$$\mathbf{-2} = \sqrt[3]{-8} = \sqrt[6]{(-8)^2} = \sqrt[6]{8^2} = \sqrt[3]{8} = \mathbf{+2}$$

→ Potenzen

XOR, EXCLUSIV-ODER-Verknüpfung → Logische Verknüpfungen

Zähigkeit, dynamische

→ Viskosität

Zähigkeit, kinematische

→ Viskosität

Zahlensysteme

Ist ein Zahlensystem durch eine Basis B und durch die Grundelemente (Ziffern) b_i definiert, so gilt für die nichtnegative, ganze Zahl x_B mit $n + 1$ Stellen:

$$x_B = b_{n-1} \cdot B^{n-1} + b_{n-2} \cdot B^{n-2} + \ldots + b_1 \cdot B^1 + b_0 \cdot B^0$$

bzw. $$x_B = \sum_{i=0}^{n-1} (b_i \cdot B^i) \quad \text{mit} \quad 0 \leq b_i < B$$

x_B Zahl des Zahlensystems auf der Basis B

b_i Grundelement (Ziffer) des Zahlensystems

n Anzahl der Stellen von x_B

m Anzahl der Nachkommastellen

B Basis des Zahlensystems

Die allgemeine Form der gebrochenen Zahlen lautet:

$$x_B = b_1 \cdot B^{-1} + b_2 \cdot B^{-2} + \ldots + b_m \cdot B^{-m} \quad \text{bzw.}$$

$$x_B = \sum_{i=1}^{m} (b_1 \cdot B^{-i})$$

Dezimalsystem

Basis $B = 10$

Grundelemente $b_i = 0, 1, 2, 3, 4, 5, 6, 7, 8, 9$

z. B.

$$6320_{10} = 6 \cdot 10^3 + 3 \cdot 10^2 + 2 \cdot 10^1 + 0 \cdot 10^0$$

Dualsystem

Basis $B = 2$

Grundelemente $b_i = 0, 1$

z. B.

$$1011{,}1_2 = 1 \cdot 2^3 + 0 \cdot 2^2 + 1 \cdot 2^1 + 1 \cdot 2^0 + 1 \cdot 2^{-1}$$
$$= 11{,}5_{10}$$

Mit dieser Darstellung erfolgt gleichzeitig die Umwandlung der Dualzahl in eine Dezimalzahl.

Hexadezimalsystem, Sedezimalsystem

Basis $B = 16$

Grundelemente b_i = 0, 1, 2, 3, 4, 5, 6, 7, 8, 9, A, B, C, D, E, F

z. B.

$$\text{FB8A7}_{16} = 15 \cdot 16^4 + 11 \cdot 16^3 + 8 \cdot 16^2 + 10 \cdot 16^1 + 7 \cdot 16^0$$
$$= 1\,030\,311_{10}$$

Mit dieser Darstellung erfolgt gleichzeitig die Umwandlung der Hexadezimalzahl in eine Dezimalzahl.

Umwandlung einer Dezimalzahl in eine Dualzahl

Die *ganzzahlige Dezimalzahl* wird durch 2 dividiert, der Rest als Dualziffer notiert, dann der ganzzahlige Anteil des Quotienten wieder durch 2 dividiert usw., bis auf 0.

Beispiel: 27_{10}

27 : 2 = 13 Rest 1
13 : 2 = 6 Rest 1
6 : 2 = 3 Rest 0
3 : 2 = 1 Rest 1
1 : 2 = 0 Rest 1

Dualzahl: $1\ 1\ 0\ 1\ 1_2$

Für die *Nachkommastellen von Dezimalzahlen* (gebrochene Zahlen) gilt das Multiplikationsverfahren:

Beispiel: $0{,}8125_{10}$

0,8125 · 2 = 1,625 = 0,625 + 1
0,625 · 2 = 1,25 = 0,25 + 1
0,25 · 2 = 0,5 = 0,5 + 0
0,5 · 2 = 1,0 = 0 + 1

Dualzahl: $0{,}\ 1\ 1\ 0\ 1_2$

Analog verfährt man bei der Umwandlung einer Dezimalzahl in ein anderes Zahlensystem (z. B. in das Hexadezimale). Dividiert bzw. multipliziert wird jeweils mit der Basis B des gewünschten Zahlensystems.

Addition und Subtraktion von Dualzahlen

Regeln:

0 + 0 = 0	0 − 0 = 0
1 + 0 = 1	1 − 0 = 1
1 + 1 = 10	1 − 1 = 0
	10 − 1 = 1

Addition und Subtraktion erfolgen stellenweise von rechts. Bei der Subtraktion 0 − 1 wird von der nächsthöheren Stelle eine 1 übertragen.

Beispiel: 1 1 1 0 + 1 1 1 1 1 = **1 0 1 1 0 1**

Weg:

```
     1 1 1 0
   1 1 1 1 1
 +   1 1 1
 -----------
 1 0 1 1 0 1
```

Beispiel: 1 1 0 0 0 0 − 1 0 1 1 0 = **1 1 0 1 0**

Weg:

```
   1 1 0 0 0 0
 −   1 0 1 1 0
   1 1 1 1
 -------------
     1 1 0 1 0
```

Multiplikation und Division von Dualzahlen

Regeln:

1 · 1 = 1	0 : 1 = 0
1 · 0 = 0	1 : 1 = 1

Beispiel: 1 0 0 1 · 1 0 1 = **1 0 1 1 0 1**

Weg:

```
1 0 0 1 · 1 0 1
---------------
1 0 0 1
  0 0 0 0
    1 0 0 1
---------------
1 0 1 1 0 1
```

Beispiel: 1 0 1 1 0 : 1 0 0 0 = **1 0,1 1**

Weg:

```
1 0 1 1 0 : 1 0 0 0 = 10,11
1 0 0 0
-------
    1 1 0 0
    1 0 0 0
    -------
      1 0 0 0
      1 0 0 0
      -------
      0 0 0 0
```

Zähler (Elektrizitätszähler)

→ Leistungsbestimmung mit dem Zähler

Zähnezahl

→ Hauptnutzungszeit beim Fräsen, Zahnradberechnung

Zahnläufer (motor)

$$n = \frac{2 \cdot f}{z}$$

n	* Umdrehungsfrequenz (Drehzahl)	1/s
f	Netzfrequenz	Hz = 1/s
z	Zahnzahl	1

Zahnradberechnung

Stirnräder mit gerader Außenverzahnung

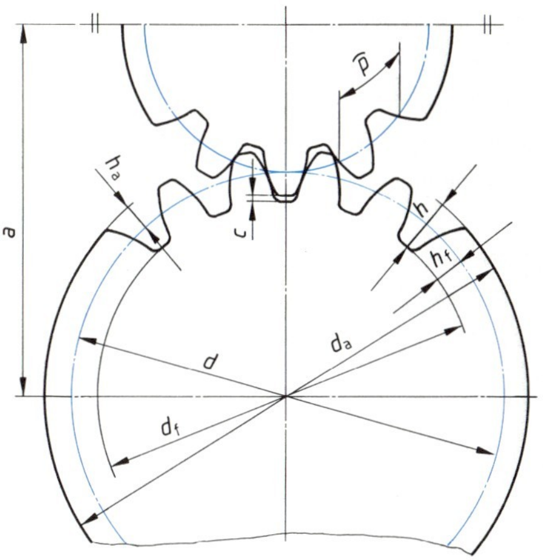

m	Modul	mm
p	Teilung	mm
d	Teilkreisdurchmesser	mm
d_a	Kopfkreisdurchmesser	mm
d_f	Fußkreisdurchmesser	mm
z	Zähnezahl	1
h_a	Zahnkopfhöhe	mm
h_f	Zahnfußhöhe	mm
h	Zahnhöhe	mm
a	Achsabstand	mm
c	Kopfspiel	mm

Werte für c : $0{,}1 \cdot m$ bis $0{,}3 \cdot m$; meist $c = 0{,}167 \cdot m$

Index 1: treibendes Zahnrad
Index 2: getriebenes Zahnrad

$$m = \frac{p}{\pi} = \frac{d}{z}$$

$$p = \pi \cdot m$$

$$z = \frac{d}{m} = \frac{d_a - 2 \cdot m}{m}$$

$$h_a = m$$

$$d = m \cdot z = \frac{z \cdot p}{\pi}$$

$$d_a = d + 2 \cdot m = m \cdot (z + 2)$$

$$d_f = d - 2 \cdot (m + c)$$

$$h = 2 \cdot m + c$$

$$h_f = m + c$$

$$a = \frac{d_1 + d_2}{2} = \frac{m \cdot (z_1 + z_2)}{2}$$

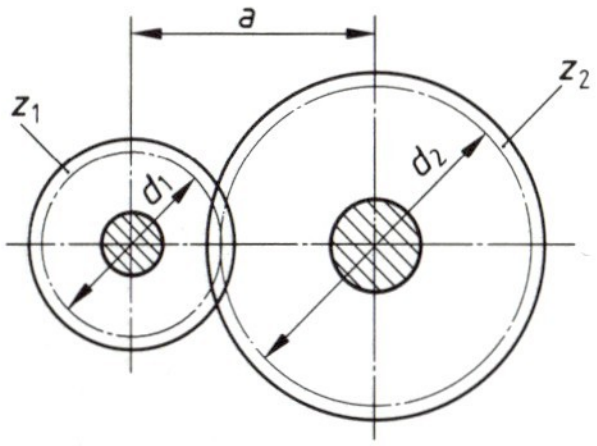

→ Übersetzung bei Getrieben

Stirnräder mit gerader Innenverzahnung

$$d_a = d - 2 \cdot m = m \cdot (z - 2)$$

$$d_f = d + 2 \cdot (m + c)$$

$$z = \frac{d}{m} = \frac{d_a + 2 \cdot m}{m}$$

$$a = \frac{d_2 - d_1}{2} = \frac{m \cdot (z_2 - z_1)}{2}$$

Berechnung der Verzahnungsgrößen m, p, h_a, d, h, h_f, c siehe Stirnrad mit gerader Außenverzahnung.

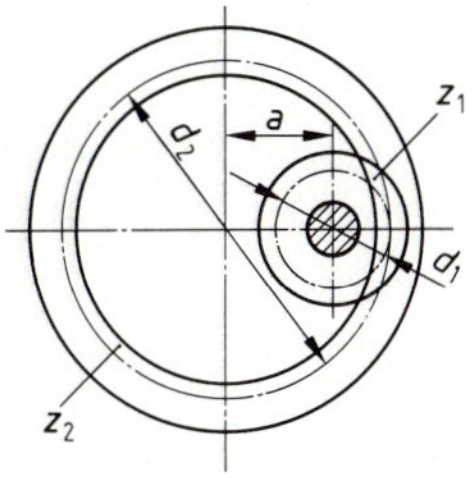

→ Übersetzung bei Getrieben

Stirnräder mit Schrägverzahnung und parallelen Achsen

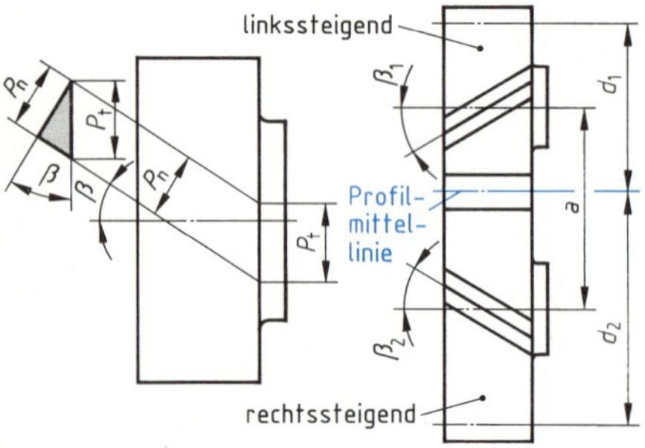

d	Teilkreisdurchmesser	mm
d_a	Kopfkreisdurchmesser	mm
m_t	Stirnmodul	mm
m_n	Normalmodul	mm
β	Schrägungswinkel	°, rad
p_t	Stirnteilung	mm
p_n	Normalteilung	mm
z	Zähnezahl	1
a	Achsabstand	mm

Index 1: treibendes Zahnrad
Index 2: getriebenes Zahnrad

$$m_t = \frac{m_n}{\cos\beta} = \frac{p_t}{\pi}$$

$$p_t = \frac{p_n}{\cos\beta} = \frac{\pi \cdot m_n}{\cos\beta}$$

$$d = m_t \cdot z = \frac{z \cdot m_n}{\cos\beta}$$

$$z = \frac{d}{m_t} = \frac{\pi \cdot d}{p_t}$$

$$m_n = \frac{p_n}{\pi} = m_t \cdot \cos\beta$$

$$p_n = \pi \cdot m_n = p_t \cdot \cos\beta$$

$$d_a = d + 2 \cdot m_n$$

$$a = \frac{d_1 + d_2}{2}$$

Berechnung der Verzahnungsgrößen

- h Zahnhöhe,
- h_f Zahnfußhöhe und
- c Kopfspiel siehe Stirnräder mit Geradverzahnung

→ Übersetzung bei Getrieben

Kegelräder mit Geradverzahnung

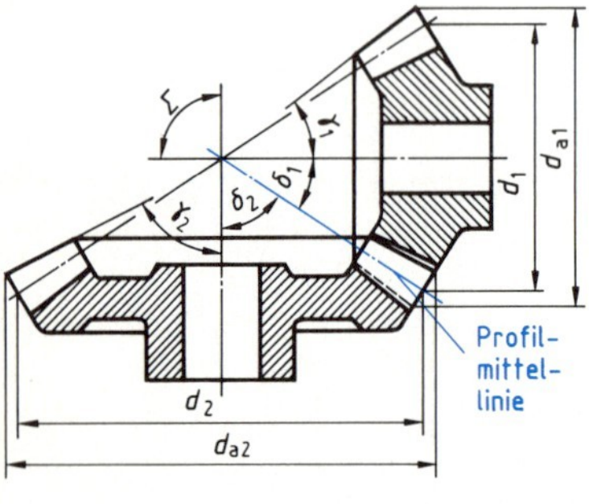

d	Teilkreisdurchmesser	mm
m	Modul	mm
z	Zähnezahl	1
d_a	Außendurchmesser	mm
δ_1	Teilkreiswinkel	°, rad
γ	Kegelwinkel	°, rad
Σ	Achsenwinkel	°, rad
i	Übersetzungsverhältnis	1

Index 1: treibendes Kegelrad
Index 2: getriebenes Kegelrad

$$d_1 = m \cdot z_1$$

$$d_{a1} = d_1 + 2 \cdot m \cdot \cos\delta_1$$

$$\tan\delta_1 = \frac{d_1}{d_2} = \frac{z_1}{z_2} = \frac{1}{i}$$

$$\tan\gamma_1 = \frac{z_1 + 2 \cdot \cos\delta_1}{z_2 - 2 \cdot \sin\delta_1}$$

$$\Sigma = \delta_1 + \delta_2$$

$$d_2 = m \cdot z_2$$

$$d_{a2} = d_2 + 2 \cdot \mathrm{m} \cdot \cos\delta_2$$

$$\tan\delta_2 = \frac{d_2}{d_1} = \frac{z_2}{z_1} = i$$

$$\tan\gamma_2 = \frac{z_2 + 2 \cdot \cos\delta_2}{z_1 - 2 \cdot \sin\delta_2}$$

Berechnung der Verzahnungsgrößen

- h Zahnhöhe,
- h_a Zahnkopfhöhe,
- h_f Zahnfußhöhe und
- c Kopfspiel siehe Stirnräder mit Geradverzahnung

→ Übersetzung bei Getrieben

Schneckentrieb

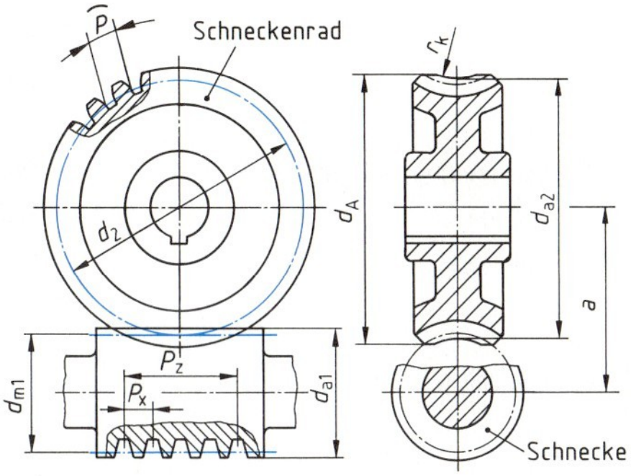

p_x	Axialteilung	mm
m	Modul	mm
m_n	Normalmodul	mm
γ_m	Steigungswinkel	°, rad
p_n	Normalteilung	mm
h_a	Kopfhöhe	mm
h_f	Fußhöhe	mm
h	Zahnhöhe	mm
p_z	Steigungshöhe	mm
z_1	Zähnezahl der Zylinderschnecke	1
z_2	Zähnezahl des Schneckenrades	1
c	Kopfspiel	mm
a	Achsabstand	mm
d_{m1}	Mittenkreisdurchmesser	mm
d_2	Teilkreisdurchmesser	mm
d_{a1}	Kopfkreisdurchmesser Schnecke	mm
d_{f1}	Fußkreisdurchmesser Schnecke	mm
d_{a2}	Kopfkreisdurchmesser Schneckenrad	mm
d_{f2}	Fußkreisdurchmesser Schneckenrad	mm
r_k	Kopfradius	mm

$$p_x = m \cdot \pi$$

$$m_n = m \cdot \cos \gamma_m$$

$$p_n = p_x \cdot \cos \gamma_m$$

$$h_a = m$$

$$h_f = m + c = 1{,}2 \cdot m$$

$$c = 0{,}2 \cdot m$$

$$h = 2 \cdot m + c$$

$$a = \frac{d_{m1} + d_2}{2}$$

Für Zylinderschnecke:

$$p_z = p_x \cdot z_1$$

$$d_{m1} = \frac{z_1 \cdot m}{\tan \gamma_m}$$

$$d_{a1} = d_{m1} + 2 \cdot m$$

$$d_{f1} = d_{m1} - 2 \cdot (m + c)$$

Für Schneckenrad:

$$d_2 = m \cdot z_2$$

$$d_{a2} = d_2 + 2 \cdot m$$

$$d_{f2} = d_2 - 2 \cdot (m + c)$$

$$r_k = \frac{d_{m1}}{2} - m$$

Zahnradpumpe

→ Förderung durch Pumpe

Zahnradvorgelege

→ Rädergetriebe

Zeit (Zeitdauer, Zeitspanne)

$$t = \frac{m \cdot v}{F}$$

$$t = \frac{v_t - v_0}{a}$$

$$t = \frac{J \cdot \omega}{M}$$

$$t = \frac{\varphi}{\omega}$$

→ Bewegung, geradlinig; Bewegung drehend; Drehmoment; Impulsänderung

t	Zeit	s
m	* Masse	kg
v	* Geschwindigkeit	m/s
F	* Kraft	N
v_t	* Geschwindigkeit nach der Zeit t	m/s
v_0	Anfangsgeschwindigkeit	m/s
a	* Beschleunigung	m/s^2
J	* Trägheitsmoment eines Körpers	kg · m^2
ω	* Winkelgeschwindigkeit	rad/s = 1/s
M	* Drehmoment	N · m
φ	* Drehwinkel	rad

Zeitensatz

→ *Keplersche* Gesetze (Zeitensatz)

Zeitkonstante

$$\tau = R \cdot C$$

$$\tau = \frac{L}{R}$$

τ	Zeitkonstante	s
R	* Widerstand im Stromkreis	Ω
C	* Kapazität	F
L	* Induktivität	H

Zentralbewegung

→ *Keplersche* Gesetze (Flächensatz)

Zentraler Stoß

→ Stoß

Zentrifugalkraft (Fliehkraft, Radialkraft)

$$F_Z = m \cdot \frac{v_u^2}{r} = -F_Z'$$

$$F_Z = m \cdot r \cdot \omega^2 = -F_Z'$$

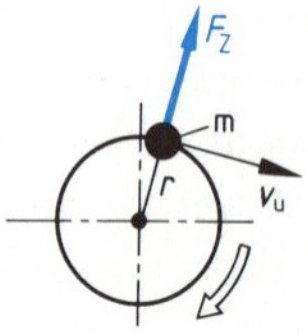

F_Z	Zentrifugalkraft	N
m	* Masse	kg
v_u	* Umfangsgeschwindigkeit	m/s
r	Radius des Drehkörpers	m
F_Z'	Zentripetalkraft	N
ω	* Winkelgeschwindigkeit	rad/s = 1/s

Zentrifugieren

Zentrifugalbeschleunigung:

$$a_z = \frac{v^2}{r} = 2 \cdot \pi^2 \cdot d \cdot n^2$$

Hydrodynamische Druckdifferenz:

$$\Delta p = a_z \cdot \varrho_f \cdot h_f$$

Absetzgeschwindigkeit eines Schlammes in einer Zentrifuge:

$$v_A = \frac{d_K^2 \cdot (\varrho_s - \varrho_f)}{18 \cdot \eta} \cdot a_z$$

Beschleunigungsziffer (charakteristische Größe für die Leistungsfähigkeit einer Zentrifuge):

$$z = \frac{a_z}{g} = \frac{2 \cdot \pi^2 \cdot d_z \cdot n^2}{g}$$

a_z	Zentrifugalbeschleunigung	m/s^2
v	* Geschwindigkeit eines Massepunktes auf der Kreisbahn	m/s
v_A	Absetzgeschwindigkeit	m/s
r	Radius der Kreisbahn	m
d_z	Durchmesser der Zentrifuge	m
d	Durchmesser der Kreisbahn	m
d_K	Korndurchmesser	m
n	* Umdrehungsfrequenz (Drehzahl)	1/s
Δp	Druckdifferenz	N/m^2 = Pa
ϱ_f	* Dichte der Flüssigkeit	kg/m^3
ϱ_s	* Dichte des Feststoffs	kg/m^3
h_f	Höhe der Flüssigkeitsschicht	m
η	dynamische * Viskosität	Pa · s
z	Beschleunigungsziffer	1
g	* Fallbeschleunigung $g = 9{,}81\ m/s^2$	m/s^2

Zentripetalbeschleunigung

→ Normalbeschleunigung

Zentripetalkraft

→ Zentrifugalkraft

Zerfallskonstante

→ Radioaktivität

Zerkleinerungsgrad

$$n = \frac{D}{d}$$

n	Zerkleinerungsgrad	1
D	größter Korndurchmesser vor der Zerkleinerung	m
d	größter Korndurchmesser nach der Zerkleinerung	m

Zerlegung von Kräften

→ Kräftezerlegung

Zerspanung

→ Grundzeit, Hauptnutzungszeit, Schnittgeschwindigkeit, Schnittkraft, Schnittleistung, Spanung

Ziehkraft

→ Tiefziehen

Ziehverhältnis

→ Tiefziehen

Zinsrechnung

Einfache Verzinsung bei einmaliger Einzahlung

Kapital (einschließlich Zinsen) nach n Jahren:

$$k_n = k_0 \cdot \left(1 + \frac{p \cdot n}{100}\right) = k_0 + z_n$$

Zinsen nach n Jahren:

$$z_n = \frac{k_0 \cdot p \cdot n}{100}$$

Zinsen nach m Monaten:

$$z_m = \frac{k_0 \cdot p \cdot m}{100 \cdot 12}$$

Zinsen nach t Tagen:

$$z_t = \frac{k_0 \cdot p \cdot t}{100 \cdot 360}$$

Zinseszinsrechnung

Kapital (einschließlich Zinsen) nach n Jahren
1 Zinszuschlag je Jahr:

$$k_n = k_0 \cdot \left(1 + \frac{p}{100}\right)^n = k_0 \cdot q^n$$

2 Zinszuschläge je Jahr:

$$k_n = k_0 \cdot \left(1 + \frac{p}{200}\right)^{2n}$$

m Zinszuschläge je Jahr:

$$k_n = k_0 \cdot \left(1 + \frac{p}{100 \cdot m}\right)^{m \cdot n}$$

Stetige Verzinsung:

$$k_n = k_0 \cdot e^{\delta \cdot n} \quad \text{mit} \quad \delta = \ln\left(1 + \frac{p}{100}\right)$$

k_n	Kapital nach n Jahren bzw. n Verzinsungen	DM
k_0	Anfangskapital (vor der Verzinsung) bzw. aufgenommene Kreditsumme bzw. Barwert	DM
p	Zinssatz (Zinsfuß)	%
n	Anzahl der Jahre bzw. Anzahl der Zinsabschnitte (Halbjahre, Vierteljahre usw.)	1
m	Anzahl der Monate	1
t	Anzahl der Tage	1
z_n	Zinsen nach n Jahren oder Verzinsungen	DM
z_m	Zinsen nach m Monaten	DM
z_t	Zinsen nach t Tagen	DM
q	Aufzinsfaktor, Zinsfaktor	1
e	* Basis der natürlichen Logarithmen $e = 2{,}718\,281\,82\ldots$	1
δ	Wachstumsintensität	1
v^n	Diskontierungsfaktor	1
r_a	vorschüssige Einzahlung oder Rentenauszahlung (am Anfang jeden Jahres) bzw. konstante Jahresannuität (Zinsen + Tilgung)	DM
r_e	nachschüssige Einzahlung oder Rentenauszahlung (am Ende jeden Jahres) bzw. konstante Jahresannuität (Zinsen + Tilgung)	DM

Anfangskapital:

$$k_0 = \frac{k_n}{q^n}$$

Aufzinsfaktor:

$$q = 1 + \frac{p}{100}$$

Anzahl der Jahre oder Zinsabschnitte bis zum Erreichen des Kapitals k_n:

$$n = \frac{\lg k_n - \lg k_0}{\lg q}$$

Diskontrechnung

Barwertformel für jährliche Verzinsung:

$$k_0 = \frac{k_n}{q^n} \cdot k_n \cdot v^n$$

Diskontierungsfaktor:

$$v^n = \frac{1}{q^n} = \left(\frac{1}{1 + \frac{p}{100}}\right)^n$$

Einlagenrechnung

Regelmäßige Einzahlung eines Betrages r (Sparerformel)
vorschüssig (am Anfang jeden Jahres):

$$k_n = k_0 \cdot q^n + r_a \cdot q \cdot \frac{q^n - 1}{q - 1} \quad \text{bzw.}$$

$$k_n = r_a \cdot q \cdot \frac{q^n - 1}{q - 1} \quad \text{wenn } k_0 = 0$$

nachschüssig (am Ende jeden Jahres):

$$k_n = k_0 \cdot q^n + r_e \cdot \frac{q^n - 1}{q - 1} \quad \text{bzw.}$$

$$k_n = r_e \cdot \frac{q^n - 1}{q - 1} \quad \text{wenn } k_0 = 0$$

Rentenrechnung

Regelmäßige Entnahme eines Betrages (Berechnung nach der Rentenformel)

Vorschüssig (am Anfang jeden Jahres oder Zeitabschnittes):

$$k_n = k_0 \cdot q^n - r_a \cdot q \cdot \frac{q^n - 1}{q - 1}$$

Nachschüssig (am Ende jeden Jahres oder Zeitabschnittes):

$$k_n = k_0 \cdot q^n - r_e \cdot \frac{q^n - 1}{q - 1}$$

Barwert (erforderliches Ablösungskapital) bei Ablösung der Rente durch eine sofortige n-malige Zahlung

Vorschüssig (am Anfang jeden Jahres oder Zeitabschnittes):

$$k_0 = r_a \cdot \frac{q^n - 1}{q^{n-1} \cdot (q - 1)}$$

Nachschüssig (am Ende jeden Jahres oder Zeitabschnittes):

$$k_0 = r_e \cdot \frac{q^n - 1}{q^n \cdot (q - 1)}$$

Aufzehrung eines Anfangskapitals k_0 in n Jahren:

$$0 = k_0 \cdot q^n \cdot (q - 1) - r_e \cdot (q^n - 1)$$

$$q^n = \frac{r_e}{r_e - k_0 \cdot (q - 1)}$$

Anzahl der Jahre bzw. Auszahlungen bis zur Aufzehrung eines Kapitals k_0:

$$n = \frac{\lg r_e - \lg [r_e - k_0 \cdot (q - 1)]}{\lg q}$$

Amortisierung eines Anfangskapitals k_0 in n Jahren:

$$0 = k_0 \cdot q^n - r_e \cdot \frac{q^n - 1}{q - 1}$$

Tilgung einer Schuld:

$$k_0 \cdot q^n = r_e \cdot \frac{q^n - 1}{q - 1}$$

Zahlung je Jahr, zur Tilgung einer Schuld k_0:

$$r_e = k_0 \cdot q^n \cdot \frac{q - 1}{q^n - 1}$$

Barwert der dauernden Rente ($n \to \infty$)

Vorschüssig (am Anfang jeden Jahres oder Zeitabschnittes):

$$k_0 = r_a \cdot \frac{q}{q - 1}$$

Nachschüssig (am Ende jeden Jahres oder Zeitabschnittes):

$$k_0 = \frac{r_e}{q - 1} = r_e \cdot \frac{100}{p}$$

Höhe der Rente r_e (nachschüssig):

$$r_e = k_0 \cdot q^n \cdot \frac{q - 1}{q^n - 1}$$

Höhe der Rente r_a (vorschüssig):

$$r_a = k_0 \cdot q^{n-1} \cdot \frac{q - 1}{q^n - 1}$$

Annuitätenkredite (Rückzahlung in konstanten Jahresannuitäten r (r = anfallende Zinsen + Tilgung)

Laufzeit bei vorschüssiger Zahlung:

$$n = \frac{-\lg\left(1 - \frac{k_0 \cdot (q - 1)}{r_a \cdot q}\right)}{\lg q}$$

Laufzeit bei nachschüssiger Zahlung:

$$n = \frac{-\lg\left(1 - \frac{k_0 \cdot (q - 1)}{r_e}\right)}{\lg q}$$

Zugfeder

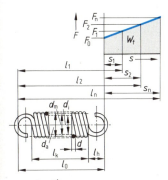

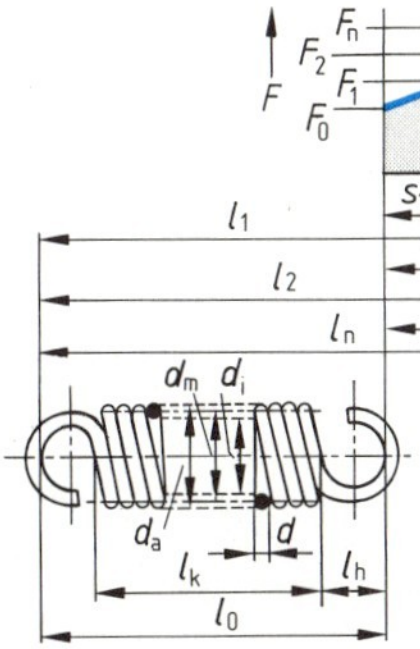

$$F = \frac{G \cdot d^4 \cdot s}{8 \cdot d_m^3 \cdot i_f}$$

$$c = \frac{\Delta F}{\Delta s} = \frac{G \cdot d^4}{8 \cdot d_m^3 \cdot i_f}$$

$$W_f = \frac{F_0 + F}{2} \cdot s = \frac{c}{2} \cdot (s^2 - s_0^2)$$

F	Federkraft nach Verformung	N
G	* Schubmodul	N/mm^2
d	Drahtdurchmesser	mm
d_m	mittlerer Windungsdurchmesser	mm
s	Federweg	mm
i_f	Anzahl der federnden Windungen	1
W_f	* Federspannarbeit	N · mm
c	* Federsteifigkeit (Federrate, Federkonstante)	N/mm
ΔF	Kraftdifferenz	N
Δs	Wegdifferenz	m

Index 0: Ausgangszustand

Zugfeder mit anhängender Masse

→ Linearer Schwinger

Zugfestigkeit

$$R_m = \frac{F_m}{S_0} = \sigma_{z\,zul} \cdot \nu$$

→ Längenänderung, Querschnittsänderung

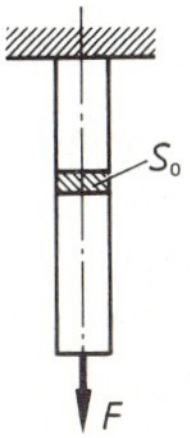

R_m	Zugfestigkeit	N/mm^2
F_m	Größte Kraft, welche die Probe im Laufe des Versuchs nach dem Überschreiten der Streckgrenze ertragen hat	N
S_0	Anfangsquerschnitt innerhalb der Versuchslänge	mm^2
$\sigma_{z\,zul}$	* Zugspannung	N/mm^2
ν	* Sicherheit gegen Bruch	1

Zugspannung

$$\sigma_{z\,vorh} = \frac{F}{S} \leq R_m$$

$$\sigma_{z\,zul} = \frac{R_m}{\nu}$$

$\sigma_{z\,vorh}$	vorhandene Zugspannung	N/mm^2
F	Zugkraft	N
S	Querschnitt des Zugstabes	mm^2
R_m	* Zugfestigkeit	N/mm^2
$\sigma_{z\,zul}$	zulässige * Zugspannung	N/mm^2
ν	* Sicherheit gegen Bruch	1

Zugversuch

→ Spannungs-Dehnungs-Diagramm

Zusammendrückbarkeit

→ Kompressibilität

Zusammensetzen von Kräften

→ Kräftezusammensetzung

Zuschnittdurchmesser für Hohlformen mit überall kreisförmigem Querschnitt
(oben offene Näpfe)

$$D = \sqrt{d^2 + 4 \cdot d \cdot h}$$

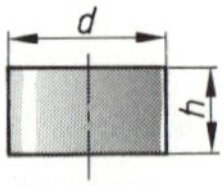

D	Zuschnittdurchmesser der für das * Tiefziehen erforderlichen Platine	mm
d	Napfdurchmesser	mm
h	Napfhöhe	mm

$$D = \sqrt{2 \cdot d^2} = 1{,}414 \cdot d$$

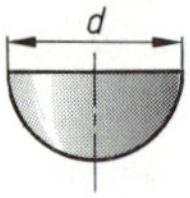

d	Napfdurchmesser	mm

$$D = \sqrt{2 \cdot d^2 + 4 \cdot d \cdot h}$$

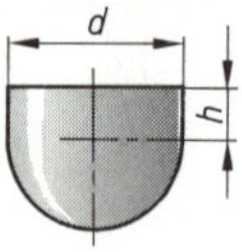

d	Napfdurchmesser	mm
h	Höhe des zylindrischen Teils	mm

$$D = \sqrt{4 \cdot d_2 \cdot h + 2 \cdot \pi \cdot r \cdot d_1 + d_1^2}$$

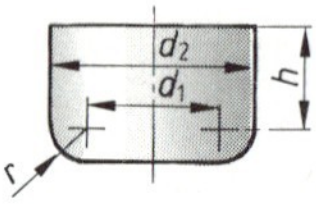

d_2	Napfdurchmesser	mm
h	Höhe über dem Radius	mm
r	Bodenradius	mm
d_1	Durchmesser des geraden Bodens	mm

$$D = \sqrt{d^2 + 4 \cdot (h_1^2 + d \cdot h_2)}$$

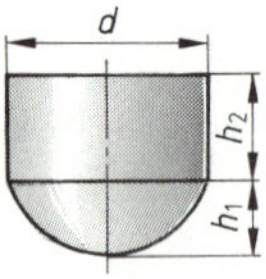

d	Nabendurchmesser	mm
h_1	Wölbhöhe	mm
h_2	Höhe des zylindrischen Teils	mm

$$D = \sqrt{d_1^2 + 2 \cdot s \cdot (d_1 + d_2)}$$

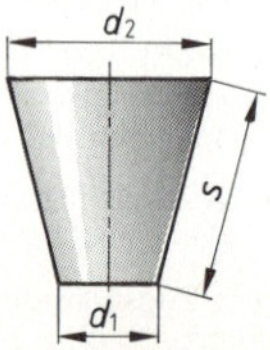

d_1	Durchmesser des Bodens	mm
d_2	oberer Napfdurchmesser	mm
s	Mantellänge	mm

→ Tiefziehen

Zuschnitte bei Schnittstreifen

Einfache Anordnung (Reihe)

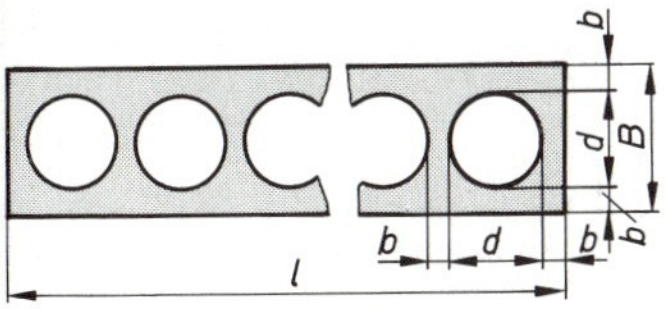

$$B = d + 2 \cdot b$$

$$n = \frac{l - b}{d + b}$$

Zweifach versetzte Anordnung

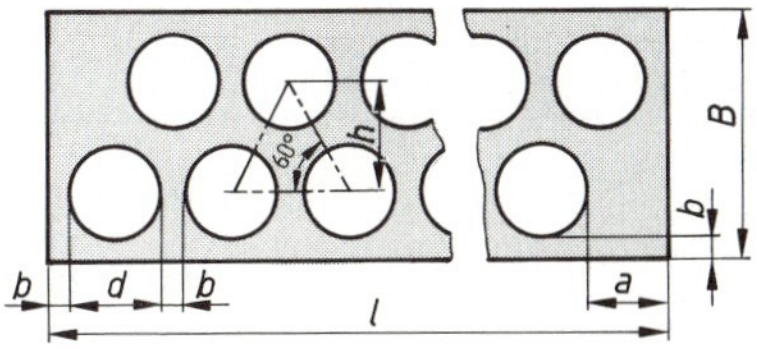

$$B = h + d + 2 \cdot b$$

$$n = 2 \cdot \frac{l - a}{d + b}$$

Dreifach versetzte Anordnung

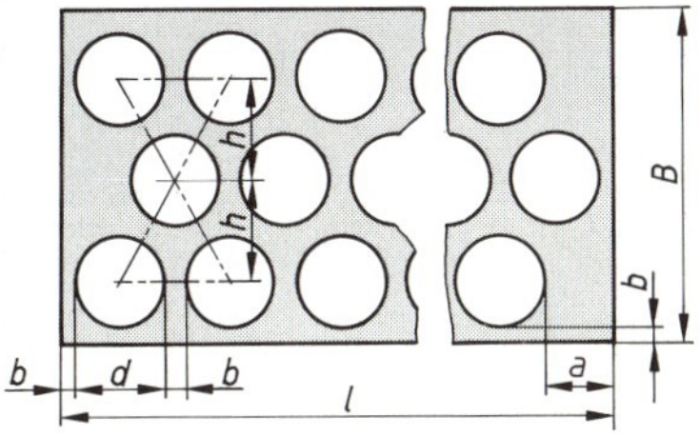

$$B = 2 \cdot h + d + 2 \cdot b$$

$$n = 3 \cdot \frac{l - a}{d + b}$$

B	Breite des Schnittstreifens	mm
n	Anzahl der Ausschnitte	1
d	Durchmesser des ausgeschnittenen Teils	mm
b	Zwischensteg- bzw. Randbreite	mm
l	Länge des Streifens	mm
h	Mittenabstand der parallelen Lochreihen	mm
a	Verluststrecke	mm

Zustandsänderungen idealer Gase

Bedingung und Gasgesetze (Tabelle 1)

Name, konstante Größe	Polytropenexponent, Hinweis	Zusammenhang zwischen Zustand 1 und Zustand 2 (Gasgesetze)
Isobare p = konst.	$n = 0$ s. a. *Gay-Lussac*	$\frac{V_1}{T_1} = \frac{V_2}{T_2}$
Isochore V = konst.	$n = \pm\infty$ s. a. *Gay-Lussac*	$\frac{p_1}{T_1} = \frac{p_2}{T_2}$
Isotherme T = konst.	$n = 1$ s. a. *Boyle-Mariotte*	$p_1 \cdot V_1 = p_2 \cdot V_2$
Isentrope (Adiabate) S = konst.	$n = \varkappa$ *Poisson-*Gesetze	$\frac{p_1}{p_2} = \left(\frac{V_2}{V_1}\right)^{\varkappa}$, $p \cdot V^{\varkappa}$ = konst. $\frac{T_1}{T_2} = \left(\frac{V_2}{V_1}\right)^{\varkappa - 1} = \left(\frac{p_1}{p_2}\right)^{\frac{\varkappa - 1}{\varkappa}}$
Polytrope	$n \neq 0$ $n \neq 1$ $n \neq \infty$ $n \neq \varkappa$	$\frac{p_1}{p_2} = \left(\frac{V_2}{V_1}\right)^{n}$, $p \cdot V^{n}$ = konst. $\frac{T_1}{T_2} = \left(\frac{V_2}{V_1}\right)^{n-1} = \left(\frac{p_1}{p_2}\right)^{\frac{n-1}{n}}$

p	* Druck	N/m^2 = Pa
V	* Volumen	m^3
T	absolute * Temperatur	K
n	Polytropenexponent	1
$\varkappa$	* Isentropenexponent (Adiabatenexponent), * Verhältnis der spezifischen Wärmekapazitäten	1
S	* Entropie	J/K
Q	* Wärme (Wärmemenge)	J
W_V	Volumenänderungsarbeit (Raumänderungsarbeit)	N · m = J
H	* Enthalpie	J
U	* Innere Energie	J
c_p	* spezifische Wärmekapazität bei konstantem * Druck	J/(kg · K)
c_V	* spezifische Wärmekapazität bei konstantem * Volumen	J/(kg · K)
R_B	individuelle * Gaskonstante	J/(kg · K)

Index 1: Zustand 1 (vor der Änderung)
Index 2: Zustand 2 (nach der Änderung)

→ Gaskonstante, Zustandsgleichungen

Energieströme, Arbeits- und Wärmediagramm (Tabelle 2)

Name	Gleichungen für Wärmeenergie Q und Volumenänderungsarbeit (Raumänderungsarbeit) W_V	Änderung der Entropie, Änderung der Enthalpie, Änderung der inneren Energie	p, V-Diagramm (Arbeitsdiagramm)	T, S-Diagramm (Wärmediagramm)
Isobare	$Q = m \cdot c_p \cdot (T_2 - T_1)$ $W_V = m \cdot R_B \cdot (T_2 - T_1)$ $W_V = p \cdot (V_2 - V_1)$	$\Delta S = m \cdot c_p \cdot \ln \frac{T_2}{T_1}$ $\Delta H = Q = m \cdot c_p \cdot (T_2 - T_1)$ $\Delta U = m \cdot c_V \cdot (T_2 - T_1)$	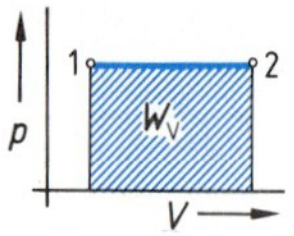	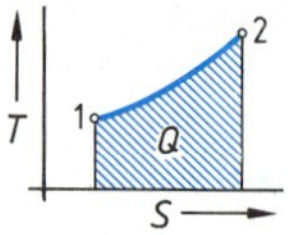
Isochore (Isovolume)	$Q = m \cdot c_V \cdot (T_2 - T_1)$ $W_V = 0$	$\Delta S = m \cdot c_V \cdot \ln \frac{T_2}{T_1}$ $\Delta H = m \cdot c_p \cdot (T_2 - T_1)$ $\Delta U = Q = m \cdot c_V \cdot (T_2 - T_1)$	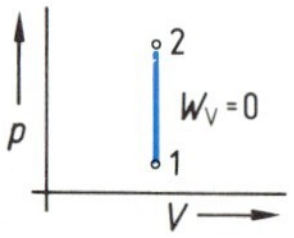	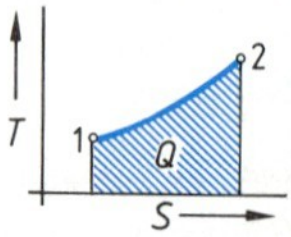
Isotherme	$Q = W_V$ $W_V = p_1 \cdot V_1 \cdot \ln \frac{V_2}{V_1}$ $W_V = p_1 \cdot V_1 \cdot \ln \frac{p_1}{p_2}$	$\Delta S = m \cdot R_B \cdot \ln \frac{p_1}{p_2}$ $\Delta H = 0$ $\Delta U = 0$	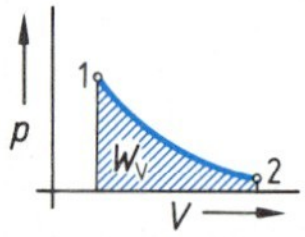	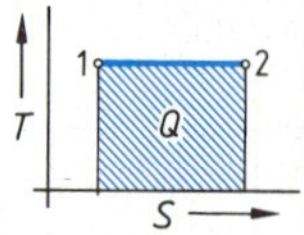
Isentrope (Adiabate)	$Q = 0$ $W_V = m \cdot c_v \cdot (T_1 - T_2)$ $W_V = m \cdot \frac{R_B}{\varkappa - 1} \cdot (T_1 - T_2)$ $W_V = \frac{1}{\varkappa - 1} \cdot (p_1 \cdot V_1 - p_2 \cdot V_2)$	$\Delta S = 0$ $\Delta H = m \cdot c_p \cdot (T_2 - T_1)$ $\Delta U = m \cdot c_v \cdot (T_2 - T_1)$	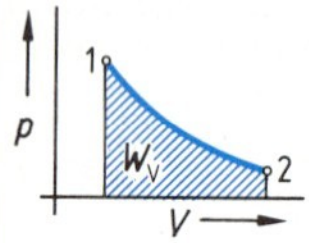	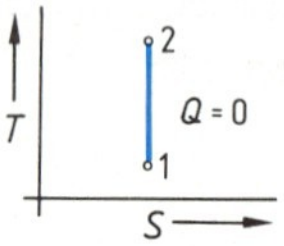
Polytrope	$Q = \frac{m \cdot R_B}{n - 1} \cdot (T_1 - T_2) + m \cdot c_v \cdot (T_2 - T_1)$ $W_V = m \cdot \frac{R_B}{n - 1} \cdot (T_1 - T_2)$ $W_V = \frac{1}{n - 1} \cdot (p_1 \cdot V_1 - p_2 \cdot V_2)$	$\Delta S = m \cdot c_p \cdot \ln \frac{T_2}{T_1} - m \cdot R_B \cdot \ln \frac{p_2}{p_1}$ $\Delta S = m \cdot c_v \cdot \ln \frac{T_2}{T_1} + m \cdot R_B \cdot \ln \frac{V_2}{V_1}$ $\Delta H = m \cdot c_p \cdot (T_2 - T_1)$ $\Delta U = m \cdot c_v \cdot (T_2 - T_1)$	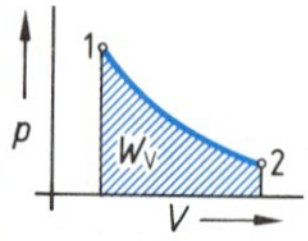	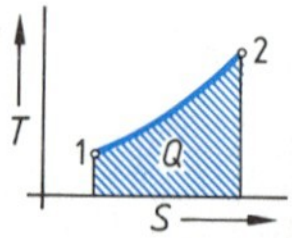

Zustandsgleichungen der idealen Gase

Vereinigtes Gasgesetz

$$\frac{p \cdot V}{T} = \text{konst.}$$

$$\frac{p_n \cdot V_n}{T_n} = \frac{p_1 \cdot V_1}{T_1} = \frac{p_2 \cdot V_2}{T_2} = \ldots = \text{konst.}$$

Allgemeine Zustandsgleichung der Gase

$$p \cdot V = m \cdot R_B \cdot T$$

$$p \cdot V = p_n \cdot V_n \cdot \frac{T}{T_n} = p_n \cdot V_n \cdot \alpha_V \cdot T$$

$$p \cdot V = \frac{m}{M_B} \cdot R \cdot T = n \cdot R \cdot T$$

p	* Druck	$N/m^2 = Pa$
V	* Volumen	m^3
T	absolute * Temperatur	K
m	* Masse	kg
R_B	individuelle * Gaskonstante	J/(kg · K)
α_V	* Volumenausdehnungskoeffizient	m/(m · K)
M_B	* molare Masse	kg/mol
R	universelle (molare) * Gaskonstante	J/(mol · K)
ϱ	* Dichte	kg/m^3
n	* Stoffmenge	mol

Index 1: Zustand 1; Index 2: Zustand 2;
Index n: * Normzustand

Dichte in Abhängigkeit von Druck p und Temperatur T

$$\varrho = \varrho_n \cdot \frac{T_n \cdot p}{T \cdot p_n}$$

→ *Boyle-Mariotte*-Gesetz, *Clapeyron*-Zustandsgleichung, Gaskonstante, *Gay-Lussac*-Gesetze

Zweipuls-Mittelpunktschaltung

→ Gleichrichterschaltungen

Zweiter Hauptsatz der Thermodynamik

$$T_{vor} > T_{rück}$$

Wärmeenergie kann nur dann in mechanische Arbeit umgewandelt werden, wenn zwischen Vor- und Rücklauf eines thermodynamischen Kreisprozesses ein Temperaturgefälle vorhanden ist.

Ein Maß für den Erhalt von Volumenänderungsarbeit ist der thermische Wirkungsgrad.

T_{vor}	Vorlauftemperatur im Kreisprozeß	K
$T_{rück}$	Rücklauftemperatur im Kreisprozeß	K

→ Thermischer Wirkungsgrad, Zustandsänderungen idealer Gase

Zylinder

Gerade

$$V = \frac{\pi}{4} \cdot d^2 \cdot h = \pi \cdot r^2 \cdot h$$

$$A_o = 2 \cdot \pi \cdot r \cdot (r + h)$$

$$A_M = 2 \cdot \pi \cdot r \cdot h = \pi \cdot d \cdot h$$

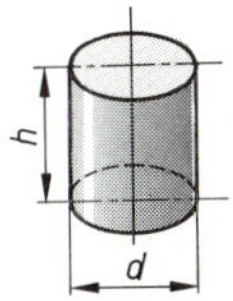

Schief abgeschnitten

$$V = \pi \cdot r^2 \cdot \frac{h + h_1}{2}$$

$$A_o = \pi \cdot r \cdot \left[h + h_1 + r + \sqrt{r^2 + \left(\frac{h - h_1}{2}\right)^2}\right]$$

$$A_M = \pi \cdot r \cdot (h + h_1)$$

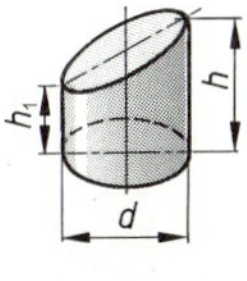

V	* Volumen	m³
d	Durchmesser	m
h	Höhe	m
r	Radius	m
A_o	Oberfläche	m²
A_M	Mantelfläche	m²
h_1	kleinste Höhe des schief abgeschnittenen Zylinders	m

***Archimedes*-Satz**

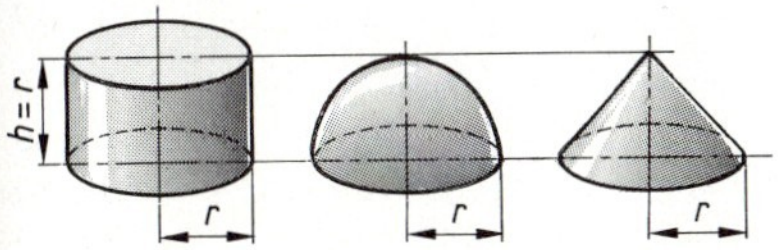

$$V_{Zylinder} = 3 \cdot \frac{\pi \cdot r^3}{3} = 3 \cdot \frac{\pi \cdot d^3}{24}$$

$$V_{Kugel} = 2 \cdot \frac{\pi \cdot r^3}{3} = 2 \cdot \frac{\pi \cdot d^3}{24}$$

$$V_{Kegel} = 1 \cdot \frac{\pi \cdot r^3}{3} = 1 \cdot \frac{\pi \cdot d^3}{24}$$

Haben Zylinder, Halbkugel und Kegel von gleicher Höhe die gleichen Grundflächen, dies ist bei $r = h$ der Fall, so verhalten sich die Volumen von Zylinder, Halbkugel und Kegel wie 3 : 2 : 1.

V	* Volumen	m³
d	Durchmesser	m
r	Radius	m

→ Kegel, Kugel, Zylinder

Zylinder-Huf

$$V = \frac{2}{3} \cdot r^2 \cdot h$$

$$A_o = A_M + \frac{\pi \cdot r^2}{2} + \frac{\pi \cdot r \cdot \sqrt{r^2 + h^2}}{2}$$

$$A_M = 2 \cdot r \cdot h$$

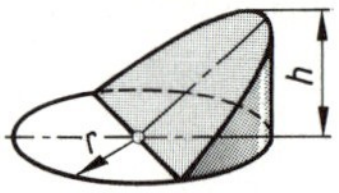

V	* Volumen	m^3
r	Radius	m
h	Höhe	m
A_o	Oberfläche	m^2
A_M	Mantelfläche	m^2

Zylindrischer Ring

→ Hohlzylinder

Konstanten

Die Zahlenwerte sind dem CODATA-BULLETIN (Committee on Data for Science and Technology) Nr. 63 von 1986 und relevanten DIN-Normen entnommen.

In Klammern: Ungenauigkeiten der letzten Ziffern (einfache Standardabweichung).

Beispiel:

R = 8,314 510 (70) J/(mol · K) ist gleichbedeutend mit
R = (8,314 510 ± 0,000 070) J/(mol · K)

Größe	Formelzeichen	Zahlenwert	Einheit	Grundbeziehung
Atommassenkonstante	m_u	$1{,}660\,540\,2\ (10) \cdot 10^{-27}$	kg	
Avogadro-Konstante	N_A	$6{,}022\,136\,7\ (36) \cdot 10^{23}$	1/mol	$N_A = N/n$
Bohr-Magneton	μ_B	$9{,}274\,015\,4\ (31) \cdot 10^{-24}$	J/T	$\mu_B = e \cdot h/(4 \cdot \pi \cdot m_e)$
Boltzmann-Konstante	k	$1{,}380\,658\ (12) \cdot 10^{-23}$	J/K	$k = R/N_A$
Bohr-Radius	a_0	$0{,}529\,177\,249\ (24) \cdot 10^{-10}$	m	$a_0 = \alpha/(4 \cdot \pi \cdot R_\infty)$
Compton-Wellenlänge des Elektrons	λ_C	$2{,}426\,310\,58\ (22) \cdot 10^{-12}$	m	$\lambda_C = h/(m_e \cdot c_0)$
Compton-Wellenlänge des Protons	$\lambda_{C,p}$	$1{,}321\,410\,02\ (12) \cdot 10^{-15}$	m	$\lambda_{C,p} = h/(m_p \cdot c_0)$
elektrische Feldkonstante	ε_0	$8{,}854\,187\,817 \ldots \cdot 10^{-12}$	F/m	$\varepsilon_0 = 1/(\mu_0 \cdot c_0^2)$
Elementarladung	e	$1{,}602\,177\,33\ (49) \cdot 10^{-19}$	C	
erste *Plancksche* Strahlungskonstante	c_1	$3{,}741\,774\,9\ (22) \cdot 10^{-16}$	$W \cdot m^2$	$c_1 = 2 \cdot \pi \cdot h \cdot c_0^2$
Faraday-Konstante	F	96 485,309 (29)	C/mol	$F = N_A \cdot e$
Gravitationskonstante	G	$6{,}672\,59\ (85) \cdot 10^{-11}$	$m^3/(kg \cdot s^2)$	
gyromagnetischer Koeffizient des Protons	γ_p	$26\,752{,}212\,8\ (81) \cdot 10^4$	1/(s · T)	
Kern-Magneton	μ_N	$5{,}050\,786\,6\ (17) \cdot 10^{-27}$	J/T	$\mu_N = e \cdot h/(4 \cdot \pi \cdot m_p)$
klassischer Elektronenradius	r_e	$2{,}817\,940\,92\ (38) \cdot 10^{-15}$	m	$r_e = \alpha^2 \cdot a_0$
Lichtgeschwindigkeit im Vakuum	c_0	299 792 458	m/s	
magnetische Feldkonstante	μ_0	1,256 637 061 4	µH/m	$\mu_0 = 4 \cdot \pi \cdot 10^{-7}$ H/m
magnetisches Moment des Elektrons	μ_e	$928{,}477\,01\ (31) \cdot 10^{-26}$	J/T	
magnetisches Moment des Myons	μ_μ	$4{,}490\,451\,4\ (15) \cdot 10^{-26}$	J/T	
magnetisches Moment des Neutrons	μ_n	$0{,}966\,237\,07\ (40) \cdot 10^{-26}$	J/T	
magnetisches Moment des Protons	μ_p	$1{,}410\,607\,61\ (47) \cdot 10^{-26}$	J/T	
Masse des Wasserstoffatoms	m_H	$1{,}673\,533\,9\ (10) \cdot 10^{-27}$	kg	
Massenverhältnis Elektron/Myon	m_e/m_μ	$4{,}836\,332\,18\ (71) \cdot 10^{-3}$	1	
Massenverhältnis Elektron/Proton	m_e/m_p	$5{,}446\,170\,13\ (11) \cdot 10^{-4}$	1	
Massenverhältnis Myon/Elektron	m_μ/m_e	206,768 262 (30)	1	
Massenverhältnis Neutron/Elektron	m_n/m_e	1838,683 662 (40)	1	
Massenverhältnis Neutron/Proton	m_n/m_p	1,001 378 404 (9)	1	
Massenverhältnis Proton/Elektron	m_p/m_e	1836,152 701 (37)	1	
Massenverhältnis Proton/Myon	m_p/m_μ	8,880 244 4 (13)	1	

Größe	Formelzeichen	Zahlenwert	Einheit	Grundbeziehung
molare Masse des Elektrons	$M(\mathrm{e})$	$5{,}485\ 799\ 03\ (13) \cdot 10^{-7}$	kg/mol	
molare Masse des Myons	$M(\mu)$	$1{,}134\ 289\ 13\ (17) \cdot 10^{-4}$	kg/mol	
molare Masse des Neutrons	$M(\mathrm{n})$	$1{,}008\ 664\ 904\ (14) \cdot 10^{-3}$	kg/mol	
molare Masse des Protons	$M(\mathrm{p})$	$1{,}007\ 276\ 470\ (12) \cdot 10^{-3}$	kg/mol	
molares Volumen (Normvolumen) des idealen Gases	$V_{\mathrm{m},0}$	22,414 10 (19)	L/mol	
Normfallbeschleunigung	g_{n}	9,806 65	$\mathrm{m/s^2}$	
Planck-Konstante	h	$6{,}626\ 075\ 5\ (40) \cdot 10^{-34}$	J · s	
Planck-Länge	l_{p}	$1{,}616\ 05\ (10) \cdot 10^{-35}$	m	
Planck-Masse	m_{p}	$2{,}176\ 71\ (14) \cdot 10^{-8}$	kg	
Planck-Zeit	t_{p}	$5{,}390\ 56\ (34) \cdot 10^{-44}$	s	
Ruhemasse des Elektrons	m_{e}	$9{,}109\ 389\ 7\ (54) \cdot 10^{-31}$	kg	
Ruhemasse des Myons	m_{μ}	$1{,}883\ 532\ 7\ (11) \cdot 10^{-28}$	kg	
Ruhemasse des Neutrons	m_{n}	$1{,}674\ 928\ 6\ (10) \cdot 10^{-27}$	kg	
Ruhemasse des Protons	m_{p}	$1{,}672\ 623\ 1\ (10) \cdot 10^{-27}$	kg	
Rydberg-Konstante	R_{∞}	10 973 731,534 (13)	1/m	$R_{\infty} = 0{,}5 \cdot m_{\mathrm{e}} \cdot c_0 \cdot \alpha^2/h$
Stefan-Boltzmann-Konstante	σ	$5{,}670\ 51\ (19) \cdot 10^{-8}$	$\mathrm{W/(m^2 \cdot K^4)}$	$\sigma = 8 \cdot k^4 \cdot \pi^5/(60 \cdot h^3 \cdot c_0^2)$
Sommerfeld-Feinstruktur-Konstante	α	$7{,}297\ 353\ 08\ (33) \cdot 10^{-3}$	1	$\alpha = 0{,}5 \cdot \mu_0 \cdot c_0 \cdot e^2/h$
universelle Gaskonstante	R	8,314 510 (70)	J/(mol · K)	
Wellenwiderstand des leeren Raumes	Z_0	376,730 313	Ω	
zweite *Plancksche* Strahlungskonstante	c_2	0,014 387 69 (12)	m · K	$c_2 = c_0 \cdot h/k$